经济与管理类专业
法律课程系列教材

法律通识教程

General Knowledge
of Law

王森波　编著

复旦大学 出版社

法律不是一堆固定和静止的规范，
而是不断成长和变化的生命；
法律人也不是机械适用法律的机器，
还需依赖自己的学识、智慧和经验。

前言
Foreword

目前，高校非法学专业开设的法律课程主要有三类：一是对所有专业都适用的法律通识课或法律基础课；二是经济与管理类专业普遍开设的经济法课和公司治理课；三是各专业根据本专业具体情况而开设的与专业内容相关的法律课，如建设工程专业开设的建筑法、人力资源管理专业开设的劳动法、文化出版专业开设的知识产权法等课程。

从上述课程所使用的教材看，无论法律基础教材还是经济法教材，几乎都是以法律部门和单行法为基础编写的，每章节介绍一个法律部门或一部单行法。对于非法学专业的学生而言，这样的编写方式清晰明了，各单行法的内容一目了然。但是，法律是一个严谨而复杂的系统，有一套专业的知识体系，各法律部门和单行法并不是一块块相互独立的积木，不同法律之间有其严密的内在逻辑关系。以法律部门和单行法为章节来编写，只能让学生了解一堆碎片化的法律知识，他们无法体会法律背后的生活逻辑和不同法律之间的内在联系，从而也就很难正确适用法律。

在很多人眼里，法律的内在逻辑和相互关系似乎太理论化了，应该是法学专业人员才需要了解的内容，而非法学专业的学生没必要掌握这些理论知识，只需要背一背常用的法律条文，了解一点基础的法律知识就够了。这完全是一种错误的认识。学习法律不是为了掌握一堆碎片化的法律知识，在信息时代背景下，这样的知识太容易获取了。法学是一门应用性很强的学科，单纯地背诵一些法律条文而不了解其内在的逻辑，不仅不可能正确适用法律，反而可能适得其反，越来越偏离法律的轨道。

比如，五楼一家住户窗外焊接的雨棚被大风吹落，砸烂了楼下邻居家的窗玻璃，楼下邻居要求赔偿。五楼的住户如果是一个从来没学过法律的人，一般会本能地认为，自己家的雨棚砸坏了别人的玻璃，当然应当赔偿，这种朴素的认识与法律的理念基本相符。然而，如果五楼住户学过一点零星的法律知识，通过查阅《中华人民共和国民法典》，查到了两条规定。一条是第1253条，该条规定："建筑物、构筑物或者其他设施及其搁置物、悬挂物发生脱落、坠落造成他人损害，所有人、管理人或者使用人不能证明

自己没有过错的，应当承担侵权责任。"另一条是第180条，该条规定："因不可抗力不能履行民事义务的，不承担民事责任。"五楼住户认为，大风将雨棚刮落，非其人力所为，自己没有过错，应属不可抗力，不应承担责任。一个人一旦机械地钻进这些字眼，不仅容易偏离法律的精神，还常常变得更加难以沟通。

对于法学专业的学生而言，即使教材没有明确指明法律背后的生活逻辑和不同法律之间的内在联系，通过长期而系统的学习，他们自己也能慢慢体会。但是，对于非法学专业的学生而言，如果不系统梳理这些知识，仅通过一两门法律课程的学习，他们大概率只能了解一些零星的法律条文，学到一些支离破碎的法律知识，根本不可能领会不同法律之间的内在联系，从而也无法做到正确适用法律，更无法形成系统的法律思维。这种情况，几乎是各高校非法学专业法律教育的通病。

本系列教材是专门针对非法学专业（主要是经济与管理类专业）的法律课程教学需要而编写的。编写时打破了法律部门与单行法的界限，每本教材均以专题的方式分别设计了十五讲内容。在每讲内容的具体安排上，在介绍具体的法律知识的同时，重点梳理了法律条文背后所映射的生活逻辑以及不同法律之间的内在联系，以帮助学生在有限的学习时间内把握法律的专业思维方式以及法律的理念和精神。

本系列教材共三本。

第一本是《法律通识教程》。本教材不仅仅适用于经济与管理类专业的法律通识课程，其他任何专业都可适用，即使对于法学专业的学生，本书也有助于他们对法律的整体把握。在内容安排上，突出的不是零散的法律知识，而是法律与作为个体的"人"之间的关系，主要介绍了人的法律主体地位、人的权利、人的共存、人与人之间的交往，以及个体与家庭、个体与国家、个体与其所生存的社会等关系中所涉及的各种法律问题。在阅读过程中，要注意体会书中个体的视角与立场。

第二本是《经济法律制度通论》。本教材主要供经济与管理类专业经济法课程使用，也可供从事经营管理工作的人员学习使用。经济与管理类专业的"经济法"与法学学科领域的"经济法"在内容安排上相差甚大，前者指的是与经营管理相关的法律制度，后者指的是基于国家公权力对市场的监管与调控而形成的法律规范，两者并非同一回事。为示区分，本教材不再使用"经济法"的通用名称，而称"经济法律制度"，主要介绍企业在经营管理过程中可能涉及的主要法律问题，包括公司、合同、商事规则、融资、并购与重组、市场竞争、监管与调控等内容。

第三本是《公司治理法律基础》。本教材对应的是经济与管理类专业的公司治理课程，同时也是公司股东和管理者必备的专业学习材料。公司治理是关于公司内部顶层制度设计的学问，其核心问题是如何通过合理的制度安排处理好股东内部关系，以及股东与其他利益相关者之间的关系。本教材以公司法律制度为基础，全面梳理了公司治理所涉及的股东内部关系、股东与高层管理者之间的关系、股东与其他利益相关者之间的关系等问题，并在此基础上，重点讨论了家族企业、创业企业和国有企业所面临的公司治理问题。

  上述三本教材在内容安排上是循序渐进的，除个别需要知识过渡的地方外，内容上基本没有交叉和重复。其中，《法律通识教程》是其他两本教材的基础，对于没有开设法律基础或法律通识课程而只开设了经济法或其他法律课程的，我们建议将《法律通识教程》作为辅助教材使用，以弥补基础法律知识之不足。

  相对于当前的各种教材，本书的编排方式是一种没有前例的尝试，不足之处在所难免。同时，由于教材内容涉及面广，且法律修改频繁，编写中存在的错讹遗漏，也希望读者能多多予以批评指正。

王森波

目录 CONTENTS

| 预备课 | 为什么要学习法律 | 001 |

第一讲　法律是什么 …………………………………… 013
　第一节　法的外在形式 …………………………………… 014
　第二节　法的正当性 ……………………………………… 026
　第三节　法的体系 ………………………………………… 036

第二讲　法的历史传统 ………………………………… 043
　第一节　法律传统形成的一般逻辑 ……………………… 044
　第二节　法系 ……………………………………………… 052
　第三节　中华法系及其文化传统 ………………………… 063

第三讲　法律上的"人" ……………………………… 075
　第一节　"人"的主体资格 ……………………………… 076
　第二节　"人"的行为能力 ……………………………… 086
　第三节　法人的独立性 …………………………………… 090

第四讲　"人"的主体性权利 ………………………… 099
　第一节　人格权 …………………………………………… 100
　第二节　所有权 …………………………………………… 109
　第三节　知识产权 ………………………………………… 119

第五讲 "人"的共存 … 128
第一节 共存关系与"人"的普遍性义务 … 129
第二节 注意义务的"注意标准" … 137
第三节 普遍性义务的履行 … 142

第六讲 "人"的交往 … 150
第一节 交往关系的设立 … 151
第二节 私人交往关系的类型及其法律规制方式 … 159
第三节 交往关系中的权利与义务 … 169

第七讲 "人"的法律责任 … 180
第一节 法律责任概述 … 181
第二节 民事责任的构成与承担 … 186
第三节 损害赔偿的计算与执行 … 193

第八讲 家庭 … 202
第一节 家庭概述 … 203
第二节 家庭关系中的权利与义务 … 212
第三节 离婚问题 … 222

第九讲 国家 … 230
第一节 国家与政权 … 231
第二节 国家权力的基本类型 … 244
第三节 公民的基本权利与义务 … 253

第十讲 社会 … 258
第一节 社会与社会法 … 259
第二节 社会分配与社会保障 … 264
第三节 慈善与社会歧视 … 274

第十一讲　犯罪 … 281

第一节　犯罪概述 … 282
第二节　犯罪构成 … 294
第三节　犯罪形态 … 302

第十二讲　刑罚 … 309

第一节　刑罚概说 … 310
第二节　刑罚的裁量——量刑 … 315
第三节　刑罚的执行 … 322

第十三讲　诉讼 … 326

第一节　诉讼的一般问题 … 327
第二节　程序正义与案件事实 … 336
第三节　诉讼程序 … 347

第十四讲　国际法 … 360

第一节　国际法概述 … 361
第二节　国家关系 … 365
第三节　个体的跨国交往 … 379

第十五讲　法律的解释与适用 … 396

第一节　法律推理与法律解释 … 397
第二节　法律漏洞及其续造 … 410
第三节　法律适用的社会视角 … 419

后记 … 426

预备课

为什么要学习法律

在很多人眼里,法律意味着惩罚、制裁,因而总是与违法和犯罪联系在一起的。对于普通人而言,只要没有违法犯罪,法律似乎只是一个与自己毫不相干的相当遥远的影像,它只存在于法庭上、高墙内,只要我们不做违法犯罪的事,也许一辈子都不可能与法律打交道。

事实是不是如此呢?如果是这样的话,对于非法学专业的人而言,还有必要学习法律吗?我们学习法律又有何用呢?这一堂课,我们首先来讨论一下这些前提性问题。

一、传统认识及其问题

对于非法学专业的人为什么要学习法律,人们耳熟能详的回答是:学习法律可以预防违法犯罪,可以更好地维护自己的合法权益。对于非法学专业的人而言,通过一两门法律课程的学习,能实现上述目标吗?以这样的目标定位来安排具体学习内容,有没有问题呢?

(一)学习法律是为了预防违法犯罪吗?

我们在影视剧作品或者电视法治节目中,经常会看到一些人因犯罪被追究法律责任时声泪俱下地忏悔,声称自己因为不懂法走向了犯罪道路。我们应该如何看待这些人的"忏悔"呢?他们走向犯罪道路与"不懂法"有关系吗?

对于普通人而言,法律是行为规范,它规定哪些行为合法因而是可以做的,哪些行为违法因而是不可以做的。在这一意义上,学习法律有助于我们更加明了合法行为和违法行为的界限,从而避免违法犯罪。一般来说,这样的认识并没有问题。但是问题在于,如果我们不学习法律,是不是就不知道什么行为违法,什么行为是犯罪,从而不知不觉就可能触犯法律呢?

事实上,法律并不神秘,任何法律所解决的问题都是人和人之间如何相处的问题,都是对现有正常社会秩序的维护。法律并不是枯燥刻板的法律条文的简单组合,法律条文的字里行间流淌的是对生活的观照与体验,反映的是社会各种关系的相互作用与内在逻辑。对于任何一个神智正常的普通人而言,对于哪些行为是允许的、哪些行为是不对的,无须接受什么专业的法律训练,仅仅依照日常的社会经验,就可以做出比较明确的判断。

比如:我们不需要学习刑法,也知道故意杀人以及贪污受贿等行为都是要判刑的;我们不需要学习民法,也明白侵权和违约行为都是要承担赔偿责任的。也许我们不知道贪污五万元会被判几年,不知道违约赔偿具体应该怎么计算,也许我们不清楚在不同的情况下为什么有的"杀人犯"被判了死刑,而有的只判了三五年,但是,对于这些行为是不是应当受到法律的追究,绝大多数情况下,我们并不需要经过专门的法律培训就能了然。那些罪犯所"忏悔"的不懂法,与他们最终选择违法犯罪之间,并没有直接和必然的联系。而且,很多法律专业人员包括法官同样也可能违法犯罪,没有任何可靠的数据显示,懂法的人比不懂法的人犯罪率更低。

对于一些特殊的犯罪,单凭日常的生活经验,一般人可能的确难以做出明确判断。比如"赵春华非法持有枪支案",以摆气枪摊为生的赵春华一天忽然被公安人员带走,理由是其打气球游戏用的气枪属于枪支,因而涉嫌构成非法持有枪支罪。依照2010年公安部印发的《公安机关涉案枪支弹药性能鉴定工作规定》,对不能发射制式弹药的非制式枪支,当所发射弹丸的枪口比动能大于等于 1.8 J/cm^2 时,一律认定为枪支。据此,经鉴定，赵春华的九支气枪中，有六支属于枪支。关于赵春华最终是否构成犯罪，我们在此不予讨论，但基本上可以肯定的是，如果她知道公安部的上述规定，她也许就不会继续持有上述枪支。在这一意义上，不可否认，学习法律的确有助于预防违法犯罪。然而，即使专业的法律人，又有多少人知道上述规定呢？对于普通人而言，要学习到何种程度才能达到这样的效果呢？

当然，对从事枪支和仿真枪支制造的行业内人员来说，这样的法律知识应是必须掌握的，否则无法把握正当经营与违法犯罪的界限。但像这样的规定，一般只在行业培训中才会涉及，即使对大多数法律专业人员来说，也属于"非常偏"的法律知识，在学习过程中一般不会涉及。而且对普通人而言，学习这样的法律知识不仅浪费时间，实际上也没有太大的必要。

总之，对于绝大多数常见的违法犯罪，仅凭一般的日常生活经验，普通人都可以做出明确判断；而比较冷僻的法律知识，即使专业的法律人员，如果没有经过专门的有针对性的培训，一般也很难接触到。因此，对于非法律专业的人而言，如果不是出于特定行业或职业工作的需要，仅仅为了预防违法犯罪而学习法律，实际上并没有太大的必要。

（二）学习法律是为了维护自己的合法权益吗？

违法犯罪是行为人本人的自主选择，只要保持一定的谨慎，一般都可以避免。但是，我们的合法权益是否会受到侵犯，却并不取决于我们自己的选择。当这样的事情不期而至的时候，掌握一定的法律知识，是不是更有助于维护自己的合法权益呢？

一般来说，这样的认识也没有问题。但是，法律太复杂了，即使一起非常简单的民事案件，也会涉及多方面的法律知识。不仅包括请求权基础的选择、责任的认定、抗辩事由、时效与期间等实体法问题，还会涉及诉讼管辖、证明责任、证据的认定、审判程序等各种复杂的诉讼法问题。这些问题涉及的都是专门的法律知识，通过业余学习所掌握的那点法律知识太有限了。

北京大学的贺卫方教授在一次法学讲座中说，法律已形成了其自身系统的法律语言和知识传统，这使法律成为一门很难普及的学科，他讲道[①]：

> （法律）是特殊的知识，是一个很难普及的学科。请看我们所使用的语言……比如说无罪推定，老百姓不理解，有人写文章，称："林彪、四人帮对人民实行法西斯专政，大搞无罪推定！"他理解错了。还有善意买受人，一年级的同学问我什么叫善意买受人、恶意买受人。一个人在自行车市场上花30块钱买了一辆崭新的自行车，我们说这是恶意买受，为什么呢？因为依据常识，30块钱是不可能买到一辆新车的，你居然买到了，这是你有意识地买赃物，这肯定是在帮助

---

① 《贺卫方：我是怎样学法律的》，腾讯网，2020年11月8日，http://new.qq.com/rain/a/20201108A06ADKOO。

销赃嘛。你这种财产权也是不受保护的，这里的善意、恶意跟道德家讲的很不一样。还有不当得利、无因管理、禁治产人，老百姓都不知道……正是因为对这样一套语言、对这样一套知识及其背后的制度和理念的把握，使得我们成为一个法律人。法律人因此可以交流，而且交流的成本降低了，交流的准确性提高了。大家一见面，"我看你的要约有问题，你那里边有点诈欺的意思，所以可能很难得到法律上的救济"。我们说得很清楚，都没有什么误解，可要是有个外行人在旁边听了，就会丈二和尚摸不着头脑……这一套语言是我们的饭碗，也是我们的学问得以精确化的一个很重要的前提。无论是法官、律师、检察官，都要到法庭上去辩论或做出决策。如果法官、律师、检察官没有受过共同背景的训练，那法庭就乱了，就会相互之间"秀才遇到兵，有理说不清"了。要是法官听不懂什么是善意买受人，那就很可怕了。所以，这是我们法律人必须领悟把握的一套伟大的知识传统。

不仅法律专业语言由于其特定的含义一般人很难把握，法律的内容也极为庞杂。目前，我国每年新颁布的各种法律、法规和规章均有数百万字之多。尽管单个案件并不会涉及所有的法律问题，但哪怕一个极为简易的案件，所涉及的法律知识也是综合性的，不仅包括实体法，还包括程序法，不仅包括法律和法规，还包括相关的各种司法解释。不要说没有接受过法学专业教育的人，即使法律专业人员也不可能掌握全部法律知识，而只有在某一个特定的法律领域，才可能做到熟练和精通。

因此，对于大多数非法律专业的人来说，在遇到法律问题的时候，他们通常并不是选择自修法律，而是寻求专业的法律帮助。在现代社会条件下，获取专业的法律服务非常方便。即使没有钱聘请律师的人，如符合一定的条件，也可以获得免费的法律援助。

二 对于非法学专业的人，为什么要学习法律？

（一）法律离我们有多远？

在很多人的认识中，法律主要与违法犯罪行为相关，没有违法犯罪，就不会涉及法律。因此，法律离我们大多数人似乎很遥远。事实是不是这样呢？

1. 法律与人的主体地位

美国内战前夕，所罗门·诺萨普（Solomon Northup）本是一个生活在纽约的自由黑人，受过教育，以演奏小提琴为生，有一个妻子和两个孩子，生活其乐融融，不料却被两个白人诱骗绑架并被卖为黑奴，不久又被转卖给了素有"黑奴终结者"之称的埃德温·埃普斯（Edwin Epps）先生。在种植园里，他目睹并遭遇了当时黑奴共同的悲剧。12年过去了，他始终没有放弃重回自由人的希望，后来，在一个好心人的帮助下，所罗门最终重获自由。所罗门·诺萨普的故事被导演史蒂夫·麦奎因（Steve McQueen）改编成电影《为奴十二年》，2013年该片获得第86届奥斯卡最佳影片奖。

所罗门为什么会被贩卖为奴隶，在长达12年的时间里为什么不能获得自由？我们当然可以说他受到了坏人的诱骗绑架，我们也可以说他很不幸，遇到了一个残忍的种植园主。但从根本上说，所罗门的遭遇与当时美国的法律制度是紧密相关的。当时美国的大多数南方州没有赋予黑奴在法律上的主体资格，不是法律上的主体意味着不享有法律上的任何权利，因而也不存在对他们权利的保护。所罗门被贩卖为埃普斯的奴隶，也就成为埃普斯的财产。尽管奴隶因不是法律上的主体而不存在任何受保护的权利，但因"私有财产神圣不可侵犯"，埃普斯对所罗门的所有权却是受法律保护的。在这种情况下，奴隶连逃跑的权利都没有，更遑论成为自由人。

拓展阅读

南非的种族隔离法

南非的种族隔离法将人分为四类：白人、有色人种、印度人与黑人。有色人种为早年白人移民与黑人结合所生的混血子女的后代；印度人包括所有来自南亚次大陆的移民后裔。1966—1967年起，日本人被视为"荣誉白人"（honorary whites）。

20世纪初开始，南非相继颁布了十余部法律，禁止跨种族恋爱，划定禁止黑人居住的地区，禁止不同种族混用公共服务设施，等等。通过这些法律，种族隔离政策渗透到社会生活的方方面面。从1971年开始，南非政府还将大批黑人迁移到分散于南非共和国边陲地带（占该国总面积13%）的10个"黑人家园"，并给予这些家园自治权，目标是使其独立。南非共和国于1976—1981年先后扶植文达（Venda）、西斯凯（Ciskei）、特兰斯凯（Transkei）与博普塔茨瓦纳（Bophuthatswana）四个"国家"独立，但没有被国际所承认。

南非的种族隔离政策不但引发国内的反弹与抗争，更引发国际社会的攻击与经济制裁。在国内斗争与国际舆论的压力下，南非逐渐废除了种族隔离制度。1986年，南非政府废除了限制非洲人在白人的领域内移动、居住的法律，以及在工作场所保护白人的相关劳动法规。1989年，弗雷德里克·威廉·德克勒克（Frederik Willem de Klerk）担任南非总统后，释放了因反对种族隔离政策而入狱的纳尔逊·罗利赫拉赫拉·曼德拉（Nelson Rolihlahla Mandela），并且于1990年解除戒严。至1991年，相继废止了人口登记法、原住民土地法与集团地区法，在法律上取消了种族隔离政策，废除了依据种族区别进行教育的法规。1993年12月，暂定的宪法废除了剥夺非白人参与政治权利的法规，1994年4月，实施了所有人种都能够参与的议会选举。

（参见贾仲益：《南非共和国民族政策与实践的社会考察》，《广西大学学报（哲学社会科学版）》2013年第2期。）

各个国家历史上都曾出现过剥夺一部分人（比如奴隶）的法律主体地位的现象，也都不同程度地出现过各式各样的等级制度。尽管这些制度背后都有复杂的政治斗争或种族冲突的背景，但它们最终都毫无例外地以法律的形式被确认下来并得到执行，南非的种族隔离法就是一个典型的例证。在此意义上，可以说，有什么样的法律规定，人就有什么样的主体地位，所有的人是否能够被平等对待不仅仅是一种单纯的社会现实，同样也被深深地镌刻在法律条文上。

2. 法律与人的生存状态

法律不仅决定着人的法律主体地位，在很大程度上还决定着一个人的生存状态。

印度电影《摔跤吧，爸爸》中，导演借片中一位14岁的新娘之口，描述了印度一个普通女孩子的生活。在当代印度，一个刚满14岁的少女可能就会被父母安排"赠予"一个她从未谋面的男人，除非这个男人因犯罪被关进监狱，她不能基于任何其他的理由提出离婚。印度女性之所以不能自由选择自己的婚姻和生活，同样与印度的婚姻法律制度有着密切的联系。

不同的法律制度为个体行为划定了不同的边界，从而也影响着个体生存方式的选择。在我国，即使在北京或上海这样的一线城市工作和生活，如果没有京沪的户籍，其本人的购房资格及其子女的高考报名资格，可能会面临诸多限制。如果你是一个农村人，你会发现你所能参加的社会养老和医疗保险与城里人有很大的差距。直到2021年，对于相同的人身伤害，农村人口和城镇人口还在适用不同的赔偿计算标准。之所以会出现这些情况，虽然有各种历史和现实的复杂因素的影响，但城乡二元制户籍制度无疑是其中一项重要的不可忽略的影响因素。我国目前仍保留着户籍制度，户籍在很多时候意味着身份或资格，给很多人的日常生活带来了难以克服的障碍。由于历史上的种种原因，目前无法取消户籍制度，但政府也已充分认识到户籍制度存在的问题，并且已经开始着手通过各种途径消减其对个人生活造成的负面影响，关于户籍制度的改革措施也正在稳步推进。

法律对个体日常生活的影响远不止此，刑法和行政处罚法决定着个体日常行为的边界，宪法和经济法律制度决定着社会分配方式并影响着个体的经济行为，合同法与侵权责任法决定着人的日常交往方式，婚姻家庭法规范着家庭内部关系，等等。在日常生活中，一个人可以做什么、不可以做什么要受到法律的约束；工作、教育、社保等问题也依赖法律来保障。可以说，人无时无刻不生活在法律规范的世界里，没有法律，就没有我们现实所生活的社会。

具体而言，个体在法律上的主体地位、社会分配制度、人与人之间的关系模式以及个体的基本权利和义务都是通过法律来确定的，而这些事项反映的是一个人的生存状态或者生存方式。在此意义上完全可以说，有什么样的法律制度，就有什么样的社会状态，也就有什么样的社会关系构造和个体生存方式（见图0-1）。因此，法律并不仅仅与违法犯罪相关，它并不遥远，而是时时就在我们身边。

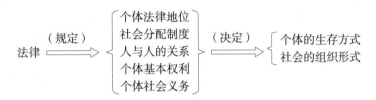

图0-1 法律与现实生活的关系

3.学习法律，是为了更清晰地认识我们所生存的世界

既然法律塑造了社会关系的基本构造，决定着个体的生存方式，那么，不了解基本的法律知识，我们便不可能真正理解我们所生存的世界。对于我们所处的环境、所面临的问题，我们也就不可能真正理解其产生的根源，更无法把握解决问题的途径和方式。

所以，对于非法学专业的人而言，学习法律不仅仅是为了预防违法犯罪，也不仅仅是为了维护自己的合法权益，而是为了真正理解我们所处的社会状态和生存境遇，在此基础上才能不断推动法律的进步，并进一步改善我们的生存境遇。这一工作和使命并不单纯是几个社会精英和法律专业人士的事情，我们每个人都身在其中，它是我们每个人不可推卸的社会责任。

（二）法律是如何运行的？

法律不是一堆机械僵化的条文，而是对现实生活的映照；法律也不是一堆孤立静止的规范，还有一套复杂的运行程序；同时，法律也不是万能的，再完善的法律也有其自身的局限。对于法学专业的人而言，对于这些问题，在系统的专业学习过程中自会逐渐体会，但对于非法学专业的人而言，这些问题只能通过特别学习才能了解。这些知识对我们每个人又是特别重要的，因为不了解这些知识，对法律的理解就不可避免地会出现偏差，从而在面对具体问题的时候，无法选择正确的行为方式。

1.法律背后的生活逻辑

前文已提到，法律是现实生活关系的映照，所有的法律都是调整人与人之间的关系的，必须符合现实社会中的生活关系逻辑。脱离了现实的生活关系，任何法律都将成为无根之木、无源之水，必将失去其活力和生命，也就不可能起到对社会关系良性调整的作用。同样，我们理解法律也必须要看到法律条文背后的生活逻辑，看不到背后的社会

生活关系，便不可能真正理解法律条文的含义，也不可能真正做到正确适用法律。

比如：五楼一家住户在窗上焊接的雨棚被大风吹落，砸烂了楼下邻居家的窗玻璃，楼下邻居要求赔偿。五楼住户查阅《中华人民共和国民法典》（以下简称《民法典》）查到了这样两条规定：一条是第1253条，该条规定："建筑物、构筑物或者其他设施及其搁置物、悬挂物发生脱落、坠落造成他人损害，所有人、管理人或者使用人不能证明自己没有过错的，应当承担侵权责任。"另一条是第180条，该条规定："因不可抗力不能履行民事义务的，不承担民事责任。"五楼住户认为，大风将雨棚刮落，非人力所为，自己没有过错，应属不可抗力，不应承担责任。那么，该如何理解上述《民法典》的规定，五楼住户该不该承担责任呢？

《民法典》第1253条规定的建筑物和构筑物脱落的侵权责任承担问题，调整的是人与人之间的共存关系。每个人都与他人共同生存于这个世界上，应当尽充分的注意义务避免给他人造成损害。这种注意义务应尽到何种程度呢？应当以一般的生活经验为标准。如果案例中所刮的大风依照当地的气候条件是完全可以预料的，则说明其焊接的雨棚牢固程度不够，不足以避免给他人造成的损害，应承担赔偿责任。反之，如果大风刮得特别大，依照当地的气候条件完全是不可预测的，而且所造成的同类的损害具有一定的普遍性，则原则上可归于不可抗力的范畴，雨棚的所有人无须承担赔偿责任。

以上就是法律条文背后的生活逻辑，如果我们明白了这一生活逻辑，对侵权责任编中很多法律条文的理解，都不至于出现大的偏差。

2. 法律自身的运行逻辑

法律调整人与人之间的关系，确保所有人能够和谐共处。当出现纠纷的时候，司法作为纠纷解决机制，又成为维护社会正义的最后一道屏障。在调整社会关系和解决纠纷过程中，法律的正常运行和作用的发挥需要依赖人们对法律的信赖，需要每个人自觉遵守法律并依法定程序和途径来处理所面临的问题。反之，如果人们普遍不相信法律，不愿意选择法定程序和途径来解决纠纷，则法律的功能和作用也将大打折扣，甚至完全失灵。

然而，法律有其自身的运行逻辑，有时候还可能存在其自身难以克服的局限，对于非法学专业的人而言，应当了解法律自身的运行逻辑或缺陷，否则就无法真正建立起对法律的信任，法律的正常运行也必然会受到影响。下面我们以一个假想的借款案来进一步说明这一问题。

> 案例：甲向乙借了10万元钱，并出具了欠条，上写："今欠10万元整，×年×月×日。"后甲还了7万元，并在欠条上补写了一句："还欠款7万元，×年×月×日。"后乙称甲"还（hái）欠款"7万元，并提起诉讼。
>
> 如果你是甲，因为你无法证明你实际上已还了7万元，结果法院判决你继续向

乙支付7万元，这样的判决你能接受吗？你会质疑法院的公正性而寻求上访、网络攻击等其他非法律途径吗？

这一案例虽是假想的案例，但典型地反映出纠纷的法律解决机制所面临的尴尬。如果乙恶意诉讼并获得了法律的支持，我们可以说法律本身还存在一定的问题。但我们也应认识到，法律并不是万能的，它本身不可避免地会存在局限。当通过法律的途径不能查清事实时，法院如果拒绝裁判，将会鼓励个体寻求私力救济手段来解决纠纷，这不是法治社会的追求。所以法院必须做出判决，哪怕判决所认定的事实与客观事实并不相符。但这样一来，就又引发了一个新的问题，如果法院判决所依赖的事实与客观事实不符，这样的判决正当性又何在呢？

法律不仅有裁判功能，同时也有预防和引导功能，当法律无法准确地判断客观事实时，就应当考虑如何通过法律规则引导个体通过合法的方式来维护自己的权益，避免可能给自己造成的不利。在本案中，案件事实不能查清缘于甲补充说明时的轻率，他应当认识到语句的歧义对自己不利但因轻率未能认识到，如果法院支持他的主张，无疑是对其本人轻率行为的放纵。而且在这样的纠纷中，能否避免纠纷的产生基本上是由甲来决定的，让甲承担不利的后果有助于提醒其更加谨慎地行为，并避免纠纷的产生。法律也是这样规定的，对因合同履行问题发生的争议，由负有履行义务的一方负责证明案件事实，如果不能证明案件事实，则承担败诉的后果。本案中，甲作为还款义务的履行方，有义务证明其具体的还款数额，如果无法提供证明，则要承担败诉的结果。

从法律的角度说，通过法律程序所认定的事实，无法百分之百地保证在任何情况下都能符合客观事实。因此，至少在民事诉讼中，"冤枉"是不可能绝对避免的。刑事诉讼采取无罪推定的原则，当事实查不清时，为了避免冤枉，只能推定被告人无罪，一些犯罪分子有可能会因此未能受到法律的追究，"漏网之鱼"同样也是无法避免的。但即使如此，我们仍然应当依赖法律，因为直到今天，我们并没有发现更好的解决纠纷的方式。如果我们不依赖法律，最后用以确定正义标准的会是什么呢？还有更好的途径来实现社会的公平正义吗？我们会寄希望于某一个"包青天"吗？我们是否真的相信"包青天"比法律的制度设计更有利于正义的实现呢？相对而言，司法途径至少是我们当前可做的最不坏的选择。

对于普通人而言，只有理解了法律的这种运行方式，我们才会在日常交往中采取更谨慎的态度，从而避免纠纷的发生。即使出现因事实不清而无法实现正义的情形，我们也要清楚哪些问题通过司法途径可以得到纠正，哪些问题是法律本身的局限而无法通过法律的途径予以克服，从而才能逐渐形成一种对法律的理性态度。

3. 学习法律，是为了正确认识并选择自己的行为

法律影响着个体的生存方式，由此还进一步影响着个体的思维方式，并进而影响着个体的行为方式。《水浒传》里的武松为我们提供了一个很好的例证。武松作为官府衙

门里的一个都头，本身就是一个执法者，因而也应是一个懂法者——这一点通过其解决问题的思路和娴熟的取证手段也得到了清晰的体现。对于长兄大郎的被害，他也曾试图通过法律的途径来解决问题，但法律的大门因为非法律的因素被关闭了，他只能通过私人暴力手段来伸张正义。因此，武松犯罪的根源主要不是个人因素，而是社会没有为他提供一个有效解决问题的途径。

在某种意义上，法律保护是个体受到侵害时得以获得损害救济的国家化方式。在没有法律介入的情况下，个体受到的伤害是通过氏族和家族之间的暴力手段来解决的，这种方式不仅残酷，而且最终靠双方力量的大小来决定损害救济能否实现，遵循的是一种弱肉强食的"丛林法则"，同样不存在真正的正义可言。出于对秩序的维护，国家将损害救济的执行权收归国家，由国家通过国家强制力量来实现损害救济，由此将纠纷的解决纳入法律解决的轨道，从而可以避免私力救济的各种弊病。现代各国都毫无例外地采取公力救济的方式来补偿损害，私力救济被限制在极为有限的范围之内。当公力救济方式运行不畅，或者法律执行不力，无法通过公力救济途径实现损害救济时，人们便会像武松那样重新回到暴力型的私力救济方式上来。由此可以说，法律及其运行方式影响甚至决定着人们在面临纠纷时的行为选择方式。

然而，法律自身也存在缺陷和不足，这是任何社会条件下都不可能完全避免的事实。有时候，法律也许的确未能实现正义，但是，由于没有一种更好的能实现正义的方式，这种结果只是我们不得不接受的一种现实。在此情况下，再采取申诉、信访等方式继续缠讼，没有任何意义，也不是一种理性的选择。如果我们不了解法律自身的运行逻辑，就不可能对此做出明确的区分和理性的判断，那么，我们的行为选择不仅可能不会推动法治的进程，而且可能反而成为法治前进道路上的障碍。

因此，对于非法学专业的人而言，学习法律并不在于掌握多少具体的法律条文，需要培养的是法律的理性思维方式。我们需要了解的是法律的一般原则，以及法律运作的一般程序及其内在逻辑中所包含的法治要求。这样，我们才能理性地看待现实中存在的问题，从而在此基础上，选择符合现代文明社会法治要求的行为方式。所以，对于非法学专业的人而言，应当学习的并不是具体的法律条文，更重要的是了解法律背后的生活逻辑和运行逻辑，从而才能对法律形成理性的认识，并由此理性地选择自己的行为。

三 非法学专业的人，应该学什么？

（一）需要澄清的另一种错误认识

在很多人眼里，法律背后的生活逻辑及其自身的运行逻辑属于法学理论的范畴。他们甚至认为，即使对于法学专业的人而言，这也应当是在研究生学习阶段才需要进一步深入学习的内容。对于大学本科和非法学专业的人而言，他们只需要掌握一些法律条文就够了。

这种认识在法律基础教育中颇为流行，然而这种认识却是一种彻头彻尾的错误观点，必须予以澄清。前文说过，法律是一个严谨而复杂的系统，是一套专业的知识体系。背诵一些零星的知识点或法律条文，不仅无助于正确理解法律，反而常常使得对法律的理解发生偏离。我们仍以前文提到的雨棚被大风刮落案为例，从来没学过法律的人一般会本能地认为，自己家的雨棚砸坏了别人家的玻璃，当然应当赔偿，这种朴素的认识与法律的理念基本相符。然而，一个学了零星的法律知识，知道一些"过错"和"不可抗力"这样的法律概念的人，可能反而会钻到这些字眼里，认为自己没有过错，或者立足于不可抗力，认为自己不应当承担责任，由此反而可能会偏离法律的精神，变得更加难以沟通。

而且，对于非法学专业的人而言，法律条文和法律知识点太多太复杂了，即使非常努力的同学，一两个学期的学习所能记住的知识点和条文也非常有限，根本不足以支撑起系统的法律思维。只有向他们揭示出法律背后的生活逻辑，才能使他们的理解不至于发生太大的偏差，并起到举一反三之效。同时，法律是一门应用性极强的学科，学习的目的在于实践和应用，条文背后的生活逻辑和法律自身的运行逻辑这些内容并不是远离实践的"理论"。即使认为它们是理论，如果这种理论是正确理解和适用法律必不可少的前提，对任何学习法律的人而言，都应当越早接触到这样的理论越好。

长期以来，我们的普法教育几乎演变成了纯粹的道德说教，没有向公众宣传任何有关法律思维和法律理念的内容，普通人对法律的理解仍然停留在"天网恢恢"的恐吓和说教层面。我们要建立社会主义法治国家，首先要让普通人了解最为基础的法治理念，理解法律自身及其背后的基本逻辑。哈罗德·伯尔曼（Harold Berman）说，法律应当被信仰，信仰的形成所依赖的不仅仅是畏惧，更多是对法律的理解和信任。只有这样，个体才能理性看待法律，正确选择自己的行为方式。

（二）本书的内容安排

大多数高校每学期的授课时长均为十六周，一般每周为两个课时，但也有的学校是三个课时。为方便教学安排，本书的内容共十五讲，每讲分三节，加上预备课，也可以说是十六讲内容，正好可对应十六周的课时安排。

第一讲主要是法理学的内容，其中也穿插了立法法的一些知识。第二讲主要属于法制史的内容，但同时也包含对一些法理问题的讨论。第三讲到第八讲共六讲，内容上都属于民法的范畴：第三讲主要讨论的是民法总则，并穿插了一点公司法的知识；第四讲主要讨论的是人格权法和物权法中所有权的部分内容；第五讲主要讨论的是侵权法；第六讲是对所有由民事主体自主设定的法律关系的总说，所涉及的规则主要是合同法的有关规则；第七讲讨论的是责任的承担，内容主要是债法总则的内容，我国现行《民法典》没有债编，债法总则的内容主要规定在合同编总则和侵权责任编之中；第八讲是婚姻家庭法，并穿插了继承法的基本内容。第九讲到第十三讲共五讲，属于公法：第九讲讨论的是宪法和行政法；第十讲主要讨论的是与社会问题相关的法，即有些人认为的社会法，关于社会分配的问题也涉及一些宪法的内容；第十一和第十二讲讨论的是刑法；第十三讲讨论的是诉讼法，包括刑事诉讼、行政诉讼和民事诉讼三种诉讼。第十四讲是国际法，包括国际公法、国际私法和国际经济法的内容。第十五讲介绍法律的解释与适用，讨论的主要是法律方法论问题。

上述内容安排对法学的全部领域几乎都有涉猎。但本书并没有完全按照部门法分类或法学学科划分来安排具体的内容，而是以专题的方式将各法律领域的基本知识串联起来，从而有助于非法学专业人士充分体会到法律规则与我们普通人日常生活之间的联系。在具体内容的取舍上，也不以具体法律知识点的介绍为重点，而是着重揭示法律规则与个体生活的关系以及法律制度设计的目标和理念，以实现对法律整体的正确认识，从而在涉及具体的条文时，不至于出现理解和适用的偏差。

第一讲

法律是什么

　　学习法律，我们首先要明白法律是什么。这个问题看似简单，实际上却是一个非常复杂的问题。几千年来，无数的法学家和思想家就此提出了各种观点，直到今天，人们仍然没有对这一问题在认识上达成一致。对于非法学专业的人而言，我们也许没有必要过多地探讨法律理论，但我们至少要大概地了解一下学者们看待问题的角度及其所涉及的一些基本问题。这也是我们讨论一些具体法律问题的基本前提。

　　在这一讲中，我们会接触到历史上一些法学家的不同观点，但我们只是简单地了解一下他们争论的问题是什么、分歧点在哪里，以及这些不同的认识在解决同样的法律问题时会出现什么不同的结果。对于各种不同的观点，我们不需要去区分对错，实际上，法学家的分歧在一定程度上是由于观察角度的不同而形成的，并不存在真正意义上的对与错。

　　从某种意义上说，法律是头大象，只是这头大象太大了，谁也没有真正看清过它的整体面目。不同的人站在不同的方位描述了这头大象的不同特征，将这些不同的描述综合到一起，也许才是大象的真实模样。

第一节　法的外在形式

一　法的概念及其渊源

（一）法的概念

1. 狭义的法律与广义的法律

对于普通人而言，所谓法律，不过是由国家立法机关制定的、具有普遍约束力的规范性文件。我国的立法机关是全国人民代表大会及其常务委员会，也就是说，由全国人大及其常委会制定的、具有普遍约束力的规范性文件就是法律。这样的理解并没有错，但是，这样的理解与我们的日常生活经验好像并不完全相符。比如，国务院制定的《工伤保险条例》、公安部制定的《机动车登记规定》和《道路交通安全违法行为记分管理办法》，甚至地方政府如上海市人民政府制定的《上海市非营业性客车额度拍卖管理规定》，北京市交通委员会、北京市生态环境局和北京市公安局公安交通管理局制定的《关于对外省区市机动车采取交通管理措施的通告》等，这些都不是全国人大及其常委会制定的，但在全国范围内或其辖区范围内均具有普遍约束力，每个人都必须遵守，违反相关规定同样须承担相应的责任。那么，这些文件是法律吗？如果不是法律，又是什么呢？

人们常在不同的意义上使用法律的概念，由此产生了狭义的法律与广义的法律之分。所谓狭义的法律，仅指专门的立法机关，即全国人大及其常委会制定的法律，此外任何机关制定的规范性文件都不是法律。根据这种定义，法律的范围比较狭窄，因而称为狭义的法律。

国务院及其下属的各部委和直属机构、地方人大与人民政府，根据《中华人民共和国宪法》（以下简称《宪法》）和《中华人民共和国立法法》（以下简称《立法法》）的授权，也可以在其授权范围内制定规范性文件，这些规范性文件同样具有普遍的约束力，违反这些规范性文件，同样应承担相应的责任。在人们一般的语境中，这些规范性文件同样被称为法律，即广义的法律。凡是由国家立法机关或经法律授权享有立法权的机关制定的规范性文件，均可归于广义的法律的范畴。

2. 法律与"法"

在法学理论上，还有"法"与法律的区分，法律一般特指一国享有立法权的机关制定的规范性文件，又称为实定法或国家制定法。无论狭义上的法律还是广义上的法律，只要是立足于国家制定法的角度所称的法律，都属于实定法，均可归于"法律"的范畴。除实定法外，虽然不是由国家立法机关制定的，但同样应为人们所遵守的规则，或者同样可以被作为法院裁判依据的一般原则等,也常常被视为法的重要渊源形式。我国《民法典》第10条规定:处理民事纠纷,应当依照法律;法律没有规定的,可以适用习惯。这里所说的"习惯"就是法的渊源形式之一。除习惯外,我国古代的礼、西方英美法系的判例,都属于"法"的范畴,构成重要的法律渊源。

人们还常常在自然法意义上使用"法"的概念,以与实定法相区分。所谓自然法,常常指具有普适性的公平正义原则,自然法学者大多认为,实定法是国家制定出来的法,应当受到自然法的评判,不符合自然法要求的法是恶法。在此意义上,自然法又称为高级法,是一切实定法都不得违反的公理原则。但是,这一意义上的法只存在法理意义上,已经不能被视为法律的渊源形式。

也就是说,法的外延比法律要宽泛得多,法律仅指国家制定的法律,而法不仅可包含法律,还可以泛指国家制定法以外的非正式渊源,甚至还可以包括具有普适性的公平正义的一般原则。在普通人的一般语境中,法与法律并无上述严格的区分,二者基本上是通用的。即使在使用时有所区分,也不是有意为之,主要是基于语言习惯。如无特别说明,本书对法与法律概念的使用,也不做明确区分。

拓展阅读

安 提 戈 涅

安提戈涅是古希腊悲剧作家索福克勒斯著名悲剧作品《安提戈涅》中的主人公。俄狄浦斯因受命运的捉弄,在不知情的情况下杀死了自己的父亲忒拜王拉伊奥斯,并娶了自己的母亲伊俄卡斯特。得知真相后,伊俄卡斯特在悲痛中以自尽来洗净自己的罪孽。俄狄浦斯将王位让给了伊俄卡斯特的弟弟克瑞翁,而后刺瞎了自己的双眼进行自我放逐,以求忏悔。

克瑞翁继任后,俄狄浦斯的一个儿子厄忒俄克勒斯为保护城邦而献身,而另一个儿子波吕涅克斯却背叛城邦,勾结外邦进攻底比斯而战死。战后,克瑞翁给厄忒俄克勒斯举行了盛大的葬礼,而将波吕涅克斯曝尸田野,并下令,谁埋葬波吕涅克斯就处以死刑。波吕涅克斯的妹妹安提戈涅不顾克瑞翁的禁令,毅然以遵循"天条"为由埋葬了她哥哥,于是她被克瑞翁下令处死。与此同时,克瑞翁遇到了一个失明的占卜者忒瑞西阿斯,说他冒犯了诸神。克瑞翁后悔了。但遗憾的是,当他去救安提戈涅时,她已死去。克瑞翁的儿子海蒙是安提戈涅的未婚夫,得知安提戈涅被处死后悲愤自杀,克瑞翁的妻子听说儿子已死,也责备克瑞翁而后自杀。

剧中安提戈涅在对抗克瑞翁时有一段台词,经常被法学家所引用,她说:"我

不认为一个凡人下一道命令就能废除天神制定的永恒不变的不成文律条，它的存在不限于今日和昨日，而是永久的，也没有人知道它是什么时候出现的。"①法学家认为这段台词有着深刻的隐喻，克瑞翁的禁令属于实定法，而"诸神不成文的且永恒不衰的法"属于自然法。安提戈涅认为克瑞翁的法令违背了自然法，所以她有权利不遵守。这段台词成为自然法学派与法律实证主义进行论战时经常引用的经典语录之一。

3. 关于司法解释

司法解释是最高人民法院和最高人民检察院就法律在司法实践中如何具体适用而作出的解释，它并不创设规则，因而并不属于法律的渊源形式。但它以现有的规则为基础，明确其在实务中的具体适用，并成为全国各级法院在适用法律时的参照，因而在统一法律的理解和适用方面起着非常重要的作用。

目前，我国很多法律规定过于原则化，不够精细，司法解释在法律适用过程中起着非常重要的作用。目前，我国民事和刑事等重要法律领域都有大量司法解释，是法律人处理法的适用问题时不可忽略的内容。但同时，我国的司法解释修改变化频繁、数量庞大，需要及时清理整理。此外，司法解释有时也有超越法律规则基础、突破法律而创设规则之嫌。对于司法解释应如何规范和限制，仍是一个需要进一步明确的问题。

（二）法的渊源

所谓法的渊源，指的是法律规范的来源。立足于广义的法律的概念，法是由国家立法机关以及《宪法》和《立法法》授权的其他机关制定的，不同机关制定的法有不同的名称和表现形式，因而法的渊源即法的表现形式。不同渊源的法，其表现形式亦有不同，由此形成法的不同类型。

根据法的制定机关不同，我国的法主要有以下渊源，即存在以下表现形式。

1. 法律

法律是由全国人大及其常委会制定并颁布的规范性文件，其中，宪法、刑法、民法以及与国家机构设置相关的基本法律，均由全国人大制定，此外的其他法律可以由全国人大常委会制定。全国人大闭会期间，法律的补充和修改也由全国人大常委会负责。

无论是全国人大制定的，还是全国人大常委会制定的法律，都冠以"中华人民共和国××法"的名称，这也是法律与其他形式的法相区别的最为显著的特征。

---

① [古希腊]索福克勒斯：《索福克勒斯悲剧集1：安提戈涅》，罗念生译，上海人民出版社，2020，第25—26页。

2. 法规

法规包括两类：一是国务院制定的法律文件，一般称行政法规，在与法律一词连用时，常简称为"法律法规"；二是地方人大及其常委会制定的法律文件，一般称地方法规或地方行政法规。

国务院制定的行政法规主要规定国务院行政管理职能范围内所涉及的事项，以及为执行法律而需要制定行政法规的事项。行政法规大多以条例、规定、办法、实施细则等形式出现。

有三类地方人大及其常委会有权制定地方法规：一是省、自治区、直辖市的地方人大及其常委会；二是较大的市的地方人大及其常委会；三是经济特区所在地的省或市的地方人大及其常委会。根据本行政区域的具体情况和实际需要，上述地方人大及其常委会可以制定在本辖区适用的规范性文件。较大的市的人大及其常委会制定的地方性法规，应报省、自治区的人大常委会批准后方可施行。

3. 规章

规章也分为两类：一是国务院下属的各部委、中国人民银行、审计署以及国务院下属的其他具有行政管理职能的直属机构制定的规范性文件，称部门规章，简称规章；二是地方人民政府制定的规范性文件，称地方政府规章。有权制定地方政府规章的地方政府有两类：一是省、自治区、直辖市的人民政府；二是设区的市或自治州的人民政府。设区的市或自治州的人民政府主要包括省、自治区人民政府所在地的市、经济特区所在地的市和国务院批准的较大的市，以及其他设区的市。

4. 自治条例和单行条例

民族自治地方的人大有权依照当地民族的政治、经济和文化的特点，制定自治条例和单行条例。自治区的自治条例和单行条例，报全国人大常委会批准后生效。自治州、自治县的自治条例和单行条例，报省、自治区、直辖市的人大常委会批准后生效。

5. 其他渊源形式

（1）法律解释。法律渊源意义上的法律解释包括立法解释和行政解释。立法解释权由全国人大常委会行使，具有与法律同等的效力。行政解释是行政机关对行政法规和规章进行的解释，一般是行政立法机关对其所颁布的规范性文件进行的解释。

（2）国际条约和国际协定。对于国际条约与国际协定的国内法效力，1986年颁布的《中华人民共和国民法通则》（以下简称《民法通则》）中曾有明确规定，认可其在我国国内适用的效力。但2021年《民法典》实施后，《民法通则》废止，相关的实体法中不再有明确的规定。虽然《中华人民共和国民事诉讼法》（以下简称《民事诉讼法》）、《中华人民共和国行政诉讼法》（以下简称《行政诉讼法》）中明确承认国际条约与国际协定的效力，但仅涉及涉外诉讼程序问题，并不涉及实体法的适用问题。但是，国际条约和国际协定一般都会明确在缔约国的效力，对于我国签署且未作保留意见的，应当认可其效力，因此也应当视为我国的法律渊源形式之一。

（三）法的公布

任何法律制定后，必须向公众公布后才能生效。在大多数国家，法律经立法机关制定后，都是由国家元首签署并公布的。有些国家规定，元首的公布仅有一种象征意义，在签署和公布时对法律没有审查权；而在另一些国家，为避免立法权的滥用，国家元首有权对立法机关制定的法律进行审查甚至否决，从而试图达到一种权力的平衡。

根据《立法法》规定，我国不同渊源的法律、法规、规章及地方性法规和规章的公布方式如下：

（1）全国人大通过的法律由国家主席签署主席令予以公布；

（2）行政法规由总理签署国务院令公布；

（3）省、自治区、直辖市的人大制定的地方性法规由大会主席团发布公告予以公布；

（4）省、自治区、直辖市的人大常委会制定的地方性法规由常委会发布公告予以公布；

（5）较大的市的人大及其常委会制定的地方性法规报经批准后，由较大的市的人大常委会发布公告予以公布；

（6）自治条例和单行条例报经批准后，分别由自治区、自治州、自治县的人大常委会发布公告予以公布；

（7）部门规章由部门首长签署命令予以公布；

（8）地方政府规章由省长或者自治区主席或者市长签署命令予以公布。

二 立法权的授予与限制

除了全国人大及其常委会，国务院及其直属机关以及部分地方人大与地方政府也可以享有立法权，其立法权在《宪法》和《立法法》中均有明确的依据。但是，不同机构的立法权限是不同的，任何机关立法权的行使都应当严格限定在《宪法》和《立法法》的授权范围之内，不能逾越，越权所为的立法无效。

（一）全国人大及其常委会的立法权

全国人大及其常委会是我国《宪法》规定的立法机关，代表全体人民的意志行使立法权。理论上讲，全国人大及其常委会的立法权仅有程序性约束，而没有实体性限制。不仅如此，全国人大及其常委会还享有对特定事项的专属立法权，也就是说，只有它才享有针对这些事项的立法权，其他任何机关均不享有。《立法法》是专门规定立法权限和立法程序的法律，其所使用的法律的概念均是在狭义的法律意义上使用的。根据狭义的法律的定义，只有全国人大及其常委会才可以制定法律，因此，法律的专属制定权即全国人大及其常委会专属立法权。

根据《立法法》的规定，以下事项只能由法律作出规定，即只有全国人大及其常委会才有权制定，其他任何机关均无权制定：

（1）国家主权的事项；

（2）各级人大、人民政府、人民法院和人民检察院的产生、组织和职权；

（3）民族区域自治制度、特别行政区制度、基层群众自治制度；

（4）犯罪和刑罚；

（5）对公民政治权利的剥夺、限制人身自由的强制措施和处罚；

（6）税种的设立、税率的确定和税收征收管理等税收基本制度；

（7）对非国有财产的征收、征用；

（8）民事基本制度；

（9）基本经济制度以及财政、海关、金融和外贸的基本制度；

（10）诉讼和仲裁制度；

（11）必须由全国人大及其常委会制定法律的其他事项。

上述事项尚未制定法律的，全国人大及其常委会有权作出决定，授权国务院根据实际需要，对其中的部分事项先制定行政法规，但是有关犯罪和刑罚、对公民政治权利的剥夺和限制人身自由的强制措施和处罚、司法制度等事项不能授权。

（二）国务院及其直属机构的立法权限

国务院可以根据宪法和法律，或经全国人大及其常委会授权，制定行政法规。行政法规的立法范围限于以下两个方面的事项：一是为执行法律的规定需要制定行政法规的事项；二是宪法规定的国务院行政管理职权范围内的事项。在内容上，行政法规不得与宪法和法律相抵触。

国务院下属的各部委或其他具有行政管理职能的直属机构可以制定部门规章，但应当根据法律和国务院的行政法规、决定或命令的授权范围，在本部门的权限范围内行使规章制定权。部门规章规定的事项应当属于执行法律或者国务院的行政法规、决定、命令的事项。没有法律或者国务院的行政法规、决定、命令的依据，部门规章不得设定减损公民、法人和其他组织权利或者增加其义务的规范，不得增加本部门的权力或者减少本部门的法定职责。

（三）地方人大与地方政府的立法权限

省、自治区、直辖市的人大及其常委会根据本行政区域的具体情况和实际需要，在不同宪法、法律、行政法规相抵触的前提下，可以制定地方性法规。地方性法规的立法范围包括：为执行法律、行政法规的规定，需要根据本行政区域的实际情况作具体规定的事项；地方性事务需要制定地方性法规的事项。设区的市的人大及其常委会根据本市的具体情况和实际需要，在不同宪法、法律、行政法规和本省、自治区的地方性法规相抵触的前提下，可以对城乡建设与管理、环境保护、历史文化保护等方面的事项制定地方性法规。自治条例和单行条例属于民族自治地方人大立法权限范围，但根据《立法法》，自治条例和单行条例应依制定机关分别报全国人大常委会或省级人大常委会批准后方可生效。

省、自治区、直辖市和设区的市、自治州的人民政府，可以根据法律、行政法规和本省、自治区、直辖市的地方性法规，制定规章。规章的立法范围应限于为执行法律、行政法规、地方性法规的规定需要制定规章的事项，或本行政区域的具体行政管理事项。设区的市、自治州的人民政府制定地方政府规章，应限于城乡建设与管理、环境保护、历史文化保护等方面的事项。没有法律、行政法规、地方性法规的依据，地方政府规章不得设定减损公民、法人和其他组织权利或者增加其义务的规范。

拓展阅读

车牌拍卖与车辆常态化限行的合法性论争

为缓解城市道路交通拥堵与减少空气污染，很多城市采取了一系列措施，如北京市的限行政策和上海市的车牌额度拍卖制度是其中较为典型的控制措施。这些措施在缓解城市交通方面取得了较为明显的效果，但其本身的合法性问题也引起了广泛的讨论与争议。

限行政策和车牌额度拍卖制度分别是北京市和上海市地方政府作出的规定，在性质上应当属于地方政府规章的范畴。依据《立法法》的规定，直辖市政府可以就本行政区域的具体行政管理事项制定规章，城市交通和环境治理可以说属于其行政区域的具体行政管理事项，在立法权限范围上并无问题。但是，立法法同时规定，没有法律、行政法规、地方性法规的依据，地方政府规章不得设定减损公民、法人和其他组织权利或者增加其义务的规范。

主张车牌额度拍卖不具有合法性的观点认为：《中华人民共和国道路交通安全法》第9条明确规定了机动车登记的条件，其中并没有额度拍卖的条件。因此，车牌额度拍卖实际上增加了登记申请人的义务，显然违反《立法法》的规定。主张车辆限行不合法的观点认为：个体购买机动车，即取得了对机动车的所有权，在法律没有禁止性规定的范围内，享有对车辆完全的自主使用权。车辆限行实质上限制的是个体对物的合法使用权，是对《民法典》所赋予的物权的限制，同样违反《立法法》的规定。

主张限行政策和车牌额度拍卖不违反《立法法》的观点认为：限行限制的并不是所有权人对车辆的使用权，而是城市公共道路的占用权。城市公共道路属于公共资源，当公共资源因供应不足而成为一种稀缺资源时，出于公共利益的需要而作出某种限制就是必要的。同样，车牌额度拍卖中拍卖的也不是车牌这块"铁皮"，而是城市公共道路的占用权。立足于这样的角度，车辆限行政策和车牌额度拍卖制度只存在合理性问题，不存在合法性问题，并不违反《立法法》的规定。

对于车辆限行与车牌额度拍卖是否合法，你如何认识呢？

三　法的形式要求

不同类型的法律的制定受不同立法机关立法权限的限制，不能突破。此外，法律本身还应当遵循一定的法律原则，符合一定的形式要求。否则，法律的实施就可能面临比较严重的问题，甚至根本无法推行。

> **拓展阅读**
>
> ### 雷克斯的法律改革
>
> 雷克斯是朗·富勒（Lon Fuller）虚构的寓言故事中的主角，他怀着改革家的热情登上王位，决心成为一个伟大的立法者，对法律进行全面的改革。
>
> 他的第一项措施是宣布废除所有的现行法律，并开始着手制定一部新法典。但很快他发现立法是一个非常复杂的系统工程，将各种现实问题概括为具体而清晰的规则使他面临严峻的考验。他认识到自己的局限，于是放弃了制定一部法典的计划。但他对自己裁断具体争议的能力充满自信，于是他向臣民宣布，他将亲自裁断臣民之间的纠纷。
>
> 雷克斯的裁断很快引起了臣民的极大反感，因为人们发现国王并没有按照统一的规则来裁断案件，同样类型的案件常常得出的是不同的结果。他们抗议说，国王并不是依照法律，而是依照自己的一时心血来潮来裁判案件。为此，臣民们爆发了一场抗议游行。
>
> 雷克斯认识到他必须重新开始，为避免矛盾，他决定当年所有的案件全部推迟到第二年集中裁判。这样，他可以对所有的纠纷进行整体上的考虑和权衡，将类似的纠纷归类后再确定具体的裁判规则。这一决定实施后再次引发了民众的不满，因为人们发现，国王的裁判虽然不再相互矛盾，但他所适用的规则从来没有向民众事先公布，而是依后制定的规则来处理先前的行为。人们抱怨说，这种做法对国王是"后见之明"，但却要求臣民们具有先见之明的能力，需要臣民们去揣测国王将怎样制定法律，没有人能做到这一点。
>
> 意见反馈到雷克斯那里，雷克斯不得不再次调整方案，他重新恢复了制定法典的计划。法典制定出来了，但臣民们发现新制定的法典简直就是一部杂乱无章的"天书"，没有人能够真正理解规则的目的，也没有人能梳理出法律适用的一般原则。雷克斯不得不委托一个专门的小组来负责法典的修订与解释。解释的篇幅很快远远超过了法典的篇幅，不仅没有使法律更清晰，反而更加复杂。频繁的修改和解释同

样使臣民们无所适从，不满情绪再次高涨起来。最后，雷克斯在极度失望中死去。

（参见富勒：《法律的道德性》，商务印书馆，2005。根据书中的雷克斯寓言整理，整理时有较大改动。）

雷克斯是一个雄心勃勃而又非常勤政的国王，但他的变法遭到了惨痛的失败。我们现在来总结一下他每次变法失败的原因：第一次失败是因为他的裁断缺乏统一的规则，不同判决之间充满冲突和矛盾，而且他所适用的规则并没有向公众公布，这使人们在行为时并无明确的依据；第二次失败是因为用事后的规则来裁判先前的案件，臣民不知道该如何调整自己的行为；第三次失败是因为法律规则的不清晰和不稳定，很难使臣民们准确把握法律的内涵。可以说，雷克斯的三次失败都与法律规则的不公开、不明晰有关。法律必须具备一定的形式要求，必须清晰而明确，法律的心思不能让人猜。

法律的形式要求主要包括统一原则、公开原则、不溯及既往原则和稳定原则。

（一）统一原则

统一原则指一个国家原则上应当有统一的法律体系。从立法角度说，立法权应统一设置，层次清晰；从法律的内容上说，构成法体系的法律内容协调、结构严谨、互不抵触；从法律的适用角度说，同样的事情应当同等对待，法律适用的标准一致。

法律统一原则并不排除地方立法权的设置，也不排除根据具体情况在一国的特殊地区实行特别的法律制度。我国创造性地提出了"一国两制"的构想。"一国两制"以一个中国和一个中央政府为前提，在此基础上，中国香港地区和中国澳门地区作为特别行政区，享有高度的自治权。它拥有独立的行政管理权、立法权、司法权和终审权，可以同外国签订商务、文化等协定，享有一定的外事权。这是在特殊历史条件下为解决特殊问题而做的特殊规定，并没有改变我国法制统一的基本格局。

"一国两制"的历史回顾

中华人民共和国建立之初实际上也有过"一国两制"，1959年以前没有触及西藏地方上施行的农奴制度。

1961年6月，毛泽东在与印尼总统苏加诺会谈时，首次谈及容许台湾保持原来的社会制度。他说"如果台湾归还中国，中国就可以进联合国。如果台湾不作为一个国家，没有中央政府，它归还中国，那末台湾的社会制度问题也可以留待以后谈。我们容许台湾保持原来的社会制度，等台湾人民自己来解决这个问题。"①这就是"一国两制"的最早雏形。之后在1963年，国务院总理周恩来将中国政府对台政策归纳为"一纲四目"，其中已经隐含后来"一国两制"的意思。

1978年11月14日，国务院副总理邓小平在结束了对泰国、马来西亚和新加坡的访问，途经缅甸回国时，同缅甸总统吴奈温谈到台湾问题。他说："在解决台湾问题时，我们会尊重台湾的现实。比如，台湾的某些制度可以不动，美、日在台湾的投资可以不动，那边的生活方式可以不动，但是要统一。"②这里，邓小平初步描述了"一国两制"的构想。

1981年9月底，全国人大常委会委员长叶剑英在向新华社记者发表的谈话中说，"国家实现统一后，台湾可作为特别行政区，享有高度的自治权，并可保留军队"，"台湾现行社会、经济制度不变，生活方式不变，同外国的经济、文化关系不变。私人财产、房屋、土地、企业所有权、合法继承权和外国投资不受侵犯"③。

1982年1月，邓小平表示："一个国家，两种制度。两种制度是可以允许的。他们不要破坏大陆的制度，我们也不破坏他们那个制度。"④自此，关于"一国两制"的概念正式出台。1983年7月，邓小平说："祖国统一后，台湾特别行政区可以有自己的独立性，可以实行同大陆不同的制度。司法独立，终审权不须到北京。台湾还可以有自己的军队，只是不能构成对大陆的威胁。大陆不派人驻台，不仅军队不去，行政人员也不去。台湾的党、政、军等系统，都由台湾自己来管。中央政府还要给台湾留出名额。"⑤

在解决香港问题时，邓小平再次表示，实行一国两制的构想，香港几个不变：社会制度不变、法律基本不变，生活方式不变，保持国际金融中心地位、自由港地位。除了派军队以外，不向香港特区政府派出干部。派军队是为了维护国家的安全，而不是去干预香港的内部事务⑥。他以"马照跑、舞照跳"来形容五十年不变的情形。邓小平还表示，说"五十年不变"是因为一代人只能管五十年，再长的时间要由下一代管了。

1984年中英签署关于香港问题的《中英联合声明》，1987年中葡签署关于澳门问题的《中葡联合声明》，均实施了"一国两制"的构想。

---

① 《毛泽东外交文选》，中央文献出版社，1994，第469页。
② 《邓小平思想年编：一九七五——一九九七》，中共文献出版社，2011，第191页。
③ 《叶剑英选集》，人民出版社，1996，第564页。
④ 《邓小平思想年编：一九七五——一九九七》，中共文献出版社，2011，第401页。
⑤ 《邓小平文选（第三卷）》，人民出版社，1993，第30页。
⑥ 参见《邓小平文选（第三卷）》，人民出版社，1993，第58页。

（二）公开原则

公开原则是指法律制定后应当向公众公开，未公开公布的法律不应当具有法律约束力。古代专制体制下，法律常常是不公开的，刑不可知，则威不可测。统治者认为，法律一旦公布，臣民就会抠法律字眼，怀侥幸之心钻法律的空子。但是，不公开的法律无法对个体行为起到任何引导作用，不可避免地会导致权力滥用，因此，公开原则是法治的基本要求，也是一项基本的法治原则。

一般情况下，法律从正式颁布到生效有一个缓冲期，以便人们学习掌握法律规定的内容，从而依照新的法律来调整自己的行为方式。比如，我国《民法典》2020年5月28日颁布，2021年1月1日实施。又如《德国民法典》1896年8月18日由德国皇帝威廉二世签署，1896年8月24日公布，自1900年1月1日起实施。

（三）不溯及既往原则

不溯及既往是指法律只适用于生效后的行为，不能适用于法律生效之前的行为。从个体的角度出发，法律没有禁止的行为就是允许的。法律禁止一种行为，只有在法律生效后，这种行为才被纳入法律追究的范围。同时，如果法律可适用于法律生效之前的行为，立法者就能就特定人曾经的行为而有针对性地制定规则，容易导致立法权的滥用。

不溯及既往原则在刑法适用上可以进行有利于行为人的变通，多采从旧兼从轻原则。所谓从旧兼从轻原则，是指刑法的适用以不溯及既往为原则，但如果新颁布的法律不认为是犯罪或处罚较轻，应适用新法，即具有溯及力。我国刑法采用的也是从旧兼从轻的原则。

> **拓展阅读**
>
> ### 纽伦堡审判的法律适用争议
>
> 第二次世界大战后期，苏、美、英、法四国政府在伦敦正式缔结了关于控诉和惩处欧洲轴心国主要战犯的协定，通过了国际军事法庭宪章。宪章共30条，对设置法庭的目的、任务及法庭的机构、管辖权等一系列问题作出明确规定。苏、美、英、法四国签署的《伦敦协定》和《欧洲国际军事法庭宪章》进一步规定，由四国各指派一名法官和一名预备法官组成国际军事法庭，对纳粹德国首要战犯进行统一审判。1945年11月21日—1946年10月1日，在德国纽伦堡共对22名纳粹战犯进行了审判，总称为纽伦堡审判。
>
> 纽伦堡审判虽然已过去70余年，但关于这次审判是否违背法律原则的问题，至今仍存在争议。美国最高法院首席大法官哈伦·菲斯克·斯通（Harlan Fiske Stone）称纽伦堡审判是在纽伦堡举行的一场高档私刑舞会。最高法院法官助理威廉·道格拉斯（William Douglas）指责说，同盟国在纽伦堡以大国代替法理，为了

迎合当时的激进情绪，法院适用的法律违背了禁止追溯原则。

参与纽伦堡审判的罗伯特·杰克逊（Robert Jackson）法官也认识到审理中所面临的困难，他解释说："必须承认，此次审判可能未经过充分的调查，很可能在以后的国际诉讼中不会成为任何国家所接受的法制先例。但对于给予你们的审判来说，这是一个十分严谨的诉讼。至于将来，我们不得不留给历史学家来完成……对这些人进行审判，是因他们有罪。被告人没有受到不公正的对待……如果说他们是第一批被以法律的名义起诉的战败国战争领导人，那么他们也是第一批以法律的名义被给予免除死刑的申辩机会的人。"[①]

第二次世界大战后，战犯被指控的罪名主要是危害人类罪、战争罪和破坏和平罪。战争罪和反人类罪尽管在1907年的《海牙公约》中已有规定，但对于它是否可视为国际法惯例以及是否适用于非签署国，一直存在争议。审判所适用的程序和法律依据实际上主要是第二次世界大战后期及战后美、英、苏等国签署的一系列公约。但是，对战犯的审判无论在法理上面临怎样的尴尬，在道义上却得到了较为普遍的认同。

（四）稳定原则

法律的稳定性要求法律不能"朝令夕改"，同时也要求法律具有连续性，法律不能单纯因掌权者的更替而变化，而是应保持前后的一致。目前，我国正处于社会转型时期，社会发展变化较快，法律法规的修改较为频繁。同时，为了满足社会发展对法律规则的需要，从20世纪80年代开始，我国立法采取了一种"宜粗不宜细"的原则，立法上较为粗线条。这种做法虽然在改革开放初期有助于使立法能紧紧跟上时代发展的步伐，但也不可避免地会存在一些不足，这也是我国法律法规的修改较为频繁的一个重要原因。

拓展阅读

《种树》

违反法律稳定性原则的问题在全国人大的立法工作中基本不存在，但个别地方领导为显示任期内的"政绩"所做的"面子工程"却常常存在这种情况。陈四益《种树》一文生动地反映了未受约束的权力执行者纯以一己之好恶而"朝令夕

---

① "Second Day, Wednesday, 11/21/1945, Part 04," in Trial of the Major War Criminals before the International Military Tribunal, Volumn Ⅱ. Nuremberg: IMT, 1947, pp.98-102.

改"所导致的后果。兹录其文如下：

某公爱柳，尝谓人曰："江上柳如烟，雁飞残月天。此何等景致！"及为县令，遍伐杂树，以柳易之。任满秩迁，继任者恶柳而好梅，曰："柳无风骨，岂若梅之耐寒也。况'疏影横斜水清浅，暗香浮动月黄昏'，更胜似'江上柳如烟'。"乃伐柳易梅。又三年，新官莅任，曰："梅固耐寒，未若竹之长青也。坡公有言：'可使食无肉，不可居无竹。无肉令人瘦，无竹令人俗。'"又令伐梅种竹。

民苦于屡更，作《天净沙》咏之："前官种柳平沙，后官换了梅花，新竹这官种下，心惊胆怕，怕再来的他偏爱枇杷。"

（引自陈四益、丁聪：《绘图双百喻》，湖南文艺出版社，2010，第60页。）

第二节　法的正当性

法的外在形式讨论的是法律之所以成为法律的形式要求，主要涉及的是立法权问题。然而，完全由立法机关严格按照立法程序制定的规范，就一定是法律吗？除了法的外在形式要求外，法律之所以成为法律，其具体内容还需要符合一定的标准吗？比如，日本军国主义政府为发动侵略而制定的"法律"，也是法律吗？其国民都应当遵守吗？

一　恶法是法律吗？

德国作家本哈德·施林克（Bernhard Schlink）写了一本畅销小说《朗读者》，2008年曾被搬上银幕。女主人公叫汉娜，第二次世界大战期间是德国纳粹集中营的一名看守。在一次转移三百多名犹太人途中，临时关押犹太人的一座教堂被炮火击中燃起大火，为防止犹太人逃跑，汉娜没有打开反锁的教堂大门，导致三百余名犹太人全部被烧死。战争结束后，已成为一名公交车售票员的汉娜被起诉。她辩称自己是在依纳粹的法律行事，不过是在履行职责，但她最后仍被法庭判决有罪。

现在的问题是：纳粹颁布的法律是法律吗？汉娜有没有遵守纳粹法律的义务？如果纳粹的法律也是法律，那么汉娜就应当遵守法律，她就是无罪的。如果纳粹的法律不是法律，那么汉娜就应当对自己的行为负责，她就是有罪的。汉娜应当被判决有罪吗？

对大多数人来说，法律不过是立法者颁布的规范性命令，除此以外，法律似乎并不是其他的东西。这样的认识并没有错误，实证主义法学派也是这样看待法律的。英国法学家约翰·奥斯汀（John Austin，见图1-1）就认为，法律就是主权者的命令，是一种制度性规则。在此基础上，他进一步论证说，法律不涉及任何道德论辩，符合道德价值并不是成为法律或者具有法律约束力的一个必要条件。依据这种认识，纳粹的法律尽管是"恶法"而受到人们的憎恶和反对，但它并没有失去作为"主权者的命令"的性质，同样具有强制力，应当遵守。也就是说，立足于实证主义法学立场，汉娜是依法办事，她应是无罪的。

图1-1　奥斯汀（1790—1859）

实证主义的法律观受到自然法学派的强烈批判。自然法学家认为，实证主义坚持法律与道德相分离，使德国法律界和普通民众丧失了对纳粹暴政的抵抗能力。他们说，在纳粹时期，正是人们放弃了对法律的正当性评判，才使纳粹"恶法"得以横行，从而给人类带来了深重的灾难。因此，法律并不单纯是主权者的命令，它还应受到道德的评判，应符合公平正义的基本要求。依照这种认识，汉娜所依据的法令违反了基本的公平正义，因而是无效的，她的行为违反了一切正直的人的良知和正义感，所以必须受到审判。

但并不是所有的实证主义法学家都认为汉娜不应当受到审判。实证主义者也并不是完全否认法律的正当性问题，他们只是认为法律的正当性并不必然地存在于道德原则中，而是取决于法律本身的功能或者效用。立足于这样的立场，英国学者赫伯特·哈特（Herbert Hart，见图1-2）对汉娜应否受到审判这样的问题做出了另外

图1-2　哈特（1907—1992）

一种解释。他认为，如果免除惩罚，人们会认为对死去的人而言，正义没有得到伸张。但如果给予惩罚，则必须使现行的法律溯及既往，这同样违背了法治精神的要求。在这种情况下，判断应不应当处罚的问题并不在于纳粹法律是不是符合道德的要求，而不过是在两害之中取其轻者。

实证主义法学派和自然法学派的观点都有其道理。在很多情况下，法律的确并不关涉道德，更重要的是其规范性功能。比如，《德国民法典》并不是纳粹统治时期制定的，但它在纳粹时期仍然适用；又如，《意大利民法典》是纳粹统治时期颁布的，但直到今天仍然继续适用。但这并不表明法律与道德原则没有任何关系，尤其是涉及人身处罚的法律，如果失去了基本的道德要求，其后果将可能是对人性的践踏、对社会文明的破坏。

恶法是不是法律的问题也许永远也没有标准的答案，但像奥斯汀那样完全否定道德

对法律的评判的人,应该也只是少数。那么,无论是从制度功能的角度,还是从道德的角度,我们如何来判断一部法律是否符合正义的要求呢?

二 法的正当性标准

(一)利己与利他——正当性问题的出发点

依照一般的社会观念,自私应当受到谴责,而利他主义则应当受到鼓励和表彰。社会也总是对自私进行无情的斥责,而对利他行为给予高度的赞扬。但是利他主义能够成为判断法律正当性的标准吗?如果以利他为标准,我们需要进一步思考的问题是:利他的标准应定在哪里?利他行为能够形成秩序吗?

君子国的故事大家都耳熟能详,也许会有助于我们对此问题的思考,下面节选部分描述的是君子国的一位"小公务员"在市场上买东西时与"小商贩"产生的争执:

> "老兄如此高货,却讨恁般贱价,教小弟买去,如何能安!务求将价加增,方好遵教。若再过谦,那是有意不肯赏光交易了。"
>
> 卖货人答道:"既承照顾,敢不仰体!但适才妄讨大价,已觉厚颜;不意老兄反说货高价贱,岂不更教小弟惭愧?况敝货并非'言无二价',其中颇有虚头。俗云:'漫天要价,就地还钱。'今老兄不但不减,反要增加,如此克己,只好请到别家交易,小弟实难遵命。"
>
> 只听隶卒又说道:"老兄以高货讨贱价,反说小弟克己,岂不失了'忠恕之道'?凡事总要彼此无欺,方为公允。试问那个腹中无算盘,小弟又安能受人之愚哩。"
>
> 谈之许久,卖货人执意不增。隶卒赌气,照数付价,拿了一半货物。刚要举步,卖货人那里肯依,只说"价多货少",拦住不放。路旁走过两个老翁,作好作歹,从公评定,令隶卒照价拿了八折货物,这才交易而去。
>
> (引自李汝珍:《镜花缘》,人民文学出版社,2020,第十一回。)

这段描写表明,如果买卖双方都以利他主义为标准,同样会产生分歧。在这种情况下,如何确定货物的合理价格呢?一个人达到什么样的程度才算符合利他的标准呢?可以说,这一标准几乎是无法确定的。同时,利他主义要求每个人不能考虑自己的利益,而应照顾并维护他人的利益。但是,任何人都不可否认的事实是,只有本人才是自己利益的最佳保护者,让他人而不是本人来维护自己的权益,既不经济也无效率。

因此,无论利他的行为如何道德高尚并且令人钦佩,都无法成为法律的正当性标准,更不能成为规则制定的出发点。法律正当性问题的出发点是个人,在假定每个人都为自己的利益而选择行动的前提下,法律所应考虑的是如何确定个体行为的边界。如果每个人的利益都能够在法律规定的框架内得到保护,那么,所有人的利益也都得到了保护。

(二) 正当性标准的不同认识

法律的正当性问题太复杂了，也许没有一个标准能一劳永逸地解决这一问题。但不同的人立足于不同的角度对这个问题给出了回答，结合各种不同的观点，对于法的正当性问题，我们也许可以拼出整体的模样。

1. 大多数人利益——功利原则

法律的目的在于保护个人利益，但在有些情况下，不同人之间的利益是相互冲突的。一个公共政策的制定者，不仅不可能照顾到所有人的利益，有时甚至还需要以牺牲一部分人的利益为代价。比如禁枪问题，在有些人看来，禁枪是对个人拥有枪支自由的干涉，而在另一些人看来，枪支会对社会治安造成威胁。作为立法者，禁还是不禁呢？禁枪的正当性理由何在呢？

英国哲学家杰里米·边沁（Jeremy Bentham，见图1-3）提出了一个标准，即人们常提及的功利标准。他认为，人的一切行为都有追求幸福的心理倾向。不仅私人行为受这一原理支配，政府的一切措施也要以此为依据。社会是由个人构成的团体，其中每个人都可以被看作组成社会的一分子。社会全体的幸福是由组成此社会的个人幸福的总和，因此判断一个行为或一部法令是否正当，应当看它是否符合大多数人的利益，是否有利于增进社会的整体福祉。

图1-3　边沁（1748—1832）

功利主义在政治和道德问题上引起了一场思想的革命，亨利·梅因（Henry Maine）于1875年写道，"我不知道，自边沁以来有任何一项法律改革的落实可以不追溯至他的影响。"[①] 不过与此同时，功利主义也受到了批判。批评者认为，功利主义没有尊重个体权利，会导致对人的基本价值的漠视。一个有力的反驳例子是关于肺癌问题的调查。

拓展阅读

菲利浦·莫里斯（Philip Morris）公司的调查

菲利浦·莫里斯是捷克共和国的一家烟草公司。由于担心吸烟使医疗费用不断攀升，捷克政府打算提高烟草的税额。为了阻挡税额的增加，菲利浦·莫里斯公司成立调查团，给吸烟对于捷克国民预算的影响做了一个得失分析。

该研究发现，吸烟给捷克政府所带来的收入要大于支出，其原因在于：尽管

---

① [英] 亨利·萨姆纳·梅英：《早期制度史讲义》，冯克利、吴其亮译，商务印书馆，2022，第十三讲。

烟民在世期间，会在预算中花费更多的医疗费用，可是他们死得早，因此能够给政府在医疗、养老金以及养老院等方面节省数目可观的费用。根据这一研究，如果将吸烟的"积极效果"——包括烟草税的财政收入以及烟民早死而节省下来的钱——计算在内，那么国库每年的净收入将达到1.47亿美元。

这份得失分析成为菲利浦·莫里斯公关上的一场灾难。一名评论员写道："烟草公司过去常常否认烟草能够杀人，可是现在他们却为此吹嘘。"一个反吸烟组织在报纸上刊登了一则广告，它展示了停尸房中一具尸体的脚，脚趾头上贴着一枚标价1 227美元的标签，这代表着每一例与吸烟相关的死亡将给捷克政府节省的开支。

面对公众的愤怒和奚落，菲利浦·莫里斯的首席执行官为此公开道歉。他说，这一研究体现了"一种彻底的、不可接受的、对人类基本价值的漠视"。

（参见［美］迈克尔·桑德尔：《公正：该如何做是好？》，朱慧玲译，中信出版社，2012，第二章，"肺癌的益处"部分。）

图1-4　密尔（1806—1873）

2. 无害原则

为回应批评者的指责，约翰·斯图尔特·密尔（John Stuart Mill，见图1-4）试图调和个人权利与功利原则的矛盾。为此他提出了一项原则——无害原则。他认为，人可以自由地做其想做的事，功利原则尽管是为提高社会的整体福祉，但不能为了大多数人利益而干涉个人的自由。只要一个人的行为对他人是无害的，大多数人的利益就不能强加其头上。

密尔试图通过强调个体自由来调和功利主义与个人权利的关系，在某种意义上已超越了功利主义的立论基础。对于什么是伤害，人们也很难达成共识。20世纪60年代，哈特与帕特里克·德富林（Patrick Devlin）就同性恋是否构成对公共道德的伤害展开了辩论，这场辩论充分说明，对于什么样的行为构成伤害，不同人的认识是不一致的。

拓展阅读

1957年，英国政府为调查同性恋犯罪和卖淫问题，成立了一个专门的调查委员会——皇家沃尔芬登委员会，该委员会最后提交了一份《关于同性恋罪错和卖淫问题的报告》。报告认为，凡未造成公共损害的行为，法律都不应介入，那些行为都属于个人自由，成年人之间私下自愿的同性恋行为不能被视为犯罪。报告引起了广泛争议，有人担心它会降低社会的道德标准，有人则为之欢欣鼓舞，大辩论遂为之展开。其中，德富林与哈特之间的论辩产生了极为深远的影响。

德富林认为，法律并不是仅仅因保护个体而存在，它还要保护社会，他说："之所以刑法迄今仍为人们所接受，唯一的解释就是，对于行为，社会有其特定的标准或道德原则；并且对这些标准和原则的违反，并不仅仅是对受害者个人的侵犯，还是对社会整体的侵犯。"在这一论点基础上，德富林进一步论证，社会存在公共道德的标准，法律有权针对公共道德问题做出评价，每一个社会都有其道德构建，法律要对此予以强制性保护，并惩治会对社会公共道德造成威胁的行为。

哈特沿着密尔的自由主义进路对德富林进行了回击，他主张，法律只有在防止对他人的伤害行为发生时，其适用才是正当的，只有在为某种补偿福利计的情况下，社会为实现正义诉求所采用的明显令人生厌的法律强制才能够被容忍，而同性恋犯罪既没有任何事实上和经验上的证据能证明对他人造成伤害，也没有来自社会福利或社会正义的特殊要求。哈特还区分了公共性道德与私隐性道德，私下同意的成人之间的同性性行为并未对他人造成任何损害，它们属于个人道德问题和生活方式的选择，因而不应受到法律的干涉。

（参见王森波：《同性婚姻法律问题研究》，中国法制出版社，2012，第43—44页。）

3. 帕克的命运——道德原则

李安导演的电影《少年派的奇幻漂流》讲述了一个少年海难漂流的故事，电影以唯美的画面和离奇的想象征服了奥斯卡评委。然而剧情并不纯粹是作家的凭空想象，而是有一个真实的故事原型。

事件链接

1884年5月19日，"木犀草"号游船从南安普敦启程，船上有达德利船长、史蒂芬斯、布鲁克斯，以及年仅17岁毫无航海经验的理查德·帕克（Richard Parker）。7月5日，在行驶到好望角西北约2 600 km处时，海浪突然冲垮防浪挡板，"木犀草"号很快沉没，上述四名船员逃上了唯一一艘救生艇。

最初三天，他们定量分食了救生艇上的食物，第四天抓住了一只海龟又维持了大约一周时间。然后连续八天，他们什么都没吃。在死亡的威胁下，达德利说，抽签决定以某个人的死换取其他人的生存，布鲁克斯表示拒绝。当时，帕克已经生病并出现昏迷。达德利示意杀死帕克，布鲁克斯保持了沉默。后来，史蒂芬斯按住帕克双腿，达德利在祷告后用折刀杀死了帕克。他们三个人以帕克的尸体为食，直到7月29日获救。

9月6日，达德利、史蒂芬斯和布鲁克斯被送往英国康沃尔郡的法尔茅斯市。入关时，达德利和史蒂芬斯提供了证词。他们很坦诚，相信会受海事惯例的保护。海关官员以"公海谋杀"之名，向法尔茅斯市市长利迪科特申请并得到了逮捕令。内政部长哈考特在收到案卷材料后，立刻与总检察长詹姆斯及副检察长赫舍尔进行磋商，决定提起控告。

本案控告的困难在于证词只可能来自三名被告，沉默权会妨碍任何正式的诉讼程序；而供词只适用于供述者本人，不能及于共同被告。9月18日，控方为使布鲁克斯成为本案证人撤销对他的指控，并获得了治安官的同意。

11月3日，赫德尔斯顿爵士主持对达德利和史蒂芬斯的审判，达德利和史蒂芬斯申辩无罪。控方反对将危急状态作为辩护理由，但没有隐瞒当时救生艇上的生存环境，并最终建议宽赦被告。

赫德尔斯顿希望通过确保判决被告有罪，一劳永逸地解决将危急状态作为辩护理由的法律问题。他指令陪审团提交一份特别裁定，仅陈述他们发现的案件事实，无须提出任何其他意见，法律问题则由法官组成的合议庭认定。

尽管辩方在总结陈述中强调了危急状态，赫德尔斯顿却提出一份提前拟定的特别裁定要求陪审团表示同意。结果，陪审团未对被告人是否有罪作出意见，而是求助于法庭进行裁决。

12月4日，王室法院分庭在首席大法官科尔里奇爵士的主持下开庭。控方提出，任何普通法上的权威都无法支持下述观点，即危急状态可以成为对谋杀指控的辩护理由。辩方则通过援引先例，提出诸多支持危急状态辩护理由的主张。

12月9日，法庭依法判处达德利和史蒂芬斯死刑，但建议予以宽赦。最终女王将刑期减至6个月监禁。后来，达德利移居澳大利亚，但始终认为对他的有罪判决是不正当的。

毫无疑问，达德利船长面临着非常严酷的困境，但无论如何，杀死一个人来挽救其他人都是令人难以接受的。在这里，或许很多人内心都存在某种程度上的功利主义想法，但它很难得到公开的辩护。对此，伊曼努尔·康德（Immanuel Kant，见图1-5）从道德原则的角度给予了批判。他认为，真正的道德行为是纯粹基于义务的行为，为实现某种功利目的而实施的行为不能被认为是道德的行为。因此，一个行为是否符合道德规范并不取决于行为的后果,而是采取该行为的动机。

那么,什么是纯粹基于义务的行为?什么样的动机是符合道德的呢?康德认为,人不能将自己的某种欲望作为动机,也不能以个人的幸福作为行动的法则,一个符合道德要求的行为不仅反映自己的意志,同时也应当符合其他人的意志,从而成为一个普遍适用的准则。也就是说,个体行为所体现的个人意志不能与他人的意志相冲突。在此基础上,康德进一步论证说:不论是谁,在任何时候都不应把自己和他人仅仅视为工具,而应该永远看作目的。每一个人都认为自己的存在本身就是目的,具有价值。因此,以普遍化原则推之,他也应该同样地对待其他理性存在者。

图1-5 康德(1724—1804)

按照康德的道德原则,达德利船长的行为显然不符合普遍性法则,因为他与帕克的意志相冲突。同时,帕克也没有被当作一个"人"而受到尊重,他仅仅被视为挽救他人生命的手段。因此,这样的行为不符合基本的道德要求。

4. 罗尔斯的正义原则

美国哈佛大学政治哲学教授约翰·罗尔斯(John Rawls,见图1-6)也提出了法的正当性原则,但他并没有立足于个体行为来讨论什么样的行为是正当的,他讨论的主要是公共政策领域的分配正义问题,采取的是一种契约论的思路。

图1-6 罗尔斯(1921—2002)

为了克服特殊环境和时代背景的限制,罗尔斯假设了一种"无知之幕"下的原初状态。在这一原初状态中,每个人都是自私且理性的。由于被"无知之幕"所遮蔽,人们不知道任何关于他人的情况,因而也无法判断自己与别人相比,在哪些方面处于优势,在哪些方面处于劣势。在这种情况下,如果让大家参与一项社会制度的制定,每个人会怎样选择呢?

由于所有人都不知道自己是不是比别人更有优势,所以每个人都希望能够公平分配,同时每个人又都担心自己是最弱势的,所以都倾向适当保护弱者的利益。由此,罗尔斯得出了正义的两个原则:

(1)所有的社会价值,包括自由与机会、收入和财富,都应平等地分配;

(2)为照顾社会上最为弱势的那部分人的利益,社会价值应适当进行不平等安排。

罗尔斯的正义理论为社会平等和福利政策提供了有力的辩护,在政治哲学和法学等领域都产生了深远的影响。

（三）小结

以上我们简要地讨论了法律正当性的各种标准，应予注意的是，所有的标准都不可能是完美无缺的，但它们无疑都对我们认识法律的正当性问题提供了有益的启示。综合不同标准，法律的正当性要求或许可以这样表述：

法律不能无视功利性原则，但功利性原则不能以牺牲个人基本权利为代价，更不能成为侵犯个体基本权利的理由。法律将所有人都视为平等的，但当平等原则使社会最弱势的群体陷于极为不公平的境地时，法律应当对此做出适当的差别性安排。

三 对待恶法的态度

不同的人立足于不同的角度，对同一部法律是否符合公平正义标准可能会有不同的评判，从而会有不同的态度。甚至，在他们都认为法律不符合正义标准的前提下，同样也可能会有不同的行为选择。那么，对于恶法，我们应该抱持一种什么样的态度呢？

（一）安提戈涅的不服从

安提戈涅表达了一种坚决的不服从态度，既然国王的法律不符合神的意志，那就是一种恶法。对待恶法，个体享有不服从权。不服从不仅仅是一种权利，在有些人看来，它甚至还应当成为每个人应承担的义务，否则就是对公平正义的违背，是对恶的迁就和放纵。哪怕要为不服从付出生命的代价，也在所不惜、义不容辞。

（二）苏格拉底的选择

相对于安提戈涅的不服从，苏格拉底做出了完全相反的选择。据说，苏格拉底被判有罪以后，他的学生克里托买通了狱卒，苏格拉底本来可以从狱中逃走。然而苏格拉底拒绝逃走，他认为，逃跑就是违抗并损害雅典的法制。尽管法庭对他的判决是不公正的，但是如果他逃走了，法律得不到遵守，就会失去权威性，正义同样不能实现。

安提戈涅不服从，追求的是正义；苏格拉底慷慨赴死，强调的是法律的权威及其所维护的秩序。虽然正义是一种理想的追求，但每个人对正义的认识和感受常常有很大的不同，如果每个人都以自己心中的正义行事，最终可能会使法律所维护的秩序受到破坏，正义也将无法实现。

一般来说，乱世重典，盛世恤刑。乱世出于对秩序的追求，法律会比较严苛，而在和平时期，人们会更加关注公平与正义。安提戈涅和苏格拉底的不同选择，其本身并不存在对错。站在不同的立场，处于不同的环境，不同的人会有不同的选择。

（三）第三种态度

网络上有一个广为流传的案例，讲的是1992年柏林墙推倒两年后，守墙卫兵因格·亨里奇（Ingo Heinrich）受到了法庭的审判。原因是在柏林墙推倒前，他射击了一名意欲翻墙而过的年轻人克里斯·格夫洛伊（Chris Gueffroy）。因格·亨里奇的律师辩护称，这名卫兵仅仅为了执行命令，别无选择，罪不在己。然而法官西奥多·赛德尔

（Theodor Seidel）并不这么认为，他认为：作为警察，不执行命令是有罪的，但打不准却是无罪的。作为一个心智健全的人，那时你有把枪口抬高一厘米的权力，这是你应该主动承担的良心义务。这个世界，在法律之外还有良知。当法律和良知冲突之时，良知是最高的行为准则，而法律却不是。尊重生命，是一个放之四海而皆准的原则。最终，亨里奇因蓄意射杀格夫洛伊被判三年半徒刑，且不予假释。

这个案例的真实性受到了广泛质疑，以德国法官的严谨性，他们应该不会以"把枪口抬高一厘米的权力"这样的修辞性描述作为判案的依据。从法律人的立场，将法律的执行诉诸不可预测、不可衡量、不可比较的个人良知，也不是一个值得称道的理性选择。更重要的是，据此也无法形成共同的法律思维，更无法铸造共同的法律信念。

然而，面对恶法，"把枪口抬高一厘米的权力"却为个体提供了第三种选择，从而在自己力所能及的范围内或者说法律允许的幅度内，将这种恶法所造成的影响降低到最低限度。由于"把枪口抬高一厘米的权力"无法通过法律来明确其具体的标准，也无法形成具体的尺度，所以不能成为一种法律原则，它只能成为每个人隐藏于内心的是非判断的主观法则。但是，面对恶法，无论是积极主动的执法者，还是麻木被动的执法者，在这一法则面前，都无法再为自己的行为进行辩护。"把枪口抬高一厘米的权力"要求每个执法者都应当认真而理性地思考自己的执法行为，它拷问的是每个执法者的良心。

> **拓展阅读**
>
> ### 德国统一后对柏林墙卫兵的刑事追诉问题
>
> 德国统一后，面临着法律的统一适用问题。根据两德对于统一问题所签署的协定，除特殊情形外，两德统一后，东德地区将立即适用西德的法律。但是，根据法不溯及既往的原则，对于统一以前实施的行为，在追诉时仍适用东德的法律，但西德的法律不认为是犯罪或者依照西德的法律处罚较轻的，应适用西德的法律。也就是说，在刑法的适用原则问题上，统一后采用的是从旧兼从轻的原则。
>
> 据统计，在两德统一前，因翻越柏林墙遭东德卫兵射杀的，一说有136人，一说有245人，统一后，这些当时曾开枪射杀逃亡者的卫兵受到追诉。然而，依照从旧兼从轻的原则，这样的案子应适用行为时的法律，也就是东德的法律，而卫兵开枪射杀逃亡同胞依据的是东德于1982年制定的《边境法》，那么，法院依据什么认定卫兵的行为构成了犯罪呢？
>
> 从严肃的法律判决的角度，这显然不是一句"把枪口抬高一厘米的权力"就可以解决的，这样的理由虽然听起来义正词严，但在法律人眼里同样无理而专断。

法院虽然也常常引用德国法学家古斯塔夫·拉德布鲁赫（Gustav Radbruch）的观点，认为当实在法违反最基本的人之尊严与价值时，就应当被超越，但这种观点并没有被直接当作判决的依据。

有罪判决是建立在对《边境法》合法性审查基础上的。东德早在1974年就加入了《公民权利与政治权利国际公约》，该公约第6条规定："人人有固有的生命权。这个权利应受法律保护。不得任意剥夺任何人的生命。"第12条规定："人人有自由离开任何国家，包括其本国在内。"同时规定，上述权利，除法律所规定并为保护国家安全、公共秩序、公共卫生或道德或他人的权利和自由所必需且与本公约所承认的其他权利不抵触的限制外，应不受任何其他限制。据此判决认为，东德的《边境法》违背了其所负的国际法义务，本身具有不法性，不能作为判决的法律依据。

判决还进一步探讨了《边境法》的合宪性问题。东德宪法第30条规定，公民的人格和自由不可侵犯，只有在法律允许并不可避免的情况下才可以被限制。这一规定虽然仍可以保留《边境法》的适用，但已经很难为射杀这种极端行为提供辩护了。

上述因格·亨里奇案据说也是因射杀逃亡者被追诉的案件之一，案件本身应当是真实的，但所谓"把枪口抬高一厘米的权力"之说辞不可能成为判决的理由，应当是后人演绎的结果。

（参见潭淦：《从柏林墙射杀案看德国刑法中的罪刑法定原则》，《刑事法判解》2018年第3期。）

第三节 法的体系

任何法律都不是单纯的法律条文的组合，而是根据某种内在逻辑而形成的整体。一个国家颁布的各种法律也不是孤立存在的，同样有其内在的区分与联系，从而形成一个有机联系的整体。这种由一国现行法组成的、具有严谨内在逻辑的整体被称为法律体系，又称法的体系。它反映法的内在联系，也表达着法的组合形式。

一　法的分类

（一）公法与私法的划分

公法与私法的划分是大陆法系国家所公认的基本法律分类。它源于古罗马，为罗马法学家乌尔比安首创。他以法律维护的利益为标准，把法律分为公法和私法，认为公法是与国家政治活动相关的法律，私法是有关个人利益的规定。11世纪，随着罗马法的复兴，罗马法逐渐发展成为欧洲的共同法，其关于公法与私法的划分也被大陆法系国家普遍接受。

自由资本主义时期，基于对封建特权的抵触，国家公权力开始受到特别的警惕。人们希望国家权力被限制在必要的范围之内，在国家权力之外是更为广阔的社会生活的自由空间。人们相信，社会自身具有自我修复功能，能自发地形成秩序，在人人都追求个体利益的同时，社会整体福利也必然会得到提升，个体利益与社会利益从根本上说是一致的。在这种观念下，人们认为应尽可能避免国家公权力对私人生活的干预，由此，崇尚自治用以调整私人关系的私法与被限制在国家政治生活范围的公法得以保持清晰的划分。公法是公法，私法是私法，它们分别代表着国家与社会两个不同的层面，理念不同、互不干涉。

公法与私法的划分不仅是社会观念的需要，也是大陆法系法律体系建构的基础。法律并不是单纯的条文的集合，而是依照一定的理念、原则、逻辑关系有机组成的整体。不同渊源、不同内容的法也不是毫无关系的各自独立的存在，同样体现着某种内在的逻辑联系，并进一步形成法律体系。法律体系不仅有助于形成法律自身的理念和原则，而且可以有效地避免法律条款之间乃至法律之间的冲突与竞合。有学者甚至认为，这种基于法律的体系化而形成的理念与原则具有某种程度的自创生性，从而有助于促进法律的自我发展与完善。

法律体系的构建不仅可以有效避免立法的重复与冲突，还进一步促成了不同法律领域中不同法律理念的产生。在私法领域，"私法自治"理念贯穿始终，法学家们普遍认为，私法是个体意志自主决定的领域，凡是法律没有明文禁止的，就是允许的，至少是无须承担法律责任的，私法的目的在于确保个体的行为选择能够真正体现自己的意志。而在公法领域，一切公权力均来源于人民通过法律的授权，因此，凡是法律没有明文授权的，就是禁止的，至少是不应具有强制力的。

总之，公法与私法的划分有重要的法律意义，梁慧星在谈及公法与私法的分类时说，法律之分为公法与私法，乃是人类社会文明发展的重大成果，是今日整个法秩序的基础。如果这一区别被混淆，甚至无视公法与私法的本质差异，作为社会调整器的法律将会失灵，并导致社会关系和社会秩序的混乱。

（二）关于社会法

公法、私法的划分从20世纪初沿袭至今，又受到三元论的冲击。德国学者汉斯-马丁·帕夫洛夫斯基（Hans-Martin Pawlowski）提出以公法、私法和社会法三分法来取代传统的两分法。三元论者注意到了当代法律的一些实际发展，即公私法的交错形式上产生了作为中间领域的新型法域，如劳动法、经济法和社会保障法等。这些法律应当归类到私法还是公法不甚明确，应属于公法、私法之外的第三法域即社会法的范畴。第三法域说突破了传统的二元划分，但是如何界定社会法与私法及公法之间的边界仍是一个难以解决的问题。

尽管学界对社会法的调整对象至今仍未达成共识，但立足于社会法的视角，人们常将社会保障法、社会救助法、慈善法、妇女儿童保障法、残疾人保障法、老年人权益保障法等法律归于社会法的范畴。至于经济法、劳动法、环境法等法律，有人把劳动法归于社会法的范畴，也有人认为经济法和劳动法目前已经成为独立的法律部门，还有人认为经济法和环境法不过是经济行政和环境行政的体现，应归于行政法的范畴。

（三）部门法的划分

除了公法与私法的分类，根据调整对象和调整方法的不同，还可以将一国国内的现行法律分成不同的法律部门，各法律部门的法称为部门法。

调整对象是指法律所调整的社会关系，一般来说，不同的法律调整不同的社会关系，如民法调整的是私人主体之间的关系，行政法调整的是行政管理关系，诉讼法调整

拓展阅读

关于公法、私法的划分标准

关于公法与私法的分类标准，人们的认识并不一致，主要有三种分类标准。

利益说，即以保护社会公共利益为目的者为公法，以保护私人利益为目的者为私法。乌尔比安倡导此说。这一学说存在如下缺陷：其一，公益和私益用语本身存在确定的困难，不便具体应用。其二，任何法律都会同时兼顾公益和私益，如刑法虽属公法但亦具有保障私人生命财产安全即私益的功能，民法虽属私法但也具有保护交易安全、社会伦理秩序和经济秩序等公益的作用。因此，无论公法还是私法，其宗旨都不仅仅在于促进或保护某些公共的或个人的利益，而且在于适当地平衡各方面的利益，创造正义和公正的局面。

主体说，即法律关系主体的一方或双方为国家或国家授予公权力的机关的为公法，法律关系主体双方均为私人的为私法。该说为德国学者格奥格·耶律内克（Georg Jellinek）所倡导。这一学说仍有缺陷：国家或其他公权力机关有时也与私人缔结买卖、租赁或运送等契约，如政府采购等；私人有时也会对其他私人行使公权力，如海商法规定船长因维持海上治安可以行使警察权等。

性质说，此说以法律关系的性质为区分标准，认为调整不平等关系或权力服从关系的为公法，调整平等关系的为私法。但这种认识无法解释国际法，国际法虽属公法但却规定国与国之间平等权利义务关系，而且对劳动关系、竞争关系这样的特殊关系如何归类，性质说也无法给出合理的解释。

的是诉讼活动中的参加人之间的关系。通常情况下，凡调整同一类社会关系的法律，都被归于一个独立的法律部门。

调整方法是指法律通过何种方式来实现调整社会关系的目的。关于具体的法律调整方法，立足于不同的角度，有不同的分类。法律常见的调整方法有强制性方法、鼓励性方法和认可性方法。强制性方法是指采用强制性手段禁止某种行为或要求必须实施某种行为，否则即给予惩罚和制裁。鼓励性方法即通过提供一定社会福利或奖励手段鼓励实施某种行为或不为某种行为。认可性方法是指对个体自主决定的行为给予法律上的认可和保护。不同的法律部门并不意味着不同的法律调整方法，同一法律部门也不是只有一种调整方法，但各个法律部门一般都有其主要的法律调整方法，比如，刑法的主要调整手段是强制性方法，民法的主要调整手段是认可性方法，而在某些所谓的社会法领域，鼓励性方法则更为常见。因此，调整方法也是划分部门法的重要依据之一。

对于我国部门法的分类，并没有形成统一的认识。对于宪法、行政法、民商法、刑法和诉讼法这五个部门法，一般不存在分歧。虽然有将民商法进一步划分为民法和商法两个法律部门的观点，但只涉及商法是否独立的问题，并不存在根本上的分歧。但是，对于经济法、社会法、劳动法、社会保障法、环境法等法律的归类，学界分歧较大。有人不同意将经济法和社会法视为独立的法律部门，有人将劳动法和社会保障法归于社会法。当然，如前文所述，还有人将社会法视为公法与私法之外的第三法域，并将经济法、劳动法、社会保障法，甚至环境法等，均归于社会法的范畴。

二 公法的体系

一般来说，公法总是与国家权力相联系，是与国家权力的配置及其运行有关的法律规范的总称。公法体系下的法律主要包括以下五个部分。

（1）宪法。宪法是国家的根本大法，任何国家的宪法都涉及两方面的基本内容：一是国家权力机关的设置及其相互关系；二是公民的权利与义务。有些国家并没有统一的成文宪法，但任何国家都存在宪法性的法律规范。

新中国成立后，于1954年、1975年、1978年和1982年先后颁布过四部《宪法》，1982年《宪法》分别于1988年、1993年、1999年、2004年、2018年进行过五次修正。现行的《宪法》包括五部分内容。其中：序言简述了党领导的革命历史、我国基本国情和宪法的效力；第一章总纲规定了我国基本制度；第二章规定公民的基本权利和义务；第三章规定国家权力机构的设置及其职权；第四章规定国旗、国歌、国徽和首都。

具有宪法性质的法律不仅仅局限于《宪法》，其他专门规定国家权力机关设置、运行以及公民基本权利和义务的法律，如《中华人民共和国全国人民代表大会和地方各级人民代表大会选举法》《中华人民共和国全国人民代表大会组织法》《中华人民共和国人民法院组织法》《中华人民共和国人民检察院组织法》《中华人民共和国国务院组织法》《中华人民共和国民族区域自治法》《中华人民共和国集会游行示威法》以及特别行政区基本法等都属于宪法性文件。

（2）立法法。立法法规定国家立法权的设置、立法程序和法律冲突的解决方式。我国《立法法》2000年开始实施。除《立法法》外，其他有关立法程序、法律备案等问题的法律和条例，如《行政法规制定程序条例》《法规规章备案条例》等，也属于立法制度的内容，均可归于广义的法律意义上立法法的范畴。

（3）行政法。行政法是与行政管理有关的法律、法规或规章，调整的是行政管理机关与行政管理相对人之间的管理与被管理的关系。在行政法领域，目前我国颁布的法律主要有《中华人民共和国行政许可法》《中华人民共和国行政强制法》《中华人民共和国行政处罚法》《中华人民共和国行政复议法》等，但国务院颁布的行政法规以及国务院下属各部委和直属单位颁布的规章十分庞杂，其数量估计远远大于所有其他领域的法律法规和规章之和，包括但不限于公安、国家安全、民政、司法行政、人事、科技、教育、文化、体育、卫生、计划生育、城乡建设、环境保护、旅游、信访等各行政职能领域。

（4）刑法。刑法是关于犯罪和刑罚的法律。《中华人民共和国刑法》（以下简称《刑法》）1979年通过，至今已经过十余次修订。现行《刑法》包括总则5章、分则10章。此外，全国人大常委会有关犯罪和刑罚的决定和补充规定也是刑法的重要组成部分。

（5）诉讼法。诉讼法是围绕着诉讼活动而制定的程序法，我国诉讼法主要包括三大类，即刑事诉讼法、民事诉讼法和行政诉讼法。《中华人民共和国刑事诉讼法》规定的是刑事案件中对犯罪嫌疑人的侦查、公诉和审判程序，该法1980年开始实施，1996年、2012年、2018年经过三次修订。《中华人民共和国民事诉讼法》规定的是私主体之间纠纷解决的程序问题，该法1991年开始实施，2007年、2012年、2017年、2021年和2023年五次修正。《中华人民共和国行政诉讼法》适用于行政管理机关（或经其授权行使行政管理职能的单位）与行政管理相对人（被管理者）之间的纠纷处理，该法1990年实施，2014年和2017年经过两次修订。

三　私法的体系

私法调整不涉及公权力行使的私主体之间的关系。私主体主要包括自然人、法人和非法人组织，国家机关及其工作人员在从事与公权力行使无关的活动时，也可视为私主体，适用私法规范，如国家机关的普通购物行为、侵权行为等。

私法包括民法和商法，采取民商合一立法体例的国家并不严格区分民法与商法，采取民商分立的国家，除制定统一的民法典外，有些国家还另行制定了统一的商法典。但是，由于商法规范内容十分庞杂，无法纳入统一的民法体系，即使采取民商合一的国家，也没有将商事规范均纳入民法的法典体系。在没有制定统一的商法典的国家，商事规范大多是以单行法的形式出现的。我国现在已经颁布了统一的《民法典》，原来的《中华人民共和国民法总则》《中华人民共和国物权法》《中华人民共和国合同法》《中华人民共和国担保法》《中华人民共和国婚姻法》《中华人民共和国收养法》《中华人民共和国继承法》《中华人民共和国侵权责任法》等民事单行法都被纳入了《民法典》。

（1）民法。民法调整的是平等的私主体之间的财产关系和人身关系。当前，大陆法系国家大多制定了统一的民法典，其体系主要有两种建构方式：一是以法国为代表的"三编制"体系，以古罗马《法学阶梯》为基础，将民法体系分为人法、物法和取得所有权的各种方式三编；二是以德国为代表的"五编制"体系，以古罗马《学说汇纂》为基础，将民法体系分为总则、物法、债法、婚姻家庭法和继承法五部分。

我国《民法典》于2021年开始实施，在德国民法典五编制的基础上，从总则编中分离出人格权法，从债法中分离出合同法和侵权责任法，从而形成了由总则编、物权编、合同编、人格权编、婚姻家庭编、继承编和侵权责任编组成的七编制体系。

（2）商法。商法在性质上属于私法，其调整对象同样是不涉及国家公权力的私主体之间的关系，但商法主要与商事活动有关。商事活动中形成的习惯内容庞杂，很难被纳入统一的民法典，因而很多国家除制定民法典外，还另行制定了统一的商法典。有些国家（包括我国）没有明确区分民法与商法，但也未将商法规范纳入民法典，仍大多以单行法形式出现。一般地，人们常把公司法、破产法、商业保险法、信托法、票据法、证券法、海商法等归于商法的范畴。

商法在性质上也属于私法，因而商法与民法的边界并无明确区分，即使采取民商分离立法模式的国家，边界的划分也主要依赖于习惯。不过，总体说来，民法规范更侧重自由与公平，着重探究的是当事人的意思，而商法更侧重效率与交易安全，因而更多地体现出形式主义的特征。

（3）知识产权法。知识产权本质上属于私法，尽管知识产权如商标权和专利权常常需要国家商标和专利管理机关审查并授予，但其目的主要在于确定知识产权的权利范围，权利的享有和行使仍主要取决于当事人自己的意思。知识产权法主要包括著作权法、商标法和专利法，此外，商业秘密、集成电路设计、计算机软件、动植物新品种培育方法也都受法律的保护，属于广义上知识产权法的范畴。

本讲涉及的主要法律法规

《中华人民共和国立法法》

课外阅读推荐书目

（1）《中国法学初步》，刘星著，广东人民出版社1999年版。

（2）《西方法学初步》，刘星著，广东人民出版社2002年版。

（3）《洞穴奇案》，[美]萨伯著，三联出版社2010年版。

（4）《法律的道德性》，[美]富勒著，商务印书馆2005年版。

（5）《法学的圣殿：西方法律思想与法学流派》，徐爱国著，中国法制出版社2017年版。

（6）《法律、自由与道德》，[美]哈特著，商务印书馆2021年版

（7）《公正：该如何做是好？》，[美]迈克尔·桑德尔著，中信出版社2012年版。

第二讲 法的历史传统

　　任何法律都根植于特定的社会土壤，枯燥刻板的法律条文的字里行间，流淌的是对生活的观照与体验，反映的是社会各种关系的相互作用与内在逻辑。任何法律都不是突然生成的，在历史传统与现代法律之间必然存在着某种血脉相连的内在联系。特定的社会土壤与特定的历史演进轨迹形成了不同的法律传统，向我们展示着法律的不同样态。

　　讨论法的历史传统，并不是为了或者说主要不是为了弄清法律过去的样子，而是为了了解我们当下的法律是如何形成的。法的历史中隐藏着法的发展演进逻辑，它并不仅仅是在向我们叙述一段经历，而且仍然可能是我们当前法治实践中正在进行着的一部分。

第一节　法律传统形成的一般逻辑

一　法的历史传统概说

（一）法的一般历史

理论上，如果人与人之间能够自发地形成和谐共处的秩序和纠纷解决机制，那么国家制定法就没有任何存在的必要。在原始社会，人与人之间的关系主要靠原始道德观念和氏族习惯来维系，但对氏族之间的冲突，常常是通过血亲复仇的方式来解决的，反映出极为残酷的血腥暴力特征。随着氏族人口的增加，为争夺生存空间而爆发的战争更是接连不断，各氏族被迫结成联盟以应对规模不断升级的战争。为处理氏族联盟越来越复杂的内部关系，需要制定一系列大家共同遵守的盟约，这些就是法的最早雏形。随着国家的产生及其力量的不断壮大，国家开始单方面制定并强制其臣民服从规则命令，法律由此产生了。

一般情况下，各国最早出现的法律基本上都是用以解决氏族联盟关系问题以及国家权力配置问题的公法。随着国家权力结构的稳定和国家治理能力的提高，国家公权力开始渗透到私人纠纷解决机制中，个体之间暴力解决纠纷的方式被禁止，私人纠纷逐渐被纳入国家公权力的范围，依靠国家强制力作为保障，通过国家公权力的居中裁判方式实现纠纷的解决。国家裁判需要司法权的设置，同时也需要程序规范和据以作为裁判依据的实体法规范，私法由此也开始以国家制定法的形式出现了。

当然，早期的法律并不区分公法与私法，公法与私法的划分是法律理论发展较为成熟时才形成的认识。迄今所发现的早期成文法律，如古代巴比伦王国颁布于公元前18世纪的《汉谟拉比法典》，古罗马颁布于公元前5世纪的《十二表法》，以及我国古代的立法，基本上都是诸法合体、公法与私法混杂的。随着立法技术水平的提高和法律理论思想的发展，开始逐渐出现法律的部门划分，并逐步形成较为成熟和完善的法律体系。

（二）法的演进与法的历史传统

法律并不是单纯的法律条文的罗列，其背后还有一套用以支撑法的实施的复杂的司法机制，在法的制定和实施过程中，还会形成各种法律思想和法律观念。这种经由一个国家或民族世代相传而形成的相对稳定的关于法的观念和制度，人们常称之为法的传统或法律传统。这里的"传统"并不强调过去，也不是一个与"现代"相对应的概念，而是一种从过去延传至今，并已融入现代血脉的东西，从而成为事物本身必不可少的组成部分。在此意义上，法律传统是指经由法的历史演进而延续至今的法律制度与法律思想的总和。它是历史的，也是当下的，这一概念与其说是在描述一种现象，倒不如说是在叙述一段经历，或者说今天与过去之间所存在的一种难以分割的内在联系。

由于不同的社会条件和不同的历史进程，法律制度和法律思想也会呈现出不同的特征，进而形成不同的法律传统。每一种法律传统都有自己的特点，以及自身的历史传承和发展轨迹。研究法的历史传统，目的并不在于研究法律在过去是什么样子的，而是通过研究法的历史传统，更清楚地认识法形成的历史条件及其演进规律。同时，更为重要的是，我们由此可以进一步明白，我们如今所使用的法律是如何成为这个样子的，历史传统以怎样的方式仍然影响着今天。

（三）法律传统与法律文化

人们常使用的还有一个"法律文化"的概念。学界通常认为：法律文化是指一个民族在长期共同生活中所认同的、相对稳定的、与法和法律现象有关的制度、意识和学说的总和。它不仅包括法律制度和法律规范，也包括法律设施和法律技术，同时还包括法律思想与法律观念。在此意义上，法律文化似乎与法律传统并没有明确的界限，因为法律传统同样也是指法律制度与法律思想的总和。如果一定要进行区分的话，法律传统侧重于表达的是法律的纵向切面，强调的是法律与历史之间的内在联系，而法律文化虽然也有历史传承方面的含义，但似乎更侧重于表达法律的横向切面，关注的是组成法律文化的各个部分。

无论法律传统还是法律文化都是一个国家或一个民族在长期的法律实践中形成的，是国家或民族传统文化的重要组成部分。它所凝聚的不仅是智慧，也包括复杂而又浓郁的民族情感和文化认同。它所代表的也不仅仅是一种精神财富，更重要的是，它代表着一个国家或民族的共同记忆，是维系某种相互认同的不可替代的内在力量。因此，如何对待传统法律文化乃至其他传统文化是一个值得我们全方位深入思考的重要课题。

二　法律传统的影响因素

（一）法的社会基础——从梁祝故事说起

梁山伯和祝英台的故事在我国是一个家喻户晓的爱情故事，这一故事的民间文本常常将故事的悲剧归因于梁家的贫穷、祝家的势利和马家的蛮横。从法律的角度，这个故事能给予我们什么启示呢？我们先来对传统的认识进行一下分析解读。

首先，梁山伯家穷吗？梁祝故事发生于东晋时期，当时的社会有氏族、庶族之分，并不是所有的人都有机会接受正规的学校教育。梁山伯在当时能够远赴他乡长期"脱产读书"，我们似乎没有理由说他家里穷，甚至可以说他的家庭背景"并不简单"。

其次，祝英台的父母迂腐吗？很多故事版本认为祝英台父母迂腐而势利。但是，祝英台为什么要"女扮男装"？这说明当时女子"外出"或"求学"是不被社会所认同的。在"女子无才便是德"的时代，有几位父母能做到祝英台父母那样呢？认为祝英台

的父母迂腐同样缺乏充分的根据。

最后,马家恶吗?有的文本中说马家势大,有强娶的意思,但我们也注意到,马家在迎娶祝英台时能让她去"旧情人"坟上祭奠,这同样是需要一定胸怀的,并不像是恶人做出来的事情。

基于这样的分析,梁祝悲剧的发生看起来只能归咎于当时的婚姻法律制度了。当时的婚姻法律制度遵循的是"父母之命,媒妁之言",基本上由父母包办,并未给个体的自主选择留下任何空间。然而,既然父母包办的婚姻会产生梁祝这样的悲剧,为什么这种制度在我国会延续两千年之久呢?所有的家长和统治者难道没有人能清晰地认识到这一制度所存在的问题吗?

对此,北大法学院教授朱苏力教授分析如下①:

> 人类通过长期的实践,发现"男女同姓,其生不蕃",血缘关系过于亲近的人结婚,对于后代的繁衍很不利。因此,必须从血缘关系比较远的人当中选择婚配对象。但是,在古代农业社会中,交通和信息流通不便,人们的活动范围很小,孩子们(古代男女在十四五岁已经到了婚嫁年龄)往往是在一个村庄内长大的,而同村的同龄段异性往往都是近亲属,可以接触到并可以成为配偶的其他异性很少。与别村的适婚异性则很难交往。
>
> 在这种社会条件下,至少在有些人类群体中,婚姻很自然地就成为父母为儿女操办的一件大事。由于父母的社会经历和社会关系相对说来更为广泛和开阔,他们也更有可能为子女发现合适的配偶。甚至,为了扩大择偶的可能性和成功率,一些父母还会大量运用媒妁之言。由此看来,包办婚姻和媒妁之言在传统社会中都发挥了择偶的信息渠道的功能,在乡土社会中总体说来具有正面的功能。在古代农业社会中,包办婚姻和媒妁之言具有不可替代的制度正当性,而那些不采用包办婚姻和媒妁之言来扩大婚姻对象的群体,那些"自由婚配"因而更可能近亲结婚的群体,必定会在历史无意识的生物进化中逐渐消亡,当然与其一起消亡的还有他们的"自由婚姻"制度。这绝不是偶然的,这是生物选择的结果。制度并不是道德的产物,制度是生存的产物。
>
> 当然,促成父母包办的还有其他一些社会因素。例如,结婚并不仅仅涉及性的问题,它是一种社会制度,会涉及后代的健康、养家糊口等问题。因此,虽然性爱以生物本能为基础,但婚姻必定是涉及诸多利害的选择,有许多事务要处理。这些问题要让一个十四五岁的青少年来处理,显然有许多困难,而相比起来,父母则更有能力和经验处理这些问题。此外,在古代社会,儿子在婚后也至少会同父母一起

---

① 《朱苏力:从历史的意义来认识梁祝悲剧——在耶鲁大学的讲演》,爱思想,2010年11月17日,http://www.Aisixiang.com/data/2743-2.html。

居住一段时间，甚至要养老，而父母一般不太会愿意家中出现一个自己完全不了解底细、性格上有冲突的陌生人。为了避免这种冲突，他们自然也会要求对儿女的婚姻做主。父母对家庭经济控制、其成熟和经验、其交际面的广泛以及长期形成的地位，都使得父母在这一问题上更占据主导。因此，包办婚姻就成为传统社会中一种基本的婚姻制度，一种事实上的法律，一种人们有义务遵守并通过社会压力保证实施的规则。

可以说，梁祝悲剧产生的根源虽然可归咎于当时的婚姻法律制度，但这种法律制度的产生并不是偶然的，而是由当时的社会条件所决定的。只不过祝英台女扮男装的求学经历打破了当时社会环境的约束，成为一个一般情况下不会出现的特例。这一个特例无法与当时的法律制度和社会观念相协调，悲剧也就大概率难以避免。

任何法律调整的都是人与人之间的关系，在不同的社会条件下，人和人之间的关系会有不同的类型和呈现形式，从而形成不同的社会组织结构。比如，传统自给自足的农业社会状态下，人们世代聚居于相对固定的土地，形成的是一种长期稳定的熟人社会的人际关系。这种人际关系具有很强的相互性和稳定性，并由此形成费孝通先生所称的一种层次分明的差序格局，伦理情感和风俗习惯在调整人与人之间的关系方面起着非常重要的作用。而在现代商业社会下，人们生活的城市是一个人口流动性较强的陌生人社会，情感和风俗基本上无效，更多地依赖制定法规则来调整相互之间的关系。

任何法律都是调整人与人之间的关系的，有什么样的人际关系及社会组成方式，就有什么样的法律。在此意义上，任何法律都根植于特定的社会土壤，不可能脱离特定的社会基础。可以说，对法的传统的形成，社会基础是决定性的，这是我们考察任何法律制度、制定任何法律规则都不可忽略的一个基本前提。

（二）法的内在逻辑

不同的历史时期、不同的地域、不同的社会环境，会有不同的社会基础，从而有可能形成不同的人与人之间的关系形式。但是，无论何种社会基础，人与人之间的关系形式总有共同之处。如果我们将个体所处的关系类型分为两类，一类是个体与个体之间的关系，另一类是个体与国家之间的关系，我们会看到，在单纯的个体与个体之间的关系上，无论何种社会，人们都追求一种和谐共处的人际关系。不伤害他人、遵守承诺、诚信无欺、欠债还钱、损害赔偿等，是任何社会条件下都共同认可的基本规则。在个体与国家的关系上，尽管不同的国家有不同的社会制度，但大体上可分为君主专制、君主立宪、民主共和等几种基本类型。同一类型的国家组织形式之间尽管存在着各种差异，但也常常表现出某些类似的特征。

不同社会基础上人与人之间关系的共同性反映在法律制度上，也使不同国家的法律制度在很多方面表现出共同的特点。由此我们看到，两千多年前古罗马的社会基础与当前的法国、德国、日本乃至中国相比，当然迥然有别，但其所使用的很多法律概念，这

些现代国家今天仍然在使用，其所适用的很多法律法则，与今天这些国家的某些法律规则并无不同。实际上，我们今天所使用的民法典无论是在概念使用上，还是在具体制度和体系建构上，大多可以在古罗马法中找到明确的渊源。

也就是说，法律虽然根植于特定的社会基础，但与此同时，也有其自身的内在逻辑和发展演进规律。有学者甚至认为，法律是一种自创生系统，具有自我生成和自我完善的能力，能够内在地发展成一个复杂而严谨的体系。无论是否认同这样的观点，我们都必须承认，法具有其自身的内在逻辑，这些内在逻辑在很多情况下是可以超越国界，甚至可以超越社会历史发展阶段的。

（三）法的视角与法的运行方式

法取决于一定的社会基础，并且有其自身的内在逻辑。但是，即使基于同样的社会条件，不同国家在不同的社会历史时期，其法律制度仍可能存在很大的差异，这意味着除了社会基础与法的内在逻辑，法律传统的形成还有其他方面的影响因素。这里，我们重点介绍另外两种常常被忽略但非常重要的影响因素。

1. 法的视角

立足于不同的视角，法会呈现不同的样子，人们也会形成对法律的不同理解方式，并由此进一步影响人们的法律思维方式，甚至决定法的理论与体系的建构方式。因此，通过对法的视角的分析，我们可以考察不同法律视角下的差异是怎样形成的，也可以考察相同视角下不同国家在不同历史时期何以能形成一种大致相同的法律制度。

一般来说，公法主要有统治者和被统治者两种视角。立足于统治者视角，法律会被视为一种实现国家统治的工具，高效地贯彻统治者意图就成为法律的目标。在这一视角下，法律的制裁功能及其对社会秩序的维护总是受到特别的强调，法律因此也总是与违法犯罪相联系，成为使人畏惧的避之唯恐不及的东西。立足于被统治者视角，法律则更多被视为限制公权力的手段，如何有效地将公权力控制在法定的范围之内就成为立法的核心内容。在这一视角下，法律成为个体有效维护自己权益并限制公权力滥用的途径。

对于私法而言，私法领域调整的是单纯的个体与个体之间的关系，法律的视角可以立足于双方的关系，也可以立足于单一的个体。立足于双方的关系，法律会根据关系所承载的社会功能而预先设定某种正义的标准，个体行为是否应当受到法律的保护取决于其是否符合法律所预设的正义标准，所以这一视角也可称为正义视角；立足于单一的个体，法律将个体行为的自主决定权交给当事人自己，除法律明确禁止的行为外，个体行为是否产生法律效力关键看其是否能真正体现个体的意志，所以这一视角也可称为意志视角。

不同视角下，法律思维的逻辑起点不同，对法律的理解方式以及法律理论与体系的建构方式也必然会存在差异。古罗马立足于正义视角，很难形成真正的"自我"观念，个体行为的正当性是被放在城邦生活的框架下进行评判的，不同的人在不同关系中的身份和角色不同，需要根据具体关系中的身份角色来对个体行为进行评判。而在现代人的法律观念中，私法领域是个体意志自主决定的领域，法律的任务在于划定个体意志自主决定的范围，在这一范围内，个体行为如何选择取决于本人的意志。

但是，不同的视角也不是完全水火不容的，尤其是在私法领域，立足于不同的视角，常常也会达到殊途同归的效果。由此我们看到，虽然立足于完全不同的视角，但古罗马的很多私法概念和制度我们至今仍可以使用。

2. 司法权的运行方式

古希腊与古罗马有着几乎完全相同的城邦体制和城邦观念，社会身份的建构和对正义观念的认识同样也没有明显的差别，所有这些似乎都意味着古希腊与古罗马应当有着同样的法的演进轨迹和建构形式。然而事实并非如此，尽管古希腊人有着同样的重视立法的传统，但他们似乎从来就没有形成过任何令人称道的法律技术，也没有产生组织、阐释和发展法律科学的法学家职业；而在古罗马，不仅产生了一大批法学家，而且古罗马的法律制度也成为人类的共同遗产，直到今天仍有着广泛而深刻的影响。

之所以出现这样的差异，我将之归因于国家介入私人纠纷方式的不同，更具体地说，是古希腊和古罗马司法权运行方式的不同。在古罗马，司法权是裁判官通过发布程式并经规范的司法程序运作的，诉讼活动是在严格的程序规范约束下进行的，判决也应有明确的法律依据。但古希腊并未能形成这样的司法运行机制，其诉讼基本上是通过公众参与下的一种民主投票方式来进行裁断的。面对数百甚至上千名并不懂法律规则的陪审团成员，当事人的陈述与辩护关键不在于如何准确地引用法律，而在于如何通过巧妙的论辩艺术来打动审判人员。因此在古希腊，尽管也存在民事立法，但民主式的庭审方式消解了法律的实际作用，在庭审中容易打动陪审员的常常是公平正义或德性诚信等抽象原则和论辩技巧，具体的法律规范很难受到充分的关注，从而也不可能得到充分的发展。

古代中国虽然在社会构成和经济关系等很多方面都表现出与古罗马共同的特征，然而，古代中国很早就形成了中央集权的政治体制，地方司法机关设置于行政权之下，司法官员一般也由行政长官兼任。司法机关内部，权力的设置同样也是行政化的，对侦查、起诉和审判等职能不进行区分，均由行政长官统一行使。在这种司法体制下，法官并不是法律的代言人，而是国家权力的执行者。法律的重心往往不在于维护权利和实现正义，而在于维护秩序，因而私人纠纷常常是由制裁性的刑法规范来调整的。那些未被纳入刑法规范的日常交往很少进入立法者的视野，大多是由一种以村规乡约以及伦理规范为表现形式的民间法进行调停处理的。

可以看出，国家公权力介入私人关系纠纷的方式对法律的生成发展有着非常重要的影响，罗马法的生成与发展、繁荣与衰退均与国家权力的运行方式有着极为密切的联系，并由此使罗马法既没有像中国那样走向民刑一体化，也没有像古希腊那样流于一种夸夸其谈的论辩术，而是形成了自己独特的法律规则。

三 法的传承与移植

法的社会基础决定着法的历史传承，而法的内在逻辑决定着法具有可移植性。有的法律传统的形成很少受到外来影响，基本是在一定社会基础上逐渐发展而形成的，而有些国家和社会的法律传统的形成则与法的外来影响有非常密切的关系，可以说是法的历史传承与外来移植共同作用的结果。比如，中华法律传统基本上是华夏社会文化生态下的产物，而自清末修律始，我们逐渐接受了大陆法系的法律传统，开始呈现出一种与历史传统完全不同的法律文化样态。

（一）法的历史传承

法的社会基础决定着法的历史传统，由于社会生存条件本身以及思想文化观念的延续性，以此为基础的法也必然具有继承性。人类社会每一个新的历史阶段开始时，都不可避免地要从过去的历史阶段中继承许多既定的成分。甚至可以说，生活于现实社会的一代人基本上只能在历史留给他们的既定条件所允许的范围内，重新塑造社会的形象并书写法的历史。由此我们看到，自梁祝所生活的东晋时期直到清末，历经千余年，社会也经历了无数次政权更迭，但婚姻制度却一直没有发生根本性的变化，究其原因，是其所依赖的社会基础未变。

基于特定社会土壤所生成的法规则是本土的、传统的，也常常是民族的，其所赖以产生和发展的社会基础常被称为法的本土资源，所表达的是法生成和发展的传统因素。不同的历史传统基础上的法常常有着很大的区别，比如，我国没有美国的陪审团制度和判例法制度，我们是成文法国家，在案件事实的认定上，法官而不是陪审团起着非常重要的作用。之所以存在这种差异，是因为美国和我国受不同法律传统的影响。

法的本土资源既包括政治性资源和经济性资源，也包括文化思想方面的资源。历史上，不同政治力量的斗争影响着不同利益集团成员的法律地位，这体现的是政治资源对法的影响。中世纪意大利城市的形成与贸易发展催生了各种商事规则，这反映的是经济因素对法的影响。文化因素也有很大的影响。如我国古代几乎没有独立的私法，私法关系如合同关系常常也是通过公法手段来调整的，比如《大清律例·户律》"违禁取利"条规定："凡私放钱债及典当财物，每月取利，并不得过三分。年月虽多，不过一本一利。违者，笞四十。以余利计赃重者，坐赃论，罪止杖一百。"而在古罗马，早在两千多年前，就已经形成了非常完备的私法体系。对于这种差异的产生，思想文化因素的影响起了很大的作用。

法的本土资源决定着法的传统，由于社会生存条件本身以及思想文化观念的延续性，以此为基础的法也必然具有继承性。法的继承不仅可以在法的同一历史类型中发生，也可以表现为不同历史类型的法律制度之间的延续和继受。甚至法的阶级性同样并不排斥法的继承性，社会主义制度尽管与资本主义制度有着本质的区别，但除了国家政权组织形式会发生较大的变革外，政权的更替并不会改变全部法的社会基础，新旧社会之间仍存在不可割断的历史传承，因而法的继承同样存在。尤其是在私法领域，社会基础与法律文化之间的联系基本上不会受到太大的影响。

（二）法的移植

法律有自身的内在逻辑，它可以表现为通过逻辑演绎的规则，也可以表现为人的生活经验的提炼与总结，因此，即使在不同的社会条件下，法律仍有可相互参照、相互借鉴的基础。在此意义上，法律不仅可以有历史的传承，还可以有横向的借鉴，即法的移植，又称对外国法的继受。

法的移植是指在鉴别、认同、调适、整合的基础上，引进、吸收、采纳、同化外国法，使之成为本国法律体系的有机组成部分，为本国所用。如果说法的继承体现为一种纵向的传承关系，法的移植则反映一个国家对同时代其他国家法律制度的吸收和借鉴，体现的是一种横向的交流关系。

法的移植是一项十分复杂的工作，要避免不加选择地盲目移植，而应选择优秀的、适合本国国情和需要的法律进行移植，注意国外法与本国法之间的同构性和兼容性。同样的制度在不同的土壤中并不一定会结出同样的果实，法律的移植是否成功，从根本上来说，仍然取决于外来法律制度与继受的社会基础是否相契合。如果忽略了法的社会基础，在移植过程中很有可能会导致被移植的法律因"水土不服"而难以发挥效用。

> **拓展阅读**
>
> **日本历史上对外国法的继受**
>
> 日本自古以来就以擅长吸收他国长处而著称，这种特征同样也表现在对待法律制度和法律文化的态度上。在日本历史上，曾三次大规模继受移植外国法，每次都使日本成功地度过危机，并完美地实现社会转型。
>
> 第一次是古代对中国隋唐法律制度和法律思想的继受。公元646年，日本进行"大化改新"，废除奴隶制。向中国隋唐学习，进行自上而下的全面改革，确立了以天皇为中心的中央集权统治，完成了由奴隶制国家向封建制国家的转变。并以《唐律疏议》为模式，吸收、借鉴、全面继受唐律的所有法律内容与编纂技术，创建了日本封建法律体系，由此成为中华法系的重要成员。
>
> 第二次是对大陆法系法律制度的移植。1853年，美国人马休·佩里（Matthew Perry）用军舰迫使德川幕府打开了日本的国门，同时也激化了日本国内暗藏已久的矛盾。1867年，明治天皇睦仁进行"明治维新"，在大规模引进西方先进文明的同时，在法律上以法国和德国为范本，全面继受大陆法系的法律思想、法律制度

和法律体系，先后制定了《明治民法典》《明治宪法》和诉讼法，从而完成了法律文化传统的近代转型，成为大陆法系的重要成员。

第三次是第二次世界大战后对英美法尤其是美国宪法的借鉴。日本在废除一系列法西斯法令的同时，在驻日盟军最高司令长官道格拉斯·麦克阿瑟（Douglas MacArthur）的直接授意和主持下，借鉴美国宪法颁布了《日本国宪法》，建立了君主立宪的责任内阁制，实行三权分立，并相继制定了国会法、内阁法、选举法等民主法律。同时改革司法制度，并对刑法、民法等主要法典进行了较大的修改，摒弃了其中带有强烈封建军国主义色彩的内容。日本这次对美国法的借鉴，虽然没有从根本上改变其大陆法律传统的谱系，但广泛吸收了英美法的内容，从而使战后初期尚处于美国羽翼下的日本迅速抓住了难得的发展机遇。

第二节 法 系

在特定的社会土壤中生成的法律制度不仅会穿越历史的时空走向未来，还会随着军事扩张或文化传播影响其他地域。一般情况下，先进的法律文化总是不可避免地会对落后的文化造成影响，并很容易被后者模仿并接受。在这一过程中，不同国家的法律制度和法律文化可能会有共同的历史传承，并表现出相同的特征。对于这种在法律制度以及法律文化传统上有着明显共性的国家或地区，法学界常将其视为基于共同法律文化传统而形成的一个法律家族，或者说法律群落、法律谱系，并称其为法系。

可见，法系与法律体系是两个完全不同的概念。法律体系指的是法律的集合，表达的是一国法律内在的逻辑关系与组合方式。法系则是国家的集合，不同国家继受了共同的法律传统，故而其所制定的法律制度和所形成的法律文化具有某种共性，从而被纳入同一法律谱系，由此形成法系。

一 英美法系

英美法系是在英国普通法传统基础上形成的，由于美国较早地继受了英国普通法传统，并对普通法的发展起到了非常重要的作用，故这一法系被称为英美法系。由于该法系是在英国普通法基础上形成的，故又称为普通法法系。目前，属于英美法系的国家主要有英国、美国、加拿大、印度、巴基斯坦、孟加拉国、马来西亚、新加坡、澳大利亚、新西兰以及非洲的个别国家和地区。

（一）英美法系的形成

1066年，法国诺曼底公爵威廉同英国封建主哈罗德为争夺英国王位而爆发战争，威廉战胜，成为英国的国王。当时英国司法权非常分散，也没有统一的法律，各地方法院审理案件依据的是当地的习惯法。为了不引起被征服者的反感，威廉保留了原来的地方法院，并认可习惯法的效力，但同时要求，当原告向地方法院起诉时，应事先向国王任命的大法官申请令状，由此将地方法院纳入国王的审判体系。与此同时，威廉另行设立了王室法院，首批皇家法官由国王身边最亲近的王室顾问大臣担任，他们巡回全国各地，监督地方政务，其中也包括审理案件，后来逐渐成为专职的司法官员。

王室法院在全国各地均设有法庭。在巡回审判的过程中，王室法官们积累了丰富的来自全国各地的地方习惯法。通过对这些地方习惯法进行选择、修正和综合，形成了所谓的"普通法"，意为通行全国的共同的法律，以区别于内容各异的地方法。随着王室法院的发展，普通法逐渐取代了地方法。

早期普通法需要依令状起诉，开始时令状的种类没有限制，但后来大法官不再颁发不符合先例的令状，令状诉讼趋于僵化。当人们依普通法无法获得保护时，他们请求国王裁决，国王将案件交给大法官，这类案件不需要事先获得令状，大法官审理时也可不受普通法的限制，而是依良知和正义的一般原则来进行审判，由此形成的判例规则被称为"衡平法"。1875年，英国进行司法改革，废除了令状制度，并将普通法院与衡平法院合并，衡平法由此也被纳入普通法的体系。

（二）判例法传统

英美法系的一个重要特点是它的判例法传统。判例法不是立法机关专门制定的规范，而是以法官针对案件做出的司法意见为载体而形成的法律规则。各种司法意见中以上诉法院的意见最为重要。上诉法院一般由3～9名法官组成，判决通常依参与审判法官的过半数意见做出，并由过半数意见的法官中的一名法官撰写判决结论及其详细理由。除全体通过外，反对意见也被记录在案。反对者可以给出意见阐述其反对的理由，也可以仅仅表示反对而不给出自己的意见。

司法意见关于判决理由的论证常常引经据典，包含大量对先前相关判例的引用与探讨，以及许多辅助性的权威资料，如刊登于法律评论中的学术论文、学术专著等。因此，法院尤其是美国联邦最高法院的司法意见，往往是查找该判例所属领域法律资源的很有价值的参考文献。

司法意见通常以时间为顺序加以整理成册出版，形成所谓的"法律报告"或"判例报告"。这些报告内容所形成的"先例"成为此后处理类似情况的依据。这些"先例"中所确定的规则因此构成了以判例为载体的法律，人们习惯上称之为判例法。在英美法系的法律体系中，法庭针对个案所做出的判决被视为法律的正式渊源之一。因此，法庭判决不仅解决业已发生的争端，而且被作为先例，对以后发生的所有同类案件具有法律效力。这一效力来自遵循先例原则，其基本精神是：同类案件相同对待。

（三）陪审制度

英美法系的另一个显著特点是其陪审制度。陪审团一般由12人组成，美国法律规定最少时不得少于6人。陪审员选任时，首先由法院在当地选民名单中随机征召，被征召的候选人到庭接受原告和被告（刑事案件中是控方与辩护律师）双方的盘问，双方如发现某候选人因职业、经历、宗教或其他原因有可能对案件存有偏见，可以否决该候选人出任本案陪审员的资格。通过对陪审员资格的审查盘问，最后确定案件的陪审团成员名单和候补成员名单。

陪审团在庭审时只是消极地听取双方及证人的陈述及意见，他们不能发问，也不能当庭公开表达自己的意见。庭审过后，陪审团成员在不受任何干扰的环境下得出结论。在刑事案件中，陪审团只就被告人是否有罪做出结论：如果陪审团认为被告人有罪，由法官依据法律决定量刑问题；如果陪审团认为被告人无罪，应当庭宣告无罪。在民事案件中，陪审团不仅对被告是否应承担责任做出结论，对于涉及民事赔偿的，通常还要确定最终的赔偿数额。

> **拓展阅读**
>
> ### 陪审制度的起源与发展
>
> 关于陪审制度的起源，众说纷纭。有人认为与古代雅典的民众审判有关——苏格拉底即由500人的民众大会判处死刑；也有人认为源于9世纪法国的证人制度；还有人认为与10世纪末期英格兰国王埃塞尔雷德二世创立的骑士追诉制度有关。但不管何种观点，人们大致都同意陪审制度之所以得到发展，与限制法官的专断有关。英国封建时代的法官同英国的专职王权有着密切的联系，在裁判时常常极为专横。在这种情况下，不仅普通民众希望限制法官的权力，国王也不愿法官过于专断，两种出于不同愿望的要求共同促进了陪审制度的发展。
>
> 陪审制度产生于英国，而真正获得较大的发展却是在美国。美国从殖民地时代起就继受了英国的陪审制度，最初的13个州都通过宪法确保了陪审制的实施。最初在美国殖民地，陪审制度并未发挥重要的作用，但随着18世纪中叶反抗英国统治的呼声日益高涨，陪审制度作为反抗宗主国压迫的手段之一，发挥了积极的作用。
>
> 在殖民地的审判中，法官和检察官都是由英国国王任命的，而只有陪审员是来自殖民地的本地人士。1735年，在因发表了对殖民地总督的批评文章而被起诉犯有文书煽动罪的出版家约翰·彼得·曾格（John Peter Zenger）一案中，尽管双

方对案件事实不存在争议，纽约当地的陪审团仍做出了无罪裁决。此外，英国为了控制殖民地的贸易，经常依据航海条例取缔运送货物的非英国籍货船，但陪审团经常做出相反的无罪裁决。为此，英国设立了特别法院以规避陪审团审判，这也成为美国独立战争的诱因之一。在美国独立宣言中，特别指责英国国王"在许多案件中，剥夺了由陪审团进行审理的审判利益"。

1788年生效的美国宪法中，刑事陪审得到了明文保障。起初考虑到陪审团可能会对本地的当事人做出有利的判决，因而未在民事审判程序中引入陪审制度。但此后迫于各州的强烈要求，1791年宪法修正案中确保了当事人接受刑事陪审和民事陪审的权利。

当前人们对陪审制度的评价可以说毁誉参半。反对者认为，陪审团审理要耗费大量的人力、物力，并且程序复杂烦琐，审理时间冗长拖沓，不利于迅速及时地解决纠纷。同时，由于陪审员不具备法律专业知识，无法保证他们对证据和事实的认定能够符合法律规定和法律精神。在很多案件中，尽管有充分的证据证明被告人有罪，陪审团仍然做出了无罪裁决。例如，1964年黑人中校勒姆尔·培尼（Lemuel Penn）被白人种族主义者杀害，由白人组成的陪审团裁决凶手无罪。

支持者则认为，陪审团审理有助于防止法官的专断，而且恰恰由于陪审员都不是法律专业人员，才更能真实地反映社会的一般观念。这种一般观念尽管在特定历史时期由于特定的社会环境存在一定局限，但它对抵制"恶法"的适用有着积极的作用。如曾格案，又如在美国禁酒令期间因违反饮酒限制而被起诉但被裁决无罪的众多案例。

拓展阅读

1. 曾格案

1733年，德国移民曾格在纽约创办了《纽约周报》（*New York Weekly Journal*）。该报文章大部分为平民派领袖所写，多是批评总督威廉·科斯比（William Cosby）和地方议会的内容。一年后，科斯比命令首席法官以"对政府进行无耻的中伤、恶毒谩骂和煽动性责难"的罪名对曾格提起诉讼。1735年8月法庭开审，当时最有名气的律师安德鲁·汉密尔顿（Andrew Hamilton）以80岁高龄出庭为曾格辩护。按照当时英国和北美的法律，凡是对政府进行批评，不管内容是否真实，一律视为诽谤。若言论属实，其煽动作用更为明显，所以事实是比谎言更大的诽谤。

汉弥尔顿首先承认原告对曾格的指控属实，即曾格的确在报上发表过抨击总督及殖民当局的言论。但他接着指出，陈述无可非议的真相乃是每一个生来自由的人所享有的神圣权利，只要不违背事实，就不能算作诽谤，只有"虚假的、恶意的和煽动性的"谎言才构成诽谤。实际上，汉弥尔顿并没有围绕曾格的行为来辩护，而是直指当时的法律。陪审团做出了无罪裁决，曾格重获自由。

2. 培尼案

培尼是一名中校军官。1964年7月，培尼到佐治亚州参加定期的预备役军训，途中在麦迪逊县遭白人种族主义者枪杀。当时《民权法案》刚刚通过9天，因此该案引起了全国的关注。

两名嫌疑人被指控谋杀。庭审时，检方证人是与培尼军官同车的两个预备役军人，同时检方还提供了为被告人开车的司机的证言和另一名证人（被告人曾告诉他杀害培尼的经过）的证言。当时虽然《民权法案》已经颁布，但反对解除种族隔离的情绪在南方州仍很普遍，当时12名陪审团成员全部是白人，他们很快做出"被告人无罪"的裁决。

两年后，联邦政府根据《民权法案》，以违反联邦民权法的名义再次起诉，两名被告人均被判处十年有期徒刑。

二 大陆法系

绝大多数欧洲大陆国家有着共同的法律传统，由此形成的法系称大陆法系。由于这一法律传统是在古罗马法基础上演进而来的，故又称为罗马法系。除欧洲大陆的绝大多数国家外，美洲原属西班牙、葡萄牙、荷兰和法国的前殖民地地区继受的也是大陆法系传统；有些曾是欧洲大陆国家的殖民地，后来转为英、美管辖的地区，在私法领域仍保留着大陆法系的传统，如美国的路易斯安那州、加拿大的魁北克省等。此外，亚洲的日本、韩国、泰国和伊朗等，非洲的扎伊尔、卢旺达、布隆迪，以及北非、南非的一些国家也都受到大陆法系的深刻影响。我国自清末修律起，开始接受大陆法系的法律传统，也属于大陆法系国家。

（一）大陆法系的形成

大陆法系源于古罗马法。西罗马帝国灭亡后，在其废墟上建立起了众多由蛮族人统治的王国。对蛮族人而言，罗马法过于学术化和复杂了，他们虽然没有完全抛弃罗马法，但对其进行了大幅度精简，靠各种零碎甚至被曲解的规范，罗马法得以在中世纪延续并传播。

稍显寂寞而又时常被曲解的罗马法在11世纪开始出现令人瞩目的变化。当时，欧洲的人口和经济均出现较大的增长，城市开始从意大利重新兴起。社会发展和城市生活需要一个稳定而文明的秩序，客观上也会提出对健全的法律的需求。中世纪早期，各民族普遍通过属人原则来确定法律的适用，统一的封建制度的确立和自治城市的产生使得法律的适用不再因不同的种族而异，属地原则逐渐代替属人原则而成为普遍的选择。由于属地法需要尽可能地减少甚至消除民族习惯的影响，相对于蛮族法律，更具有普适性的罗马法由此逐渐从与蛮族法律杂糅并存的状态中重新取得了支配权。与此同时，10世纪起，随着加洛林王朝的分裂，教会的力量开始壮大。由于教会也是在罗马法普遍适用的情况下产生的，而且教会法本身也主要来自罗马法，所以教会更容易接受罗马法。在这种背景下，在接近11世纪末时，罗马法文本在意大利开始受到专门的研究，专门从事法律研究的大学也开始出现，罗马法在欧洲迎来了一次伟大的复兴。

罗马法的复兴不仅使罗马法所构建的"法律理念和秩序"在欧洲重新得到了广泛的传播，而且专业化的研究方法和系统的教育使得罗马法形成了共同的法律语言，其原则与体系在欧洲有了共同的表达。但是这一时期，罗马法与各国法庭中实际应用的法律并不直接相关，无论教会法还是世俗法，罗马法都是一种"理想法"，是书写出来的理性，它并不是实定法。只有实定法存在漏洞或模糊不清时，才援引罗马法对现行的实定法进行解释和补充。

中世纪后期，繁杂的地方习惯开始令人厌烦，法律工作者大多接受过罗马法教育，对他们而言，罗马法的魅力似乎更加难以抗拒。到15世纪，在欧洲出现了较为广泛的对罗马法的继受。与罗马法复兴时期的"理论继受"不同，这一时期的继受主要是制定法上的继受，因而常被称为"实践的继受"。尽管大量的地方习俗仍然存在，但法的结构、法律术语以及法律思维方式和解释方法均来源于罗马法，罗马法由此成为欧洲大陆各国民法的共同基础，成为真正意义上的"共同法"，大陆法系由此形成。

（二）成文法传统

古罗马很早就颁布了成文法，其于公元前5世纪颁布的《十二表法》是世界上最早的成文法典之一。优士丁尼皇帝统治期间，更是完成了工程浩大的《民法大全》的编纂。大陆法系继受罗马法，也继受了其成文法传统。所有法律均需要事先以成文法的形式公布才能适用，法官的任务就是针对个案的具体事实，从法律文本中找到裁判的依据。

由于成文法是法官裁判主要（甚至常常是唯一）的根据，所以要求成文法律内容必须完整，法律范畴的每一个细节都应当有明确的规定。但是，法律条文只能根据当下的情况制定，随着社会的发展，法律必然会滞后于现实生活。同时，现实生活纷繁复杂，法律条文永远也不可能完全涵摄现实生活中的所有问题。

针对成文法的这些弊病，法学家们试图通过体系化的方式来予以弥补，他们相信，法律本身有其内在的逻辑与完整的体系，通过一系列的法律概念、原则和法律技术，不仅可以制定出内容完备、内在逻辑关系严密的法典，而且通过体系化的解释方法，完全可以弥补条文的漏洞。基于这样的思维，大陆法系向来注重法典的编纂，强调法律内在逻辑关系与体系的严谨性。

成文法传统还反映出大陆法系的另一个特点，即"法学家法"。对法典化的追求使得法律成为一项非常专业化的活动。早在古罗马，就形成了一个专业的法学家阶层，罗马法的繁荣离不开法学家的推动。中世纪罗马法复兴更是使法律成为受过专门法律教育的人才能胜任的工作。这种法学家法常常被批评为法学理论过于抽象，晦涩难懂，脱离现实生活。打着鲜明的潘德克顿法学烙印的《德国民法典》长期以来就一直饱受这样的批评。

> **拓展阅读**
>
> ### 《德国民法典》的编纂
>
> 拿破仑战败后，维也纳会议上，欧洲各封建邦国重新恢复了旧的封建王朝的统治，德国也重新回到邦法林立的混乱格局。在这种情况下，许多学者希望通过制定一部统一的理性法典来逐步实现德意志政治上的统一。这样的观点集中体现在海德堡大学教授安东·蒂堡（Anton Thibaut）于1814年所写的著名文章《论德国制定一部普通民法的必要性》之中。同年，弗里德里希·萨维尼（Friedrich Savigny）发表了《立法与法律科学的当代使命》一文，对蒂堡所抱持的理性法幻想进行了全面反驳。他认为人不能单纯依赖理性建构起普适性的永恒法律，在未对本国和本民族的历史与当下情况进行充分的理解和研究之前，不可能制定出一部适应德国情况的完善法典。当时，刚刚从拿破仑的铁蹄下挣脱出的德国封建贵族对颇具革命精神的自然法思想仍然心有余悸，普遍具有保守主义倾向。在这种环境氛围中，萨维尼的主张显然更符合保守贵族的口味，法典化工作因此被搁置起来。
>
> 这场著名论战虽然未能直接导致民法典的制定，但人们一致认为，这场论战促成了一个新的法学学派即潘德克顿法学派的产生，并为德国民法典的制定完成了思想上和学术上的准备。有了这些准备，到德意志帝国成立，德国政治上的统一一旦完成，制定民法典就水到渠成了。
>
> 1871年，德意志帝国成立，在全德范围内统一私法成为德国经济发展的需要。1874年2月，成立了一个"准备委员会"，决定制订民法典的计划。同年6月，帝国参议院设立了一个由11名委员组成的委员会，从事起草工作。这个委员会工作了十余年，于1887年末完成草案，连同5卷理由书一并公布，供公众讨论。第一草案受到各方的批评。帝国司法部将各种意见汇集后，参议院于1890年又任命一

个新的委员会对第一草案进行讨论。1895年,完成了第二草案,将之提交参议院。参议院略作修改后,1896年1月,帝国首相将此草案连同司法局的意见书提交帝国议会,是为第三草案。议会指定一个委员会对其进行了53次审议后,于1896年7月1日通过了草案。1896年7月14日,参议院同意,同年8月18日皇帝批准,8月24日公布,定于1900年1月1日施行。

早在1800年就已颁布的《法国民法典》常被视为深受启蒙运动影响的革命宣言书,而《德国民法典》则被誉为一部洋溢着理性光辉和罗马法精神的羊皮卷。《法国民法典》是法国大革命这一激烈政治运动的直接后果,充满了启蒙运动的色彩。19世纪的德国法学家们的生活信条则是冷静地就事论事,而不会考虑各种新的政治问题。以萨维尼为代表的德国学者追求的是学者的法律,而不是新的社会思潮。他们忠实于学者的使命,心甘情愿地把罗马法作为永恒的法源。因此,《德国民法典》充满着保守的气息,古典自由主义成为这部法典贯彻始终的基调。古斯塔夫·拉德布鲁赫(Gustav Radbruch)评价说,该法"与其说是20世纪的序曲,不如说是19世纪的尾声"。

在编纂风格上,与《法国民法典》简单明了、格言警句式的语言风格不同,《德国民法典》的文体和用语以精确缜密而闻名于世,法律用语中常常充斥着拉丁文的表达方式,被称为"法律家德语",故而其使用的概念和用语常被批评晦涩难懂,甚至有人称该法典矫揉造作,采用学究式的咬文嚼字,缺乏通俗性,没有一处深入广大人民群众的思想与感受,没有任何东西吸引大众,恰恰相反,许多东西都令大众反感。整体而言,《法国民法典》充盈着市民自由平等的激情并肩负着国民教育的任务,而《德国民法典》行文严谨而节制,是非常精密的法律的精雕细琢。

我国民法理论与法典编纂深受《德国民法典》的影响,其编纂体例在民国时期即被采用,对德国民法的继受状况,梅仲协评论说:"现行民法采德国立法例者十之六七,瑞士立法例者十之三四,而法日苏联之成规,亦尝撷取一二。"尽管新中国成立后的立法多受苏联影响,但近年来德国法的影响正逐步增加。我国已经颁布的《民法典》体系同样深受《德国民法典》的影响,在《德国民法典》五编制的基础上,从总则编中分离出了人格权编,将债法编分解为合同编和侵权责任编,加上物权编、婚姻家庭编和继承编,共七编,可以说是五编制的变体。

(三)大陆法系与英美法系的交流与融合

大陆法系和英美法系分别有不同的历史传统,但近代以来,各国对不同法律传统的继受或者说移植大多不是各国自主的选择,而是与列强的殖民活动有关。从根本上说,

两大法律传统各有千秋,并无优劣之分。随着国际交往活动的增加,两大法系相互取长补短,渐有趋于融合之势。

首先是英美法系国家对成文法的借鉴。进入20世纪以来,普通法系国家的制定法数量激增,从议会立法到委托立法再到地方团体立法,形形色色。判例法的规则也常常被概括和总结出来,并被整理成为如同大陆法系法典那样分门别类、有章节段落的表述形式,不断被条文化和法典化。

与此同时,大陆法系越来越受到判例法的影响,以前一直奉为圭臬的"司法判决不是法律渊源"已有很大松动,判例法作为法律渊源的地位已初露端倪。19世纪以前,司法判例的效力决不能延伸到相应的案件之外,这是罗马法传统的重要原则。但现在一些国家最高法院的判决越来越具有某种程度的法源意义,例如:德国宪法法院、葡萄牙和土耳其最高法院的判决对下级法院具有拘束力;阿根廷和哥伦比亚也规定最高法院有关宪法问题的判决具有拘束力。

我国也开始重视案例的指导意义,2010年11月印发的《最高人民法院关于案例指导工作的规定》就在法院系统开展案例指导工作作出了统一规定,依据该规定,最高人民法院会筛选出一些对审判工作有普遍指导意义的典型案例,定期以"指导性案例"的形式发布给各级人民法院,要求各级法院在审理类似案件时参照执行。

三 东方世界的法系

除英美法系和大陆法系外,古代中国、古印度和古伊斯兰世界也各自创造了独特的法律文化,并对周边国家的法律文化产生了深远的影响,分别形成了中华法系、印度法系和伊斯兰法系三大法系。由于这三大法系均形成于东方,故在此统一称之为东方世界的法系。由于中华法系将在后文中专门予以讨论,这里主要介绍印度法系和伊斯兰法系。

(一)印度法系

印度法系是受古代印度教法的影响而形成的法系。印度教法起源于婆罗门教法,约公元前6—前5世纪,释迦牟尼创立佛教,佛教法兴起。此后,婆罗门教法与佛教法此起彼伏、相互交替。公元8—9世纪,婆罗门教吸收了佛教和耆那教的某些教义,改称印度教,印度古代法由此也被称为印度教法。印度教法有非常浓郁的宗教法特征,其广泛流传的《摩奴法典》与国家制定法相比,形式风格迥异,是一部以诗歌形式编写而成的宗教、道德、哲学与法律的汇编。随着宗教的传播,印度教法传播于中亚和东南亚部分地区的锡兰(今斯里兰卡)、暹罗(今泰国)、缅甸和菲律宾等国,并由此形成法系。

自18世纪中后期始,通过东印度公司,英国逐渐在印度建立起殖民统治,开始对印度法进行全方位改造,逐步建立起以程序主义和遵循先例为特征的普通法司法制度,印度由此继受了英国普通法传统，成为英美法系中的一员。其他受印度法深刻影响的国家随着西方殖民活动也逐步接受了西方法律文化传统，印度法系由此解体。

（二）伊斯兰法系

中世纪，信奉伊斯兰教的阿拉伯各国和其他穆斯林国家以《古兰经》和"圣训"（穆罕默德言行录）为基础，形成了颇具伊斯兰宗教文化特色的法律文化传统。公元8—9世纪，随着阿拉伯帝国的扩张，这一法律传统为广大阿拉伯国家所继受，从而形成法系，称为伊斯兰法系。与印度教法类似，伊斯兰法作为一种宗教法，同样也不表现为正式的国家法形式，但它也不是单纯的宗教规范，还包含各种伊斯兰学说，在很大程度上可能说是伊斯兰生活方式的一种全方位体现。

随着阿拉伯帝国的崩溃，伊斯兰法系的影响逐渐减弱。其后，奥斯曼帝国日趋鼎盛，逐渐成为伊斯兰国家的领袖。17—18世纪，在欧洲列强的打击下，奥斯曼帝国日渐瓦解，至第一次世界大战结束时终于寿终正寝，其统治下的区域或宣布独立，或成为欧洲列强的殖民地。随着穆斯林国家资本主义的发展和社会变革，在大多数穆斯林国家中，伊斯兰法已为世俗法所取代，伊斯兰法目前仅在宗教教规意义上对穆斯林的行为具有约束作用，尽管伊斯兰复兴运动呼吁恢复伊斯兰教法的传统地位，但目前在国家制定法意义上的影响仍然有限。

（三）东方法系的解体

在东方法律文化传统中，法律并不是单纯的条文规范的集合，总是与道德伦理、生活方式甚至人生态度混合在一起，伊斯兰教法和印度教法均是如此。中华法系是三大法系中唯一一个发展出较系统的法律技术的东方法系，也制定了统一的真正法律意义上的"法典"，但同样存在礼法不分的情形。礼典礼文不仅在立法上常直接入律，在司法实践中同样可以直接适用。西方法律文化传统中将法律作为一种科学来对待，因而更倾向于以一种理性的眼光对其进行分门别类的研究，甚至在有些人看来，法律就是书写的理性，是理性的建构。在此基础上，西方法学家不仅依照不同法律部门创设出一套法律制度，还形成了复杂的法律技术和法律方法，并构建起严谨的法律体系。

相对而言，东方文化更趋向于将法律规则视为社会内在秩序的组成部分，它本身就是与社会生活不可分割的重要内容；西方法律传统则将法律规则本身视为一个独立的规则体系，他们相信通过理性的规则建构可以创造一个理想的社会秩序空间。两种法律传统的上述不同特点与风格代表的是对法律规则的不同认识方式，本身并无优劣之分。但是，单纯地立足于制定法的角度，东方法律传统给人的感觉更为感性，在技术上是粗糙的，在体系上是松散的，西方法律传统显然更加有利于国家制定法的法典化与体系化。近代社会文明的发展是以人的理性为奠基，以科学技术的发展为核心的，当西方代表着最先进科技水平的坚船利炮打开东方世界的大门的时候，以理性为基础的法律传统也毫无悬念地成为东方国家摆脱危机、重建社会秩序的手段。可以说，在近代西方科技发展和殖民扩张的特定社会环境下，东方法系的解体几乎是难以避免的。

然而，法律传统并不仅仅表现在制定法本身，其背后所映照的是具体的社会生活，反映的是人们的法律思想和法律理念。当人们所生活的社会基础和生活方式没有改变的时候，依照外国法律传统制定的法律制度无论怎样符合理性的建构，都未必能真正渗透进人们的日常生活。由此，制定法的目标追求与社会现实之间也难免会发生断裂或冲突，电影《秋菊打官司》和《被告山杠爷》均生动地反映出这种断裂与反差。不仅在我国，在印度也同样可以看到印度教法传统对现代生活的影响，尤其是在婚姻家庭生活方面，即使长期在城市中生活，很多人仍顽固地沿袭着传统的习俗。

因此，东方法系的解体并不意味着法系本身所蕴含的法律文化传统的消失，更不意味着这种法律传统已经失去价值。法律文化传统与今天的社会在很多方面仍保持着某种血脉相连的联系。如何看待和应对法律传统的这种影响，如何重新反思传统，仍是我们今天必须面对的重要课题。

拓展阅读

伊斯兰教法的近代变革与当代复兴运动

近代以来，西方资本主义国家的殖民扩张浪潮席卷全球，伊斯兰世界同样未能幸免。自1789年拿破仑占领埃及开始到19世纪末，奥斯曼帝国逐渐土崩瓦解，其属国分裂出几十个国家和地区，逐步沦为西方列强的殖民地。在这一过程中，西方政教分离的政治理念和思想对伊斯兰国家产生了重大影响，在殖民政策和逐步接受了西方文化的精英阶层的共同作用下，开始走向世俗化的道路，并逐步接受了西方的法律传统。

随着伊斯兰世界世俗化的加速，奥斯曼帝国内部要求在政治和法律领域进行改革的呼声同样越来越高。从19世纪初开始，大胆推动政教分离的政治改革，依照法国的模式编纂各部门法典，并改革审判制度，建立世俗化法院。第一次世界大战后，穆斯塔法·凯末尔（Mustafa Kemal）领导的资产阶级革命取得了胜利，建立了土耳其共和国，开始全面推行全盘西化的改革，建立了完全世俗化的政权，完全继受了大陆法系的法律传统。

在伊斯兰世界逐步西化的同时，同样存在着一股固守伊斯兰传统、反对西化和世俗化的力量。这一力量随着伊斯兰世界的世俗化进程本来已逐渐衰弱，但第二次世界大战后重新开始壮大，自20世纪70年代以来，逐步发展成为影响整个伊斯兰世界的"复兴运动"。这一复兴运动广泛波及政治、经济、文化以及个体的生活方式等各个方面，由于复兴运动均以伊斯兰教法为基础，所以伊斯兰复兴运动的本质或者说核心是伊斯兰教法的复兴运动。

我国致力于伊斯兰教研究的学者吴云贵将伊斯兰复兴运动分为四个层面。

第一个层面是民间的伊斯兰复兴，主要表现为恢复宗教礼俗对日常行为的规范作用。传统上尽管也重视有关宗教礼仪制度的教规，但在世俗化过程中，传统教法已不具法律的强制性，如今一些国家则成立起民间性的"卫道组织"，强制要求人们严守宗教礼俗，甚至禁止不戴面纱的妇女上街购物。

第二个层面是在经济领域恢复教法的指导作用。20世纪70年代起，沙特等海湾国家出于资本输出需要，大张旗鼓地宣传传统伊斯兰经济思想。它们还按照教法禁止利息的原则，在世界各地建立了几十家"无息"伊斯兰银行。

第三个层面是官方伊斯兰化举措。比较典型的国家如利比亚、伊朗、苏丹等，在这些国家，具有强烈伊斯兰宗教情感的人士取得政权后，大力推行"伊斯兰制度"，引进"伊斯兰教法"，在法律制度和司法体制方面广泛恢复伊斯兰教法传统。

第四个层面是原教旨主义思潮和派别组织的兴起。原教旨主义强调正本清源、回归传统，呼吁弘扬先知时代即伊斯兰教初创时期的宗教文化精神，恢复被外来的非伊斯兰文化严重污染和扭曲的伊斯兰教的"本来精神"和光荣传统。

伊斯兰复兴运动是对伊斯兰国家民族主义和世俗化进程的一种反叛，在法律思想和法律文化方面，主张改变以西方法律传统为基础的世俗法律，呼吁传统伊斯兰教法的回归。这一运动现在仍未结束，我们也难以对其是非功过做出明确的评价。但无论如何，这一运动都促使我们进一步思考法律传统的传承与移植问题，促使我们重新定位传统的现代价值。

（参见吴云贵：《伊斯兰教法与伊斯兰复兴》，《中国社会科学院研究生院学报》2001年第5期。）

第三节　中华法系及其文化传统

一　中华法律传统的形成及其近代转型

（一）中华法律传统的历史形成

根据历史记载，中华法律传统起源自尧舜禹时期的皋陶兴"五教"、定"五礼"、创"五刑"、立"九德"、亲"九族"，但这些记载带有一定传说性质，未必能客观反映当时的真实情况。西周时期，周公旦作《周礼》，其名虽为礼，其中的内容多是关于国家政

治与法律方面的规定，可以说是中华礼法文化的开创之作。礼以确立君臣、父子、兄弟、夫妇之间的尊卑亲疏关系为目标，大到国家建制，小到人们的日常生活，都在礼的规范之下，礼实际上成为调整各种社会关系的重要法律规范。此后，在中国整个封建时代，礼和法之间一直没有明确的界定。可以说，西周的礼教制度与礼法文化奠定了中华法律传统的理论基础。

两汉时期，确立了儒家思想的指导作用和统治地位，在立法上也尊崇德主刑辅的思想。自此以后，儒家思想对法律的影响也逐渐深入，经过汉儒改造，礼融进了儒家思想的内容，儒家思想中的"三纲"（"君为臣纲，父为子纲，夫为妻纲"）以及由此衍生的"亲亲""尊尊"的政治和伦理原则成为指导立法、司法的重要原则和理论依据。在这种原则下，礼的许多内容被直接定为法律，并且出现了通过儒家经典来解读法律的专门活动，被称为"律章句学"。可以说，礼法文化中两汉儒家思想的融入大大丰富了中华法律传统的内容，是中华法律传统形成的重要阶段。

魏晋南北朝时期，法律儒家化进程全面展开，"八议"制度、"准五服以制罪"的定罪量刑原则相继确立。隋唐时期，法律儒化运动走向高峰，考究唐律的法条来源，绝大部分都出自儒家经典，体现了一整套封建宗法等级思想与制度的结合。在唐律中，不但礼指导着法律的制定，而且大量礼典、礼文直接入律。在司法实践上，也是"于礼以为出入"，一切以礼为准。这标志着法律儒家化的最终完成。

隋唐时期是法律儒家化的成熟时期，同时也是中国法律传统的最终成型时期，形成了以律、令、格、式为法律渊源的法律体系和笞、杖、徒、流、死五刑的刑罚体系，并在此基础上发展出了以律学教育和研究为核心的成熟的法律教育和学术研究体系。唐高宗李治在位时颁布的《永徽律》以及在对该律逐条进行解释疏议基础上编纂的《唐律疏议》标志着我国的法典化技术已经臻于成熟，由它所确定的原则、制度、篇目以至具体的律文、术语和概念都为宋、明、清诸律所继承。据此可以说，隋唐时期是中华法律传统的成熟与最终形成阶段。

（二）中华法律文化的传播与中华法系

古代中国国力长期居于世界前列，中华文化辐射到周边国家，形成了以中国为核心的东亚儒家文明圈，法律文化作为中华文化的重要组成部分，自然也会对周边国家的法律产生重要影响。

日本早在圣德太子（574—622）新政时期，就开始派人到隋朝来学习佛教和中国的典章制度及文化。圣德太子去世后，其后继者亦从旧制，自630年开始多次派遣遣唐使。孝德天皇继位后，推行"大化改新"，开始大规模地模仿隋唐法律进行法典编纂的工作。天武天皇在位期间，于681年诏令群臣依照唐朝的律令体系编纂法律，其过世后，律令的编纂仍然持续，至701年《大宝律令》编纂完成，标志着日本完成了对中国律令体系的全面继受。

朝鲜对中国法的移植开始并完成于高丽王朝时期。918年，豪族出身的后高句丽大将王建发动政变，登上王位，建立了高丽王朝。高丽王朝是一个比较典型的贵族社会，王权微弱。949年，第四代君主光宗继位后力图振作王权，开始推行"华化"政策，试图以中国制度来改造高丽固有的社会、政治结构，但遭到了贵族集团的强烈反对。981年，成宗即位，接受大臣建议，"礼乐诗书之教、君臣父子之道，宜法中华，以革卑陋"，而"其余车马、衣服、制度可因土风，使奢俭得中，不必苟同"。王权和贵族集团在此基础上达成了妥协，开始大规模地移植中国法律制度，颁布了《高丽律》。之后，高丽的历代君主基本上都继承了成宗的"华化"政策，并逐渐将之推向深入，逐步完成了对中华法系的继受。

与日本和朝鲜不同，越南长期处于中国直属管辖之下。隋唐时期，越南属于隋唐王朝直接管辖的安南地域，适用的是隋唐的法律制度。968年，随着唐朝的衰落，当地豪族丁部领统一越南，开始独立建国，史称丁朝。但是，尽管越南至此已自主立国，其政治、宗教、文化和风俗仍然继续沿袭中国，在整个越南封建社会时期均是如此，法律制度当然亦不例外，始终具有中华法系的全部特征。

中国法律制度和法律文化不仅适用于本国，而且影响周边的东亚各国，从而成为一个具有共同法律文化特征的法律谱系，中华法系由此形成。

（三）中华法律传统的近代转型

19世纪中期，西方列强以武力逐渐打开了亚洲诸国的大门，中华法律文化受到冲击，亚洲各国相继转而继受西方法律文化，中华法系逐渐解体。20世纪初，迫于国内外压力，清政府也开始以大陆法系的法律传统为基础修改律法。中华民国成立后，逐步建立起以大陆法系法律传统为基础的法律制度，从而成为大陆法法律谱系的一员。

1. 清末修律

清朝末年，西方列强的坚船利炮同时带来的也有其先进的科技与思想，一些人希望学习借鉴西方的科学技术与社会制度，试图以新政变法作为自救的出路。在内外压力下，清政府接受了变法动议，逐渐对原有的法律制度进行了不同程度上的修改与变革。这一时期的法律改革活动史称清末修律。

光绪二十七年（1901年）一月，流亡在西安的慈禧太后下诏变法，提出"世有万古不易之常经，无一成罔变之治法。大抵法久则弊，法弊则更"，"法令不更，锢习不破，欲求振作，须议更张"。光绪二十八年二月，清廷下诏："中国律例，自汉唐以来，代有增改。我朝《大清律例》一书，折衷至当，备极精详。惟是为治之道，尤贵因时制宜，今昔情势不同，非参酌适中，不能推行尽善。况近来地利日兴，商务日广，如矿律、路律、商律等类，皆应妥议专条。"

根据这道谕旨，袁世凯、刘坤一、张之洞举荐沈家本、伍廷芳主持修律馆，"就目前新政宜改订者，择要译修"。清廷遂"派沈家本、伍廷芳将一切现行律例，按照交涉情形，参酌各国法律，悉心考订，妥为拟议，务期中外通行，有裨治理"。从此清末修律正式提上日程。清朝朝野上下，"争言变法"，包括预备立宪、修订新律、改革官制、

司法革新等内容的新政也次第展开。

清末修律活动，先后制定了《钦定宪法大纲》《宪法重大信条十九条》《大清新刑律》《大清民律草案》《大清刑事诉讼律草案》《大清民事诉讼律草案》《钦定行政纲目》等法典，初步建立起了近代中国宪法、刑法、行政法、民商法、刑事诉讼法、民事诉讼法的法律体系，成为之后南京国民政权"六法体系"的基础。

晚清法律移植不仅初步确立了中国法律的近代体系，更为重要的是，在一定程度上引进和确立了近代资产阶级的法律原则。在刑法方面：移植了罪刑法定原则，删除了旧律中的比附制度；确立了法律面前人人平等的原则，取消了因官秩、良贱、服制而在刑律适用上形成的差别；取消了沿用千年的"八议"制度，移植了尊重人权、人道主义的原则；删除了凌迟、枭首、戮尸、刺字等酷刑。在民法方面，移植了西方民法诚实与信用原则、明确行为能力原则和法人制度。在民事诉讼方面，移植了西方国家"当事人主义"的程序原则及辩论原则。在监狱立法方面，1910年制定的由日本监狱学家小河滋次郎起草的《大清监狱律草案》移植了西方的化导原则。在宪法与行政法方面，移植了西方三权分立、国家事务与皇室事务相分离的原则等。

清末修律在客观上改变了中国古代数千年相传的"诸法合体"的法典编纂形式，明确了实体法之间、实体法与程序法之间的区别，中国封建法律制度的传统格局由此被打破。同时，由于在修律过程中大量引进西方近、现代资本主义的法律学说、法律制度和法律技术术语，中国传统法律的"依伦理而轻重其刑"的特有性格也开始受到很大冲击。

2. 民国时期的立法

清末修律的大部分律法还没有来得及正式颁行，清政权即告覆灭，中华民国成立。中华民国大致可分为南京临时政府时期、北洋政府时期和南京国民政府时期三个阶段。其中，南京临时政府时期时间较短，正式颁布的法律主要限于《中华民国临时约法》和《中华民国临时政府组织大纲》等宪法性法律文件，其他方面的法律大多未来得及制定。

北洋政府时期颁布的各项法律，除宪法方面的法律外，大多以清末各种律法草案为基础，如1912年颁布的《暂行新刑律》、1921年颁布的《刑事诉讼条例》和1922年颁布的《民事诉讼条例》都是在清末相应草案的基础上修改而成的，内容与《大清新刑律》《大清刑事诉讼律草案》和《大清民事诉讼律草案》基本相同。这些法律基本上都是根据大陆法系的法律思想和法律体系制定的，标志着中华法系在国家制定法上的最终解体。

南京国民政府时期，对宪法、民法、刑法、民事诉讼法、刑事诉讼法和行政法六大法律部门的法律进行了全方位修订与完善，并将其中与日常生活联系比较密切的法律按照上述六大门类编成法律工具书，供人们学习阅读，称为"六法全书"。后来，法律汇编一般都被称为"六法全书"，实际成了国民政府全部法律的代名词。"六法全书"完全继受了大陆法系的法律传统，标志我国自清末以降法律传统转型的最终完成。

3. 新中国成立后的法律演变

依照马克思主义的观点，法律是阶级的产物，深深地打着阶级的烙印，国民政府的

"六法全书"所代表的是大资产阶级的利益,不能为新中国所接受。1949年1月14日,发布了《中共中央毛泽东主席关于时局的声明》,其中提出的与国民党和平谈判的七项条件中,明确包括废除伪宪法和废除伪法统两项内容。1949年2月22日,《中共中央关于废除国民党的〈六法全书〉和确定解放区司法原则的指示》,正式提出废除"六法全书"。1949年3月31日,华北人民政府颁布废除国民党的六法全书及其一切反动法律的训令,决定废除国民党政府的"六法全书"及其一切法律,并明确要求各级人民政府在审判活动中不得再援引其条文。新中国成立后,进一步展开对旧法的批判,通过对国民党法律工作人员的改造和1957年反右斗争,国民政府的法律不仅从制度和适用上,也从思想和认识上得到了全面肃清。

新中国在全面废除国民党"六法全书"的同时,对其所代表的资产阶级法律也展开了全面批判,强调法律的阶级性,认为社会主义法律与资本主义的法律具有不同的阶级属性,是相互对立的性质完全不同的两种类型的法律。在这种阶级斗争与阶级分析观念下,西方一切资本主义的法律均受到批判,而与之相对立的社会主义和无产阶级的法学则是以马克思列宁主义思想为基础的法学。由此,在法律制度建设方面开始全面学习苏联,高校的法学教材基本上都是苏联的教材,并按照苏联模式制定法律制度,建构法律体系。1959年,中苏关系破裂,继之而来的是各种政治运动,在这一历史背景下,我国在法制建设方面几乎一片空白。直到20世纪70年代末、80年代初改革开放时代的到来,这种局面才逐渐得到改变。

改革开放之初,法学理论上仍保留着浓厚的意识形态色彩,强调法律的阶级性,否定民法的私法属性等,苏联法学理论基本上仍保留着全方位的影响。但是,西方的法律思想与法律制度随着改革开放也开始引进。改革开放初期,由于留学美国的人数较多,我国的法律制度比较明显地反映出对英美法系的吸收和借鉴,尤其是在法学理论、合同法和诉讼法领域,英美法系的影响非常明显。在大陆法系法学人才不继的情况下,我国台湾地区的法学著作被大量引入大陆,对改革开放初期法学理论尤其是民法理论的重建发挥了非常重要的作用。21世纪伊始,法学界留学德国、法国、意大利等欧洲大陆法系国家的人员逐步增多,大陆法系的理论与制度不仅在法学理论上,在民法、刑法、经济法和行政法等各部门法领域,都开始重新取得主导地位。

二 中华法律传统的特点

从西周到大清,中国封建法典具有清晰的沿革关系,长期自成体系,很少受外来影响,独具特色。对于中华法律传统的特点,可以从以下三个方面进行分析。

(一)中华法律传统的统治者视角

我国自秦朝起就建立了中央集权体制,中央政府具有强大的组织能力和社会控制能力。在这种前提下,在法的视角选择上,必然会采取一种统治者视角,将法律视为一种

实现国家统治、加强社会控制的手段。我国古代皇帝权力的至高无上以及司法权从属于行政权的司法体制建构方式，都是法的统治者视角下的产物。

1. 皇权至高无上

我国古代"法自君出"，君主始终掌握国家最高立法权。一切法典、法规皆以君主名义颁行。皇帝的诏敕往往直接成为法律，皇帝可修改、废止任何法律。作为国家的象征和统治阶级的总代表，皇帝的人身和权威皆受法律的严密保护，不论有意无意，稍有触犯，即重罪。皇帝不受任何法律的约束，不承担任何法律义务，历史上从无"治君之法"。除了改朝换代的特殊情形，历史上从没有皇帝受到过刑事处罚，也几乎没有任何法律是用来约束皇帝的，法律一直都是皇帝治理臣民的工具。皇帝又拥有最高司法权，可以对一切重案、要案、疑案进行裁决，隋唐以后，一切死刑案件都需要经皇帝裁决批准。皇帝可以法外用刑，也可法外施恩，赦免任何罪犯。

2. 司法权与行政权的一元化设置

立足于统治者视角，司法权承载的也是一种统治职能，如何高效地贯彻统治者意图就成为司法体制建设的目标。各种公权力之间的关系不在于分权制衡，而在于分工合作。由此我们看到，自秦建立统一的中央集权政治体制始，我国的地方司法机关一直设置于行政权之下，地方最高司法官员一般均由行政长官兼任。中央司法机关在秦时单设，但在后世的发展演进过程中，常常以各种形式被行政权侵夺，同样不具备完全独立于行政权的独立性。司法机关内部，权力的设置同样也是一种行政化的权力设置，对侦查、起诉和审判等职能不进行区分，均由行政长官统一行使。虽然历朝各级地方政权组织中都设有负责缉捕侦查以及狱讼的官员，但这样的官员均统一隶属于地方行政长官，受行政长官的统一领导。对于重大疑难案件，一般也是由行政长官亲自处理并裁决。在这样的体制下，司法机关作为一种统治工具，完全是围绕着维护统治秩序而存在的，将司法权置于行政权之下，可以最大限度地发挥司法权的政治职能。

3. 法的视角与我国古代王朝的更替兴衰

法律的统治者视角有利于维护中央集权的统治秩序，但也存在其自身难以克服的缺陷。当出现社会危机的时候，历代统治者总是通过加强社会控制的手段来处理社会危机，直到社会无法承受最后一根稻草。中国古代封建社会两千多年，始终未能走出王朝更替兴衰之怪圈，未能在法律制度上有根本性改变，这与我国古代解决社会矛盾的方式是分不开的。在两千多年的封建历史长河中，立足于法的统治者视角，我国理解法律的方式和法律思维方式始终未曾改变，在这种前提下，法律制度和法的运行方式也就不会改变。法的规范方式同时也是一种社会治理方式或社会控制方式，它影响甚至决定着人的行为方式以及人与人之间的关系模式，乃至社会构成和运行方式。因此，法的视角不变，社会运行方式也难以改变，社会自身的危机解决机制也就不会改变。

（二）中华法律传统的工具论思维

法的统治者视角进一步形成法的工具论思维。既然司法权是围绕着维护统治而设计的，它本身不过是实现统治的一种工具，那么，秩序的维护就成为司法权最为重要乃至最终的目标。由此进一步使我国古代法律呈现出重实体轻程序、以刑代民的特点。

1. 对法律程序的轻视

在统治者视角下，法律不过是实现社会控制的工具，统治者关注的是秩序的实现结果，至于这种秩序实现的具体程序，并不是问题的重点。所以，我国传统法律文化向来不重视程序法，必要的程序性规定都是围绕着如何实现司法权的统治职能而设计的，立足于权力约束的程序性设计几乎从不存在。即使有，也是立足于上级对下级进行约束管理的需要而存在的，几乎毫无例外地表现为上级对下级的约束、帝王对官员的约束，而从来都不是公民对官员的约束，或者说私权对公权的约束。

在这种缺乏程序性约束的情况下，传统的司法官吏在处理具体案件时，常常为了能够"明断"案件而不择手段，而这种为最终达到明断目标而采取的手段不仅很少为人所诟病，反而常被人津津乐道，成为表现司法官员聪明才智的典范。如宋代《折狱龟鉴》载唐江阴令赵和断钱案，说淮阴有比邻而居农夫二人，东邻将土地抵押给西邻，赎回时先付800钱，未立字据，付清余款欲取回地契时，西邻不承认曾收800钱。东邻诉于县，又诉于州，因无证据均未获支持。后闻江阴令赵和善断案，遂又诉于江阴。赵和以涉嫌抢劫将西邻拘捕押解至江阴，并称有人指认劫得之钱财均在其家中，西邻乃细述其家中钱财来源，其中包括东邻赎回土地的800钱也如实供述，东邻之冤遂得解决。赵和的这一断案方式在现代法治理念下不仅不可思议，也是无法容忍的。因为这种不受限制和约束的权力极易造成权力的滥用，一旦为恶，其对法治秩序的破坏力将不可估量。但在历史上，这种方法不仅为官方所支持，而且在民间也被广为传颂。

2. 刑讯逼供的合法化

对断案结果的追求以及对极端手段的缺乏约束甚至鼓励，还派生出我国传统法律文化中的另外一个现象，即刑讯逼供的合法化。在古代中国，刑讯逼供不仅仅是一种现象，历朝对刑讯逼供使用的前提、方法、限度等还有明确而具体的规定，从而形成了一种体系化的制度。在没有相应程序性约束的情况下，刑讯逼供即使不被鼓励，也必然是与明断案件的目标追求相伴而生的现象，并在此基础上逐渐形成了一种文化情结。在这种情况下，"大刑伺候"不仅仅是一种为查明案件事实的权宜，似乎还夹裹着一种嫉恶如仇的心理需求与正义表达，它是威严的、正义的，但同时也是武断的、残酷的。

3. 重刑轻民，以刑代民

我国古代的法律常被认为具有"重刑轻民"的特点，刑法与行政法相对发达，而民法规范极为简略，一直未能形成独立的法律部门。这种民法不发达的现象不仅表现在立法上民事法律规范不完善，而且在调整方式上，民事关系基本以刑法或行政法的调整手段进行调整。任意翻开历朝历代的法典，这样的例子满篇皆是，如笞、杖是我国古代五种刑罚中较轻的两种，被广泛用于各种如今看来属于民事纠纷的案件中，比如：不孝敬父母，打板子；欠钱不还，打板子；放高利贷，还是打板子。

民法调整的是个体之间的关系，一般情况下，个体之间的民事纠纷并不足以影响统治秩序，故民事纠纷一向被统治者视为"细故"，而很少将其纳入国家法的视野。相对于民法来说，刑法调整的都是较为严重的、可能影响统治秩序的行为，采取惩罚性的刑罚手段显然比以赔礼道歉和民事赔偿为表现形式的民事手段更为有效。民事纠纷一旦对簿公堂，一方面反映出矛盾的难以调和，另一方面也是对公权力是否能有效解决纠纷的一种考验，甚至是挑战。立足于统治者视角和工具论思维，采用刑事手段来解决无疑也是最有效的途径。

4. 民众普遍的厌讼心理

对法律程序的轻视、为断案的不择手段，以及以刑代民的处理方式，使得普通的民事诉讼代价巨大，而且对最终的结果难以预期。清代蓝鼎元在其《鹿洲公案》记载了兄弟争田一案：陈智有二子，长阿明，次阿定。父没，剩有余田七亩，兄弟互争，亲族不能解，至相争讼。蓝鼎元的处理方法是"命隶役以铁索一条两系之，封其钥口，不许私开"。闻兄弟二人皆有二子，又"命拘其四子偕来"，呼阿明、阿定谓之曰："今汝等又不幸皆有二子，他日相争相夺，欲割欲杀，无有已时，深为汝等忧之，今代汝思患预防。汝两人各留一子足矣。明居长，留长子，去少者可也；定居次，留次子，去长者可也。"命差役将阿明少子、阿定长子押交养济院，赏与丐首为亲男，取具收管存案。阿明、阿定于是"皆叩头号哭曰，今不敢矣"。阿明愿让田与弟，至死不争；而阿定则愿让田与兄，终身无悔。蓝鼎元写道："兄弟、妯娌相亲相爱，百倍曩时。民间遂有言礼让者矣。"

该案本是一起典型的继承纠纷，但处理这样的民事纠纷，蓝鼎元却以铁索系之数日，以刑事处罚代替民事手段，诉讼成本无疑极高。不仅如此，蓝鼎元还威胁将两人的儿子"押交养济院，赏与丐首为亲男"，以防其以后像他们兄弟俩一样争遗产。如果真如此处理，诉讼的成本和结果更加超乎当事人的想象。但这样的处理方式在蓝鼎元眼里似乎并无不当。即使仅是一种单纯的威吓，这种威吓之所以能够奏效，也是以其无可置疑的可能性为后盾的。

在这种纠纷解决机制下，我国古代民众普遍存在一种"厌讼"心理。也许"厌讼"这一表述并不合适，准确地说应是"惧讼"心理。厌讼未必是和谐社会的一种表现，而毋宁是个体在这种特殊司法运行方式下的无奈选择。

（三）礼法与民间法的发达

我国古代调整私人关系的国家制定法极不发达，被纳入刑法规范进行调整的范围也非常有限。但是，私人关系中毕竟存在诸多冲突和矛盾，需要相应的规范来调整，在国家法缺失的情况下，必然会有相应的替代方式，这种替代方式在我国古代主要表现为礼与法相结合的"民间法"。

1. 古代法律传统中礼与法的结合

中国古代法律不受宗教影响，而强调遵循"礼"，强调维护纲纪伦常。礼原是氏族社会末期祭祀祖先神灵的习惯，后来逐渐演化为阶级社会确定人们血缘关系亲疏尊卑和社会等级的行为规范。经过汉儒改造，礼融入诸子中的可取成分，又成为"礼法"或"礼教"。

应予注意的是，礼并不仅仅是调整私人关系的规范，还发展成为指导一切立法和司法活动的基本原则和理论基础。在刑事案件中，同样的行为不一定同罪，同样的罪名不一定同样处刑。行为人等级身份和血缘关系成为定罪量刑的必要前提。在民事案件中，直接以礼教原则处断更屡见不鲜。

2. 民间法的发达

如果说礼主要是官方意识形态的产物，民间则主要表现为各种民间法。民间法是相对于国家制定法而言的，指人们在长期共同生活过程中自发形成的规则。在我国古代，民间法不仅表现为风俗习惯，还表现为各种乡规民约和行业规范，甚至还有各种家族法，俗称"家法"。这些民间法规范在我国古代不仅常常在民间被普遍接受，也得到了官方的一致认可，从而成为调整私人关系的重要规范依据。

3. 传统法律传统中的乡土特征

我国古代社会属于一种典型的农耕社会文明生态，它是围绕着农业生产而生成、以农业耕作为基础、以自然经济为核心的社会形态。基于对土地的依赖，人们世代长期共同聚居在同一片土地上，在自给自足的自然经济状态下，血缘关系成为最为紧密和稳定的社会关系纽带，由此使农耕文明具有非常浓郁的宗族文化与乡土文化特征。

农耕社会形态下，个体行为还具有高度的一致性和相互性特征。所谓一致性，是立足于行为方式而言的，每个人的日常行为几乎都是相同的，生活习惯也是一样的。所谓相互性，是指立足于相互影响的角度，每个人的行为对他人的影响都是相互的。这种生活状态下，最容易自发地形成秩序，一种可以不那么强调是非对错，而是更为追求和谐共处的自然秩序。

比如，甲、乙二人比邻而居，甲养的羊吃了乙种的菜，甲该不该赔偿呢？按照现在的法律思维与法律规则，甲显然存在过错，应当赔偿乙的损失。但在传统的乡村生活状态下，也许甲和乙并不这么认为，因为乙家也可能养羊、养鸡、养鸭，也可能会对甲的菜园或庄稼等造成损害。在损害的形成方面，两家存在高度的相互性，他们所面临的问题是相同的。在这种情况下，乙可能更容易对甲达成谅解。我们还可以进一步假设，假如把羊圈养的成本高于给菜园围篱笆的成本，人们也许更愿意接受家畜散养的方式，对于甲的羊吃了乙的菜，人们甚至更多地会归因于乙的懒惰或懈怠，即没有围好篱笆，而对甲的行为反而会有更多的宽容。

这种基于相互性而形成的个体的宽容心态，以及在相互关系上所形成的秩序，在某种意义上给我国古代的乡村生活涂上了一层理想色彩。但无论如何，理解一种法律制度和法律文化，不能脱离其自身的社会基础。应当认识到，以大工业生产为特征的现代社会条件下，大工业生产所带来的影响和危害都是单方实施的，已经不存在任何相互性特征，传统的民间法规范在很多方面已失去了其社会基础。

三　中华法律传统的当代影响

研究古代的法律传统与法律文化，并不仅仅是为了搞清它曾经是什么样子，更重要的是，我们应当去梳理它与今天的联系，尤其是它仍然以怎样的方式影响着今天。我国古代法律文化传统对当前的影响最为突出地表现在法律工具论思维方式上。尽管古代的司法体制早已不在，尽管各种法律制度都发生了翻天覆地的变化，但是在各项变化和发展的背后，我们应当清醒地意识到，法的视角并未因此发生根本的改变，认识和理解法律的方式以及在此基础上形成的法律思维方式仍然没有根本性的变化，主要表现在以下三个方面。

（一）法律程序仍被长期忽视

长期以来，我们过于强调客观公正，对法律本身的局限性认识不足。法官一方面怀着"青天"的情结，另一方面还面临着查清案件事实所面临的种种压力；当事人则怀着对法官的"青天"幻想，而当案件事实无法还原，导致案件结果不符合预期时，又愤怒于司法的不公，法院的权威性由此也受到严重损害。这种情况反过来又进一步激励当事人寻求各种司法外手段来"实现正义"，由此陷入一种怪圈。多年来无论官方还是民众对信访问题所抱持的那种悲欢交集的复杂心态，在很大程度上与我们对程序设计所应承载的社会功能认识不足有着非常密切的关系。

程序是约束权力、保护权利的重要手段。程序问题在我国也逐渐受到越来越多的重视，刑事诉讼程序和民事诉讼程序的制度设计逐步完善。然而，对程序的重视以及制度的完善仍没有带来法律思维方式的转变，或者说，法律思维的转变仅仅局限于法律人业内的小范围之中，普通民众尚未认识到程序正义本身所蕴含的制度价值。在此情况下，民众期望与制度设计之间存在着巨大的落差。遗憾的是，我们的普法教育仍限于传统的遵纪守法的说教，未能将最为基本的法律理念普及给大众，可以说，当前我国法律思维方式的转变仍然任重而道远。

（二）以行政手段与刑事手段代替民事手段的法律思维方式仍然存在

在广为传颂的马锡五审理的封捧儿婚姻纠纷案中，对于封捧儿父亲封彦贵收受的张家的财礼，判决违法不予认可，但处理方式不是返还，而是收缴。这是典型的以行政手段代替民事手段的处理方式。这种思维方式即使在今天的专业法律人头脑中仍然存在。如1996年9月23日《最高人民法院关于对企业借贷合同借款方逾期不归还借款的应如何处理问题的批复》中规定，企业间借贷属于无效合同，对约定的利息，人民法院有权予以收缴，即使当事人没约定利息，人民法院仍有权按同期银行贷款利率计算并予收缴。这反映出，直到20世纪90年代，最高人民法院司法解释仍秉持这种思维方式，更遑论普通民众。

目前，立法上以刑事或行政手段代替民事手段的情况已日趋减少，但在人们的观念中，对它们之间的区分仍然并不清晰。绝大多数民众，甚至很多非法学专业的大学生，还不能准确地对违法、犯罪、违约、侵权这些基本的法律概念进行区分。他们也不知道，对于不符合法律规定的行为，法律后果并不只限于禁止和处罚，还可能只是不受法律保护。他们仍然认为，法律是行为规范，人的行为必须被嵌定在国家法的框架内，须臾不可逾越，任何不符合法律规定的行为都必须付出代价，都要受到法律的惩罚。

（三）司法的政治功能与专政职能意识依然浓厚

长期以来，我们过于强调司法的政治功能和专政职能，人们习惯性的思维方式是：民法和民事诉讼是处理人民内部矛盾的，而刑法和刑事诉讼是对敌人实行专政的。将触犯刑律的人都视为敌人，其余的人都视为人民，这样的说法似乎也无可厚非。但即使如此，准确地区分敌人和人民仍是一个复杂的需要在诉讼程序中才能完成的过程，至少在诉讼程序完成之前，不能对此做武断结论。然而，在这种习惯性思维方式下，我们看到，尽管我们的法律中明确规定了无罪推定、不得强迫自证其罪的原则，在司法实践中这些口号也时时挂在嘴边，但长期以来，犯罪嫌疑人取保之难、会见律师之难令人难以想象，而刑讯之风、逼供之风，风气之盛同样也让人感到不可思议。随着诉讼程序的不断完善，上述现象虽已大大好转，但仍然存在，为何如此？因为我们整个诉讼制度设计的思维方式并未转变，司法和执法的理念没有转变。

相较于古代司法与行政一元化的体制设计，如今司法权已经从行政权之中分离出来。在我国，公、检、法、司各机关相互独立，各司其职。但是，各机关虽然形式上分离，但强调的是各机关之间的分工与配合，相互监督与制衡的作用并没有得到充分的重视。刑事诉讼程序的侦查、起诉和审判之所以由三个相互独立的部门分别完成，在制度设计理念上本来是为了避免权力集中所可能引致的恣意与武断，有助于各部门相互之间的审查与监督。但如果将这种分权单纯地视为分工不同，并强调相互配合的话，刑事诉讼的三个环节不过是不同阶段的例行公务，其监督与制衡功能势必要大打折扣。由此我们看到，侦查阶段出现的错误在此后的审查起诉和审判过程中很难得到纠正。从业已得到平反的冤假错案看，大多数错误都是幼稚而明显的，之所以在日益完善的诉讼程序中屡屡得不到纠正，与这种强调分工协作的理念有很大的关系。

与此同时，司法权内部的行政化运行方式仍然存在。高度行政化运行方式下，承办案件的法官并非完全根据自己通过案件审理所形成的自由心证判案，而是需要向上级主管领导汇报，重大复杂的案件往往需要层层向上级汇报。这样的管理模式下，亲自审理案件的法官并没有判决的决定权，决定权常常由并不参与案件审理的领导来行使，审而不判、判而不审的现象非常严重。2013年，党的十八届三中全会明确提出，要让审理者裁判，由裁判者负责。此后，2015年颁布了《最高人民法院关于完善人民法院司法责任制的若干意见》，为确保法官独立行使审判权作出一系列规定。尽管如此，法院的行政化运行模式并未从根本上得到改变。最近几年，部分法院开始推行"庭长阅核制"，要求庭长对其庭室内法官作出的判决进行"阅核"。有人认为，这反映了我国法院"去行政化"进程开始出现回流。未来发展趋势究竟如何，还要拭目以待。

虽然我国法律体系形式上已与古代截然不同，但是当前的法律思想和理念仍然与传统的法律文化保持着某种血脉相连的关系。古代的法制实践隐藏着我们当前法律制度的发展演进逻辑，它并不仅仅是在向我们叙述一段经历，在很多方面它仍然是我们当前法制实践中正在进行着的一部分。如何看待和应对法律传统的这种影响，如何重新反思传统，仍是我们今天必须面对的一个重要课题。

> **课外阅读推荐书目**
>
> （1）《大陆法系》（第三版），[美]约翰·亨利·梅利曼、[委]罗格里奥·佩雷斯·佩尔多莫著，法律出版社2021年版。
> （2）《普通法的精神》，[美]罗斯科·庞德著，法律出版社2018年版。
> （3）《法治及其本土资源》（第四版），苏力著，北京大学出版社2022年版。
> （4）《乡土中国》，费孝通著，人民出版社2015年版。

第三讲 法律上的"人"

一切法律都是关于"人"的法律，调整的是"人"和"人"之间的关系。但法律上的"人"并不完全等同于现实生活中所说的"人"。"人"在法律上指的是法律主体，不管什么样的"人"，只要被认可为法律上的主体，就可以享有法律权利，同时承担相应的法律义务。不能被认可为法律上的主体，便不能享有任何法律权利，便不是法律上的"人"。

我国法律上的"人"有三类：一是生物意义上的自然人；二是法律拟制的法人；三是法律拟制的但不具有法人资格的非法人组织。

第一节 "人"的主体资格

一 法律主体及其相关概念

（一）法律主体的意义

在讨论法律主体的意义之前，我们先来讨论一个小案例：

张先生养了20条狗。由于儿子张小帅不喜欢狗，张先生担心其去世后儿子不能善待这20条狗，于是立下遗嘱，其养狗用的一套平房由20条狗继承，并委托同样喜欢狗的邻居李先生帮助照顾，为此向李先生预付了50万元，作为其去世后照顾狗的费用。

张先生去世后，张小帅占有了养狗用的房屋，并欲将20条狗出售，李先生出面制止，张小帅非但不听，反而要求李先生返还张先生生前预付的50万元费用。

本案应如何处理呢？张小帅的行为应受到法律保护吗？他的要求能获得法律的支持吗？

根据张先生的遗嘱，张小帅的行为显然违背了父亲的意志，是不适当的。然而，依照我国的法律，狗并不是法律上的主体，而是物，是财产，本身并不享有法律规定的继承权，因而也不存在继承房屋的问题。由于狗不享有继承权，因而房屋仍应由张小帅继承，狗作为财产，张小帅同样享有继承权。对于继承得来的财产，张小帅当然有权处分，李先生无权制止。同时，李先生持有的50万元预付款是用来照顾20条狗的，现在这20条狗不再需要李先生的照顾，李先生取得这50万元便不再有法律上的依据，所以张小帅有权要求李先生返还。

主体在法律上代表的是一种资格，表达的是法律地位，只有法律上的主体才享有法律规定的各种权利。不具有法律上的主体资格，便不享有任何权利，也不享有任何法律主体地位。尽管人和人之间本质上并无尊卑贵贱之别，但在人类历史上，由于政治、经济、文化等各种因素的影响，人的法律主体地位并不是在任何法律制度下都是平等的。奴隶社会的奴隶、封建社会的农奴，从来都没取得过与奴隶主和封建主同等的法律地位。天赋的平等权利所表达的不过是基于人性本质的理想诉求，而每个人实际的主体地位仍然是由法律来确认并保障的。

（二）"人"作为法律主体

对于享有主体资格的法律主体，在法律上常称其为"人"，这里的"人"并不是指现实存在的、生物意义上的人，而是指享有法律权利的主体。历史上，并不是所有的人在任何时候都可成为法律上的"人"。在奴隶社会，奴隶不是法律上的主体，不享有任何权利，因而也不是法律上的"人"。在封建社会，封臣和佃户对领主具有一定的人身依附性质，与领主和封建贵族在法律上并不享有同等的地位，因此并不是平等的法律上的"人"。只有到了近代，随着资产阶级革命中对"人权"的强调，所有的人才成为法律意义上享有平等主体地位的"人"。

拓展阅读

逃离克隆岛

《逃离克隆岛》是一部科幻电影，讲述的是未来某个时间，人为了避免在罹患重大疾病需要移植器官时没有合适的器官源，所以委托某个公司利用克隆技术克隆一个甚至多个"自己"，一旦需要的时候，克隆人就成为自己的器官供体。

为了便于管理，所有的克隆人被关闭在一个与世隔绝的地下城市里，他们被告知因核战争，外界已无法生存，只剩下一个未被污染的"天堂岛"，但因名额有限，只有被"选中"的人才能有幸被送往那里。克隆人林肯6-E偶然发现，他们只不过是克隆人，他们存在的意义只是为本体提供新鲜健康的器官……

克隆人是人吗？从生物学意义上，克隆人具备人的一切生物学特征，显然属于人的范畴。但在电影中，克隆人却并不是法律上的"人"，因为他不享有任何权利，他存在的意义只是为本体提供器官，一旦本体需要，就意味着其生命已走向终结。用康德的话说，他只是手段——纯粹的手段，而不具有任何自身的意义。

当然，这只不过是一部科幻电影，为避免陷入伦理困境，所有国家目前都不允许克隆人类。但是，电影所表达的主题却值得人们深思。

不仅生物意义上的人可能不被视为法律上的"人"，法律上的"人"也并不全是生物意义上的人。比如法人就不是生物意义上的人，而是一个组织体，但法人在当今大多数国家都被视为法律主体，也就是被视为法律上的"人"。在科幻电影中，常常出现其他星球的一些外星智能生物，尽管他们不具有人的形态，但在法律上也可以被视为平等的主体，即平等的"人"。

（三）主体资格与权利能力

"人"是法律上的主体，享有法律主体资格，这种主体资格在民法上是以权利能力来表达的。所谓权利能力，是指"人"在法律上享有权利并承担义务的资格，亦即享有

法律主体地位的资格。既然是一种资格，任何"人"的权利能力都应当是平等的，哪怕婴儿和植物人，只要还被视为一个有生命的人，都应当是法律上的"人"，享有平等的权利能力。

法人和非法人组织作为法律上的主体，当然也享有法律主体资格，具有权利能力。

二 "人"的类型

由于主体意义上的"人"并不是指现实中活生生的人，而是法律主体资格的一种表达，所以既可以单纯地自然生成，也可以源自法律的设计。只要可以与其他主体相区分，能够以自己的名义实施行为，并承担相应的法律责任，就可以被视为法律上的主体。比如我们常说的"法人"，"法人"本来不是现实的生物意义上的人，但却是法律上认可的主体，因此也是"人"，是法律拟制的"人"。

依照我国的法律规定，能成为主体意义上的"人"的，除自然人外，还有法律拟制的"人"，包括法人和非法人组织。

（一）自然人

自然人是指生物意义上的人，所有的自然人，不管中国人还是外国人，不管白人还是黑人，不管成年人还是婴儿，也不管正常人还是精神病人，他们都平等地享有人的尊严，平等地享有法律上的权利，具有平等的主体地位，或者说都是平等的法律主体。

1. 自然人与公民

我国立法上常采用"公民"一词来表达自然人的主体意义，但立足于法律主体的角度，这一表述并不准确。法律主体意义上的"人"是立足于私法的角度而言的，强调的是在不依赖于任何身份和关系的前提下，一个人得以被作为一个与其他人平等的主体来对待。"公民"的概念则需要以一国的国民身份为前提，指的是具有一国国籍因而具有该国国民身份并享有该国政治权利的人。无论中国人还是外国人，在私法意义上，其人格尊严和基本财产权都平等地受到法律的保护，因而都是平等的法律主体。所以，除非在特别强调国民身份的情况下，在法律主体意义上一般不应使用"公民"的概念，而应使用"自然人"的概念。

2. 关于家庭承包经营户和个体工商户

我国《民法典》"自然人"一章中，还包括两类特殊的自然人主体，即家庭承包经营户和个体工商户。这两种主体都是以"户"命名的，可以由个体经营，也可以由家庭成员共同经营。由家庭成员共同经营的，权利义务由组成"户"的家庭成员共同享有和承担。

家庭承包经营户和个体工商户作为特殊的法律主体，享有主体资格，但实际上这两类主体从性质来说，主要解决的不是自然人的主体资格问题，而是自然人的经营资格问题，因而主要应归于商主体的范畴。我国采用民商合一的立法体例，对民法上的主体资格与商法上的经营资格并未进行严格区分,如果没有特别的法律规定,以营利为目的的营利法人所领取的"营业执照",即民事主体资格的赋予,同时也是商事经营资格的标志。《民法典》单设一节规定个体工商户和农村承包经营户,并将其放在自然人一章,主要是为自然人的经营资格问题提供法律上的根据。

(二)法人

法人并不是生物意义上的人,而是依法成立并享有法律主体资格的组织。自然人是因出生而成为主体的,而法人是由法律拟制的,是根据法律规定的条件依法设立的。

1. 法人作为"人"的条件

"人"作为法律主体,必须是独一无二、可以与其他主体相区分的存在,这样才能在法律上确定其享有的法律权利和应承担的法律义务。其必须是一个完全独立的自主性存在,这样才能以自己的名义自主实施行为并承担行为所导致的法律后果。由于法人是法律拟制的"人",所以在其成为法律主体的条件问题上,还包含着立法者对法人主体的目标期待和政策考量。

法人设立一般需要具备四个条件:① 依法成立;② 有自己的名称、组织机构和住所;③ 有独立的财产;④ 能够独立承担民事责任。对于普通法人,只要具备上述条件即可成立,对设立时注册资本的多寡、住所面积的大小等,法律并无特别的要求。但对从事某些特殊行业的法人,根据行业特点和要求,法律常常会作出一些特别规定,比如设立银行、保险公司、信托公司等法人,法律对注册资本、营业场所和组织机构等方面都会有特别的要求。

法人制度的历史演进

对法人制度的起源,人们常追溯到古罗马时期的"社团"组织和"基金会"组织。古罗马的社团指的是为了某种共同的宗旨由众多人联合结成的集合体,这些集合体有稳定的组织,有一定的财产,并以集合体的名义从事活动,因而在罗马法上被作为一个"人"即法律上的主体对待。基金会不是人的结合,而是一笔财产,这笔财产有特定的使用目标,通过特定的人在不脱离其确定的目标的前提下管理使用。这样的财产在罗马法上被确认为归属于基金会,基金会作为所有权人由此就具有了某种法律上的"人"的性质。

古罗马早期的社团主要是公法意义上的组织,国家、自治市、自由城邦、市镇,乃至帝国时期的行省都被视为具有主体资格的主体。私人的志愿性团体和各种商业社团以及宗教组织出现后,其主体地位也逐渐得到承认。作为主体上的

"人"，团体与作为团体成员的个体的法律主体资格也逐渐开始有区分。《学说汇纂》中在论及团体的主体地位时说："如果什么东西应该付给团体，它不应付给团体所属的个人，个人也不应偿还团体所欠之债。"可以说，现代公司法上的有限责任制度在古罗马已得到清晰的表达。

随着罗马帝国的衰落和蛮族人的入侵，罗马法的影响力日渐减弱，其关于法律主体天才般的拟制未能延续。公元11世纪前后，随着城市的发展和商业的繁荣，一些商业组织开始出现。最初出现的是家族营业团体，家族产业由家族成员（继承人）共同经营，但后来家族因素逐渐减弱，更多体现为多人资本的集合。除家族营业团体外，还有一种单纯依赖契约关系而建立的被称为"康孟达"的商业组织，这种组织在当时已经具备了现代合伙企业制度的雏形。

随着商品经济的发展，企业组织也日渐发达，17世纪初在英国出现了由国王签发"特许令状"而设立的特许公司，这些公司多由商人、贵族以及王室成员合资成立，公司成员称为股东，其出资按股计算。出资人的出资与个人其他财产相分离，公司独立经营，独立承担风险。1862年，英国颁布了公司法，专门调整公司所涉及的法律问题。

尽管法人的组织形式在古罗马法中即已经形成并已受到法律的规范，但法人制度理论建构与完善普遍认为是由德国完成的。1896年，《德国民法典》进一步在法典中明确规定了法人制度，现代意义上的法人制度至此得以最终形成。

2. 法人的类型

从不同的角度，可以对法人进行不同的分类。我国《民法典》将法人分为营利法人、非营利法人和特别法人三类。

营利法人主要指企业法人。企业法人根据所有制性质和投资方式的不同可分为全民所有制企业、集体所有制企业、私营企业、中外合资经营企业、中外合作经营企业和外商独资企业。现代企业法人的典型组织形式是公司，一般又分为有限责任公司和股份有限责任公司两种。公司法上还有关于一人公司和国有独资公司的特别规定，这两种公司在性质上均属于有限责任公司，是有限责任公司的两种特殊类型。

非营利法人主要包括三类：一是以社会公益服务为目的的各类事业单位；二是以成员共同利益为目的的各种社会团体；三是以捐赠为目的的慈善机构以及以宗教为目的的宗教组织。

特别法人主要指机关法人，指依法行使职权、从事国家管理活动的各种国家机关。机关法人并不是私法意义上的民事主体，而是公法意义上的法人，但当其从事民事活动时，如为采购而订立、履行合同时，也被视为私法意义上的民事主体。除机关法人外，特别法人还包括农村集体经济组织、基层群众自治组织和城镇农村合作经济组织等。

西方法学理论上很少依法人的性质或所有制形式来对法人类型进行划分，更多是按法人的组织形式来进行分类。一般将法人分为社团法人与财团法人两类：社团法人侧重人的组合，如各类公司、协会等，法律关注的是社员的权利及法人的内部组织形式；财团法人则侧重财产的组合，如各类基金会和慈善组织，法律关注的是财产的使用规则及其与捐赠人和受赠人的关系。

（三）非法人组织

非法人组织也是一个组织体，同法人一样，也要经依法登记并领取营业执照或登记证书后，才具有法律上的主体资格。未经登记，不能取得主体资格，仅得以法人内部的下属机构对待，不是法律上的主体；但依法经过登记，单独领取营业执照的，则不再是单纯的分支机构，可以视为法律上的主体。

1. 非法人组织与法人的区别

非法人组织也是一个法律拟制的主体，那么它与法人有何不同？在法人之外，法律为什么要另行拟制一个组织体形式呢？

非法人组织与法人最根本的区别是责任的承担方式不同。法人的对外债务是由法人独立承担的，对于法人无力清偿的对外债务，债权人无权要求设立者或投资人清偿，设立者或投资人所承担的责任是一种有限责任；而非法人组织对外负担的债务，无论其是否有能力清偿，债权人均有权直接要求设立者或投资人清偿。也就是说，非法人组织不具有责任独立性，其设立者或者投资人对非法人组织的债务承担的是无限责任。

此外，非法人组织与法人的内部管理方式也不同。法人责任的独立性要求法人意志和法人财产的独立性，投资人只能通过法人机关行使权力，不能直接以投资人身份处理法人事务，也不能随意处分法人的财产。非法人组织由于在责任承担上不具有独立性，对其意志和财产的独立性问题，法律并不需要给予太多的关注，投资人不仅可直接处理非法人组织的事务，在财产处分问题上，法律也没有太多的干预和限制。

2. 非法人组织的类型

非法人组织主要包括个人独资企业、合伙企业以及依法登记设立的法人分支机构。有些企业既可登记为法人，也可登记为非法人组织，如中外合作经营企业、外资企业和集体企业。在我国，有些专业服务机构不能登记设立为法人，只能登记为非法人组织，如律师事务所。还有的专业服务机构虽在一定条件下可以登记为公司法人，但由于条件要求较高，现实中所采用的组织形式仍以非法人组织为主，如会计师事务所。

三 "人"的主体资格的取得与丧失

法律不仅要明确"人"的范围，而且要明确"人"作为主体的起止时间点，从而才能够明确"人"从何时开始享有主体资格，何时丧失主体资格。

（一）自然人的出生与死亡

作为生物意义上的人，自然人的权利能力始于出生，终于死亡。我国《民法典》第13条规定：自然人从出生时起到死亡时止，具有民事权利能力，依法享有民事权利，承担民事义务。

1. 关于出生

出生是个体脱离母体的过程，标志着个体独立生存的开始。据此，胎儿因尚未出生，当然不是法律主体，不享有法律主体资格。但是胎儿在未出生时，已经是一个正在孕育的生命，在涉及赠与和继承问题时，应当充分考虑胎儿的利益。为此，《民法典》特别规定：涉及遗产继承、接受赠与等胎儿利益保护的，胎儿视为具有民事权利能力。同时，胎儿在出生前也可能受到伤害，因出生前受到伤害影响到其出生后生活的，出生后有权请求赔偿。

上述规定是民法典对特定情况的例外处理，不代表承认胎儿的权利能力。因此，如果胎儿出生时为死体，视为不发生继承和接受赠与，不存在由该胎儿的继承人继承的问题。

2. 关于死亡

我们当前一般以"心脏与呼吸停止"为判断死亡的标准，这种死亡是以人的生物学特征为依据进行判断的，可以称为"自然死亡"。此外，我国法律上还规定了一种特殊的死亡形式，称为"宣告死亡"。

宣告死亡是为了解决失踪人员的财产、债务和婚姻问题而由利害关系人申请、由人民法院宣告死亡的一种制度。也就是说，被宣告死亡的人可能并没有死亡，但是由于此人长期下落不明，其财产管理、债务清偿以及配偶婚姻关系等处于不确定状态。为维护相关利害关系人的利益，《民法典》规定，对于下落不明满四年或因意外事件下落不明满两年的人，经利害关系人申请，人民法院可以依法判决宣告其死亡。被宣告死亡的人，人民法院宣告死亡的判决作出之日视为其死亡的日期；因意外事件下落不明宣告死亡的，意外事件发生之日视为其死亡的日期。

被宣告死亡但是并未死亡的，不影响该自然人在被宣告死亡期间实施的民事法律行为的效力。人民法院宣告死亡后，被宣告死亡的人重新出现的，人民法院应当撤销其死亡宣告。死亡宣告撤销后，婚姻关系自撤销死亡宣告之日起自行恢复，但是其配偶再婚或者向婚姻登记机关书面声明不愿意恢复的除外。对于因继承而被分割的财产，本人有权要求返还，无法返还的，继承财产的继承人应当给予适当补偿。

3. 脑死亡问题

所谓脑死亡，是指脑干细胞的死亡，通常指包括脑干在内的全脑功能丧失的不可逆转的状态。脑死亡后，病人的心跳、呼吸、血压等生命体征都可以通过一系列药物和设备加以逆转或长期维持。脑死亡与植物人不同，植物人并没有出现脑死亡，因此还有恢复可能。但脑死亡不可恢复，意味着本人永远不可能再有恢复神智的可能。

很多人主张应采用脑死亡标准作为法律上判断死亡的标准,主要理由是脑死亡病人体内有保持良好血液灌注的器官可供移植使用,而停止循环的病人死前因持续低血压,体内脏器多有损害,采用脑死亡标准对于器官移植有非常重要的意义。而且脑死亡的人已无任何恢复的可能性,在此情况下再耗费大量人力、物力维持生命体征并无必要。

目前,世界上已有80余个国家和地区承认了脑死亡的标准。我国也有人呼吁在法律上承认脑死亡标准,但是,脑死亡的判断毕竟是一个非常专业的问题,为避免被非法利用,需要对认定机构的选定、认定标准和认定程序等问题进行细致而完善的制度设计。在尚未提出一个较为完善的风险控制预案的情况下,贸然采用脑死亡标准可能会引发诸多问题。从目前情况看,脑死亡在我国获得法律上的认同可能还需要很长的一段路要走。

拓展阅读

脑死亡与器官移植

我国器官移植的来源主要有三个渠道:司法途径,即死囚捐献;患者亲属间活体捐献;公民死后器官捐献。因涉及人权问题,死囚器官捐献的程序正当性越来越受到质疑,由此途径获取的器官也越来越少。活体捐献虽然在法律上限定为亲属之间,但事实上却成为器官买卖规避法律的借口,由此已经带来了非常严重的社会问题。因此,应当积极提倡的是公民的死后捐献。

2010年,我国开始筹建中国人体器官捐献管理中心,原卫生部委托中国红十字会负责这方面工作。2012年7月,该机构正式批准设立,主要负责全国人体器官捐献的宣传动员、报名登记、捐献见证、公平分配、救助激励、缅怀纪念及信息平台建设等相关工作。但是,在我国,由于传统习俗和器官捐赠法律不完善等原因,工作开展得并不理想。

(二)法人的设立与注销

我国《民法典》第59条规定,法人的民事权利能力和民事行为能力,从法人成立时产生,到法人终止时消灭。第72条规定,清算结束并完成法人注销登记时,法人终止;依法不需要办理法人登记的,清算结束时,法人终止。

由上述规定可知:除依法不需要登记的特别法人外,其他法人与非法人组织均须登记才能成立。不需要登记的法人自成立之日起取得主体资格;需要登记设立的,一般自登记设立并领取营业执照或相关登记证书之日起取得主体资格。对于登记设立的法人,注销登记之日为法人的"死亡"之日,主体资格消灭;而对于不需要登记即可成立的法

人，则清算终结之日，主体资格消灭。

1. 设立登记

一个法律主体的存在，应当有其被公众所知并被公众信赖的形式，或者说公示方式，从而他人才能够避免对其权利造成侵害并决定是否与其进行交易。一个自然人是以一个独一无二的生命体为存在形式的，只要生存于这个世界上，没有人会怀疑其存在及其主体性。但由于法人并不是一个活的生命体，而是一个组织，需要通过法律来确定其存在形式。

对于营利法人和非营利法人，我国法律规定以登记来确定其主体地位。法人经依法登记设立，成为法律主体。在我国，不同类型的法人，其登记机关可能会有不同：一般情况下，营利法人均在市场监督管理机关登记，并领取营业执照；非营利法人大多在相应的主管部门机关登记，领取相应的登记证书；机关法人不以登记方式设立，而是以行政决议、命令、决定等方式成立。

对于一般法人的设立登记，经设立发起人申请，并经登记机关审查，只要符合法律规定的设立条件，就应当予以登记。这种依照法定标准决定是否予以登记的原则称为"准则主义"。此外，对于某些从事特殊行为或承载特殊社会功能的法人，法律除要求符合法定的设立条件外，还要求经登记机关或主管机关审核批准后方可登记设立。这种登记设立原则称为"核准主义"。当前，我国采取核准主义的行业主要有：① 专利代理；② 金融、证券、保险；③ 影音、出版、教育、培训；④ 危险品或限制流通产品的生产、储运；⑤ 烟草、食盐；⑥ 医疗、医药；⑦ 电信、航空；⑧ 劳务派遣；⑨ 宾馆；⑩ 废旧汽车回收；⑪ 法律规定的其他行业。

营利法人登记设立时，登记机关会颁发营业执照，营业执照不仅是营利法人取得民事主体资格的标志，同时也是表明其取得商事经营资格的标志。非营利法人由于不以营利为目的，不能从事商业经营，故不存在营业资格问题，一般领取的是法人登记证书。机关法人由于不以登记方式设立，无须领取登记证书。

2. 注销登记

法人注销登记，一般由法人的设立人到法人登记机关办理。注销登记意味着法人主体的消灭，因而在注销前需要对法人进行清算，处置法人财产，清偿对外债务。未按照法律规定进行清算的，不能办理注销手续；未及时清算办理注销登记，造成法人财产流失不能清偿对外债务的，债权人有权要求怠于清算的公司股东或其他开办人承担相应的清偿责任。对于法人财产能够清偿对外债务的，一般由法人的董事、理事等执行机构或者决策机构的成员等负有清算义务的人自行组织清算；如果法人财产不足以清偿对外债务，则不能自行清算，应向人民法院申请破产，由人民法院指定破产管理人在人民法院的领导下进行清算。破产终结后，由管理人向法人登记机关注销法人登记。

日常用语中，还有法人解散、吊销营业执照之类的说法，法人解散是法人进入清算的原因之一，但法人决定解散后、注销登记前，法人的主体资格并不消失，只是不再从事经营活动，清算终结并办理注销登记后，法人的主体资格才消失。吊销营业执照是一项行政处罚措施，被吊销营业执照的法人或非法人组织不能再进行各种经营活动，此时法人应当进行清算，但在注销登记前，法人的主体资格同样不因营业执照的吊销而消灭。

3. 关于法人权利能力范围的问题

在法律上，所有自然人都是平等的法律主体，享有同等的法律权利，承担同等的法律义务。与自然人不同，不同类型的法人有不同的存在目的，即使同属于营利法人，不同的法人也有不同的经营范围。因此，法人的权利能力就面临这样一个问题：法人的权利能力受其设立目的或营业范围的限制吗？

长期以来，我国司法实践中常常认定超越设立登记时载明的经营范围的行为无效，这种认识目前已发生改变，但学理上的解释与讨论并不充分。实际上，以前的司法实践中没有区分主体资格与经营资格，也没有梳理清楚主体性权利与经营性权利之间的关系。前文中我们曾提到，我国采用民商合一的立法体例，对民法和商法不进行明确区分。实际上，经营范围问题不涉及主体资格，仅涉及经营资格，主体资格和权利能力都是一种资格的表达，并不存在具体的范围问题。

除经营范围方面的差异外，在具体权利的享有上，不同主体由于自身性质的不同，也会存在诸多差异，如自然人所享有的生命、健康、身体、肖像等人格权以及基于身份关系而享有的身份权，法人和非法人组织均不享有。

（三）非法人组织主体资格的取得与丧失

1. 非法人组织的权利能力问题

对非法人组织是否具有权利能力，《民法典》没有明确的规定，第102条仅称：非法人组织是不具有法人资格，但是能够依法以自己的名义从事民事活动的组织。据此，有人认为非法人组织不具有权利能力。但是，权利能力表达的是一种主体资格，如果非法人组织不具有权利能力，又如何能成为法律上的主体呢？

根据《民法典》第102条的规定，非法人组织可以以自己的名义从事民事活动，从而也就能享有民事权利并承担民事义务，自然也就享有权利能力。非法人组织与法人相比，其区别主要在于责任形式上：法人独立承担责任，承担的是有限责任；非法人组织不独立承担责任，而与设立人共同承担无限连带责任。在权利能力和行为能力问题上，非法人组织与法人并没有实质性的区别。

2. 非法人组织的登记与注销

非法人组织也须经依法登记才能设立。营利性的非法人组织企业领取的是营业执照，专业服务机构一般领取的是执业许可证书，而非营利性非法人组织领取的一般是登记证书。

由于非法人组织不独立承担对外债务，对于其无力清偿的对外债务，其设立人或投资者承担连带清偿责任，所以非法人组织并不存在破产问题。无论其资产是否能够清偿对外债务，均由其设立者或投资人自行清算。尽管《民法典》第107条规定非法人组织解散也应当依法进行清算，但对非法人组织的清算方式和清算程序均没有作出明确的规定或限制。实际上，法律也没有必要进行过多的限制。

第二节 "人"的行为能力

一 什么是行为能力？

作为法律上的主体，"人"具有权利能力，享有法律规定的权利并承担相应的义务。但是，权利能力只表明了一种主体资格，并不意味着事实上的权利行使与义务承担。在很多情况下，享有权利能力的人并没有能力处理自己的事务，如婴儿和植物人都是法律上的"人"，都有权利能力，享有与他人平等的权利，但他们均没有能力处理自己的事务，甚至不能独立表达自己的意志。但是，一个完整而独立的"人"必须能够依照自己的意愿来选择行为，处理自己的事务，只有这样才能行使权利、履行义务并承担责任。也就是说，"人"不仅仅是一个被法律认可为主体的躯壳，而且还应是一个能够自主决定自己事务的理性的主体。

"人"所具有的这种独立处理自己事务的能力在民法上被表述为"行为能力"。行为能力并不是指身体的行动能力，而主要是指意思能力，亦即按照自己的意思选择行为方式并承担相应法律后果的能力。这种意思能力也可理解为认知自己行为的性质并理解其行为后果的能力，因为只有在这一基础上，才能够理性地选择自己的行为。因此，一个高位截瘫的人尽管其丧失了身体上的行动能力，但由于能够理性表达自己的意思，能够理解自己行为的性质，所以在法律上是一个具有完全行为能力的人。

二 自然人的行为能力

（一）自然人行为能力的分类

自然人作为生物意义上的人，其行为能力必然受其生物学意义上能力的限制，并不是所有的自然人都有行为能力。各国法律对自然人行为能力也都是依据生物学标准来进行划分的。我国《民法典》将自然人的行为能力分为三种类型。

一是完全行为能力。年满18周岁，具有正常意思能力的人具有完全行为能力；年满16周岁，以自己的劳动收入为主要生活来源的人，视为具有完全民事行为能力。完全行为能力人有权自己决定自己的事务，独立实施行为，独立承担责任。

二是限制行为能力。8周岁以上的未成年人和不能完全辨认自己行为的成年人为限制民事行为能力人，其中，不能完全辨认自己行为的成年人多为尚有一定辨认能力的精神病人。限制行为能力人只能独立实施纯获利益的行为或者与其年龄、智力相适应的行为，实施其他法律行为应当由其监护人代理或同意。

三是无行为能力。不满8周岁的未成年人和不能辨认自己行为的成年人为无民事行为能力人，其中，不能辨认自己行为的成年人多为完全丧失辨认能力的精神病人。无行为能力人实施的法律行为不发生法律效力，应由其监护人代理实施。

（二）行为能力欠缺的司法宣告

不能辨认或者不能完全辨认自己行为的成年人，其利害关系人或者有关组织可以向人民法院申请认定该成年人为无民事行为能力人或者限制民事行为能力人。这里所说的利害关系人一般指近亲属，所说的有关组织包括居民委员会、村民委员会、学校、医疗机构、妇女联合会、残疾人联合会、依法设立的老年人组织、民政部门等。

被人民法院认定为无民事行为能力人或者限制民事行为能力人的，经本人、利害关系人或者有关组织申请，人民法院可以根据其智力、精神健康恢复的状况，认定该成年人恢复为限制民事行为能力人或者完全民事行为能力人。

（三）自然人行为能力欠缺的补救——监护制度

任何自然人都有权利能力，其在法律上的主体地位是完全独立的，并不依赖任何条件。但是，并不是所有人都有能力独立地处理自己的事务，对于行为能力欠缺的人而言，他们没有能力独立地维护自己的权利，更没有能力独立地承担法律上的义务。在这种情况下，所谓的主体地位不过是一种仅具有形式意义的虚设。为使能力欠缺的人的主体地位不再是虚设，就需要通过一定的制度设计来弥补他们事实上存在的独立能力的欠缺。这种制度就是监护制度。

所谓监护，就是对行为能力欠缺的未成年人或因智力问题欠缺行为能力的成年人，通过明确监护人来代他们行使权利并承担相应义务的制度。监护制度具有能力补偿的功能，因此，监护制度在性质上属于法律主体制度中的重要内容，所以尽管监护职责主要由近亲属承担，《民法典》仍将其放入总则编的主体内容，而不是将之放入婚姻家庭编。

1. 监护人的确定

根据《民法典》的规定，未成年人的父母是未成年人的监护人。未成年人的父母已经死亡或者没有监护能力的，由有监护能力的祖父母或外祖父母担任监护人。祖父母和外祖父母均已死亡或没有监护能力的，由有监护能力的兄或姐担任监护人。没有兄姐或兄姐没有监护能力的，经未成年人住所地的居民委员会、村民委员会或者民政部门同意，其他愿意担任监护人的个人或者组织可以担任监护人。

无民事行为能力或者限制民事行为能力的成年人，按照配偶、父母与成年子女、其他近亲属的顺序确定监护人，上述人员死亡或没有监护能力的，经被监护人住所地的居民委员会或村民委员会或者民政部门同意的其他愿意担任监护人的个人或组织，可以担任监护人。

依法具有监护资格的人之间可以协议确定监护人，但应当尊重被监护人的真实意愿。对监护人的确定有争议，无法协商一致的，由被监护人住所地的居民委员会、村民

委员会或者民政部门指定监护人；有关当事人对指定不服的，可以向人民法院申请指定监护人；有关当事人也可以直接向人民法院申请指定监护人。上述单位在指定监护人时，应当尊重被监护人的真实意愿，按照最有利于被监护人的原则在依法具有监护资格的人中指定监护人。在指定监护人前，被监护人的人身权利、财产权利以及其他合法权益处于无人保护状态的，由被监护人住所地的居民委员会、村民委员会、法律规定的有关组织或者民政部门担任临时监护人。监护人被指定后，不得擅自变更；擅自变更的，不免除被指定的监护人的责任。

没有依法具有监护资格的人的，监护人由民政部门担任，也可以由具备履行监护职责条件的被监护人住所地的居民委员会、村民委员会担任。

2. 监护人的职责

监护人应当履行的监护职责包括：代理被监护人实施民事法律行为；对被监护人自己实施的行为作出追认或不追认决定；保护被监护人的人身权利、财产权利以及其他合法权益。监护人不履行监护职责或者侵害被监护人合法权益的，应当承担相应的法律责任。除为维护被监护人利益外，监护人不得处分被监护人的财产，在作出与被监护人利益有关的决定时，应当根据被监护人的智力和精神健康状况，尊重被监护人的真实意愿。

3. 监护的撤销与终止

在监护期间，监护人实施严重损害被监护人身心健康的行为，因怠于履行或无力履行监护职责导致被监护人处于危困状态，或者有其他严重侵害被监护人合法权益的行为的，人民法院根据有关个人或者组织的申请，撤销其监护人资格，安排必要的临时监护措施，并按照最有利于被监护人的原则依法指定监护人。这里所说的有关个人和组织，是指其他依法具有监护资格的人，包括居民委员会、村民委员会、学校、医疗机构、妇女联合会、残疾人联合会、未成年人保护组织、依法设立的老年人组织、民政部门等。个人和民政部门以外的组织未及时向人民法院申请撤销监护人资格的，民政部门应当向人民法院申请。

被监护人的父母或者子女被人民法院撤销监护人资格后，除对被监护人实施故意犯罪的外，确有悔改表现的，经其申请，人民法院可以在尊重被监护人真实意愿的前提下，视情况恢复其监护人资格，人民法院指定的监护人与被监护人的监护关系同时终止。

被监护人取得或者恢复完全民事行为能力或死亡，监护人丧失监护能力或死亡，或者监护人资格被人民法院撤销时，监护关系终止。监护关系终止后，被监护人仍然需要监护的，应当依法另行确定监护人。

三　法人与非法人组织的行为能力

（一）法人的行为能力与法人机关

法人是法律拟制的"人"，法律没必要拟制出一个没有行为能力而需要人来监护的主体。因此，理论上，法人不应存在欠缺行为能力的问题。所有法人自成立时起，即应具有完全行为能力，直到法人主体因注销而消灭。然而，行为能力的核心是意思能力，意思是法人意志的外在表达。法人作为一种组织，它本身既不会说话，也没有思想，它的意志如何生成，又如何对外表达和执行呢？

法人的意志是通过法人的机关形成并执行的，法人的机关由自然人组成，自然人的意志通过一定的形式和程序转化为机关的意志，进而成为法人的意志。比如，公司的股东可以通过表决权的行使将股东个人的意志转化为公司的意志——股东会决议。公司的意志来源于股东的意志，但又独立于股东个体的意志，是通过股东会由股东个体意志转化成的公司意志。股东会和董事会均是公司的机关，它具有形成法人意思和代表法人活动的功能。因此可以说，法人的意思能力表现为法人机关的意思能力，而法人机关的意思能力源于机关组成人员的意思转化。法人的机关随法人的设立而设立，因此，法人自设立时就具有行为能力，而且是完全行为能力。

（二）法人机关的类型

法人的意志源于法人机关的生成，并且也需要依赖法人机关对外表达和执行。法人的机关就像人身体上的各种器官一样，使法人成为一个具有意思能力的有机体。根据功能的不同，法人的机关主要可以分为以下四种。

1. 意思机关

意思机关即权力机关、决策机关，是形成法人意志的机关，也可称为意志形成机关。意思机关如人的大脑，是首脑机关。对于公司、企业、协会等社团法人，一般以社员大会为意思机关。如公司的意思机关是股东会，以会员形式组成的协会的意思机关是会员大会。在社团人数不多时，作为意思机关的社员大会一般由全体成员组成；如果社员人数较多，也可以以社员代表大会为意思机关。但是，对于各种依赖捐赠获得财产的财团法人，一般以捐赠人的意思为法人的意思，没有自己独立的意思，因而也没有自己的意思机关。比如，中国扶贫基金会章程中已经明确基金的用途和使用方式，对于捐助人的捐助，也只能根据章程的规定来决定捐助财产的用途，自己不得另设意思机关，决定该扶贫财产的使用。

2. 执行机关

执行机关是执行法人意志的机关，任何法人皆须有执行机关，否则法人的目的事业无法完成。社团法人的执行机关由单个自然人担任时，一般称执行董事或执行理事；由自然人团体担任时一般称董事会或理事会。财团法人的执行机关通常是自然人团体，一般称理事会。执行机关在性质上虽然是执行法人意志的机关，但法人的意思机关一般都不是常设机关，只是通过定期会议形式对法人事务进行决议，通常情况下由执行机关负责并维系法人的日常运行。

3. 代表机关

代表机关是法人的意思表示机关，代表机关对外代表法人作出意思表示，是法人的

对外机关,犹如自然人的喉舌。代表机关一般由单个自然人担任,故称法定代表人。代表机关的权限由章程或捐助人的意思决定,担任法定代表人的自然人在代表法人对外作出意思表示时,其自然人人格被法人吸收,不再代表自己,其所作意思表示的效力归于法人,即使法定代表人变更也不影响该意思的效力。

为保护善意相对人的利益,法定代表人代表法人实施的行为是否符合法人内部规定的要求,原则上并不影响该行为的效力。也就是说,无论是否符合法人内部规定,哪怕法定代表人个人违规擅自行动,如果相对人是善意的,法人仍要受该行为的约束,并承担由该行为导致的后果。

4. 监督机关

这是根据法人章程和意思机关的决议对法人的执行机关、代表机关实施监督的机关。监督机关不是法人必设机关,根据法人意思机关的意思,决定是否设立。监督机关可由单个自然人担任,一般称为监事;也可以由自然人团体担任,称为监事会。有时候,法人也可以不设监事或监事会,而是由专职审计人员或设立专门的审计机构来行使监督职能。

(三)非法人组织的行为能力

与权利能力一样,非法人组织的行为能力也没受到普遍的认同,很多人认为非法人组织的行为是由其实际支配者实施的,其本身没有行为能力。但是,如果承认非法人组织的权利能力,当我们否认其行为能力时,是不是应当通过法律来弥补其行为能力之不足呢?如果是这样,我们有必要在法律上创造一种没有行为能力而需要人来"照顾"的主体吗?答案应当是显而易见的。也就是说,只要我们承认非法人组织作为主体存在,我们就不应否定其自身的行为能力。

由于非法人组织的责任不独立,其责任由投资者或控制人承担,故法律不强调非法人组织的独立性,因而也不像对法人那样,特别规定意志生成机关与意志的生成方式。非法人组织的意思可以由其投资者或控制人直接表达,如合伙企业中执行合伙事务的合伙人均可直接表达意志。当然,非法人组织也可以设立自己的机关,并通过机关以单位的名义对外表达意志。

第三节 法人的独立性

"人"要成为法律上的主体,必须是一个可以与其他主体明确区分的独一无二的存在,否则就无法享有可归于其自身的权利,无法承担法律义务,从而也就无法成为真正意义上的法律主体。在此意义上,完全可以说,独立性是"人"成为法律主体的基本条件和前提。

每一个自然人都是一个独立的存在，只是由于自然人的生物学局限，因而存在行为能力欠缺问题，需要通过监护制度来弥补其独立性之不足。而法人和非法人组织尽管在法律上都被设计为独立的存在，但由于它们只是法律拟制的"人"，是一种组织体，从根本上来说仍需要由自然人操控并依赖自然人运行，因而法人和非法人组织极易受到其实际控制人的操控而失去独立性，并由此产生一系列法律问题。

一 法人的独立性的含义

法人的独立性意味着任何一个法人都是一个完全独立的存在，并与其他主体相区分，这种独立性可以从三个方面来理解，即财产独立、意志独立和责任独立。

（一）财产独立

法人是独立的主体，意味着法人的财产归法人所有，而不能归其他任何人（包括股东）所有。当然，法人的财产来源于股东的投资，但股东的投资一旦投入就转为法人的财产，股东就丧失对出资的所有权，既不能对投资财产随意处分，也不能随意将法人的财产再转变为自己所有。

投资后，股东失去对所投入资产的所有权，所有权转化为股权。股权主要包括表决权、知情权和收益权三项基本权利，与所有权是完全不同的权利。当然，股东有权通过分红取得收益，但这种收益是对法人盈利的分配权，没有盈利不能分配，而且即使有盈利，也要依法人章程规定的条件和程序进行分配，同样不能由股东随意处分。

由于法人的财产具有独立性，股东退出时，也不能直接从法人抽回出资，而是应依法转让股权。通过股权转让，股东从股权的受让人处收回投资，而不是从法人那里收回出资。因此，股权转让仅是股权的转让人与受让人之间的交易活动，法人的财产不受影响。

（二）意志独立

法人虽然由投资者投资设立，一般情况下也由投资者来管理，但法人有其独立的意志，并应当与投资者的个人意志相区分。投资者或管理者的个人意志应当通过法人的意思机关转化成公司意志，并由执行机关执行。如果个人意志不经过意思机关，而是由个别投资人或公司实际控制人随意依照自己的意志直接决定公司事务，则公司意志极可能被个别投资人或实际控制人绑架，从而使公司失去其独立意志。

（三）责任独立

责任独立是指法人的对外债务应由法人独自承担，不应由法人的投资股东或实际控制人承担。当法人财产不足以清偿对外债务的时候，应当依法破产，对法人财产不足以清偿的对外债务，投资股东和实际控制人同样不负清偿义务。

法人的责任独立在公司法上又称为"有限责任"。所谓有限责任，包括法人责任有限和股东责任有限两方面内容：法人责任有限是指法人以其全部财产为限对外承担责任，法人的全部财产不足以清偿债务的，对无力清偿的部分不再清偿；股东责任有限是指股东以其认缴的全部出资为限对外承担责任，当法人不能清偿对外债务时，公司破产，股东出资不能收回，但对于法人无力清偿的债务，股东并不承担清偿责任。非公司制的法人虽然在名称上没有冠以"有限责任"的字样，但所有的法人所承担的都是有限责任。有限责任是由法人的独立性所决定的，也可以说，法人的有限责任是法人责任独立的另外一种表达。

法人的责任独立使投资人仅在其认缴的出资范围内承担责任。比如，公司设立时登记的注册资本为100万元，三名发起人股东认缴的出资分别为50万元、30万元、20万元，则三名股东的投资风险也分别被控制在上述出资范围之内。也就是说，三名股东最坏的结果是认缴的出资全部赔光，但股东不会超出上述出资范围另行承担额外的责任。

法人的责任独立或者说有限责任制度最大的意义在于，它可以使投资者将风险控制在完全可预测的范围之内，从而有助于鼓励投资。

二 法人独立人格的否定

有限责任制度是减少投资风险从而鼓励投资的一种制度。但这种制度也容易被滥用，并使债权人利益受到侵害。法人为有限责任，但法人是由投资者实际控制的，当投资者擅自转移公司财产，并由此导致法人财产不足以清偿债务时，如果投资者无须为此承担责任，显然不利于债权人利益的保护。

从根本上说，法人的责任独立需要以其财产独立和意志独立为前提，当法人的财产和意志不独立的时候，其责任独立也就失去了基础，而且还可能造成对债权人利益的侵害。因此，当法人的财产和意志不独立的时候，需要突破其责任的独立性，允许债权人向有关责任人主张权利。

这一制度在法律上称为法人人格否认制度，依据该制度，为保护债权人利益，在法人不具有财产独立性和意志独立性的时候，法律否认法人的责任独立性，允许债权人向相关的责任人主张权利，使其承担相应的责任。人格否认制度是对法人独立承担责任原则的突破，也是对法人及其投资人有限责任的突破。

（一）财产不独立情形下的人格否认

法人责任独立以财产独立为前提，财产不独立，责任也不应独立。当法人的财产因股东和实际控制人的行为丧失独立性的时候，应否定法人的独立人格，允许债权人追究相应股东和实际控制人的责任。法人财产不独立的情形主要有以下三种。

1. 投资人未充分履行出资义务

法人的财产来源于发起设立者的投资，对于营利法人而言，法人设立时，需要在登记机关登记法人的注册资本与每位投资股东认缴的比例和数额。各投资人认缴的出资可以根据投资协议或章程规定分批缴纳，法律一般不强制要求设立时全部到位。但认缴的出资额表明各投资股东有限责任的范围，如果股东未足额缴纳认缴的全部资本，当法人财产不足以清偿对外债务时，债权人有权要求股东在未足额缴纳的出资范围内承担补充清偿责任。

投资人未充分履行出资义务，不仅包括出资未足额缴纳的情形，出资人以实物、土地使用权或知识产权出资，作价明显高于实际价值的，也属于未足额出资。此外，以实物或权利出资，需要办理过户而未办理过户的，或者设定权利负担（如抵押），权利人因行使权利使法人受到损失的，均属于未充分履行出资义务。如果因此影响债权人债权实现，债权人均有权要求未充分履行出资义务的出资人在出资差额范围内承担责任。

除了未充分履行出资义务的投资人，法人设立时的发起人、未尽督促义务的董事及其他相应管理人员也应对未充分履行出资义务投资人的责任承担连带责任。

2. 实际控制人非法侵占法人财产

对营利法人来说，投资股东投资设立法人的目的在于获得收益，但获取收益只能通过三种方式：第一种是对法人的营利通过分红方式获得收益；第二种是通过转让股权获得收益，法律规定的特殊情况下，公司可以回购股权；第三种是法人解散时通过对法人剩余财产的分配获得收益。除此以外，股东或实际控制人不得以其他任何方式从法人处取得财产，哪怕经过股东会全体一致形成决议也是不被允许的。

如果投资股东或实际控制人存在违法从公司取得财产的情况，当公司财产不足以清偿对外债务时，债权人有权要求上述人员在非法取得财产的范围内承担补充清偿责任。投资股东或实际控制人长期经常性地从法人处取得财产，可认定构成财产混同，混同的主体对各自的对外债务互相承担连带清偿责任。常见的财产混同的情形主要有：

（1）股东无偿使用公司资金或财产，未在公司明确记录的；

（2）股东用公司资金偿还股东债务，或将公司资金供关联公司无偿使用，不记载的；

（3）公司账簿与股东账簿不分，致公司财产与股东财产无法区分的；

（4）股东自身收益与公司盈利不区分，致双方利益不清的；

（5）公司财产记载于股东名下，由股东占有、使用的；

（6）法人混同的其他情形。

3. 投资人擅自抽逃出资

投资人投资到法人的出资，一旦进入法人账户或过户到法人名下，即成为法人财产，投资人不能抽回。投资人不想继续投资拟退出的，通常情况下只能通过股权转让才能收回投资并退出。未经法律规定的方式收回出资，无论是否经其他股东同意，均构成抽逃出资。在司法实践中，将出资款项转入公司账户又转出，通过虚构债权债务关系将其出资转出，制作虚假财务会计报表虚增利润进行分配，利用关联交易将出资转出，以及其他未经法定程序将出资抽回的行为，均可认定为抽逃出资的行为。抽逃出资的，视为投资股东未充分履行出资义务，应在未履行的出资义务范围内承担责任。

第三人代垫资金协助发起人设立公司，双方明确约定在公司成立后将该发起人的出资抽回以偿还该第三人，发起人依照前述约定抽回出资偿还第三人后又不能补足出资，债权人可以请求第三人连带承担发起人因抽回出资而产生的相应责任。

（二）意志不独立情形下的人格否认

法人的意志是通过法人机关形成并由法人机关执行的。比如，公司法人的股东会是公司的意志形成机关，董事会是执行机关。个人意志未经法人机关转化成法人意志，而由个人直接对法人事务进行支配和控制，可能会导致法人意志不独立，从而影响法人的独立性，使法人沦为被少数个人所掌控的工具。如果因此影响债权人债权的实现，则债权人有权援引人格否认制度，追究相关控制人的责任。一般来说，造成法人意志不独立的情形主要有以下两种。

1. 过度支配和控制

过度支配指股东或实际控制人对法人的过度支配从而使法人不具有真正的独立意志。这种情况下，应由滥用控制权的股东或实际控制人对公司债务承担连带责任。常见情形包括：① 母子公司间或子公司间利益输送；② 母子公司或子公司间交易，收益归一方，损失由另一方承担；③ 先从原公司抽走资金，后成立经营目的相同或类似公司，逃避原债务；④ 先解散公司，再以原公司场所、设备、人员及相同或相似的经营目的另设公司，逃避原债务；等等。

2. 过于轻率的"赌博"行为

2019年最高人民法院印发的《全国法院民商事审判工作会议纪要》（即《九民纪要》）还将资本显著不足作为人格否认的一种情形，认为股东明知资本显著不足仍采取"以小博大"的方式，不负责任地冒险经营，最终导致不能清偿债务，侵害债权人利益的，也可以适用人格否认。但是，任何经营活动都存在风险，这种情况下如何准确把握法律适用的标准是一个棘手的问题，在适用时应当十分谨慎。

（三）人格混同下的人格否认

人格混同是指两个独立主体的构成要素相互之间无法清晰区分，既可以是财产的混同，也可以是意志的混同，还可以是其他方面的混同，如管理者和工作人员的混同、业务工作的混同等，从而导致法人与其他主体相互混淆、无法明确区分的情形。混同不仅表现为法人与其他法人之间的混同，也常表现为法人与其投资者或实际控制人之间的混同。出现人格混同时，与法人混同的其他主体应对该法人的对外债务承担连带清偿责任。

案件链接

最高人民法院指导案例 15 号

原告徐工集团与川交工贸公司交易过程中，川交工贸公司拖欠 10 916 405.71 元未付。川交公司已丧失清偿能力。徐工集团起诉称川交工贸公司与川交机械公司、四川瑞路公司人格混同，要求另两公司承担连带责任。

人民法院经审理查明：

（1）川交机械公司成立于1999年，股东为王永礼、倪刚；瑞路公司成立于2004年，股东为王永礼、倪刚；川交工贸公司成立于2005年，股东为张家蓉（占90%股份）、吴帆（占10%股份），其中张家蓉系王永礼之妻。

（2）在公司人员方面，三个公司经理均为王永礼，财务负责人均为凌欣，出纳会计均为卢鑫，工商手续经办人均为张梦。

（3）交叉任职情况：过胜利曾兼任川交工贸公司副总经理和川交机械公司销售部经理的职务，且免去过胜利川交工贸公司副总经理职务的决定系由川交机械公司作出；吴帆曾担任川交工贸公司的法定代表人，同时又为川交机械公司的综合部行政经理。

（4）三公司在工商登记的经营范围基本一致。

（5）公司业务方面：

① 三家公司在对外业务上，存在共用统一格式的《销售部业务手册》《二级经销协议》。

② 徐工集团在与工贸公司交易过程中，发现工贸公司与机械公司和瑞路公司使用同一结算账号对外结算。

③ 徐工集团与机械公司和瑞路公司业务关系中，两公司均曾提出以工贸公司名义订立合同并结算。

④ 交易过程中，均为王允礼一人签字，在收款通知、函件往来过程中，三公司公章和财务章常常混用。

（6）网络信息方面，川交工贸公司、瑞路公司在相关网站上共同招聘员工，所留电话号码、传真号码等联系方式相同，公司情况介绍也未进行区分。

依据上述事实，人民法院认定三公司构成人格混同，判决机械公司和瑞路公司对工贸公司的债务承担连带清偿责任。

二 非法人组织面临的特殊问题

"人"的独立性包括财产、意志与责任的独立，但最终落脚于责任的独立，很多问题都是由责任独立问题引发的。非法人组织虽然可以独立以自己的名义从事民事活动，但由于其责任不独立，所以至少从债权人的角度来说，债权人不会关注其财产和意志上的独立性问题。毕竟，无论财产和意志是否独立，债权人都可以要求非法人组织的投资人或上级法人清偿债务。在这种情况下，非法人组织所面临的问题就不再是责任是否应当独立以及债权人权益保护的问题，而是投资人的风险承担与责任的内部划分问题。

（一）非法人组织的独立性欠缺与非法人组织的内部关系

个人独资企业、外资独资企业以及依法登记设立的法人分支机构等非法人组织都只有一个投资者，对于非法人组织的内部事务处理以及对外债务承担，均由该单一的投资者一人负责和承担。在这种情况下，该投资者可以根据具体情况将非法人组织的经营风险控制在一定范围之内。但是，合伙企业和不具有法人资格的专业服务机构一般都是由多名合伙人设立的，由于合伙人众多，对于其中的任何一名合伙人而言，合伙组织的经营风险都是难以把控的。

也就是说，尽管合伙组织在出资、管理及退出机制等方面具有更大的灵活性，但全体合伙人对合伙组织对外债务承担连带清偿责任，这一制度安排使每个合伙人面临着更大的经营风险。尤其应当注意的是，对于我国的某些行业而言，采取合伙制的经营方式往往不是投资者本人的选择，而是由于法律的规定。比如依据《中华人民共和国律师法》的规定，律师事务所只能选择合伙制形式或个体事务所形式，与此相类似的还有会计师事务所。尽管会计师事务所在一定程度上允许公司制，但需要达到法律规定的较高的条件，合伙制仍是目前会计师事务所采用的普遍形式。在这种情况下，合伙人常常面临着更大的风险，而且这种风险在特定的法律框架下无法避免。

案件链接

律师事务所的天价诉讼

嘉汉林业是最早在中国发展商业用材人工林的企业，1994年在加拿大多伦多证券交易所上市，逐步成为中国最大规模的外资商业林场营运商之一。

2011年6月，一家叫浑水研究公司（Muddy Waters Research）的机构公布的一份调查报告称，嘉汉林业涉嫌夸大资产、伪造销售文件，诈骗数十亿美元的资金。报告公布后，嘉汉林业遭大肆抛空，股价一天内下跌了64%。

嘉汉林业为此专门成立了一个独立委员会对进行调查，北京君合律师事务所被该独立调查委员会聘请为中国法律顾问，君合律师事务所出具的法律意见书称，嘉汉林业在加拿大上市融资活动中，北京通商律师事务所和北京竞天公诚律师事务所出具的法律意见书中存在疏忽和失职。

由于嘉汉林业的股票、债券是由瑞士信贷（Credit Suisse）、美银美林（Bank of America Merrill Lynch）为首的11家国际投资银行承销的，投资者纷纷对他们提起诉讼,据称潜在诉讼标的可能高达90亿美元。上述11家国际投行根据北京君合律师事务所出具的法律意见书,转而对北京通商和竞天公诚律师事务所提出索赔。

通商和竞天公诚律师事务所经调查,发现君合律师事务所出具的法律意见书中的签名律师为佟珂,此人在君合律师事务所网站上显示为合伙人,但在司法行政部门却未查到其具备律师执业资格的任何资料。通商和竞天公诚认为君合出具的法律意见书无效,且对其名誉造成严重损害,由此对君合律师事务所提起标的高达2.5亿元的名誉权侵权诉讼。

可以想象,上述案例中的律师事务所一旦败诉,其后果将是所有合伙人都难以承受的,尤其是对没有参与案件的无任何过错的其他合伙人而言,他们同样需要承担连带责任,这对他们而言,似乎也有失公平。

为解决合伙人之间的风险承担问题,2007年我国在对《中华人民共和国合伙企业法》进行修改时,增加了"特殊的普通合伙"和"有限合伙"两种合伙形式,在合伙人责任承担问题上,为合伙人提供了更多的选择。

(二)特殊的普通合伙

特殊的普通合伙适用于以专业知识和专门技能为客户提供有偿服务的专业服务机构,所谓"特殊",是指对于一个合伙人或者数个合伙人在执业活动中因故意或者重大过失造成的合伙企业债务,由具有故意或重大过失的合伙人承担无限连带责任,其他合伙人仅以其在合伙企业中的财产份额为限承担责任,而无须承担无限连带责任。但是,对于合伙人在执业活动中非因故意或者重大过失造成的合伙企业债务以及合伙企业的其他债务,全体合伙人仍承担无限连带责任。对于合伙人在执业活动中因故意或者重大过失造成的合伙企业债务,以合伙企业财产对外承担责任后,该合伙人应当按照合伙协议的约定对给合伙企业造成的损失承担赔偿责任。特殊的普通合伙企业名称中应当标明"特殊普通合伙"字样。

特殊的普通合伙企业中,对合伙人的故意或重大过失,并不要求其他合伙人承担无限连带责任,这种情况下,显然不利于债权人债权的实现,故有对债权人不公平之虞。为平衡合伙人与债权人之间的关系,法律要求特殊的普通合伙企业应当建立执业风险基金、办理职业保险,用于偿付合伙人执业活动造成的债务。

(三)有限合伙

有限合伙是指部分合伙人对合伙企业的债务承担无限连带责任,而部分合伙人承担有限责任的合伙形式。普通合伙企业对合伙人的人数没有限制,但对于有限合伙,《中华人民共和国合伙企业法》规定合伙人人数为2~50人,而且至少应当有一名普通合伙人,即对合伙企业债务承担无限连带责任的合伙人。同时规定,有限合伙企业名称中应当标明"有限合伙"字样,并在企业登记事项中载明有限合伙人名单及其各自认缴的出资。

由于有限合伙人对合伙企业债务仅承担有限责任，故其权责设置类似有限责任公司中的股东。具体而言，其与普通合伙人的区别主要在于以下四个方面。

（1）责任形式。对合伙组织的对外债务，普通合伙人承担连带清偿责任；有限合伙人只在自己出资范围内承担有限责任。

（2）出资方式。普通合伙人的出资方式更为灵活，原则上不受限制，比如以劳务出资。但对有限合伙人而言，由于有限合伙人只承担有限责任，所以需要明确其具体的责任范围，也就是出资数额，同时还需要判断其是否已经充分履行了出资义务。为此，其出资方式必须是可以明确作价并可以转让的。劳务出资方式就无法满足上述两项条件，因而有限合伙人不能以劳务出资。

（3）合伙事务的执行。相对于有限合伙人，普通合伙人承担着更大的风险，因此，如果合伙人之间没有明确约定，合伙事务由普通合伙人执行。

（4）法律的强制要求。由于普通合伙人执行合伙事务，为避免其侵害其他合伙人利益，法律规定普通合伙人不能自营或者同他人合作经营与本有限合伙企业相竞争的业务。对有限合伙人而言，由于其不执行合伙事务，一般不会对其他合伙人的权益造成损害。因此，除合伙协议有特别约定外，对有限合伙人一般没有竞业限制方面的规定。

有限合伙人与普通合伙人的身份可以互相转换。普通合伙人转为有限合伙人的，应对其作为普通合伙人期间合伙企业的对外债务承担无限连带责任；有限合伙人转为普通合伙人的，须对其作为有限合伙人期间合伙企业的对外债务承担无限连带责任。有限合伙人与普通合伙人之间的身份转换在法律上并无具体限制，但应注意的是，无论如何转换，合伙组织至少应保留一名普通合伙人。

本讲涉及的主要法律法规

（1）《中华人民共和国民法典》（总则编）
（2）《中华人民共和国公司法》
（3）《中华人民共和国合伙企业法》

课外阅读推荐书目

（1）《私法中的人》，收录于《现代民法基本问题》，[日]星野英一著，上海三联书店2015年版。

（2）《德国民法基本概念》，[德]哈里·韦斯特曼著，中国人民大学出版社2014年版。

第四讲 "人"的主体性权利

"人"作为法律上的主体，固然需要法律的认可，但仅有宣示性的认可远远不够，"人"成为法律上的主体，还依赖于实质性的前提条件。缺乏这些前提条件，人便不成为一个真正意义上的法律主体，或者说，没有这些前提条件，法律对主体资格的认可便是一个没有任何实质内容和法律保障的空话。

"人"成为主体所依赖的前提在法律上就是权利，由于权利的概念过于泛化，当前人们所说的权利并不都是"人"作为主体性存在的条件。对于作为"人"的主体性存在前提条件的权利，可称为"主体性权利"，对于其他类型的权利，在第六讲介绍交往关系时再详细予以讨论。

主体性权利作为"人"的主体性存在的条件，是每个人都应当享有的最为基本的权利，也可以说是最低限度的权利，因而也是不可剥夺的权利，否则，人便不再是一个独立而完整的主体。主体性权利包括三种基本类型：人格权、所有权和知识产权。

第一节 人 格 权

一 关于主体性权利

（一）何为主体性权利

人所享有的权利多种多样，不同的人常常会享有不同的权利。在人所享有的各种权利中，有一部分权利是所有的人都平等享有的，不管社会地位高低、贫富差异，也不管善恶美丑、高矮胖瘦，每一个人只要在法律上还被视为一个主体，就应该享有这些权利。由于这权利是所有的人都享有的无差别的权利，我们可以称这种权利是人最低限度的权利。

所谓最低限度，是人作为主体性存在所享有的权利的最低限度，没有了这些权利，人将不再是一个独立而完整的主体。比如我们说身体权是一个人的基本权利，因为身体权表达的是一个人作为主体存在所依赖的基本条件，如果没有身体权，意味着身体可以随意被侵犯，甚至随时被肢解。没有身体权还意味着没有身体行动的自由，可以随时被限制人身自由。这样的人哪里还是法律上的主体？最多也不过是一个被圈养的会思考的动物。

在此意义上，最低限度的权利是人作为主体而享有的不能再有丝毫减少的权利，它是人作为主体性存在的基本条件，在此意义上，这种权利又可以被称为"主体性权利"或"主体权利"，也可以说是个人的基本权利。

主体性权利来源于个体作为主体的条件，是一个人之所以成为人的生物伦理要求，一个人从成为主体的那一刻起，就当然地应当享有。因此，这种权利的取得无须依赖任何关系，更不是国家法律的赋予与恩赐，它先于国家法律而存在。只要国家法将个体视为法律上平等的主体，无论在制定法上是否明确规定这些权利，这些权利都客观存在，都不应随意受到剥夺。如果国家法律不承认这些权利，甚至随意剥夺个体的这些权利，说明法律并没有将人视为一个完整的主体。在这种情况下，我们只能说，这样的法律没有将每个人平等对待，这样的法律是不完善、不平等的，是有缺陷的。

（二）主体性权利的范围

1."人"对自己的权利：人格权

人首先应当享有对自己的权利，我自己只能归属于我自己，不能归属于其他任何人。人作为权利的主体，不能同时又是权利的客体，构成权利客体的只能是人的人格要素。也就是说，构成完整自我的所有人格要素都归于我，并被纳入我的权利范围。其中的任何一个要素脱离了我的权利保护范围，我便不再是一个独立而完整的主体。

由于以人的人格要素为客体，故这一权利在法律上称为人格权，它是一个人为维护自身独立而完整的存在所应享有的最基本的权利。这种权利不依赖于人的任何身份和社会地位，只要一个人在法律上被视为一个平等的法律主体，他就应当无差别地享有人格权。在此意义上，人格权是人被作为主体对待的最基本的前提条件。

2."人"对物的权利：所有权

人格权是人针对自己的人格要素的权利，是人成为一个独立而完整的主体的前提。然而，人的生存离不开外在的自然，需要从外在的自然取得生存所需要的物资。如果一个人从外在自然获得物质资料的权利被剥夺，则本人根本无法生存，主体生存也就无从谈起了。在这种情况下，一个人只能依赖他人才能生存，这样就会失去主体的独立性，从而不能成为一个独立的主体。因此，人除了拥有对自己的权利，还应当享有从外在的自然获取物质生活资料的权利。换句话说，也可以说人享有拥有外在于其自身的物的权利。这种权利同样是人作为主体存在所依赖的条件，没有这种权利，人便不能成为一个独立的主体。

并不是所有外在的物都属于个体权利的范围，只有已经被我纳入我的意志支配之下的物才归属于我。外在的物未纳入我的意志支配之前，是单纯的外在的自然，在纳入我的意志支配之后，外在的物有了归属，从而进入我的主体权利的支配范围。比如我从大自然采摘并放于自己住所的桃子，这样的桃子已经不再是单纯的外在自然的存在物，它已经归属于我，从而免受任何他人的侵占和掠夺。

人对外在的物所享有的这种权利可以被称为"物权"，外在的物因归属于主体而成为主体的财产，因而该权利也可以被称为"财产权"。然而，我国当前法律上所使用的"物权"和"财产权"的概念并不限于一个人作为一个孤立的个体所享有的基本的权利，还包括在与他人的交往过程中所设定的各种权利，如担保物权和用益物权，这些权利并不属于人作为主体性存在所依赖的前提条件，故已经超出了主体性权利的范围。立足于主体性权利的角度，这里的物权仅限于所有权，因此，这里不使用物权和财产权的概念，而使用所有权的概念。

3.主体性权利的特殊类型：知识产权

人格权是对自己的权利，所有权是对外在的物的权利。外在的物一旦被纳入个体的意志支配范围，就为该主体所有，从而排除他人的侵夺和妨害。一般情况下，外在的物都是自然界现实存在的物，或者虽经过人的加工改造，仍然以客观实体存在，如一个人栽种的一棵树、用石头垒起的一间房子，或用木材和皮鞋制作的一副弓箭等。

除上述类型的物，还有另外一种物，这种物虽然也常通过一定的物理形式表现出来，但这种物理形式只是一种载体，物的价值并不体现于载体本身，而是通过物质载体所包含的其他内容体现出来。如一项技术发明、一篇小说、一种注册商标图案等，这些发明、小说和商标图案的价值并不表现于发明物、用以记载小说和图案的物质载体上，

而是表现在技术方法、小说的内容以及商标图案背后所代表的商品或服务上。由于这些一般都是由人类的聪明才智所创造的无形之物，故这一部分物，一般被称为无形物，或被称为智力成果。

上述智力成果作为"物"，与前述作为所有权客体的有形物相比，其最大的特点是：这种物不像有形物那样可以由一个人排他性地单独支配，一项发明的技术方法可以同时为无数的人所掌握，一篇小说的内容可以同时为很多人所知晓。故针对这些物的权利保护无法适用有关所有权的一般规则，需要专门制定特殊的规则来进行保护，于是产生了一种新的权利，即知识产权。

知识产权，顾名思义，是指因知识而产生的权利，具体来说，是人对其智力劳动所创作的智力成果所享有的权利。智力成果常常隐含着巨大的财产利益和商业价值，这种权利不仅可以转让，还可以许可他人使用，因而智力成果可以被视为一种特殊的"物"，知识产权也具有财产权性质。知识产权同时还具有一定的人格权属性，如著作权中对作品的署名权和发表权即属于人格权内容。

（三）主体性权利的派生权利：防卫权

主体性权利为个体划定了一个不受侵犯的主体领域，体现着主体自身的利益，由主体排他性地自主支配并免受外在的干预。当权利受到外来侵犯的时候，权利人当然地享有保卫自己的权利不受侵害的权利。这种权利不属于主体性权利本身，却为主体所当然享有，因此，这种权利可被视为主体性权利的一种派生权利，即防卫权。

在国家公权力介入私人纠纷之前，主体性权利的保护主要是通过自我防卫来实现的，此时的自我防卫充满了暴力与血腥。出于对秩序的维护，各个国家毫无例外地都将权利保护的实施权纳入国家权力的范围。但由于国家权力不可能随时随地为个体权利提供保护，所以仍需要为个体的自我防卫留下一定的空间。因此，在目前大多数国家，自我防卫权只能在有限的范围内行使，权利保护在大多数情况下仍是通过国家公权力来实现的。

国家法允许个体实施的自我防卫行为主要有自助行为、正当防卫与紧急避险三种，这三种防卫行为均可被视为防卫权行使的具体形式。

1. 自助行为

自助行为是指权利人受到不法侵害之后，为保全或者恢复自己的权利，在情势紧迫而不能及时请求国家机关予以救助的情况下，依靠自己的力量，对他人的人身或财产施加暂时的拘束、扣押或其他相应措施的行为。比如，暂时不允许未付餐费的食客离开餐馆，暂时扣押交通肇事致人身损害的肇事车辆，等等。自助行为是情势紧迫情况下实施的临时性行为，采取自助措施（尤其是对人身自由的约束措施）后，应当立即寻求公权力解决，否则会有非法拘禁之嫌。

2. 正当防卫

正当防卫是指为了使国家、公共利益、本人或者他人的人身、财产和其他权利免受正在进行的不法侵害，而采取的制止不法侵害的行为。正当防卫属于自我防卫权，对因正当防卫造成不法侵害人人身伤害或财产损害的，防卫者不承担责任。正当防卫明显超过必要限度，应当承担相应责任。但对正在进行的行凶、杀人、抢劫、强奸、绑架以及其他严重危及人身安全的暴力犯罪，采取防卫行为，原则上不存在防卫过当问题，造成不法侵害人伤亡的，不承担责任。

正当防卫不限于本人的人身和财产受到不法侵害，对于他人的人身和财产所受到的不法侵害，也可以实施正当防卫。

3. 紧急避险

为使国家、公共利益、本人或者他人的人身、财产和其他权利免受正在发生的危险，不得已采取的紧急避险行为，属于紧急避险。紧急避险在性质上也属于自我防卫权的一种，对于因紧急避险造成的损害，不承担责任。对于给受害人造成的损失，由受益人予以补偿。紧急避险超过必要限度造成不应有的伤害的，应当承担责任。

紧急避险不限于本人的人身和财产所遭受的危险，对于他人的人身和财产发生的危险，也可以实施紧急避险。但是，紧急避险不适用于职务上、业务上负有特定责任的人。

二 人格权的基本问题

（一）人格权的客体与性质

1. 人格权的客体

人格权是人对自己的权利，但人本身作为法律上的主体，不能同时也成为人格权的客体。人格权的客体只能是构成独立而完整的自我的具体要素，即"人格要素"。因此，人格权之"人格"，与伦理学中"人格尊严"意义上的"人格"，以及心理学中"人格气质"意义上的"人格"均不同，指的是构成一个人主体性存在的全部要素。在法律上还有"法律人格"的概念，指的是人的主体资格，人格否认中的"人格"也是在这一意义上使用的，否定的是主体的独立主体资格。

全部的人格要素可以分为三种基本类型：一是物质人格要素，指构成一个生物学意义上的人的物质载体，包括生命、身体和健康，代表的是人的生物完整性，或者说代表的是一个"完整自我"；二是自由人格要素，指人作为主体，可以自主地决定自己的事务、自主地选择自己的行为，它所代表的是人的自主性，或者说表达的是主体不受限制的"独立自我"；三是形象人格要素，形象人格要素代表的是人的内在精神，但反映的是人的外在形象，是一个人所意欲塑造并对外展示的自我，可以称之为"形象自我"。

2. 人格权的性质

人格权以人的人格要素为客体，人格要素是构成个体自我存在的基本要素，不能转让、放弃和继承。由此，人格权在性质上也属于个体的专属权利，同样不得转让、放弃和继承。

人格要素和人格权利虽然不得转让和放弃，但是对自身的某些人格要素，根据其性质和功能，本人可以许可他人使用，如姓名和肖像可以用于商业广告。物质性人格要素是构成一个人生命和身体的基本要素，则一般不允许本人随意处分，但在特殊情况下也可以存在例外。比如，出于药物临床试验的需要，经充分告知试验目的和风险，并经本人同意，可以利用身体健康的人进行有关的临床试验；又如，出于某种不违背人类伦理原则的科学试验的需要，在明确告知试验目的并经本人同意的前提下，可以提取有关身体细胞组织。为促进临床医学和生命科学的发展，这些临床试验和科学研究本身是有利于促进社会发展和科技进步的，并不受法律的禁止。但是，这些活动应确保个人的知情同意权，同时确保不得违背人类基本的伦理原则。

> **拓展阅读**

基因编辑婴儿案

2018年11月26日，南方科技大学原副教授贺建奎对外宣布，一对基因编辑婴儿诞生。此事引起中国医学与科研界的普遍震惊与强烈谴责。广东省立即成立"基因编辑婴儿事件"调查组展开调查。

经查：贺建奎多年从事人类基因测序研究，同时是多家生物科技企业的法定代表人或投资人。2016年以来，贺建奎与广东省某医疗机构张仁礼、深圳市某医疗机构覃金洲等人商议，拟将人类胚胎基因编辑技术应用于辅助生殖医疗。2017年3月，他们找到了男方为艾滋病病毒感染者的8对夫妇作为试验者，并从境外购买试剂原料，用以调配基因编辑试剂。2017年8月起，贺建奎、张仁礼对6对夫妇的受精卵注射基因编辑试剂，对受精胚胎的一个基因（CCR5）进修改，修改后，她们出生后即能天然抵抗艾滋病病毒HIV。贺建奎将基因被成功修改的囊胚移植入母体，后一对双胞胎女婴出生，取名露露和娜娜。

2019年1月，调查组将涉事人员移送司法机关处理，卫生部和科技部分别对涉案人员作出终身禁止其从事人类辅助生殖服务工作、终身禁止其申请我国人类遗传资源行政审批的处理。2019年12月30日，深圳市南山区法院对此案作出判决：以非法行医罪判处被告人贺建奎有期徒刑三年，并处罚金人民币三百万元；判处张仁礼有期徒刑二年，并处罚金人民币一百万元；判处覃金洲有期徒刑一年六个月，缓刑二年，并处罚金人民币五十万元。

中国科学院院士周琪认为，人类生殖系统的基因编辑还存在诸多科学技术层面、社会层面以及伦理道德层面的问题，其应用的安全风险目前尚无法评估，一旦被编辑的基因进入人类基因库，影响不可逆，也不受地域限制。由于当前人类生殖系基因编辑的临床应用可能给个人乃至社会带来危害,故应严格禁止。中山大学附属第一医院生殖中心主任周灿权说:"医疗技术的进步离不开科研创新,但我们不能把对技术进步造福集体健康的美好愿望建立在罔顾个体健康安全之上。不违背科研伦理底线,是医学界的共识。"

(参见《聚焦"基因编辑婴儿"案件》,《人民日报》2019年12月31日第11版。)

2019年7月1日,《中华人民共和国人类遗传资源管理条例》正式施行,条例规定,采集、保藏、利用、对外提供我国人类遗传资源,应当符合伦理原则,并按照国家有关规定进行伦理审查;2019年7月24日,中央全面深化改革委员会第九次会议审议通过了国家科技伦理委员会组建方案,会议指出,科技伦理是科技活动必须遵守的价值准则。

(二)与人格权相关的概念

1. 人格权与人身权

相对于人格权,人们在日常语境中更常用的概念是人身权。人身权与财产权相对,强调的是不具有财产内容的权利,包括人格权和身份权。身份权是基于身份关系而形成的权利,主要包括基于婚姻关系而形成的配偶权、基于亲属关系而形成的亲属权,以及基于其他成员身份而形成的成员权。人格权和身份权都是属于私法领域的概念,基于国家政治身份或其他社会身份而享有的权利,属于政治权利或国家权力的范畴,一般不使用身份关系和身份权的概念。

与人格权相比,身份权依赖于某种特定的身份而存在,不具有某种身份,便不存在相应的身份权利。因此,在性质上,身份权不是一个人作为主体存在所依赖的前提条件,不属于主体性权利的范畴。

2. 关于一般人格权

人格权是个体成为主体的条件,是一个人得以成为法律上的"人"的前提,它并非源于法律的赋予,而是人所固有的权利。但是,人格权需要经过法律的认可才能提供法律上的保护,由此需要法律来列举并认可人格权的具体内容。由于法律未必能保证列举所有的人格性权利,随着社会的发展,人格权还可能会出现新的类型,所以为了确保人格权的保护不受法定的具体人格权的限制,学者大多主张,除了明确列举具体人格权,法律还应当有一般人格权的规定。对于法律未能具体列举的人格权侵害,可援引一般人格权的规定来请求保护。

我国《民法典》列举了生命权、身体权、健康权、姓名权、名称权、肖像权、名誉权、荣誉权、隐私权9种具体的人格权,此外又概括性地规定:除上述9种具体人格权外,"自然人享有基于人身自由和人格尊严产生的其他人格权益"。学界普遍认为,这一条款即关于一般人格权的规定。

3. 关于法人人格权

与自然人不同，法人和非法人组织不具有自然人的生物学属性和作为主体的伦理属性，因此不享有基于生物要素和人的伦理要素而形成的人格权，如生命权、健康权、肖像权、隐私权等。法人和非法人组织是法律拟制的人，其主体性要素也来源于法律的拟制。一般认为，法人仅对其名称、名誉和信用享有人格权。

在立法上，对于法人人格权，一般在认可其享有人格权的基础上，排除专属于自然人的人格权，如《瑞士民法典》规定："法人享有一切权利，并负有一切义务，但如性别、年龄或亲属关系等，并以人类之天然性质为其前提者，不在此限。"我国立法对法人人格权采取了直接列举式，我国《民法典》第110条第1款列举了自然人的人格权后，第2款接着列举了法人人格权，规定："法人、非法人组织享有名称权、名誉权和荣誉权。"

（三）人格权法

当前各国民法法典化国家，无论遵循《法国民法典》的体例，还是遵循《德国民法典》的体例，基本上都只规定人的主体地位，而没有制定专门的人格权法编，至多不过是在总则中列举一下人格权的各种权项。它们大多认为，作为人格权客体的自然人的生命、身体、健康、自由、姓名、肖像、名誉、隐私等与人的主体资格相始终，不能脱离主体制度而存在，在民法典中只需要规定人的主体地位，而不需要规定具体的人格权类型。

德国法学家萨维尼就此问题还进一步论证说，不规定人格权，并不是否定人格权的意义和价值，而是因为人格权构成了所有其他类型权利的前提和基础。其他所有的权利（如所有权和债权）都是法律附加给人的，而人格权作为人固有的权利，根本不需要实在法的承认和限制。将人格权与所有权、债权等权利相提并论，反而遮蔽了人格权的真正本质。而且，规定具体的人格权，还有可能导致人格权来源于法律的赋予的错误认识，从而使法律没有明确规定的人格利益无法获得法律的保护。

我国《民法典》制定过程中，是否应当制订独立的人格权法并使其成为民法典中独立的一编引起了激烈而广泛的争论。认为人格权法应予独立成编的人认为，随着社会的发展，人格权已经发展成为一个复杂的权利体系，已经无法再像《德国民法典》那样在主体制度上简单地予以规范。制定独立成编的人格权法有助于更准确地对各种侵犯人格权的行为进行认定，从而可以更好地保护人的人格性权利。最终立法机关采纳了将人格权法独立成编的意见，在《民法典》中专门规定了人格权编，作为《民法典》的第四编。

三 人格权的类型

我国《民法典》列举了生命权、身体权、健康权、姓名权、名称权、肖像权、名誉权、荣誉权和隐私权共9种具体的人格权。如果将姓名权和名称权视为同一种人格权，只是针对自然人和法人的不同称谓，也可以说《民法典》共列举了8种具体人格权。对于这8种人格权，《民法典》并没有进行明确分类。为便于理解和讨论，以人格要素的不同类型为根据，本书将人格权分为物质人格权、自由人格权和形象人格权三类，它们分别表达的是作为一个主体的人的不同方面：物质人格权表达的是一个人的完整自我；自由人格权表达的是一个人的独立自我；形象人格权表达的是一个人的形象自我。

（一）物质人格权

物质人格权是涉及一个人生命的维系、身体的完整和健康的状态的权利，表达的是人成为一个健全而完整的生命体所依赖的物质载体，包括生命权、身体权和健康权三种权利。生命权是人最为基本的权利，人对任何权利的享有均以生命的存续为前提，没有了生命，便没有了一切。人的生命权不受侵犯，非经法律明文规定并经正当程序，不得非法剥夺。身体权是人为保持其肢体、器官和其他组织的完整而依法享有的权利。对身体权的侵害，不以造成生命、健康的损害为必要。如毛发，即使失去也不影响健康，但它仍属个体身体的一部分，同样受到法律的保护。健康权是人保持其正常的生理和心理的功能状态和社会适应能力的权利。

（二）自由人格权

人作为主体，有权自主决定自己的行为方式，除非法律明文规定并经正当程序，个体的自由不应受到限制。《民法典》中并未直接将自由人格权作为一种具体的人格权，但明确规定个人享有基于人身自由所产生的人格权益。一般来说，自由人格权表达的是个体自主行动的方式和范围，它应当包括人身自由权、迁徙自由权、表达自由权、自主决定权和信仰自由权等权利。

（1）行动自由权是指个人的行动自由不受他人强制和限制的权利。《民法典》将人身自由权视为身体权的范畴，对限制人身自由的行为在身体权中作出规定。限制人身自由固然是对身体的限制，但同时也是对个体行动自由的侵害。

（2）迁移自由权是个体自由选择生存环境的权利。人的生存需要依赖一定的环境，人有选择生存环境的自由，即迁徙的自由。没有迁徙的自由，意味着个人的生存环境和发展条件受到强制，那么决定个人生存发展的将不再是本人的选择，而是由出生地所决定的命运。因此，迁徙自由应成为个人最为基本的不受剥夺的权利。

（3）表达自由权是个体自由表达思想、情感和立场的权利，表达自由作为基本权利有助于彰显自我。即使发表的是错误的言论，只要不是恶意的诽谤、煽动和侮辱，也有表达的自由。否则，由于对错的标准很容易被扭曲和利用，不认可个体有表达错误观点的自由，便等于取消了表达自由。

（4）自主决定权是个体有自主决定自己事务的权利。在不涉及与任何他人的关系时，它是人身自由权；在需要借助他人的行为来解决自己的事务时，是自主决定权。例如，对治疗方案的选择并不是医生的权利，而是患者本人的权利，即使患者对医学知识一无所知，仍是如此。自主决定权常常以知情权为前提，在本人做出决定的时候，有权知悉选择所涉及的信息。

（5）信仰自由权是个体自由决定是否选择宗教信仰以及选择何种宗教信仰的权利。价值是多元的，没有人可以宣称只有自己才掌握真理，我们无权干涉他人内心所秉持的虔诚的信念，信仰自由应当受当尊重。

（三）形象人格权

形象人格要素不仅仅指个体生物性的外貌和生理特征，还包括与本人相对应的标记性符号，如姓名、独特称谓、荣誉，以及与本人有特定关联的其他要素，如隐私、名誉等。形象人格权代表着本人的自我形象塑造，所表达的是本人意欲向他人展示的外在的自我，体现的更多是精神方面的内容。因此，形象人格权还经常被称为精神人格权。《民法典》明确列举的形象人格权有姓名权、名称权、肖像权、名誉权、荣誉权和隐私权，此外，《民法典》还规定，个人信息受法律保护，故也可以将个人信息权作为形象人格权的一种特殊类型。

（1）姓名权和名称权。姓名权是指自然人决定其姓名、使用其姓名和变更其姓名并要求他人尊重自己姓名的权利，是以姓名利益为内容的权利，主要包括姓名的命名、使用、变更并排除他人妨碍和侵害的权利。法人与非法人组织享有名称权，有权依法决定、使用、变更、转让或者许可他人使用自己的名称。

理论上，自然人有权根据自己的意愿决定或变更姓名，但有违公序良俗的姓名可能无法取得户籍登记认可。另外，《民法典》还规定，如果没有其他正当理由，个人姓名应当随父姓或母姓。少数民族自然人的姓氏可以遵从本民族的文化传统和风俗习惯。

（2）肖像权。肖像是通过影像、雕塑、绘画等方式在一定载体上所反映的特定自然人可以被识别的外部形象，反映的是肖像者的真实形象和个性特征，与特定人的人格不可分离。肖像权是指本人制作、使用、公开或者许可他人使用自己的肖像的权利。任何组织或者个人不得以丑化、污损，或者利用信息技术手段伪造等方式侵害他人的肖像权。未经本人同意，任何人不得制作、使用、公开肖像权人的肖像，肖像作品权利人未经肖像权人同意，不得以发表、复制、发行、出租、展览等方式使用或者公开肖像权人的肖像。

应予注意的是，出于公共利益需要，在某些特定情况下使用个人肖像，可以不经本人同意。这种情况主要包括：使用社会公众人物肖像；为宣传报道而使用参加游行集会、游园活动的人的肖像；旨在行使正当的舆论监督而使用公民的肖像；因通缉犯罪嫌疑人或报道已判决案件而使用罪犯的照片；国家机关为执行、适用法律而使用公民的肖像；在司法活动中作为证据而使用公民的肖像；为了科学研究和文化教育目的而在一定范围内使用他人肖像等。

（3）名誉权。名誉是指社会或他人对一个人的品德、才干、信誉、商誉、资历、功绩等方面的综合评价，个体的名誉权受法律保护，任何组织或者个人不得以侮辱、诽谤等方式侵害他人的名誉权。行为人为公共利益实施新闻报道、舆论监督等行为,影响他人名誉的,不承担民事责任,但是故意捏造或歪曲事实,使用侮辱性言辞贬损他人名誉,或对他人提供的严重失实的内容未尽到合理核实义务的,应当承担相应的责任。

(4)荣誉权。荣誉是因本人的突出贡献或特殊劳动成果而获得的一种光荣称号或其他荣誉称号,它反映的是对个体的一种正面、积极的评价,在一定程度上有助于提升荣誉权人的名誉,并可能附带一定的经济利益。不仅自然人,法人也可以获得荣誉,故也享有荣誉权。荣誉权应受法律保护,任何组织或者个人不得非法剥夺他人的荣誉称号,不得诋毁、贬损他人的荣誉。

(5)隐私权。隐私是自然人的私人生活安宁和不愿为他人知晓的私密空间、私密活动和私密信息。自然人享有隐私权。任何组织或者个人不得以刺探、侵扰、泄露、公开等方式侵害他人的隐私权。在司法实践中,对普通人的隐私权和公众人物的隐私权是区别对待的。对于公众人物,由于其身份的特殊性,其隐私权的范围一般比普通民众的隐私权范围要小得多。

(6)个人信息权。个人信息是以电子或者其他方式记录的能够单独或者与其他信息结合识别特定自然人的各种信息,包括自然人的姓名、出生日期、身份证件号码、生物识别信息、住址、电话号码、电子邮箱、健康信息、行踪信息等。个人信息中的私密信息,适用有关隐私权的规定;没有规定的,适用有关个人信息保护的规定。

对个人信息权的侵犯主要来自个人信息的收集者与处理者,现代生活条件下,各单位利用现代科技手段,很容易取得个人信息。如果不加以规范,很容易造成个人信息的泄露,并给个人生活带来很大的困扰。因此,对个人信息权的保护,重点在于对个人信息收集者和处理者的收集、处理、存储和保密措施加强规范和监管。目前,不仅《民法典》专门对个人信息保护作出了规定,2021年我国还通过了专门的《中华人民共和国个人信息保护法》。

第二节 所 有 权

一 所有权的一般问题

(一)所有权的概念

所有权在法律上的定义是人对物所享有的占有、使用、收益和处分的权利。所有权被视为一种完全的、得以排除一切他人侵犯的权利,占有、使用、收益和处分被视为所有权的四种权能,涵括了所有权人基于所有权可以行使的所有权利。所有权确定了外在

物的归属，将其纳于个体意志的支配之下，与人格权一起，共同确定了个体最基本的主体性边界。

作为人格权客体的人格要素与人本身不可分，故人格权不可转让、不可放弃，也不可继承。但作为所有权客体的物乃"身外之物"，故所有权以及其他一切针对物的权利原则上均可以放弃、可以转让，也可以继承。所有权人还可以对所有权的部分权能进行转让，比如出租，实际上是对占有和使用权在一定期限内的转让，又比如土地使用权，是国家对土地的使用权在一定期限内的转让。

所有权人通过对所有权部分权能的转让和处分，从而使非所有权人能够在一定范围内对物享有一定的占有、使用或收益的部分权能。这种权利也是针对物的权利，因而民法上也将其归于物权的范畴。由于这种物权是针对他人的物所享有的权利，故在法律上称为"他项权利"或者"他项物权"。又由于这种物权不像所有权那样包含对物的所有权能，只包含部分权能，所以这种物权又称"定限物权"。

他项物权或者说定限物权主要包括用益物权和担保物权两类：前者包括土地使用权、地役权和居住权；后者包括抵押权、质押权和留置权。这些权利与所有权一起构成了物权法的基本内容。根据物权法定原则，物权的类型及其具体内容必须由法律规定，但他项物权的设定一般都是由所有权人自主设定的。即使部分权利如留置权的取得并不需要经所有权人的同意，但留置权人对留置物的取得仍然是建立在一定的合同基础上的，根本上仍取决于当事人自己的意思。在此意义上，定限物权不属于主体性权利的范围，而是属于人与人之间交往关系的范畴。

（二）所有权的客体：物

所有权是针对物的权利，但并不是现实世界中的所有的物都可以成为所有权的客体。一般而言，在法律上，物应具备下述三个特征。

（1）物应当存在于人身之外。物不管是人的劳动创造，还是自然界的产物，不管是有固定形状的，还是没有固定形状的，只有存在于人身之外的才属于物。人的身体的任何部分都是"人"的一部分，属于人格权范畴，而不能被作为"物"来看待。

（2）物应当能满足人们的社会需要。法律上的物必须具有一定的使用价值，能够满足人们一定的社会需要。不具有使用价值的物不能成为法律意义上的物。社会需要可以分为社会物质生活需要和社会精神生活需要。具有经济价值和用途的，可以成为法律上的物；具有精神价值（如文化价值、情感价值等）的物，能够满足人们的精神生活需要，也可以成为法律上的物。

（3）物必须能为人所实际控制或支配。能够为民事主体所实际控制或支配的物才能成为法律上的物。阳光、空气在被实际控制并支配之前，不属于法律上的物。

随着科技的进步和社会的发展，民法上"物"的概念也受到很多新的挑战。比如：人的身体的组成部分不是物，但摘取下来的器官是不是物？排出体外的精子与取出的卵子甚至胚胎是不是物？尸体是不是物？这些问题不仅仅是法律问题，还涉及伦理问题，因而不能简单地从物权法的角度来予以分析。比如，如果将人体器官视为物的话，它就是可以买卖的，我们如何来防范由此带来的道德风险呢？如果不视为物，当它一旦脱离人体并且具有价值时，我们又该如何处理其归属及其所涉及的权益呢？目前，我国禁止人体器官的买卖，但围绕器官移植、器官捐献等问题的法律并不十分完善，仍有进一步深入讨论的空间。

冷冻胚胎之争

江苏省宜兴市市民小沈和小刘因自然生育困难，于2012年8月到南京鼓楼医院采用体外受精胚胎移植助孕手术繁育后代。取得受精卵后，医院冷冻了4枚胚胎。胚胎移植原定于2013年3月25日进行，但在手术前几天，小沈与小刘遭遇车祸不幸死亡，于是保存在南京鼓楼医院的4枚冷冻胚胎成为双方父母延续血脉的唯一希望。

两对失独老人都想拿到冷冻胚胎，延续"香火"。双方老人都通过各种途径联系医院，但医院拒绝将冷冻胚胎交给双方老人的任何一方，在纠纷无法调解的情况下，沈先生把亲家告上了法庭，同时追加拒绝交出胚胎的鼓楼医院为第三人，要求法院将冷冻胚胎的继承和处置权判给己方。

原告认为，根据法律规定和风俗习惯，死者双方遗留的冷冻胚胎处置权作为原告生命延续的标志应当由原告来监管和处置，小沈与小刘存放于鼓楼医院生殖医学中心的受精胚胎应归原告监管处置。

被告刘某、胡某辩称，胚胎系他们的女儿留下的唯一遗物，要求处置权归其所有。

第三人鼓楼医院则辩称：冷冻胚胎不具有财产属性，原被告双方都无法继承；沈某夫妻生前已签署手术同意书，同意将过期胚胎丢弃；胚胎的作用为生育，现小沈夫妻已去世，在原被告双方都不具备处置和监管胚胎条件的情况下，唯一能使其存活的方式就是代孕，但该行为违法，原被告双方也无权行使死者的生育权，故要求驳回原告的诉讼请求。

法院认为，公民的合法权益受法律保护。小沈与小刘因自身原因而无法自然生育，为实现生育目的，夫妻双方至鼓楼医院施行体外受精-胚胎移植手术。现夫妻双方已死亡，作为双方父母的原被告均遭受了巨大的痛苦。原告主张小沈与小刘夫妻手术过程中留下的胚胎作为其生命延续的标志，应由其负责保管。但施行体外受精胚胎移植手术过程中产生的受精胚胎具有发展为生命的潜能，含有未来生命特征的特殊之物不能像一般之物一样任意转让或继承，故其不能成为继承的标的。

同时，夫妻双方对其权利的行使应受到限制，即必须符合我国人口和计划生育法律法规，不违背社会伦理和道德，并且必须以生育为目的，不能捐赠、买卖等。本案中，小沈与小刘夫妻均已死亡，通过手术达到生育的目的已无法实现，故其夫妻两人对手术过程中留下的胚胎所享有的受限制的权利不能被继承。综上，对于原告提出的其与被告之间应由其监管处置胚胎的诉请，不予支持。判决驳回诉讼请求。

原告不服判决提起上诉，二审法院无锡中院经审理后认为，在我国现行法律对胚胎的法律属性没有明确规定的情况下，结合本案实际，至少应该从伦理、情感及特殊利益保护方面考虑。因此，胚胎由双方父母监管和处置，既合乎人伦，亦可适度减轻其痛楚。但法院明确，双方父母行使监管权和处置权时，须遵守法律，不得违背公序良俗和损害他人利益。

（参见张宽明、郑卫平：《老人享有子女遗留冷冻胚胎监管处置权——全国首例人体胚胎权属纠纷案》，2018年12月11日第3版。）

（三）关于"一物一权"原则

一个人对某物享有所有权，意味着该物归属于他，并免受其他任何人的侵犯和追夺。在此意义上，所有权不仅仅是针对物的独占性权利，也是排斥其他一切人的权利。由于所有权对物的独占性与对他人的排他性，所以一个物上只能有一个所有权，而不能存在两个所有权。尽管所有权人可以对所有权的部分权能进行让渡和处分，并由此设定其他类型的物权，但其他物权均以所有权为基础，仍然只存在一个所有权。

"一物一权"并不排除共有，共有是指两个或两个以上的人对同一物共同享有一个所有权，如夫妻财产的共有，又如基于共同的劳动或共同的投资而取得的物的共有。共有情况下仍然只存在一个所有权，而不是两个或多个所有权。共有分共同共有和按份共有两种类型，共同共有情况下，共有人不分份额共同对所有物享有所有权，共有人均有权管理处分共有物，但处分应经其他共有人同意。按份共有情况下，共有人各自按所享有的份额对所有物享有所有权，各共有人有权单独处分自己所享有的份额。共同共有主要指家庭财产的共有，当事人也可以约定共同共有，没有约定的，视为按份共有；按份共有情况下，当事人没有约定各共有人的份额，也难以通过其他方式确定份额的，由全体共有人平均分配份额。

二 所有权的类型

（一）我国《民法典》中所有权的基本类型

我国《民法典》中将所有权分为国家所有权、集体所有权和私人所有权三种类型。

1. 国家所有权

国家所有又称全民所有。根据《宪法》和《民法典》的规定，矿藏、水流、海域、无居民海岛、城市的土地、森林、山岭、草原、荒地、滩涂、无线电频谱资源、国防资产、国家机关和事业单位直接支配的财产等，均属国家所有。

除此以外，法律规定属于国家所有的农村和城市郊区的土地、法律规定属于国家所有的野生动植物资源、法律规定属于国家所有的文物，以及法律规定属于国家所有的铁路、公路、电力设施、电信设施和油气管道等基础设施，也属于国家所有。之所以限定"法律规定属于国家所有"，是因为这些财产并不全部都是国有财产，如农村土地可以集体所有，文物也可以私人所有等。

2. 集体所有权

我国《宪法》规定的集体所有制意义上的集体有两类：一是农村集体经济组织意义上的集体；二是城镇合作经济组织意义上的集体。农村集体经济组织是农村社会主义公有制改造运动的产物，以自然村和生产队为基础，由村民自愿联合，将土地、农具和耕畜投入集体，由集体组织共同经营。20世纪80年代农村开始家庭承包经营以后，原来的人民公社和生产大队解体，现在农村集体经济组织所有制大多以村民委员会和村民小组为基础。城镇合作经济组织是城镇社会主义工商业改造过程中，由小手工业者和小商业者在自愿联合的基础上形成的集体合作企业。当前，城市集体合作经济组织数量已经很少，而且大多属于乡镇企业。

目前，属于农村集体经济组织所有的财产主要包括：法律规定属于集体所有的土地和森林、山岭、草原、荒地、滩涂；集体所有的建筑物、生产设施、农田水利设施；集体所有的教育、科学、文化、卫生、体育等设施；集体所有的其他财产。属于城镇合作经济组织所有的财产主要是集体企业名下的财产。

3. 私人所有权

私人所有权主要指私人对自己的财产享有的所有权，私人所有的财产主要包括私人合法的收入、房屋、生活用品、生产工具、原材料等财产。

应当注意的是，对于营利法人，无论是国家投资、集体投资、私人投资，还是他们的共同投资，法人对其名下经营管理的财产都享有所有权，投资人的投资由所有权转化为股权，不能再以所有权人的身份对所投入的资产行使所有权。法人也属于法律上的"人"，法人所有权在性质上也属于私人所有权。非营利法人对于捐赠财产不享有所有权，不能依自己的意志独立处分。机关法人和事业单位法人支配和控制的财产一般属于国家财产。

（二）对《民法典》所有权类型划分的不同评价

我国民法典虽然按所有制形式对所有权进行分类，但应当注意的是，《民法典》作为私法，调整的是私人之间财产的归属与利用关系，只有在私法意义上的交易过程中，国家与集体才可被视为私法上的主体并适用私法规范。除此以外的国家财产和集体财产并不具有私法意义，尤其是基于公共事务或公共利益而存在的财产，比如城市街道、城乡道路、公共建筑、城市公共设施等，它们并不具有可交易性，均不具有私法意义。甚至有些学者认为，这些财产应属于公有物或共用物的范畴，国家对其所享有的并不是所有权，而只是对公共事务的管理权。也正是因此，很多学者反对在《民法典》中以所有制形式为基础对物权进行分类。

拓展阅读

"三分法"还是"一元论"？

所谓"三分法"，是指在物权法中将所有权类型分为国家所有权、集体所有权和个人所有权，分别规定；"一元论"反对在物权法中对所有权依主体不同进行的划分，主张在"合法财产一体保护"的原则下采取单一的所有权立法模式。

主张"三分法"的理由主要是：物权法有很强的固有性，各国物权法必须与其传统及社会现实一致，国家所有权、集体所有权和个人所有权三权并存是我国客观存在的现实，应当在物权法中有所体现。而且，我国在国家所有权和集体所有权的客体类型、取得方式等很多方面都有很大的特殊性，如果漠视这些特殊性，就不利于对国家所有权和集体所有权的调整。同时，土地使用权作为用益物权是以国家和集体的土地所有权为前提的，不规定国家所有权和集体所有权，就不能说明他项物权的来源，从而无法建立完整的物权体系。

以梁慧星为代表的主张"一元论"的学者认为："三分法"以所有制形式作为所有权类型化依据，混淆了所有权与所有制两个完全不同的概念，国家所有权、集体所有权和个人所有权的分类反映的是生产资料的所有制性质，更多地具有政治意味，而不是法学意味。三种所有制在物权法上，其所有权的性质都是相同的，保护手段也无差异，"三分法"并无任何实益。此外，"三分法"事实上容易导致对不同主体在物权法上的区别对待，不符合民法中平等对待的基本理念。"三分法"强调国家所有权、集体所有权和个体所有权作为现实存在的物权类型应当在物权法中有所体现，但这种分类方法同样不能包含我国现实存在的所有的所有权类型，如法人所有权。实际上，所有权类型的划分可以有多种标准，相应地也会有多种类型，不可能均在物权法中分别规定。

在物权法起草过程中，王利明负责的中国人民大学课题组与梁慧星负责的中国社会科学院课题组分别向全国人大法工委提交了物权法草案，王利明负责的"王稿"采取了"三分法"的编纂体例，而梁慧星负责的"梁稿"则采取了"一元论"的编纂体例。最终2007年出台的《物权法》采取了"三分法"的编纂方式，在第二编所有权编中以专门一章规定了国家所有权、集体所有权和私人所有权，这一做法在2020年通过的《民法典》中再次得以沿袭。

从根本上说，民法调整的是私主体之间的关系，需要公权力介入的事务不应纳入民法的调整范围。尽管国家所有权和集体所有权在我国是不可忽视的客观现实存在，但是否应当在民法中予以规定以及如何规定，仍有很多值得商榷的空间。《物权法》最终虽然采纳了"三分法"，但我们也应注意到，法律条文中基本上只是宣示性地明确了国家所有权和集体所有权的范围，对于权利的具体行使、国有财产的管理等同样属于国家所有权权项下的问题，均没有详细规定，更多的内容都是通过《中华人民共和国土地管理法》《中华人民共和国企业国有资产法》等单行法另行规定的。国家所有权过于宽泛的规定还带来了诸多法律适用难题，很多问题都无法在私法的理论框架下得到解决。比如：国家所有的野生动物致人伤害，能否适用侵权法上动物致人损害的责任承担规则？国有企业如何适用人格否认制度，如何认定关联交易、不当干预，甚至与其他国有企业之间的混同？甚至，对于飞越国境未归的候鸟，国有资产管理部门在何种情况下应当承担国有资产流失的责任？如果认定国家的责任，在结果上似乎是荒唐的；如果不认定，明显又违背私法的基本规则。在私法框架下，如何解决这些因国家所有权而引发的特殊问题，也许超出了立法者最初的预期。

（三）关于建筑物区分所有权

除了国家所有权、集体所有权和私人所有权外，《民法典》中还规定了一种特殊的所有权——建筑物区分所有权。建筑物区分所有权的主体是业主，业主既可以是自然人，也可以是法人；既可以是私人企业，也可以是国有企业。因此，这种所有权与所有制形式没有直接的关系，也不是国家所有权、集体所有权和私人所有权之外的另外一种所有权。但是，建筑物区分所有权涉及的主体众多，问题复杂，依照一般性的所有权理论无法解决其面临的各种问题，故《民法典》将其单独列出，并就其所涉及的问题专门予以特别规定。

建筑物区分所有权是在住宅小区的基础上形成的一种特殊的所有权，它包括三个层次的内容。

1. 专有权

专有权是指业主对归自己所有的建筑专有部分所享有的权利。所谓专有部分，一般指不动产证书上所载明的部分，主要包括房屋及其确定的空间，有的还包括露台、车库及其他附属物。根据不动产证书和购房合同及其他材料，只要能确定归产权人所有，不存在争议的，均可认定为产权人的专有权范围。业主对专有权部分享有完全的所有权。

2. 共有权

共有权是指业主对建筑物的共用部分或小区的公共场所和公共设施等共有财产，与其他业主共同享有的权利。小区共有财产主要包括房屋基本结构部分、小区绿地、小区道路、物业服务用房、维修资金、小区内的其他公共场所和公用设施、共有财产产生的收益等。共有权之共有一般为按份共用，具体的份额分配以及权利的具体行使方式一般依照业主签订的《业主规约》或其他由业主共同协调的方式确定。

现实生活中，就共有权问题争议比较大的主要是车位与车库的归属问题。《民法典》第275条规定："建筑区划内，规划用于停放汽车的车位、车库的归属，由当事人通过出售、附赠或者出租等方式约定。"根据这一规定，如果车位与车库是用来出售、附赠的，业主购买或接受附赠后，取得对车位或车库的专有权；尚未出售、附赠或用于出租的，则归建设单位所有。现实生活中，车位、车库的情况远非如此简单，《民法典》的规定显然过于简略，还需要在实践中进一步完善。

3. 共同管理权

共同管理权是业主对小区共有财产和共同事务所享有的管理权。共同管理权具有成员权性质，只有在具有小区业主身份的前提下才享有。小区业主身份是基于专有权而存在的，在此意义上也可以说共同管理权是基于专有权而产生的，丧失专有权，则丧失共同管理权。

共同管理权是业主的权利，但一般情况下无法由单个业主独立行使，主要是通过业主大会来行使。业主大会是由全体业主组成的自治组织，有权制定业主大会议事规则、制定和修改业主规约、选举或更换业主委员会成员、选聘或解聘物业服务企业、决定维修资金的使用、决定改建或重建建筑物及其附属设施、决定小区公有部分的用途或利用公有部分从事经营活动等。业主委员会作为业主大会的执行机构，负责小区日常共同管理事务的处理。

三 所有权的取得

所有权是作为主体的"人"对外在的物的权利，它意味着外在的物应当归属于所有权人而免受任何他人的侵夺。但是，任何人不得宣称一切外在的世界都归属于自己，任何人也不得将已归属于他人的物以盗窃、抢夺等方式占有。也就是说，对外在物的所有权的取得方式必须取得人们的普遍认可，否则无法解决所有权的归属问题。为避免争议，所有权的内容和取得方式都是通过法律明确规定的，一般不允许个体依照本人的意思随意创设。根据我国《民法典》的规定，物的取得方式主要有原始取得和继受取得两类。

（一）原始取得

物的原始取得，是指法律认可的，不依赖他人的意思而直接取得物的所有权的方式，主要包括三种，即先占、添附和孳息。

1. 先占

先占是针对无主物而言的，对于大自然中尚未被纳入他人所有权之下的物，或者已经被他人抛弃的无主物，先占有者取得所有权。对于属于他人所有的物，不存在先占，占有他人所有的物构成对他人所有权的侵犯，所有权人有权追夺，给所有权人造成损失的，所有权人还有权要求赔偿。比如，依照法律规定属于国家所有的物，不能通过先占取得所有权。

另外，对于他人的遗失物、埋藏物和漂流物，很多国家民法规定，经过一定期间，如果无人主张权利，拾得人或发现人可取得所有权。但根据我国《民法典》，拾得人或发现人不能通过先占取得所有权，而是应送交有关部门，有关部门应当发布招领公告，在一年内无人领取的，归国家所有。

2. 添附

添附是指将一个物通过加工与另一物相结合而形成一个新的物的行为。添附分为附合、混合与加工。附合是指将不同所有人的物密切结合，使其难以分离。混合是指将不同所有人的财产结合在一起，使其难以识别或识别费用过大。加工是指在他人所有的物上进行有价值的劳动，而形成一种具有新的价值的物品。当加工行为使加工物难以恢复原状，或恢复原状成本过高时，就产生添附问题，需要确定物的归属。

因加工、附合、混合而产生的物的归属，有约定的，按照约定；没有约定或者约定不明确的，依照法律规定确定；法律没有规定的，按照充分发挥物的效用以及保护无过错当事人的原则确定。在司法实践中，一般首先要区分善意和恶意，只有在善意的情况下才构成添附，若为恶意则不构成添附，给原物的所有权人造成损失的，还应赔偿损失。在当事人善意的前提下，对于动产和不动产的添附，一般由不动产的所有权人取得所有权。对于动产与动产的添附，或不动产与不动产的添附，物的归属通常通过区分主从来判定。根据从随主的原则，如果原物的价值很高，添附的价值或加工成本很低，则原物为主物，添附物应归原物的所有权人所有。反之，如果添附的价值很高或加工成本很高，则添附物应归添附新价值的人或加工人所有。因添附取得所有权的一方，应当给予没有过错的另一方一定的补偿。

3. 孳息

孳息分为天然孳息和法定孳息。天然孳息本来是母物的一部分，如树上结的果实、动物生育的幼仔等。对于天然孳息，如果没有特别约定，一般由母物的所有权人享有孳息的所有权。法定孳息主要包括银行利息和租金。对法定孳息的归属，当事人有约定的，按照约定取得；没有约定或者约定不明确的，按照交易习惯取得。

(二) 继受取得

1. 继受取得的类型

继受取得又称传来取得，是指通过当事人自己的意思或某种法律事实从原所有权人

那里取得对某项财产的所有权。继受取得具体方式也有三种，分别是合同转让、继承遗产和接受遗赠。

当事人可以根据与所有权人订立的合同而受让取得物的所有权，如买卖、赠与等合同行为都可使所有权发生移转，从而使当事人取得对物的所有权。继承人或受遗赠人按照法律规定或者合法有效的遗嘱或遗赠的指定，也可以取得被继承人死亡时遗留的个人合法财产，从而取得对遗产的所有权。

2. 善意取得问题

通过合同转让取得物的所有权须以出让方享有对标的物的处分权为前提。出让人没有处分权的，权利人有权要求买受人返还标的物，买受人有权要求出让人返还价款，对由此造成的损失，还可以要求出让人赔偿。但是，如果买受人不知道出卖人没有处分权，或者根据普通人的日常生活经验，买受人没有理由对出让人的处分权产生怀疑，在这种情况下，如果买受人已经支付了合理的对价，为了鼓励交易，法律认可交易有效。也就是说，尽管出卖人没有处分权，受让人在这种情况下仍可以取得所有权，权利人不能向受让人追夺。这种情况称为善意取得，法律对善意的买受人的保护，目的是维护交易安全，鼓励交易。

买受人基于善意取得制度取得所有权的，标的物的原所有权人有权要求出让人赔偿。

（三）所有权的公示

所有权是一种主体性权利，它表达的是个人作为主体免受他人侵犯的范围，或者说主体领域，由此划定了他人行为的边界。因此，所有权的取得必须通过一定的方式为他人所明确感知，或者说，所有权必须通过一定的方式予以公示。否则，每个人都无法对自己的行为对他人的主体性权利是否会造成侵害做出明确的判断。所有权的法定公示方式有两种：一是占有；二是登记。

1. 占有

占有是动产物权的公示方式，一个人公然、持续、和平地占有某物，无疑是向他人的一种宣示，表明其对该物享有所有权。当然，占有也可以不是基于所有权而占有，如基于租赁合同、保管合同、运输合同等合同关系而进行的占有，占有人并不是物的所有权人。这样就产生了一个问题，即占有人与实际权利人不一致的情况。

为解决这种矛盾，法律首先确认占有的公信力，即在法律上推定物的占有人为真正的权利人。占有本身即受法律保护，即使非法占有，没有正当理由，亦不得随意侵犯。在交易中，凡是基于对占有的信赖而进行的交易，在法律上就给予保护。除了维护交易安全，占有的公信力也是善意取得制度一个非常重要的法理根据。

2. 登记

登记主要是不动产物权的公示方式。不动产主要指土地、房屋、林木等不能移动，或者虽然能移动，但一旦移动将严重影响其价值的财产。不动产不像动产那样可以为当事人随时占有支配，故只能通过登记方式进行公示。我国各地均设有统一的不动产登记机构，对不动产物权进行登记，供不动产交易的当事人查阅。

登记记载的权利人同样可能与实际权利人不一致，但基于公示方式的公信力，法律上同样推定登记记载的权利人为真正的权利人，其就该不动产所进行的交易具有法律效力。如果登记权利人并不是真正的权利人，未记载于登记簿上的真正权利人的权益因此受侵害的，真正权利人可以请求登记权利人赔偿。不动产交易不存在善意取得制度，无论登记的权利人是否是真正的权利人，也无论当事人对此是否明知，一般情况下均不影响交易的效力，但交易双方恶意串通，侵犯真正权利人合法权益的情形除外。

第三节　知 识 产 权

一　知识产权与知识产权法

（一）知识产权的特殊性

1. 权利客体与权利取得方式的特殊性

知识产权的客体是智力成果，虽然智力成果需要通过一定的物质载体而存在，但物质载体并不是知识产权的客体，权利的客体是该物质载体所承载的非物质性内容。智力成果这一外在于人身的非物质性特点，使得它既不像人格要素那样与人身不可分离，也不像物权那样可以通过一定方式进行公示。不仅如此，智力成果还具有很强的可复制性，这种可复制性使得权利的归属很难确定，当发生争议时，便很难确定谁才是真正的原创者，即权利人。

为避免争议，需要针对知识产权客体的特点来确定谁是原创者。对此，我国主要通过注册或登记制度来解决这一问题。相对于商标权和专利权，著作权涉及的创作过程较为复杂，著作权人更容易证明自己的原创者身份，因而法律对著作权的取得并无特别规定，且采取自愿登记制，对著作权人是否登记没有强制要求。而对于专利权和商标权，几乎所有的国家都采取了本人申请、国家授予的方式，即首先由原创者向国家专门设立的商标或专利管理机关提出申请，经审查确认后，给予注册登记，授予知识产权，并颁发商标或专利证书。

2. 权利保护的时限性

知识产权的保护一般都是有期限的，一旦超过保护期限，法律将不再提供保护。智力创造成果将进入公有领域，成为人人都可以利用的公共资源。商标的注册也有法定的时间效力，期限届满后，权利人不续展注册的，商标也进入公有领域。

3. 权利存在的地域性

知识产权虽然是权利人基于自己的创作发明而取得的权利，但这一权利在多大范围内受到法律的保护、保护期限如何确定等问题，主要是一国公共政策的产物。也是在此意义上，很多人将知识产权视为一种法律授予的权利，由于各国有关知识产权的法律规定并不完全一致，故知识产权的效力原则上只限于一国主权范围之内。

为了加强知识产权保护，很多国家通过双边或多边条约积极合作，加强知识产权的国际保护。此外，围绕知识产权保护还签订了一系列国际公约，使得知识产权的保护越来越国际化。

（二）知识产权法

智力成果既不像人格权那样与自身的人格不可分离，也不像所有权那样可以排他性地为本人单独支配，而是具有很强的可复制性，适用人格权和所有权的规则无法为知识产权提供有效的法律保护，必须另行给予特殊的法律保护方式。同时，由于智力成果的可复制性，法律并不保护智力成果的占有者，只能保护该智力成果的原创者。为明确真正的原创者，常常需要由本人向专门的知识产权管理机关提出申请，经审查确认后方可取得知识产权。这一审查确认程序在我国是通过国家公权力行使的，因而属于公法的范畴，而知识产权本身是一种私权利，属于私法的范畴。在这种情况下，为法律适用的方便，知识产权法常常是作为单行法单独立法的。

我国《民法典》制定过程中，对于是否以及如何将知识产权纳入民法典，也进行了激烈的争论。立法机关最终没有在《民法典》中单设独立知识产权编，只是在总则编的民事权利一章中宣示性地列举了知识产权及其客体范围，列举了作品、专利产品、商标、地理标志、商业秘密、集成电路布图设计和植物新品种共七种智力成果，由此确定了知识产权的私权性质。但《民法典》没有具体规定知识产权的内容，有关知识产权的具体规范仍是通过单行法来规定的。

目前，我国关于知识产权的单行立法主要有《中华人民共和国著作权法》（以下简称《著作权法》）、《中华人民共和国商标法》（以下简称《商标法》）和《中华人民共和国专利法》（以下简称《专利法》）。此外，国务院制定了《计算机软件保护条例》《集成电路布图设计保护条例》《中华人民共和国植物新品种保护条例》等行政法规，对相关领域的知识产权进行保护。

二 知识产权的主要类型

（一）著作权

著作权是针对创作作品的权利，与专利权和商标权不同，该权利的取得不以作品是否发表为前提，随作品的产生而自然取得，无须向有关机关申报。著作权一般由完成作品的作者享有。由法人或者非法人组织主持，代表法人或者非法人组织意志创作，并由法人或者非法人组织承担责任的作品，法人或者非法人组织视为作者。

1. 著作权的客体

著作权的客体是作品。所谓作品，是指文学、艺术和科学领域内具有独创性并能以一定形式表现的智力成果。在《著作权法》中，作品的范围比普通人一般情况下所理解的文学艺术作品要宽泛得多，除以文字形式表现的作品外，还包括口述作品、美术作品、建筑作品、摄影作品、视听作品，音乐、戏剧、舞蹈、杂技等表演作品，以及工程设计图、产品设计图、地图、示意图等图形作品和模型作品。另外，计算机软件也属于作品，可享受著作权的保护。但是，法律、法规，国家机关的决议、决定、命令和其他具有立法、行政、司法性质的文件，以及其官方正式译文，都不是作品；单纯事实消息，以及历法、通用数表、通用表格和公式等，也不属于作品。

需要注意的是，著作权的客体不限于《著作权法》明确列举的范围，只要符合作品特征的智力成果，无论《著作权法》是否明确列举，都应当受到《著作权法》的保护。

2. 著作权的内容

著作权的内容是指著作权人所享有的各项权利，包括著作人身权和著作财产权两个方面。著作人身权主要包括发表权、署名权、修改权、保护作品完整权等。著作财产权包括复制权、发行权、出租权、展览权、表演权、放映权、广播权、信息网络传播权、摄制权、改编权、翻译权、汇编权等。著作财产权可以转让，著作权人也可以许可他人行使，并可依照约定或者法律规定获得报酬。

著作权并不仅仅涉及著作权人的权利，作品在发表、制作过程中还可能涉及表演者、组织者、版权设计者、音像制作者等人的权利。这些权利作为"与著作权有关的权利"，属于广义上的著作权，又称为邻接权。邻接权中，表演者享有表明身份的署名权和形象权，这些权利均属人格权的范畴，除此以外的邻接权一般仅涉及财产权。

3. 著作权的使用与保护

著作权的使用一般须经著作权人同意，并依照约定支付报酬。但为促进文化艺术传播，在特定情况下可以不经著作权人同意而合理使用作品。合理使用主要指为个人研究欣赏、评论报道而使用他人作品，以及其他非营利性的合理使用作品的行为。

除合理使用可不经著作权人同意外，《著作权法》还规定了法定许可使用的情形，在法定许可使用情况下，使用人也可以不经著作权人同意，但应当向著作权人按照《著作权法》的规定支付报酬。法定许可的情形主要包括教科书编写、报刊转载、音乐作品的使用、制作教学课件、广播电台和电视台播放作品等，在这些情况下，除非著作权人有明确声明，一般均可在未经著作权人同意的前提下使用作品。

著作权的发表权和著作财产权存在保护期，自然人著作权人的著作权一般保护至其死后50年；法人和非法人组织的著作权以及视听作品的著作权自作品完成之日保护50年；邻接权中财产性权利的保护期限也是50年，一般自组织、设计、制作完成之日起算。

（二）专利权

专利权是针对发明创造所享有的权利，专利权人一般是发明创造的完成人；合作完成的，如果合作人没有特别约定，专利权由合作人共同享有。此外，发明创造还可能是基于委托或履行职务而完成的，这种情况下的专利权一般由委托人或职务工作所在的单位享有。

与著作权不同，专利权并不因发明创造的完成而当然取得专利权，而是由当事人提出申请，由国家专利机关进行审查并授予专利权后，才能取得专利权。未经国家专利机关授予，不能取得专利权。

1.专利权的客体

专利权的客体指专利权所指向的对象，即发明创造，在我国，专利法所保护的发明创造包括发明、实用新型和外观设计三种。其中：发明是指对产品、方法或者其改进所提出的新的技术方案；实用新型是指对产品的形状、构造或者其结合所提出的适于实用的新的技术方案；外观设计是指对产品的整体或者局部的形状、图案或者其结合以及色彩与形状、图案的结合所作出的富有美感并适于工业应用的新设计。

法律保护专利权，是因为专利发明创造对人类生活和社会发展有益，所以通过保护专利权本身所包含的各种利益，鼓励发明创造。因此，对于不能给人类带来好处的发明创造，不能给予保护。我国《专利法》规定，对违反法律、社会公德或者妨害公共利益的发明创造，不授予专利权。对违反法律、行政法规的规定获取或者利用遗传资源，并依赖该遗传资源完成的发明创造，也不授予专利权。

专利权人的专利权具有独占性，法律在保护专利权人权利的同时，也会影响专利发明的推广应用。有时候，一些发明创造对人类的价值意义太大，如果纳入专利法保护范围反而可能会影响其价值的发挥，这种情况下，也可能不授予专利权，如疾病的诊断和治疗方法。此外，出于其他因素的考虑，有些发明创造也可能不会授予专利权。一般来说，科学发现、智力活动的规则和方法、疾病的诊断和诊疗方法、动物和植物品种（生产培育方法除外）、原子核变换方法以及用原子核变换方法获得的物质，以及对平面印刷品的图案色彩或者二者的结合作出的主要起标识作用的设计，都不被视为专利权的客体，不纳入专利法的保护范围。

2.专利权的内容与保护

专利权是专利权人对发明专利的独占权，专利权人可以转让专利权，也可以许可他人使用专利并根据约定收取费用。未经专利权利人同意，任何单位或个人都不得为生产经营目的制造、使用、许诺销售、销售、进口其专利产品，否则要承担赔偿责任。专利权人可以通过协议许可他人使用，依照约定收取专利使用费用，也可以书面方式向国务院专利行政部门声明愿意许可任何单位或者个人实施其专利，由国务院专利行政部门公告实行开放许可。开放许可情况下，专利权人在声明时应当明确许可使用费支付方式和标准。

为生产经营目的使用、许诺销售或者销售不知道是未经专利权人许可而制造并售出的专利产品，能证明该产品合法来源的，不承担赔偿责任。在专利申请日前已经制造相同产品、使用相同方法或者已经作好制造、使用的必要准备，并且仅在原有范围内继续制造、使用的，也不视为侵犯专利权，不承担赔偿责任。此外，专为科学研究和实验而使用有关专利的，以及为提供行政审批所需要的信息而制造、使用、进口专利药品或者专利医疗器械的，均不视为侵犯专利权。

发明专利权的期限为20年，实用新型专利权的期限为10年，外观设计专利权的期限为15年，均自申请日起计算。超过上述期限，法律不再提供保护。专利权人被授予专利权后，还应当自当年起缴纳年费，没有按照规定缴纳年费的，专利权终止，不再受法律保护。

3. 专利实施的特别许可

专利发明可以为人类社会带来福祉，但如果专利权人滥用专利权，可能会影响专利价值的发挥。尤其是当新的发明创造需要利用原来的发明创造时，如果专利权人不予许可，则还可能会影响科学发明的成果转化。为避免这种情况，各国专利法都规定了专利实施特别许可的情形。在不经过专利权人同意的情况下，我国可以由国务院专利行政部门直接允许其他单位或个人实施发明创造。由于这种情况下的许可并非基于专利权人的自愿，而是基于法律的强制，故又被称为专利实施的强制许可。根据我国《专利法》的规定，强制许可主要有以下四种情形。

（1）专利未实施或未充分实施的情形。专利权人自专利权被授予之日起满三年，且自提出专利申请之日起满四年，无正当理由未实施或者未充分实施其专利的。

（2）专利垄断的情形。专利权人行使专利权的行为被依法认定为垄断行为，为消除或者减少该行为对竞争产生的不利影响，国务院专利行政部门根据具备实施条件的单位或者个人的申请，可以给予实施发明专利或者实用新型专利的强制许可。

（3）新发明实施的需要。一项取得专利权的发明或者实用新型比前已经取得专利权的发明或者实用新型具有显著经济意义的重大技术进步，其实施又有赖于前一发明或者实用新型的实施的，国务院专利行政部门根据后一专利权人的申请，可以给予实施前一发明或者实用新型的强制许可。在依照该规定给予实施强制许可的情形下，国务院专利行政部门根据前一专利权人的申请，也可以给予实施后一发明或者实用新型的强制许可。

（4）公共利益的需要。在国家出现紧急状态或者非常情况时，或者为了公共利益的目的，国务院专利行政部门可以给予实施发明专利或者实用新型专利的强制许可；此外，为了公共健康目的，对取得专利权的药品，国务院专利行政部门可以给予制造并将其出口到符合我国参加的有关国际条约规定的国家或者地区的强制许可。

不同情形下的强制许可有不同的程序要求：基于当事人申请而实施强制许可的，当事人不能直接提出申请，必须证明其已经以合理的条件请求专利权人许可其实施专利，

但未能在合理的时间内获得许可,才能提出强制许可申请。国务院专利行政部门作出的给予实施强制许可的决定,应当根据强制许可的理由规定实施的范围和时间,及时通知专利权人,并予以登记和公告。强制许可的理由消除并不再发生时,专利权人有权请求终止实施强制许可。

取得实施强制许可的单位或者个人不享有独占的实施权,并且无权允许他人实施。同时,应当付给专利权人合理的使用费,使用费的数额由双方协商;双方不能达成协议的,由国务院专利行政部门裁决。专利权人对国务院专利行政部门关于实施强制许可的决定不服的,专利权人和取得实施强制许可的单位或者个人对国务院专利行政部门关于实施强制许可的使用费的裁决不服的,可以自收到通知之日起三个月内向人民法院起诉。

(三) 商标权

商标是用于区别其他同类商品和服务的标志,通常用文字、数字、图形、符号及其组合来表示,颜色组合和声音也可以注册为商标。对于著作权和专利权来说,权利的客体作品和发明本身具有价值,商标权不同,作为商标权客体的商标本身并没有价值,其价值主要体现在其与所代表的商品与服务之间的关联。基于这种关联,才使商标成为一种蕴含着巨大经济利益的无形资产,从而需要法律给予特别的保护。

1. 商标图案的要求

商标是用来作为商品或服务的标识使用的,为能使自己的商品和服务与他人的商品和服务相区分,商标图案应当具有显著性,不具有显著性的图案不得注册为商标。所谓显著性,可以理解为区别于其他同类商品或服务的显著性,比如,含有商品通用名称、图形、型号或其他反映商品本身特征的图案和文字的,由于难以与其他同类商品或服务相区分,所以不具有显著性,不能注册为商标。为了避免对消费者的误导,对于一些有特殊意义的标志,如国旗、国徽、国际组织标志、地名以及其他具有特定含义的标识,一般也不得作为商标标志。

2. 商标权的内容

商标权主要包括商标专有使用权、许可使用权和转让权。

专有使用权是指商标权人在核定的商品上对商标排他性的独占使用权,这是商标权最核心的权利。专有使用权具有相对性,只能在法律规定的范围内使用。我国《商标法》规定:"注册商标的专用权,以核准注册的商标和核定使用的商品为限。"

许可使用权是指注册商标所有人通过签订许可使用合同,许可他人使用其注册商标的权利。许可使用是商标权人行使其权利的一种方式。许可人是注册商标所有人,被许可人根据合同约定,支付商标使用费后在合同约定的范围和时间内有权使用该注册商标。商标所有权人许可他人使用注册商标的,应当监督被许可人使用其注册商标的商品质量。被许可人应当保证使用该注册商标的商品质量。经许可使用他人注册商标的,必须在使用该注册商标的商品上标明被许可人的名称和商品产地。

商标转让是指注册商标所有人按照一定的条件,依法将其商标权转让给他人所有的行为。转让商标权是商标所有人行使其权利的一种方式，商标权转让后，受让人取得注册商标所有权，原来的商标权人丧失商标专用权，即商标权从一主体转移到另一主体。转让注册商标，应由双方当事人签订合同，并应共同向商标局提出申请，经商标局核准公告后方为有效。

3.商标权的保护

未经商标注册人许可，在同一种商品上使用与其注册商标相同的商标或近似的商标、销售侵犯注册商标专用权的商品、伪造或擅自制造他人注册商标标识、销售伪造或擅自制造的注册商标标识等行为，均属侵犯商标权的行为，应承担相应的侵权责任。

注册商标的有效期为10年，自核准注册之日起计算。有效期满需要继续使用的，商标注册人应当在期满前12个月内按照规定办理续展手续；在此期间未能办理的，可以给予6个月的宽展期。每次续展注册的有效期为10年，自该商标上一届有效期满次日起计算。期满未办理续展手续的，注销其注册商标。

三 其他知识产权

其他知识产权主要是指以地理标志、商业秘密、集成电路布图设计和植物新品种为客体的知识产权。《民法典》总则编中虽然宣示性地规定这些知识产权受民法保护，但《民法典》并没有更为具体的规定，而且目前也不像著作、专利权和商标权那样，均颁行了专门的单行法。目前，我国对这些知识产权的保护主要来自国务院制定的一些行政法规、相关法律中的一些零星规定，以及一些司法解释，如关于商业秘密的保护主要见于《中华人民共和国反不正当竞争法》中的相关规定及相应的司法解释。

（一）地理标志

地理标志用以标示某商品的产地。由于自然因素和历史人文因素的影响，某地区的某商品常常具有特有的质量和信誉，如河南温县铁棍山药、东北五常大米、山东德州扒鸡等。

特有的地理标志可以作为证明商标或集体商标申请注册。以地理标志作为证明商标注册的，其商品符合使用该地理标志条件的自然人、法人或者其他组织可以要求使用该证明商标。以地理标志作为集体商标注册的，其商品符合使用该地理标志条件的自然人、法人或者其他组织可以要求参加以该地理标志作为集体商标注册的团体、协会或者其他组织，该团体、协会或者其他组织应当依据其章程接纳为会员；不要求参加以该地理标志作为集体商标注册的团体、协会或者其他组织的，也可以正当使用该地理标志，该团体、协会或者其他组织无权禁止。

此外，2005年，国家质检总局还制定了《地理标志产品保护规定》，地方人民政府指定的机构或认定的行会、企业，可以向国家质检总局申请地理标志产品，经核准后，地理标志产品产地范围内的生产者可以向当地质检部门申请使用地理标志产品专用标

志。2007年，农业部也制定了《农产品地理标志管理办法》，县级以上地方人民政府择优确定的农民专业合作经济组织或行业协会可以申请农产品地理标志登记，经评审通过并登记后，符合条件的单位和个人可以申请使用农产品地理标志。

（二）商业秘密

商业秘密是指不为公众所知悉、具有商业价值并经权利人采取相应保密措施的技术信息、经营信息等商业信息。作为知识产权客体的商业秘密主要指技术秘密。技术秘密没有取得专利，但并不意味着不符合专利申请的条件，有些技术可能完全符合专利法要求，只不过当事人没有向专利主管部门提出获得专利权的申请。技术持有人通过保密手段来获得对技术事实上的专有权或垄断权，从而实现权利人的利益。

商业秘密受法律保护，意味着不允许以不正当手段获取、披露和使用他人的商业秘密，否则要承担相应的法律责任。

（三）集成电路布图设计

集成电路（integrated circuit）是当代信息技术的核心和基础，简称IC，又被称为芯片，是将电阻、电容、晶体管等元件通过一定的线路固化于一定的固体材料上，从而使之具备一定电子功能的产品。随着信息时代的来临以及信息技术的不断发展，集成电路布图设计作为一种新型的知识产权应运而生。

当事人向国家知识产权行政部门申请，经审查符合登记条件予以登记后，才能取得集成电路布图设计的权利。权利人对集成电路布图设计享有专有权，有权进行复制或投入商业利用。除法律、行政法规规定的特殊情形外，未经权利人同意，任何人不得以营利为目的使用布图设计。

布图设计专有权的保护期为10年，自布图设计登记申请之日或者在世界任何地方首次投入商业利用之日起计算，以较前日期为准。但是，无论是否登记或者投入商业利用，布图设计自创作完成之日起15年后，不再受法律保护。

（四）植物新品种

植物新品种是指经过人工培育的或者对发现的野生植物加以开发，具备新颖性、特异性、一致性和稳定性，并有适当命名的植物新品种。完成育种的单位和个人对其授权品种享有排他的独占权，这就是植物新品种权。这种权利是由政府授予植物育种者利用其品种排他的独占权利，与专利权、著作权、商标权一样，属于知识产权的范畴。

植物新品种的相关权利人应当向国家农业或林业行政部门提出申请，经审查符合植物新品种权利授予条件的，授予植物新品种权。植物新品种权主要包括对植物新品种的独占权、转让权和使用许可权。除法律、行政法规规定的特殊情况外，未经品种权利人许可，任何单位和个人不得为商业目的生产或者销售该授权品种的繁殖材料，不得为商业目的将该授权品种的繁殖材料重复使用于生产另一品种的繁殖材料。

植物新品种权的保护期限，自授权之日起，藤本植物、林木、果树和观赏树木为20年，其他植物为15年。

本讲涉及的主要法律法规

（1）《中华人民共和国民法典》（人格权编）
（2）《中华人民共和国民法典》（物权编）
（3）《中华人民共和国著作权法》
（4）《中华人民共和国商标法》
（5）《中华人民共和国专利法》

课外阅读推荐书目

（1）《为权利而斗争》，[德]耶林著，商务印书馆2018年版。
（2）《什么是所有权》，[法]蒲鲁东著，商务印书馆2011年版。

第五讲 "人"的共存

　　主体性权利的法律确认，其目的不仅仅在于确认个体所享有的权利，更是由此为他人的行为划定一个边界，从而维护一种平等而和谐的共存秩序。从权利的角度，共存秩序的维护意味着主体性权利不受外来侵犯；从义务的角度，则要求每个人负有不得给他人的主体性权利造成侵害的义务。由于这种义务是每个人都负担的、无差别的义务，故可称之为"普遍性义务"。普遍性义务构成了维护一个平等而和谐的共存关系所依赖的基本条件。

　　总体上讲，人格权、所有权、知识产权和侵权责任问题所解决的都是人与人之间的共存关系问题，人格权、所有权和知识产权划定了个体主体性权利的范围，而侵权责任法则确定了每个人不得侵犯他人主体性权利的普遍性义务。这一讲立足于共存关系的角度，将所有旨在调整共存关系的法律整合在一起，目的在于探讨维护一个和谐的共存关系的基本规则。这样的内容安排虽然打破了传统民法的理论体系，但也许更有助于我们理解法律的内在逻辑。

第一节　共存关系与"人"的普遍性义务

一　共存关系

（一）共存关系与共存秩序

任何人都不是孤立的存在，而是处在各种各样的相互关系中。在人与人之间的所有关系中，每个人首先要面对的是共存关系。所谓共存关系，是指一个人因与他人共同存在于这个世界上而形成的关系。共存关系不以任何人的个人意志为转移，一个人无论是否愿意，都必须与他人共同生活于这个世界，这是任何人都无法改变的客观事实。共存关系由此构成了人和人之间最为基础的关系，任何其他关系的建立都必须以此为前提。

共存关系是主体的共存关系，每一个人都是独立而平等的法律主体，没有等级差别，也没有亲疏远近。这种情况下的共存关系是一种纯粹的共存关系，是剥离其他一切社会关系之后单纯的共同存在。对于任何一个主体来说，其他主体都是同等、毫无差别、单纯的主体性存在。除此以外，再无其他的任何关系，也再无其他的任何内容。

在纯粹的共存关系下，人和人之间的关系比较单纯，所面临的法律问题也只有一个，即在确保每一个人都不丧失主体性，或者说主体性不受侵犯的前提下，如何维护一个和平的共存秩序。

那么，这样的一种和平秩序如何实现呢？

（二）共存秩序的维护与普遍性义务

1. 普遍性义务

和平的共存秩序，意味着每一个人的主体领域或者说主体性权利都免受他人的侵犯。为此，需要设定每个人对他人所负担的基本义务——不得侵犯他人主体性权利的义务，或者说免于给他人的主体性权利造成侵害的义务。只要每一个人都能够履行自己的义务，所有人的主体性权利就可以并存，从而实现一个和平的共存秩序。由于这一义务是所有人都必须负担的义务，没有任何例外，也没有任何人可以豁免，所以这一义务可以被称为普遍性义务。

普遍性义务是每个人对他人所负担的最低限度的义务，因为一旦违反这一义务，他人的主体性权利就会受到侵犯，和平的共存秩序就会受到破坏。普遍性义务也是任何人都负担的无差别的义务，所有人负担的普遍性义务都是一样的。在此意义上可以说，普遍性义务的共同履行构成了和平安定的共存秩序得以维系的基本条件。

2. 普遍性义务与主体性权利

在很多学者看来，义务与权利是相互依存、相互对应的，权利是义务的另一面。这种认识也不是近年才出现的，早在20世纪30年代就有这种提法，1933年出版的欧阳谿所著《法学通论》中就说："权利义务，如影之随形，响之随声，在法律上具有相互之关系，故权利之所在，即义务之所在，义务之所在，亦为权利之所在。"在这一认识的基础上，有人进一步将权利视为义务存在的依据和意义，认为：权利创造义务、限定义务、牵动义务，没有权利就没有义务，也不需要义务，义务只有通过权利才能表现其价值，因而是权利的对象化。

在普遍性义务与主体性权利的关系上，上述关于权利和义务关系的描述基本上是成立的。普遍性义务与主体性权利分别代表了共存关系中的两个不同方面，共同用以维护一个和平的共存关系秩序。

（三）共存关系的法律规制

共存关系是基于人共同存在于这个世界上而形成的关系，是不以任何人的意志为转移的。相对于共存关系，合同关系、婚姻关系、股东关系等都是基于本人的意思而建立起来的关系，关系的设立、内容和解除从根本上说取决于本人的意志。为建立一个和平的共存秩序，不仅需要明确每一个人的主体性权利，还要进一步规定每个人对他人应负的普遍性义务。

《民法典》中没有主体性权利的概念，也没有统一的关于主体性权利的规定，有关主体性权利的内容分别规定在不同的部分。人格权的内容规定于《民法典》的人格权编；所有权的内容规定于物权编中的所有权部分；对于知识产权，《民法典》仅在总则编的民事权利一章中宣示性地将知识产权归于民事权利的范畴，具体内容主要是由《著作权法》《商标法》和《专利法》等单行法规范的。《民法典》的物权编中，除所有权外，还有用益物权和担保物权，这些权利虽然都是人对物的权利，但是否设定这些权利是由所有权人自己决定的，是以特定的合同关系为前提的，因此不属于主体性权利的范畴。

《民法典》中没有普遍性义务的概念，也没有关于普遍性义务的统一规定。注意义务属于侵权法上的问题，《民法典》侵权责任编中虽然没有明确使用注意义务的概念，但整个侵权法所解决的都是注意义务的履行及义务违反下的责任承担问题。对于帮助义务，相邻关系中提供便利的义务规定在物权编的相邻关系部分中，不当得利的返还义务和无因管理下受益者的补偿义务规定在合同编的准合同一章中。

立足于不同的视角，对法律的理解方式会有不同，并由此进一步导致法律理论和法典体系的建构方式存在差异，甚至是很大的差异。《民法典》体系主要以物权与债权的两分为基础而建构体系，在讨论具体法律关系的时候，并不区分其属于共存关系还是合同关系。我们立足于共存关系和交往关系来讨论，与《民法典》的内容安排自然会有不同。我国《民法典》的体系是以德国法为基础的，是潘德克顿法学家的创造，有其严谨的体系构造。但是，这种体系构造常被批评过于抽象和晦涩，不符合普通人思维逻辑。所以本书未按照《民法典》的体系顺序安排课程内容，而是将人与人之间的关系区分为共存关系和交往关系，这样的安排更有助于普通人理解法律规则的逻辑层次。

二 普遍性义务的类型

（一）免于对他人造成伤害的义务：注意义务

为了维护一个和平的共存关系秩序，需要设定每一个人都必须负担的普遍性义务。这一义务首先是免于给他人的主体性权利造成侵害的义务。这一义务要求：一个人不仅不能故意去侵犯他人的权利，而且还必须谨慎地行为，从而避免可能对他人造成的损害。对于这一义务，我们称之为注意义务。

1. 注意义务的功能意义

《民法典》侵权责任编中强调的是权利侵害，规定"行为人因过错侵害他人民事权益造成损害的，应当承担侵权责任"。这里没有强调义务。但是，一切法律责任都源于义务的违反，没有义务便不存在责任，侵权责任同样也以义务的违反为前提。那么，侵权责任人违反的是什么义务呢？就是注意义务，在此意义上，注意义务构成了侵权法的前提与基础。尽管《民法典》中没有明确注意义务的概念，但侵权责任法的理解和适用离不开这一概念，否则，对侵权责任法的理解就可能是不完整的，法律适用时也难免出现偏差。

侵权责任法虽被称为"侵犯权利"的责任法，但并不是任何权利的损害都构成侵权，都需要承担责任。侵权的认定同样是以是否违反注意义务为基础的，只要本人尽到了充分的注意义务，即使造成他人权利的损害，仍不构成侵权，也不需要承担侵权责任。在侵权法理论中，是否违反注意义务，是通过"过错"的概念来理解的。只有在本人主观上存在过错的情况下，才构成注意义务的违反，才能认定侵权，没有过错就没有责任，当然，法律特别规定的情形除外。对于这一问题，本讲第二节还将详细讨论。

2. 注意义务的派生义务：恢复原状的义务

普遍性义务中的注意义务是避免给他人带来损害的义务。注意义务的违反会导致对他人主体性权利的侵犯，由此可能会改变主体性权利的现实状态。如果状态的改变可以复原，或者说损害是可以修复的，则本人当然应承担恢复原状的义务。这种义务属于违反普遍性义务情形下所派生的义务，因而可称之为派生性义务。又由于这种义务以恢复主体性权利的原状为目标，故又可称之为恢复原状的义务，或恢复义务。

恢复义务只有在违反义务所导致的状态改变或者损害可以恢复到原状的情况下，才有履行的可能。这种义务主要包括返还义务、恢复原状的义务、修复义务、排除妨碍的义务、消除危险的义务等。如果通过恢复义务的履行，可以恢复到权利未受侵犯前的状

态，也就是说并未产生现实的损害，则可免除其损害赔偿的责任；但如果损害是不可恢复的，则侵害人应对此承担赔偿责任。

我国《民法典》将停止侵害、排除妨碍、消除危险、返还财产、恢复原状、修理、消除影响、恢复名誉等均规定为承担责任的方式。但是，将这些行为归于责任的范畴与普通人的日常观念并不一致，将其归于普遍性义务的派生义务（恢复原状的义务）的范畴，不仅更符合人的一般认识，也更符合行为的性质。

（二）最低限度的协助义务

注意义务是消极义务或者说不作为义务，是避免给他人造成损害的义务。原则上，在未与他人建立起任何关系之前，作为一个独立而完整的个体，人对他人并没有积极的协助义务，是否协助他人不能源于法律的强制，而应取决于本人的意愿。

但是在共存关系中，每个人的主体领域都是并存的，其中一个人的主体领域必然会对他人主体性权利的行使造成影响；同时，本人主体性权利的行使也会受到他人主体领域的影响，甚至是妨碍。在这种情况下，如果不考虑人与人之间的协助配合义务，每个人的主体性权利都将受到影响，同样不能建立起一个和平的共存秩序。因此，最低限度的协助义务是完全必要的。一般来说，这种协助义务主要包括以下三种类型。

1. 相邻关系中提供便利的义务

相邻关系指两个或两个以上相互毗邻的不动产的并存关系，一般指土地和房屋的毗邻关系。由于房屋或土地毗邻，故在采光、排水、交通等方面必然会相互影响。为避免对相邻一方造成不良影响，任何一方即使是对自己的土地或房屋的利用，也不能随意为之，而是应尽可能避免对相邻方的不当影响，同时在必要的时候，还要为相邻方提供便利。

根据我国《民法典》的规定，相邻方因用水、排水、通行，或因建造、修缮建筑物以及铺设电线、电缆、水管、暖气和燃气管线等，必须利用相邻土地或建筑物的，不动产权利人有义务提供便利。

2. 不当得利时的返还义务

不当得利是指在没有合法根据或合法根据因某种原因消失的情况下获得利益，比如，误充话费给他人，该他人得到电话费没有合法根据，即属不当得利。又如，因买卖合同已取得标的物，但该合同后被协商解除或被撤销，原来的合法根据消失，取得标的物的一方也属于不当得利。

对于不当得利，受益人应负返还义务。在某些情况下，不当得利是受害人自己行为所致，如前述误充话费给他人的情形，这种情况下的受益人并无恶意，受害人的财产损失并非由于受益人过错，而是其本人的原因造成的。但即使如此，为维护一种和谐的共存关系，受益人应当负协助义务，也可以说返还义务。当然，由于不当得利人并无过错，因保管或返还原物而支出的费用，不当得利人有权要求受害人支付。

明知并基于自己的行为（甚至是不法行为）而获得不当利益的，也属于不当得利，但这种情况下，受害人的损失是由不当得利人恶意违反注意义务所造成的，其返还义务属于因违反注意义务给他人造成损害的恢复原状的义务，不属于协助义务的范畴。而且，不当得利人也无权要求受害人支付因返还所产生的费用，如果给受害人造成其他损失，还应当赔偿损失。

3. 受益者的补偿义务

法定义务一般反映的是最低限度的要求，法律并不要求人的无私奉献，也不宜对个体提出过高的要求。但是，对于那些虽然没有法定义务，但为了他人的利益而付出甚至做出很大牺牲的人，法律也应当予以肯定，并为他们的付出提供必要的救济途径。这种情况在法律上被称为无因管理。所谓无因管理，是指没有法定或约定的义务，为避免他人利益遭受损失而管理他人事务的行为。无因管理情形下，管理人有权要求受益人支付由此产生的费用。但是，由于无因管理在实施行为时并未经受益人的同意，而是个体的单方行为，故受益人的义务是一种补偿义务，而不是一种赔偿义务。当受益人无力补偿无因管理人的损失时，法律不应过多苛责。

为保护他人权益的见义勇为在性质上也属于无因管理行为，但对于因见义勇为而受到的伤害，应由加害人予以赔偿。没有加害人，或者加害人逃逸或没有赔偿能力的，在见义勇为者提出补偿要求的情况下，受益人应给予适当补偿。此外，对于紧急避险行为，如果危险是由自然原因引起，或引起险情的人逃逸或没有赔偿能力，在避险中受到损失的人也可以要求受益人适当补偿。

三 关于容忍义务与救助义务

容忍义务与救助义务均不是《民法典》中规定的义务，但这两种义务无疑也是共存关系下必须面对的问题。

（一）容忍义务

对于一个人的行为给他人所造成的损害，并不是在任何情况下都需要承担责任，只有在违反了注意义务的情况下所造成的损害，行为人才承担责任。因此，注意义务解决的是主体性权利受到损害时的责任承担问题。然而，对于何为损害，在很多情况下不同的人可能会有不同的认识。比如，共存关系中，他人的存在本身足以构成影响，而且很有可能是不利的影响，这种不利影响是否构成损害呢？或者说，不利影响达到何种程度才构成损害呢？

存在主义哲学大师萨特说"他人即地狱"，在一般性的语境中，这种说法未免令人难以接受，但如果说"他人常常会成为障碍"恐怕大多数人都能接受。共存关系中，他人的存在不可避免地会对一个人的行为造成影响，甚至构成障碍，法律显然不能将这些障碍都视为损害。也就是说，对于因其他主体性存在或主体性权利的正常行使而导致的不利影响和障碍，不应视为法律意义上的损害，也不存在法律责任的承担。对于这些不构成损害的不利影响和障碍，就好比是日常生活中遇到的不快，是我们每个人都无法避免、必须容忍的。也就是说，对于这种不快，每个人都应负容忍义务。

注意义务为个体行为划定了边界，所解决的是因对主体性权利的侵犯而导致的责任承担；容忍义务排除责任的承担，所解决的是主体性权利并存情况下的权利冲突。

拓展阅读

麻将噪声是否构成侵权？

余涌军女士是成都市金牛区百寿巷第二居委会的居民，2000年3月以来，夜间常被突如其来的麻将声吵醒，并因此经常失眠。余涌军住在二楼，导致她失眠的麻将声来自楼下五六米处的老年活动中心棋牌室。这个棋牌室正对着余涌军的卧室窗户，屋子里摆了两桌麻将。居民们，尤其是离退休老人们，晚饭后经常在这里打麻将。余涌军因工作需要经常早起，她说自己也打麻将，原本想忍一忍，但是一两天还可以，一两个月下来她就吃不消了。于是余涌军找到居委会主任戴吉芳，要求她或者禁止夜间打麻将，或者干脆关闭活动室。

当戴主任向老人们转达了余涌军提出的要求时，马上遭到老人们的齐声反对。余涌军说自己因为忍受不了麻将噪声，长期休息不好，已经得了神经衰弱症，并且多次去看医生。成都中医学院附院副主任医师罗文静证明："她当时精神很抑郁，人显得很疲劳，脸色也很不好，脉象很弱。"但是老人们仍不相信，一个不到10 m²的活动室，它所发出的声音能对余涌军产生那么大的影响？他们还是不肯做出让步。

双方僵持不下，余涌军为维护自己的健康权，要求关闭活动室。老人们则表示，他们也依法享有休闲娱乐权，不肯让步。这就使居委会感到为难，鉴于老人一方有100多人，是大多数，而余涌军仅仅1人，是极少数，于是居委会根据多数决原则，选择了支持多数老人的立场。居委会主任戴吉芳说："如果我满足了她的要求，那么广大群众不答应。从另外一个侧面，我就剥夺了这些群众活动的自由，因为每个公民都该享有他们自身的权利。"余涌军更加强烈要求关闭活动室，但是没有人理睬她的要求。愤激之下，余涌军采取了非常手段。2000年10月7日是当年国庆长假的最后一天，吃过晚饭后，居民们又聚在活动室里打麻将。电突然断了，整个社区一片漆黑。原来是余涌军在一怒之下，剪断了电线。

事情闹大了，居委会决定专门召开居民代表扩大会议，讨论这个问题。居委会300多户人家，一共推选了69名代表参加会议，就余涌军提起的关闭活动室等问题进行讨论。会议在争吵中进行了1个多小时，然后大家举手表决。表决的结果是：赞成晚上打麻将的67票，反对的1票，弃权的1票。居民代表扩大会议最后对夜间活动室的开放时间做了修改，在原定夜间一律11点关门的基础上，将冬天关门时间提前了1个小时，即冬天夜间10点钟关门，而夏天仍为夜间11点关门。对这样的结果，余涌军并不满意。在余涌军看来，由于仍允许晚上打麻将，噪声问题仍然存在，所以这个表决结果并没有解决问题，只不过借多数人的意志，强迫自己接受一个既成事实而已。协商处理不成，余涌军一气之下将居委会告上法庭，请求停止侵害，并赔偿精神损失5 000元。

在这一案中，余涌军所称的休息权属于健康权的范畴，麻将噪声对其健康权造成的影响无论大小，不能否认这种影响是客观存在的。老人们称他们有休闲娱乐权，但任何权利都必须能够与他人的权利共存，否则就超出了权利本身应有的边界。也就是说，当这种休闲娱乐权对他人的健康权造成影响的时候，这种权利便超出了其本来的边界，不再具有正当性。立足于这样的角度，无论是否应当赔偿，至少余涌军要求停止侵害的请求是正当的。

但是，如果法律支持余涌军的请求，进一步的问题是，法律是否应当考虑影响的程度，比如邻居空调的噪声、特别活泼的幼儿、学钢琴的孩子的钢琴声等。在法律上，显然不能简单地依照"是否存在影响"来认定是否构成侵害。如果法律对个体的要求过高，同样也是对主体性权利过于苛刻的限制，同样不利于形成一个和谐的共存秩序。

不构成注意义务的违反意味着对他人所造成的影响比较小，没有将其纳入法律调整范围的必要。在此意义上，也可以说容忍义务是法律调整范围之外的义务。但是，法律没有明文规定，既不说明它不存在，也不说明它不重要。实际上，容忍义务是每个人都不可回避的一项重要义务，尽管需要容忍的事项没有被纳入法律的调整范围，但它同时标明了应受法律调整的行为的边界。

一般地，容忍义务的限度应考虑特定社会环境下的生活习惯，以及当地居民的普遍性认识，以不影响人的正常生活习惯为标准。同时，还要考虑具体的情况。比如，移居到一个新的居所，对附近业已存在的难以避免的影响，如工厂的粉尘和机器噪声，后来者显然应负更大的容忍义务；又如，公众人物在隐私侵犯问题上应当比普通人负有更大的容忍义务。有学者还从损害的角度来讨论容忍义务的限度，认为如果某种影响未构成实质性损害，则应当容忍。反之，如果影响构成了实质性损害，则应认定为超出容忍义务的限度。但对于何为实质性损害，目前同样没有形成一个共识性的定义。

我国《民法典》中并没有明确规定容忍义务，但这并不表明民法典不承认容忍义务的存在，在解决人与人之间共存关系的问题上，容忍义务是一种重要的思维方式和切入角度。

（二）救助义务

《民法典》中关于救助义务的规定均以特定的交往关系为前提。救助义务一般由法律直接规定，如夫妻和直系亲属相互之间的救助义务、单位对工作期间的员工的救助义务、经营者对其经营场所内受害人的救助义务等；当事人之间也可以通过合同约定救助义务，当事人违反约定的，同样应当承担相应的法律责任。此外还有一种基于先前行为而产生的救助义务，如带邻居家未成年的小孩外出玩耍时对孩子的救助义务、外出野营时同伴之间的救助义务等，在这些情况下，无论是对邻居的孩子还是对野营相约的同伴，本无救助义务，但因带小孩外出和相约共同野营这样的先前行为，使得当事人产生相应的救助义务，这种救助义务即基于先前行为产生的救助义务。在司法实践中，朋友之间相邀饮酒，一起饮酒的人，尤其是酒宴的召集者，对于醉酒的同伴也负有安全保障义务和救助义务。

上述救助义务，无论是基于法定，还是基于约定，均以某种特定的社会关系为前提。基于先前行为而产生的救助义务同样也以基于先前行为而形成的关系为前提。没有特定的社会关系为前提，人与人之间也就不存在救助义务。在单纯的共存关系下，每一个人都被视为一个孤立的主体性存在，本来并不存在相互之间的救助义务。但是，社会上出现的各种"见死不救"事件使人们对这一原则开始提出质疑。

小悦悦事件

2011年10月13日下午5时30分许，年仅两岁的女童小悦悦走在巷子里，被一辆面包车碾压，7分钟后又被一小型货柜车碾过。路旁的监控录像显示，在两车间隔的7分钟内，在女童身边共有18个路人经过，但无一人采取救助措施。最后，一个捡垃圾的阿姨陈贤妹把小悦悦抱到路边并找到她的妈妈。2011年10月21日，小悦悦经医院全力抢救无效，在0时32分离世。"小悦悦事件"之后，社会各界纷纷以各种方式对见死不救的行为展开了谴责、质问和反思，法学界由此也展开了对是否应当将救助义务上升为一种法定义务的讨论。

为了打造一个更为和谐的共存关系，有人提出，即使是单纯的共存关系，也应当规定特定情形下的救助义务。关于何为特定情形，一般主要可以考虑以下因素：

（1）对本人而言，有效的救助行为是显而易见且轻而易举的；

（2）本人实施救助不与其他法定义务相冲突；

（3）处于危险状态的人，明显缺乏其他受到救助的可能性。

当然，这种情况下对救助行为不能过于苛求，只要本人根据具体情况实施了其认为适当的行为，均应认为履行了义务。但也有人认为，共存关系下的救助行为在性质上属于道德范畴，不宜将之上升为一种法定义务。我国当前的法律并没有关于救助义务的规定，未来立法是否会做出改变还取决于社会的一般观念和立法者的选择。

第二节 注意义务的"注意标准"

注意义务是一个人谨慎行为免于给他人造成损害的义务，违反注意义务给他人造成损害的，行为人应当承担相应的赔偿责任。但应当达到一种什么样的标准，才算是尽到了注意义务呢？是不是只要给他人造成损害就构成义务的违反呢？如果不是所有的损害都需要承担责任，那么什么情况下可以不承担责任？或者说，注意义务的标准应当划定在何处呢？

在不同的情形下，行为人负担的注意义务也不相同。根据行为人应负的注意义务的不同程度，可以将注意义务分为普通注意义务、特别注意义务和高度注意义务三种基本类型。

一 普通注意义务

普通注意义务是一个普通人在日常生活中应尽的最基本的注意义务，普通注意义务可以说是一个人在法律上所应尽的最低限度的义务，一旦违反该义务给他人造成损害，就应当承担责任。

（一）普通注意义务的适用范围

普通注意义务适用于所有人在日常生活中所负的注意义务，除法律有特别规定的情况外，均应按照普通注意义务标准来考察义务人的行为是否违反了义务，是否应当承担责任。侵权法理论中，一般将这种因违反普通注意义务而构成的侵权行为称为一般侵权行为，而将有更高要求的注意义务的违反所构成的侵权称为特殊侵权行为。

（二）普通注意义务的注意标准

立足于不同的角度，对普通注意义务可以有不同的判断标准或者说判断依据。但不管何种判断标准，其目的都是相同的，都是为普通人在日常生活中所应尽的最低限度的

注意义务划定一个标准。不同的标准之间是可以互相参照的，有助于我们从不同的角度理解普通注意义务应尽的"注意程度"。

1. 普通理性人标准

普通理性人标准是以一个普通人在其日常活动中能够尽到的注意义务为标准，来判断是否尽到注意义务。立足于这一标准，主要考察两点：一是行为人对行为后果的预见能力；二是行为人对损害后果的避免能力。也就是说，作为一个普通的理性人，是否有能力预见并避免行为所导致的损害后果。如果有能力预见和避免损害，行为人的行为仍然导致了损害，则可认定其未尽充分的注意义务，应对行为后果承担责任。如果一个普通人根据其日常生活经验不能预见，或者虽能预见但不能避免损害结果，则可认定其已尽普通人的注意义务，虽然造成损害的后果，也无须承担责任。

2. 行为人的过错标准

除普通理性人标准外，侵权法理论中还采取一种"过错标准"。依据该标准，构成责任不是因为有侵害，而是因为有过错。对于行为人给他人所造成的伤害，只有在行为人主观上存在过错的情况下，行为人才应担责。如果行为人主观上没有任何过错，则属于意外事件，不构成注意义务的违反，行为人无须承担责任。

过错包括故意与过失两种心理状态。故意是指希望或放任的心理状态。所谓希望，是指行为时追求某种结果的发生；所谓放任，是指行为时虽然没有特意追求某种结果，但对该结果的发生采取放任态度，放任该结果的发生。过失包括疏忽大意的过失和过于自信的过失两种情形。疏忽大意是指本应预见到行为所可能导致的损害后果，因疏忽而未预见；过于自信是指已经预见到行为所可能导致的损害后果，因自信能够避免仍然实施行为，结果未能避免从而导致了损害。

（三）普通理性人标准与过错标准的关系

依据过错标准，是否构成故意和过失，主要立足于行为者本人所处的具体情况来进行判断，考察的是行为者本人的主观心理状态，因而过错标准又称为主观标准。相对而言，普通理性人标准考虑的是普通人的预见能力，而不是行为人的主观心理状态，因而又被称为"客观标准"。

无论采取普通理性人标准，还是主观过错标准，都是为了确定一种根据，以判断一个人在做出行为的时候是否尽了充分的注意义务，以避免可能给他人造成的损害。这一标准不能定得太高，如果动辄归责，人们在交往中会变得畏首畏尾，从而对必要的活动开展和正常的交往造成影响。但这一标准也不能太低，太低不利于个体有效约束和控制自己的行为，对受害人也不公平。过错标准立足于行为人的过错，普通理性人标准立足于普通人的注意义务，都是为了找到一个恰当的标准。

尽管两种标准的根据不同，但两种标准并不存在冲突，而是可以相互照应、相互补充的。过错本身即具有可谴责性，如果能够证明行为人本身的过错，则完全可以认定其未尽到注意义务；反过来，当是否存在过错难以证明时，按照普通理性人标准本应避免损害的发生而未能避免的，则显然可以说明行为人未尽注意义务，据此也可以将其作为过错认定的一种标准根据。

二 特别注意义务

普通注意义务是普通人在日常生活中所负担的注意义务，法律不应有过高的要求。但是，对于那些对现实存在的危险负有特定管理职责的人，如果以普通注意义务来要求，常常不足以避免损害，对受害人也有不公平之嫌。比如，在五楼窗外委托门窗公司焊接的花架因墙体水泥层不牢且安装工人安装不规范脱落，致花架上摆放的花盆坠落砸伤路人。在此案例中，主人能以墙体水泥层不牢且安装工人安装不规范不属于自己注意义务的范围提出抗辩吗？如果主人按照普通人的注意义务抗辩导致花架坠落的原因不属于自己注意义务范围，并让受害人去证明主人未尽到注意义务，可以说对受害人是很不公平的。因此，对于负有管理职责的人，应当负比普通注意义务更高的注意义务。

为避免特别注意义务适用范围的不合理扩大，对于义务人应负特别注意义务的情形，应当由法律明确作出规定。

（一）特别注意义务的适用范围

特别注意义务主要指管理者的注意义务。根据我国《民法典》的规定，特别注意义务主要适用于以下情形：

（1）欠缺民事行为能力人在幼儿园、学校或者其他教育机构学习、生活期间受到人身损害，幼儿园、学校或者其他教育机构应尽的注意义务；

（2）建筑物、构筑物或者其他设施及其搁置物、悬挂物发生脱落、坠落造成他人损害，所有人、管理人或者使用人应尽的注意义务；

（3）堆放物倒塌造成他人损害，堆放人应尽的注意义务；

（4）因林木折断造成他人损害，林木的所有人或者管理人应尽的注意义务；

（5）窨井等地下设施造成他人损害，管理人应尽的注意义务；

（6）高度危险物（如放射物、有毒物）被他人非法占有，所有人与管理人应尽的避免给他人造成损害的注意义务；

（7）动物园的动物致人损害，动物园应尽的注意义务；

（8）宾馆、商场、银行、车站、机场、体育场馆、娱乐场所等经营场所、公共场所的经营者、管理者或者群众性活动的组织者，在经营管理或组织过程中应尽的注意义务。

从上述情形看，义务主体都是管理者，因此，特别注意义务也可被称为"管理者注意义务"。管理者涉及其管理范围之下的人和物，与单纯的本人行为相比，需要更高的注意义务才能避免各种导致损害发生的可能。

（二）特别注意义务的注意标准

1. 管理人标准

普通注意义务是避免因自己的行为给他人造成损害的义务，特别注意义务是管理者的注意义务，该注意义务所注意的不是自己的行为直接给他人带来的损害，而是避免使自己所维护管理的事务给他人造成损害。作为管理者，应当恪尽职守，按照一个谨慎尽职的管理者标准来履行义务。具体来说，就是根据自己所管理的事务本身的特点，消除其可能会给他人造成伤害的危险。如果法律对管理事项有明确规范，应当严格遵守该规范。由于这种注意义务标准是立足于管理人的角度而言的，故可以称之为管理人标准。

对于管理人的注意义务，管理人的免责事由在法律上一般是这样表述的：管理人能够证明自己已尽管理职责的，不承担赔偿责任。如何才可以视为"已尽管理职责"呢？法律一般没有具体明确的规定，实务中，原则上要求管理者要穷尽并妥善落实通常情况下所能够采取的所有手段，才可视为已尽管理职责。事实上，这样的要求是很高的。在司法实践中，对于未尽特别注意义务已经造成的损害，在没有法定的具体免责事由的情况下，管理人很难做到完全免责。

2. 过错推定标准

侵权法理论中，对管理人责任，采用的是过错推定的归责标准。所谓过错推定，是立足于证明义务而言的。一般情况下，对于行为人是否应当对其行为所造成的损害承担责任，是由受害人举证的。受害人不仅要证明有损害，还要证明行为人有过错，如果不能证明行为人有过错，则其请求无法获得支持。但对于适用过错推定的情形，受害人无须证明行为人有过错，只要行为人不能证明自己没有过错，就推定其有过错。过错推定标准将举证义务从受害人转移给了义务人，实际上对义务人提出了比过错标准更高的要求。

（三）关于专家注意义务

所谓专家注意义务，是指专家（如律师、会计师、医生等专业人员）在执业过程中，对服务对象以及其他第三人所负的谨慎行为的义务。我国《民法典》仅规定了医务人员的特别注意义务，未规定其他专家人员的注意义务，但对于提供专业服务从事执业活动的专家而言，他们在提供专业服务的过程中，在涉及专业服务的事项上，也应当承担比普通人更高的注意义务。

但是，特别注意义务必须有法律明确规定，法律没有明确规定适用特别注意义务的，应适用普通注意义务。对于很多行业（如律师和会计师），由于这种专业服务本身一般并不存在造成人身安全的危险，故法律并未规定其负有更高的注意义务。但是，如果某些专业服务本身就存在危害人身安全的危险性，如医疗、整容、文身、疫苗接种等专业活动，则提供这些专业服务的人员理应负担比普通人更高的注意义务，应当按照该专业领域的专业标准来确定应负的注意义务。

三 高度注意义务

普通注意义务针对的是普通人的日常行为，特别注意义务针对的是专家和管理者的职业行为和管理行为。此外，一些企业的生产活动在给社会带来巨大福利的同时，还具有高度的危险性。而且这种高度的危险性是与生产活动本身相伴随的，即使行为人尽很高的注意义务，也难以百分之百地避免危害的发生。但是，由于危险是由这些生产活动造成的，如果危险制造者对这种危险活动造成的损害不承担责任，而由受害人承担这种危险所导致的损害后果，对于受害人而言同样是不公平的。为了促进这些危险制造者提高科技水平，降低危险、减少损害，同时也为公平分配风险，对某些具有高度危险性的行为，法律特别规定不再设定具体的注意义务标准，而只规定了特定的免责事由。对于高度危险行为所导致的损害，只要不存在法定的免责事由，则一律由行为人承担责任。由于这种注意义务远高于普通注意义务和特别注意义务，可称之为高度注意义务。

（一）高度注意义务的适用范围

高度注意义务主要适用于高度危险行为，最为典型的是高度危险作业行为，高空、高压、易燃、易爆、剧毒、放射性物质、高速运输工具等作业行为均属高度危险行为。由于这些行为具有高度危险性，作业人应当负担更高的注意义务，采取一切可以采取的措施来避免损害的发生。

除了高度危险作业，饲养动物、环境污染、具有人身潜在危险的缺陷产品也具有较高的危险性，因此，动物饲养人、缺陷产品的生产者与销售者、环境污染的污染人所负的注意义务也属于高度注意义务。欠缺行为能力人由于不能正确理解和认识其行为的性质和所造成的法律后果，也容易给他人造成损害，对于监护人的注意义务，法律一般也采用高度注意义务的标准。

（二）高度注意义务的注意标准

对于具有高度危险性的行为所造成的损害，很难从注意标准或过错的角度去认定义务人是否尽到了注意义务。比如，工厂排放废水导致农作物污染死亡，如果工厂排污未超过国家规定的标准，则不能认定工厂有过错，似乎也不能说其未尽注意义务。但如果认为其已尽注意义务，则受害人无法获得赔偿，这对受害人明显不公平。尽管一定程度的污染是不可避免的，但是污染的危险性是由工厂单方造成的，而且工厂从中获取了利益。为工厂之营利，让他人为由此所导致的环境污染买单，也不符合权利义务和责任相一致的原则。另外，从大工业生产者和普通人之间避免损害发生的能力对比来看，对如何能够避免损害，大工业生产者显然有更强的能力，让大工业生产者对其行为所导致的损害承担责任，有助于其通过改进生产技术来降低风险，避免损害。

因此，对于具有高度危险性的生产行为，法律不再规定具体的注意义务标准，责任认定也不要求行为人对造成的损害有过错，而只根据不同情况规定具体的免责事由，只要不存在免责事由，则危险的制造者即应对其所造成的损害承担赔偿责任。由于这种情况下的责任认定不以过错和注意标准为条件，故这种责任又被称为无过错责任或严格责任。立足于行为的高度危险性，也有人称之为危险责任。

（三）关于用人者的注意义务

很多民法教科书中，对于雇佣人员、国家工作人员、用人单位的工作人员在工作中致人损害的情况，雇主、国家机关和用人单位（一般可统称为"用人者"，也有人称之为"使用人"）所承担的责任，也被归于无过错责任的适用范围。他们认为，对于雇佣人员、国家工作人员、用人单位的工作人员在工作中致人损害的情况，雇主、国家机关和用人单位无论是否有过错、是否尽到相应的约束管理责任，都不影响最终的责任承担，因此也属于无过错责任。

但是，这些行为与前述列举的高度危险行为有很大的不同，这些行为本身并不具有更高的危险性，与高度危险行为在性质上并不属于同一类行为。实际上，用人者之所以承担责任，不在于行为本身的危险性，而在于工作人员和用人者之间的关联性。用人者之所以承担责任，是因为工作人员的行为属于职务行为，是为用人者的利益而实施的。对于工作人员的行为是否构成注意义务的违反，仍需要根据行为人所从事的具体工作，来确定应当适用的注意义务标准。如果从事的是一般工作，则应适用普通注意义务标准；如果从事的是高空、高压或者是与放射性物质相关的工作，则适用高度注意义务标准。

第三节　普遍性义务的履行

一　义务的自动履行

正常情况下，义务都是由当事人自动履行的，只有在当事人拒不履行义务时，才需要法律的强制履行。普遍性义务可分为消极义务和积极义务两种类型，不同类型的义务有不同的履行方式。

（一）消极义务的自动履行

消极义务是不需要采取任何积极行为即可履行的义务，由于不需要采取任何行为，故又称不作为义务。普遍性义务中，消极义务主要指注意义务，注意义务是一种免于给他人造成损害的义务，义务的履行不需要义务人实施任何积极的行为。因此，注意义务属于消极义务。

消极义务的履行不是要求义务人不得实施任何行为，行为人仍然有行为的自由。法律所关注的不是本人是否实施了行为，而是本人的行为是否对他人造成了影响，只要其行为没有给他人造成妨害，即不构成义务的违反。

容忍义务也是一种消极义务，而且是一种比较纯粹的消极义务。之所以说比较纯粹，是因为容忍义务基本上不存在义务违反问题。法律所关注的也不是容忍义务的履行方式与义务违反问题，而是容忍义务的具体范围。超出了本人容忍义务的范围，意味着他人对注意义务的违反；未超出本人容忍义务的范围而本人不能容忍的，寻求法律帮助不能获得支持，仍然不得不容忍；应容忍而未容忍，由此采取不当行为并给他人造成损害的，可能会构成注意义务的违反。所以，在容忍义务范围内，本人无权制止他人的行为，无法容忍的，只能自我加强防范措施。

（二）积极义务的自动履行

积极义务是需要采取一定的积极行为才可履行的义务，又称作为义务。普遍性义务中，协助义务均属于积极义务。此外，注意义务的派生义务即恢复原状的义务履行时，需要采取一定积极的排除妨害、恢复原状的措施，所以也属于积极义务。

协助义务均属于最低限度的，同时也是力所能及的协助义务，所要求实施的行为一般都比较简单，一般来说并不存在不能履行的问题。恢复原状的义务有时候比较简单，但有时候可能比较复杂，有些情况下恢复原状可能还需要通过专业人员来修复，比如环境污染情况下的环境修复行为，又如物的损坏情况下的修复行为等，都可能超出义务违反人本人的修复能力。在此情况下，义务人可以聘用专业人员进行修复。恢复义务以恢复到侵害发生前的状态为目的，义务履行并不要求本人亲自实施，均可以由第三人代为履行。

二 消极义务的强制履行

义务应当履行，如果义务人拒不履行义务，应当承担相应的法律责任。法律责任由此可以构成一种威慑，敦促当事人履行义务。在此意义上，法律责任也可以被视为义务履行的一种预防性的强制手段，可称为责任强制手段。然而，责任强制并不是对当事人行为的直接强制，它之所以有效，是当事人在对义务履行与责任承担的后果进行比较的基础上，进行理性选择的结果。在义务人宁愿承担法律责任也不愿履行义务的情况下，责任强制便不再有效。这时候，如果义务是必须履行的，则需要通过直接的行为强制手段，强制义务的履行。

我们首先来讨论消极义务的强制履行问题。

（一）基本讨论

普遍性义务中的消极义务主要指注意义务。消极义务是一种不作为义务，义务的违反意味着当事人实施了相应的积极行为。为确保消极义务的履行，或者说为确保当事人

不因实施积极行为而违反义务,最有效的措施是直接限制当事人的行动自由,使其无法实施任何侵害他人的行为。然而,这样的做法可行吗?在何种情况下,以限制个体人身自由的方式进行强制才是被允许的呢?

一般情况下,法律不会通过限制个体人身自由的方式来强制其履行义务,无论这种方式多么有效,这样的强制方式都令人无法接受,因为这种强制不仅以人的基本自由为代价,而且强制措施的实施以未来违反义务的可能性为依据,在任何情况下都不可能找到客观的标准,极易沦为肆意侵犯个体权利的工具,并由此进一步导致灾难性的后果。

> **拓展阅读**
>
> 通过限制个体行为自由来防止其实施法律所禁止的行为,从实际效果上看当然是极为有效的,而且在不同历史时期,这种方式也经常以不同形式出现。但这种方式的弊端也是明显的,很多作家对这种方式对个体生活所带来的影响做过非常生动的描绘。
>
> **1. 少数派报告**
>
> 《少数派报告》是美国科幻小说作家菲利普·迪克(Philip Dick)的一篇短篇科幻小说,2002年被史蒂文·斯皮尔伯格(Steven Spielberg)搬上荧幕。电影讲述了2054年的华盛顿特区,犯罪预防组织的主席拉马·伯吉斯(Lamar Burges)建立了一套犯罪预防系统,利用三个具有超自然力量的"先知"预测犯罪。多年来,这套犯罪预防系统从未失过手。由于犯罪是可以预知的,所以自犯罪预防系统启动之后,谋杀犯罪便再未发生过。拉马也因此获得了无上的荣誉。
>
> 约翰·安德顿(John Anderton)是一名负责处理这种"预知犯罪"案件的精英探员,然而有一天,一向尽忠职守、遵纪守法的他被先知预测到"即将"谋杀一名他根本不认识的男子。约翰为了搞清楚自己为何会杀死一个自己根本不认识的人,开始逃亡并对案件展开调查。在调查过程中,他发现犯罪预防系统存在漏洞,约翰的犯罪行为也被隐藏。经过一番斗智斗勇,拉马的行为败露,开枪自杀,犯罪预防系统也被停止运行。
>
> **2.《1984》**
>
> 《1984》是英国小说家乔治·奥威尔(George Orwell)于20世纪40年代发表的一部经典的反乌托邦小说。本书被美国《时代》杂志评为1923年至今最好的100本英文小说之一,在1956年和1984年被改编成电影上映。
>
> 故事发生在1984年的"大洋国"。"大洋国"的统治阶级是"内党","内党"

的领袖是"老大哥"。主人公温斯顿属于"外党",他每天的工作是修改各种原始资料,从档案到旧报纸,全都根据指示改得面目全非。温斯顿的家与所有私人居室一样,都有一个无孔不入的现代化设备,叫作"电子屏幕"。每个房间右首墙上都装有这样一面长方形的金属镜子,可以视听两用,也可以发号施令,所有人无时无刻不受这面屏幕的监视和支配。

任何与"内党"不一致的言行都被视为非法,他们必须经历专门负责内部清洗的"友爱部"的思想改造,从而经过"洗脑"之后最终成为"思想纯洁者"。温斯顿是个良知未失的人,他和他的女友双双入狱,经过"洗脑",温斯顿把能出卖的都出卖了,包括自己的意志、良知、尊严、爱、女友、信念,心里充满的只是对老大哥由衷的感激和爱,他终于迎来了他渴望已久的子弹,并得以幸福地死去。

无论《少数派报告》还是《1984》,都设想了一种事先对人的行为进行约束的方式。《少数派报告》是"利用科学手段"对"将要实施犯罪"的人事先采取措施,而《1984》是利用严密的监控手段来防止人实施有损于"老大哥"的行为。然而其后果却是,"科学手段"可能会被个别人所操纵,而严密监控则会成为专制统治的工具,使人失去自由与尊严。

(二)特殊情形

然而,限制人身自由的预防措施并不是在任何情况下都不可实施。个人的行为约束主要来源于法律的责任约束,当法律的责任约束不能奏效的时候,对于具有较为严重的社会危害性的人,可以采取必要的直接约束措施。

1. 矫治教育

矫治教育是对因未达到刑事责任年龄而不负刑事责任的未成年人采取的一种特别的管教措施。未成年人因未达刑事责任年龄不受刑罚,但有些未成年人有很大的社会危害性,如果不采取特别措施,仍有可能继续实施违法犯罪行为。

1999年《中华人民共和国预防未成年人犯罪法》(以下简称《预防未成年人犯罪法》)实施以前,对于因未达刑事责任年龄而不受刑事处罚的"问题少年"有两种管教方式:一是送入工读学校强制教育;二是进行收容教养。

工读学校自20世纪50年代开始设立,最多时全国有200余所,是对"问题少年"的一种强制教育改造机构。实践中,经学校报公安机关批准,或者公安机关报教育部门批准后,即可强制实行。这种完全由行政主导的做法由于缺乏监管与制衡手段,容易导致权力的滥用,在实践中也产生了一系列的问题。1999年的《预防未成年人犯罪法》将入学条件修改为在少年的家长(或监护人)、学校和公安机关三方均同意后方

可实行，实际上等于取消了工读学校的强制入学制度，工读学校由此陷入严重的招生困境。

对于收容教养，我国法律也长期没有规定具体的收容教养场所。1986年司法部发布的《少年管教所暂行管理办法（试行）》规定，对未成年人的收容教养由少年犯管教所（少管所）执行，少管所也是一种强制教育改造机构，入少管所接受强制教育改造的少年主要有两类：一是实施了严重危害社会的行为，但因不满16周岁未受刑事处罚的；二是已受刑事处罚的少年犯。这种做法混淆了收容教养与刑罚执行，也容易导致对收容教养制度的误解。1996年，《司法部关于将政府收容教养的犯罪少年移至劳动教养场所收容教养的通知》发布，收容教养人员又从少年犯管教所转移到了劳动教养场所。2013年，劳动教养制度废止，收容教养也失去专门的执行场所，实践中执行机构混乱，在很多地方实际上已无法实施。

2020年，《中华人民共和国刑法修正案（十一）》废除了收容教养制度，对因不满16周岁不予刑事处罚的，由原来规定的"必要的时候，也可以由政府收容教养"改为"必要的时候，依法进行专门矫治教育"。同时，对《预防未成年人犯罪法》也进行了相应的修订，对矫治教育作了更为细致的规定。

根据《预防未成年人犯罪法》，专门的矫治教育由国家设立的专门学校负责，一般一个省至少建立一所专门学校，按照分校区、分班级等方式设置专门场所，对被送入学校的未成年人进行专门矫治教育。专门场所实行闭环管理，由公安机关和司法行政部门负责未成年人的矫治工作，由教育行政部门承担未成年人的教育工作。专门学校未成年学生的学籍保留在原学校，符合毕业条件的，原学校应当颁发毕业证书。对于有严重不良行为的未成年人，是否应当送入专门学校接受矫治教育，应经专门教育委员会评估同意，由教育行政部门会同公安机关共同决定。监护人对决定不服的，可以依法提起行政复议或者行政诉讼。

2. 强制医疗

强制医疗主要是对有危险性的精神病人采取的一种强制治疗，是预防其危害社会的一种强制措施。在2012年修正的《刑事诉讼法》具体规定强制医疗程序之前，我国强制医疗方式主要有三种：一是医疗保护性住院，又称"医疗看护制度"，法定代理人或监护人根据精神科执业医师的建议，决定将精神病患者住院治疗；二是保安性强制住院，即根据《刑法》第18条关于政府必要时对不负刑事责任能力的精神病人强制医疗的规定，实践中由公安机关决定对肇事肇祸的精神病人实施的强制医疗；三是救助性强制医疗，即民政机关实施的对流浪精神病人和无家可归的精神病人的强制医疗。

在具体实践操作中，由于这三种方式均不需要经过司法审查，而且后两种方式完全由行政机关主导，极易被权力滥用，成为非法侵犯个人权益的手段。这导致社会上各种"被精神病"现象不断发生，产生了极为恶劣的影响。

徐林东"被精神病"事件

当着中国青年报记者的面,神志清醒的徐林东拿出笔,在黄色稿纸上写下"救救我,想出去"。他郑重地签上自己的名字,写上日期:2009年4月17日。

这时的徐林东,已被关在精神病医院六年半。因为怕徐林东出院后继续告状,当初把他关进精神病医院的某乡政府六年多来坚持每个月向医院缴纳1 000多元费用,让徐林东与世隔绝,失去人身自由。

据徐林东的家人叙述,1997年,好打抱不平的徐林东因看不惯一家都是残疾人的邻居张桂枝在宅基地纠纷一事上吃了乡政府的亏,开始帮她写材料,到各级部门反映问题。2003年10月,不堪徐林东"找麻烦"的乡政府,把正在北京上访的徐林东抓回来,将其送到驻马店市精神病院关起来。家属提出让徐林东出院的请求,精神病院副院长丁红运当场拒绝:"那肯定不行,这得通过乡政府,你家属没这个权利。"

徐林东说,因不堪忍受强制治疗,他两次逃跑、几度自杀,但换来的是无数次的电击惩罚。

当记者询问徐林东是否真有精神病时,丁红运说:"因为徐林东反复去北京告状,影响到了乡政府,影响到了社会治安,所以才被送到了精神病院,这个事情只有通过政府协商。"

2010年4月25日下午,被关了六年半的徐林东终于踏上了回家的路。"四天前是谷雨,这两天直到半夜都没睡踏实,我闻到了油菜花的香味,还听到了小麦抽穗的声音……"徐林东望着车窗外,满眼都是诗情画意。

(参见王怡波:《状告乡政府 漯河一农民被关精神病院六年半》,《中国青年报》2010年4月23日。)

2012年修正的《中华人民共和国刑事诉讼法》(以下简称《刑事诉讼法》)将强制医疗决定权交由人民法院行使,2018年《刑事诉讼法》再次修正,对强制医疗决定程序作出了更为具体的规定。

(1)对于实施暴力行为,危害公共安全或者严重危害公民人身安全,经法定程序鉴定依法不负刑事责任的精神病人,有继续危害社会可能的,可以予以强制医疗。对精神病人实施强制医疗的,由人民法院决定。

(2)公安机关发现精神病人符合强制医疗条件的,应当写出强制医疗意见书,移送人民检察院。对于公安机关移送的或者在审查起诉过程中发现的精神病人符合强制医疗条件的，人民检察院应当向人民法院提出强制医疗的申请。人民法院受理强制医疗的申请后，应当组成合议庭进行审理，通知被申请人的法定代理人到场。被申请人没有委托诉讼代理人的，人民法院应当通知法律援助机构指派律师为其提供法律帮助。

（3）人民法院经审理，对于被申请人或者被告人符合强制医疗条件的，应当在一个月内作出强制医疗的决定。被决定强制医疗的人、被害人及其法定代理人、近亲属对强制医疗决定不服的，可以向上一级人民法院申请复议。

（4）在强制医疗过程中，强制医疗机构应当定期对被强制医疗的人进行诊断评估。对于已不具有人身危险性，不需要继续强制医疗的，应当及时提出解除意见，报决定强制医疗的人民法院批准。被强制医疗的人及其近亲属有权申请解除强制医疗。

三　积极义务的强制执行

积极义务是需要由当事人通过积极实施一定行为来履行的义务，普遍性义务中的返还义务、补偿义务、协助义务以及恢复原状的义务都属于积极义务。对于这些义务，可以强制履行吗？

（一）基本讨论

对于消极义务，只有在特定情况下才可以采取限制人身自由的方式来强制履行，积极义务如何强制呢？比如，甲将垃圾堆放在乙的家门口，给乙造成了妨害，甲因而负有将垃圾清理干净的义务，对于这一义务，如果甲拒不履行的话，可以采取哪些强制措施，强制甲本人亲自履行这一义务呢？除了课以法律责任，似乎并没有更有效的手段可以强制甲本人亲自履行义务。也就是说，如果甲宁可承担法律责任也不履行义务的话，该义务是无法直接强制甲履行的。

然而，在很多情况下，责任承担无法代替义务的履行，无论让上述案例中的甲承担怎样的法律责任，垃圾总需要清理。在这种情况下，法律需要考虑的并不是能否强制本人履行义务的问题，而是义务的履行是否可以通过其他方式来实现的问题，也可以说是当本人拒不履行义务的时候，该义务能否得到强制执行的问题。能够得到强制执行，本人拒不履行的，可强制执行；对于不能强制执行的，则只能对不履行义务的人课以责任，而不宜再强行要求其继续履行，否则这样的强制会因无法执行而变得不再有实际意义。

原则上，行为是无法强制执行的，但对于不要求本人亲自实施的行为，可以通过代履行的方式强制执行。此外，以物为标的的义务履行，可以对物采取强制执行措施。由此，可强制执行的情况有两种：一是对物的强制执行；二是行为的代履行。

（二）物的强制执行

物的返还义务、交付义务等原则上均可强制执行，但对不同类型的物，也存在不同情况。

根据物是否具有可替代性，可以将物分为种类物和特定物。所谓种类物，是指性质、种类相同，具有共同的物理属性和经济意义的物。种类物可以相互代替，如大米、布匹、钢材、水泥等。货币也是一种特殊的种类物。所谓特定物，是指具有特定意义或功能，不能为其他物所代替的物，如古董、字画等。种类物与特定物的区分是相对的，对普通人而言的种类物，也可以为特定人所特定化，从而成为特定物，如对某人具有特殊纪念意义的物品，该物品对此人而言具有不可替代的特殊性，就可以被视为特定物。

对于种类物而言，一般来说，除考虑本人的生存需要外，在任何情况下均可以强制执行。对于银行存款，可以强行划转；对个人收入，可以强行扣留；对于其他物，可以强行查封、扣押、变价、拍卖、变卖、抵偿等。在普遍性义务中，一般只涉及特定物的返还和损坏赔偿问题，基本上不涉及特定物的履行交付问题，故对特定物履行交付义务的强制，在下一讲中再另行讨论。

（三）行为的代履行

行为本身不能强制履行，但除了需要本人亲自实施的行为，均可由其他人代为履行。普遍性义务中，基本上不存在需要本人亲自履行的不可替代的义务，也就是说，普遍性义务中应当由本人亲自履行的行为，当本人拒不履行的时候，均可以通过代履行方式强制执行。当然，强制执行过程中产生的一切费用均应由义务人承担。

对于恢复原状的义务、修复义务、排除妨碍的义务、消除危险的义务等，当本人拒不履行义务时，由执行机关委托第三人代为履行即可，比较特殊的是消除影响和恢复名誉等义务的履行。司法实践中，这两种义务主要是通过在一定范围内的公众媒体发表声明的方式来履行的。义务人拒不履行义务的，一般由执行机关以义务人的名义在媒体上登载相关声明，以达到消除影响和恢复名誉的效果，由此所产生的费用由义务人承担。

本讲涉及的主要法律法规

（1）《中华人民共和国民法典》（侵权责任编）
（2）《中华人民共和国民法典》（合同编准合同分编）

课外阅读推荐书目

（1）《罗马私法中的过错要素》，[德]耶林著，中国法制出版社2009年版。
（2）《风险社会》，[德]乌尔里希·贝克著，译林出版社2018年版。

第六讲 "人"的交往

　　人与人之间并不仅有共存关系，更重要的是人与人之间还存在各种交往关系。从根本上说，一个人与何人建立何种交往关系，应当取决于本人的意愿，或者说应当是关系当事人协商一致的结果。但是，任何私人关系都承载着一定的社会功能，为了确保社会功能的实现，法律并没有将私人关系的决定权完全交给个人，而是不同程度地进行了干预。尤其是对婚姻关系、亲子关系这种承载着更多社会功能的私人关系，法律常常事先预设了关系中的权利和义务，不允许个体通过协议的方式排除或改变。

　　与普遍性义务不同，私人关系中的义务不再是不以个体意志为转移的、维护和平的共存秩序所依赖的条件，而是关系双方相互做出的承诺，或者法律事先设定的行为负担。这种义务无论是法律设定的还是个体自主设定的，均可称为"设定性义务"。与主体性权利不同，关系中的权利也不再是人的主体性存在的条件，更多是关系规则的表达。由于这种权利不过是构成关系规则的内在组成部分，具有明显的构成性特征，所以可称之为"构成性权利"。

　　主体领域中的权利和义务与关系领域中的权利和义务，在性质、功能、内容上均有根本性的区别，应当予以区分，否则就可能无法真正理解权利与义务的内涵。

第一节　交往关系的设立

一　交往关系设立的一般方式：合同

（一）交往关系概述

1. 何为交往关系？

共存关系是一种陌生人之间的关系，在这种关系下，每一个人都是独立且孤立的存在，除了共同生存于这个世界上，人与人之间没有其他任何关系。但是，共存关系只是为了考察共存关系下个体的权利与义务而假想的一种存在状态，人与人之间的关系从来都不是单纯的共存关系，而是由形形色色的社会关系组成的，共存关系不过是个体生活一个不可回避的前提，一个不可改变的背景。

人与人之间的交往关系多种多样，有临时的，也有长期的；有的权利义务比较具体明确，也有的权利义务较为模糊。去商场购买一件商品，委托别人邮寄一件物品，都属临时的、一次性的关系，而且关系的权利义务非常明确，义务履行完毕，则关系消灭。和一个人维持一种长期的友谊关系，与一个人结成长期的同居关系，这样的关系都属于长期的关系，关系中的权利义务一般不像一次性关系那样具体而明确，但更为广泛和持久。当然，也有权利义务相对明确的长期关系，比如婚姻关系，即使没有明确的法律规定，婚姻关系中的权利义务也会通过风俗和习惯长期保持稳定不变。

交往关系与共存关系都不存在任何公权力的参与，都是私人之间的关系，属于私法关系的范畴。与之相对应的是公法关系，即基于国家公权力的设置和运行而形成的关系。本讲中所讨论的交往关系不包括公法关系，仅指私人之间的交往关系，有时候也会使用私人交往关系或私人关系的表达。

2. 法律上的交往关系

并不是所有交往关系都受法律的关注，法律上的关系必须以特定义务为内容，义务的违反构成责任。没有义务就没有责任，没有责任，法律规范无法形成约束，也就没有存在的意义。也就是说，个体自主设立的关系必须包含义务的设定，是以某种义务设定为内容的关系。

也不是所有以义务设定为内容而形成的关系都受法律的关注，有两种关系一般很少受到法律的关注：一是友情关系，包括朋友间的友谊关系和男女之间的情感关系，盖因情感善变且与人的人格要素相联系，难以通过法律来调整；二是过于琐屑的日常交往，这种交往因其琐屑，即使出现义务违反也对个体权益影响不大，不值得动用法律的手段予以调整，当然也因其琐屑，当事人极少会诉求法律手段的保护。

受到法律关注并由法律所调整的关系，在法律上一般称为法律关系。合同关系、婚姻关系等个体交往关系都是法律关系。

（二）交往关系与合同

1. 交往关系的合同性质

交往关系是私人之间的关系，从根本上说，都是由当事人自主设定的，关系的形式和内容都是关系双方按照他们共同的意思自主设定的。例如，基于购物、借款、租房、委托他人办事等而形成的关系，其中涉及的价款、交货方式、付款期限以及其他内容都是由当事人自己商定的，法律并无相应的规定，对于当事人的自主设定，法律一般也不会予以干涉。

有些交往关系看起来是由法律规定的，而不是随便按照自己的意思自主设定的，比如婚姻关系。在婚姻关系中，配偶之间的权利和义务很多都是由法律直接规定的，不允许双方随意改变，即使双方都愿意改变，也没有法律效力。但是，是否缔结婚姻关系以及与何人缔结婚姻关系，仍取决于本人的意愿。双方选择同居而不进入婚姻的殿堂，意味着本人不认可法律的设定，不想受法律设定的约束；进入婚姻关系，则说明对法律预设的权利义务的认可。在此意义上，婚姻关系的建立从根本上仍取决于关系当事人本人的意志。

比较特殊的是父母子女关系，这一关系是基于生物意义上的生育行为而形成的，似乎并不取决于本人的意志。作为子女一方，由于生物学上的限制，本人似乎不能决定自己的出生，也不能对父母做出选择。但从父母一方来说，是否生育、何时生育仍然取决于父母本人的意志。

交往关系是由个体自主决定的，因此可以说，一切私人关系都具有合同的性质，均可不同程度地视为当事人自己基于本人的意思而与他人订立的某种合作协议。据此，任何私人关系，包括婚姻关系、收养关系、成员关系等一切私人间的关系，其订立、变更、解除、履行以及相应的责任承担等，在法律没有特别规定并与关系本身的性质不相冲突的前提下，原则上均可援引合同规则来解决相关的分歧与争议。因此，本节对交往关系的设立、生效、变更和解除等问题的讨论，均以合同关系为基础。

2. 合同与意思表示

合同是个体依照自己的意思自主设立的关系，意思表示由此成为一切合同设立的基本形式。法律上有关合同设立、变更、解除等的规范也是围绕着意思表示展开的。

所谓意思表示，是个体将自己的内心意思对外表达出来的行为。但法律意义上的意思表示有其特定的含义，并不是单纯的意愿或意见表达。比如一次公开而正式的演讲、一次茶余饭后的争论、对情人的真情表白、对朋友的悉心关怀，甚至指责与怨恨、祝福与问候，这些行为在通常意义上都是一种意思或情感的表达，都属于一种表示性的行为。但是，这样的行为无论多么真诚，都不过是一种真情的流露或单纯的观点表达，即使事后的事实证明其观点并不正确，或者当事人对其所谓的真情流露做出反悔，也无须承担任何责任。因为单纯的个人意见和观点表达，以及爱情或友谊等情感流露，并不受法律的关注。

法律意义上的意思表示，其表示的目的不在于表达观点和情感，而在于设立、变更和解除某种关系，从而为他人的行为选择提供条件。什么样的意思表示才具有设立、变更和解除关系的功能呢？前文提到，法律上的交往关系必须包含义务设定的内容，否则不具有法律意义。因此，法律意义上的意思表示，同样也应以义务设定为内容，是以设定义务为内容的意思表示，即承诺。

承诺为本人设定了义务，同时为对方实施某种行为或实现某种目的提供了条件。当然，关系中的承诺一般都是相互的，双方相互所作的承诺构成了交易关系成立的条件，由此形成内容各异的交往关系。

3. 意思表示的方式

意思表示的方式不限于口头表示，也可以书面表示，有时候还可以通过行为来表示。一般来说，能否成立法律意义上的意思表示，关键在于表示的内容是否明晰和确定。

（1）口头表示。口头表示是意思表示最直接、最方便的表达方式，因而也是最常见的表示方式，日常生活中的意思表示大多数情况下都是通过口头表达的。但由于口头表示没有留下证据，一旦双方发生争议，不易举证证明双方所设立的关系的具体内容。因此，口头表示一般只适用于即时履行的关系，如日常购物行为，比较正式或者内容较为复杂的表示一般都通过书面形式表达，如正式的合同。

（2）书面表示。书面表示是通过书面语言来表达的一种意思表示方式。书面表示内容明确具体，可以长期保存留作关系内容的证据。因此，在对权利义务内容比较复杂的意思作出表示时，书面表示就成为最常用的表示方式。书面表示不限于通过正式的合同文本来表示，信函、短信、电子邮件等一切通过语言文字来表达意思的，均属于书面表示。

（3）行为表示。有时候，个体的意思并不是通过语言，而是通过表情和行为等方式表达的。由于表情和行为表达常常依赖特定的环境或氛围，所以并不是所有行为表示都具有法律意义。但在某些特定情况下，行为可以被视为一种表示方式，如乘坐公共汽车、到医院看病、餐饮点菜、到收费停车场停车等。在这些活动中，当事人常常并没有明确的语言表示，但当当事人做出上述行为的时候，依生活常识可推定其已接受了相应的交易条件，并建立起某种服务关系，因而也应将其视为一种意思表示。意思表示的具体内容则主要根据人们的日常生活经验来判断。

现代生活条件下，随着人工智能技术的发展，城市公共服务越来越多地采取无人化管理，以行为表示来建立各种关系的情形会更加普遍。

4. 意思表示与法律行为

意思表示是一种意思的表示，也是一种行为，即意思表示行为。这种行为在法律上被称为"法律行为"，通过这样的行为所建立的关系具有法律上的效力，受到法律的保护，并可成为纠纷发生时法院裁判的依据。法律行为并不限于关系的设立行为，还包括关系的变更和解除行为；另外，单方的权利处分表示也属于法律行为。

法律行为是一种表示行为，是一种义务的设定、变更和解除行为，该行为本身并没有直接带来现实的改变，也不导致任何损害，因此，法律行为主要涉及的是行为的效力问题，而不是责任问题。与法律行为相对应的是义务的履行行为和侵权行为，这两种行为一旦实施，事实上不可撤回，因而法律并不考虑其效力问题，关注的主要是损害的弥补和责任的承担。

法律行为在我国《民法典》中称为民事法律行为，法律行为本来就是一个纯粹的民法概念，加一个"民事"的定语无疑是画蛇添足。但不知自何时起，"法律行为"这一名词被其他部门法所借用，由此出现了行政法律行为、经济法律行为等概念，依照这样的概念，法律行为不再是基于本人的意思而取得法律效果的行为，而成了依照法律规定所实施的行为，完全扭曲了法律行为本来的含义。《民法典》使用"民事法律行为"的概念，也许是对语言使用习惯的一种妥协。但无论如何，法律行为绝不能理解为"依照法律规定所实施的行为"，而应当理解为"个体依照自己的意思所做的表示行为"。法律行为制度本来是将个体意思转化为法律规则的不可替代的桥梁，如果扭曲了法律行为的含义，这一制度的功能意义也将不复存在，包括合同在内的依赖个体意思而设立的关系，便失去了应受法律保护的根据。

（三）合同的成立与意思表示的一致

合同是当事人通过意思表示而订立的。判断合同关系是否成立，关键在于双方当事人的意思表示是否达成了一致。已达成一致的，合同成立；否则，合同不成立。

1. 意思表示是否达成一致的一般判断

合同是基于关系当事人自己的意思而建立的，合同一旦成立，当事人即应受基于各自的意思表示所设定的权利义务的约束，违背约定则要承担相应的责任。判断合同是否成立，除考察当事人的意思表示是否有效外，还应当考察合同双方的意思表示是否达成了一致。已经达成一致的，合同成立；未达成一致的，合同不成立。

在日常生活中，绝大部分的交往关系都是比较简单且当场就履行完毕的合同关系，如日常购物、打车、去饭店就餐等。这些合同基本上都是通过口头方式订立的，但因为当场履行，如果存在分歧，当场就会发现并得到纠正，所以一般不会产生争议。在这种情况下，即使口头上的意思是否达成一致不是十分明确，履行行为本身也足以说明双方的意思表示已经达成了一致。

比较复杂且难以即时履行的合同大多是以书面形式订立的，书面形式有助于明确关系各方的权利与义务，从而避免出现分歧。对于以书面协议形式确立的合同，无论在订立过程中经历了怎样反复的多轮磋商，一般以最终的签章或签字作为判断合同是否成立的标志。有时候，虽然合同双方或其中的一方尚未在书面协议上签字或盖章，但本人已经做出实际履行的，也视为意思表示已经达成一致。因此，对于以书面协议形式设立的合同，一般也不会就合同的成立问题产生分歧。

2. 意思表示是否达成一致的法律判断

但是在很多情况下,对于双方的意思表示是否达成一致,并不容易明确判断,一方对另一方的意思也可能存在误解,从而使双方或一方误认为已经达成一致,但实际上并未达成一致。比如以下案例:

> 某果品批发公司因市场上西瓜脱销,向某农场发出一份电子邮件:"因我市市场西瓜脱销,不知贵方能否供应。如有充足货源,且价格不高于每公斤2元的话,我公司可以大量购买。望及时回复协商相关事宜。"该农场西瓜丰收,正愁没有销路,接到邮件后,喜出望外,立即组织货源,第三天即向果品批发公司发了十卡车西瓜。但此时外地西瓜大量涌入,价格骤然下跌,果品公司要求按每公斤1.5元价格付款,否则拒绝收货。

本案中,双方的意思达成一致了吗?对此,农场显然认为自己的实际履行行为表明已接受了果品公司提出的条件,双方的意思表示已经达成一致。但果品公司认为其电子邮件只是表达了一种希望订立合同的愿望,并不意味着在任何情况下都受电子邮件中所表明的交易条件的约束,双方的意思表示因此没有达成一致。

为解决合同当事人就是否达成一致可能发生的分歧,法律提供了一种分析工具,将合同的订立过程分为两个阶段。第一个阶段是要约阶段。所谓要约,是一方想与他人订立合同的意思表示,发出要约的一方称为要约方,收到要约的一方称为受要约方。第二阶段是承诺阶段,受要约人对要约表示接受,即承诺,一旦受要约人作出承诺,则合同成立。

一般来说,有效的要约应当包含确定的标的、价格、数量等基本的交易条件,否则受要约人无法表示是否接受。同时,要约必须有明确的愿受要约条件约束的意思,即只要对方作出承诺,自己即受要约所声明的条件的约束,合同即可成立的意思,否则视为要约邀请,而不是一个有效的要约。比如前述案例中,果品公司邮件中称"望及时回复协商相关事宜",所表达是一种希望对方来协商的愿望,应属于要约邀请。承诺不能改变要约的条件,否则视为一个反要约,或者说一个新的要约。一份合同的最终订立,可能会经历无数次这样要约与反要约的反复修改磋商,最后才能达成一致。但无论多么复杂的谈判过程,都可以将之分解为具体的要约与承诺的过程,从而确定双方意思表示是否已经达成一致,以及何时达成了一致。

其他私人间的关系与合同关系的设立过程是完全一致的,同样也可以区分为要约和承诺两个阶段。关系是否成立,关键看是否存在有效的要约和承诺。

二 合同的效力

合同的设立意味着双方就相互之间的权利义务达成了一致,但个体依照自己的意思所订立的合同并不是在任何情况下都能获得法律的认可。不能获得法律认可的，双方所订立的合同无效，不能获得法律的保护。合同是当事人通过意思表示设立的，是否有效一般情况下取决于双方的意思表示是否有效。

（一）意思表示有效的条件

意思表示要有效，首先要求当事人必须有意思表示的能力，并且意思表示真实。如果当事人是未成年人或精神病人，没有能力正确表达自己的意志，或者是在被胁迫欺诈的情况下作出的意思表示，不反映本人的真实意思，则意思表示的效力必然会受到影响。此外，个体意思表示常常会受到法律的干涉和限制，如果违反法律法规的强制性规定，则同样可能不能生效。

基于上述讨论，有效的意思表示至少应当符合以下三个要件。

（1）主体要件。当事人首先应当有民事行为能力；代理他人订立合同的，应当有代理权；围绕物的占有、使用、收益和处分而订立的合同，对物应当有处分权。

（2）意思表示要件。当事人的意思表示应当真实。

（3）不能违背法律法规的强制性规定，且不得违背公序良俗。

（二）未生效的意思表示

未生效的意思表示又称效力待定的意思表示，是指意思表示尚未达到全部生效要件，但也不是必然无效，待符合全部生效要件后，仍可有效。未生效的意思表示主要指作出意思表示的主体不适格，需要权利人追认的情形，包括三种情形：① 限制民事行为能力的人作出的意思表示；② 没有代理权而以被代理人名义作出的意思表示；③ 无处分权而处分他人财产所作出的意思表示。

上述情形下，经法定代理人、被代理人或权利人追认的，可以生效，未经追认的，合同不生效。为保护相对人的权利，法律还赋予了相对人催告权，相对人可以催告相应的权利人追认，有追认权的人在一个月内未追认的，视为拒绝追认。在未被追认前，相对人享有撤销权。

此外，在合同法领域，对于某些特殊类型的合同，法律法规有时要求合同当事人具备特定的资质，有时还可能要求履行某些特别的行政许可审批程序。在订立合同时，如果当事人尚未取得相应资质，或尚未取得行政许可，合同也属于未生效状态。

（三）可撤销的意思表示

可撤销的意思表示主要指因意思表示不真实，本人可以撤销该意思表示的情形。如果本人在作出意思表示时，因误解、胁迫或欺诈等原因，使得作出的意思表示与其真实的意思不一致，则不应对本人产生约束力，否则对本人是不公平的。然而有时候，意思表示虽然不真实，但也并不一定完全违背本人的意志，比如将张大千的画误认为是齐白石的画而购买，虽然存在误解，但并不一定违背本人的意志。即使是在被欺诈或被胁迫的情况下所作的意思表示，有时候也未必一定与本人的真实意思相冲突。因此，当本人的意思表示存在瑕疵的时候，不宜直接宣告意思表示无效，而是允许本人对是否愿意继续受其意思表示的约束做出选择。本人选择撤销意思表示的，则意思表示不生效；愿意继续受其意思表示约束的，则意思表示有效。

我国《民法典》对可撤销合同规定了以下三种情形：① 因重大误解而作出的意思表示；② 在被欺诈或被胁迫的情形下而作出的意思表示；③ 一方利用对方处于危困状态或缺乏判断能力等情形而作出的意思表示。

撤销权应在知道或应当知道可撤销事由之日起一年内行使，在上述期限内未行使或知道可撤销事由后明确表示放弃撤销权的，不得再行使。

（四）无效的意思表示

不具备生效要件的意思表示并不当然无效，还存在效力待定和可撤销的情形，当事人仍有一定的选择余地。无效意味着法律的否定评价，不管当事人自己的意愿如何，皆为无效，均不能受到法律保护。根据《民法典》的规定，意思表示无效的情形主要有以下五种：① 无民事行为能力人作出的；② 恶意串通损害第三人利益；③ 基于通谋的虚伪表示；④ 违反法律法规的禁止性规定；⑤ 违背公序良俗。

意思表示无效、未生效或被撤销的，自始不产生效力。对于基于该意思表示而订立的合同或设定的义务，未履行的，不再履行；已经履行的，应当恢复到履行前的状态，无法恢复而给一方造成损失的，另一方应折价补偿；如果因意思表示无效造成其他损失，对导致无效负有责任的一方还应当赔偿损失。

三 合同的变更与终止

（一）合同的变更

所谓变更，一般是指合同内容的改变，或者说合同中权利和义务的改变。在双方协商一致的前提下，当事人在任何时候都可以对合同内容进行变更，法律上并无限制，法律所限制的主要是单方变更。原则上，合同设立后，双方均应受合同所设定的义务的约束，非经协商一致，任何一方不得单方变更。单方擅自变更的，不发生法律效力。

1. 关于情势变更

所谓情势变更，是指在合同关系中，合同的基础条件发生了当事人在订立合同时无法预见的、不属于商业风险的重大变化，继续履行合同对于当事人一方明显不公平的情形。情势变更情况下，受不利影响的一方可以要求变更合同内容，双方就变更事宜协商不成的，受不利影响的一方可以请求人民法院或者仲裁机构变更或者解除关系。

情势变更情形下，法律赋予人民法院和仲裁机构合同变更权，但应予注意的是，合同的内容反映的是当事人的意愿，并不完全是经济利益的权衡，应当由当事人自己决定，人民法院或仲裁机构原则上只能裁决解除，不宜直接强行变更。因此，本书认为：尽管《民法典》规定人民法院或仲裁机构有权根据公平原则变更合同的内容，但如果合同当事人坚持不变更的，人民法院或仲裁机构原则上只能解除合同，而不宜强制变更合同的内容。

2. 关于主体的变更

所谓主体的变更，是指合同主体的改变。人身关系中，关系主体原则上不得变更；以经济利益为内容的合同关系，经相关当事人协商一致，一般允许变更。但这种情况一般不称主体的变更，而称合同的转让。合同的转让方只涉及权利而不涉及义务的，为权利的转让，反之为义务的转让；既包括权利也包括义务的转让，称合同的概括转让。

在民法理论上，权利的转让无须经义务人同意，但有确定的义务人的情况下，权利转让时应当及时通知义务人。对于义务的转让，由于不同的人履行义务的能力不同，故义务的转让应经债权人同意，债权人不同意转让的，债务不得转让。合同关系一般都是双务合同，不仅涉及权利，还包括合同义务，因此，合同的转让须经对方同意，未经对方同意，不发生转让的效力。

（二）合同的解除

合同成立后，经双方协商一致，也可以解除。有些合同设立时附有一定期限或者解除条件，一旦期限届满或解除条件成就，则合同自动解除。这些情况都属于双方协商一致前提下的解除。除协商一致解除外，特定情况下，合同当事人还享有单方解除权。所谓单方解除权，是指当事人依照法律规定享有的解除权，没有解除权而单方解除合同的，要承担相应的法律责任。由于单方解除权是依照法律规定享有的解除权，故又称法定解除权。

身份关系的解除一般不允许单方解除，而且常常有法定的解除形式。如婚姻关系的解除需要双方协商一致且到婚姻登记机关办理解除手续，未达成一致则由人民法院判决应否解除。有些关系允许单方解除，但必须按照法律规定的方式解除。如股东的退出从某种意义上可理解为股东关系的单方解除，但一般情况下只能通过股权转让的方式退出。在劳动关系中，劳动者一方可以随时解除劳动关系，基本上不受限制；而用人单位一方的劳动关系解除权则受到严格的限制。总之，在不同的关系类型中，对于关系的解除条件，法律有不同的规定。

根据《民法典》第563条的规定，在下列情况下，当事人享有单方解除权，当事人可以解除合同：① 因不可抗力致使不能实现合同目的；② 在履行期限届满前，当事人一方明确表示或者以自己的行为表明不履行主要债务；③ 当事人一方迟延履行主要债务，经催告后在合理期限内仍未履行；④ 当事人一方迟延履行债务或者有其他违约行为致使不能实现合同目的；⑤ 以持续履行的债务为内容的不定期合同，当事人可以随时解除合同；⑥ 法律规定的其他情形。

上述规定中的单方解除权，主要是基于不可抗力或对方的违约行为而赋予当事人的一种权利。但在合同履行过程中，一方为履行合同常常需要付出很大成本，过于轻率地取消一项交易可能损失巨大，既不经济，也会导致不公平。因此，并不是只要出现不可抗力或违约行为，就可以解除合同，只有在因不可抗力或违约行为导致"不能实现合同目的"的情况下，才有单方解除权。所谓"不能实现合同目的"，是指订立合同的目的因不可抗力或违约行为已经落空，继续履行已没有意义。比如，甲为布置婚礼现场订购玫瑰花，花店在婚礼开始前未能及时将花送到，婚礼结束后，即使鲜花送到对甲也不再有任何意义，故甲有权解除合同。这种导致合同目的无法实现的违约称为"根本违约"，如果一方的违约构成根本违约，则对方有权解除合同。未构成根本违约的，原则上只能请求损害赔偿，而不能解除合同。

基于单方解除权解除合同的，有权解除合同的一方将解除合同的意思表示明确告知对方，即可解除合同，不必通过人民法院或仲裁机构。合同解除后，仍可追究违约方的违约责任。合同解除权一般是非违约方针对违约方的权利，违约方一般没有合同解除权，但在某些情况下，违约方也可以享有合同解除请求权，可以请求人民法院解除合同。比如情势变更情况下，受不利影响的一方可以请求人民法院解除合同。当然，在这种情况下，如果因解除合同给对方造成损失，解除合同的一方应当弥补对方的损失。

（三）合同的终止

合同的终止是指当事人不再受合同中所设定的义务的约束，因此，义务的消灭意味着合同的终止。凡是可以导致合同中的义务消灭的，都可导致合同的终止，或者说，都是合同终止的原因。

合同的解除意味着不再履行合同中的义务，因而是合同终止的原因之一。除合同的解除外，对于以特定义务的履行为内容而设立的合同，义务履行完毕，则合同终止。普通合同关系一般都是以特定的义务履行为内容的，合同的履行因此是合同关系终止最常见的原因。

除了合同解除和义务履行完毕，义务还可以因为很多原因而消灭：当事人互负金钱履行义务，可相互抵销而消灭义务；债权人还可以免除义务人的义务；义务人死亡，如果没有义务的承继人，也会导致合同的终止。

第二节　私人交往关系的类型及其法律规制方式

一　关系类型形成的影响因素

（一）交往关系所承载的社会功能

私人关系是个体依照自己的意思自主设定的关系，但是任何个体之间的关系都不是

单纯的只与关系双方相关的私事,几乎毫无例外地都承载着某种特定的社会功能。因此在任何社会条件下,私人关系的内容设定都不可能完全取决于当事人自己,都会不同程度地受到法律的干预和限制。

比如,从单纯的个人角度来看,性关系无疑属于两个人之间的"私事",但无论古今中外,性关系几乎都毫无例外地被纳入法律的规范范围。之所以如此,是因为在传统社会中,性的关系并不单单是两个个体之间的关系,而总是与特定的团体利益和社会利益相联系,基于性关系而形成的血缘家族和姻缘亲族是影响社会关系结构的基本力量,承载着其他任何关系都无法替代的社会组织功能。

拓展阅读

性的社会意义

社会并不是个体的简单组合,人在社会上的存在是关系中的存在,而社会自身的存在是一种结构性的存在。在最为基础的意义上,社会的结构是基于性而建立起来的,通过性的关系形成了人与人之间最为亲密的两大关系,即伴侣关系和血缘关系,人的亲疏远近是通过伴侣关系和血缘关系而进行区分的。依费孝通的说法,这种关系形成了社会结构上的一种差序格局。

在伴侣关系和血缘关系的基础上,社会关系结构进一步扩展,围绕着血缘关系形成了家族,围绕着婚姻关系形成了亲族,家族和亲族在某种意义上是通过性的关系而形成的一种社会联盟,联盟的势力成为影响并形成权力、地位和等级的基本力量。因此,在传统社会中,性的关系并不单单是私人之间的关系,而总是体现为团体的关系。性因此不仅仅是为了个体生理需求的满足,还成为组织某种稳定团体的基础性手段。由此,传统社会形成了建立在性基础上以血缘和姻缘为核心的身份结构,这种身份结构进一步渗透到权力体系中,形成了传统社会以血缘和亲缘为基础的族谱性权力结构。所以很多国家的传统社会中,尤其是在我国古代的传统社会中,家庭结构与社会结构是紧密联系、有机统一的。

在这种社会结构下,性变得不再是单纯的性,而被赋予了含义丰富的符号化特征,它从亲缘和血缘关系进一步演变成维系和扩展社会权力和社会地位的一种工具。等级社会中,通过性形成了一整套关于性秩序的制度,不同等级之间的性受到严格限制,不同等级的人享有不同的性权利,较高的社会等级享有更多关于性的特权。从本能上来说,性是赤裸裸的本性的展现,它本来是天然地不存在高低贵贱之别、没有亲疏远近之分的。然而性所表达的关系是如此亲密,以至于一旦性的障碍逾越,在两人之间基本上就不再存在其他的障碍了,这样一来,社会的等级秩序就会受到影响。即使在等级并不是非常分明的社会里，社会结构也由不同的身份组成，身份组成的社会结构像一个网络体系，在传统熟人社会的小圈子里，这种关系尤其清晰和稳定。性因而只能被严格控制在一定范围内，否则这种身份结构就会面临被性关系冲破的危险。费孝通就此说道："若是让性爱自由地在人间活动，尤其在有严格身份规定的社会结构中活动，它扰乱的力量一定很大。它可以把规定下亲疏、嫌疑、同异、是非的分别全部取消，每对男女都可能成为最亲密的关系，我们所有的就只剩下了一堆构造相似、行为相近的个人集合体，而不成其为社会了，因为社会并不是个人的集合体，而是身份的结构。"[1]

性的社会意义不仅在于对传统社会身份结构秩序的维系，在有些情况下，尤其是在变革时代，性还是传统社会身份结构秩序最具革命性的颠覆力量。梅因说，所有进步社会的运动都是一个"从身份到契约"的运动。每一次社会进步和思想变革都伴随着身份的解放，而每一次身份的解放几乎都首先以性观念的变革为前兆，这一点在近现代历史上表现得尤为明显。打着人性解放的旗帜，文艺复兴首先向我们昭示了一个崭新历史时代的开启，20世纪中期开始的性解放运动带来了社会观念和社会结构翻天覆地的变化。我国同样经历了以性自由为前兆的社会变革，五四运动唤起了独立的性意识，恋爱自由成为个人冲破传统最有力的口号；20世纪80年代改革开放的新气象同样是通过性爱来表现的，一部《庐山恋》揭开了蒙覆在人们思想上的帷幕，冲破了"文化大革命"时期性禁锢的阴影。可以说，性总是嗅觉灵敏，时刻都在蠢蠢欲动，性的本性决定着它是摆脱身份束缚最为敏感和最为革命的力量，同时也是对社会身份结构和传统身份秩序最具颠覆性的力量。

总之，性在传统等级社会意义上，已绝不是单纯的生物冲动，它有着极为强烈的符号化特征，它标示着身份，标示着秩序，在传统社会中，性站在社会秩序的中心点上。

（参见王森波：《同性婚姻法律问题研究》，中国法制出版社，2012，第102—104页。）

不仅仅是性关系，任何私人关系都会承载某种社会功能。最为常见的买卖合同起到的是繁荣市场、促进流通的作用；最普通的家庭关系中的互助功能是对社会未能充分提供的社会公共服务的重要替代，假如没有家庭上的互助，政府无疑需要提供更多的社会公共服务。甚至并未被纳入法律视野的友情关系在稳定社会关系、增加社会互助等方面

---

[1] 费孝通：《乡土中国，生育制度》，北京大学出版社，1998，第143页。

也起着非常重要的作用。

（二）国家对交往关系的干预与关系类型的法定化

由于私人关系都不同程度地承载着一定的社会功能，为了确保这些社会功能的实现，针对不同的情况，法律会有不同的态度，并有针对性地采取相应的干预措施。一般来说，法律对私人关系的态度主要有六种：一是禁止，即通过法律规定直接禁止个体订立某种合同或建立某种关系；二是否定，这种情况下虽然对某些关系并没有直接禁止，但不承认其法律效力，拒绝提供法律保护；三是限制，对于某些关系类型，法律事先设定了权利和义务，不允许个体随意改变；四是放任，对某些关系类型，既不约束，也不提供法律保护，完全将之交由个体自主决定，友谊和情感关系基本上都可归于这一类型；五是保护，个体依照自己的意志所设立的关系，法律认可其效力并提供保护，这种情况主要针对的是基于法律行为而设立的关系；六是鼓励，法律不仅给予保护，而且提供各种福利和奖励措施，鼓励当事人积极地进入这类关系。对于法律予以鼓励的关系，一般情况下法律会预设关系中的权利与义务，也就是说，鼓励与限制常常是并用的，或者说，法律通过鼓励的方式将当事人吸引到其限定的关系类型中去。

法律对个体不同行为的不同态度必然会影响个体的行为选择倾向，并引导个体采取法律所鼓励的方式建立个体关系。尤其是法律对个体关系类型的内容限制，通过预先设定关系中权利和义务的方式限制个体的自主决定权，不允许个体自主改变，从而使私人关系的内容趋于固定化，并由此进一步促进私人关系类型的划分。

（三）影响交往关系类型形成的其他因素

1. 个体行为的社会趋同

私人关系尽管是由本人基于自己的意思建立的，但每个人所面临的生活境遇大同小异，常见的一些私人关系总表现出共同的特征，有着基本相同的内容。比如买卖关系中，买方与卖方的权利义务基本上是确定的，改变了权利义务，这种关系就不再是买卖关系，而变成其他关系。随着行为的不断重复，私人关系也会逐渐形成各种相对固定的关系类型。

同时，人是社会性动物，也有采取共同的行为方式的心理趋向。采取共同的行为方式使得行为的意图更加容易被理解，从而使交往更加方便快捷，也使个体更容易获得他人的认同。当出现纠纷的时候，是非对错也更容易得到评判。人的这种社会化趋向促进了共同习惯或风俗的形成，人与人之间的相互关系由此也常常表现为各种相对固定的关系形式。

2. 历史文化因素

由于历史文化和风俗传统的不同，不同民族和国家对于同样类型的关系可能会形成不同的内容设定。比如，古罗马早期的买卖关系有着复杂而烦琐的仪式，而这种仪式在其他国家的法律文化中并不常见。又如，某些国家承认同性之间可以建立婚姻关系，而当前大多数国家尚未对同性婚姻在立法上给予认同。也就是说，一个国家的风俗习惯和历史传统也会影响私人关系的内容和类型。

但是，由于同种类型的关系在不同社会条件下所承载的社会功能大致相同，而且人与人之间的交往方式也不可能存在根本性的差异，所以在不同国家和民族传统中，相同类型的关系在很大程度上也表现出共同的特征。由此我们也可以解释当前各国法律制度之间相互借鉴和相互融合的趋势。

二 交往关系的基本类型

私人之间的关系主要包括财产关系和身份关系两种类型。不管何种关系，被纳入法律规范的关系最终都形成了法定的关系形式，在此意义上，这些关系类型也可以被称为私人关系的法定类型。

（一）普通合同关系

1. 普通合同关系的适用范围

人与人之间的关系，除公法上的关系和共处关系外，都是由个体自我设定的关系，均属于关系双方基于合意而建立起来的关系，因而这些关系本质上都可以说属于合同关系。但是，具有某种身份性质的关系（如婚姻关系）由于受到法律更多干预，因而与单纯的围绕财产而建立的关系存在区别。因此，现代语境下的合同关系原则上被限定为围绕着财产的生产、流转、使用与处分而形成的关系。包含身份性质的关系，无论是否基于关系双方的合意而设立，均被从合同关系中剥离出去而作为特殊的关系类型对待。

也就是说，只要是法律没有明确规定适用特别规则的关系，均属于普通合同关系的适用范围。同时，即使是法律特别规定的关系，对于特别规定中没有涉及的事项，也均可适用合同关系的一般规则。

2. 合同的种类

相较于其他关系类型，合同关系是受法律干预最少的关系，合同关系的订立和履行主要依赖当事人自己的意思。在长期的社会实践和法律实践中，合同关系又进一步形成了内容相对固定的诸多合同类型。将这些合同类型和内容通过立法的方式固定下来，可以减少人们在合同订立过程中的很多重复工作和麻烦。不过应注意的是，《民法典》合同编的规范绝大多数属于任意性规范，当事人可以另行约定其他的处理方式。对于任意性规范，只有在当事人没有约定或约定不明确时，才有适用的前提。当事人另有约定的，应优先适用当事人约定。

我国《民法典》合同编中明确列举的合同类型有19种，分别是买卖合同，供用电、水、气、热力合同，赠与合同，借款合同，保证合同，租赁合同，融资租赁合同，保理合同，承揽合同，建设工程合同，运输合同，技术合同，保管合同，仓储合同，委托合同，物业合同，行纪合同，中介合同，合伙合同。由于这些合同都有明确的名称，故常称为有名合同，而法律上未明确列举的合同称为无名合同。无名合同与有名合同具有同

等的法律效力。

应注意的是，我国法律上的有名合同并不限于《民法典》合同编中列举的19种，除此以外，劳动法中的还有劳动合同，消费者权益保护法中的消费合同，《民法典》物权编中的抵押合同、质押合同、用益合同，商事活动中的信托合同等，都属于有名合同。只不过在这些合同中，劳动合同和消费合同涉及不平等关系的平衡，抵押合同、质押合同和用益合同涉及他项物权的优先性，具有更多的特殊性，个体在订立合同时的自主决定权也受到更多的限制。比如在与物权相关的合同中，物权的种类、内容和效力法定，不允许个体自主设定。除法律的特别规定外，这些合同均可适用《民法典》合同编的一般规则。

3. 关于准合同

在德国民法理论与体系设计上，物法与债法有明确的区分。物法规定的是人对物的权利，包括主要与物的归属相关的所有权，以及主要与物的利用相关的用益物权和担保物权；债法规定的是债权人与债务人之间的权利义务关系，从债的发生原因的角度，债分为四种，即合同之债、侵权之债、无因管理之债和不当得利之债。

我国《民法典》没有规定债法编，债法中的合同与侵权分别单独成编，债法总则的有关内容被置于合同编的合同通则之中。这样一来，债法之下的无因管理与不当得利就无处安放，为此，《民法典》在合同编中特别设了"准合同"分编来规定无因管理和不当得利。

从债的角度看，无因管理和不当得利都属于债的发生原因；从共存关系的角度看，法律关注的是无因管理与不当得利情形下，人与人之间应负的基本义务。同样，立足于人对物的权利，所有权、用益物权和担保物权都属于人对物的权利；立足于共存关系和交往关系，所有权是共存关系下个体应享有的基本权利，而用益物权和担保物权都是个体基于自己的意思与他人通过合同而订立的合同关系。由此我们发现，不同的视角下，对法律可以有不同的理解方式，对法律理论和法律体系也可以有不同的建构方式。

（二）与身份相关的关系

这里所说的身份不包括政治身份与社会身份，仅指私人关系中的身份，包括家庭成员身份和私人团体中的成员身份。基于这两种身份所形成的关系包括家庭关系、继承关系和成员关系。

1. 家庭关系

家庭关系又称亲属关系，包括两类关系：一是血亲关系；二是姻亲关系。血亲关系是基于血缘而形成的关系，主要包括父母子女关系、兄弟姐妹关系及其他亲属关系。血亲还包括法律拟制的血亲关系，主要指收养关系，收养关系与血缘关系中的当事人在法律上有同等的权利义务。姻亲关系是基于婚姻关系而形成的关系，主要包括夫妻关系以及在此基础上形成的其他姻亲关系，如婆媳关系、女婿与岳父岳母之间的关系等。

家庭关系与人的生物学特征相关，因受人的生物学局限，血缘关系的建立从形式上看并不是关系双方协商一致的结果。但血缘关系源于两性关系与生育行为，从根本上说，关系的生成仍然取决于个人的意志。还应注意的是，家庭承担了很多社会功能，这并不是家庭关系本来就有的内容。有些内容不能体现个体的意志，反映的是国家与家庭对社会义务的分担机制。

2. 继承关系

继承关系形式上同样不是关系双方共同设定的结果，遗嘱继承仅体现遗嘱人的意志，法定继承则取决于法律的预设。无论法定继承还是遗嘱继承，解决的都是个体死后的财产处置问题。由于是对被继承人财产的处置，所以如何处置原则上应尊重被继承人的意志，从某种意义上说，法定继承也可以被视为对被继承人意思的推定。当然，继承关系同样承载着某种特定的社会功能，因而个体的意思同样也可能受到一些限制，如继承法常常要求遗嘱必须为某些特定人留有一定的遗产份额。

尽管继承在形式上表现为被继承人单方的意思表示，但被继承人单方表示并不当然发生继承的法律效果，继承人也有放弃的权利，只有当继承人不表示反对时，继承关系才真正成立。

3. 成员关系

成员关系指社团组织内部各成员之间的关系，以及成员与社团组织之间的关系。成员关系是一种广泛存在的关系，如公司中的股东关系、住宅小区业主之间的关系、协会组织内部会员之间的关系，以及我国农村集体经济组织中的社员关系等。成员关系发起人发起设立社团，以及后来者进入社团成为其中的一员，都是由个体自主决定的，本人由此获得成员身份，进入成员关系。在此意义上，成员关系也是一种与身份相关的关系。

传统民法理论中很少专门讨论成员关系，我国《民法典》同样没有专门规定成员关系。不同的成员关系通常是在相应的单行法中分别予以规范的，如《中华人民共和国公司法》对股东关系的规定，《民法典》物权编对业主关系的规定，《中华人民共和国村民委员会组织法》对农村社员关系的规定等。

（三）与经营活动相关的关系

私法领域有民法与商法之分，民法所调整的关系主要与普通人的日常生活相关，商法所调整的关系则主要是商业经营活动中所形成的关系。对于民法与商法的立法体例，有些国家采取民商分离的立法模式，在民法典之外另行制定独立的商法典；有的国家采取民商合一的立法体例，只制定民法典，不单独制定商法典。但由于商法内容非常庞杂，民法典中无法容纳全部的商法内容，所以即使采用民商合一立法模式的国家，商法也很少规定于民法典中，而是大多以单行商事法形式出现。对于单行商事法中没有规定的事项，可以援引民法典中的规定。

1. 商事关系

商事关系是在商业经营活动中形成的关系，这些关系大多与专业的经营活动相关，是在长期的商业活动中基于商事行为而形成的关系。目前，常见的商事关系主要有因票据行为而形成的票据关系、因信托行为而形成的信托关系、因证券的发行与上市交易等行为形成的证券关系、因商业保险行为形成的保险关系等。在我国，破产法、海商法、银行结算规则等也被普遍认为属于商法的范畴，由此形成的法律关系也属于商事关系。

与民事关系一样，商事关系同样也是由当事人依自己的意志自主决定的关系。但是，商事活动更强调方便快捷与交易效率，因而商事关系中所采用的交易方式、交易程序以及交易过程中的权利与义务等都是相对固定的，都是在长期的商事活动中形成的固定模式。立法机关对这些商事规则进行整理和完善，从而形成专门的商事法律规范。

2. 竞争关系

严格说来，竞争关系不属于交往关系，而是商业活动中的共存关系。但由于这种共存关系不是单纯的主体共存关系，而是以主体从事市场经营活动为前提，并且这种市经营活动并不是每一个主体都普遍面对的问题，而是本人自主决定并选择的结果，所以将竞争关系放在交往关系中进行讨论。

竞争关系是每一个经营者都必须面对的关系，无论是否愿意，每个经营者都共存于统一的市场体系内，不可改变，也不可回避。为维护一个公平的市场竞争秩序，需要确定每一个经营者的基本权利，并明确每一个经营者须履行的最低限度的普遍性义务。

对于竞争关系，法学界并未将其视为私法关系，认为对竞争关系的规范体现的是国家对市场行为的监管，因而将其归于经济法的范畴。但是，立足于共存关系的角度，关注的是公平竞争所依赖的基本条件，也许比立足于监管更有助于触及竞争关系的本质。而且，民事主体的共存关系与商主体的共存关系本质上并没有区别，但我们将人的共存关系归于私法的范畴，并不将其视为国家对个体行为的监管。基于同样的思维方式，将竞争关系归于私法关系并不存在逻辑上的障碍。

3. 不对等关系

私法调整的是平等主体之间的关系，是个体意志自主设定的关系，但是由于各种外在因素的影响，个体的决定常常并不能真实地反映自己的意志，从而造成了一种"事实上的不平等"，对于这种关系，可称之为"不对等关系"，主要包括劳动关系和消费关系。

不对等一般指关系双方相对意义上的地位不对等或信息不对等，表现为弱势一方不能真实地表达自己的意愿，从而在相互关系中常常被迫接受对方提出的对自己不公平的条款。但是，并不是所有不能真实表达意志的情况都属于"不对等关系"，只有在这种"不对等"被固化为较为稳定的群体或阶层时，才有法律特别关注的必要。对于其他未被固化为特定社会群体之间的关系，只存在于个体之间而影响意志真实表达的，仍归属于一般的意思表示不真实的范畴。

严格来说，不对等关系似乎并不是当事人自主设定的，因为没有任何人意欲建立任何形式的不对等关系，不对等的形成是外在因素影响的结果。但是，这种不对等关系的基础关系（如消费关系和劳动关系）却是本人自主设定的，外在的因素并没有从根本上影响这种关系的基本性质，它所影响的只是个体意志行使的方式，并进一步形成了相对意义上的不对等身份。之所以将这种关系单独与其他关系区分，是因为关系上的不对等使弱势一方在关系内容设定上无法充分表达自己的意志，需要采取特殊的规范手段，从而消除或至少是弱化外在环境的影响，使关系的设立能够真正体现当事人的意志。

两种主要的不对等关系中，劳动关系上的不对等主要是双方实际地位上的不对等，而消费关系上的不对等主要是信息能力上的不对等。因为地位和信息能力的不对等，使得劳动者和消费者常常不得不接受不公平的劳动条件或交易条件，因而需要通过法律来对用人单位和经营者进行适当的限制，或增加劳动者或消费者一方相应的对抗性权利来消解双方"事实上的不平等"。

当前，很多学者认为，由于劳动关系和消费关系中的"事实上的不平等"，它们与平等主体的私法关系已有很大的不同。基于这种认识，劳动关系逐渐从私法中分离出来，无论是民法典还是私法教科书，都不再保留劳动关系和消费关系的内容。但对两种关系的定性并未形成共识，有人将之归于经济法范畴，有人将之归于社会法范畴，还有人认为劳动法已发展成为一个独立的法律部门。本书认为，这两种关系都是私主体之间基于自己的意志而建立的关系，从根本上说仍应当归于私法的范畴。至于关系一方不能真实表达自己意志的问题，立足于经济法或社会法的角度所秉持的仍是一种监管思路。其实，对于关系的不对等问题，完全可以通过权利义务的预设来平衡双方关系，弥补弱势一方意志自主性之不足，这是一种私法的调整思路。

三 交往关系的法律规制方式

私人关系不是由法律设定的关系，它本身就是活生生的现实生活，有没有法律规范，它都有自身应该有的样子，有自身的生活逻辑。法律规范当然会影响私人关系的内容和形式，但不能脱离生活本身，否则就可能会制造出一个规则越来越多但秩序越来越少的世界。也就是说，私法规范应遵循私人关系自身的生活逻辑，在此基础上，私法形成了自身较为独特的规范方式。

（一）法律对交往关系内容的确认

既然私人关系有其自身的生活逻辑，法律的目的并不是创造新的生活逻辑，而是发现并确认已经存在的生活逻辑，即通过法律规范的形式确认现实的生活关系。这样的法律规范，与其说是法律规定人的行为方式，不如说是法律对已经形成的人的行为方式的认可；与其说是法律对现实生活关系的规范，不如说是对现实生活关系的描述。在此意义上，这类法律规范可被称为描述性规范。

描述性规范在私法领域最为普遍，所有私人关系的法律规范都毫不例外地存在描述性内容。比如《民法典》对买卖关系的描述：买卖合同是出卖人转移标的物的所有权

于买受人，买受人支付价款的合同。买卖合同的内容一般包括标的物的名称、数量、质量、价款、履行期限、履行地点和方式、包装方式、检验标准和方法、结算方式、合同使用的文字及其效力等条款。对于这类条款，法律并没有为社会生活关系创设新的内容，均不过是对现实存在的生活关系的描述。不仅买卖合同，对于任何其他合同类型以及任何其他私人关系（包括各种商事关系和身份关系）的法律规范，都必然存在大量的描述性规范。

通过描述性规范，私人间的社会生活关系获得了国家制定法的认可，并可得到制定法的保护。对于这类规范，由于都是在长期的共同生活中逐渐形成的，人们一般并不会改变其内容，因为一旦改变了法律条款所描述的内容，便没有了这样的关系。

（二）法律对关系内容的预设

法律需要对现实的生活关系进行确认，但同时也需要对个体行为和私人关系进行一定的限制与引导，从而确保能够促进私人关系所承载的社会功能的实现。法律对个体行为和私人关系进行限制和引导最常见的方式是通过法律预设私人关系中具体的权利和义务，不允许个体以协议的方式排除和改变。由于这种预设的权利与义务不允许个体随意改变，所以人们常称之为法定权利和法定义务。比如亲子关系中，父母对无民事行为能力的子女有抚养义务，而子女对父母有赡养义务，这种义务是关系当事人必须履行的法定义务，不允许当事人以合同的方式免除和改变。又如婚姻关系中，法律规定夫妻之间负有在生活上互相照顾的义务，当事人擅自约定免除上述义务的，约定同样无效。

法律对普通的合同关系一般很少预设权利和义务，法律的预设主要针对的是身份关系和成员关系。对于身份关系和成员关系，尽管现代法律制度赋予了当事人越来越多的自主权，但由于这两种关系承载着比普通合同关系更多的社会功能，故仍有很多权利和义务不允许个体随意改变。否则，关系所承载的社会功能就会受到影响。另外，对于不对等关系，法律常常通过限制用人单位和经营者的权利或增加其义务的方式来平衡其与劳动者和消费者之间的关系。这种情况同样也可视为法律的预设。

对于权利义务进行预设的规范，一般将之纳入强制性规范的范畴，但是这种强制性是相对的，如果当事人不同意法律的预设，完全可以选择不进入这种关系类型，从而使法律的强制性功能失效或弱化。比如婚姻关系，很多年轻人选择不进入婚姻的殿堂，而是自主结成一种非婚同居关系，在这种情况下，婚姻关系的法律预设便不再有效。在此意义上，将这种规范称为预设性规范，也许更为恰当。

（三）法律对个体意思的补充

前文已经提及，一切私人交往关系从根本上说都具有合同的性质，只要没有法律的特别规定，私人交往关系的订立、履行、变更、解除和消灭等均取决于本人的意志。但是对于大多数人而言，在确立关系时，他们并不一定能充分考虑到合同履行或关系维持过程中可能出现的问题，当然也不会约定问题出现时的解决方式。在这种情况下，需要法律针对不同的关系，预测其在履行或维持过程中可能出现的问题并明确相应的解决方式，从而弥补当事人个体意思表示之不足。由于这种规范只是在当事人没有明确约定或约定不明时才适用的规范，当事人可以通过自己的约定来排除其适用或进行调整，因而这种规范被称为任意性规范。

私法中很多规范都属于任意性规范，这类规范常常有"当事人另有约定的除外"或"除当事人另有约定外"之类的字样。比如，《民法典》第483条规定，承诺生效时合同成立，但是当事人另有约定的除外。也就是说，如果当事人没有特别约定，则合同自承诺生效时成立；但当事人也可以约定合同自签字盖章时、公证之日或满足其他条件时成立。又如，《民法典》第502条规定，依法成立的合同，自成立时生效，但当事人另有约定的除外。

但是，并不是只有存在上述明确提示的规范才属于任意性规范，任意性规范并不一定都有相应的提示。比如有些描述性规范，描述了人们在日常生活中最为常见的行为方式，没有特殊需要，当事人一般不会作出另外的约定。但如果当事人作出另外的约定，这样的约定仍然有效，在此意义上，这样的条款同样具有任意性性质。比如，《民法典》526条规定：当事人互负债务，有先后履行顺序，应当先履行债务一方未履行的，后履行一方有权拒绝其履行请求。先履行一方履行债务不符合约定的，后履行一方有权拒绝其相应的履行请求。该条规定的是先履行抗辩权，法律并没有强制规定先履行抗辩权不得放弃，当事人放弃抗辩的，法律并不限制。在这种情况下，任意性规范虽然也是"任意"的，但实际上常常是在描述私人关系的标准形式，与描述性规范在功能和作用上并没有严格的区分。

第三节 交往关系中的权利与义务

任何关系都是由特定的权利和义务组成的关系，所谓关系内容，指的也是关系中的权利和义务。与主体性权利和普遍性义务相比，私人交往关系中的权利和义务在性质、内容、权利行使与义务履行等方面均有非常大的区别，应严格进行区分。

一 交往关系中的权利：构成性权利

交往关系是个体依据自己的意思自主设定的关系，但是人不能为自己设定权利，自我设定的权利对他人没有任何约束力。在主体性权利的意义上，个体也不得享有对他人的权利，因为这等于将他人视为权利的客体，这不符合主体性存在的要求。但是，在交往关系中，权利似乎都是针对他人的权利，比如履行请求权、赔偿请求权等各种请求权，又如婚姻关系中的配偶权、亲子关系中的抚养权等，似乎都是针对他人的权利。这些权利与主体性权利有何不同？我们该如何认识这些权利呢？

（一）交往关系与构成性权利

前文提到，个体不能自我设定权利，但个体可以让渡某些权利，如财产性权利原则上均可让渡。但让渡的权利是本人原有的权利，而不是创设的新权利。个体可以自我设定对他人的义务，私人之间的交往关系本质上就是关系当事人对自我设定的义务的交换，这种自我设定的义务对于关系的相对方而言，可不可以视为本人赋予对方的一种权利呢？

对这一问题的回答取决于我们如何定义权利。立足于主体性权利的角度，如果我们将权利定义为对自己主体领域排他性的独立支配，则作为主体的人不得成为他人意志支配的对象。也就是说，人不能成为权利的客体，一个人不能享有针对他人的权利。但是，人们对权利概念的使用已远远超出了上述定义。在人与人相互关系的意义上，权利的概念被广泛使用。如亲子关系中的亲权、婚姻关系中的配偶权、票据关系中的求索权，又如请求权、抗辩权、代位权、撤销权等，都是针对他人的权利。可以说，交往关系中，权利的概念是被广泛使用的。那么，关系领域中所使用的权利概念，与主体领域语境下的权利概念有何不同？有没有必要进行区分呢？

为回答上述问题，我们以前文已经提到的《民法典》第526条中的先履行抗辩权为例，考察一下关系领域中权利的概念是如何使用的。所谓先履行抗辩权，是指负有先履行义务的一方未履行义务或履行不符合约定时，负有后履行义务的一方有权拒绝履行义务。这一权利是负有后履行义务的当事人对负有先履行义务的当事人的权利，但是，这一权利既没有划定本人自主领域的范围，也没有确定对方行为的边界，它所表达的不过是一种规则，一种特定情况下应如何处理的行为规则或法律规则。

又如合同关系中最常见的履行请求权，这种权利是在合同一方没有按照约定履行义务的情况下，另一方所享有的请求对方依照约定履行义务的权利。这种权利虽然是一种针对他人的权利，但它既不构成对对方的行为强制，也不是权利人对履行行为的排他性支配，最多只不过是对他人提出的一种催促和要求。关于请求权行使的条件、行使的方式以及所产生的法律效果等，同样不过是合同履行问题的法律规则。

由此可以看出，无论是先履行抗辩权，还是履行请求权，这些权利概念的使用不过是法律规则的表达，是规则通过权利概念的一种表达方式。它的存在只是构成关系制度规则的组成部分，离开了其所依赖的关系，便不再有这种权利。在此意义上，这些权利均具有构成性特征，可以称其为构成性权利。由于构成性权利构成了关系规则的一部分，构成性权利只能在特定的关系中，针对特定的当事人并依照特定的关系规则来主张，而不能脱离关系向关系之外的人提出主张。

（二）构成性权利与主体性权利

构成性权利与主体性权利是并列关系，在私法领域内，主体性权利之外的一切权利基本上均可归于构成性权利的范畴。这两种权利，一种表达的是个体作为主体存在的条件，另一种表达的是特定私人交往关系中的规则；一种是可针对一切人的排他性的权利，另一种是只能针对特定关系当事人的特定的权利；一种先在于法律规则而独立存在，另一种依赖于法律规则，是规则的权利表达。

还应注意的是，当构成性权利与主体性权利存在冲突的时候，应优先保护主体性权利，构成性权利的行使在任何情况下都不能以侵害主体性权利为代价。在此意义上，主体性权利属于第一位阶的权利，构成性权利属于第二位阶的权利。

总之，两种权利无论在性质上还是在内容上都存在很大的不同，因而在私法规范意义和适用上，也断不应将两种不同性质的权利混淆，而是应当采取不同的规范方式和理解适用方式。然而在司法实务中，二者常常并没有得到明确的区分，从而导致法律适用上的混乱。如近年来频频出现的亲吻权、性生活权等所谓"新型权利"，无论在私法理论上还是司法实务中，均认识不一，莫衷一是。事实上，所谓的亲吻权和性生活权都不过是配偶关系上的内容，是基于婚姻制度而生成的权利，因而属于构成性权利。这种权利仅仅是针对配偶双方的规则表达，并不涉及任何第三方，该权利也不具有任何针对第三方的延伸性。当前司法实务中对所谓性生活权的保护，在某种意义上等于赋予了配偶对"侵权者"的损害赔偿请求权，这意味着赋予了配偶权的对世效力，显然有违构成性权利的内在要求，如不及时澄清，势必会导致权利的进一步泛化和法律适用上的混乱。

"性福权"案

2012年11月2日上午8点48分许，郑某沿新北区河海路惠山路路口人行横道通行时，一辆大车左转弯驶来，车速较快，将他撞伤。郑某受伤较重，先后辗转多家医院治疗，住院254天，用去医疗费36万余元。经交警部门认定，车辆所在单位负事故全责。

郑某除多处骨折外，会阴、尿道、肛门均撕裂或断裂，大小便失禁。2014年，经南京医科大学司法鉴定所、南京金陵中西医结合医院司法鉴定所鉴定，郑某构成五个十级伤残。更要命的是，郑某被明确鉴定为"阴茎勃起功能障碍"，构成八级伤残，性功能严重受损。

此后，郑某将车辆所在单位及保险公司诉至新北法院，获赔82万余元。但其妻蒋某认为，这些钱仅仅赔偿了丈夫身体受伤导致的损失，而自己因这场车祸所受的痛苦才刚刚开始：她和丈夫都才30多岁，因为丈夫阴茎勃起功能障碍，夫妻生活受到极大影响，身心遭受极大痛苦。为了讨要"性福权"，今年1月，蒋某诉至新北法院，要求车辆所在单位赔偿精神损害抚慰金30万元。

对此，车辆所在单位表示，蒋某的诉请没有法律依据，而且计算金额太高。在郑某的交通事故案件中，法院已经酌情提高了赔偿金，应驳回起诉。

法院审理认为，夫妻性生活权利是公民健康权的一个方面。蒋某作为已婚妇女，其与丈夫正常的性行为是其应有的权利，且该权利属于人格权的范畴。蒋某丈夫因交通事故导致性功能障碍八级伤残，必然导致作为配偶的蒋某性利益受到侵害。她的此项权利受损，应属于2001年《最高人民法院关于确定民事侵权精神损害赔偿责任若干问题的解释》第八条①规定的"严重后果"，因此，她要求被告支付精神损害赔偿金的请求，理由正当，证据充分，应当支持。

因郑某性功能障碍伤残等级为八级，综合交通事故责任认定及郑某在交通事故纠纷中所获得的赔偿金额，蒋某起诉要求被告支付30万元精神损害赔偿金的请求显然高出了合理的赔偿范围。为此，法院最终判决被告赔偿1.5万元。

（三）构成性权利的主要类型

由于构成性权利依赖于特定的关系而存在，是关系规则的权利表达，所以最为基础的分类是按照关系类型来分类：合同关系与成员关系中的构成性权利分别为合同权和成员权；家庭关系和继承关系中的构成性权利为亲属权和继承权；不对等关系主要是劳动关系与消费关系，因此有劳动者权利和消费者权利。这些权利又可以进一步划分，从而形成不同关系类型下的权利体系。

权利理论中另一种常见的分类方式是按照权利的功能进行分类，由此可以将权利分为支配权、形成权、请求权和抗辩权。支配权属于主体性权利，属于个体意志作用于物（即"我的"领域）的范畴，属于主体性权利的一项权能，一般并不将之列入构成性权利的范畴。此外，还有一种特殊功能的权利类型，即优先权，由于这种权利常常也是基于制度的构建而存在的，因而可以归入构成性权利的范畴。

1. 形成权

形成权是指关系一方仅凭自己的意志而不必经对方的同意即可成立并发生某种法律效果的权利。形成权无须经对方同意即可行使，从而具有某种"特权"性质。这种特权一般必须在法律有明确规定或当事人事先有约定的情况下才可以行使，比如合同的单方解除权，根据《民法典》规定，当合同一方因违约导致对方订立合同的目的无法实现

---

① 该司法解释于2020年修正，修正后的解释共六条。

时，构成根本违约，对方有权单方解除合同，这种情形下的单方解除权就是一种形成权。当事人在合同中也可以约定合同解除条件，当解除条件成就时，一方单方解除合同的权利也是形成权，是基于约定而产生的形成权。

从分类上，形成权主要包括撤销权、解除权、追认权、抵销权等。

2. 请求权

从本质上说，任何请求权都不是独立存在的，总是以关系相对人负有某种义务为前提。没有关系相对人，请求权便没有明确的请求对象，没有关系相对人义务的存在，请求权便没有根据。在此意义上，请求权主要指的是物上请求权和义务履行请求权。物上请求权是当物权受到他人侵犯时所享有的权利，其对应的主要是违反注意义务而产生的派生义务，主要包括返还请求权、排除妨碍请求权、停止侵害请求权等；义务履行请求权主要指积极义务的履行请求权，合同关系中的请求权基本上都属于这一类。除义务履行请求权外，当权益受到侵害造成难以弥补的损失时，受害人还享有损害赔偿请求权。

3. 抗辩权

抗辩权是指旨在不履行义务而行使，主要针对请求权的阻却性权利。立足于义务履行的角度，抗辩权包括两类：一类是义务不存在的抗辩，如承诺表示不成立、不生效，或已被撤销；另一类是阻却义务履行的抗辩，如同时履行抗辩、不安抗辩以及基于时效而产生的抗辩等。阻却义务履行的抗辩权一般由法律规定权利的行使条件，但当事人也可以自主设定履行的条件，如附履行期限或履行条件的合同即属此类，当未届履行期或所附条件不成就时，当事人可以行使抗辩权阻却履行。

4. 优先权

形成权、请求权和抗辩权既可源于法律规则的规定，也可源于当事人自己的约定，但优先权必须源于法定，不能由当事人自行约定。这是因为优先权之所谓的优先，一般是针对合同关系以外的第三人的优先，但双方未经第三方同意，不得自行设立优先于第三人的权利。因此，优先权问题突破了关系双方的范围，不属于关系当事人自主决定的问题。故优先权应由法律规定，不能由当事人自行约定。

目前，我国法律规定的优先权主要有两类：一类是优先受偿权，如抵押权人对抵押物的优先受偿权、质押权人对质押物的优先受偿权、留置权人对留置物的优先受偿权，以及建设工程施工方对建设工程的优先权等；另一类是优先购买权，主要有共有人对共有物的优先购买权、承租人对租赁物的优先购买权等。

二 交往关系中的义务：设定性义务

（一）交往关系与设定性义务

1. 交往关系中的义务设定

私人之间的交往目的在于合作或交换，从而完成单纯依靠自己无法完成的目标。比如：以合作为基础的交往关系，一般是通过合作来完成一项单纯依靠自己无法完成的共同目标；以交换为基础的交往，则是通过交换分别实现各自不同的目标。但是，无论合作还是交换，都是以义务为核心的，合作关系是基于义务而形成的合作，交换关系也是义务的交换。比如，股东关系属于一种合作关系，各股东为了共同的经营目标，应各自履行各自的义务；又如，买卖关系属于一种交换关系，买方的义务是付款，卖方的义务是交货，双方通过各自义务的履行，共同完成一项交易。

尚未得到履行的以财产给付为内容的义务在民法理论上称为债，财产关系领域因此也属于债的关系领域。主体领域在民法理论上分为人格权领域和物权领域。在主体领域，主体性权利是核心概念，普遍性义务的确定是为主体性权利服务的，目的是维护主体性权利的并存。在关系领域，义务是核心概念，构成性权利的目的在于明确规则，从而促进义务的更好履行。

立足于不同的角度，关系中的义务有不同形式的分类。按照义务的来源，可分为自我设定的义务和法律预设的义务，因为是否选择进入法定的关系类型仍取决于当事人自己的意志，所以法律预设的义务也可以说是自我同意的义务；按照关系类型，可以分为合同义务、亲属义务、成员义务等；立足于义务的内容和功能，还可以分为对等给付义务、协助义务、告知义务、保障义务、注意义务等。

2.设定性义务与普遍性义务

设定性义务是依赖于具体关系而存在的义务，离开特定的关系，就不再有相应的义务；普遍性义务是任何个体在任何情况下都必须负担的义务，即使在交往关系中，也同样存在普遍性义务。也就是说，在设定性义务履行过程中，应当兼顾普遍性义务，如果造成主体性权利的侵害，同样应当承担相应的侵权责任。

因履行合同义务而导致人身损害的，民法理论上认为属于违约责任与侵权责任的竞合，遭受损害的一方既可以依违约责任请求赔偿，也可以依侵权责任请求赔偿。一般来说，对于人身损害，依侵权责任请求赔偿，对受害人更为有利。

（二）自我设定的义务

关系领域的基础是关系双方自主设定的关系，因而关系领域的义务原则上也应当由关系双方自主设定。任何人都不能为他人设定义务，因而义务不是关系当事人互相给对方设定的，只能是自己给自己设定的，或者说是自我设定的。义务的自我设定通过承诺来完成，承诺是对义务履行的承诺，并由此为他人实现某种行为预期提供了前提条件。义务不履行，相对人的预期就有可能落空，从而产生损失或者损害。因此，承诺方应当履行自己的承诺，否则就构成义务的违反，并应承担相应的责任。

义务是可以自我设定的，但并不是所有自我设定的义务都能获得法律上的履行保障。由于私人关系承载着特定的社会功能，为鼓励人们进入法律预设的关系类型，确保其所承载的社会功能的实现，针对某些特殊的关系类型，很多国家只对法律设定的义务提供法律保护，而对当事人自我设定的义务不提供保护。比如男女之间的共同生活关系，婚姻关系作为一种法定关系类型对个体没有强制效力，因为个体仍有权利选择不进入婚姻模式，而设定其他的共同生活关系类型，如同居关系。但是，为鼓励人们进入婚姻关系模式，法律对同居人在同居关系中自我设定的义务并不提供保护。也就是说，自我设定的义务在这种情况下只能依赖双方的自觉遵守，一旦一方违反义务，无法追究其违反义务的责任。

一般情况下，为确保私人关系所承载的社会功能的实现，引导个体按照法律预定的方式建立私人关系，或出于对某些特殊利益的保护，对以下自我设定的义务，法律原则上不提供保护：

（1）以人格利益为标的而设定的义务；
（2）以他人的利益或公共利益为标的而设定的义务；
（3）以排斥他人权利的行使为目的或客观上具有此效果的自设性义务；
（4）基于身份关系而设定的义务；
（5）非对待性给付义务，法律有明确规定的除外。

（三）法律预设的义务

除个体自我设定的义务外，法律还常常预设私人关系类型，并事先预设关系中各方应承担的义务。人们一般认为，法律预设的义务属法定义务，不允许个体随意改变，因而具有强制性，比如身份关系、成员关系、劳动关系和消费者关系中，许多法律预设的义务都具有强制性特征。这样的理解并无问题，但是也应注意，法律预设义务的强制性具有相对性。如果个体不愿接受法律的预设，也可以选择不进入法律预设的关系类型，转而寻求其他的替代方式，这种情况同样会影响私人关系所承载的社会功能的实现。因此，法律对义务的预设不能任性，应当符合关系背后的生活逻辑。一般来说，需要由法律预设个体义务的情形主要包括以下三种。

1. 对个体自主决定权的限制

预设个体在关系中的义务首先是为了限制个体的自主决定权，对于法律预设的义务，不允许个体随意改变。即使个体不愿意接受而选择其他关系类型，由于另外的选择一般不能获得法律的保护，也会使这种选择权受到很大的限制。何况很多情况下，除了法律预设的关系类型，个体并没有其他可替代的选择。可以说，任何义务的法律预设都不同程度地具有限制个体意志的自主性的功能和效果。

2. 对关系本身固有内容的描述

虽然在形式上表现为义务的法律预设，但法律常常依据人们最惯常、最方便的做法来设定个人义务，一般与本人的意思并不存在冲突。也就是说，法律的预设常常具有描述性特征。比如合同关系中的给付义务、家庭关系中的互助义务、成员关系中针对管理者的忠实与勤勉义务，这些义务都可以说是法律预先设定的，但同时也是当事人所普遍接受的，因为如果改变了这些义务，就不再有这样的关系。比如买卖合同中，如果没有买方的付款义务和卖方的交货义务，便不再存在买卖关系。在此意义上，所谓法律的预设，同时也是法律对现实生活的客观描述。

3. 对不平等关系的平衡

在劳动关系、消费关系和其他的"事实上不平等"关系中，法律通过预设用人单位和经营者更多的义务，从而平衡关系双方的地位，使弱势一方有更大的自主决定能力。比如上市公司的信息披露义务、劳动关系中用人单位对职工社会保险金的缴纳义务、消费关系中生产者产品信息的标注义务等，都体现出对不平等关系的平衡。

三 设定性义务的履行

任何义务都必须履行，否则要承担相应的责任。在主体领域，普遍性义务主要是消极义务，而在关系领域，设定性义务主要是积极义务。不同领域的义务履行面临着不同的问题，在法律规定上也有不同的规范要求。

（一）设定性义务履行的一般问题

无论是自我设定的义务还是法律预设的义务，关系一旦设立，当事人均应按照约定或法律规定的方式履行义务。但是，与普遍性义务和法律预设的义务不同，自我设定的义务是当事人自己设定的，由于各方面的原因，在合同订立时或者关系设立时，对于何时履行、如何履行以及义务履行过程中可能出现的问题常常未予明确，从而在义务履行过程中产生分歧。因此，需要在法律上确定当事人没有约定或约定不明时的处理规则。

一般来说，对于由个体自主设立的关系，当关系双方就义务的内容及其履行问题发生分歧时，首先应当根据约定来推定当事人的真实意思，如果从约定的内容能够合理推出当事人真实意思的，应当依据该合理推定的意思确定双方的义务及其履行方式。如果没有约定或不能从约定内容合理推定出真实意思的，则应当根据双方的交易习惯来确定义务的内容与履行方式。没有交易习惯可供参考的，应当根据法律规定来确定义务的内容及其履行方式。

私人关系中，与身份相关的关系大多是长期性的关系，只要关系不终止，则义务不消灭。而普通合同关系、消费关系和商事关系多为临时性关系，义务也常常是一次性的。对于这种临时性的关系或者说一次性的关系，义务一经履行完毕，即告消灭。

（二）给付义务履行的特殊问题

1. 给付义务的履行与物上的权利冲突

给付义务是指以交付金钱或物为履行内容的义务，如买卖合同中的付款和交货义务均属于给付义务。给付义务的履行之所以特殊，是因为它常常面临权利冲突的问题，需要解决权利冲突下物的归属。如一物二卖情况下，两个买方对同一物都享有给付请求权，由此形成权利冲突。如果保护其中一个权利，则另一个权利就可能面临难以弥补的损失。比如，在卖方不能返还价款，也无力赔偿损失的情况下，取得物的所有权的一方无疑可避免损失，那么，应当由谁取得物的所有权呢？

这种情况下，可首先考虑按照关系成立的先后顺序确定权利的保护顺序，即合同成立在先者取得物的所有权，其权利优先受到保护。但是这种方式存在不可克服的缺陷，因为关系的设立只是关系当事人之间的事务，不具有为他人所知悉的公示手段，个体在与他人建立交易关系时，无法判断此前是否存在其他已经成立的交易关系，从而也就无法避免可能存在的风险。如果本人对此进行调查，无疑会大大影响交易成本与交易效率，故这种方法不可取。

由于所有权是物权，属于主体性权利，而交易关系中的履行请求权是债权，属于设定性权利，主体性权利或物权应当优先于构成性权利或债权受保护。主体性权利都具有一定的公示手段，从而可以有效避免根据关系成立顺序来确定优先保护顺序的不足。由此，法律所采取的保护规则是：在存在物上权利冲突的情况下，已经取得物的所有权的权利人优先受到保护。

2. 权利优先的前提条件

所有权是一种优先权，是一种绝对权、对世权，它可以针对一切人。相对而言，债权是相对权，是对人权，只能针对特定的与债权人存在债权债务关系的债务人。债权之所以不能享有优先地位，除了因为主体性权利在权利性质上具有更基础的地位，还因为债权是关系当事人之间的权利，不具有对世的公示性，如果赋予其优先权，会大大影响交易成本和交易效率。所有权之所以具有优先性，除了权利性质，主要是因为所有权作为主体性权利具有公示性，能够向世人展示权利的存在，从而有效避免交易风险。

理论上讲，一切优先性权利都必须具备相应的公示手段，未公示或不能公示的权利不能取得优先地位，否则不知情的第三人无法准确判断可能存在的风险，从而不可避免地会影响交易效率和交易安全。除了主体性权利，构成性权利中也有优先权，如他项物权中的权利，包括抵押权、质押权、土地使用权、居住权等，均属优先性权利。因为这些权利均是优先性权利，故均有相应的公示手段，如抵押权、土地使用权和居住权均以登记为公示手段，质押权以占有为公示手段。又由于这些均属于优先权，故权利的类型、内容和效力均应由法律预先确认，不能由个体私自创设和改变。

3. 所有权转移的法律判断与权利冲突的解决

动产以占有为公示手段，不动产以登记为公示手段。相应地，动产所有权的转移以占有的转移即交付为标志，而不动产所有权的转移以登记变更为标志。在交易关系中，当事人通过交付占有动产或将不动产变更登记在自己名下取得所有权，同时取得优先权地位。当交易物上存在权利冲突时，取得所有权的当事人受到优先保护。

> 比如：甲将其一件文物以100万元的价格出售给乙，乙支付了价款，约定第二天交付文物。当天晚上，甲又将该文物同样以100万元的价格出售给丙，收取了丙的价款后，将该文物交付给了丙。第二天，甲到澳门赌博将200万元全部输光，回来后身无分文。

在这一案件中,由于甲没有返还文物价款的能力,乙和丙必有一方遭受损失。在这种情况下,应让谁遭受损失呢?或者说,应当优先保护谁的权益呢?由于所有权具有优先性,法律应当优先保护所有权人的权益。所以本案处理的关键就在于判断谁取得了文物的所有权。本案中,谁取得了文物的所有权呢?甲向丙完成了交付,丙取得了所有权,可以排除包括甲和乙在内的任何人的追夺。在这种情况下,乙可以向甲要求返还价款,如果甲无力返还,乙将遭受由此造成的损失。

应注意的是,对于车辆、船舶、航空器等动产而言,虽然也需要登记,但已完成交付而未登记的,如果不涉及第三方,法律也认可所有权转移的效力。但在涉及第三方利益的情况下,受让人不得以所有权人的身份对抗善意的第三人。

比如,甲将车辆出售给了乙,但未办理变更登记,后又向丙谎称租给了乙,并出售给了丙,将车辆变更过户到丙的名下。甲很快将车款挥霍殆尽,身无分文。此时,乙和丙谁取得该车辆的所有权呢?如果没有丙的存在,甲和乙之间的买卖虽然没办理变更登记,但所有权已转移,乙取得车辆的所有权。但这种所有权由于没有登记,是有瑕疵的,不能对抗不知情的善意第三人,也就是说,乙不能以取得所有权之由排斥丙。此时,丙取得车辆的所有权,有权排除乙对车辆的占有使用,要求乙交还车辆。至于乙的损失,可以向甲要求赔偿,在甲无力赔偿的情况下,乙则会面临难以挽回的损失。

(三)设定性义务的履行强制

上一讲我们讨论了普遍性义务的强制履行问题,合同履行同样也存在是否可以强制履行的问题,即当一方拒不履行合同义务的时候,法律是否可以强制其履行。在关系领域,所谓强制履行,是指强制要求义务人"继续履行",而不是以承担法律责任的方式代替履行。当然,继续履行并不意味着直接实施行为强制,但在被要求继续履行的情况下,如果本人仍不履行义务,则将面临超出原来应承担的法律责任的更为严厉的制裁。

我国《民法典》总则编规定的承担民事责任的方式中将"继续履行"列为责任承担方式之一,这意味着至少在法律上,强制履行是不被禁止的。但是,《民法典》合同编违约责任一章中对继续履行的情形进行了限制,规定:如果法律上或者事实上不能履行,或者债务的标的不适于强制履行或者履行费用过高,或者债权人在合理期限内未请求履行的,不得要求继续履行。对于无法继续履行或债权人在合理期限内未请求履行的情况,在执行过程中不至于有太多的分歧,但什么情况属于"债务标的不适于强制履行"呢?

一般来说,需要依赖本人的行为完成履行,既不能由其他方式履行,也不能由他人代为履行的,均不适于强制履行。合同的履行义务是根据当事人的意思自我设定的义务,这种义务的具体内容体现为当事人自己向对方作出的承诺。如果当事人不履行承诺而给对方造成损失,承诺人应当赔偿,自不待言。但是,合同关系毕竟是当事人自己设定的,在对方损失得到充分弥补的情况下,法律不宜对个体的选择进行太大的干预和限制。据此，与我们在上一讲中讨论的积极义务的强制履行应遵循的原则一样，除了金钱给付义务的履行、物的交付义务的履行和可以替代履行的恢复义务的履行外，其他义务均不宜强制履行。而且，这里的物的交付义务主要指种类物的交付，有些特定物与个人的经历与情感相联系，具有不可替代的精神寄托作用，这种情况下也不宜强制履行。

本讲涉及的主要法律法规

（1）《中华人民共和国民法典》（合同编）
（2）《中华人民共和国民法典》（婚姻家庭编）
（3）《中华人民共和国民法典》（继承编）
（4）《中华人民共和国劳动合同法》
（5）《中华人民共和国消费者权益保护法》
（6）《中华人民共和国公司法》

课外阅读推荐书目

（1）《无需法律的秩序》，[美]罗伯特·C.埃里克森著，中国政法大学出版社2016年版。
（2）《债法原理》（第二版），王泽鉴著，北京大学出版社2022年版。

第七讲 "人"的法律责任

在主体领域，每个人都享有最低限度的主体性权利，为确保主体性权利的共存，每个人对他人负有最低限度的普遍性义务。在关系领域，个体自我设定的义务或法律预设的义务构成了关系的基本内容。无论普遍性义务还是设定性义务，都必须得到履行，否则法律所追求的秩序就无法实现。

为确保义务的履行，需要法律的强制手段，法律强制并不是直接的行为强制，主要是责任强制，任何人不履行义务，都将承担相应的法律责任，从而迫使本人履行其应履行的义务。因此，理论上，任何义务都应当对应相应的责任条款，没有责任条款的法律好比一头猛兽"没有牙齿"，不具有强制效力。义务违反是责任承担的必要条件，任何责任都源于义务的违反，没有义务的违反，便不存在任何法律责任。

法律责任有刑事责任、行政责任和民事责任三种。其中，刑事责任是最为严厉的责任形式，主要以限制人身自由甚至剥夺生命的方式为责任承担方式；其次是行政责任，责任的承担方式主要是行政处罚；最轻的是民事责任，民事责任以弥补损害为宗旨，责任承担形式主要是损害赔偿。

第一节　法律责任概述

一　法律责任及其功能

（一）法律责任的概念

法律责任是负有义务的人因违反义务，依照法律规定应承担的后果。法律责任的承担以义务人违反义务为前提，没有义务违反即没有责任。

法律责任是依赖国家强制力来保障执行的，为防止国家公权力的滥用，法律责任必须在国家法律明文规定的情况下才可以实施。没有法律的明文授权，任何机关不得对个体行为设定法律责任。

（二）法律责任的功能

法律责任的功能主要有两种：一是惩罚功能或者制裁功能；二是预防功能。

法律责任是通过责任的承担来反向敦促义务人履行义务的一种法律强制方式。为使这种敦促具有一定的威慑力从而达到相应的效果，法律责任一般均具有一定的惩罚性。尤其是刑事责任和行政责任，主要表现为惩罚性。民事责任虽然以弥补损害为目的，但立足于责任人的角度，损害赔偿同样具有惩罚性质。可以说，任何法律责任都具有一定的惩罚性。

法律责任还具有预防功能，预防又可分为一般预防和特殊预防两种。所谓一般预防，是通过法律责任使所有人都受到威慑，从而预防违反义务的行为发生；而特殊预防是通过对违反义务的人课以责任，使其受到惩罚，从而预防其再实施违反义务的行为。其实，惩罚功能和预防功能与其说是两种功能，不如说是同一问题的两个方面。惩罚和制裁是预防的手段，而预防是惩罚和制裁的目的。但从根本上说，责任的功能不在于惩罚和制裁，而在于预防。

另外，民事责任的主要目的不在于对责任人的惩罚，而在于弥补受害人的损害，因此还具有补偿功能。

（三）责任的功能与责任能力

法律通过"事先的责任规范"来明确"事后的行为后果"即责任承担，"事先的责任规范"划定了个体行为的边界，对个体行为进行约束，从而起到预防违法犯罪的作用。但是，这种通过责任约束行为的方式能否奏效取决于一个基本的条件，即个体必须能够理解"事先的责任规范"的意义以及自己行为的性质与后果，否则，法律的约束和预防作用便不可能实现。这意味着，责任的承担须以行为人具备一定的理性能力为前提，不具有理性能力意味着其不能理解责任的意义，因而也无法有效控制自己的行为。也是在此意义上，未成年人和精神病人不能独立地为自己的行为承担责任。这种基于对法律和行为性质的理解而形成的自我约束能力，在法律上称为责任能力。一个人只有具备责任能力，才能承担相应的责任，不具有责任能力，也就无所谓责任的承担。

刑事责任能力和行政责任能力均要求行为人具有相应的辨认和控制自己行为的能力，因未成年或精神疾病不能辨认和控制自己行为的，不负刑事和行政责任。

民法上一般没有民事责任能力的概念。原则上，责任的制度意义在于预防行为人实施法律所禁止的行为，因而对于不能辨认和控制自己行为的人课以责任并无实际的意义。然而，与刑事责任和行政责任不同，民事责任主要表现为民事赔偿，其功能不仅在于预防，更重要的功能在于弥补受害人的损害。在弥补损害的意义上，法律并不强调行为人是否具有辨认和控制自己行为的能力，而更多需要考虑的是受害人的损害通过何种方式得到弥补。对于无民事行为能力人或限制民事行为能力人，是否应当承担赔偿责任，关键在于其本人是否有可用于赔偿的财产。如果本人有财产，则应从本人财产中支付赔偿费用。如果没有财产或财产不足以支付全部赔偿费用，则应当考虑监护人责任问题。

法人的民事责任能力同样与其财产状况密切相关，当法人财产不足以清偿债务时，对于不能清偿的部分，可视为丧失责任能力，故应通过破产清算终止。但非法人组织没有独立的民事责任能力，对其所负担的债务，其投资者或控制者负有连带清偿责任。因此，在我国当下的法律框架下，非法人组织不存在因不能清偿债务而破产的问题。

二 法律责任的类型

立足于责任的性质，可将责任分为民事责任、行政责任、刑事责任、国家赔偿责任和违宪责任五种基本类型。

（一）民事责任

1. 民事责任的一般分类

民事责任是指违反民法上的义务而应承担的责任。民法上的义务主要有三类：一是主体领域的普遍性义务；二是关系领域中本人自我设定的义务；三是关系领域中法律预设的义务。相应地，民事责任也可以分为三类。

（1）侵权责任。侵权责任是因违反普遍性义务造成他人主体性权利损害时所应承担的责任，我国《民法典》第七编为侵权责任编，专门规定有关侵权责任的相关问题。

（2）违约责任。违约责任是指因违反本人自我设定的义务给他人造成损失时所应承担的责任。违约责任在我国《民法典》属于一种合同责任，规定于合同编中。

（3）其他类型的责任。在家庭关系、成员关系、商事关系等私人关系中，还有一些其他类型的责任形式，如违反赡养义务而承担的责任、票据法上的责任、公司法上的股东责任等。与这些责任相关联的义务基本上都是法律预设的义务，因此，这种类型的责任均属于违反法律预设的义务而产生的责任。

2. 民事责任的承担方式

我国《民法典》列举了承担民事责任的11种具体方式，包括停止侵害，排除妨碍，消除危险，返还财产，恢复原状，修理、重作、更换，继续履行，赔偿损失，支付违约金，消除影响、恢复名誉，赔礼道歉。依据该规定，赔偿损失仅是其中一种责任承担方式。

但上述方式是否均属于"责任方式"并非没有疑问。责任源于义务的不履行，是对义务不履行所造成的后果的承担。这种"后果的承担"既可以指损害后果，也可以说是法律后果，总之是因义务不履行而造成的后果，而不是义务履行本身。比如甲向乙订购一批电子器材，后乙因公司转产不愿再履行合同。对此，乙违反义务的后果是什么呢？是乙未能履行合同本身，还是甲因未能在约定的时间收到货物所受到的损失？从责任的性质而言，这里的后果显然应指后者，即因乙不履行义务给甲造成的损害。

立足于这样的角度，上述11种承担民事责任的方式中除了赔偿损失、支付违约金和赔礼道歉，似乎均属于义务履行的内容。停止侵害指的是停止违反义务的行为，排除妨碍、消除危险、返还财产、恢复原状、修理、重作、更换、消除影响、恢复名誉都属于派生义务的内容。只有赔偿损失、支付违约金和赔礼道歉可视为对法律后果的承担，而这之中，违约金责任又属于约定责任的范畴。由此可以说，损害赔偿是民事责任承担的主要方式，甚至是赔礼道歉之外唯一的法定方式。

（二）刑事责任与行政责任

1. 刑事责任

刑事责任是最严厉的法律责任，主要适用于主观恶性较大、所导致的损害后果比较严重、通过行政责任和民事责任不足以起到预防作用的违反义务的行为，即人们常说的犯罪行为。犯罪行为所违反的义务主要是普遍性义务和法律规定的义务，关系领域中自我设定的义务的违反主要涉及民事责任，一般不会按照犯罪处理。由于刑事责任的严厉性，为防止公权力的滥用，只有在刑法明文规定构成犯罪的前提下才能追究刑事责任，而且必须经人民法院依照刑事诉讼程序判决有罪才能适用刑事责任。除人民法院外，任何机关都无权确定一个人是否应当承担刑事责任。

关于刑事责任的承担方式，将在本书第十二讲中专门讨论。

2. 行政责任

行政责任主要是违反行政法或行政法规，或违反行政管理机关的行政决定和命令的行为而产生的责任，即人们常说的"违法"行为所产生的责任。违法行为同样是违反义务的行为，主要是违反普遍性义务和法律规定的义务的行为，尤其是违反行政法律法规中所规定的义务的行为。违法行为与犯罪行为相比，行为人的主观恶性相对较小，所造成的损害后果较轻，适用行政责任一般情况下足以起到预防作用，因而没有必要动用刑罚手段。

承担行政责任的方式主要是接受行政处罚，行政处罚的方式主要有警告、罚款、没收违法所得和非法财物、责令停产停业、暂扣或者吊销许可证或执照和行政拘留。行政拘留是一种限制人身自由的处罚措施，行政拘留的期限最高不超过15天。

（三）其他类型的法律责任

1. 国家赔偿责任

国家赔偿责任是国家机关及其工作人员在执行职务时因侵犯民事主体合法权益而承担的赔偿责任。国家机关工作人员在执行职务时致人损害的，由于该行为是职务行为，本人不承担赔偿责任，只承担相应的行政责任，承担责任的主体应为国家机关。

国家赔偿责任包括行政赔偿和刑事赔偿两种类型。其中：行政赔偿是指行政机关及其工作人员在行使行政职权时因侵权而承担的赔偿责任；刑事赔偿是指行使侦查、检察、审判职权的机关以及看守所、监狱管理机关及其工作人员在行使职权时，因存在错误采取强制措施、错误追究刑事责任或其他侵犯人身财产权益的行为，从而应承担的赔偿责任。

2. 违宪责任

违宪责任是一种特殊的法律责任，是指国家机关及其工作人员、各政党、社会团体、企事业单位和公民的言论或行为违背宪法的原则、精神和具体内容而承担的法律责任。违宪通常是指有关国家机关制定的法律、法规和规章，以及国家机关、社会组织或公民的某种行为与宪法的规定相抵触。违宪责任的特殊性主要表现在它是一种政治上、领导上的责任。

是否构成违宪，需要由违宪审查机关进行审查认定。当前，违宪审查机关的设置方式主要有三种模式：一是由普通法院负责违宪审查，如美国；二是由专门的宪法法院或宪法委员会负责违宪审查，如德国和法国；三是由代表机关负责违宪审查，如我国由全国人民代表大会及其常务委员会负责违宪审查。

三 责任的竞合

责任竞合是指同一行为同时符合多种法律责任的构成要件的现象。对于责任竞合，不同情况下有不同的处理规则。

（一）不同性质的法律责任的竞合

不同性质的法律责任的竞合主要是刑事责任、行政责任和民事责任的竞合，这种情形下责任竞合的处理一般应遵循以下三个规则。

1. 同质罚相折抵

此种情形主要是行政责任和刑事责任竞合的情形。行政责任和刑事责任都属于对国家的责任，即以国家的名义对犯罪和违法行为进行的处罚。当两种处罚属于同一类型时，如果在追究刑事责任前已经给予行政处罚，在追究刑事责任时，已接受的行政处罚应当与同一类型的刑罚相折抵。如违法行为同时构成犯罪，法院判处拘役或者有期徒刑时，行政机关已经给予当事人行政拘留的，应当依法折抵相应刑期。法院判处罚金时，行政机关已经给予当事人罚款的，应当折抵相应罚金。如果在追究刑事责任时，未进行行政处罚，则不再实施与刑事责任同种类型的处罚。

民事赔偿是对受害人的责任，与行政责任和刑事责任并非同一性质的法律责任，因此，民事赔偿与罚款和罚金不存在折抵问题。

2. 不同质罚各自适用

对于应当追究刑事责任的行为，如果还应当追究其他类型的行政责任的，另外追究行政责任。这里所说的其他类型的行政责任，主要指与刑罚中自由刑与罚金刑不同质的行政责任类型，如责令停产停业、吊销许可证、吊销执照等。由于这些行政处罚措施与刑罚并不具有同质性，故可以继续适用。但已经处以自由刑和罚金刑的，则不得再给予行政拘留和罚款的行政处罚。

3. 民事赔偿优先支付

行政罚款和罚金均属于针对国家的责任，民事赔偿属于针对受害人的责任，故并不存在竞合问题。但是，责任人承担责任的能力有限，如果责任人的财产不足以全部支付上述款项，或者刑事责任或行政责任涉及没收财产，因而与民事赔偿责任的承担存在冲突，应当确定责任承担的顺位。

就此问题，我国《刑法》第36条规定：由于犯罪行为而使被害人遭受经济损失的，对犯罪分子除依法给予刑事处罚外，并应根据情况判处赔偿经济损失。承担民事赔偿责任的犯罪分子，同时被判处罚金，其财产不足以全部支付的，或者被判处没收财产的，应当先承担对被害人的民事赔偿责任。《民法典》第187条也规定，民事主体因同一行为应当承担民事责任、行政责任和刑事责任的，承担行政责任或者刑事责任不影响承担民事责任；民事主体的财产不足以支付的，优先用于承担民事责任。

（二）同一性质的法律责任的竞合

同一性质的法律责任的竞合包括三种情况：一是刑事责任的竞合，又称犯罪竞合；二是行政责任的竞合；三是民事责任的竞合，主要指的是侵权责任与违约责任的竞合。

1. 犯罪竞合

犯罪竞合指的是一个犯罪行为同时构成两种犯罪的构成要件的现象。如张三出于贪财的目的，偷割正在使用中的通信电缆。该行为虽然只有一个犯罪行为和犯罪故意，但该行为既符合盗窃罪的构成要件，同时也符合破坏公用电信设施罪的构成要件。这种情况下，采用从一重罪处断原则，即依照处刑较重的罪名定性，并据此确定刑罚。

2. 行政责任的竞合

同一违法行为有可能会同时触犯不同的行政法规，受不同的行政机关管辖，从而产

生责任的竞合。对于行政责任领域的竞合的处理，学理上有"一事不再罚"的原则，即对于同一个违法行为，不得给予两次或者两次以上同一种类的行政处罚。一事不再罚作为行政处罚的原则，目的在于防止重复处罚，保护行政相对人的合法权益。

3.违约责任与侵权责任的竞合

在合同关系领域，一方当事人履行合同不符合约定的，应承担违约责任。如果因违约同时造成对方主体性权利损害的，则同时构成侵权，由此形成违约责任与侵权责任的竞合。对于两种责任的竞合，《民法典》采取的处理原则是：受害人有权选择请求对方承担违约责任或者侵权责任，受害人选择其中一种请求权的，丧失另一种请求权。

第二节　民事责任的构成与承担

一　民事责任的构成

（一）关于归责原则

所谓归责原则，是指确定民事责任的根据或者准则。在侵权法理论上，侵权责任的承担不是因为行为人的行为造成了损害，而是行为人主观上有过错。立足于过错，针对不同情况，侵权法理论确定了侵权责任的三种归责原则，即过错责任原则、过错推定原则和无过错责任原则。在本书第五讲中，我们从注意义务的角度，将注意义务分为普通注意义务、特别注意义务和高度注意义务，分别对应过错责任原则、过错推定原则和无过错责任原则，对其含义及适用范围已经进行了讨论，故在此不再重复。

对于违约责任的认定，一般来说无须考虑义务人是否有过错，也无须讨论注意义务的问题，只要因义务违反造成损害，除非有不可抗力或其他法律规定的免责事由，均不免除责任。在此意义上，人们常把违约责任也视为一种无过错责任。对于因违反法律预设的其他义务而导致的责任，应根据法律的具体规定而定，涉及的问题比较琐碎复杂，在此不再一一讨论。

（二）责任构成的要件

传统民法理论认为民事责任的构成需要具备四个要件，即行为的违法性、主观过错、损害以及行为与损害之间的因果关系。但是过错一般不适用于违约责任，侵权责任中的无过错责任同样也不以过错为构成要件。此外，对违法性要件，学界也有不同观点，很多侵权行为，比如未超标的排污行为和高度危险作业行为，本身很难说具有违法性。因此，这里对民事责任的构成要件的讨论不采用当前已成为法学界通说的四要件理论，而以义务违反代替行为的违法性和主观过错。义务违反不仅在概念上更为准确，而且可以统一适用于侵权责任与合同责任。这样，不管是侵权责任还是违约责任，民事责任的构成都可以归纳为三个要件，即义务违反、损害，以及义务违反与损害之间的因果关系。

1. 义务违反

义务违反是指违反本人所负担的义务的行为。按履行方式分，包括没有履行、没有完全履行或没有按照适当的方式履行三种情形；按义务的种类分，包括对普遍性义务的违反、对自我设定义务的违反和对法律预设义务的违反三种情形，也可以分为对消极义务的违反和对积极义务的违反两种情形。

对于消极义务中注意义务的违反，需要考虑注意义务的注意标准；对于积极义务，需要根据义务设定时的具体要求来确定履行要求，或根据义务本身的性质和特点来确定履行要求，并在此基础上判断是否构成义务违反。对此问题，前文已经进行了讨论，在此不再赘述。

义务违反是责任构成的前提要件，没有义务的违反便没有责任。

2. 损害

刑事责任与行政责任的构成不仅要看行为所造成的损害后果，还要关注行为的性质。对于性质恶劣、具有一定社会危害性的行为，即使尚未造成损害后果，仍可追究其刑事责任或行政责任。但民事责任的主要功能在于补偿损失，没有损害便无所谓补偿，也就无所谓责任。

同时，损害还决定着责任的范围和大小，并不取决于责任人的主观恶意程度或行为的恶劣程度。理论上说，一个并不具有恶意的疏忽与一个处心积虑的伤害相比，如果前者所导致的实际损失大于后者所造成的损失，则前者无疑也将承担更大的责任。也可以说，在私法领域，在不考虑混合过错或共同过错的情况下，责任的大小是由损害的大小决定的。

立足于不同的角度，可以对损害进行不同的分类。按损害的对象不同，损害一般可分为人身损害和财产损害。按是否可通过金钱来计量，损害可分为财产性损害和精神损害。精神损害也不是完全不可通过金钱来体现，大多数情况下的精神损害是通过金钱赔偿来弥补的，但是相对于财产损害，精神损害很难通过市场价值来估量，而只能是根据具体情况的一种比较主观的判断。此外，损害还常常被分为直接损害和间接损害。直接损害一般指侵害行为直接导致的财产的减少或损毁，而间接损害则指本可增加而未增加的损失，又称可得利益的损失。

理论上来说，损害后果是一个客观事实，责任作为对行为后果的承担，也应当是一个事实问题。然而，并不是所有的损害都是可赔偿的损害。比如，一个因酒驾在城市高架桥上导致严重交通事故的司机，他当然应当赔偿交通事故所造成的损害。但是因为事故所导致的交通堵塞，有人未能赶上航班，有危重病人因此耽误了最佳治疗时间而不幸死亡，有人耽误了一次重要的商务谈判。尽管我们不能否认这些的的确确是因为肇事司

法的违章行为而造成的,但法律并没有要求肇事司机对这些损失承担赔偿责任。在人们的一般观念中,对于这些距侵害行为过于"遥远"的损害来说,这样的事故不过是一种类似刮风下雨的自然或社会现象,似乎是人们不得不忍受的一种"晦气",而不应被视为一种应归责的侵犯。

在合同领域,可赔偿损失的认定同样受到限制,很多国家的民法包括我国的《民法典》都规定,订立合同时"不可预见"的损失不属于可赔偿的范围。所谓"不可预见的损失",是指当事人在订立合同时,根据合同订立的具体情况不可能预见到的损失。为将赔偿范围控制在一定范围之内,避免赔偿责任的过于扩大,《民法典》规定,对于不可预见的损失,违反义务的当事人不承担赔偿责任。是否属于"不可预见",并没有固定的标准,是根据具体情况来认定的。比如,一般情况下可视为"不可预见"的情况,如果在合同中有特别约定或声明的,则就不再属于不可预见。

轻微的损害也常常被排除在可赔偿性损害之外,为了维持社会生活的安定,法律上常常要求人们容忍来自他人行为的轻微损害,比如轻微的触碰、错误地闯入他人房间等。此外,基于情谊和戏谑行为而产生的一些损害常常也不具有可赔偿性,如违背请朋友吃饭的承诺而使朋友损失了公交费用并浪费了时间。一般而言,一个理性的人应该能够判断和谅解这些正常的社会交往行为的真实意思,并且能够避免或承受其可能造成的后果,如果将其纳入可赔偿性损害范围,反而可能会产生更高的成本而得不偿失。

3. 因果关系

因果关系要件是指违反义务的行为与损害结果之间必须存在因果关系。如果一个原因行为出现,引起了一个损害结果发生,没有这一行为,则不可能发生这一损害结果,那么这种情况可以判定二者之间存在因果关系。这种简单因果关系没有其他条件的介入,比较容易判断。但现实生活中,一个损害的发生往往有多种因素介入,上述简单的一因一果判断方法并不奏效。

在哲学上,因果关系被解释为原因与结果之间的必然联系,但法律解决的是人与人之间如何相处的问题,以哲学定义来要求当事人的行为未必适合。立足于人与人之间关系的角度,责任承担应当有一个基本前提,即一个人对其行为所导致的损害后果应当能够预见,如果损害后果是当事人本人根本无法预见的,则让本人承担责任既起不到预防和惩戒的作用,也不符合归责原则。因此,在损害赔偿问题上,并不采用哲学上的必然因果关系理论,而是采用一种"相当因果关系"理论。

所谓"相当因果关系",是以一个正常的普通理性人标准来判断的。对于损害结果,如果一个正常的普通的理性人在做出行为时是根本无法预见的,则不视为存在因果关系,如果是可以预见的,则存在因果关系。相当因果关系理论避免了必然因果关系理论过于严苛的弊端,在司法实践中应用起来也比较方便。但这一因果关系理论实际上是借用了过错认定标准或者注意义务的认定标准,从而在某种意义上大大消解了因果关系要件存在的意义。同时,无论过错标准还是注意义务标准,在很大程度上也都包含了因果关系的判断因素，这使得因果关系判断在责任认定过程中似乎变得越来越无足轻重。但无论如何，不管司法实践中对因果关系如何判断，在理论上，我们必须认同，因果关系是责任构成的必要条件之一，没有因果关系，就不应当有责任。

二 抗辩事由

理论上，所谓的免责包括两种情况：一种是因特定的事由得以阻却责任的认定，这种情况的本质是从根本上否定义务违反，因而不构成责任，如正当防卫造成他人损害的，本身不构成义务违反，因而从根本上不认为应当构成责任；另一种是已构成义务违反并造成他人损失，但因特定的事由得以免除责任，或者说不再追究其责任，如因不可抗力事件造成的损失，当事人得以免除责任。但不管哪种情况，其最终的结果都是当事人不承担责任，因而实践中很少对上述两种情况进行区分。

根据我国法律规定，民事责任的免责事由主要有以下五种。

（1）正当行为抗辩。所谓正当行为，是指加害人行为虽然给受害人造成了损害，但其行为是正当、合法的，因而不构成义务违反。这种行为具有合法理由，因而不具有社会危害性，因此又被称为"排除社会危害性的行为"。第五讲所讨论的主体权利的派生权利即防卫权行使的情况均属于正当行为，由于行使防卫权而致使对方损害的，不构成义务违反，也不存在责任的承担。

此外，正当履行职务的行为也属于正当行为，对由此造成的损害，也不必承担赔偿责任。比如，医生对患者进行必要的肢体切除，公安人员击毙正在行凶的犯罪分子，人民法院法警执行死刑的行为，等等。

（2）不可抗力。损害必须是责任人能够预见并可以避免的损害，对于本人无法预见也不能避免的损害，不存在责任的承担问题。法律上不可预见且不可避免的情况称为"不可抗力"，对于因不可抗力导致行为人不能履行义务，并由此造成损失的，行为人不承担赔偿责任。不可抗力一般包括自然灾害、战争、暴乱、疫情等，有时候，政府法律政策的变动也属于不可抗力。对于不可抗力的范围认定，并没有严格的法律标准，当事人甚至还可以在合同中事先约定。

发生不可抗力致使义务无法履行的，义务人应当及时采取措施，防止损失的扩大，同时通知对方，以便对方采取相应措施，避免损失的扩大。对于未及时采取相应措施，导致损失扩大的，义务人不能免除责任。

（3）第三人原因。有时候，行为人的行为本身并不至于导致损害，但由于第三人的参与，致使本人的行为造成了损害，这种情况下，如何确定责任的承担呢？

在这种情况下，如果第三人存在故意，即有意利用行为人的行为来制造伤害，除非行为人也存在故意或重大过失，原则上应由第三人承担责任，行为人也可基于第三人原因提出抗辩。如果第三人不存在故意，一般应分别考虑第三人和行为人各自是否已尽注

意义务，如果均已尽注意义务，则属于意外事件。如果均未尽注意义务，则应由双方共同承担赔偿责任。如果其中一方已尽注意义务，则损害由未尽注意义务的一方承担。

（4）受害人过错。有时候，行为人与受害人双方均有过错，或者说均未尽注意义务，从而导致损害，这种情况在民法理论上称为"与有过失"或者"混合过错"。双方都有过错，一般并不免除行为人责任，但是，对于负担普通注意义务的行为人而言，可以减轻行为人的责任。

但是，对于损害结果的发生，如果受害人具有故意，如有自杀自残行为，则可免除行为人责任，即使对于负担高度注意义务的人而言，同样可以基于受害人自杀或自残行为而免除责任。另外，受害人存在重大过失的，原则上也可以减轻行为人责任。对于负担高度注意义务的人，法律也常常将受害人的重大过失作为减轻责任的法定事由。比如，高度危险作业致人损害或动物致人损害的，我国《民法典》明确规定，受害人的重大过失可以减轻作业人或饲养人的责任。

（5）其他法定抗辩事由。除上述抗辩事由，法律还针对特定情形规定了具体的抗辩事由。比如，《民法典》第1224条对医疗事故责任作出特别规定：患者或其近亲属不配合医疗机构进行符合诊疗规范的诊疗、医务人员在抢救生命垂危的患者等紧急情况下已经尽到合理诊疗义务，或者限于当时的医疗水平难以诊疗的情况下，致使患者受到损害的，医方可以免责。又如，《产品质量法》第41条规定：对于因产品缺陷造成的损害，生产者能够证明未将产品投入流通、产品投入流通时引起损害的缺陷尚不存在，或将产品投入流通时的科学技术水平尚不能发现缺陷的存在的，生产者可以免责。

这种针对特定侵权行为而规定的具体免责事由，在《民法典》及其他民商事单行法中有特别规定，在处理相关事务时，要注意查阅。

三 民事责任的承担

（一）责任主体的认定

责任主体指应当承担责任的主体，对于刑事责任和行政责任而言，责任人就是行为人。在关系领域，由于关系的相对性，违约责任一般也由违约方承担。但在侵权责任的承担上，责任人并不一定是行为人，还可以是其他人。

1. 行为人

一般情况下，行为人作为直接的侵权人，或者说加害人，因其本人违反义务的行为导致他人损害的，凡是法律未作特别规定的情形，均应由行为人本人承担责任。

2. 监护人

监护人承担责任的情形，主要指的是欠缺民事行为能力人侵权所造成的损害。欠缺民事行为能力人有财产的，可以以其财产承担责任；没有财产或财产不足以弥补损害的，由监护人承担责任。欠缺民事行为能力人在幼儿园、学校或精神病院学习或治疗期间，幼儿园、学校或精神病院负有临时监护照看义务，在此期间欠缺民事行为能力人致他人损害，上述负有临时监护照看义务的机构应承担赔偿责任；在此期间受到他人侵害的，上述机构承担补充赔偿责任。

基于先前行为对欠缺民事行为能力人负临时监护义务的，同样对欠缺民事行为能力人所受到的伤害或其致他人的损害承担赔偿责任。比如，带邻居家的小孩外出玩耍，在从监护人手中带走孩子到将孩子送还监护人期间，该邻居负有临时监护照看义务，其带孩子外出的行为即属于先前行为。

3. 用人者

个人在执行用人单位、委托人或雇佣人安排的工作任务中致他人损害的，由用人单位、委托人或雇佣人承担责任，这些责任主体一般可统称为"使用人"，也有人称"用人者"。对在工作过程中受到第三方侵害的，用人者应根据具体情况承担相应的补偿责任。

4. 所有人和管理者

所有人和管理者可以作为一种泛称，还包括公共活动和商业展销活动的组织者、电子平台的提供者、经营场所的经营者等，这些主体都是常见的责任主体。所有人或管理者所有、管理的物或饲养的动物致他人损害的，所有人和管理者应承担责任。组织者、平台提供者和经营者则应当在其各自的职责范围内承担相应的管理义务和安全保障义务，对未尽相应的管理义务和安全保障义务的，应承担相应的责任。

（二）责任的样态

责任可以是一个人单独承担的责任，也可以是由多个责任人共同承担的责任，共同承担的责任有按份责任，也有连带责任，有补充责任，也有混合责任，由此形成不同的责任形态。

1. 按份责任与连带责任

按份责任是指两个或两个以上责任人分别按照各自的份额向债权人承担的责任。按份责任一般是基于当事人约定和法律规定而承担的责任，侵权行为也可以形成按份之债。两个或两个以上各自独立的行为分别实施，没有共同的意思联络，但间接性地结合并导致同一损害后果的，行为人应根据各自过错大小或者导致损害的原因力大小承担相应的赔偿责任，即责任人只承担自己应当承担的份额。按份责任下，各按份责任人对共同承担的同一债务仅就自己的份额承担清偿责任，不承担其他责任人的债务份额。债权人只能就各责任人应负的责任份额请求清偿，某一按份债务的履行只引起该特定份额责任的消灭，不影响其他责任人各自按份责任的存在。

连带责任是指两个或两个以上债务人就同一债务均负全部清偿义务的一种责任形式。连带责任大多数情况下都因约定而产生，当事人没有明确约定承担连带责任的，一般应承担按份责任。共同侵权行为也可形成连带责任，基于共同的意思联络而共同实施的侵权行为，全体行为人应承担连带责任。连带责任下，债权人可以向全部责任人要求清偿，也可向其中任何一个责任人请求清偿全部债务。如果一个责任人清偿了全部债务，则债权人失去向其他责任人追究责任的权利，已承担责任的人可以要求其他责任人根据各自的责任大小承担相应的份额。

2. 单方责任与混合责任

单方责任不强调责任人的人数，强调的是责任人与受害人之间就损害的发生是否存在共同的责任。完全属于一方责任的，如单方违约或受害人无过失的侵权所产生的责任，都属于单方责任；双方都存在违约行为或者对损害的发生均有过错，都应承担相应的责任的，则属于混合责任。混合责任下，双方各自承担相应的责任，以赔偿为责任形式的，可以相互抵销。

3. 补充责任与最终责任

补充责任是在受害人无法充分从加害人处获得救济时，对受害人承担的具有补充性质的赔偿责任。补充责任和责任人一般并不是直接的责任人，甚至不是真正的责任人，而仅仅是与义务违反行为存在某种法定关联的人。如《民法典》第1198条规定，宾馆、商场、银行、车站、机场、体育场馆、娱乐场所等经营场所、公共场所的经营者、管理者或者群众性活动的组织者，未尽到安全保障义务，造成他人损害的，应当承担侵权责任。因第三人的行为造成他人损害的，由第三人承担侵权责任；经营者、管理者或者组织者未尽到安全保障义务的，承担相应的补充责任。对于依照法律规定应负担的义务，因为没有履行该义务而影响责任人清偿能力时，法律一般也规定义务人应在未履行义务的范围内承担补充清偿责任。比如公司制度中，股东对其认缴的注册资本没有足额缴付或虽缴付但后又抽逃的，当公司不足以清偿对外债务时，债权人也可以要求股东在其未足额缴纳出资的范围内承担补充清偿责任。

法律责任还有一种责任称为最终责任。存在两个或两个以上责任人时，立足于债权人的角度，各责任人所承担的责任属于连带责任，但在责任人内部关系上，责任人之间并不存在真正意义上的连带关系，其中一个责任人承担的是最终责任，其他责任人承担责任后，均有权向该最终责任人追偿。比如产品责任中，对于因缺陷产品造成的损害，受害人既可以要求生产者赔偿，也可以要求销售者赔偿。如果是生产者造成的缺陷，销售者赔偿后，有权向生产者追偿，这种情况下，生产者责任即最终责任；如果是销售者造成的缺陷，生产者赔偿后，有权向销售者追偿，这种情况下，销售者责任即最终责任。

（三）特殊情形下的损失分担

这里所说的例外情形，是指在某些法律规定的特定情况下，为分担损失或平衡情绪，虽不存在义务违反，但法律特别规定由特定的有关联关系的人对受害人给予一定补偿的情形。侵权法理论中，补偿责任还常被称为公平责任或补偿责任。但是，这种情况下称其为责任并不合适，因为责任是义务违反的后果承担，既然不存在义务违反，便也不应有责任。故在此不使用公平责任的概念,而使用损失分担的概念。

我国《民法典》第1186条规定,受害人和行为人对损害的发生都没有过错的,依照法律的规定由双方分担损失。该条款可视为损失分担的法律依据。对于由双方分担损失的情况,根据《民法典》规定,主要有以下四种。

（1）《民法典》第183条规定的情形。对于在见义勇为过程中受到损害的,如果没有侵权人、侵权人逃逸或者侵权人无力承担民事责任,受害人请求补偿的,受益人应当给予适当补偿。

（2）《民法典》第1190条第1款规定的情形。完全民事行为能力人对自己的行为暂时没有意识或者失去控制造成他人损害的,如果本人对此事先没有预知也无法避免,从而不存在过错,则不承担赔偿责任,但应当根据自己的经济状况对受害人适当补偿。

（3）《民法典》第1192条第2款规定的情形。对于个人之间形成的劳务关系,提供劳务一方在提供劳务期间,因第三人的行为造成损害的,有权请求第三人承担侵权责任,也有权请求接受劳务的一方给予补偿。也就是说,接受劳务的一方即使没有过错,提供劳务的一方也有权要求补偿。

（4）《民法典》第1254条规定的情形。对于因高空抛物造成的损害,经调查难以确定具体侵权人的,除能够证明自己不是侵权人的外,由可能加害的建筑物使用人给予补偿。这种补偿责任同样不以补偿人是否具有过错为条件。

第三节　损害赔偿的计算与执行

损害赔偿是指因违反义务给他人造成损害,所应承担的一种以金钱赔偿来弥补损害的民事法律责任。对于损害赔偿责任,决定责任大小的并不是已尽注意义务的程度,也不是过错的大小,而是损害的大小。一个主观上十分恶劣的行为和一个轻微的疏忽,如果导致的损害后果一样,则两种情况下责任人所实际承担的责任可能并无区别。相反,一个轻微的疏忽如果造成极大的损害,相对于一个主观上十分恶劣但损害很小的行为,前者可能面临更大的赔偿责任。

损害主要分为人身损害和财产损失,两种损害性质不同,赔偿的标准和赔偿金的计算方式也有很大差异。

一　人身损害赔偿

人身损害指的是身体权、健康权和生命权受到侵害而产生的损害。人身损害的赔偿项目一般包括医疗费、误工费、护理费、交通费、营养费、住院伙食补助费等为治疗和康复支出的合理费用，以及因误工减少的收入等项目；造成残疾的，还应当赔偿辅助器具费和残疾赔偿金；造成死亡的，还应当赔偿丧葬费和死亡赔偿金；因伤害丧失劳动能力或死亡的，如果有被抚养人或被赡养人，还应当支付抚养费和赡养费。

就人身损害赔偿的项目和标准，《最高人民法院关于审理人身损害赔偿案件适用法律若干问题的解释》作了详细的解释说明，是当前处理人身损害赔偿问题最重要的司法解释。

（一）一般赔偿项目

一般赔偿项目主要包括医疗费、误工费、护理费、交通费、营养费、住院伙食补助费等为治疗和康复支出的合理费用。根据《最高人民法院关于审理人身损害赔偿案件适用法律若干问题的解释》，上述各赔偿项目在司法实践中一般按照下述方法确定。

（1）医疗费。根据医疗机构出具的医药费、住院费等收款凭证，结合病历和诊断证明等相关证据确定。器官功能恢复训练所必要的康复费、适当的整容费以及其他后续治疗费，赔偿权利人可以待实际发生后另行起诉。但根据医疗证明或者鉴定结论确定必然发生的费用，可以与已经发生的医疗费一并予以赔偿。

（2）误工费。根据受害人的误工时间和收入状况确定。误工时间根据受害人接受治疗的医疗机构出具的证明确定。受害人因伤致残持续误工的，误工时间可以计算至定残日前一天。受害人有固定收入的，误工费按照实际减少的收入计算。受害人无固定收入的，按照其最近三年的平均收入计算；受害人不能举证证明其最近三年平均收入状况的，可以参照受诉法院所在地相同或者相近行业上一年度职工的平均工资计算。

（3）护理费。根据护理人员的收入状况和护理人数、护理期限确定。护理人员有收入的，参照误工费的规定计算；护理人员没有收入或者雇佣护工的，参照当地护工从事同等级别护理的劳务报酬标准计算。护理人员原则上为一人，但医疗机构或者鉴定机构有明确意见的，可以参照确定护理人员人数。护理期限应计算至受害人恢复生活自理能力时止。受害人因残疾不能恢复生活自理能力的，可以根据其年龄、健康状况等因素确定合理的护理期限，但最长不超过20年。受害人定残后的护理，应当根据其护理依赖程度并结合配制残疾辅助器具的情况确定护理级别。

（4）交通费。根据受害人及其必要的陪护人员因就医或者转院治疗实际发生的费用计算。交通费应当以正式票据为凭；有关凭据应当与就医地点、时间、人数、次数相符合。

（5）住院伙食补助费。可以参照当地国家机关一般工作人员的出差伙食补助标准予以确定。受害人确有必要到外地治疗，因客观原因不能住院的，受害人本人及其陪护人员实际发生的住宿费和伙食费，其合理部分应予赔偿。

（6）营养费根据受害人伤残情况参照医疗机构的意见确定。

(二)扶养与赡养费用

被扶养人是指受害人依法应当承担扶养义务的未成年人或者丧失劳动能力又无其他生活来源的成年近亲属。被扶养人还有其他扶养人的,赔偿义务人只赔偿受害人依法应当负担的部分。被扶养人有数人的,年赔偿总额累计不超过上一年度城镇居民人均消费性支出额。

被扶养人生活费根据扶养人丧失劳动能力程度,按照受诉法院所在地上一年度城镇居民人均消费性支出标准计算。被扶养人为未成年人的,计算至18周岁;被扶养人无劳动能力又无其他生活来源的,按20年计算。但60周岁以上的,年龄每增加一岁减少一年;75周岁以上的,按5年计算。

(三)残疾或死亡赔偿项目

残疾或死亡赔偿项目主要包括以下四个方面。

(1)残疾赔偿金。根据受害人丧失劳动能力程度或者伤残等级,按照受诉法院所在地上一年度城镇居民人均可支配收入标准,自定残之日起按20年计算。但60周岁以上的,年龄每增加一岁减少一年;75周岁以上的,按5年计算。受害人因伤致残但实际收入没有减少,或者伤残等级较轻但造成职业妨害严重影响其劳动就业的,可以对残疾赔偿金做相应调整。

(2)残疾辅助器具费。因残疾需要安装辅助器具的,还应赔偿残疾辅助器具费,按照普通适用器具的合理费用标准计算。伤情有特殊需要的,可以参照辅助器具配制机构的意见确定相应的合理费用标准。辅助器具的更换周期和赔偿期限参照配制机构的意见确定。

(3)死亡赔偿金。按照受诉法院所在地上一年度城镇居民人均可支配收入标准,按20年计算。但60周岁以上的,年龄每增加一岁减少一年;75周岁以上的,按五年计算。

(4)丧葬费。按照受诉法院所在地上一年度职工月平均工资标准,以六个月总额计算。

(四)关于精神抚慰金

精神抚慰金,顾名思义,是指对精神上遭受的痛苦所给予的金钱补偿。一般情况下,对于比较严重的人身伤害,去世近亲属的姓名、肖像、名誉、荣誉、隐私、遗体、遗骨受到侵害的,近亲属身份关系尤其是亲子关系受到侵害的,以及具有人身意义的特定物受到侵害的,本人或者死者的近亲属可以要求赔偿精神损害,即有权要求支付精神抚慰金。

法律没有具体规定精神抚慰金的赔偿标准,司法实践中一般根据侵权人的过错程度、侵权行为的具体情节、侵权行为所造成的后果、侵权人承担责任的经济能力以及受理诉讼法院所在地的平均生活水平等因素,由人民法院酌情确定。各地高级人民法院根据本地具体情况,一般还会制定一些便于省区市内各级法院统一掌握的更为具体的标准。

二 财产损害赔偿

（一）财产损害赔偿的一般项目

财产损害赔偿一般根据实际财产损失确定赔偿数额，在合同领域，当事人还可以约定违约赔偿的数额或赔偿金的计算方法。

1. 法定赔偿项目

法定赔偿项目指依照法律规定，责任人应当赔偿的损失项目，包括直接损失和间接损失。

直接损失一般指现有财产的直接毁损或灭失，损失数额一般按照损害发生时财产的市场价格来认定。市场价格不易直接认定的，可以委托评估鉴定机构进行评估或鉴定。对某些寄托着个人特殊感情的有纪念意义的物的损坏，无法进行评估鉴定的，则由法官根据具体情况酌情认定。

间接损失又称可得利益的损失，或预期利益的损失，是指尚未取得但在正常情况下应该能够取得的利益，一般可分为生产利润损失、经营利润损失和转售利润损失三种类型。生产设备和原材料等买卖合同违约中，因出卖人违约而造成的买受人可得利益损失通常属于生产利润损失。承包经营、租赁经营合同以及提供服务或劳务的合同中，因一方违约造成的可得利益损失通常属于经营利润损失。系列买卖合同中，因原合同出卖方违约而造成的其后转售合同出售方的可得利益损失通常属于转售利润损失。间接损失认定的关键在于如何确定合理的参照标准，参照标准确定后，其与实际利润的差额即间接损失的数额。司法实践中，对此并无统一的参照标准，一般由人民法院根据具体情况确定。

2. 约定赔偿项目

一般情况下，责任都是法定责任，是由法律规定并由法律强制力来保障执行的。但在合同领域，责任也可以由当事人事先约定，较为常见的约定责任主要有两种：一是违约金；二是定金。

违约金是双方当事人在合同中约定的当一方违约时应承担的违约赔偿金。违约金不是源于法律的规定，而是源于当事人的约定。当事人事先在合同中没有约定的，不得请求违约金赔偿。双方当事人在合同中可以约定违约应承担的具体违约金额，也可以只约定违约金的计算方法，而不约定具体金额。比如，双方可以在合同中约定：如一方违约，应向非违约方支付违约金2万元；也可约定，如一方违约，按合同标的总价款的10%支付违约金；还可约定，如迟延付款，按迟延付款金额每日万分之五支付违约金。

应予注意的是，违约金过分高于实际损失时，人民法院可以根据当事人的请求适当降低违约金。在司法实践中，当事人约定的违约金超过造成损失的30%的，一般可以认定为"过分高于造成的损失"，人民法院可以根据具体情况进行调整。违约行为未造成实际损失的，一般可根据合同履行的具体情况、当事人的过错程度等综合因素，根据公平原则和诚实信用原则予以衡量。

第七讲 "人"的法律责任

拓展阅读

夏洛克与安东尼奥关于违约责任的约定的效力

夏洛克与安东尼奥均是莎士比亚戏剧《威尼斯商人》中的人物，故事讲述的是：威尼斯商人安东尼奥为了帮助朋友，向犹太商人夏洛克借了一笔钱，而夏洛克为了报复安东尼奥平时对他的侮辱，情愿不要利息，约定在三个月的期限到来之时，如果安乐尼奥不能清偿债务，就要由夏洛克在安东尼奥"心口所在的附近取一磅肉"。后来因为据传安东尼奥的商船接连沉没，到期无法还清债务，夏洛克就向法庭起诉，请求按照原合同履行。

威尼斯的公爵和元老们的劝解都无法让夏洛克回心转意，只能准备执行原约定。安东尼奥友人的未婚妻鲍西娅假扮法律权威来到法庭，宣布：这约上所签订的惩罚，与法律条文的含义并无抵触，夏洛克有权在安东尼奥的胸前取一磅肉；可是因为合同上只写了一磅肉，所以如果在取肉时流出一滴基督徒的血，或者割的肉超过一磅或不足一磅，就是谋杀，要按照威尼斯的法律抵命并没收全部的财产。夏洛克听了，只得请求撤诉，可这位假冒的法律权威又宣称根据威尼斯的法律，异邦人企图谋杀威尼斯公民，就要由公爵宣判没收财产，夏洛克撤诉就说明他原来的本意只是想谋害安东尼奥，所以要由公爵判罚。

威尼斯公爵宣布要没收夏洛克所有的钱财，并以"犹太人直接或间接试图谋害基督教徒，都将被处以死刑"的威尼斯法律剥夺夏洛克的性命，这时安东尼奥向大家显示了他宽大的胸怀——将夏洛克一半钱财充公，剩下一半将由安东尼奥代为托管，等到夏洛克死后，交还给他的女儿杰西卡。但是前提是夏洛克必须放弃自己犹太教的身份，而改入基督教。

夏洛克与安东尼奥约定的"违约责任"有效吗？对违约责任的约定应当有哪些限制？你同意鲍西娅对该违约条款的解释吗？你如何评价威尼斯公爵的判罚与安东尼奥的主张？

定金可以被视作事先约定的责任，但同时也可以被视作履行合同的担保。当交付定金的一方履行合同后，定金应当抵作价款或者由交付定金的一方收回。给付定金的一方违约时，无权要求返还定金；收受定金的一方违约时，应当双倍返还定金。定金条款自定金交付时生效，如果双方仅在合同中约定了定金条款，而未实际向对方交付定金，则定金条款不生效，当事人不得主张定金。定金的数额由当事人约定，但一般不超过主合同标的额的20%。

违约金条款与定金条款不得并用，当事人既约定违约金，又约定定金的，一方违约时，对方只能选择其中一种。应当注意的是，收取定金的一方违约时，如果既有违约金

条款,又约定了定金条款,支付定金的一方选择违约金赔偿时,仍有权要求返还定金,只是不能再要求双倍返还。

(二)损失计算的变通方式

上述直接损失和间接损失的确定都是从受害人的角度根据具体情况来计算的。但是,对于有些违反义务的行为,从受害人的角度很难确定具体的损失。对于某些特殊类型的义务违反,在实际损失难以确定的情况下,法律特别规定了一些变通的计算方法。比较常见的变通方式主要有以下三种。

(1)按照侵权人所获得的利益确定赔偿数额。侵犯商标权和专利权,以及因不正当竞争行为造成他人损害,损失难以计算的,均可以依照侵权人所获得的利益来确定赔偿数额。对于恶意实施不正当竞争行为,情节严重的,还可以按照侵权人所获得利益的一倍以上五倍以下确定赔偿数额。

(2)对于特定领域的义务违反,根据该领域的特点确定特定的参照标准。对于商标侵权和专利侵权,损失难以计算,而且侵权人所获得的利益也难以确定的,可参照商标许可使用费和专利许可使用费的倍数合理确定。对恶意侵犯商标专用权和专利权,情节严重的,可以在按照上述方法确定数额的一倍以上五倍以下确定赔偿数额。

(3)直接规定具体的赔偿数额幅度。按照上述方法仍难以确定的,对于侵犯商标权和专利权的行为,以及不正当竞争行为,人民法院还可以根据具体情况,在500万元以下合理确定赔偿数额。

(三)惩罚性赔偿

所谓惩罚性赔偿,是指赔偿实际损失之外,另行加重或加倍赔偿的情形。我国《民法典》在第179条的一般性规定中规定"法律规定惩罚性赔偿的,依照其规定",法律规定可适用惩罚性赔偿的,主要有以下五种情形。

(1)《民法典》第1185条的规定。故意侵害他人知识产权,情节严重的,被侵权人有权请求相应的惩罚性赔偿。

(2)《民法典》第1207条的规定。明知产品存在缺陷仍然生产、销售,或者没有依据前条规定采取有效补救措施,造成他人死亡或者健康严重损害的,被侵权人有权请求相应的惩罚性赔偿。

(3)《民法典》第1232条的规定。侵权人违反法律规定故意污染环境、破坏生态造成严重后果的,被侵权人有权请求相应的惩罚性赔偿。

(4)《中华人民共和国消费者权益保护法》第55条的规定。经营者明知商品或者服务存在缺陷,仍然向消费者提供,造成消费者或者其他受害人死亡或者健康严重损害的,受害人除有权要求经营者依法赔偿损失外,还有权要求所受损失二倍以下的惩罚性赔偿。

(5)《中华人民共和国食品安全法》第148条的规定。生产不符合食品安全标准的食品或者经营明知是不符合食品安全标准的食品,消费者除要求赔偿损失外,还可以向生产者或者经营者要求支付价款十倍或者损失三倍的赔偿金;增加赔偿的金额不足

1 000元的，为1 000元。但是，食品的标签、说明书存在不影响食品安全且不会对消费者造成误导的瑕疵的除外。

三 损害赔偿的强制执行

对义务而言，除了金钱给付义务和种类物的给付义务，一般不宜直接强制本人履行。但是，与义务不同，法律责任必须是可以强制执行的，否则法律便失去了其强制性和拘束力。

刑事责任一般由监狱执行，其中所涉及的问题我们在刑罚一讲中再予以讨论。对于行政责任，有强制执行权的行政机关可以直接依职权强制执行，没有强制执行权的行政机关需要申请人民法院执行。民事责任由当事人申请人民法院强制执行。人民法院强制执行的事项都是由生效法律文书确定的事项，生效法律文书包括法院判决书、仲裁机关裁决书、依法可以申请人民法院执行的债权文书和调解书、行政机关依法作出的处罚决定书和其他涉及义务履行的决定书等。生效的法律文书并不限于对责任的强制执行，有时也涉及义务的强制执行。但是，可强制执行的义务除了金钱和种类物的给付义务，一般都是可以代履行的，即无须本人亲自履行。代履行后，被执行人只需要支付强制执行代履行所产生的费用。

损害赔偿责任通过生效法律文书生效后，对于文书所确定的赔偿责任，责任人主动履行的，无须强制执行；责任人拒不履行的，则需要申请人民法院强制执行。

（一）执行措施

损害赔偿责任是一种以金钱给付为内容的责任，因而只涉及金钱的强制执行。这里所讨论的执行措施也仅限于对金钱的强制执行措施，主要包括直接执行措施和间接执行措施。其中，间接执行措施主要是通过间接手段，又包括限制消费与信用惩戒措施和法律制裁措施。

1. 直接执行措施

所谓直接执行措施，是指人民法院可以直接对被执行财产采取的执行措施，以及其他可以通过执行措施直接完成执行任务的措施，比如对财产的查封、扣押、拍卖和变卖，对银行账户的冻结及对存款的划拨，对财产转移或其他法定手续的强制办理，对消除妨碍、恢复原状等义务的强制替代履行，等等。

2. 限制消费与信用惩戒措施

如果通过直接执行措施未能完成执行，比如没有查到被执行人可供执行的财产，或因被执行人拒不配合无法完成执行，人民法院可以采取进一步的措施，如限制消费和信用惩戒措施。

所谓限制消费，是指人民法院对于拒不履行生效法律文书确定的义务的情况，可以向被执行人发出限制消费令，禁止其进行高消费及非生活或者经营必需的有关消费。

有证据证明被执行人有能力履行生效法律文书确定的义务而拒不履行的，人民法院还可进一步采取信用惩戒措施，将被执行人纳入失信被执行人名单。同时将失信被执行人名单信息向政府相关部门、金融监管机构、金融机构、承担行政职能或者提供社会公共服务的事业单位及行业协会等组织通报，供有关组织依照法律法规和有关规定，在限制消费、政府采购、融资信贷、市场准入、资质认定、荣誉授信等方面，对失信被执行人予以信用惩戒。

3. 法律制裁措施

有证据证明被执行人有履行生效法律文书确定的义务的能力而拒不履行，有隐匿、转移、毁损财产行为逃避执行，或者有其他妨碍、抗拒执行行为的，人民法院还可以进一步对被执行人采取罚款和拘留的制裁措施。构成犯罪的，还可以依法追究刑事责任。

（二）执行程序

1. 申请与立案

执行程序不是由人民法院主动启动的，须经当事人向人民法院提出执行申请，经人民法院审查符合执行立案条件的，予以立案后，执行程序启动。人民法院立案后，应当向被执行人送达执行通知书。被执行人在人民法院给定的期限内没有主动履行的，人民法院应当调查被执行人可供执行的财产，并采取相应的执行措施。

申请执行人一般是生效法律文书所确定的权利人，权利人死亡或终止，继承人或权利义务的承受人可以作为申请执行人申请执行。对于发生法律效力的民事判决书、调解书，应当向第一审人民法院或者与其同级的被执行财产所在地人民法院申请执行；对于发生法律效力的裁定、决定、支付令，一般应当向作出裁定、决定、支付令的人民法院，或者与其同级的被执行财产所在地人民法院执行；对其他生效法律文书的执行，一般应当向被执行人住所地或者被执行财产所在地人民法院申请执行。

2. 执行异议

在执行过程中，被执行人对人民法院采取的执行措施有权提出异议，人民法院应当对异议进行审查并依法裁定，但是，针对作为执行依据的生效法律文书本身提出的异议，原则上应告知当事人依法律监督程序申请再审，执行机关不予审查。

案外人如果认为人民法院采取的执行措施影响了自己的合法权益，也有权提出异议，如认为人民法院查封扣押的财产不是被执行人财产，而是该案外人的财产。对案外人提出的异议，人民法院应当进行审查并依法裁定。

3. 执行的中止与终结

执行过程中，如果出现使执行无法继续的情况，人民法院可以中止执行，比如被执行人死亡尚未确定继承人，法人终止未确定权利义务承受人或已申请破产，人民法院对执行依据依法再审需要中止执行，等等。中止情况消失后，人民法院应当恢复执行。

执行终结分为终结本次执行和终结执行两种情况。终结本次执行是指没有发现可供执行的财产，并且已经对被执行人采取限制消费措施和信用惩戒措施的，人民法院可以终结本次执行；申请执行人发现被执行人有可供执行的财产的，可以申请恢复执行。终结执行是指执行程序的彻底结束，已终结执行的，不再存在恢复执行问题。一般情况下，已经执行完毕的，执行申请人撤回执行申请的，被执行人死亡或破产终结没有可供执行的遗产或财产的，作为被执行对象的特定物毁损灭失的，终结本次执行程序后一定期限内没有发现可供执行的财产的，人民法院可以裁定终结执行。

（三）执行过程中的特殊问题

1. 被执行人的变更和追加

被执行人一般是生效法律文书确定的责任人或者义务人。被执行人死亡或终止的，经当事人申请，人民法院可以变更其继承人或权利义务的承受人为被执行人。申请人还可以申请追加非法人组织的出资人和未足额履行认缴出资义务的股东或有限合伙人为被执行人。此外，对于生效法律文书所确认的特定物的执行，如果该特定物由他人为了被执行人的利益而占有，申请人还可以申请追加该特定物的占有人为被执行人。所谓为被执行人的利益而占有，一般是基于被执行人意愿，为维护被执行人的利益而占有，如基于保管合同而占有，基于修复保护目的而占有等。反之，非出于被执行人意愿，或者因其他合理原因权利已转移的，则不属于为被执行人利益而占有，如被留置权人留置占有、被质押权人质押占有等。

2. 财产执行豁免

一般来说，无论房产车辆、股权债权，还是知识产权和投资基金，只要是被执行人的财产，均可以执行。但应注意的是，对于家庭共有财产和其他共有财产的执行，要先进行析产，只有属于被执行人个人所有的那一部分才属于可执行的范围。

还应注意的是，对个人财产的执行，应当为被执行人及其所扶养的家庭成员预留必需的生活、医疗和学习的物品及费用。另外，被执行人从事职业活动所必需的物品、与个人荣誉相关的纪念物品、非以营利为目的而饲养的与被执行人共同生活的宠物等，一般不宜强制执行。

3. 关于执行款的分配

有时候，被执行人可能对多个债权人负担债务，债权人已向同一法院或不同法院申请执行，但被执行人的财产不足以清偿全部已进入执行程序的债务。这种情况下，被执行人为法人的，如果符合破产条件，可以依照破产程序进行清偿。未达到破产条件，或被执行人为自然人的，应当允许全体执行申请人共同参与分配，由对财产采取执行措施的人民法院对通过执行获得的变现款统一依照一定的清偿顺序分配。一般情况下，所取得的执行款应当优先支付用以维持基本生活、医疗的工资、劳动报酬、医疗费用，以及享有法定优先受偿权的债权，然后再清偿其他债权。当然，经全体申请人协商一致，也可以由他们协商决定具体的分配方式。

本讲涉及的主要法律法规

（1）《中华人民共和国民法典》（侵权责任编）

（2）《中华人民共和国民事诉讼法》

第八讲

家 庭

家庭关系是建立在亲属身份基础上的关系,与合同关系相比,家庭关系的内容更多是由法律预先设定的,而不是由个人自主决定的。尽管现代婚姻法制度赋予了夫妻双方更大的自主权,但由于婚姻关系所承载的特定社会功能,婚姻关系中个体的意志仍受到较多限制。但是,家庭关系本质上仍是个体基于自己的意愿而建立的关系,因此,法律也应当为个体意志留下充分的空间。

家庭关系主要包括婚姻关系和亲子关系,在特殊情况下,家庭中其他成员的关系(如祖父母与孙子女之间的关系、兄弟姐妹之间的关系等)也受婚姻家庭法的调整。除身份关系外,家庭关系还包括财产关系。

在我国《民法典》中,继承是独立于婚姻家庭编之外而单独成编的,但继承问题基本上都是以特定的家庭身份关系为基础的。我国传统文化有非常强烈的家庭观念,继承与家庭之间的关联尤为密切,故继承问题在这一讲中一并讨论。

第一节　家庭概述

家庭关系主要包括亲子关系和婚姻关系两类，前者属于血缘关系，后者属于姻亲关系。和合同关系一样，家庭关系从根本上说也是一种自我设定的关系。婚姻关系是自我设定的关系，个体有权决定是否结婚以及与谁结婚。亲子关系尽管有些特殊，但对于父母来说，是否生育也是由其自主决定的。但是，由于家庭关系承载着非常重要的社会功能，在家庭关系上，个体的自主决定权比其他私人关系受到更多限制。

一　家庭与家庭法

（一）什么是家庭？

家庭并不是一个法学概念，而是一个社会学概念。家庭有太多维度，很难给它下一个准确的定义。但是无论如何，人们都承认，家庭是一种以共同生活为核心特征的组织体，或者说共同体。一般情况下，这种组织体由两种纽带组成：一是血缘关系纽带；二是婚姻关系纽带。当然，这里所说的血缘关系和婚姻关系也不是绝对的，比如收养关系、非婚同居关系，很难说这两种情况下组成的生活共同体不是家庭。

不同国家和不同民族对家庭的认识也存在不同。比如，我国古代的家庭观念与古罗马的家庭观念就有很大的不同，因而家庭法律制度上也存在很大的差异。即使同一国家，对家庭的认识在不同的历史时期也会有变化。比如，几代人共同生活在一起的大家庭组织形式在我国古代非常普遍，但现代社会条件下，单纯由父母子女组成的核心家庭更为常见。不同家庭形式的选择反映的也是社会的变迁和家庭观念的变化。

拓展阅读

古罗马的家庭与收养制度

中国古代传统家庭是绝对地以血缘关系为基础的。针对没有生育子女的夫妇，尽管法律也规定了收养制度，但我国古代的收养同样也以血缘关系为基础。我国古代有"异姓不养"的传统，甚至在法律上严禁异姓收养。《唐律疏议》卷十二《户婚律》规定："即养异姓男者，徒一年；与者笞五十。"清律中也规定，收养异姓子为嗣，杖六十，其子归宗。因此，严格说来，中国古代不存在异性收养制度，只有宗族内部过继与立嗣等制度。这种收养制度反映了我国古代对血缘关系的强调，历朝的婚姻家庭法以及传统道德观念在很大程度上也都是围绕着如何确保血缘的纯正而设计的。

与我国古代重视血缘的家庭观念不同，古罗马的家庭制度更多地体现出一种"政治化"的设计。维系着家庭关系的不是血缘，而是权力，是共同服从于一个"家父"权力之下的人的集合。在拉丁文中，"父"称为pater，其最原始的含义与"主人"或"君主"有关，并不是亲属关系的术语。家父对家庭成员的权力很大，对于家子们所犯的过错，家父有权以任何可能的方式加以惩罚，包括监禁、身体刑，甚至死刑；家父也可以出卖家子，甚至遗弃或杀死新生儿。这种权力在拉丁文中称为manus或potestas，政治上在指称国王与执法官的权力时，人们也使用同样的语词。

在古罗马，除自然生育外，还可以通过收养增加家庭成员。成为家庭成员是通过遵从家父的家庭主权而实现的，在人们的观念上，这种方式与取得一个国家的公民权并无不同。在早期，被收养的人甚至可能比收养人的年龄还大，直到罗马共和国末期，这种情况才逐渐不被社会接受，但在法律上仍然没有明文禁止。在收养制度中，还有一种"自权人收养"制度。在罗马法中，人分为自权人和他权人，自权人是有独立权利能力的人，一般指"家父"，即使他没有属下。他权人指从属于家父权力之下的人，一般是家子。自权人收养因此可以说是对家父的收养，家父被收养后成为新的家庭中的家子，如果他原来也有家子的话，他的家子及所有财产都会被带到新的家庭中。

被收养的家子取得与自然生育的子女同等的法律地位，与原来的家庭脱离一切关系，丧失在原家庭中的任何权利。家父被收养后，则当然地丧失家父所享有的一切对人和对财产的权利。

可以说，古罗马的家庭超越了一般意义上的家庭观念，保留了更多的政治性功能。在这种家庭结构功能的设计中，权力比血缘似乎更重要。比如，屋大维是恺撒的外甥女的儿子，被恺撒收养后成为其第一继承人，这种情况在中国传统家庭观念中几乎是不可想象的。

法律需要解决的是共同生活前提下人与人之间的关系处理，因而法律并不关注家庭的具体形式，而是更强调家庭共同生活中所形成的不同类型的关系。因此，法律很少给家庭下定义，法律所定义的都是婚姻关系、亲子关系、收养关系等各类家庭关系。各家庭成员即使未在一起共同生活，一般情况下仍然要受家庭关系所确定的权利义务的约束。比如，未与父母一起生活的成年子女，对父母仍然需要承担赡养义务。

（二）家庭的社会功能

1. 传统社会条件下家庭的社会功能

在传统社会条件下，家庭承载着非常重要的社会功能。

首先是生产组织功能。传统社会中的生产方式主要表现为一种自给自足的生产方式，这种生产方式是以家庭为单位进行的，男耕女织在很多以农业生产为主的社会中被奉为一种理想的生产生活方式。生产不仅使家庭成为必要，而且促成了以生产为核心的家庭单位的紧密结合。由于生产的需要，传统社会家庭规模一般比现在的家庭规模要大，常常是几代人生活在一起，较大的家庭规模更有利于组织生产。从这一角度看，家庭生产需要与社会人口繁衍的需要是紧密联系在一起的。

其次是家庭的社会组织功能。与其他社会关系相比，家庭关系是一种最为稳固的关系，这种关系对社会秩序和结构起着其他任何组织都无法替代的基础作用，构成了最基本的社会关系结构。通过这种关系结构，可以将夫妻乃至更大范围内的亲属连接起来，由此形成最为基本的人际关系网络，这一网络构成了社会网络结构中最为稳定的主干。家庭表达着关系秩序，从生产生活共同体的角度来看，它还表达着财产秩序，同时还进一步表达着社会权力结构和权力秩序。也就是说，在传统社会中，人际关系上的社会差序格局、财产关系上的所有制制度以及社会权力的结构无一不是以家庭为基础的，家庭起着无可比拟的社会组织功能，家庭与社会的结构形式有着高度的统一。

再次是互助功能。传统社会中社会生产力相对低下，社会没有能力为个人提供充分的社会保障，个人生老病死等问题基本上完全是通过家庭互助的方式来完成的，家庭对个人意味着私人问题处理得到了保障，意味着可以在共同生活中相互照顾，从而大大降低了个体生存风险。如果没有基于家庭关系而形成的这种责任，无疑社会将会付出巨大的成本来解决儿童抚养和个人独自生活所面临的诸多问题。可以说，婚姻承担了绝大部分应通过社会解决而社会无法解决好的问题。在这一意义上，完全可以说，家庭是社会责任通过婚姻在社会和个人之间的分配机制。

家庭关系中的婚姻关系当然也存在完全个体角度的生理和情感满足功能，但这种功能在传统社会中从来都不是主要的，可以说，传统的家庭并不是以家庭成员情感依恋为焦点。传统社会婚姻的上述功能决定着婚姻在很大程度上并不是个人的私事，而是与家族和社会权力结构相连。因此，婚姻的缔结常常并非个人选择的结果，而是家庭权威对双方家族势力和婚姻利益权衡的结果；婚姻也并不依赖夫妻情感来维系，而是由更为复杂的其他社会因素来维系。

家庭客观上也承担着规范性的秩序和实现人口繁衍的功能，但是这两种功能并不是独立的，婚姻在产生之初并不以限制性关系为目的，婚姻也并不天然地排斥人们对性快乐的追求，通过婚姻对性的控制与传统社会身份秩序的维护相关。婚姻本身同样不以完成生育为目标，生育问题是由婚姻家庭所担负的生产组织功能、社会组织功能和互助功

能所决定的，是家庭生产、发展势力和解决个人养老问题必然的要求。

2. 家庭社会功能的变迁

随着社会的发展，家庭的社会功能发生了巨大的变化。婚姻的社会基础同样也发生了巨大的变化。在传统社会中，婚姻家庭主要是作为一种生产性单位存在的，扩大家庭人口规模、注重家庭关系在家族势力上的联结作用、重视家庭的内部结构组织功能成为传统家庭的主要特征。现代社会条件下，家庭已不再是一个生产单位，而转变成一个消费单位，这一转变使得家庭原有的由生产结合起来的纽带松弛了。同时，社会的发展为个人提供了更多机会，家庭裙带关系受到社会的抵制，这使原有的家族观念也进一步淡化。在这种情况下，家庭在传统社会中所起到的不可替代的生产组织功能和社会组织功能被局限到极为有限的空间。

这一变化进一步意味着家庭从公共视野中的隐退，家庭也不再是个人的主要生活空间，生活空间从家庭向社会转移，这使得家庭在某种程度上沦落为一个极为狭窄的私人生活的栖息地，个人对家庭的依赖进一步减弱。女性的经济独立加速了这一进程，社会福利进一步减小了个人对家庭的依赖，即使在晚年，个人也不必靠子女就可以获得基本的生活保障。在这种情况下，养育子女从原来的生存需要转变成一种单纯的心理或情感需求，甚至会造成一些负担，家庭的血缘纽带进一步松动了，家庭生活变得不再与生育和经济生产相关，而更多体现为情感性的结合。情感性的结合使家庭关系的组合更多地建立在个人选择的基础上，从而完全转变成一种纯粹的个体关系。

也就是说，与传统社会相比，现代家庭的生产功能和社会组织功能基本上不再存在，家庭的互助功能因社会福利政策的加强也被弱化，家庭更多地体现出来的是生理和情感满足功能，传统家庭赖以存在的社会基础似乎已经永远地成为历史了。

3. 当前社会条件下，家庭的主要社会功能

在传统社会中，社会的生产和结构与家庭的生产和结构形式是高度一致的，社会责任主要通过婚姻关系基础上的家庭来承担。现代社会条件下，一方面，个人基于生产需要对婚姻关系的依赖大大降低；另一方面，社会福利使社会承担了更多的对个人生存问题的负担，这在很大程度上改变了传统社会中个人与社会的责任分配方式，传统社会中个人与社会需求上的高度一致性也被打破了。

但是应当注意到，即使在当前社会条件下，针对个体生存条件、抚育和养老等问题，国家同样无法提供充分的社会保障。如果没有家庭关系上的互助功能，国家无疑将在抚育和养老问题上承担更多的责任，在个体遭遇疾病和伤害时，社会无疑将面临巨大的社会服务或公共服务压力。从个体的角度看，社会同样并未就个体生存及自我发展提供充分的条件，通过家庭内部的互助分工更有助于解决个体在生存能力、子女抚养等方面所面临的诸多问题，有助于夫妻在相互支持的基础上更充分地实现个体的社会价值。可以说，家庭的传统社会功能并未因社会的变迁而完全消失，仍然承载着当下社会无法实现的互助功能。

（三）家庭法及其未来方向

社会基础的变化改变并弱化了家庭的社会功能，同时也改变了法律对家庭的调整方式。由于传统社会中家庭在社会结构秩序方面的基础作用，家庭关系中个体的自主决定权受到了不同程度的限制。随着家庭社会功能的减弱，个体的自主决定权受到了更多的关注和强调，出现了逐渐扩大的趋势。

家庭法的变迁在婚姻法上尤其得到了清晰的体现。包办婚姻在大多数国家得以废除，结婚更多地被作为一项个人的事务，取决于个人的意愿。在此基础上，家族观念逐渐淡化，家族势力对个人在婚姻问题上的控制至少在法律上已失去了根据。夫妻在婚姻中的角色和地位也不再由法律规定，而是完全取决于个人基于共同生活关系的协商，法律几乎对此不置一词。在生活关系上，个人意愿得到了更多的尊重，可以根据自己具体的情况和双方意愿就财产使用和分割问题进行约定。

婚姻关系上对自由的强调还使过错离婚制度逐步走向消亡。第二次世界大战结束之后，到20世纪60—80年代，世界主要国家的离婚法实现了从过错离婚主义到无过错离婚主义的演变。离婚法改革的浪潮发端于20世纪60年代末，其影响甚广，以无过错制度为基础的离婚法改革在20世纪70年代早期席卷了西方世界。这场改革的结果是以降低离婚法定条件的形式改变了欧洲许多国家的婚姻法，也改变了世界其他大洲诸多国家和地区的离婚法。

可以说，无论婚姻关系本身还是婚姻法律政策，都越来越遵从并体现出婚姻关系上的个人意愿，婚姻关系由此也越来越体现出一种根据个人意愿而建立起来的"私人关系"。婚姻不仅被消减了传统的社会功能，也越来越淡出社会治理的视野，传统婚姻的模样已大大改变了。

我国目前也面临着前所未有的社会大变革，家庭包括婚姻的社会功能经历着与西方社会大致相同的演进轨迹。尽管婚姻家庭更容易受到一国历史文化与风俗习惯的影响，因而在历史上常常表现出更明显的民族性，然而这种民族性特色同样也在不断淡化。在这一过程中，如何使家庭法适应社会的变迁，是我们当前所面临的一个不可回避的重要课题。

二 家庭关系

家庭关系主要是父母子女之间的关系和夫妻关系，前者称亲子关系，后者称婚姻关系。除了这两种关系外，在特殊情况下，祖父母、外祖父母与孙子女、外孙子女之间的关系，以及兄弟姐妹之间的关系也具有一定的法律意义，也属于家庭关系中的重要类型。

（一）亲子关系

亲子关系指父母子女关系，是家庭关系中最近的血亲关系。亲子关系名虽称亲子，但却并不局限于亲生子女，父母与亲生子女之间的关系是亲子关系，与养子女之间的关系也是亲子关系。父母与亲生子女之间的血亲称为自然血亲，与养子女之间的关系称为拟制血亲。自然血亲关系除因依法送养子女而解除外，是不可以依自己的意思解除的；拟制血亲是自我设定的，因而原则上可以根据自己的意思予以解除。拟制血亲中的子女除养子女外，还包括已形成事实抚养关系的继子女。

1. 亲生子女

顾名思义，亲生子女指的是生物学意义上的子女。无论婚生子女还是非婚生子女，都是平等的法律意义上的子女。但是，对于父亲而言，自己是否是子女生物学意义上的父亲不像母亲那样容易确定。尽管法律没有明文规定，但实际上父亲身份的认定在法律上采用的都是推定原则，即父权推定，意思是对于在婚姻关系存续期间生育的子女，如果没有相反证据证明系非亲生子女，即推定为父亲的亲生子女。

随着科技的发展，当前多以DNA比对方法来鉴定父亲与子女是否具有血缘关系，但是否鉴定并不具有强制性，原则上也不能取决于父亲单方的意志。是否同意做鉴定，无民事行为能力人由监护人决定，如果孩子满10周岁，应充分考虑其自己的意愿。

尽管对是否做DNA鉴定法律不能强制，但血缘关系涉及抚养、监护、赡养等一系列权利义务，因而需要法律的调整。当夫妻双方因是否存在亲子关系发生争议而请求人民法院进行裁判时，起诉请求确认亲子关系存在或不存在的一方，已提供必要的证据并要求做DNA鉴定的，如果另一方没有相反证据又拒绝做亲子鉴定的，人民法院可以推定起诉方的主张成立。

2. 收养子女

收养子女不是被收养人的亲生子女，而是按法律规定收养的子女。依照法律规定并依法定程序收养的子女与亲生子女在法律上的地位相同。我国《民法典》规定，丧失父母的孤儿、查找不到生父母的弃婴和儿童，以及生父母有特殊困难无力抚养的子女可以被收养。收养关系生效后，养父母与养子女间的权利义务关系适用法律上关于父母子女关系的规定。养子女与生父母及其他近亲属间的权利义务关系因收养关系的成立而解除。

父母、孤儿的监护人和社会机构可以送养。父母送养子女的，除非一方下落不明，应当共同送养，并到民政部门办理收养登记，收养关系自登记之日起成立。监护人送养未成年孤儿的，须征得有抚养义务的人同意。有抚养义务的人不同意送养，但监护人不愿意继续履行监护职责的，应当变更监护人。未成年人的父母均不具备完全民事行为能力，除非父母对该未成年人有严重危害的情形，该未成年人的监护人不得将其送养。

对于收养人，我国《民法典》规定，年满30周岁没有子女或只有一名子女、有抚养能力的人可以收养子女。无子女的收养人可以收养两名子女，有子女的收养人只能收养一名子女，但收养孤儿、残疾儿童或者社会福利机构抚养的查找不到生父母的弃婴和儿童，可不受上述条件的限制。有配偶者收养子女，应当夫妻二人共同收养；无配偶者收养异性子女的，收养人与被收养人的年龄应当相差40周岁以上。被收养的子女年满8

周岁的,收养应当征求其本人同意。

收养人在被收养人成年以前,不得解除收养关系,但收养人、送养人双方协议解除的除外,养子女年满8周岁以上的,应当征得本人同意。养父母与成年养子女关系恶化、无法共同生活的,可以协议解除收养关系。不能达成协议的,可以向人民法院起诉。收养关系解除后,未成年子女与生父母及其他近亲属间的权利义务关系自行恢复,已成年子女与生父母关系是否恢复,自行协商决定。

3. 关于继子女

继子女是指丈夫与前妻或妻子与前夫所生的子女。继父母与继子女没有任何血缘关系,仅是基于父或母再婚而形成的姻亲关系。这种姻亲关系本身并不当然地在继父母与继子女之间产生任何权利与义务关系,对于再婚时子女已成年或者从未接受过继父母抚养教育的继子女,他们与继父母不存在任何法律上的关系。如果未成年的继子女与继父母长期生活在一起,形成了事实上的抚养关系,则继子女与继父母之间形成与生父母子女关系同样的权利义务关系。如果继子女与继父母共同生活,但继子女的生活费用由其不在一起生活的生父或生母供给一部分或全部,是否存在事实上的抚养关系,可根据具体情况确定。

继子女与继父母之间已经形成事实上抚养关系的,相互间享有继承权,而且继子女继承继父母的遗产,不妨碍其继承生父母的遗产。

继子女与继父母之间的关系是基于生父母的再婚而产生的,当生父与继母或生母与继父离婚时,对曾受其抚养教育的继子女,继父或继母不同意继续抚养的,仍应由生父母抚养。在通常情况下,由继父母抚育成人并独立生活的继子女,应当承担赡养继父母的义务,双方关系原则上不能自然终止。如果双方关系恶化,经当事人的请求,人民法院可以解除他们之间的权利义务关系。但是,成年继子女须承担丧失劳动能力、生活困难的继父母的晚年生活费用。

(二)婚姻关系

1. 什么是婚姻?

对于婚姻,我国法律上并没有一个明确的定义。它似乎并不是一个单纯的法律概念。婚姻自古存在,而且蕴含着传统、习俗和文化等多方面的含义,在很多人看来,它根本不应由法律来定义。然而,不管是否应当由法律来定义,法律都要求婚姻必须有明确的内涵和外延,否则在法律上就无法确定某些关系是否可以纳入婚姻法调整。比如,同性之间的结合是不是婚姻?

同性婚姻显然是对传统婚姻制度的一种颠覆性挑战,但婚姻传统并不是一成不变的。我国古代的"父母包办"现已被"自由恋爱"所替代,半个世纪前的民国时期还可以"一夫多妻",但现在多妻制已为法律所废除。以传统来拒绝同性结婚看来并没有足够的说服力。也有人认为,婚姻是两个人的私事,法律不应当干涉个人的私事,既然两个同性的成年人愿意结婚,法律没有权力干涉。

但是，婚姻关系似乎从来就没有被当作单纯的个人私事。在传统社会条件下，基于婚姻关系所形成的家庭是社会的基本生产单位，以婚姻关系为中心所形成的复杂的社会关系网络也构成了社会组织关系类型的一部分。尤其重要的是，婚姻还有一种身份等级维系功能，不同等级之间的联姻可能会对现有的社会结构形式形成威胁。因此，婚姻从未被看作单纯的私人事务，它连接着个人与社会的两端，是个人空间与公共领域的接合部和联结点。尽管在现代社会条件下，婚姻的传统功能已大大弱化，甚至部分功能已基本消失，但没有人会否认，婚姻关系仍然承载着特定的社会功能，它仍然是社会网络结构中的一个重要组成部分。

我们在此讨论的重点并不是同性婚姻是否具有正当性，而是想通过这个例子来说明婚姻问题的复杂性。在我们讨论当前具体的婚姻制度时，我们的眼光不能单纯地着眼于制度本身，还应注意到婚姻关系背后所隐含的个体与社会的不同维度。

不管人们对婚姻的定义有着怎样的分歧，人们至少对婚姻的以下特点存在普遍的认同：婚姻是私人之间结成的稳定的共同生活关系，尽管婚姻是私人之间的结合，但婚姻承载着某种其他关系所无法替代的社会功能，因而婚姻关系的内容向来都不是完全由个体自由设定的，婚姻关系中的权利义务更多是由法律事先预设的。在此意义上，无论婚姻是否应当由法律来定义，其内容以及婚姻关系中的双方（或各方）之间权利义务的具体内容事实上都是由法律来设定的。

《民法典》没有专门对婚姻进行定义，但从相应条款中完全可总结出对婚姻的一般定义：婚姻是一男与一女之间经依法登记而结成的稳定的共同生活关系。同性婚姻、一夫多妻或一妻多夫在我国婚姻法上不被认可。

2. 婚姻的缔结

不同国家对婚姻缔结的条件有不同的规定，比如有的国家允许同性结婚，有的国家允许一夫多妻，还有的国家可能会因为宗教或种族的原因禁止某些人之间通婚。关于结婚年龄各国也有不同的规定，目前大多数国家规定最低婚龄为18岁，但也有的国家规定年满15周岁就可结婚。我国《民法典》关于法定最低婚龄的规定为男性22周岁、女性20周岁。

我国法律规定，婚姻必须同时具备以下条件才能生效：双方性别分别是男和女；双方完全自愿；双方均达到法定结婚年龄；双方不属于直系血亲和三代以内旁系血亲；双方均无配偶；依法经过登记。对婚姻缔结条件的规定意味着对婚姻的限制，这常常与当地的风俗与文化相联系，同时也有立法者为实现婚姻所承载的社会功能所进行的考量。

3. 婚姻的无效与撤销

不符合婚姻缔结条件的，婚姻关系无效。应注意的是，对于婚姻的无效，如果没有构成重婚或存在其他违法犯罪行为，仅意味着婚姻关系不被法律认可，关系双方无法得到婚姻意义上的法律保护。婚姻关系无效的，其中一方可以向人民法院起诉，宣布婚关系无效。

一般来说，如果符合法律规定的婚姻缔结的实体要件，仅仅是未办理婚姻登记的，双方可以共同补办登记手续。未达法定结婚年龄虚报年龄骗取登记的，达到法定结婚条件后，不得再以登记时未达到结婚条件而请求确认婚姻无效。

违背当事人意愿胁迫结婚的，或者对方有重大疾病在结婚时未如实告知的，当事人可自结婚登记之日起，或知道可撤销事由之日起1年内请求撤销婚姻，当事人在上述期限内未向人民法院申请撤销的，婚姻关系有效。当事人认为婚姻登记机关存在登记瑕疵的，还可以以婚姻登记机关为被告，提起行政诉讼，要求人民法院撤销登记。

无效或被撤销的婚姻，婚姻关系自始无效，当事人之间不具有夫妻的权利和义务。同居期间所得的财产，由当事人协议处理；协议不成时，由人民法院根据照顾无过错方的原则判决。对重婚导致的婚姻无效的财产处理，不得侵害合法婚姻当事人的财产权益。当事人所生的子女，适用有关父母子女的规定。

（三）其他家庭关系

当父母死亡或没有抚养能力时，抚养或赡养义务可以延伸到祖孙关系和兄弟姐妹之间。

有负担能力的祖父母、外祖父母，对于父母已经死亡或父母无力抚养的未成年孙子女、外孙子女，有抚养的义务；有负担能力的孙子女、外孙子女，对于子女已经死亡或子女无力赡养的祖父母、外祖父母，有赡养的义务。祖孙之间作为第二顺序继承人相互享有继承权。

有负担能力的兄、姐，对于父母已经死亡或父母无力抚养的未成年弟、妹，有扶养的义务，由兄、姐扶养长大的有负担能力的弟、妹，对于缺乏劳动能力又缺乏生活来源的兄、姐，有扶养的义务。兄弟姐妹作为第二顺序继承人相互享有继承权。

三 家庭财产

（一）家庭财产共有制度

家庭是一个共同体，承载着特定的社会功能，因此，其制度的设计应考虑如何维持关系的长期稳定。共同财产制度显然是一个不可替代的纽带，有助于巩固家庭关系中最为脆弱的夫妻关系。

基于婚姻关系而组成的家庭是一个由夫妻共同经营、分工合作的组合体，因此《民法典》规定，夫妻在婚姻关系存续期间所得的下列财产，为夫妻的共同财产，归夫妻共同所有：① 工资、奖金、劳务报酬；② 生产、经营、投资的收益；③ 知识产权的收益；④ 继承或者受赠的财产，但遗嘱或者赠与合同中确定只归一方的财产除外；⑤ 其他应当归共同所有的财产，主要包括一方以个人财产投资取得的收益、双方实际取得或者应当取得的住房补贴和住房公积金，以及双方实际取得或者应当取得的养老保险金或破产安置补偿费等。

（二）财产共有的例外情形

家庭共同财产制度不能绝对化，夫妻关系是夫妻共同自我设定的关系，随时有可能解除。在很多时候，过于绝对化的共有制度可能不仅起不到稳定婚姻关系的作用，而且反而可能会增加很多人的顾虑，对是否走入婚姻殿堂也变得更加犹豫和徘徊。基于此，现在家庭法在坚持财产共有制的基础上，也为个人财产保留了充分的空间。

家庭中的个人财产制度原则上是基于夫妻关系而设计的，该设计将夫妻共同财产限定于夫妻共同生活期间所取得的财产，婚前财产以及虽是婚后取得但具有较明显的个人归属性的财产则划归了个人所有。这些个人所有的财产主要包括：① 一方的婚前财产；② 一方因受到人身损害获得的赔偿或者补偿；③ 遗嘱或者赠与合同中确定只归一方的财产；④ 一方专用的生活用品；⑤ 其他应当归一方的财产。

（三）关于约定财产制

婚姻所担负的社会功能（尤其是互助功能）在现代社会条件下并未完全消失，但也越来越淡化，婚姻关系越来越发展为一种私人之间的"纯粹关系"。个人的意愿在家庭关系（尤其是婚姻关系）中受到了越来越多的重视。婚姻关系中的权利义务不再完全取决于法律的预设，逐渐开始允许夫妻双方根据自己的意愿自行设定婚姻关系的具体内容，约定财产制度即在这种情况下应运而生。

2001年《中华人民共和国婚姻法》修订时纳入约定财产制，如今也已写入了《民法典》。约定财产制是对家庭财产共有制的进一步弱化，允许夫妻双方约定婚姻关系存续期间所得的财产以及婚前财产归各自所有、共同所有，或部分各自所有、共同所有，从而使个体在家庭财产问题上有了更大的自主决定权。

约定财产制并不能依据约定将夫妻财产完全分清，比如在共同债务问题上就存在很大局限，但仍对传统夫妻共同财产制度造成了巨大的冲击。约定财产制在夫妻关系中更多地体现了个体的意愿，也为夫妻处理家庭财产问题提供了更多的自由空间。但是也应注意到，即使在现代社会条件下，尽管婚姻关系在功能上越来越私人化，但婚姻关系背后所涉及的个体能力、社会背景、经济状况乃至社会观念等因素都是不可忽略的，约定财产制是否能够真正地体现男女婚姻关系中的平等，是否能真实地反映双方的共同意愿，需要打上一个大大的问号，其对婚姻关系的影响也需要在实践中进一步予以验证。

第二节　家庭关系中的权利与义务

由于家庭关系所承载的无可替代的社会功能，个体在家庭关系中的自主决定向来受到严格的限制，大多数情况下，家庭关系中的权利义务都是由法律直接设定的。尽管随着家庭所承载的社会功能逐渐减少，个体在家庭关系上获得了越来越多的自主决定权，但法律预设的权利和义务仍然构成婚姻家庭法的重要内容，个体自主决定的范围仍然非常有限。

家庭关系中的权利属于构成性权利，是家庭法上的规则表达，不能脱离具体的家庭关系而独立存在。学理上，有人将家庭关系中的权利称为身份权，与人格权共同构成"人身权"的一部分。但"人身权"似乎并不是一个严谨的法律概念，人身损害赔偿意义上的"人身"主要指"人格与身体"，并不是身份权意义上的"身份"。其实，将家庭关系中的权利称为"身份权"未尝不可，但无论叫什么，都改变不了其构成性权利的权利性质。

一 抚养与赡养问题

"抚养"一般指对未成年人的抚养，夫妻之间以及成年的兄弟姐妹之间一般称"扶养"，而对老人则称"赡养"。但在有些语言环境下，对上述情况并不一定进行严格区分，如人身损害赔偿项目中所说的"被抚养人"，不仅包括由受害人抚养的未成年子女，也包括由受害人赡养的老人。

（一）抚养与监护——制度功能的区分

监护的本质是代理和照看，故监护人又称法定代理人。由于欠缺民事行为能力人不能独立处理自己的事务，所以需要由监护人代理而为之，同时对其进行照管和看护，防止其受到伤害或对他人造成伤害。据此可以说，监护所针对的事务是被监护人自己的事务，只是其自己没有能力处理，才需要由监护人代为处理。抚养虽然关涉子女的生活和教育，但这些事务并不单纯是子女的事务，还是抚养人针对被抚养人应负担的法定义务。在内容上，这种义务主要包括照料子女生活、提供子女生活教育费用以及引导子女正确行为等方面。在制度功能上，抚养与监护具有完全不同的制度功能，体现的是不同的制度设计。

在一般情况下，抚养与监护都是由父母承担的，但在父母离婚情况下，监护与抚养则会分离，不随子女共同生活的一方，并不免除其抚养义务，比如仍须支付抚养费，但原则上不再有监护义务。监护人也不是必然负有抚养义务，比如在没有法定监护人的情况下，其他愿意担任监护人的个人经相关部门同意可以担任监护人，但该监护人并无法定的抚养义务。

（二）抚养——权利还是义务？

抚养到底是一项权利还是一项义务，是一个没有被充分讨论的问题。从抚养所包含的具体内容看，它主要是一项义务，但在离婚诉讼中，人们又经常将其表达为权利。那么，抚养到底是一项权利，还是一项义务？有人认为，抚养首先是一项义务，如负担生

活费的义务和教育义务等，但同时也包含着某种权利，如对子女的训诫权、约束权以及与子女的共同生活权等。这样的认识是一种折中式的，但仍然存在问题。比如，还款是一项义务，但还款人既可以以现金偿还，也可以通过转账偿还，但没有人说还款义务中还包含着某种选择性权利。所谓父母对子女的约束和训诫，在很大程度上也是抚养义务的一种行使方式，似乎很难说是一种独立的权利。

总之，无论从何角度来看，抚养都是抚养人不可推卸的义务，而不是抚养人可以按照自己的意思任意为之的权利。当然，否定抚养的权利性质并不意味着抚养人对被抚养人没有任何权益，如亲子关系上的情感依赖以及对子女未来履行赡养义务的期待利益等。但这种权益如果以权利来表达的话，不宜用抚养权来表达，它实际上属于亲权的内容。

应当注意的是，父母抚养教育子女并不是单纯的家庭关系意义上的义务，还是一项社会义务。随着社会的发展，抚养义务被越来越多地被纳入国家公法的层面，同时对父母的行为进行了更多的限制。当抚养人的行为不利于子女的健康成长时，国家甚至可以直接进行干预。不可否认，特定情况下，国家公权力的干预是必要的，但国家公权力在何种前提下可以进行干预，权力的边界在哪里，仍是一个非常复杂、需要进一步讨论的问题。

拓展阅读

阿米绪人的教育问题

在美国，现在仍生活着一个非常特殊的群体——阿米绪人。他们世代保持自己的信仰和生活方式，对信仰的传递和子女的教育也有特殊的观念。由于政教分离，美国的公立学校不允许有宗教教育。阿米绪人认为，这会引导他们的孩子脱离他们代代相传的宗教追求。阿米绪人自己的学校是一种单室学校，大小孩子都在一个教室里，让他们养成互相帮助的习惯。依据阿米绪的宗教，14岁以后不应该在学校读书，而应该干活。所以学校教育到14岁为止。

一般情况下，怎样教育孩子，把孩子培养成什么人，家长有最大发言权。但是，教育也包含了国家和社会的利益。美国各州在19世纪末20世纪初，纷纷通过义务教育法，规定儿童必须接受学校教育到16岁。家长不履行义务让儿童接受教育，会遭到罚款甚至坐牢的惩罚。从20世纪初开始，各地陆续发生阿米绪人因不送孩子去读高中而遭到罚款甚至坐牢的事情。

1968年秋，威斯康星州开始对阿米绪人强制实行教育法，两名阿米绪家长被捕。阿米绪人的宗教令他们逆来顺受、消极抗争，而这些冲突渐渐引起社会关注。

一名路德教会牧师挺身而出，代表被捕者对政府提起诉讼。官司一直打到联邦最高法院。这就是著名的"威斯康星诉约德尔案"。

1971年11月8日，联邦最高法院听取此案辩论。从不抛头露面的阿米绪人，一袭传统的黑色服装，默默来到首都华盛顿，听候决定他们命运的判决。

1972年5月15日，联邦最高法院作出了对阿米绪人有利的裁决，判定州政府强迫阿米绪儿童上学至16岁，侵犯了阿米绪的宗教权利，州义务教育法必须对阿米绪宗教作出教育方面的豁免。在最高法院的判词中，沃伦·伯格（Warren Earl Burger）首席大法官写下如下这段话：

"我们不可忘记，在中世纪，西方世界文明的很多重要价值是由那些在巨大困苦下远离世俗影响的宗教团体保存下来的。没有任何理由假设今天的多数就是'正确'的，而阿米绪和类似他们的人就是'错误'的。一种与众不同甚至异僻的生活方式如果没有干涉别人的权利或利益，就不能仅仅因为它不同于他人就遭受谴责。"

但最高法院大法官威廉·道格拉斯（William Donglas）也提出了反对意见。他提出，此案涉及阿米绪儿童的教育，这种教育对阿米绪儿童将来一生的福祉至关紧要，所以，此案裁决必须考虑阿米绪学童自己的意愿。

道格拉斯大法官的不安也表达了社会上很多人的担忧。成年人有宗教信仰的自由，阿米绪人当然也有权依据信仰而采取自己的生活方式，大多数人对此不会有异议。但是孩子并没有选择的机会，父母替他们选择这种"低水平"的教育，回避现代科技，局限他们的人生发展，这是否剥夺了孩子对未来生活的选择机会呢？

这一案例非常典型地反映了父母教育子女的权利与国家法律之间的冲突。美国联邦最高法院的判决虽然最终没有对阿米绪父母进行限制，但判决理由是从宗教自由的角度来阐释的，法官显然回避了子女教育方面的问题。但无论如何，在处理父母子女关系上，我们永远应当记住的是：子女并不是父母的财产，而是与父母一样的法律上的平等主体。因此，抚养教育不能单纯凭自己的喜好，而是应考虑子女的选择与人的社会化要求。

（参见林达：《扫起落叶好过冬》，三联书店，2006，第二辑中《阿米绪的故事》一文。）

（三）赡养问题

赡养指子女或晚辈对父母或长辈在物质上和生活上的帮助，它包括两方面内容：一是在经济上应为父母提供必要的生活用品和费用；二是在生活上、精神上、感情上对父母应尊敬、关心和照顾。赡养主要指成年子女对无劳动能力或生活困难的父母应尽的义务；同时，有负担能力的孙子女、外孙子女，对于子女已经死亡的祖父母、外祖父母也负有赡养义务。

子女对父母的赡养义务不仅发生在婚生子女与父母间，而且也发生在非婚生子女与生父母间、养子女与养父母间，以及继子女与履行了抚养教育义务的继父母之间。儿子与女儿应尽的赡养义务是同等的。对拒不履行赡养义务的子女或孙子女、外孙子女，父母、祖父母或外祖父母可以提起诉讼，要求支付赡养费。对于情节恶劣者，还可追究其刑事责任。

赡养是个体养老问题的一种家庭解决机制，是社会养老机制不完善的情况下的一种制度选择。社会养老制度越不完善，个体养老对家庭的依赖越重，对子女的期待也越多；反之，对家庭养老的依赖越轻，对子女的期待越少。社会养老与家庭养老的变化影响的不仅仅是个体养老问题，对婚姻观念和生育观念也必然会产生重要的影响。

二 婚姻关系中的权利和义务

关于夫妻之间的权利和义务，我国《民法典》中明确规定的实际只有两条：一是第1059条规定的夫妻互相扶养的义务；二是第1061条规定的夫妻之间有相互继承遗产的权利。此外，尽管第1055条规定了夫妻在家庭中地位的平等权、第1056条规定了使用自己姓名的自由权、第1057条规定了工作学习自由权，但这些权利和义务要么是人格权或社会性权利，要么是社会性义务，显然并不是严格意义上夫妻之间的权利和义务。

但是，夫妻之间的权利和义务显然并不局限于继承权和扶养义务，透过《民法典》的具体条文，我们还能发掘出很多条文中没有明示，但现实中实际存在的权利和义务。

（一）夫妻之间的权利

1. 继承权

夫妻之间有相互继承的权利，这是《民法典》中明文规定的权利。夫妻之间不仅有法定的相互继承的权利，而且配偶与父母和子女是同顺位即第一顺位的继承人。

2. 家事代理权

家事代理权是指夫妻因日常家庭事务与第三人为一定法律行为时相互代理的权利。夫妻一方在行使日常家事代理权时，无论对方对该代理行为知晓与否、追认与否，夫妻双方原则上均应对该行为的法律后果承担连带责任。

我国《民法典》中没有明确规定家事代理权，但第1062条规定，夫妻对共同所有的财产有平等的处理权，可视为对夫妻家事代理权的规定。家事代理权不仅是夫妻共同生活的法律要求和日常生活顺利进行的必要保障，也是维护财产交易安全、保障第三人利益的一项重要措施，有着非常重要的现实意义。但是，家事代理权作为一项法定的代理权，容易被用作侵犯配偶合法权益的工具，所以法律对家事代理权的范围和行使方式常会作一些限制性规定。限制性规定有助于保护配偶的权利，但反过来又容易被夫妻串通利用侵犯债权人的权益。因此，对于家事代理权尤其是其中的家庭财产处分权的权利安排，应当充分考虑各方面的情况，否则很容易在现实生活中产生诸多难以解决的问题。就这一问题，下文讨论离婚共同债务的处理问题时会有更详细的探讨。

根据各国立法的规定及我国的实际情况，夫妻相互可代理的家事主要是家庭生活的日常事务，如购物、保健、衣食、娱乐、医疗、雇工、子女教育等等。但对一些家庭生活中的重大事项，应对家事代理权作出限制性规定。比如送养或收养子女、处置与家庭生活密切相关的价值较大的财产等，均应共同协商后决定，不宜由一方直接代理；又如与配偶人身相关联的事务，如继承权的放弃以及劳动报酬的领取等，也不能代理。

3. 关于生育权与配偶权

值得讨论的是近年来常被提及的配偶权和生育权问题，配偶权和生育权属于权利吗？如果是权利，其基本内容是什么呢？在夫妻关系存续期间，妻子未经丈夫同意而堕胎，妻子侵犯了丈夫的生育权吗？丈夫背叛妻子与第三者通奸，丈夫侵犯了妻子的配偶权吗？如果丈夫享有生育权，那么妻子有没有不生育的权利？其对丈夫负担一种生育义务吗？如果妻子享有配偶权，这种配偶权包含一种对丈夫的情感和性的独占权吗？配偶权的内容又是什么呢？

生育权是与个体的身体功能相关的权利，可归于人格权的范畴，属于主体性权利。在夫妻关系上，配偶之间并不负担生育义务，也不存在关系意义上的生育权问题。也就是说，生育权是与身体和健康相联系的权利，而不是夫妻关系意义上的权利。配偶权是立足于配偶关系而存在的，没有配偶关系便不存在配偶权，所以配偶权是一种关系意义上的权利，性质上是构成性权利。在配偶关系中，配偶负有忠诚义务，通奸行为显然有违忠诚义务，如果由此导致婚姻关系解除，另一方可以主张损害赔偿。在这种情况下，如果以配偶权来表达，也未尝不可。但应注意的是，在配偶关系上，规则的出发点主要是义务，而不是权利。

（二）夫妻之间的义务

1. 相互扶养的义务

相互扶养的义务是《民法典》明确规定的夫妻之间相互负担的唯一法定义务，该法第1059条规定，夫妻有互相扶养的义务。扶养义务主要指一方因病或受伤害丧失独立生活能力时，另一方所负担的提供生活费用并照顾其生活的义务。如果负有扶养义务的一方不尽义务，另一方可以要求或请求人民法院判令其支付扶养费。

扶养义务涉及的是较为特殊的情形，实际上在夫妻共同生活期间，双方之间最经常的义务是生活互相扶助、互相照顾的义务，可简称为互助义务。但由于这种义务过于琐碎，并且这种义务一旦具体化就都成为琐屑的鸡毛蒜皮式的家务事，所以并未受到（实际上也很难受到）法律的关注，因而没有被纳入法律的调整范围。

2. 关于忠诚义务

有人认为相互忠诚是夫妻之间的一项法定义务。尽管《民法典》中没有明确说夫妻

之间负有相互忠诚的义务,但《刑法》将重婚规定为一种犯罪,《民法典》将违反忠诚义务作为认定夫妻感情破裂的一个重要事由,并明确规定在离婚时,违反忠诚义务的一方应承担相应的责任。这些都是有关忠诚义务的规定。

不可否认,法律倡导夫妻之间的相互忠诚,忠诚也是婚姻关系中应有之义,进入婚姻殿堂,就意味着对婚姻关系存续期间保持忠诚作出了承诺。在此意义上,将忠诚作为一种义务也未尝不可。但应注意的是,婚姻关系主要是以夫妻之间的感情为纽带的,过多的外部强制和约束不仅无助于改善夫妻关系,反而可能会引发更为严重的问题。因此,即使将忠诚视为一种义务,在责任的设定上仍需要仔细斟酌。目前,我国《民法典》将一方违反忠诚义务、另一方不能谅解的情况视为夫妻感情破裂的一种判断依据,由此导致离婚的,在分割财产时应当适当照顾无过错一方。情节比较严重的,如构成重婚或同居的,无过错方还有权要求损害赔偿。但由于没有具体可明确计算的损害,这种损害赔偿的作用是有限的,与其说是对违反忠诚义务一方的惩戒,不如说是对无过错方的慰藉。

由于忠诚义务问题在法律上的局限性,一些当事人试图通过订立"忠诚协议"的方式来加强对行为的约束。比如,约定如果违反忠诚义务就"净身出户",或向对方赔偿500万元等。这样的约定有效吗?

在合同法领域,只要不违反法律的禁止性规定,当事人的约定就是有效的,就应当受到法律的保护。但是在婚姻家庭领域,法律对个体的自主决定权有很大的限制,法律没有明确禁止的,虽然也是允许的,但如果法律没有明确许可,也可能意味着不提供法律上的保护。对于"忠诚协议",法律并没有明确禁止,所以应当允许,如果当事人自愿履行,法律不应强行干涉。但是,由于法律上也未明确表示认同并支持这种"忠诚协议",如果当事人拒不履行忠诚协议,法律也不会提供强制履行的保护。之所以如此,还是如前文所说,婚姻关系主要是以夫妻之间的感情为纽带的,过多的外部约束会扭曲婚姻关系的目的,从而可能诱发更为严重的问题。

3. 关于同居义务

还有人认为夫妻之间还负有同居义务。不可否认,同居是婚姻关系内容的重要组成部分,也是婚姻的基础和感情的纽带,但这并不意味着同居可以被视为一种义务。同居是个体自主决定权的重要内容,在性质上属于主体性权利。任何关系中权利义务的设定都不得侵犯和影响主体性权利,这应是一个没有任何例外的绝对性规则,否则人的主体性地位就会受到影响。

由于同居构成了婚姻关系内容的一部分,在此意义上,进入婚姻殿堂的确意味着夫妻之间就同居问题达成了一致,相互作出了承诺。但人格权不得转让和继承,不能通过承诺限制或放弃。所以,我们虽然可以将同居视为婚姻关系的重要内容,但不能视之为一种有效的自我设定的义务。

三　关于继承权

我国《民法典》中，继承是独立作为一编对待的，并没有纳入婚姻家庭法。这样的体系安排源自德国法，《德国民法典》中就是这样安排的。但是，我们中国人与西方人在对待继承的观念上有非常大的不同。我们的文化传统中有着浓厚的家族观念，对于继承基本上也是在家族法的框架下来思考的。西方人则不同，比如在继承顺序问题上，《德国民法典》一口气规定了五层继承顺序后还觉得不够，接着又规定了一个"更远顺序"。我们在阅读西方名人传记的时候，会觉得西方人总是莫名其妙地继承一大笔遗产，这些遗产并不是来源于直系亲属的，而常常来自姑妈、姨妈，甚至一辈子从未谋过面的某个远房亲戚。这反映出，在继承问题上，他们远远超出了家庭法的局限和范围。这对于我们中国人来说是难以想象的，反映的是不同文化背景下观念和制度的差异。

由于我们中国人总是在家庭法的观念下思考继承问题，同时也是出于篇幅的考虑，本书中把继承问题放在家庭法中讨论。对于这样的安排，我们可能不仅不会觉得违和，多多少少还有点顺理成章的感觉。如果你也有这样的感觉，是不是也反映出你头脑中所固有的传统观念的影子呢？

（一）确定遗产归属的方式

遗产是指个人生前的个人财产，遗产继承解决的是个人财产在本人死亡后的归属问题。就此问题，一般可以有三种解决方式：一是收归国有，苏联十月革命后很多地方就曾采取过这种方式；二是由被继承人生前指定的人继承，即遗嘱继承；三是由法律规定的特定的人继承，即法定继承，法定继承的继承人一般是死者的近亲属。

对于私人财产，本人有处分的自由，对于其死后的财产归属，也应充分尊重并体现本人的意志。如果法律强行规定不符合本人意思的处理方式，则本人无疑会在生前通过各种手段来处分财产，以逃避法律的适用，这样的法律应当说是有问题的。由此可以说，无论继承法承载着什么样的社会功能，其最为基础同时也最为核心的问题一定是不能脱离被继承人生前的意志，否则，这样的法律不仅可能形同虚设，而且将迫使当事人规避法律，从而不可避免地会使法律的权威性受到破坏。更甚者，由于本人的财产在死后的归属不能由自己左右，还可能会影响人们创造财富的积极性，从而影响社会的进步与发展。

因此，简单地采取收归国有的方式显然不是最佳的选择。最佳的选择应是由本人事先依据自己的意愿做出安排，即遗嘱继承。但是，在本人没有立遗嘱（如因事故死亡未及立遗嘱）的情况下，需要法律规定遗产的归属。在这种情况下，法律应如何确定继承人呢？法律确定继承人的原则应是推定原则，即根据通常情况推定被继承人的意思。一般情况下，被继承人会将遗产指定给与自己关系最为亲密的人继承，而与本人最亲密的人无疑是自己的家庭成员。因此，法定继承人原则上是在被继承人的亲属中指定的，并按亲疏远近来确定不同的继承顺位。

然而，被继承人处分遗产的自由并不是继承法所应考虑的唯一因素。从社会的角度看，尤其是对于一些大型私人企业的传承，继承法应避免因遗产被分割而对企业社会效益造成影响。同时，继承上的不劳而获在很多人看来是对获得财富的机会平等原则的破坏，尽管100%的机会平等从来都没有真正地存在过，但通过继承法可以实现某种程度的再分配，这一点很容易成为立法者干预继承的理由。

总之，继承法虽然表面上不过是个体对其财产的死后处分问题，但这一问题却触及各种不同的价值原则冲突。因此，各国继承法都不同程度地对被继承人对遗产的自由处分权进行了限制，但限制的程度和方式上各国法律存在很大的差异，这种差异一般情况下取决于一个国家的历史传统和当时占主导地位的社会观念。

我国继承法规定，继承包括法定继承、遗嘱继承、遗赠和遗赠扶养协议四种。其中，遗赠扶养协议效力优先，遗嘱效力次之，遗赠再次。没有遗赠扶养协议，也没有遗嘱和遗赠，或虽有但无效的情况下，才适用法定继承。

（二）继承方式

1. 法定继承

法定继承是指按照法律直接规定的继承人范围、继承顺序和遗产分配原则等进行财产继承的一种继承制度。法定继承人的范围包括配偶、子女、父母、兄弟姐妹、祖父母、外祖父母，以及对公婆或岳父母尽了主要赡养义务的丧偶儿媳与丧偶女婿。上述继承人按照以下顺序继承：

第一顺序：配偶、子女、父母，以及对公婆或岳父母尽了主要赡养义务的丧偶儿媳与丧偶女婿。

第二顺序：兄弟姐妹、祖父母、外祖父母。

继承开始后，由第一顺序继承人继承，第二顺序继承人不继承。没有第一顺序继承人继承的，由第二顺序继承人继承。同一顺序继承人，对遗产有平等的继承权，但在遗产分配时，尽主要赡养义务的人可适当多分。在法定继承中，如果被继承人的子女或兄弟姐妹先于被继承人死亡，被继承人的子女或兄弟姐妹的晚辈直系血亲可以代替其父母的继承顺序继承被继承人的遗产，这种情况称为代位继承。继承人在继承开始后、遗产分割前死亡的，其应继承的遗产应当转由其合法继承人来继承，这种情况称为转继承。

2. 遗嘱继承与遗赠

遗嘱继承是指被继承人生前通过立遗嘱的形式，确定遗产的分配方式。由于遗嘱继承人是按照遗嘱由遗嘱人指定的，所以又称指定继承人。法律一般不限定遗嘱继承人的范围，可以是法定继承人，也可以不是法定继承人，可以是法定继承人中的一人，也可以是法定继承人中的数人。但对于法定继承人以外的人依据遗嘱取得遗产的情况，一般称之为遗赠，从而与遗嘱继承相区分。无论是遗嘱继承还是遗赠，遗嘱都应当为缺乏劳动能力又没有生活来源的继承人保留必要的遗产份额。同时，对出生后将成为法定继承人的胎儿，亦应保留继承份额。

我国《民法典》继承制度存在的问题

先看两个案例。

案例1：溥仪去世时，无父母子女，其配偶李淑贤作为第一继承顺序的唯一法定继承人，继承了溥仪的全部遗产，包括其《我的前半生》一书著作权中的全部财产权利。后李淑贤去世，由于其本人没有法定的继承人，其全部财产包括从溥仪那里继承来的财产全部被收归国有。但此时溥仪的弟弟溥任还健在，他作为溥仪的第二顺序继承人本来享有继承权，但由于李淑贤继承权的行使而使其继承权彻底地丧失。在法律上，李淑贤哪怕只比溥仪多活了一分钟也会导致溥仪的弟弟丧失继承资格。

案例2：李健与张英夫妇生育两个孩子，在北京有一套面积150 m²的住房，市价约1 600万元。2017年2月，张英不幸因交通事故去世。同年4月，张英的母亲去世。5月，在老家临沂生活的张英的姐姐张敏找到李健，认为张英去世时，房子的一半应属遗产，其母亲有权继承遗产的四分之一即200万元，其母亲去世后，该遗产应由张敏和张英的子女继承，张敏应继承的份额为100万元，特要求李健向其支付100万元。

上述两个案例反映了我国法定继承中存在的问题。继承本质上是个人财产的传承问题，是个人财产权的延伸，如果制度设计使财产过早地被充公，无疑是对个人财产的不尊重和变相掠夺，必然会产生一系列负面效应。因此，在制度设计上应尽可能地延缓遗产的归公过程。同时，法定的遗产继承人的范围和继承顺序原则上是依据亲等来确定的，在存在直系亲属的情况下，如果旁系亲属也享有继承权不符合一般的社会心理。如果按亲等来确定继承人范围和继承顺序，配偶的身份就成为一个非常特殊的身份，因为他（或她）很难被确定亲等。

基于上述情况，有人提出应对我国法定继承的继承人顺序进行修改：首先，父母不应作为第一顺序继承人，第一顺序继承人应限于晚辈直系血亲；其次，配偶不宜确定继承顺位，只要存在其他法定继承人，不管是哪一顺位，配偶都和他们共同继承并分割遗产。这些意见早在民法典颁布前就有人提出，但在民法典制定过程中并未被立法者所采纳。

3. 遗赠扶养协议

遗赠扶养协议是遗赠人与扶养人签订的关于扶养人承担遗赠人生养死葬的义务，遗赠人将自己的财产于死后赠与扶养人的协议。扶养人可以是公民，也可以是集体经济组织。

（三）继承权的丧失

继承权是一项权利，继承人有权放弃，但必须以明示的方式作出放弃表示。继承权也可因法定原因而丧失，我国《民法典》第1125条规定，继承人有下列行为之一的，丧失继承权：① 故意杀害被继承人；② 为争夺遗产而杀害其他继承人；③ 遗弃被继承人，或者虐待被继承人，情节严重；④ 伪造、篡改、隐匿或者销毁遗嘱，情节严重；⑤ 以欺诈、胁迫手段迫使或者妨碍被继承人设立、变更或者撤回遗嘱，情节严重。

第三节 离婚问题

离婚即婚姻关系的解除。婚姻关系从根本上说是个体依照自己的意思自主建立的关系，因此，婚姻的解除也应当取决于本人的意志。但是，与一次性履行完毕的合同不同，离婚不是一种单纯的违约，还涉及基于长期共同生活关系所形成的相互信任和依赖、共同财产的分割以及子女抚养等多方面问题的处理，因而远比单纯的合同解除要复杂得多。

一、离婚的一般问题

（一）办理离婚的途径

离婚遵循双方自愿的原则，法律原则上不予干涉。在对子女和财产问题已有适当处理时，可到婚姻登记机关直接申请办理离婚登记手续，婚姻登记机关原则上不得干涉。为了避免仓促轻率离婚，我国《民法典》规定：自婚姻登记机关收到离婚登记申请之日起30日内，任何一方不愿意离婚的，可以向婚姻登记机关撤回离婚登记申请，这一期间被称为"离婚冷静期"。离婚冷静期届满以后的30天内，双方必须共同到婚姻登记机关再次申请发给离婚证，才能离婚，否则视为撤回离婚申请。

一方要求离婚，另一方不同意离婚的，或者就财产和子女问题经协商不能达成一致，可向人民法院起诉请求裁判。人民法院经审理认为夫妻感情确已破裂的，应判决离婚，并对子女和财产分割的请求一并处理；如果法院认为夫妻感情尚未破裂的，可驳回离婚的诉讼请求。

（二）人民法院判决离婚的根据

判决离婚的唯一条件是夫妻感情破裂，但何为感情破裂却是一个复杂的问题。对于起诉到法院的离婚案件，双方均同意离婚，仅就财产分割和子女抚养问题未达成一致的，人民法院应当准予离婚，仅就财产分割和子女抚养问题进行审理。对于被告不同意离婚的，我国《民法典》规定，下列情况经调解无效，可以认定为感情破裂，判决离婚：① 重婚或者与他人同居；② 实施家庭暴力或者虐待、遗弃家庭成员；③ 有赌博、吸毒等恶习屡教不改；④ 因感情不和分居满二年；⑤ 其他导致夫妻感情破裂的情形。

此外，一方被宣告失踪，另一方提起离婚诉讼的，应当准予离婚。经人民法院判决不准离婚后，双方又分居满一年，一方再次提起离婚诉讼的，应当准予离婚。

（三）离婚的限制

由于婚姻关系本身所承载的社会功能，为促进社会功能的实现，法律原则上应维护婚姻。在某些国家的某些历史时期，离婚甚至曾被法律所禁止。同时，婚姻关系是一种长期稳定的共同生活关系，当事人对维持这种关系常常也有着非同寻常的期待，并为此投入了非常大的精力，轻易地解除这种关系既不经济，有时也不公平。不仅如此，法律有时还需要考虑特殊群体的利益保护，因而会对离婚进行不同程度的限制。我国法律对离婚的限制主要体现在以下三个方面。

（1）对于一方提出离婚，而另一方不同意离婚的，人民法院认为夫妻感情尚未破裂的，可以不判决离婚。

（2）现役军人的配偶要求离婚，除军人一方有重大过错的情况外，须征得军人同意。

（3）女方在怀孕期间、分娩后一年内或终止妊娠六个月内，男方不得提出离婚。女方提出离婚的，或人民法院认为有必要受理男方离婚请求的，不在此限。

二 离婚时的子女问题

尽管离婚后因一方不随子女共同生活，其抚养义务的履行必然会受到影响，但在法律上，无论离婚后是否与子女共同生活，均不免除其对子女的抚养义务。对于不履行抚养义务的，法院可裁决强制其履行，在此意义上，并不存在所谓的抚养权争议。离婚时所要解决的实际上是监护问题，即由哪一方来承担监护职责。如果从父母的角度出发，一定要以权利来表达的话，这种权利主要是亲权中的共同生活权，其他方面的亲权原则上并不受影响。

（一）子女随同哪一方共同生活的问题

在离婚时，子女随谁共同生活由双方协商确定，协商不成的，由人民法院裁决。对八周岁以上的未成年子女，应当征求本人的意见。人民法院裁决子女随父亲还是随母亲共同生活，最终标准是看怎么样更有利于子女的健康成长，在不影响这一基本原则的前提下，司法实践中一般按下述方式处理。

（1）两周岁以下的子女，一般随母方生活。但母方患有久治不愈的传染病或其他严重疾病，子女不宜同其共同生活的，或者母方不愿尽抚养义务，而父方要求子女随其生

活的,可随父方生活。

(2)对两周岁以上未成年的子女,父方和母方均要求随其生活的,可优先考虑丧失生育能力或没有其他子女一方的要求。

(3)如果离婚前子女随一方生活时间较长,改变生活环境对子女健康成长明显不利,原则上以不改变现状为原则。

(4)双方抚养子女的条件基本相同,且均要求子女与其共同生活的,如果子女单独随祖父母或外祖父母共同生活多年,且祖父母或外祖父母要求并且有能力帮助子女照顾孙子女或外孙子女的,可作为子女随父或母生活的优先条件予以考虑。

(5)在离婚诉讼期间,双方均拒绝抚养子女的,人民法院可先行裁定暂由一方抚养。

离婚时,经协商或人民法院判决确定子女随一方共同生活后,双方在任何时候均可协商变更,已满八周岁的子女,也可以要求变更。此外,与子女共同生活的一方因疾病伤残等原因无力继续履行抚养义务,或有不尽抚养义务、虐待子女及其他对子女身心健康有不利影响的情形的,另一方也可以请求变更共同生活关系。

(二)未与子女共同生活一方的权利

1. 探望权

不随子女共同生活的一方有探望权,另一方有协助义务。探望的时间、方式由双方协商确定,协商不成时,可由法院判决。判决中未涉及探望权的,当事人可以单独起诉要求探望权。未成年子女、直接抚养子女的父或母及其他对未成年子女负担抚养、教育义务的法定监护人,如果认为另一方对子女的探望不利于子女身心健康,有权向人民法院提出中止探望权。当事人请求中止探望权的,人民法院应征求双方当事人意见,认为请求理由成立的,应裁定中止。中止事由消失后,法院根据当事人的申请通知恢复探望权。

2. 其他亲权

不随子女共同生活的一方,其亲子关系并不因此解除,仍享有对子女的亲权。比如:对不利于子女身心健康的行为,有权制止或予以纠正;对与子女利益相关的事项的处置,有权参与、发表意见;未经其同意,对方不得随意将子女送养。

(三)未与子女共同生活一方的义务

未与子女共同生活的一方不承担监护责任,但并未免除其法定的抚养义务。但是,由于其不随子女生活,日常的抚养义务(如照顾子女生活)难以履行,故其抚养义务主要体现在抚育费(包括生活费、教育费和医疗费等)的支付上。

关于子女抚育费的数额,并无固定的标准,可由父母双方根据具体情况协商确定。抚育费数额经协商达不成一致,诉至人民法院要求人民法院裁决的,人民法院一般情况下根据子女的实际需要、父母双方的负担能力和当地的实际生活水平确定:有固定收入的,抚育费一般可按其月总收入的20%~30%的比例给付。负担两个以上子女抚育费的，比例可适当提高，但一般不得超过月总收入的50%。无固定收入的，抚育费的数额可依据当年总收入或同行业平均收入，参照上述比例确定。特殊情况下，上述比例可适当提高或降低。

抚育费一般支付到子女满18周岁止；16周岁以上、不满18周岁，以其劳动收入为主要生活来源，并能维持当地一般生活水平的，父母可停止给付抚育费；尚未独立生活的成年子女丧失劳动能力或虽未完全丧失劳动能力，但其收入不足以维持生活的，或尚在校就读的，或确无独立生活能力和条件的，如果父母有给付能力，仍应负担必要的抚育费。

为子女支付的抚育费一般在离婚时确定，但是抚育费数额不是不可变更的，离婚后，一方仍可以就抚育费问题单独提起诉讼要求增加。同时，无论是父母协商确定的抚育费数额，还是法院判决的数额，均不妨碍子女在必要时向父母任何一方提出超过协议或判决原定数额的合理要求。

三 离婚时的财产分割

家庭财产共有制度使得离婚时需要对共有财产进行分割。我国《民法典》规定，夫妻可以实行"约定财产制度"，夫妻对财产有约定的，如果约定不违反法律规定，应当按照约定分割。没有约定的，离婚时由双方协商处理；协商不成的，由人民法院依法判决分割。

（一）分割原则

夫妻离婚时的财产分割，有特别约定的依约定；没有特别约定的，首先应尊重双方的意见，由双方协商解决。只有在双方就财产分割不能协商一致的情况下，才由人民法院分割。这里所说的财产分割原则，指的也是人民法院在对夫妻共同财产进行分割时的裁判原则。

1. 照顾子女和女方利益原则

在分割夫妻共同财产时，要特别注意保护未成年人的合法财产权益，未成年人的合法财产不能列入夫妻共同财产进行分割。在分割财产时，要充分考虑未成年子女的需要，本着有利于子女健康成长需要的原则进行分割。同时，在分割财产时，还要按照照顾女方权益的原则分割。尽管男女平等已是一项基本法律原则，女性的社会地位不断提高，在经济上也越来越独立，但与男性相比，整体上仍处于弱势。因此，《民法典》第1087条仍明确将照顾女方权益作为离婚财产分割的一项原则。

2. 有利生活、方便生活原则

在离婚分割共同财产时，不应损害财产效用、性能和经济价值。在对共同财产中的生产资料进行分割时，应尽可能分给需要该生产资料、能更好发挥该生产资料效用的一方；在对共同财产中的生活资料进行分割时，要尽量满足个人从事专业或职业需要，以发挥物的使用价值。不可分物按实际需要和有利发挥效用原则归一方所有，分得方应依

公平原则,按离婚时的实际价值给另一方相应的补偿。

3. 照顾无过错方原则

在因一方过错导致离婚的情形下,在分割共同财产时,应体现对无过错方的照顾,无过错方应适当多分。关于何为"适当",应根据过错方的过错大小、家庭财产和双方的具体情况进行综合考量。

(二)共同财产的析分

对普通财产的析分,首先要区分共同财产和个人财产。对于属于共同财产的,一般按财产价值进行分割。不能分割的,可根据有利生活、方便生活的原则进行分割。对于共同财产中的股票、债券、投资基金份额等有价证券,以及未上市股份有限公司股份,应首先由双方协商处理,协商不成或者按市价分配有困难的,人民法院可以根据数量按比例分配。

比较难以处理的是对公司股权和企业投资的析分,需要单独进行讨论。

1. 股权的析分

对于夫妻共同财产中以一方名义在有限责任公司的出资额,另一方不是该公司股东的,夫妻双方协商一致将出资额部分或者全部转让给该股东的配偶,公司股东过半数同意,且其他股东明确表示放弃优先购买权的,该股东的配偶可以成为该公司股东;夫妻双方就出资额转让份额和转让价格等事项协商一致后,公司股东过半数不同意转让,并愿意以同等价格购买该出资额的,人民法院可以对转让出资所得财产进行分割。

2. 合伙企业投资的析分

共同财产中以一方名义在合伙企业中的出资,另一方不是该企业合伙人的,当夫妻双方协商一致,将其合伙企业中的财产份额全部或者部分转让给对方时,其他合伙人一致同意的,该配偶依法取得合伙人地位;其他合伙人不同意转让,在同等条件下行使优先受让权的,可以对转让所得的财产进行分割;其他合伙人不同意转让,也不行使优先受让权,但同意该合伙人退伙或者退还部分财产份额的,可以对退还的财产进行分割;其他合伙人既不同意转让,也不行使优先受让权,又不同意该合伙人退伙或者退还部分财产份额的,视为全体合伙人同意转让,该配偶依法取得合伙人地位。

3. 独资企业投资的析分

夫妻以一方名义投资设立独资企业的,对该独资企业中的共同财产进行分割时,一方主张经营该企业的,对企业资产进行评估后,由取得企业一方给予另一方相应的补偿;双方均主张经营该企业的,在双方竞价基础上,由取得企业的一方给予另一方相应的补偿;双方均不愿意经营该企业的,可对企业财产进行分割后,解散企业。

4. 房屋的归属与分割

对于房屋的分割,双方无法达成协议时,如果双方均主张所有权,在双方同意的基础上,可以通过竞价确定所有权,由取得房屋所有权的一方给予另一方相应的补偿;一方主张房屋所有权的,由评估机构按市场价格对房屋作出评估,由取得房屋所有权的一方给予另一方相应的补偿；双方均不主张房屋所有权的，根据当事人的申请拍卖、变卖房屋，就所得价款进行分割。

夫妻一方婚前签订不动产买卖合同，以个人财产支付首付款并在银行贷款，婚后用夫妻共同财产还贷，不动产登记于首付款支付方名下的，离婚时该不动产由双方协议处理。不能达成协议的，人民法院可以判决该不动产归登记一方，尚未归还的贷款为不动产登记一方的个人债务。双方婚后共同还贷支付的款项及其相对应财产增值部分，由不动产登记一方对另一方进行补偿。

婚姻关系存续期间，双方用夫妻共同财产出资购买以一方父母名义参加房改，并且登记在一方父母名下的房屋，一般不宜按共同财产分割，购买该房屋时的出资，可以作为债权处理。

我国离婚财产分割制度存在的问题

我国法律中对离婚财产分割的规定似乎并无明显的缺陷，但是，这种规定却对双方在婚后因家庭分工的不同而导致的变化未能予以充分考虑。在我国现实条件下，这种忽略在很多情况下容易导致对一方（大多数情况下可能是女方）的极大不公平。

设想：男甲与女乙系大学同学，大学毕业后，男甲父母出资购买了一套房产作为儿子婚房。结婚后，男甲在一家大型公司工作，收入较高足以支付家庭生活开支，为更好地照顾子女，女乙辞去了工作，专门在家负责照看教育子女并处理家务。男甲此时经单位同意，在职攻读了博士学位，并很快成为公司高层的技术骨干。

后男甲在业务关系中结识了女丙，女丙年轻漂亮，深得男甲喜爱。男甲提出与女乙离婚，并提出孩子由自己抚养，可免除女乙抚养费。除房产属男甲个人财产归男甲外，家庭存款10万元和其他财产价值约10万元可全部分给女方。

女乙离婚后，虽分得了20万元财产，但此时房价已涨至每平方米2万元，只好先以每月1 500元的价格租了一套30 m²的房子。由于其已年至不惑且多年未外出工作，所学知识早已过时，找工作面临极大压力，不得已为人做家政服务，靠每月3 000元的收入艰难度日。

这一案例是我假想的一个案例，但相信没有人会否认这种情况在现实生活中真实存在。

在我国当前离婚财产处理方式的前提下，如果让女乙重新来过，她会怎么做呢？

（1）让男甲同意房屋属共同财产，并到公证处办理婚姻财产公证。

（2）如果男甲不同意将房产作为共同财产，宁可先不要孩子，砸锅卖铁也要再买一套，再买的房子属共同财产，可避免离婚后因房价上涨而带来的压力。

（3）坚决不辞职，家务大家一起担，忙不过来的话，孩子能不要先不要。

（4）不同意以压缩开支并承担更多家务为牺牲供养男甲读博士。

如果这样，家庭生活会比原来更好吗？如果是这样，家庭的温情脉脉是不是要为冰冷的金钱利益所取代？然而，我们到底应该指责谁呢？因此，夫妻双方在婚后因家庭分工的不同而导致的变化应在法律上给予充分的考虑。婚前房产虽属个人财产，但婚后的增值应视为另一方的机会成本投资，而不应单纯地视为自然增值。同时，因一方对家庭的付出而降低的独立生存能力或另一方提高的独立生活能力应在离婚时按照一个合理的标准进行补偿。

我们每一个人都应当充分认识到：为家庭生活所做的付出具有价值！法律在任何情况下都不应对此视而不见！

（三）共同债务的判定与处理

1. 共同债务认定面临的问题

家庭财产共有制前提下，婚姻关系存续期间所负债务，包括一方以个人名义所借债务原则上也应属于共同债务。这样的规定在一般情况下并不存在问题，但对共同债务的过分强调容易使这一规定成为一方侵犯另一方合法权益的手段。比如，丈夫谎称曾向第三人张某借款20万元，如果该借款被认定为共同债务，在离婚财产分割时对妻子显然是不公平的。但如果过于强调对配偶的保护，又可能成为夫妻合谋侵犯债权人的手段。比如，丈夫以个人名义借款100万元，家庭财产虽足以偿还，但偿还后家庭生活会受到一定影响。为逃避债务，夫妻二人办理离婚，将所有财产给妻子，所有债务归丈夫。债权人起诉丈夫，丈夫将没有财产用以清偿债务。法律也不宜"一刀切"地规定以个人名义所负债务由个人承担，以夫妻共同名义所负债务则共同承担。这种规定不仅与家庭财产共有制原则不符，也使家事代理权形同虚设。

2. 我国当前法律的规定

关于债务的承担问题，我国《民法典》第1064条规定：夫妻双方共同签名或者夫妻一方事后追认等共同意思表示所负的债务，以及夫妻一方在婚姻关系存续期间以个人名义为家庭日常生活需要所负的债务，属于夫妻共同债务。夫妻一方在婚姻关系存续期间以个人名义超出家庭日常生活需要所负的债务，不属于夫妻共同债务；但是，债权人能够证明该债务用于夫妻共同生活、共同生产经营或者基于夫妻双方共同意思表示的除外。

根据这一规定,以一方名义所负债务是否属于家庭共同债务,以"是否用于家庭共同生活"为依据:凡用于家庭共同生活的,属共同债务;反之,属个人债务。但是,这里存在一个如何证明的问题,如果配偶一方主张该债务未用于家庭共同生活,根据本条规定,仍需要债权人证明该债务实际用于家庭共同生活。如果债权人无法证明,则应认定为个人债务。

可以说,我国《民法典》第1064条的规定总体上更倾向于保护配偶一方的利益。不过,相对于配偶而言,债权人在债权债务关系形成时有更大的主动权,比如债权人完全可以要求债务人夫妻双方共同认可,因而对纠纷形成有更强的回避能力,故让其承担举证责任可以达到一种比较合理的平衡。

本讲涉及的主要法律法规

(1)《中华人民共和国民法典》(婚姻家庭编)
(2)《中华人民共和国民法典》(继承编)

课外阅读推荐书目

(1)《生育制度》,费孝通著,华东师范大学出版社2019年版。
(2)《亲密关系的变革:现代社会中的性、爱和爱欲》,[英]安东尼·吉登斯著,社会科学文献出版社2001年版。
(3)《婚姻二十讲》,萧瀚编,天津人民出版社2008年版。

第九讲

国　家

国家对于我们所有人来说都不是一个陌生的语词。我们从小就受到爱国主义教育，培养对国家的自豪感与荣誉感，培养抵御外来侵略的决心与信心。但是，国家到底是什么？为什么要有国家？我们和国家应当是一种什么样的关系？这些问题，对很多人而言，可能又显得极为陌生。

国家所涉及的问题主要是宪法问题，主要包括两个方面：一是国家权利的配置方式与运行方式；二是国家与公民的关系。这一讲我们来讨论有关国家的问题。

第一节 国家与政权

一、国家概述

人们常从不同的角度来定义国家：立足于人的因素，国家被视为一定范围内的人群所形成的共同体；立足于地理因素，国家指被人民、文化、语言、地理区别出来的领土，或被政治自治权区别出来的一块领地；立足于国家权力，国家则是一个享有治权的国家机构主权所达到的范围。20世纪初，学者们创立了国家三要素理论，依此理论，国家乃领土、人民和政治权力的统一。

（一）国家的起源

关于国家的起源，历史上学说纷纭，莫衷一是，有自然说、契约说、武力说、私有制说、氏族说等。其中，最具有代表性的有社会契约论和阶级论。

1. 社会契约论

社会契约论是西方国家学说的基石，几百年来长盛不衰，并已内化为西方人的一种思维方式。契约论是将国家的起源建立在自然状态假设基础上的推论，依照该理论，国家是社会契约的产物，是个体为避免相互之间的冲突而订立的契约，约定由专门的国家机关来保护个体的权益，管理社会事务，解决人与人之间的争端。这一学说对于反对封建时代贵族特权、驳斥"君权神授"有着积极的意义，为资产阶级革命的正当性提供了有力的理论依据。

社会契约论的基础在于理论家对自然状态的描述，但不同的人对自然状态的描述是不一样的。英国哲学家托马斯·霍布斯（Thomas Hobbes）认为，在自然状态下，人与人之间虽然是平等的，但充满着"每个人对每个人的战争"。在霍布斯的观念里，自然状态就是战争状态，而战争起源于自私的人们对有限资源的争夺。建立国家的作用就在于，通过限制个人的权利，从而避免个人可能对他人造成的侵害。与霍布斯描述的凶残、仇杀的战争状态截然不同，在约翰·洛克（John Locke）笔下所展现的自然状态是一种田园式的自由状态。在这种自然状态中，人人都享有平等的自然权利，由于在实践中自然法经常被忽略，所以政府的保护是必要的。因此，所有的政府都只是人民所委托的代理人，当代理人背叛了人民时，政府就应该被解散。

2. 阶级论

阶级论是马克思主义的国家起源学说，这种观点认为国家不是固有的，而是社会发展到一定历史阶段的产物。在阶级社会以前，社会组织不是国家，而是以血缘关系为基础的氏族和部落或更大的部落联盟。随着生产的发展和剩余产品的出现，形成了阶级，一个阶级对另一个阶级的统治需要借助强制性力量来实现，由此形成了国家。因此，国家是历史产物，是社会生产力发展到出现私有制和阶级这个阶段的必然产物，是阶级矛盾不可调和的产物和表现，是一个阶级压迫另一个阶级的工具。随着社会的发展，到了共产主义阶段，消除了阶级剥削和压迫，国家也将随之消亡。

3. 对国家起源学说的评价

上述关于国家起源的学说，并不是在真正的历史意义上对国家产生所做的描述，而是对国家起源内在逻辑的理论抽象，从根本上表达的是对国家的本质及其与个体的关系的认识。社会契约论与阶级论分别代表的是针对国家本质及其与个体之间的关系的两种不同的视角与立场。社会契约论立足于公民权的保护来论证国家存在的必要性，采取的是一种被统治者的立场。阶级论没有明确的立场：立足于统治者立场，它可以为统治阶级的统治方式和国家目标提供理论根据；立足于被统治者立场，它也可以为革命斗争的正当性提供辩护。但无论采取何种立场，它们都隐含着对国家与公民关系的基本态度，反映着国家与公民关系的基本观念。

（二）国家的构成要素

1. 领土

领土包括领土、领海和领空，还包括一国的使馆、船舶和飞行器内的区域。作为国家的基本要素，领土并不只是供人居住的一片土地，它还构成了这个国家或民族的历史、文化和宗教记忆的一部分。因此，它寄托着生活于此的人民对这片土地的情感依赖，寄托着他们对这片土地上所形成的历史传统和宗教文化的思想认同，是联系人民、使他们进一步相互认同的纽带。领土是国家的物质载体，没有领土，便不存在国家。

2. 人民

所谓人民，在过去，特别是在西欧，首先是指一个民族。在现代，则是指所有服从于一个主权权力的人的集合。它可以是一个民族，也可以包括若干民族；可以是基于历史上的原因而成为国民的人，也可以是归化了的外国移民。人民是一个集合概念，但人民并不是单纯的人的集合，往往蕴含着共同的民族情感或共同的文化认同。在现代意义上，人民并不是国家的臣民；相反，他们常被宣称为国家的主人。在现代国家中，它是政治中最重要的角色，是一个国家政治权力合法性的唯一来源，是一国的主权者。按照自然法理论及现代民主理论，人民在国家权力出现之前便已存在，或者说国家是他们的创造物。

组成人民的单一的个体被称为公民，公民意味着成为一国国民的资格，还意味着参与国家事务的资格。当公民离开自己的国土时，并不失去作为本国公民的资格。可以说，公民超越了人们在经济地位、文化、职业上的差异，使人们有了一个基于国家而存在的共同身份。在国际法上，人们用国籍来区分不同国家的公民资格。

在某种意义上，人民构成了国家的核心要素，它是国家存在的前提，同时也是国家存在的目的。

国　籍

　　国籍是指一个人属于某一个国家的国民或公民的法律资格，表明一个人同一个特定国家间的固定的法律联系，是国家行使属人管辖权和外交保护权的法律依据。

　　大多数人通过出生取得国籍，根据出生取得国籍有两种方式。一种是不论出生在何地，只要其父母一方为本国人，则子女就获得父母一方或两方的国籍，这种原则称为血统主义，又称属人主义。另一种是无论父母是哪国人，只要出生在该国的领土内，即自动获得该国国籍，这种原则称为出生地主义，又称属地主义。

　　我国采用以血统主义为主、出生地主义为辅的混合主义原则，包括三项内容：一是父母双方或一方为中国公民，本人出生在中国的具有中国国籍；二是父母双方或一方为中国公民，本人出生在外国的，具有中国国籍，但若父母双方或一方为中国公民且定居外国，本人出生即有外国国籍的，则不具有中国国籍；三是父母无国籍，或国籍不明，定居在中国，本人出生在中国的，具有中国国籍。

　　目前，大多数国家采用血统主义和出生地主义相结合的原则。

　　根据血统或出生地取得国籍，没有考虑个人意愿，在符合相关条件的前提下，一个人还可以通过申请加入取得一个国家的国籍。比如，基于婚姻或收养关系可申请配偶或收养人所在国的国籍，通过单纯的自愿申请也可以取得一国国籍，这种情况称为归化。无论是基于婚姻或收养申请入籍，还是单纯的归化，各个国家对入籍条件都有一定的限制。

　　根据《中华人民共和国国籍法》第七条，外国人或无国籍人申请加入中国国籍须具备两个前提：一是申请人须愿意遵守中国宪法和法律；二是须出于本人自愿。同时必备条件如下：① 申请人是中国人的近亲属；② 申请人定居在中国；③ 有其他正当理由。若本人未满18周岁，可由监护人或其他法定代理人代为办理申请手续。在国内，可以向当地市、县公安局申请；在国外，可向中国外交代表机关或领事机关申请。上述机关负责受理申请并审查申请人是否符合法律规定，然后由中国公安部审批。公安部批准并由有关公安机关发给证书后，申请人取得中国国籍，同时丧失外国国籍。

　　由于各国对国籍的规定不同，往往会在特殊情况下出现双重国籍或无国籍的现象。例如，采取血统原则国家的公民，在采取出生地原则国家出生的小孩，就同时具有两个国家的国籍。我国不承认本国公民拥有双重国籍。

3. 政权

政权指政治权力，是指对外代表一国主权、对内管理国家事务的力量。在构成国家的要素中，政权也指政权组织，即一个行使管理国家事务职能的中央政府。在有些人看来，政权是构成国家的核心要素，对于尚没有建立起任何政权组织的地区，尽管也有固定的地域和原住民，但不被视为具有独立主权的国家。

（三）国家的结构形式

一般而言，国家结构形式指的是作为整体的国家与各个组成部分的关系，即国家整体与部分、中央政府与地方政府之间关系的基本模式。国家结构形式从制度上规定了权力在各级政府间的分配，体现的是国家权力的纵向划分，或者说权力的纵向构造。国家结构的基本形式主要有单一制和联邦制两种形式。

1. 单一制

单一制国家是由若干普通行政单位或自治单位组成的单一主权的国家，各单位都是国家不可分割的组成部分。在单一制国家，全国只有一部宪法和一个统一的法律体系；只有一个中央政权机关，各地方的自治单位或行政单位受中央统一领导；每个公民只有一个国籍；国家在国际关系中是唯一的主体。当前世界上的大多数国家都采用单一制的国家结构形式，我国也是单一制，是统一的多民族单一制国家。

2. 联邦制

联邦制国家是由若干成员单位（如共和国、州、邦等）组成的统一国家。在联邦制国家，联邦和各成员单位一般都有自己的宪法和法律，都有各自的机关体系；公民常常具有双重身份，既是成员单位的公民，又是联邦的公民；联邦和各成员单位依据宪法划分权力，联邦的权力来自各成员单位的授予。但在国际关系中，联邦制国家只视为一个主权国家，各成员单位一般没有独立对外交往的权力。

拓展阅读

不同国家结构形式的趋中与融合

国家结构是对不同层次的国家权力的纵向划分，无论何种国家结构形式，都面临着中央与地方权力的划分问题。随着社会经济的发展，不同国家结构之间也出现了趋中和融合的趋势。比如，联邦制国家出现了中央权力加强的要求，而单一制国家也面临着各种分权的压力。为了既维护主权统一又适应变化了的权力结构要求，两种制度各自引入了单一制和联邦制的因素，出现了联邦制和单一制的结合，美国和法国是这两方面的典型。

自1789年美国制宪会议确立了联邦制以来，美国经历了"二元联邦主义"到

"合作联邦主义"再到"新联邦主义"的发展。所谓"二元联邦主义",是指保留州政府的大量权力,对联邦政府的权力进行了很大的限制,州与州之间的事务归联邦管理,州内部事务由州政府管理。从南北战争结束后宪法第十四修正案的通过,一直到20世纪30年代,中央政府权力不断增长,逐渐在财政、福利、司法等方面参与州政府管理的事务,"二元联邦制"逐渐走向消亡。20世纪30年代至70年代是"合作联邦主义时期",各个层级的政府在履行其特定职能时不是相互隔离和相互独立的,而是相互连接和相互合作的。"合作联邦主义"后期,随着美国联邦政府权力的扩大,对州政府和社会经济事务的干预越来越多,美国国内产生了许多问题,于是开始走向"新联邦主义"。权力回归州政府和人民手中,改变了美国联邦政府权力日益集中的趋势,恢复联邦与州之间权力关系的平衡。从保持权力关系的相对平衡,到相对平衡的权力关系被打破,再到重新寻求平衡权力关系的过程,反映了美国联邦政府和州政府之间的权力争夺,也表明了美国联邦制的"弹性"。

法国是传统的单一制中央集权国家,中央政府对地方政府进行直接的行政控制。第二次世界大战后,这种高度集权制度不适应经济飞速发展的需要,迫切需要进行改革。1982年3月2日法国议会通过的《关于市镇、省和大区的权利和自由法》拉开了地方分权改革的序幕。改革将法国行政区划分为大区、省和市镇三个层次,确定了大区作为行政单位的地位,扩大地方自治。地方各级议会从单纯的议事机构转变为"议政合一"机构,管理本地区事务。议会主席为地区辖区最高行政长官,取消中央对地方各级政府的监督,一些过去由中央管理的事务下放给地方管理。总体而言,法国地方分权改革涉及决策权和管理权的下放,地方议会作用的扩张,以及政府财政、预算、税收功能的重新界定,导致了法国中央与地方关系的深刻变化,地方自治团体开始掌握地方事务,减轻了中央负担,扩大了地方民主。

二 国家政权

(一)与国家政权相关的几个概念

政权是构成国家的要素之一,是指对外代表国家主权、对内实行统治的权力,其与国家、政府、政党等概念既有关联,也有区分。

1. 政权与政府

政权是一种权力,需要由人或组织来掌握和行使。在古代,政权组织形式多为集权制,由君主掌握最高权力,政府机关作为君主的辅助,为君主的统治服务。现代国家

中，政府是国家意志的形成机关和国家事务的处理机关，元首除行使法律授予的权力外，更多是作为国家与政府的代表来表达意志、发布命令。人们一般在两种意义上使用"政府"的概念：一种是广义上的政府，指国家政权，包括所有行使国家权力的机关；另外一种是在国家机关权力分工的意义上使用的，相对于立法机关和司法机关，政府仅指行使行政权力的机关。在国家与政府并称时，一般都是指广义上的政府。本讲中，如果没有特别说明，使用的也是广义的政府概念。

在现代国家中，政府是一国政治生活中必不可少的角色：在国内事务中，它合法地管理着人民，公正地处理人民之间的冲突；在国际事务中，它代表国家处理国家之间的事务。如果将国家看作一个法人，政府就是组成该法人的机关。没有法人的机关，就不能形成法人的意志。同样，没有政府，组成人民的诸个体的意志便无法转化成国家的意志。如果把一个国家比喻成一个人，领土是人的躯干，人民是流淌在身体里的血液，政府则相当于人的大脑，因而政府是国家必不可少的组成部分。

2. 国家与政府

对于普通人而言，国家和政府是两个常常被混淆的概念，人们只见政府不见国家，政府也常以国家代言人的身份出现，从而给普通人的印象是：政府代表国家，甚至政府就是国家。

然而，国家与政府是两个完全不同的概念。不可否认，国家的职能是通过政府的权力运行来实现的，在人们的日常生活经验中，政府是国家的具体化，对外代表国家主权，对内行使国家权力，履行国家职能。但是，政府毕竟只是国家构成要素中的一个，此外还有领土和人民的要素。相对而言，领土和人民是固定、稳定的要素，而政府却可能因得不到人民的支持而被人民所抛弃。因此，一个国家的历史上，政府会因各种各样的原因而出现更迭，但是，政权的轮换和更替一般并不影响国家的存在和延续。

3. 政权与政党

古代君主制下，朋党基本上属于一个贬义词，但在现代国家，政党成为政治制度的重要组成部分。现代意义上的政党是现代政治的产物，指的是一种具有明确政治目标与政治纲领的政治组织。政党组织不是国家组织，政党也不直接行使国家权力。但是，政党可以通过其组织能力和社会影响推荐或推选其党员成为国家领导人或担任国家机关的重要职位，从而在国家机关中取得支配或控制地位。这种取得支配或控制地位的政党称为执政党，未取得执政地位的政党一般称在野党。一些影响力较小的政党，它们没有力量取得执政党地位，但大多积极参政议政，力图影响国家大政方针，使政策朝着有利于自身的方向发展。

从各国的政党制度实践看，有些国家是多党制，如法国和意大利；有的国家是两党制，如英国和美国；有的国家是一党制，如朝鲜和越南。我国的政党制度是共产党领导的多党合作制。一个国家采取何种政党制度，不仅与国家的制度设计有关，同时也是该国政党制度的历史实践与发展的产物。在现代政治国家中，政党制度对国家政治生活有着重要的影响。但无论政党在国家政治生活中起着怎样重要的作用,都不能将政党与国家机关混为一谈,也不能将政党组织形式与国家政权组织形式混同。

(二) 政权的合法性问题

一国政治权力的取得常常与暴力相联系,如暴力夺权、暴力革命等。但是,政权的取得和行使决不是一个单纯的暴力问题。从根本上说,一个政权的合法性源于人民的支持,只有得到人民支持的政权才能得以维持并保持稳定,也只能够得到人民支持的政权才具有行使国家权力的合法性。因此,任何一个政权都面临着合法性问题,应当接受人民的合法性评价。

然而,所有的政权,无论是通过暴力夺取政权,还是通过和平过渡取得政权,都声称代表人民利益,所以,尽管人民的支持是评判一个政权是否具有合法性的最终依据,却很难成为具体的评判依据。一般来说,论证一个政权是否具有合法性,可以通过以下三个途径进行。

1. 意识形态合法性

意识形态是于19世纪由法国哲学家德·特拉西(de Tracy)创造的一个带有强烈政治色彩的名词,用以揭示带有一定成见和偏见的观念形成的根源,因而在最初的使用中颇有贬义。在德国哲学家卡尔·曼海姆(Karl Mannheim)那里,该词甚至被视为一种基于对社会真相的掩饰或扭曲而形成的一种带某种自欺性质的集体观念。马克思将他那个时代的哲学、宗教、道德和其他一切社会理论都批判为意识形态,认为意识形态是资产阶级用以粉饰其阶级统治的一套虚假说辞。现代语境下,意识形态被视为一定团体中所有成员所具有的反映该团体的利益取向和价值取向的认知体系,其中也包括对统治合法性问题进行说明和辩护的思想体系。

任何社会都存在意识形态问题,而且任何社会的意识形态都是统治阶级的意识形态,集中体现统治阶级的利益和政治要求。不同社会条件下,在不同的社会历史时期,会有不同的意识形态观念。比如,古代封建时代的"君权神授"和近代资本主义国家的"自由民主"都属于意识形态的范畴,反映的是封建时代和资本主义时代统治阶级的思想。在社会主义发展的初级阶段,同样也存在意识形态问题,反映的是占统治地位的广大人民的集体思想观念。但依照马克思主义的观点,随着剥削和压迫的消灭,意识形态就会消失。在马克思看来,无产阶级是唯一不需要用意识形态的幻象来自欺欺人的阶级。

意识形态本身就是一套对政权合法性问题提供论证的理论体系,所以在任何社会条件下都是政权合法性论证的理论工具。意识形态观念具有一定的稳定性,但也需要随社会的发展而不断调整,否则会受到人们的质疑,从而出现意识形态领域的合法性危机。

2. 绩效合法性

所谓绩效合法性,是指通过政绩和国家治理效果来论证合法性问题。用以考核政治绩效的因素很多，一般情况下包括经济发展、分配公平、社会稳定等评价指标。绩效合法性是最为直观、最具说服力的一种论证方式。但其弊端在于，一旦良好的绩效不能长期维持，就会失去合法性的基础。

3. 程序合法性

程序合法性是通过法律来规定权力更替和交接的条件和程序，其中最重要的是国家领导层的选任程序。除了暴力革命的极端情况外，可以说任何一种社会制度下都存在权力交接的程序规定，不仅资产阶级有其一套"民主选举"程序，古代封建社会也都各自有其继任者选任程序。我国同样也有经过宪法确认的系统的政治选举程序。程序合法性强调程序正义，理论上，经过合法程序产生的领导班子即具有合法性。但如何能通过合理的程序设计，让人们相信通过这套程序能够选举出真正代表人民利益并且有能力、有担当的领导人，是一个非常复杂的问题。

意识形态合法性、绩效合法性和程序合法性只是政权合法性论证的三种途径，三种途径是相互补充、相互影响的，没有任何一种政权只依赖于其中一种论证方式。一般而言，一个合法的政府应当同时具备三个条件，即符合被社会广泛接受的意识形态、具有良好的国家治理的业绩和符合该国宪法规定的产生程序。

（三）政权的组织形式

任何一个政府都面临着如何组织政权的问题，政权组织形式决定着国家政治体系运作的形式。国家政权组织形式属于宪法问题。有成文宪法的国家，一般都会在宪法中对政权组织形式作出明确规定；没有成文宪法的国家，宪法性规定由许多分散的、不同年代产生的宪法性文件、惯例、法院判例等组成，有关政权组织形式的内容可能散见于这些分散的材料之中。

当今世界各国的政体主要有两种形式：一是君主制政体；二是共和制政体。

1. 君主制

君主制国家的最高权力实际上或名义上掌握在君主个人手中，君主终身任职，并且常常是世袭的。君主制政体已有四五千年的历史，古代的奴隶制国家和封建制国家大多数都实行君主制政体。历史上的君主制多为专制君主制，君主拥有至高无上的权力，君主的意志就是国家的意志，臣民必须绝对服从。目前世界上仍有十几个国家属于专制君主制国家，如沙特、科威特、摩洛哥等。

除专制君主制外，还有一种君主制称立宪君主制，立宪君主制政体下，君主是"虚位君主"，仅是国家象征，并不直接支配国家政权的运行，国家最高权力一般由议会行使。实行这一政体的国家有英国、荷兰、卢森堡、比利时、瑞典、日本、泰国等。尽管上述国家都属于立宪君主制，但在不同的国家，君主的地位和权力也存在很大的不同。

2. 共和制

共和制是指国家的最高权力机关和国家元首由选举产生，并有一定任期的政权组织形式。共和制又可分为议会共和制、总统共和制和委员会共和制等形式。

在议会共和制国家中,议会拥有立法、组织和监督政府(内阁)等权力。政府(内阁)由占议会多数席位的政党或政党联盟来组织,政府对议会负责,当议会通过对政府不信任案时,政府就得辞职或呈请国家元首解散议会,重新选举;作为国家元首的总统只拥有虚位,没有实权。实行议会共和制的国家有法兰西第三共和国、意大利、德国、奥地利、印度等。

在总统共和制国家中,总统既是国家元首又是政府首脑,总揽行政权力,统率陆、海、空三军,行政机关(政府)和立法机关(议会)相互独立;由当选的总统组织政府。美国是历史上最早实行总统共和制的典型国家,墨西哥、巴西、阿根廷、埃及、印度尼西亚等国也实行总统共和制。

委员会共和制是一种特殊政府组织形式,又称合议制,其代表为瑞士。在这种政体中,国家最高行政机关是由联邦议会两院联席会议选出的委员组成的联邦委员会;联邦委员会委员多数选自议员,但一旦当选,须辞去议员职务,不得兼任其他公私职务。委员实行集体领导,集体议事和集体负责。委员会每年选出一名委员担任联邦主席,对外作为国家元首行使在外交礼仪方面的职权,对内兼任政府首脑,负责主持联邦委员会会议。

3. 我国的人民代表大会制度

我国的政权组织形式是人民代表大会。我国从中央到地方各级行政区域都设有人民代表大会,共有五级,分别是:全国人民代表大会;省、自治区、直辖市人民代表大会;设区的市、自治州人民代表大会;县、不设区的市、市辖区人民代表大会;乡、镇人民代表大会。全国人民代表大会是最高国家权力机关,地方各级人民代表大会是地方各级国家权力机关。

各级人民代表由选民在民主选举的基础上选举产生,其中,县级和乡镇级的人大代表由选民直接投票产生,市以上的各级人民代表大会代表分别由其下一级的人民代表大会代表间接选举产生。

人民代表大会是权力机关,全国人民代表大会是国家最高权力机关。国家行政机关、审判机关和检察机关均由人民代表大会产生,对人民代表大会负责,受人民代表大会监督。全国人民代表大会有权选举和罢免国家主席和副主席、中央军事委员会主席、国家监察委员会主任、最高人民法院院长、最高人民检察院检察长;有权根据国家主席的提名,决定国务院总理人选;有权根据国务院总理的提名,决定国务院副总理、国务委员、各部部长、各委员会主任、审计长、秘书长的人选;有权根据中央军事委员会主席的提名,决定中央军事委员会其他组成人员的人选。

地方各级人民代表大会分别选举并且有权罢免本级人民政府的省长和副省长、市长和副市长、县长和副县长、区长和副区长、乡长和副乡长、镇长和副镇长。县级以上的地方各级人民代表大会选举并且有权罢免本级监察委员会主任、本级人民法院院长和本级人民检察院检察长。

三 国家与政府的必要性及其限度

（一）国家的必要性

周星驰导演的《功夫》影片中，自始至终都没有出现任何国家和政府的影子，显然导演有意将故事置于一种典型的无政府主义的背景中。从这一角度，可以说，这部电影讲述的是无政府状态下社会的运转方式。街头小混混阿星为什么要想法设法地加入斧头帮？因为他没有能力维护自己的权益，需要一个更强大的势力的庇护。但他加入斧头帮并不单单是为了不受欺负，在某种程度上还试图借此去欺负别人。如果没有一个外在的力量约束，像斧头帮这样的黑恶势力总是容易得到快速的发展。在这种情况下，无力与斧头帮对抗的人又能如何选择呢？要么躲避，要么屈从，要么抗争。无论如何，其所遵循的规则只能是一种弱肉强食的"丛林规则"。尽管电影总是以正义最终战胜邪恶收尾，但在现实生活中，谁能保证每次获胜的一定是正义的一方呢？

为解决人类和平与社会秩序问题，避免相互斗争中的牺牲和消耗，人们需要一个外在的力量来保证任何个人的权益免受他人的侵犯，并建立一种以某种强制力为保障的和平解决纠纷的机制。这种外在的力量就是国家。有了国家，我们便可以不再惧怕斧头帮。

由此，我们可以总结出国家存在的最为根本的目的，即保护国民的权益免受侵犯，惩罚不义之举以实现正义，并维护稳定而和平的社会秩序。这一目的从根本上说体现的是国家的安全职能，有人也称之为政治职能，也可以说是对内的安全保障职能和对外的国防职能。无论如何称呼，它体现的是国家最基本的职能，表达的是国家对国民最为基本的承诺。

但国家的职能并不局限于政治职能，还具有经济文化以及对其他公共事务的管理职能。其中，经济职能是指政府为国家经济的发展，对社会经济生活进行管理的职能。一般来说，在经济方面，国家承担着宏观经济调控职能和市场监管职能。文化职能是指政府对文化事业（包括科学技术、文化教育和体育卫生等方面）所实施的管理职能。除政治、经济、文化职能以外，政府还必须承担对具有社会公共性、无法完全由市场解决的其他事务的引导与管理职能，如社会保障的组织、生态环境的保护、社会化服务体系的建立、社会公共产品的服务等。

（二）国家的另一面

国家的职能是通过国家机关来实现的，国家机关经过人民的授权来行使国家权力。国家权力借助警察、军队、监狱等国家机器，拥有强大的力量。尽管对于制止侵犯、惩罚不义、抵御外侮，国家权力都是必不可少的，但它同时也像是一头凶猛而难以驾驭的野兽，如果不加以约束，很容易走向人民的对立面，成为侵犯公民个体权利的工具。

英国资产阶级革命时期的政治思想家霍布斯在《利维坦》一书中，把国家和政府比喻成一个凶猛的野兽。他在书中描述说，在上帝造人之后，人请求上帝："上帝啊，我们太弱小了。请你再创造一个英雄吧，让他保护我们。"上帝说："英雄在保护你们的同时，也会欺压你们，吃你们。"后来人们为了抵御各种外来的风险，自己创造了一个"利维坦"，创造了一个能让他们有归属感的庞然大物，这就是代表国家的政府，但政府这个"利维坦"有双面的性格。它由人组成，也由人来运作，因而也就具有了人性中那种半神半兽的品质，它在保护人的同时，又在吃人。

托马斯·潘恩（Thomas Paine）在其著名的小册子《常识》一书中也说，假如人间没有恶行，也就不需要任何国家和政府了。政府就像是夏娃用以遮羞的树叶，是人类不再天真无邪的标志，国王的宫殿就建在伊甸园的废墟之上。

霍布斯和潘恩的思想固然是对封建专制政权和英国殖民统治的批判，但同时也表达了对国家和政府的担忧和警惕。野蛮而专制的政府并不是只在封建专制制度下才存在，在任何社会制度下都可能出现。人们已经普遍认识到，国家权力必须受到约束，才能有效地预防专制和暴政，但如何才能在不影响国家职能发挥的前提下"将权力关进笼子里"，仍然是人类至今尚未圆满完成的课题。

（三）国家权力的限度

由于国家具有两面性，所以国家权力并不是越大越好，国家权力越大，个体的自由空间越小；但国家权力也不宜太小，否则会影响国家职能的发挥。国家权力到底应该确定多大的限度，从不同的角度会有不同的认识，也许我们永远也无法达成共识。但聆听一下不同的观点，一定会有助于我们对这一问题的思考。

1. 最低限度的国家

有人认为，国家存在的必要性仅在于保护个体的自由，一个政府只要有足够的能力保护每个人的自由、防范侵犯自由的行为即可，过大的权力会影响个体的自由，也缺乏充分的正当理由。根据这种认识，政府应是一个小政府，或者说有限政府，国家权力应尽可能地受到限制。小政府不是无政府，他们相信保留一个最小化的政府来维持个人自由是必要的。

小政府主义认为政府应当"小"，但他们对"小"到何种程度也存在分歧。有人认为政府应该限制在"最小化"或是"守夜人"的功能上，这种认识一般将国家权利限定在法庭、警察、监狱、防卫部队等方面。另一些人则认为必要的公共建设（如修筑道路、印制并管理货币等）也是政府应有的职能。尽管存在这样的分歧，但小政府主义者通常都反对政府在经济上进行财富重新分配和补贴。不过，他们并不是绝对地反对再分配和补贴，但这仅以使弱势者能够生存从而维护社会稳定为限。

美国哈佛大学教授罗伯特·诺齐克（Robert Nozick）是最小化政府的积极倡导者（见图9-1），他在其《无政府、国家与乌托邦》一书中说："我们对于

图9-1　诺齐克（1938—2002）

国家的结论便是最小化的政府，限制在提供保护以制止暴力的最小功能上，如偷窃、诈欺，并且监督人们互相订定之契约的执行等，这些都是正当的。但若再进一步扩张国家，便会侵犯到个人的权利，这便是不正当的。"

关于政府职能的边界问题，还应介绍一下诺贝尔经济学奖获得者弗里德里希·奥古斯特·冯·哈耶克（Friedrich August von Hayek）的思想（见图9-2）。哈耶克被视为新自由主义的代表人物，当然也坚持有限政府的基本原则。他认为，人的理性和对知识的掌握是有限的，不可能仅凭理性"建构"出完美的制度。相反，制度是"自生自发"的，是在长期的"试错"过程中形成的。因此，寄希望于政府全方位"建构"社会制度只能走向对个人的奴役。但他同时也认为，政府并不单纯是"守夜人"的角色，它还应当运用征税的权力提供人们因种种缘故而不能提供或不能充分提供的一系列服务。由此，他认为，国家权力应限定在三个方面，即社会秩序的维护、保卫国防和征收税款以资助政府的服务性活动。

图9-2 哈耶克（1899—1992）

图9-3 凯恩斯（1883—1946）

图9-4 桑斯坦（1954— ）

2. 国家权力的扩张

与小政府主义相对应是大政府观念，但这里所说的大政府并不是说政府越大越好，而是说政府不仅仅局限于"守夜人"和"公共建设"的功能，而是应当积极介入经济活动。英国经济学家约翰·凯恩斯（John Keynes）认为市场是不完善的，社会总供给和社会总需求难以自动实现均衡（见图9-3）。为了解决有效需求不足的问题，他主张放弃经济自由主义，代之以国家干预的方针和政策，通过增加政府支出，以公共投资的增量来弥补私人投资的不足。凯恩斯的理论被称为凯恩斯主义，该理论成为罗斯福新政和第二次世界大战后许多国家政府干预经济的理论依据。

哈佛大学法学院凯斯·桑斯坦（Cass Sunstein）教授也表达了类似的思想，他从法学的角度表达了"重建规制国"的理想（见图9-4）。他认为，在自由放任的状态下，由于协调难题和集体行动困境的存在，可能出现混乱和非理性的状态。那些经常被讥为"父爱式"的规制，恰恰既有助于提高整体社会福利，同时又增强了私人的行动能力，促进了私人选择。而且，自治和福利并非只是单纯地满足私人偏好。私人偏好的形成受到可得机会、信息和社会压力等条件的限制，很多情况下实为无奈或无知之举。通过规制改变可得机会和信息等限制性条件，往往可以改变在不合理条件下形成的私人偏好，从而促进偏好形成过程中的自治，并增加福利收益。当然，这并不是指实行计划经济与全能政治，只是在整体上认可契约自由和私人秩序的前提下，在特定领域中对其加以限制。

3. 国家权力的边界

大政府与小政府之争讨论的是国家权力的合理边界，反映了人们对政府权力的警惕与期待相交织的复杂情感，这一问题并无——也许永远也不会有——标准的答案。从实践来看，"最小政府"反映的更多是学者们对国家权力的一种警惕态度，现代世界，几乎没有任何国家将之用于政治实践。面对"越来越大"的政府，如何确保政策的有效，以及如何避免因权力缺乏必要的约束而滋生的各种负面问题，已足以使人焦头烂额，这些现实的问题似乎已经遮蔽了人们深度观察的视线。

然而，无论存在怎样的争议，我们都必须为权力划定一个基本的边界。至少，对于如何划定权力的边界，我们应当寻求一个共同的立足点，并据此确定一个基本的标准或原则。"大政府"或"小政府"的观念常常与个体的自由问题相联系，在某种意义上，自由的范围也是权利的范围，个体自由的边界也是权力行使的边界。

"小政府"常常立足于密尔的无害原则来确定权力的边界，并借助亚当·斯密（Adam Smith）的理论来论证个体自由与公共目标追求的一致性。亚当·斯密论证了公众利益与私人利益之间的一致性，他说：虽然个人所追求的仅仅是自己的安全和私利，但是，在他这样做的时候，有一只看不见的手在引导着他去帮助实现另外一种目标，尽管该目标并非他的本意。追逐个人利益的结果，使他经常地增进社会的利益，其效果要比他真的想要增进社会的利益时更好。

"大政府"主张往往建立在经济学对个体行为选择的深刻洞见的基础上，他们认为，个体自由与公共利益的一致性所适用的是完全竞争情况下的市场经济。然而，在很多情况下，市场的竞争并不是完全竞争，其中最重要的三种情况是不完全竞争、溢出效应和公共品。不完全竞争指的是带有垄断性质的竞争，它使"优者无法胜出"；溢出效应是指一个组织在进行某项活动时，不仅会产生活动所预期的效果，而且会对组织之外的人或社会产生影响；公共产品是指不可分割而且不具有排他性，每个人都可受益的公共设施。对于上述情况，单纯依赖个体的自治无法解决其负面效应。这就要求政府在解决这些问题中扮演一定角色。

结合两方面的观点以及权力的来源，也许我们可以为权力的边界设定明确以下两个最为基本的原则或标准。

（1）权力必须经法律的明确授权才能行使，凡法律没有明确授权的，就是禁止的。

对个体的权利，则需要法律的明文规定才能够予以限制，凡是法律没有禁止的，便是允许的。

（2）只有在社会存在自身无法避免且无法自我痊愈的"疾病"时，权力才有存在的必要。在此意义上，权力不应成为社会运行机制的操控者，而应是其维护者。

第二节 国家权力的基本类型

国家权力的类型划分可以从不同的角度得到分析和论证。西方启蒙运动时期，为防止封建专制统治，资产阶级思想家重建了一套国家与政府的政治理论，提出了权力分立思想，认为国家权力不能集中于一个机关，而是应当分立成立法权、行政权和司法权等不同的部分。这种分权的目的并不是单纯的权力分工，更重要的是各权力之间应当相互制衡，从而避免权力的垄断，防止专制的产生。我国作为社会主义国家，认为一切权力来源于人民，不强调权力的分立与制衡，但由于国家具有多种职能，不同的职能行使需要不同的权力，同样需要权力的分工。立足于权力分工的角度，同样需要对国家权力进行类型划分。

无论立足于何种角度，人们普遍认为国家权力至少应包括立法权、行政权和司法权三种基本类型，我国的国家权力同样也有这三种权力类型的划分。此外，2018年我国对《宪法》进行了修订，增设了监察权，是专门针对行使公共权力的公职人员的一种履职监督权和违法犯罪调查权。

一 立法权

立法权是国家制定、修改和废止法律的权力。立法权是现代民主政治的产物，历史上专制君主政体下，专制君主不仅是最高行政首脑，而且其意志就是国家的意志，其命令即国家的法律，根本不存在人民的意志，也不存在独立于行政权之外的立法机关。现代国家的一切权力都源于法律的授予，在公法领域，法无明文授权即禁止。在此意义上，立法权并不仅仅具有权力分立的意义，还代表着国家的最高权力。现代国家的立法权一般由议会行使，议员由民主选举产生，代表人民并将人民的意志转化为国家意志，即法律。所以，立法权代表的是人民主权，它不仅独立于其他权力，还高于其他权力。

立足于人民主权的角度，立法权代表着国家的最高权力，其他国家权力通过法律的授予而产生。但是，立足于权力分立理论，立法权同样应受到制约和限制。在美国，不仅总统可以否决国会的议案，联邦最高法院也可以宣布国会通过的法律违宪；一些大陆法系国家通过设立专门的宪法法院或宪法委员会来行使违宪审查权，以此防止立法权的不正当使用。

（一）立法权的设置

目前，除一些仍实行君主制政体的国家外，绝大多数国家的立法权都由代议机关行使，一般称为议会或国会。我国的立法机关是全国人民代表大会及其常务委员会。其中，全国人民代表大会有权制定和修改宪法、刑法、民法等涉及国家权力机构设置的法律以及其他基本法律；全国人民代表大会常务委员会有权制定和修改除由全国人民代表大会制定和修改的法律以外的其他法律。在全国人民代表大会闭会期间，有权对全国人民代表大会制定的法律进行部分补充和修改。除了全国人民代表大会及其常务委员会外，全国人民代表大会还通过《立法法》允许国务院及其直属机构以及地方人民代表大会和人民政府在授权范围内行使立法权。

无论西方的议会还是我国的人民代表大会，都由代表选民利益的议员或人民代表组成，由选民选举产生。西方的议员基本上都是专职的，并且不得兼任政府职务；我国的人民代表大会代表不是专职的，均有自己的本职工作，而且对是否兼任政府职务在法律上也没有限制。

（二）具体的立法程序

当前大多数国家都由代议机关行使立法权，在基本的立法程序设计上，各国的规定尽管存在很大差异，但大致都可以分为三个阶段。

1. 提出议案

在我国，宪法、刑法、民法，以及关于国家机构设置的法律以及其他基本法，由全国人民代表大会制定，除此以外的法律由全国人民代表大会常务委员会制定。有权向全国人民代表大会提出法律案的主体有：全国人民代表大会主席团、全国人民代表大会常务委员会、国务院、中央军委、最高人民法院、最高人民检察院、全国人民代表大会各专门委员会，以及一个代表团或者30名以上代表联名。有权向全国人民代表大会常务委员会提出法律案的主体有：委员长会议、国务院、中央军委、最高人民法院、最高人民检察院、全国人民代表大会各专门委员会，以及常务委员会组成人员10人以上联名。

在西方，大多数国家对议案提出的要求都比较简单，一般每个议员都可以直接提出法律议案。比如在美国，众议院议员都可以在国会开会期间的任一时间提交法律议案，而且只需要简单地将法律议案放入一个专用箱子或直接交给众议院书记即可，并没有特别的程序要求。

2. 审议表决

审议程序是立法程序的重要环节。在我国，宪法、刑法、民法，以及关于国家机构设置的法律以及其他基本法由全国人民代表大会审议，除此以外的法律由全国人民代表大会常务委员会审议。但是，根据我国《立法法》，向全国人民代表大会提出的法律案，在全国人民代表大会闭会期间，可以先向全国人民代表大会常务委员会提出，经常务委员会会议审议后，决定提请全国人民代表大会审议。在立法实践中，属于全国人民代表大会立法权限范围的基本法律的制定，一般都是在全国人民代表大会举行会议之前，先向全国人民代表大会常务委员会提出，经过常务委员会审议后，再提请大会审议。

全国人民代表大会常务委员会审议法律案一般实行三审制，即一个法律案一般应当经过三次常务委员会会议审议后，才能交付表决。一审主要听取提案人关于法律草案的说明，着重审议制定该法律的必要性、可行性和法律的框架结构是否合理等问题。二审主要听取法律委员会关于法律草案修改情况和主要问题的汇报，着重审议关于若干重要问题的规定的可行性。三审主要听取法律委员会关于法律草案审议结果的报告，着重审议对草案提出的意见是否得到妥善解决，对没有采纳的意见是否有充分、合理的解释和说明。如果常务委员会组成人员对建议表决稿没有大的不同意见，则由委员长会议提请常务委员会全体会议表决，以全体常务委员会组成人员过半数通过。

对于应提交全国人民代表大会审议的法律案，一般先由大会主席团决定是否列入会议议程，对于列入会议议程的法律案，大会全体会议听取提案人的说明后，由各代表团和专门委员会进行审议，然后由法律委员会根据各代表团和有关的专门委员会的审议意见，对法律案进行统一审议，提出法律草案表决稿，由主席团提请大会全体会议表决，由全体代表的过半数通过。

西方国家的议会多为两院制，两院均可做立法提案，提案先由本院审议通过后，再交另一院审议。各个国家对具体审议程序的规定不尽相同，但一般都需要经过"三读"才能最终获得通过。一读一般只宣读法案题目和要点，而后进行议案登记，并交专门委员会进行审查；二读须宣读法案全文及有关委员会审查结果的说明，进行大会辩论，逐条审议并提出修改意见；三读原则上只做文字上的修正，而不再进行实质内容的修改，并由议会进行正式表决，由全体代表的过半数通过。本院提出的议案在本院经三读获得通过后，交另一院还要重新进行三读。

3. 签署公布

法律的签署公布是立法的最后一道程序。在我国，法律经全国人民代表大会或常务委员会通过后，由国家主席签署主席令公布实施。但国家主席只有签署发布权，宪法并未赋予其否决权。

西方国家法律经议会表决通过后，一般由国家元首签署，具体而言，实行总统制的一般由总统签署，实行君主制或君主立宪制的由国王签署，如美国由总统签署，英国由国王签署。与我国不同，西方国家元首大多对议会通过的法律享有否决权。有的否决权属于绝对否决权，即只要被否决就不能生效；有的否决权属于相对否决权，被否决后还有机会以其他程序通过。在美国，国会通过的法案如果被总统否决，则提案会被重新打回国会，如果参议院和众议院再次以每院2/3多数通过此提案，则推翻否决，提案成为法律。

（三）立法权正常行使的前提

在所有的国家权力中，立法权是唯一需要通过民主方式来行使的权力，也是民主政治最重要的体现。立法权是人民主权的体现，原则上不存在滥用的问题。然而，民主绝不是简单的一人一票，如果没有严谨的程序设计和严格的法律制度保障，立法权很容易被少数人操控，从而沦为某种专制权力下的社会控制工具。一般来说，立法权能否正常行使，需要以下三个基本前提。

1. 确保人民代表具有广泛的代表性

立法权是一种民主性权利，民主不仅应是广泛的民主，还应是真正的民主。广泛的民主依赖于人民代表具有广泛的代表性，这一点主要通过人民代表的名额分配来实现。真正的民主要求每一位代表必须能真正地代表选民的意志，维护选民的利益。要实现这一目的，需要对代表的产生办法、选举方式等选举环节做出严谨而周密的程序安排。否则，选举程序不仅极易流于形式，还会沦为少数人谋取不正当利益的手段。

2. 确保每一位选民和代表不受干扰地独立表达自己的意志

立法权是一种民主式、分散的权力，需要每个人完全依赖自己的意志独立地表达意见，尽可能避免他人的影响和其他外在的干涉。这种独立性和分散性决定着民主本身的脆弱性，如果没有制度的保障，在其他权力面前，它几乎没有任何对抗能力。不仅选民可能被收买、欺骗、胁迫，选举也可能被完全操控。这样的例子在历史上屡见不鲜。德国纳粹时期臭名昭著的《授权法》即以一种"民主"的方式通过的。1933年3月14日，德国议会以441∶94的比例通过了《消除人民和国家痛苦法》，即通常所说的《授权法》。该法授予内阁如下权力：无须议会同意即可通过法律；在必要的时候可以违背宪法；总理有权发布法律。这部法律实际上废除了《魏玛宪法》所建立的议会民主制度，并成为希特勒在后来12年实行独裁专制的合法基础。

立法权是一种民主式的权力，如果没有完善的法律作为后盾，很容易成为被操控的玩偶，进而演变成灾难性的力量，成为少数人"合法地"侵害公民权益的工具。这样的民主根本不是真正的民主，只是一种"乌合之众"的非理性狂欢。在这样的情况下，立法权即使没有被用来作恶，也形同虚设。

拓展阅读

《浪潮》的启示

2008年，德国导演丹尼斯·甘塞尔（Dennis Gansel）将德国小说家托德·斯特拉瑟（Todd Strasser）的小说《浪潮》搬上银幕。故事讨论的是一个我们平时也许从没有思考过的问题：在一个现代文明民主的社会中，创建一个如同法西斯般的社会组织需要多久？答案令人震惊——7天。

新学期伊始，学校举办了一个以"国家体制"为主题的活动周。富有才华而又精力充沛的体育老师赖纳·文格尔（Rainer Wenger）本来已经选定了"无政府主义"的课程，没想到却被同事捷足先登；他只好无奈接受了"独裁政治"的教学任务。课堂上，学生们表现出不屑，一致认为纳粹德国不可能在现代社会重现。

面对着这些大部分只为修学分而出勤的学生们，他心血来潮，决定组织一次活动，让学生们体验一下真实的独裁政治。于是，"浪潮"诞生了。被激发了兴趣的学生们商定了统一的标志、服装与手势，而文格尔老师则要求学生们必须严肃地尊称自己为"文格尔先生"。当堂，他便令学生们起立集体用力踏步，将楼下的"无政府主义"课堂搅得不得安宁。短暂的磨合后，大家都适应并爱上了它。

于是，兴奋的学生们或粘贴，或涂鸦，让"浪潮"的标志一夜之间出现在全城的每一个角落。一名格外狂热的学生（他是个孤儿）为此甚至不顾生命危险，徒手爬上了一栋在建的大楼顶端，在圆形屋顶上喷涂了一个巨大的标志，次日这座楼上的标志便登上了报纸头条；他还从网上购买了仿真枪，以威吓那些认为"浪潮帮"侵占了自己地盘而前来挑衅的小混混；他甚至整夜整夜坐在文格尔的家门外，称自己要保卫领袖文格尔先生……

"浪潮"不断发展壮大。学生们甚至自发占据了学校的某运动场地，不准非"浪潮"成员进入。渐渐地，一些学生以及文格尔的硕士妻子感觉到事情有点不太对劲。他们劝他立即停止这场闹剧，然而此时他也已沉浸在巨大的权力欲与成就感中无法自拔。他曾因自己与妻子间悬殊的学历而自卑，然而在"浪潮"中他感到了前所未有的满足。那些觉悟的学生们想方设法试图阻止活动的继续，却被同学视为叛徒而遭到孤立甚至报复。

终于，妻子的决然离去以及第六天一场水球比赛上学生们的大打出手，让文格尔惊觉事态的失控。于是，他在第七天将"浪潮"的所有成员召集到礼堂，点明一周以来他们所作所为之恐怖，意图就此结束课程。然而晚了。那名狂热的孤儿学生因此精神崩溃，开枪射杀了一名同学后饮弹自尽。影片的最后，文格尔被警察带走，而觉醒的学生们相拥而泣……

我们是不是认为这部电影的情节过于荒诞？但这种荒诞的情节却并非作家的凭空想象，而是改编自1967年发生在美国加利福尼亚州一所中学里的一个真实事件。为什么会这样？在人的本性里有一种极权主义的趋向吗？由此我们看到的是"民众"的力量，同时也是"民众"的恐怖，是"民众"的非理性。设想一下，如果文格尔先生想立一部强化浪潮组织的法律，他能遇到障碍吗？

3.严格的程序设计与法律保障

所以,民主绝不是单纯的一人一票制,其背后需要严谨而周密的程序安排和制度设计,同时还必须有严格的法律保障。否则,民主即使没有沦为非理性的灾难,也是形同虚设,最多不过是用以粉饰专制的工具。对此,西方历史上资产阶级的政治实践已留下了足够多的教训。完善的程序设计犹如堤坝,可以有效地约束洪水在既定的河道中流淌,但程序设计也如堤坝一样,哪怕一个细小的环节也可能导致整个程序设计的崩溃,正所谓"千里之堤,溃于蚁穴"。现实中,我们常常看到,对于选举程序和立法程序,各国的规定似乎大同小异,但其中的某些细微差别往往才是决定性的影响因素,只有细心的人才能真正体会到其中蕴含的问题。

二 行政权

行政权是指国家行政机关执行法律、管理国家行政事务的权力。

(一)行政权的设置

现代国家的政治体制下,除了总统制的行政体制中政府首脑与国家元首统一于总统,多数情况下有国家元首和政府首脑的区分。国家元首超越一切派系利益,具有中立性,因而可以成为国家整体的代言人;在西方两党制或多党制体制下,政府首脑并不具有超脱于各利益团体的中立性。在对国家元首与政府首脑进行区分的国家中,国家元首一般仅有"虚位",并不掌握实际的权力,行政权实际上由政府首脑掌握。政府首脑虽然一般由国家元首提名,但常常需要议会决定;而且,政府首脑一般也并不对国家元首负责,而是对议会负责。

我国的国家元首是国家主席,政府首脑是国务院总理,国务院总理由国家主席提名,由全国人民代表大会决定,国务院总理对全国人民代表大会负责。国务院作为中央人民政府,行使行政权,地方政府分省、市、县、乡四级,行使地方行政权。

行政权的行使范围相当广泛,包括公安与国家安全、民政、司法行政、人事、科技、教育、文化体育、医疗卫生、计划生育、城乡建设、环境保护、财政、国有资产管理、税务、金融监管、地质矿产、能源交通、铁路民航、邮电信息、土地水利、农林牧渔、海关物价、市场监管、社会保障、劳动监察等各行各业,几乎无处不在。行政权不仅行使范围广泛,其权力类型也多种多样,包括行政许可权、行政处罚权、行政强制权、行政征收权、行政检查权、行政确认权、行政奖励权、行政裁决权等。除上述权利外,行政机关还在社会公共事务方面享有广泛的决策权与管理权。

(二)行政权面临的主要问题

在权力行使方式上,行政权既可以提供公共服务,也可以为社会或市场活动提供政策引导;既可以通过行政许可对个体从事某种活动的资格进行限制,也可以通过行政强制来迫使个体履行某种义务;更为关键的是,行政权还可以对个体行为进行监管或处罚。所以，行政权不仅是执行权，还包括管理权和处罚权。同时，国家暴力机器基本上均由行政权所掌控。所有这些方面决定着行政权有明显的强制性与主动性，是所有权力类型中最强势、最张扬，也最霸道的一种权力。正是因为行政权的这一特性，在实践中容易产生一系列的问题，主要表现为：① 行政权掌控各种资源，同时还享有广泛的监管职能，容易导致权力寻租，极易滋生腐败；② 行政权的主动性与强制性决定着该权力具体有很强的攻击性，极容易导致对个体权益的干涉和侵犯；③ 行政权实行各级行政长官负责制，由此形成一套层级制的官僚体系，容易产生机构臃肿、人浮于事、部门之间相互推诿扯皮的现象。

（三）对行政权的约束

尽管所有的权力都需要约束，但行政权的约束所面临的问题最为严峻，所谓"将权力关进笼子里"，主要也是指将行政权关进笼子里。如何既确保行政机关运行的高效，又能将其约束在正常的权力范围之内，是一个极为复杂而严峻的课题。一般来说，对权力的约束方式主要有以下四种。

（1）法律约束。法律约束主要是立法约束，即通过法律严格规定权力的行使范围，明确权力的行使条件和行使程序，从而将权力约束在法律规定的范围之内。

（2）权利约束。权利是对权力有效实施约束的重要手段，权力约束的目的主要在于防止权力的恣意和武断，避免对个体权利的侵犯。然而权利本身是柔弱无力的，不足以与公权力相对抗。以权利制约权力，关键是借助法定的渠道，赋予个体充分地行使权利的途径，并由此借助其他权力来形成对权力的对抗和制约。要实现权力约束，关键是完善个体的维权渠道和维权程序。

（3）权力制约。通过权力制约权力是分权理论的重要内容，一般来说，以权力制约权力并不包括上下级权力之间的纵向制约，主要指不同性质的权力之间的横向制约。比如行政诉讼，从行政管理相对人的角度，是通过权利制约权力的有效途径；从司法权的角度来看，也是司法权制约行政权的有效手段。

（4）社会监督。社会监督的有效性主要依赖两个前提条件：一是尽可能增加权力行使的公开透明度；二是尽可能建立多元化的社会监督渠道。阳光是最好的防腐剂，将权力纳入各种社会监督范围之内，就好比将之置于阳光之下，同样是有效的权力约束手段。

三 司法权

司法权是通过适用法律行使的审判权，当前各国的司法权基本上均由法院行使。在我国，除人民法院外，人民检察院也被认为是司法机关。但在一般的语境中，司法权仅指审判权，并不包括检察权。下文对司法权的讨论，也仅指审判权。

（一）司法权的设置

在国家产生的早期阶段，并没有独立的司法权，司法权大多只是行政权的附庸或者是行政权的一个分支。即使古罗马的裁判官制度，同样与现代意义上的司法权存在很大的不同。古罗马的裁判官并不是专门作为特别行使司法权的职位而设立的，同样只是比执政官低一级的官员，他享有广泛的权力，并不限于司法权。我国古代，甚至直到20世纪的清末仍然没有独立的司法权。

司法权的独立源于中世纪晚期出现的对政府官员违法行为的控告与审判，由于是对政府官员的审判，所以需要一个独立于行政机构的专门组织来行使，从而使司法权开始从行政权的隶属下独立出来。启蒙运动时期，为限制政府权力，分权制衡理论为司法权的独立提供了充分的理论论证，司法权终于成为一种独立于立法权与行政权的国家权力。

（二）司法公正的前提

公正是司法的灵魂，是司法永恒的目标。离开了公正，司法便失去了存在的价值。尽管司法的公正依赖于多种社会条件，但也有人总结了司法公正最起码的前提。有了这些前提，未必一定能达到公正，但没有这些前提，司法公正就只能成为一句空话。

1. 中立性

中立性是指无论司法机关还是法官个人，都不能与案件存在任何利害关系，而应当在案件审理过程中做到完全的居中裁判，不偏不倚。从司法权的角度而言，司法权不得有任何先在的偏见和倾向，不得有任何功利性的目标追求和立场。维护司法权的中立性，在制度设计上应当使司法权在人事、财产、权力关系等各个方面免于受其他机关或权力的制约。从法官的角度来说，任何人不得做自己的法官，与本人有利害关系的案件，本人应当回避。有些国家甚至不允许法官加入任何政治团体或政党组织，以防影响其中立性的身份和地位。

中立性是司法公正最为基本的要求，不具有中立性，公正也不可能真正实现。

2. 独立性

独立性首先指人民法院的独立性，即人民法院独立行使审判权，不仅不受其他国家机关的干涉，也不受上级人民法院的干涉。上级法院虽然有权在审判业务方面对下级法院进行指导，但这种业务指导不包括对具体案件的审理进行干预。独立性还指法官个人在行使审判权时的独立性，同样也不应受任何单位和个人甚至包括上级领导的干涉。之所以如此，是因为主审案件的法官依照严格的诉讼程序，亲自听取了当事人的陈述、辩论和质证，理论上没有任何其他人比他更有资格或更有可能作出公正的判决。在此意义上，一切外来的干涉甚至指导不仅不会对公正有更多的帮助，几乎无一例外地都属于不当的干扰。

司法权一旦失去独立性，便会偏离公正性，甚至沦为其他权力机关或个人追求不正当目的的工具。在此问题上，司法权与行政权的运行方式有很大的不同。我国传统法律文化中，司法权与行政权常不作明确区分，司法机关的行政化现象十分明显，直到目前仍是一个并未完全解决的问题。

3. 被动性

司法权还是一种被动性的权力，所谓被动性，是指非经当事人申请，人民法院不得主动启动司法程序。同时，对于当事人的诉请，除非涉及程序性事项或第三方利益，人民法院不得随意扩大审查范围，也不得随意改变其请求内容。主动性易生先入之见，主动行动的原初动机也不可避免地会左右（至少是影响）法官的判断，从而影响司法的中立性和公正性。

司法的被动性还意味着司法权不得有任何先在的功利性动机，除必须居中裁判外，也不得事先被设定任何其他方面的目的。

（三）防止司法权的滥用

中立性、独立性和被动性是确保司法公正的前提条件，这主要是针对司法制度设计而言。但无论怎样的制度设计，最终都要依赖法官的执行。在任何情况下，法官都是司法公正实现过程中不可忽略的重要环节，如何确保法官正确适用法律，防止司法权的滥用，同样是一个无法回避的课题。

1. 法官的业务素质要求

具有良好的法律素养，从而能够正确理解和适用法律，这是法官公正执法的基本前提。然而，在新中国成立之后相当长的一个历史时期，审判活动并没有被视为一种专业活动，更多地被视为一种阶级专政手段，加上法律专业人员极度匮乏，很大一部分法官由转业军人充任，大多没有受过系统的法律培训，法律专业素质普遍偏低。

当前，我国司法工作人员一般均需要接受系统的法律专业学习和培训，并通过国家统一法律职业资格考试。取得主审法官资格，还需要满足一定的工作年限、工作经验和更高的业务素质要求。可以说在我国当下，法官的法律业务素质基本上已不存在太大的问题。

2. 完善的程序设计

司法权是一种非常特殊的权力，法官独立审判并作出裁决，不受上级法院乃至上级领导的干预，更不应受到其他单位和个人的影响。尽管根据法律规定，司法权应受人民代表大会和检察机关的监督，还要接受党委机关的领导，但监督应当是对法官本人是否存在违法办案和违反职业规范的行为进行监督，领导应当是政治方向上的领导，而不应是对具体案件的干预。在这种情况下，如何确保法官对案件的处理是公正不倚的呢？

对此，主要依赖完善的程序设计。当事人是矛盾冲突的双方，其广泛的诉讼权利本身就是对法官最直接的监督和制约力量。同时，通过回避制度、管辖制度、上诉制度、证明义务的分配、审判活动的公开、审判文书的公开等制度，最大限度地避免法官的主观臆断和轻率武断。

3. 错案追究与法官惩戒

程序设计的目标是最大限度地避免法官的轻率武断，外在监督的目标在于最大限度地避免法官违法办案，二者共同作用，以确保法官裁判的公正不倚。此外，对法官的错案追究也是有效防止法官枉法裁判的重要手段。

然而，审判活动是一项极为专业也极为复杂的活动，对于同一案件所涉及的法律适用和事实认定问题，即使没有任何外在的干扰和影响，不同的法官也可能会有不同的认识。对于何为错案，很难有一个明确而具体的标准，所以，错案追究制度是一把双刃剑，如果制度设计不当，不仅不利于法官独立行使审判权，反而有可能会带来其他方面的问题。比如，有些基层法院以二审改判率作为法官业务考核的一个重要指标，这种方式虽然有助于督促法官谨慎裁判，但也容易诱使基层法官在裁判前征求二审法官意见，或以各种手段阻挠二审改判，导致二审程序形同虚设。

根据司法权的特点，下列情况一般不宜认定为错案：① 因出现新的证据而推翻原判决的，不宜认定为错案；② 因对案件事实认定和适用法律存在不同认识，原审法官在判决书中充分陈述了认定理由，二审法院因不同认识而改判的，如果不存在其他影响因素，不宜单纯据此认定为错案。

《中华人民共和国法官法》还规定了法官惩戒制度，主要是针对办案过程中存在的违反法律程序的行为、违反法官职业伦理和职业规范的行为、审判中的重大过失行为等进行惩戒。如果存在收受贿赂、枉法裁判等行为构成犯罪的，还应追究其刑事责任。

第三节　公民的基本权利与义务

一　权利的宪法意义

国家与公民的关系问题是国家理论中最根本的问题，也是宪法的核心问题。因为无论从何种角度看，国家权力机关的设置和行使、国家的政治和经济制度等，其最终的目的都是为公民提供更好的生活条件。在这一意义上，我们说公民是目的，国家和政府是手段，在任何情况下，手段都必须为目的服务。任何国家制度和政策如果偏离了这一目的，国家和政府不仅不再存在任何正当性，反而会成为人民的对立面，成为侵犯公民权益的怪兽——"利维坦"。

但是，在强大的国家权力面前，公民个体的力量是弱小的，根本无法与国家的力量相抗衡。为能在国家与公民之间维护一种健康的关系，必须对国家权力进行有效的约束，以防止其对公民权益造成侵害，同时为公民提供必要的防御性武器，从而将公民有效地保护起来，抵御来自国家权力的侵害。这种防御性武器即权利。

与权力相比，权利没有任何进攻性，但是，它是建立在国家与公民之间的一道屏障，是为权力划定的不得逾越的最后边界。在此意义上，国家与公民的关系就是权力与权利的关系，维护一种健康的国家与公民之间关系的关键就在于对权力的有效约束以及对权利的有效保护。

二 公民权利的类型

任何一个国家的宪法（无论成文还是不成文的）都有关于公民基本权利的规定，我国《宪法》也不例外。根据我国《宪法》，公民的基本权利主要包括以下三类。

（一）个人权利

这类权利是公民本来就应当享有的不受国家任意干涉的权利，它具有自然权利的性质，国家在任何情况下都必须予以尊重并提供保护。我国明确写入《宪法》的个人权利主要有以下六种。

（1）财产权。《宪法》第13条规定：公民的合法的私有财产不受侵犯。国家依照法律规定保护公民的私有财产权和继承权。国家为了公共利益的需要，可以依照法律规定对公民的私有财产实行征收或者征用并给予补偿。

（2）宗教信仰自由权。《宪法》第36条规定：任何国家机关、社会团体和个人不得强制公民信仰宗教或者不信仰宗教，不得歧视信仰宗教的公民和不信仰宗教的公民。国家保护正常的宗教活动。任何人不得利用宗教进行破坏社会秩序、损害公民身体健康、妨碍国家教育制度的活动。宗教团体和宗教事务不受外国势力的支配。

（3）人身自由权。《宪法》第37条规定：公民的人身自由不受侵犯。任何公民，非经人民检察院批准或者决定或者人民法院决定，并由公安机关执行，不受逮捕。禁止非法拘禁和以其他方法非法剥夺或者限制公民的人身自由，禁止非法搜查公民的身体。

（4）人格尊严权。《宪法》第38条规定：公民的人格尊严不受侵犯。禁止用任何方法对公民进行侮辱、诽谤和诬告陷害。

（5）住宅空间权。《宪法》第39条规定：公民的住宅不受侵犯。禁止非法搜查或者非法侵入公民的住宅。

（6）通信自由权。《宪法》第40条规定：公民的通信自由和通信秘密受法律的保护。除因国家安全或者追查刑事犯罪的需要，由公安机关或者检察机关依照法律规定的程序对通信进行检查外，任何组织或者个人不得以任何理由侵犯公民的通信自由和通信秘密。

（二）政治权利

政治性权利并不是每个人天生固有的权利，而是随国家的建立而生成的权利。我国《宪法》规定的政治性权利主要包括以下三种。

（1）选举权与被选举权。《宪法》第34条规定：年满18周岁的公民，不分民族、种族、性别、职业、家庭出身、宗教信仰、教育程度、财产状况、居住期限，都有选举权和被选举权；但是依照法律被剥夺政治权利的人除外。

（2）言论、出版、集会、结社、游行、示威的权利（《宪法》第35条）。这些权利中，出版、集会、结社、游行、示威的权利更侧重于政治表达，而言论自由不仅包括政治表达，也包括其他方面的言论自由。

（3）批评建议权，申诉控告、检举权。《宪法》第41条规定：公民对于任何国家机关和国家工作人员，有提出批评和建议的权利；对于任何国家机关和国家工作人员的违法失职行为，有向有关国家机关提出申诉、控告或者检举的权利，但是不得捏造或者歪曲事实进行诬告陷害。对于公民的申诉、控告或者检举，有关国家机关必须查清事实，负责处理，不得压制和打击报复。由于国家机关和国家工作人员侵犯公民权利而受到损失的人，有依照法律规定取得赔偿的权利。

（三）社会权利

国家存在的目的在于保护公民权益，同时也具有对社会事务的管理职能，每个公民都有权获得国家在社会管理过程中提供的社会保障和福利，由此形成社会性权利。我们《宪法》中规定的这类权利主要包括以下四种。

（1）劳动权。《宪法》第42条规定：国家通过各种途径，创造劳动就业条件，加强劳动保护，改善劳动条件，并在发展生产的基础上，提高劳动报酬和福利待遇。

（2）休息权。《宪法》第43条规定：国家发展劳动者休息和休养的设施，规定职工的工作时间和休假制度。

（3）社会保障权。《宪法》第45条规定：公民在年老、疾病或者丧失劳动能力的情况下，有从国家和社会获得物质帮助的权利。国家发展为公民享受这些权利所需要的社会保险、社会救济和医疗卫生事业。

（4）受教育权。《宪法》第46条：公民有受教育的权利和义务。

三 公民对国家负担的义务

公民享有权利，同时也应当履行义务，从而保障国家机关的正常运转。我国《宪法》规定了公民的很多义务，如公民有维护国家的统一和全国各民族团结的义务、遵守宪法和法律的义务、遵守公共秩序和社会公德的义务、维护国家荣誉和利益的义务等。从积极义务的角度看，这些义务基本上属于道德义务，因为法律并未明确规定未履行上述义务应承担的法律责任。因此，这些义务更多属于消极义务，只要没有实施有害于国家利益的行为，没有违反宪法和法律的规定，就不构成对义务的违反。除上述义务外，《宪法》还列举了一些民事义务，如父母抚养子女的义务和子女赡养父母的义务，但这些义务在性质上并不属于宪法义务，仍属于民事义务。之所以在《宪法》中列举，主要体现的是一种对公序良俗的弘扬。

公民所应负担的真正意义上的宪法义务主要有两个：一是纳税义务；二是兵役义务。

向国旗致敬应否被规定为一项法律义务

1936年，像所有美国公立中小学一样，宾夕法尼亚州东部矿区的麦诺斯维尔（Minersville）小学要求学生每天都向国旗致敬，并宣读《效忠誓词》。一天，10岁的威廉（William）和12岁的莉莲（Lilian）突然决定不再向国旗致敬。原来，威廉和莉莲的父母是"耶和华见证会"（the Jehovah's witnesses）的信徒。他们认为向国旗致敬违反他们的教义。但向国旗致敬是当时宾夕法尼亚的一项州法律，学校必须执行。校方只好要求他们退学。

威廉和莉莲的父亲戈比蒂斯（Gobitis）向宾夕法尼亚州的联邦地方法院控告麦诺斯维尔学校侵犯他家的宗教信仰自由。法院判他胜诉，指出"向国旗致敬不能作为学童到该校上学权利的一个条件"。学校不服，上诉到联邦第三巡回上诉法院，结果仍然维持原判。学校还是不服，1940年向联邦最高法院上诉，1940年6月3日，最高法院判决戈比蒂斯败诉。判决意见认为：当个人的宗教信仰与政治社会的利益相抵触时，当事人不能推卸其政治责任，而向国旗致敬就是这样一种不能推卸的政治责任。

该判决引起了广泛批评。美国中西部最有影响的一份报纸《圣路易斯邮报》的评论很有代表性："如果爱国情操依赖这样的做法——违反人民最基本的宗教自由——来培养的话，那么，爱国情操就不再是高尚的，而是一种通过法律来灌入我们喉咙的东西。"

两年后，因同样的原因，沃尔特·巴内特（Walter Barnette）的两个女儿被学校除名了，他向当地法院提起诉讼，法院判决原告胜诉。教育部门遂上诉至最高法院。这次最高法院支持了原告的请求。

大法官罗伯特·杰克逊（Robert Jackson）起草并宣布的多数意见认为，《权利法案》的根本目的，是使一些基本权利远离政治纷争所引起的难以预料的变化，把它们置于多数人和官员无法触及的地方，并把它们确立为由法院来处理的法律原则。个人对生命、自由、财产的权利，言论自由、信仰自由和结社自由的权利，以及其他基本权利，是不可以诉诸投票的，它们不取决于任何选举的结果。最后，杰克逊充满诗意地指出："如果在我们宪法的星空下有一颗不变的星辰，那就是，无论是在政治、民族主义、宗教，还是在其他舆论的问题上，任何官员，不管其职位高低，都无权决定什么是正确的，也无权用言语或行动来强迫公民表达他们的信念。"另一名法官在补充意见中则写道："强制表达出来的言辞除了自欺欺人外，并不能证明忠诚。对国家的热爱必须发自自主的心灵和自由的心智。"

（一）纳税义务

纳税义务是公民对国家最为基本的义务，税收不仅是国家机器正常运转的保证，也是进行基础设施建设以及实行社会再分配的重要资金来源。每位公民都负有纳税义务，并不意味着每个人都负担同样的纳税额。税收的公平原则要求条件相同者缴纳相同的税，而对条件不同者应加以区别对待。纳税不仅是公民的基本义务，税收本身还负有调整国民经济和调节社会公平的功能。现代税收制度下，税种和税率的制定不能任意为之，应当符合公平原则、合理原则和法治原则的要求。

（二）兵役义务

兵役义务在任何国家都是公民的基本义务之一，是每一位公民都必须担负的保卫祖国、抵抗侵略的光荣职责。我国实行义务兵与志愿兵相结合、现役与预备役相结合的兵役制度。义务兵役是基本的兵役义务，一般为两年。两年之后根据本人的意愿，可继续服役转为志愿兵。不管是义务兵还是志愿兵，均属现役军人。未编入现役部队，而是经过登记预编到现役部队，或编入预备役部队或民兵组织服预备役的，均为预备役人员。

本讲涉及的主要法律法规

（1）《中华人民共和国宪法》
（2）《中华人民共和国行政处罚法》
（3）《中华人民共和国行政强制法》
（4）《中华人民共和国行政许可法》
（5）《中华人民共和国立法法》
（6）《中华人民共和国公务员法》
（7）《中华人民共和国法官法》

课外阅读推荐书目

（1）《共产党宣言》，马克思、恩格斯著，人民出版社2014年版。
（2）《常识》，[美]托马斯·潘恩著，商务印书馆2016年版。
（3）《政府论》，[英]洛克著，商务印书馆2022年版。

第十讲

社　会

　　社会是人与人之间各种关系的集合，任何人都是社会的存在。与国家借助权力来确保国家机器的运行不同，支撑社会运行的是人们在长期的社会生活中形成的风俗、习惯及文化。社会具有某种自生自发的秩序和自我修复的功能，市民社会越成熟发达，其对国家权力的依赖性就越小，其自身的秩序维护与自我修复功能就越强，从而抵御权力侵犯的能力就越大。

　　但是，社会与国家的关系并不是对立的关系，社会自生自发状态有其自身的局限，需要通过国家来维护社会基本秩序，矫正社会不公，调整社会运行方式。

第一节 社会与社会法

一 社会概说

（一）何为社会？

人们一般认为，社会就是人与环境形成的各种关系的总和。如果是这样，社会就并不存在所谓的"形成"问题，它就在那里。或者说，只要有人的地方，就有社会，就是社会。然而，普通人在使用社会这一概念时，并不强调自然环境的因素。或者说，自然因素最多只不过是社会存在的一个背景，人的因素才是主要的，在此意义上，所谓社会，就是在这一自然背景下，人与人之间所结成的各种关系的总和。不过，社会并不单单是人与人的各种关系，还包括在此基础上所形成的各种风俗、习惯和文化，以及其他构成社会关系和社会规则秩序的全部因素。

（二）个体与社会的关系

社会是由无数单一的个体组成的，社会并没有可以独立于个体领域而另外存在的领域，所谓社会领域，只能是由无数不特定的个体领域以及个体之间的关系领域所组成的领域。但是，社会领域并不是诸个体领域的简单相加，无数个体的行为相互影响会形成社会的互动与社会发展趋势，无数个体之间的关系相互交错会形成复杂的社会关系网络。在此基础上，还会进一步形成稳定的社会结构，以及某种社会互动和社会运行方式。也就是说，社会不是一个由无数个体组成的静态的组合，而是一个系统，一个能够自生自发、自我演进的自创生系统。

在社会领域，每个人的行为选择仍是自主的，然而个体的自主行为在复杂的社会系统中常常是微不足道的。也就是说，社会的运行方式及其发展趋势是诸个体意志无法自主支配的。在个体领域包括私人关系领域中，每个人都可以与他人互相设定义务，每个人对自己的行为都可以有明确的预期。但如果将个体行为放大到社会领域，个体行为的社会预期便显得过于遥远而模糊，从而变得完全不确定和不可控。在此意义上，社会是由无数不特定个体行为与个体关系形成的、诸个体意志无法自主决定的领域。所有人的行为共同织成了庞大而复杂的社会活动网络，汇集成浩瀚无际的江河大海。它蜿蜒曲折，深不可测；它浩浩荡荡，不可阻挡。每个人都身陷其中，也都被裹挟其中。

（三）国家与社会的关系

从概念生成史的角度看，现代意义上的社会概念产生较晚，是在近代国家学说的形成过程中提出的，基本上可以说是近代启蒙思想的产物。为对抗国家的专制特权，社会

从国家概念中独立出来，被描述成脱离了国家种种政治性支配而获得解放的领域。在近代思想家看来，社会有其自身的运行方式，不需要国家的干预就可以自发地形成秩序。由此，国家与社会被区分为两个完全不同的概念，它们各有各的领域，各有各的运行方式，互不侵扰，互不干涉。这种思想在自由资本主义时期一度被奉为处理国家与社会关系的圭臬，也成为国家与社会二元划分之滥觞。

自由资本主义时期，社会与国家的二分是占主流地位的观念。但20世纪30年代金融危机之后，随着凯恩斯主义的提出和罗斯福新政的成功实践，国家对社会领域的介入和干预不仅有了理论上的根据，同时也得到了实践上的支持。支持者认为：社会具有不确定性和盲目性，需要国家的干预才能克服社会自身的不足，从而使社会维持良性运行状态。但反对者则坚持认为：尽管社会具有不确定性和盲目性，但没有人可宣称像上帝一样能够克服这种不确定性和盲目性，政府同样不可以。社会自身具有自我调适能力，能够自发地不断进行自我调适，人为的干预不仅不能克服其不确定性，反而会使其自身的自我调适机能遭到破坏。

尽管在国家与社会的关系问题上一直存在着很大的分歧，但不可否认，国家与社会并不是截然对立的。一个稳定而成熟的社会的孕育离不开国家的强大后盾，否则，人与人之间的关系可能就是霍布斯所描述的战争状态，社会也可能是一种弱肉强食的"丛林规则"下的运行方式，这种情况下不可能真正形成稳定的社会秩序和繁荣的社会发展。至于国家对社会领域的干预，目前已经很少有人从根本上否认国家干预的必要性，所争议的主要是国家干预的方式和限度。

二 社会面临的基本法律问题

无论是否存在独立的社会法领域，社会都有其自身所面对的具体问题。总体而言，可以将这些问题分为三种基本类型。

（一）社会秩序问题

一个安全而和平的社会秩序是人类生存的基本前提，社会秩序不仅是社会本身的基本需求，也是国家存在的基本理由。一切法律，无论公法和私法，从根本上说，都是为了建立安全有序的社会秩序。刑法是为了社会秩序，行政处罚法也是为了社会秩序，即使如婚姻法、合同法、诉讼法，又有哪一个不是为了社会秩序呢？也就是说，秩序是社会面临的首要问题，但在法律上，却不是独立的社会法问题，而是任何法律都共同面对，因而通过不同的方法和途径予以规范的问题。

（二）社会公平问题

公平是一个常用的词汇，当人们张口公平闭口公平的时候，公平一词似乎有非常明确的含义。但当我们对其具体含义进一步追问的时候，却很少有人能够说清楚公平到底是什么。借鉴亚里士多德对于分配正义与矫正正义的分类，公平也可以分为社会分配意义上的公平和损害补偿意义上的公平。损害补偿问题主要是通过民法来解决的，刑法与行政处罚法中的处罚手段也可以被视为另一种补偿方式。因此，在社会领域，公平问题主要指的是分配公平问题。

然而，什么是分配公平呢？常识告诉我们，分配公平并不是结果上的平等分配，因为不同人付出的劳动和做出的贡献并不一样。按劳动贡献分配也未必公平，且不说因为分工的不同，不同的工作之间很难进行比较，即使兼顾其他分配方式，如按资本分配、按技术能力分配等，同样有难以解决的问题。有人甚至认为根本不存在什么客观的公平标准，公平问题毋宁是一种主观感受。

社会领域是个体意志不能自主决定的领域，社会的不公平源于各种复杂的难以发现和预知的因素。对于其中可归因于个体行为的不公平因素，基本上可以通过民事、行政或刑事手段来解决，而对于那些非可归因于任何个体因素的不公平的结果，只能归因于个体所遭遇的某种晦气。然而，公平问题不仅影响效率，如果分配上存在不公，还可能严重影响个体工作的积极性，从而影响社会发展。更重要的是，公平还影响着秩序，具体的不公平可能会引发个体之间的冲突，严重的社会分配不公平还可能会发展成一种颠覆性的力量。人类社会的历史表明，社会自身对社会分配的不公平缺乏有效且平稳的自我调节机制。为避免冲突，尤其是大规模血腥暴力的社会冲突，分配公平问题必须被纳入法律的视野。

拓展阅读

平等：一种抗议性理想

要想造成不平等，我们只须听任事情的自然发展即可。可是，假如我们想追求平等，那就绝不能有丝毫松懈。理查德·托尼（Richard Tawney）附和让-雅克·卢梭（Jean-Jacques Rousseau）的说法写道："不平等易，因为它只需要随波逐流；平等难，因为这需要逆风而动。"不平等可归因于天意，而平等只能是人类行为的结果。不平等是"自然"，平等打破自然。如果一种社会秩序渗透了这样的信念：每个人都应在他或她的本分之内生活，那就可以说，这样的社会秩序能够自立不坠。但追求平等的社会是跟自己作战，即跟自身的内在惯性定律作战的社会。一旦开始追求平等，曾经被认为是"自然"存在的权力、财富、地位及生存机会等方面的差异，就不再一成不变地被人所接受的差异了。因此，通过要求自由并紧接着（以更强大的力度）要求平等，人是在要求一种不再服从必然的和天命般的组织形式的社会。

平等首先突出地表现为一种抗议性理想，实际上是和自由同样杰出的抗议性理想。平等体现并刺激着人对宿命和命运、偶然的差异、具体的特权和不公正的

权力的反抗。我们还会看到，平等也是我们所有理想中最不知足的一个理想。其他种种努力都有可能达到一个饱和点，但是追求平等的历程几乎没有终点，这尤其是因为，在某个方面实现的平等会在其他方面产生明显的不平等。因此，如果说存在一个使人踏上无尽历程的理想，那就是平等。

只要我们能够只坚信作为抗议性理想的平等，事情就单纯得多了。然而，一旦我们着手整理一份不平等（即我们失去的平等）的详细清单，我们很快就会发现，越是想把它罗列清楚，清单就越会变得没完没了。毫无疑问，这就是我们通常把这个清单限定在"不公平的不平等"及相应的"正当的平等"这一小范围中的原因之一。那么我们就要问了：以什么为根据去选定某些平等为公正的或正当的平等？接踵而来的问题是：有效解决不公正的不平等的途径与手段是什么？然而，一旦我们掌握了那些手段，第三个问题又冒出来了：这些手段和用于其他目标的手段能够协调一致吗？例如，平等的手段和自由的手段能够相容吗？

论述平等问题的作者们在发布陈情书抨击不平等的罪恶时，都是辩才滔滔、令人倾倒的。但是他们在处理如何实现平等的理想这一问题时，其论据却日渐空洞和缺乏说服力。作为表示抗议的理想，平等是有感召力的，也是容易理解的；作为提出建议的理想以及作为一种建设性理想，我认为没有什么能像平等那样错综复杂了。实际上，我们越是致力于争取更大的平等或更多的平等，我们就越有可能陷入迷津。

（参见［美］萨托利：《民主新论》，上海人民出版社，2009，第370—371页。）

有关社会公平问题的法律主要包括国家的基本分配方式，在我国，这属于宪法中基本经济制度的内容。此外，社会保障、社会救助、弱势群体保护等均可以归于社会公平的范畴。无论通过何种法律来规范和调整，关于社会公平的内容应当说是最具有社会法特点的内容，也是本讲所讨论的重点。

（三）社会效率问题

所谓效率，物理学上的含义是指有用功率与驱动功率的比值，在社会学领域，进一步引申为在给定投入和技术的条件下，最有效地使用资源以满足设定的愿望和需要的评价方式。效率总是立足于人的某种具体目标需求而言的，在这一意义上，效率都是功利性的。社会没有任何自身的功利性目的，因而效率总是立足于人和国家的立场而言的，由于社会领域超出了个体意志自主决定的范围，社会效率问题也超出了个体所能左右的范围。因此，很多人认为国家应该通过一定方式干预社会自身的运行方式，克服社会自身存在的不足，使其沿着政府预定的方式，更高效地实现政府的既定目标。但反对者认为，社会有其自身的步履和节奏，政府的干预不仅不能解决社会的问题，反而可能会改变社会自身的节奏与生态，并由此引发新的社会问题。

这种争论同样是社会基本认识分歧的延续，这一问题也许根本没有一个标准答案，争论也可能永不能终止。但无论如何，国家公权力对社会的介入应当审慎，只有在社会疮口无法自愈之处，国家公权力才有介入的必要，否则，应尽可能地保持谦抑。

当前，社会效率问题基本上都是通过行政手段来解决的，行政许可、行政监管、行政强制、行政计划、货币政策、金融手段等都属于国家解决社会效率问题的措施。从法的分类来看，这些法律大多可归入行政法的范畴。

三 关于社会法

社会法是19世纪末20世纪初提出的概念，在此之前，只有公法与私法的划分。私法是个体意志自主决定的领域，公法是国家公权力的设置与行使的领域。随着国家对社会生活尤其是经济领域的广泛干预，公法与私法的边界开始变得不清晰，一些法律如劳动法和社会保险法等很难被准确归类。在此背景下，德国法学家提出了社会法的概念，认为劳动法、社会保障法、慈善法、社会救助法、残疾人保护法等法律既不属于公法，也不属于私法，应当划入社会法的范畴。还有学者认为，私法与公法的二元划分存在难以克服的困境，应将社会法建构成为一个独立于公法与私法的"第三法域"。

由于社会是由人组成的，在某种意义上，人的问题都具有某种社会性质，一切法律，无论公法还是私法，在一定程度上也都具有社会法的性质。比如，婚姻关系和亲子关系是私法问题，同时也是社会问题；又如违法犯罪问题，是公法上的问题，同时也是社会问题。因此，社会法并不是指调整所有社会关系的法，仅指那些难以进行明确的公、私法归类的法。

第三法域的说法目前并未获得普遍接受，反对者认为：所谓公法与私法边界不清晰，不过是在同一部法律中同时出现了公法和私法条款，并不代表出现了独立于公法与私法的新品种。而且，人们至今也没有对社会法调整对象和调整范围达成共识，因而也没有明确的标准来清晰地界定社会法与公法和私法之间的边界。

但是，不将社会法视为一个独立于公法与私法的第三法域，并不意味着不可以将其视为一个独立的法律部门，或一个法学研究学科。在部门法或者学科意义上，社会法问题仍有很大的可以进一步研究讨论的空间。当前，社会法学者一般将劳动法、社会保障法、社会救助法、社会慈善法、弱势群体保护法等归于社会法的范畴，还有些人将国家干预市场而形成的规范（如反不当竞争法、产品质量法、消费者权益保护法以及市场监管方面的法律）也归于社会法的范畴。这样的归类是否合适，同样也有进一步讨论的余地。总之，关于社会法的基本问题，目前还远未达成共识。

第二节 社会分配与社会保障

一 社会分配

(一) 关于分配公平的基本讨论

社会领域是个体意志无法自主决定的领域,社会公平问题同样是个体无法自主控制的问题。对于贫穷和富有,人们很容易将之归于个体因素,然而,对于一个具体的人而言,其贫富尽管与个人因素密切相关,但却无法完全归因于其身。比如,一个流浪汉不能到一家豪华大酒店就餐,表面上看,对此他不能归咎于任何人,因为他没有这样做的经济能力。但是,能力并不是一个单纯的个体问题,而是涉及复杂的社会因素,流浪汉没有到大饭店就餐的能力,也许并不是因为他天生就游手好闲,他也许没有机会受到良好的教育,或者社会选择机制没有给他提供充分的选择机会。一个人无论多么渴望摆脱贫穷,如果社会并未为之提供足够多的机会使其挣更多的钱,在各种社会影响因素面前,这个人也常常是无能为力的,无法改变,也无法完全依照自己的意志选择自己的行动。在很多情况下,人们的选择似乎是不得已而为之,因为没有更好的选择。这种情况下,也并不是只要个人做出努力,就一定能够实现自己的心愿,即使通过个人的努力已经万事俱备,但何时能等到东风仍然取决于复杂的社会因素。

除了能力外,还有机会。在普通人看来,机会似乎只是与运气和能力相关的东西,没有运气碰不到,没有能力又抓不着。我们不能否认机会与运气或能力的关系,但是影响机会的因素并不只有这两项。比如,在北京和上海这样的大城市,未取得户籍的人在购房、子女入学等方面受到诸多限制,这是单纯的机会问题吗?又比如,某银行招聘员工,招聘条件要求是男性身高不低于168 cm,女性身高不低于158 cm,一个人的身高不符合条件要求仅仅是运气问题吗?

当我们在讨论个人因素包括机会时,我们忽略了太多这些因素背后的问题。我们应当考虑的是,我们是不是为所有人提供了平等的机会,是否对从事某项活动的资格设置了不公平的条件,是否对某些人给予了照顾而对另外一部分人进行了限制。甚至,当一定的利益格局已经形成并趋于固化时,看似公平的竞争可能早已失去了公平竞争的前提。

对于如何实现社会分配,人们提出了各种各样的理论,我们在此无意讨论各种复杂的公平理论,但无论何种理论,下述几个问题都是我们不得不考虑的。在某种意义上,这些问题是实现社会公平不可绕过的必经路径:① 通过立法消除与个体能力无关因素的影响；② 提供平等机会，在法律和政策上避免不公平的条件限制；③ 为社会全体成员提供公平的教育机会，以尽可能降低非个体因素导致的能力差异；④ 通过专门的立法维护平等的交易关系与公平的竞争秩序。

不可否认，绝对的社会公平是不存在的，由于对社会公平的理解及其评价标准的差异，绝对公平这一命题本身也许就是一个伪命题。然而，对于如何维持基本的社会公平，我们仍需要讨论出一个最基本的评价标准，否则一切讨论都将失去基本的前提。为纠正社会本身的不确定性，有人提出至少在三个方向上纠正社会自身在社会分配上的不足：一是国家应通过一定的手段保证个人和家庭的最低收入，不管他们从事何种工作，也不管工作的市场价值如何；二是国家应为个人和家庭提供能够应对某些导致个人和家庭危机的"社会突发事件"（如疾病、老龄和失业）的社会机制，以尽可能地减少个体及其家庭的不安全感；三是不区分公民的社会地位或等级，确保他们在国家提供的相应社会服务领域内获得最高水平的服务。

（二）社会分配制度

社会分配制度并不是一种单一的制度，也不是单纯的分配本身的问题，而是一个涉及多方面社会政策的综合性问题。它既与国家所有制形式相关，也与各种福利政策以及其他二次分配政策有关。对于国家究竟可以在多大限度上干预社会，至今并不存在一个被普遍认可的标准。社会分配制度还与一国的政治制度有不可分割的联系，在专制政体下，社会分配本身就是一个政治问题。关于具体的分配制度，也并没有一部统一的法律，宪法中关于社会基本制度的规定，经济法律制度中关于税收、福利、社会保障、社会救助等问题的规定，都是社会分配制度的重要法律渊源。

拓展阅读

一个关于分配制度的寓言

让我们首先来设想，在没有任何外力作用的情况下，完全依赖参与分配的主体，他们会如何分配呢？我们可以把所有社会资源比喻成一块蛋糕，在没有任何外力的作用，也不存在任何让众人信服的权威的情况下，立足于人的本性，分配方式基本上可以说是斗争的结果。我们可以设想，第一次分蛋糕，几个特别强壮的人分到了更多的蛋糕。第二次分蛋糕的时候，所有人都经过刻苦锻炼变得十分强壮，但有几个人亮出了剑，结果带剑的人分到了更多的蛋糕。第三次所有的人都带了剑，但几个人又掏出了枪，持枪者分到了更多的蛋糕。第四次分蛋糕的时候，可能每个人都会端出大炮，大家这时候只好平分了。

这种引申是很夸张的，不过，在每个人都希望自己利益最大化的这一心理学前提下,这种引申是符合逻辑的。也就是说,在没有外力作用的情况下,社会资源的分配方式和分配结果取决于参与分配的各种力量之间的对比。

我们看到,如果没有一种力量的干预,发展到最后,人们仍然按原来的分配方法分蛋糕,但分配的成本却增加了无数倍。因此,在社会分配问题上,需要一个大家都信服的权威或一个大家都不能抗拒的力量来主持分配,才有可能避免上述恶性的分配竞争。那么,如果由国家来主持分配,国家又会如何分配呢?

第一种:大家不都有大炮吗?好,平均分,谁也不多谁也不少。

第二种:举手表决,张三小子不地道,不让他分,大家一致通过。

第三种:大家站在同一起跑线上,喊一、二、三抢,谁抢多少是多少。

第四种:大家都先每人分一点,然后再站在同一起跑线上,喊一、二、三抢,谁抢多少算多少。

第五种:大家先抢,抢完了各拿出三分之一,分给抢不着的。

第六种:你们有大炮不是吗?我有原子弹了,不过大家放心,我并不独吞,要是谁不听话,我就轰了谁,要是听话嘛,我可以分一点蛋糕渣给他尝尝。

我想大概就这么多分法,有人可能会说还有一种共产主义分法,按需分配,谁能吃多少就分多少。但这种分法需要一个前提,即蛋糕的数量必须足够多,大家能吃多少就有多少,我们这里只有一个蛋糕,不具备这样的前提,故对此分法不予讨论。

第一种分法是"大锅饭",我们原来吃过"大锅饭"。"大锅饭"表面上是最公正的,但不利于激发人的积极性。这个蛋糕吃完,谁也不做第二个蛋糕了,要吃大家一起吃,要饿大家一起饿。

第二种分法是庸俗的民主式分法。之所以称之为"庸俗的",是因为这种所谓的民主不过是"多数人的暴政",这种民主不过是披着民主的外衣,并不是真正的民主。我们已经讨论过,多数人意见不能成为剥夺少数人权利的理由。

第三种分法是自由主义分法。这种分法体现了优胜劣汰的法则,可以激发个人潜力,但在这种情况下,罗尔斯所说的"社会上最弱势的那部分人"的利益无法得到保障。而且,当"最弱势的那部分人"的基本生存问题受到威胁的时候,整个社会的安全与秩序也必将受到威胁。

第四种和第五种分法都具有某种福利国家的性质,只是前者先行解决全体国民的基本生存保障,而后者仅对那些无法维持自己基本生存条件的人才提供某种福利性救济。

第六种分法是专制主义分法,我国几千年的封建社会历史中一直是这样分配的。

蛋糕的分法反映的是一个国家的基本分配制度，其中既有政治的因素，也有经济的因素，甚至还有其他方面的因素。人们谈论分配制度的时候，常常指劳动产品的分配制度，但除此以外，广义上的分配制度还应当包括各种社会资源的分配，以及各种可能会影响分配问题的各种事实或政策因素，可以说是一个与个体生活紧密相关的基本制度，它决定着个体可以通过什么样的方式获得财富，从而也就决定着个体的生存方式。

一般来说，与社会分配直接相关的基本制度主要包括所有制形式、劳动产品的分配形式和社会福利政策三个方面。

1. 所有制形式

所有制形式是指生产资料的占有形式，所有制形式的变革一般总是伴随着政权的更替而进行的，并通过法律（通常是宪法）来予以确认。所有制形式与政权的性质相联系，代表着社会最原初的分配，因而构成其他一切影响分配的各种社会因素的基础。依照马克思主义的观点，其他社会分配形式都是完全围绕着所有制形式而展开的。比如，新中国成立初期通过社会主义改造运动将私营工商业和土地收归国有。我国实行公有制为主体、多种所有制形式并存的所有制形式。目前，我国的一切自然资源（包括土地、河流、矿藏、山林等）均为国家所有或集体所有，其他财产根据具体情况分别归属国家、集体或私人所有。

2. 劳动产品的分配形式

劳动产品的分配形式即劳动产品的分配标准或依据，也称分配原则，主要是指国民收入初次分配的形式。比如，按劳动付出分配、按资本投入分配、按技术能力分配等，都属于初次分配的范畴。初次分配直接与生产要素相联系，注重效率，主要是按贡献分配。对收益的贡献越大，所得越多；贡献越小，所得越少。在此意义上，劳动付出、资本投入、技术能力等只不过是考察贡献大小的具体项目指标。对不同指标的贡献大小如何评价会受到市场因素的影响，比如劳动力短缺时，对劳动力的评价会提高，而当资本短缺时，资本的作用在分配时可能会更受重视。

立足于个体的角度，分配原则所依据的各种指标实际上体现的均是个体的能力，劳动付出是劳动能力，资本是经济能力，技术是技术能力，甚至有时候还包括获得机会的能力等。这样，劳动产品的分配原则也可以说是定位于个体的能力。在多数人眼里，无论什么样的所有制形式，也不管受什么因素的影响，社会分配的最终结果都应与个体的能力呈正相关关系。如果社会分配不能体现个体能力的差异，则不利于鼓励个体的全面发展，这样的社会分配很难说是公平的。

3. 社会福利政策

社会福利政策属于二次分配的范畴，二次分配又称再分配，是指政府在初次分配的基础上，通过税收和其他财政经济手段取得财政收入，并据此通过社会福利、社会保障和社会救济等手段进行社会分配的过程。与初次分配相比，二次分配不重效率，重公平，其目的在于降低初次分配下过大的社会分配差距，从而实现社会公平。

目前，对于社会福利政策的类型，丹麦学者哥斯塔·埃斯平·安德森（Gosta Esping-Anderson）在其《福利资本主义的三个世界》一书中将其分为三类。

（1）以美国、英国、加拿大等盎格鲁–撒克逊国家为代表的自由主义福利体制。这种福利体制下，强调个体权利，主张通过市场方式解决社会分配问题，国家福利主要是针对特定贫困人员提供社会救助措施，国家在社会再分配过程中的作用受到较大限制。

（2）以德国、法国、意大利等欧洲大陆国家为代表的保守主义体制。在这种体制下，国家在再分配过程起着非常重要的作用，成为社会福利的主要供应者，社会福利成为公民权的重要组成部分。

（3）以北欧国家为代表的社会民主主义体制。这种体制下，国家通过收入再分配政策提供普遍式的社会福利与服务，劳动力的非商品化程度非常高，不同行业的工资水平差异较小。

二 生存保障

生存保障又称社会保障，是指当个体遭遇年老、疾病、失业等情形并因此影响其基本生存时，国家通过一定方式为其提供的用以维持基本生存的保障性措施。相较于前文所述的社会分配制度，生存保障虽然也涉及社会分配问题，但其制度目标主要不在于分配公平，而在于生存保障。因此，它不是针对特定群体的福利，而是关系到全体国民的基本生存。如果个体基本生存问题不能得到有效的解决，必然会诱发一系列社会问题，从而影响社会的健康发展和安全稳定。

（一）我国当前的生存保障体系

目前，我国的社会保障体系并不统一，实际上执行的是四条线，分别是公务员的社会保障体系、企事业单位职工的社会保障体系、农村居民的社会保障体系和城镇居民的社会保障体系。其中：公务员的社会保障体系主要由财政负担；农村居民与城镇居民的社会保障主要以自愿为前提，社会保障水平较低；目前只有企事业单位职工的社会保障体系实现了制度化。有人呼吁建立统一的社会保障制度，在社会保障问题上实现基本的社会公平与公正，但从目前情况来看，完成这一目标还有很长的路要走。

从社会保障的资金来源看，各国的社会保障模式大致可分为国家福利、国家保险、社会共济和积累储蓄四种。目前《中华人民共和国社会保险法》所规定的社会保障制度，一般认为属于社会共济模式，它以强制性的社会保险方式向企业和个人融资，由此形成社会保险统筹基金以解决个体的社会保障，当基本保险统筹基金资金不足时，再由政府进行补贴。

（二）主要的生存保障项目

我国当前的社会保障项目有五种，即基本养老保险、基本医疗保险、工伤保险、失业保险和生育保险。

1. 基本养老保险制度

养老保险金由用人单位与劳动者本人共同缴纳，用人单位以上年度本单位工资总额为缴费基数，劳动者以上年度本人工资为缴费基数，分别按照21%和8%缴纳。参加基本养老保险的个人，达到法定退休年龄，并且累计缴费满15年的，可以按月向社会保险部门领取基本养老金。基本养老金由统筹养老金和个人账户养老金组成，缴费不足15年的人员可以缴费至满15年。

2. 基本医疗保险制度

由于中国各地经济发展水平不同，各地医疗服务提供能力和医疗消费水平等差距很大，《中华人民共和国社会保险法》对基本医疗保险待遇项目和享受条件未作统一规定，国务院相应的法规和规章中也只对基本医疗保险起付标准、支付比例和最高支付限额等作了原则性规定，具体待遇给付标准由统筹地区人民政府按照以收定支的原则确定。

目前，职工医疗保险缴费比例一般是用人单位按缴费基数的8%缴纳，职工本人按缴费基数的2%缴纳。参加基本医疗保险的人员，对于诊疗过程中发生的符合基本医疗保险药品目录、诊疗项目、医疗服务设施标准以及急诊、抢救的医疗费用，在社会医疗统筹基金起付标准以上与最高支付限额以下的部分，由社会医疗统筹基金统一比例支付。

3. 工伤保险制度

工伤保险是指劳动者在生产经营活动中遭受意外伤害或职业病，并由此造成死亡、暂时或永久丧失劳动能力时，给予劳动者法定的医疗救治以及必要的经济补偿的一种社会保障制度。我国工伤保险费从工伤保险基金中支付，该基金由用人单位缴纳的工伤保险费形成，职工个人不缴纳工伤保险费。

对于劳动者在工作过程中受到的伤害，不管是何种原因引起的，不论劳动者本人是否有过错，只要不是因故意犯罪、吸毒酗酒或自残自杀而造成的伤害，均不影响享受工伤保险待遇。

参加工伤保险的职工发生工伤时，可享受工伤待遇。工伤待遇除了治疗工伤的医疗费用和康复费用外，还包括工伤治疗住院期间的伙食补助费、到统筹地区以外就医的交通食宿费、安装配置伤残辅助器具所需费用、生活不能自理的经劳动能力鉴定委员会确认的生活护理费、一次性伤残补助金和一至四级伤残职工按月领取的伤残津贴，以及终止或者解除劳动合同时应当享受的一次性医疗补助金。因工死亡的，其遗属可按规定领取丧葬补助金、供养亲属抚恤金和因工死亡补助金。

4. 失业保险制度

失业保险金一般由用人单位和劳动者分别按照缴费基数的2%和1%缴纳。

参加失业保险的人员，失业后可以按规定领取失业保险金。失业人员失业前所在单位和本人按照规定累计缴费时间满1年不足5年的,领取失业保险金的期限最长为12个月;累计缴费时间满5年不足10年的,领取失业保险金的期限最长为18个月;累计缴费时间10年以上的,领取失业保险金的期限最长为24个月。重新就业后,再次失业的,缴费时间重新计算,领取失业保险金的期限可以与前次失业应领取而尚未领取的失业保险金的期限合并计算,但是最长不得超过24个月。失业保险金的标准,按照低于当地最低工资标准、高于城市居民最低生活保障标准的水平,由省、自治区、直辖市人民政府确定。

5. 生育保险制度

生育保险费由用人单位缴纳,职工本人不缴纳生育保险费。用人单位已经缴纳生育保险费的,其职工享受生育保险待遇,包括生育医疗费用和生育津贴。不管男职工还是女职工,用人单位都应当为其缴纳生育保险金,男职工可以享受带薪陪产假。男职工的未就业配偶,也可以享受生育医疗费用待遇,但不能享受生育津贴。

三 社会救助与弱者保护

(一)社会救助

这里所说的社会救助实际上指的是国家救济或者政府救济,国务院2014年发布、2019年修订的《社会救助暂行办法》以及2020年民政部和财政部发布的《中华人民共和国社会救助法(草案征求意见稿)》均称社会救助。但这一意义上的社会救助主要是以政府为主导的,对由于各种原因而陷入生存困境的公民,给予财物接济和生活扶助,以保障其最低生活需要的制度。依照上述文件的规定,我国的社会救助工作由国务院统一领导,由各级民政部门统筹协调。尽管其中均有鼓励社会力量参与的内容,但同样也是在政府统一领导下。

目前,我国主要的社会救助措施有以下九个方面。

(1)最低生活保障。即主要针对低收入家庭的救助措施,国家对最低生活保障对象按月发放最低生活保障金,实施最低生活保障。对低收入家庭中的重度残疾人、重病患者等特殊困难人员,可以纳入最低生活保障范围,发放最低生活保障金。领取最低生活保障金后生活仍有特殊困难的老年人、未成年人、重度残疾人、重病患者等,也可享受最低生活保障。

(2)特困人员供养。对无劳动能力、无生活来源且无法定赡养、抚养、扶养义务人,或者其法定赡养、抚养、扶养义务人无赡养、抚养、扶养能力的老年人、残疾人以及未成年人,国家给予特困人员供养,为他们提供基本生活条件,提供疾病治疗,对生活不能自理者给予生活照料。

(3)受灾人员救助。对基本生活受到自然灾害严重影响的人员,国家提供生活救助,主要包括应急救助、过渡性安置、重建求助等。

（4）医疗救助。最低生活保障家庭成员、特困供养人员、县级以上人民政府规定的其他特殊困难人员可以申请医疗救助。由政府对救助对象参加城镇居民基本医疗保险或者新型农村合作医疗的个人缴费部分，给予补贴。救助对象经基本医疗保险、大病保险和其他补充医疗保险支付后，个人及其家庭难以承担的自负费用，由政府给予补助。此外，对需要急救但身份不明或者无力支付急救费用的急重危伤病患者给予救助。符合规定的急救费用由疾病应急救助基金支付。

（5）教育救助。国家对不同教育阶段的特困人员、最低生活保障家庭成员、低收入家庭成员，以及不能入学接受义务教育的适龄残疾未成年人，分类实施教育救助。根据特困人员、最低生活保障家庭成员的需求以及低收入家庭成员实际情况，在学前教育、义务教育、高中阶段教育（含中等职业教育）、普通高等教育阶段，按规定采取减免相关费用、发放助学金、安排勤工助学岗位、送教上门等方式，实施教育救助。

（6）住房救助。国家对住房困难的最低生活保障家庭、分散供养的特困人员、低收入家庭，实施住房救助。属于城镇住房救助对象的，配租公租房或者发放住房补贴；属于农村住房救助对象的，通过农村危房改造等方式实施救助。

（7）就业救助。最低生活保障家庭有劳动能力的成员均处于失业状态的，县级以上地方人民政府应当采取有针对性的措施，确保该家庭至少有一人就业。最低生活保障家庭中有劳动能力但未就业的成员，应当接受人力资源和社会保障等有关部门介绍的工作；无正当理由，连续三次拒绝接受介绍的与其健康状况、劳动能力等相适应的工作的，县级人民政府民政部门应当决定减发或者停发其本人的最低生活保障金。国家对最低生活保障家庭、低收入家庭中有劳动能力并处于失业状态的成员，通过鼓励企业吸纳、鼓励自谋职业和自主创业、公益性岗位安置等途径，实施就业救助。

（8）临时救助。因火灾、交通事故等意外事件，家庭成员突发重大疾病等原因，导致基本生活暂时出现严重困难的家庭，或者因生活必需支出突然增加超出家庭承受能力，导致基本生活暂时出现严重困难的最低生活保障家庭，以及遭遇其他特殊困难的家庭，可以申请临时救助。

（9）对流浪乞讨人员的救助。国家对生活无着的流浪乞讨人员实施临时食宿、急病救治、协助返回等救助。对其中的残疾人、未成年人、老年人和行动不便的其他人员，应当引导、护送到生活无着的流浪乞讨人员救助管理机构；对突发疾病人员，应当立即通知急救机构进行救治。

（二）弱者保护

有些人天生就是弱者，有些社会中，制度使一些人成为弱者。罗尔斯说，当制度的平等设计使社会上最弱势的那部分人不能得到公平的对待时，制度应适当做出不平等安排。这是社会正义的体现，也是"无知之幕"下任何人都同意的理性选择。而且，弱者往往不是自己选择的结果，而常常是自己无法左右的结果，甚至是社会不公平的产物。

因此，法律不能对弱者视而不见。

我国为保护弱者利益，先后颁布了一系列法律：1991年通过《中华人民共和国未成年人保护法》，规定了对未成年人的家庭保护、学校保护、社会保护和司法保护；1992年通过《中华人民共和国妇女权益保障法》，规定了对妇女的法律保护；1996年通过《中华人民共和国老年人权益保障法》，规定了老年人的家庭养老、社会保障和法律援助等内容；2008年通过《中华人民共和国残疾人保障法》，对残疾人的康复、教育、劳动就业、社会保障等内容进行了规定。

未成年人、妇女、老年人、残疾人在普通人的意识里，都属于社会的弱者，他们作为与普通人平等的民事主体，应享有与普通人平等的生存权利和其他权利。但是，由于他们在身体、智力或其他方面的客观情况使得他们无法与普通人公平竞争，需要在法律上给予特殊的对待。

尽管我国现已颁布了一系列法律，对弱者的法律保护均有了明确的法律依据。但上述法律的规定过于原则性和笼统，法律条款的可操作性、各义务主体之间法定义务的衔接、责任的落实与执行等方面均需要进一步完善。

南京饿死幼童事件

成都3岁幼童李思怡饿死事件尘埃未落，同样的悲剧再次在南京发生。

2013年6月21日，南京市江宁区麒麟派出所社区民警王平元上门走访辖区泉水新村居民乐燕时，发现乐燕3岁和1岁的女儿饿死在家中。

2013年9月18日，乐燕被南京市中级人民法院以故意杀人罪判处无期徒刑，剥夺政治权利终身。

在生命里的最后3个多月，李氏小姐妹曾迸发出柔弱但足够坚忍的求生本能。邻居、民警、社区和亲戚也都曾做出他们自认为称职的努力。

3岁的李梦雪和1岁的李梦红，父亲李文斌因吸毒服刑，母亲乐燕是她们唯一的监护人。然而乐燕本人也是吸毒者，曾不止一次地将孩子丢在家中外出不归。

2013年3月，3岁的李梦雪被困在家中四五天后，自己打开房门跑了出来。这次"自救"事件震动了社区。人们开始关注这个"不正常"的家庭。

最先行动起来的是泉水社区居委会。居委会很快决定对李家进行救济，救济款每月为800元左右。因为担心乐燕乱花钱，王平元负责发放并监督。从3月4日发放第一笔救助款到6月8日后乐燕失踪，泉水社区居委会总共给乐燕发放12笔救助款，合计2 300余元。但乐燕仍常常不回家。

社区居委会曾找过孤儿院，但孤儿院认为两个孩子父母均健在，不符合接受条件。

唯一一个常常想起孩子的人是李文斌的外婆王广红。李文斌从小在外婆家长大，和王广红感情颇深。李氏小姐妹出生之后，也主要是由她帮忙带大。

因为担心两个重外孙女的生活，王广红曾多次去泉水新村送饭。

王广红说，乐燕曾两次跟她提出，要把大娃娃交给她带，但她没敢答应。王广红本人也是当地有名的困难户，她的老伴偏瘫多年，身边还有一个痴呆女儿，都由82岁的她一手照顾。

5月17日，农历四月初八，按江南传统要吃"乌饭"。这一天中午，王广红带着做好的"乌饭"打算送给孩子。她没能敲开门，但里面传来李梦雪的声音："太太，门反锁了，我开不开，你找妈妈要钥匙。我饿死了。"门外太婆的眼泪淌下来。无奈回去后，当晚乐燕竟自动找上门，还带了一碗饭回去，说是给孩子吃。

王广红相信了，直至一个多月后接到两个孩子的死讯才追悔莫及——那其实是李梦雪留给外界最后的生命讯息。

（参见《南京饿死女童的最后一百天》，《南方周末》2013年6月27日。）

李梦雪和李梦红以悄然而无助的死去发出了对社会最严厉的拷问。保护弱者的法律制度不能停留在一般性原则规定上，其可执行性问题和责任落实问题的确需要引起我们的重视。否则，李思怡和李梦雪的悲剧也许还会再一次上演。

（三）不平等关系的平衡

公法领域中的不平等关系是立足于管理与被管理的角度而言的，这种不平等是由公法法律关系的性质决定的，并不存在平衡问题。私法领域调整的是平等主体之间的关系，所有主体在法律上都是平等的，本来也不存在不平等关系。但是，某些在法律上被视为平等的关系，却存在事实上的个体无法回避也无法克服的不平等现象。因此，这种关系又被称为"事实上的不平等关系"。事实上的不平等关系主要包括两种：一种劳动关系；二是消费关系。

在劳动关系中，用人单位与劳动者的地位事实上并不完全对等，用人单位常处于优势地位，劳动合同常常并不能真实反映劳动者的意思。在消费关系中，事实上的不平等主要体现为信息不对等，经营者生产销售的产品是否有问题，如果没有法律的强制性规定，消费者很难掌握相关信息，也就不可能实现真正的公平交易。为解决事实不平等问题，需要通过特别立法来限制用人单位和经营者的权利，明确其应承担的法律义务；同时，赋予劳动者和消费者某些特别权利，以平衡事实上存在的不平等。这种调整方式和调整目标，我们认为在性质上并没脱离私法的范畴，因而在本书第六讲中曾将其列为交往关系中的类型之一。

第三节　慈善与社会歧视

　社会慈善

慈善也属于社会救助的范畴，但慈善本质上属民间行为，是以自愿为基础的，并非政府义务。所以慈善可以说是个体自愿为他人（尤其是穷困者）提供帮助的行为。慈善源于人的善良天性，基于自愿而实施的行为是本人自主的选择，因此，如果是单纯的以一对一方式而实施的慈善行为，法律原则上不应干涉，一般情况下也没有必要制定专门的法律来予以调整。

但是，慈善活动在大多数情况下是由专门的慈善机构来实施的，慈善基金主要来源于募捐。在这种情况下，捐赠人与受捐人之间并不是直接的捐赠与受捐的关系，而是由慈善机构来居中运作的间接关系。如果慈善机构骗捐或挪用善款，无疑将是对捐赠人的欺骗与伤害，整个慈善事业也将受到严重破坏。因此，对于慈善活动，需要通过法律严格予以规范。

拓展阅读

山东聊城"转捐门"事件

家住聊城的闫森是一名初三的学生。2013年3月14日凌晨，他突发脑出血，经医生全力抢救无效死亡。弥留之际，他的父母做出了一个艰难的决定，捐出孩子的器官，挽救更多的人。闫森一共捐出了两个肾脏、一个肝脏、两个眼角膜，帮助3个人获得新生，两个人重见光明，其中也包括闫森身患尿毒症的姐姐。5名患者术后都恢复良好，但闫家为了给女儿治病，欠下了40多万元的债务。考虑到这个家庭的不幸，闫森生前就读的聊城市文轩中学开展了捐款活动，短短几天就募得31万元。

在文轩中学下发的《爱心倡议书》中，对于闫家的叙述是："闫森同学父亲是原聊城酒厂的下岗工人，患有糖尿病；母亲无业，家庭没有稳定的收入来源。去年，上大三的姐姐闫淑青因查出尿毒症被迫休学一年，目前每周透析两次，已花去40余万元，家庭情况十分困难。"

据聊城文轩中学的爱心捐款倡议书显示，捐款是学校在知道闫森事迹后，由聊城文轩中学政教处、聊城文轩中学团委、聊城文轩中学2010级二部于3月20日发起,并成立了募捐委员会,以帮助闫森家庭。聊城文轩中学公开资料显示,此次募捐共计捐款311 674.04元,其中学生捐款合计297 969.04元,领导及部分教职工捐款13 705元。

5月28日,闫淑青的父亲闫玉房突然收到一封文轩中学发来的快递,被告知在分两次给闫淑青支付6万元治疗费后,剩余25万元善款全部捐赠给聊城市慈善总会,而这笔爱心款在被转捐前,闫家人并不知情。

慈善总会一位叫于栋的工作人员对她说,"不管是谁捐款,我们都得要,要了可以捐给那些更困难的人"。记者就此拨通于栋的电话,于栋承认:"我们的系统排查是有问题,但捐款一旦进入慈善总会,就不能再退出。"此前,学校曾经向当地红会申请捐款,红十字会表示"不受理",一位不愿透露姓名的工作人员说,红十字会之所以不收,是考虑到学校并不是这笔钱款的所有权人。

慈善总会工作人员表示,如果闫森的姐姐治病还需要费用,可以向慈善总会提出申请来解决困难。闫淑青的母亲王万荣在接受齐鲁网记者采访时说,事发后,他们找到聊城市慈善总会,但对方表示,最多只能给他们一万元。

(参见《少年捐器官家属获捐31万元 其中25万遭学校转捐》,《人民日报》2013年7月5日。)

该事件反映出募捐组织者在处理善款上存在的问题,作为募捐者的学校并没有准确定位自己的角色,当地慈善总会的做法也颇值商榷。在这一事件中,不仅受捐人未能得到善款,捐赠人的善意也被严重忽视。浓浓的善意最终留下的却是深深的伤痛与无奈的叹息。

2016年,我国颁布了《中华人民共和国慈善法》(以下简称《慈善法》),对慈善机构登记注册条件、公开募捐资格的审批、公开募捐行为的限制、募慈善财产的管理使用以及违法行为应当承担的法律责任等事项进行了规范。

二 社会求助

《慈善法》虽然也规定了个体慈善捐赠的内容,但所调整的主要是慈善组织的慈善行为;个体因遭遇特殊情况而公开请求帮助的行为不属于《慈善法》调整的对象,不受《慈善法》规定的限制。比如,《慈善法》规定未取得公开募捐资格的任何个人或慈善机构不得公开募集善款,但个体基于求助而公开索取帮助并提供账号的行为属于求助行为,不属于慈善行为,不受《慈善法》的调整。如果捐赠人与求助人之间发生争议,可适用民法予以调整。如果存在虚构事实或夸大事实骗捐,因而构成诈骗的,可适用刑法追究刑事责任。

> **拓展阅读**
>
> **罗一笑事件**
>
> 2016年11月30日，很多人的微信朋友圈都被一篇题为《罗一笑，你给我站住》的文章刷了屏。这是一篇为爱女筹集善款的文章，执笔者叫罗尔。他年仅5岁的女儿罗一笑罹患白血病。有消息称，转发一次，罗一笑便能得到1块钱。
>
> 100 000+的阅读与点赞，超过11万人打赏，募集数百万善款，这个故事到这里，看起来皆大欢喜。
>
> 但不久，事态发展急转直下……
>
> 坐拥3套房、2台车、一家广告公司，在随后的爆料中，罗尔的财产及发文目的都被曝光，这让许多网友的愤怒之情瞬间被点燃，人们纷纷指责这是小铜人营销公司策划的一起营销事件。
>
> 11月30日，小铜人公司公布整个活动募集到的具体金额约为270万元，包括：截至11月29日凌晨，小铜人公司根据转发量捐款30多万元，"P2P观察"公众号的爱心得到打赏10万余元，文章推送者刘侠风接受的个人捐款2万余元，罗尔公众号的爱心打赏207万元等。
>
> 同一天，深圳市儿童医院官方微博发布通报，对罗一笑的病情和费用也做了说明：孩子9月至今，共住院三次。前两次的住院时长分别为28天、29天。此次住院费用结算至29日。三次住院合计总费用为204 244.31元，医保支付168 050.98元，自付项目为36 193.33元，平均的自付费比例为17.72%。
>
> 2016年12月1日上午，罗尔及刘侠风发布一份《关于罗一笑事件的联合声明》，声明中称因"罗一笑事件"传播远超预期，带来不好的社会影响，"作为当事人，在此深表歉意"。微信官方活动信息发布平台"微信派"发布了《关于"罗某笑事件"赞赏资金的说明》，决定将罗尔事件的赞赏资金在3天内（12月3日24∶00前）原路退回。12月3日，罗尔在其公众号撰文《感谢让我懂得爱的人》表示，已将所收到的2 525 808.99元的赞赏金委托相关单位返还。
>
> 12月24日，罗尔女儿罗一笑去世。

罗一笑事件充分暴露出个人社会求助所存在的问题，案例中，即使存在营销行为，也很难认定为犯罪，一般情况下只能予以道德谴责。但这种营销会使人们的善心受到很大伤害，从而产生非常恶劣的社会影响，又不能不予关注。不将个人求助行为纳入《慈善法》的调整范围，主要是为了引导慈善组织来进行慈善活动，从而促使慈善事业依法有序健康发展。对于这一做法的利弊得失，恐怕还需要长期的时间检验。

三 社会歧视

（一）歧视的认定

歧视是一种不公平对待的态度，一般基于认识上的偏见或情感上的排斥而形成，其结果是使受歧视者未受到平等对待。在劳动力市场，歧视被定义为：那些具有相同能力、教育、培训和经历并最终表现出相同的劳动效率的劳动者，由于一些与工作能力无关的个人因素，如种族、性别、肤色、年龄、民族、宗教等，在就业、职业选择、晋升、工资水平、接受培训等方面受到的不公正待遇。

任何社会状态下，任何人都存在不同程度的歧视行为。如果这种歧视仅仅表现为个体的一种非公开表达的偏好，则一般不受法律的关注。如果这种偏好被公开表达，则这种偏好便不再是一种单纯的个体态度，而成为一种社会表达。由于这种社会表达不仅使个案中的个体受到不公平对待，还可能会进一步影响对该特定群体的态度，使该群体的人受到不公平对待，故应当受到法律的关注。在比较极端的情况下，歧视甚至还会发展成一种文化，这种文化不仅为歧视行为进行辩护并使之制度化，甚至还为一些极端行为（如种族灭绝和宗教屠杀等）寻找借口。

（二）歧视的主要表现

不同国家在不同的历史时期，都有形形色色的歧视行为，历史上较为严重的歧视主要有种族歧视和宗教歧视。当前，主流国家均已通过立法严厉禁止这些歧视行为，但种族歧视和宗教歧视在各国仍然不同程度地存在。社会主流文化中存在的歧视常常会给被歧视者贴上各种身份标签，从而形成各式各样的身份歧视，如对同性恋者的歧视、对艾滋病患者的歧视、对有犯罪前科的人的歧视等。有时候，地域也会成为一种身份标签，并成为地域歧视的一种身份化表达。

拓展阅读

闫佳琳诉浙江喜来登度假村有限公司平等就业权纠纷案

（最高人民法院审判委员会讨论通过，2022年7月4日发布）

2019年7月，浙江喜来登度假村有限公司（以下简称喜来登公司）通过智联招聘平台向社会发布了一批公司人员招聘信息，其中包含有"法务专员""董事长助理"两个岗位。2019年7月3日，闫佳琳通过智联招聘手机App软件针对喜来登公司发布的前述两个岗位分别投递了求职简历。闫佳琳投递的求职简历中包含姓名、性别、出生年月、户口所在地、现居住城市等个人基本信息，其中户口所在地填写为"河南南阳",现居住城市填写为"浙江杭州西湖区"。据杭州市杭州互联网公证处出具的公证书记载,公证人员使用闫佳琳的账户、密码登录智联招聘App客户端,显示闫佳琳投递的前述"董事长助理"岗位在2019年7月4日14点28分被查看,28分时给出岗位不合适的结论,"不合适原因:河南人";"法务专员"岗位在同日14点28分被查看,29分时给出岗位不合适的结论,"不合适原因:河南人"。闫佳琳因案涉公证事宜,支出公证费用1 000元。闫佳琳向杭州互联网法院提起诉讼,请求判令喜来登公司赔礼道歉、支付精神抚慰金以及承担诉讼相关费用。杭州互联网法院于2019年11月26日作出(2019)浙0192民初6405号民事判决,判令被告喜来登公司赔偿原告闫佳琳精神抚慰金及合理维权费用损失共计10 000元,并在《法制日报》公开登报赔礼道歉。

判决书认为:平等就业权是劳动者依法享有的一项基本权利,既具有社会权利的属性,亦具有民法上的私权属性,劳动者享有平等就业权是其人格独立和意志自由的表现,侵害平等就业权在民法领域侵害的是一般人格权的核心内容——人格尊严,人格尊严重要的方面就是要求平等对待,就业歧视往往会使人产生一种严重的受侮辱感,对人的精神健康甚至身体健康造成损害。据此,劳动者可以在其平等就业权受到侵害时向人民法院提起民事诉讼,寻求民事侵权救济。

闫佳琳向喜来登公司两次投递求职简历,均被喜来登公司以"河南人"不合适为由予以拒绝,显然在针对闫佳琳的案涉招聘过程中,喜来登公司使用了主体来源的地域空间这一标准对人群进行归类,并根据这一归类标准给予闫佳琳低于正常情况下应当给予其他人的待遇,即拒绝录用,可以认定喜来登公司因"河南人"这一地域事由要素对闫佳琳进行了差别对待。

《中华人民共和国就业促进法》第三条在明确规定民族、种族、性别、宗教信仰四种法定禁止区分事由时使用"等"字结尾,表明该条款是一个不完全列举的开放性条款,即法律除认为前述四种事由构成不合理差别对待的禁止性事由外,还存在与前述事由性质一致的其他不合理事由,亦为法律所禁止。何种事由属于前述条款中"等"的范畴,一个重要的判断标准是,用人单位是根据劳动者的专业、学历、工作经验、工作技能以及职业资格等与"工作内在要求"密切相关的"自获因素"进行选择,还是基于劳动者的性别、户籍、身份、地域、年龄、外貌、民族、种族、宗教等与"工作内在要求"没有必然联系的"先赋因素"进行选择,后者构成为法律禁止的不合理就业歧视。劳动者的"先赋因素",是指人们出生伊始所具有的人力难以选择和控制的因素,法律作为一种社会评价和调节机制,不应该基于人力难以选择和控制的因素给劳动者设置不平等条件;反之,应消除这些因素给劳动者带来的现实上的不平等。将与"工作内在要求"没有任何关联性的"先赋因素"作为就业区别对待的标准，根本违背了公平正义的一般原则，不具有正当性。

本案中，喜来登公司以地域事由要素对闫佳琳的求职申请进行区别对待，而地域事由属于闫佳琳乃至任何人都无法自主选择、控制的与生俱来的"先赋因素"，在喜来登公司无法提供客观有效的证据证明，地域要素与闫佳琳申请的工作岗位之间存在必然的内在关联或存在其他合法目的的情况下，喜来登公司的区分标准不具有合理性，构成法定禁止事由。故喜来登公司在案涉招聘活动中提出与职业没有必然联系的地域事由对闫佳琳进行区别对待，构成对闫佳琳的就业歧视，损害了闫佳琳平等地获得就业机会和就业待遇的权益，主观上具有过错，构成对闫佳琳平等就业权的侵害，依法应承担公开赔礼道歉并赔偿精神抚慰金及合理维权费用的民事责任。

常见的歧视还有性别歧视，性别歧视是指基于性别而采取区别对待或不平等对待的行为。尽管男性也可能遭受性别歧视，但由于传统男权社会文化的影响，性别歧视主要是对女性的歧视。为消除对女性的歧视，联合国于1979年通过了《消除对妇女一切形式歧视公约》。我国并没有反歧视方面的专门法律，但有关性别歧视的内容，在《中华人民共和国反家庭暴力法》和《中华人民共和国妇女权益保障法》等多部法律中都有涉及。此外在《民法典》和《中华人民共和国劳动法》等法律中也有涉及保障妇女权益的条款。

此外，社会上还存在其他各种各样的歧视，如身高歧视、容貌歧视，甚至还有星座歧视、属相歧视等。如前文所说，如果这种歧视只是表现为一种非公开的个体偏好，一般很难受到法律的关注。但这种偏好一旦成为一种明确的标准依据和公开的表达，就有了构成歧视的嫌疑。

（三）歧视的法律干预

歧视主要反映在求职就业、升职晋升、工资待遇、提供服务等事务中。目前，除了《中华人民共和国反家庭暴力法》和《中华人民共和国妇女权益保障法》对性别歧视的规定外，我国对社会歧视的规定主要集中在《中华人民共和国就业促进法》中。该法除明确规定劳动者就业不因民族、种族、性别、宗教信仰等不同而受歧视外，还对妇女、少数民族、残疾人、传染病病原携带者，以及农村劳动者这些人群的公平就业问题作了有针对性的规定。但关于法律责任，该法只规定"违反本法规定，实施就业歧视的，劳动者可以向人民法院提起诉讼"，并没规定就业歧视所应承担的法律责任。这意味着对就业歧视，只能在民法上寻找请求权基础，并据此追究歧视者的民事责任。

在司法实践中，歧视问题一般被视为属于人格权范畴。不管是就业过程中，还是其他事务中，被歧视者均可援引《民法典》第990条第2款的规定来请求保护。在前文拓展阅读材料所涉及的案例中，法院认为"劳动者享有平等就业权是其人格独立和意志自由的表现，侵害平等就业权在民法领域侵害的是一般人格权的核心内容——人格尊严……"，这也是立足于人格权的角度来予以保护的。但是，《民法典》第990条第2款的规定非常简略，仅规定"自然人享有基于人身自由、人格尊严产生的其他人格权益"，并无更为细致的列举和描述。对于当事人所称的歧视行为是否构成人格权侵害，人民法院应根据案件的具体情况来审查判断。

本讲涉及的主要法律法规

（1）《中华人民共和国宪法》
（2）《中华人民共和国社会保险法》
（3）《中华人民共和国就业促进法》
（4）《中华人民共和国未成年人保护法》
（5）《中华人民共和国妇女权益保护法》
（6）《中华人民共和国残疾人保护法》
（7）《中华人民共和国老年人保护法》

课外阅读推荐书目

（1）《论人类社会不平等的起源》，[法]卢梭著，上海三联书店2013年版。
（2）《福利》，[英]诺曼·巴里著，吉林人民出版社2005年版。

第十一讲

犯 罪

关于何为犯罪行为，并没有一个一成不变的意见，而是受到政治体制、经济制度和社会观念等各种因素的影响。在不同国家的不同历史时期，对于同一行为是否属于犯罪行为，可能存在完全不同的认识。甚至曾经一度被视为非常严重的犯罪并被处以极为严厉的刑罚的行为，随着社会的发展和人们观念的变化，也可能不再被视为犯罪；反之，以前不被视为犯罪的行为，随着社会的发展，很可能也会被纳入刑法的调整范围。

在此意义上，犯罪不仅是一个法律概念，也是一个社会概念和历史概念。尽管本书中我们主要是从纯粹的法律角度进行探讨，但我们一定不能忘记，对于犯罪还存在更为复杂的视角和维度。

第一节 犯罪概述

一、与犯罪相关的几个概念

（一）违法与犯罪

人们常把违法与犯罪两个词语连用，称"违法犯罪"行为。实际上，违法与犯罪是完全不同的两个概念，应当严格进行区分。人们平时所说的"违法"，一般指因违反行政法应当受到行政处罚的行为，而犯罪行为特指违反《刑法》规定应当受到刑罚处罚的行为。从社会危害性来看，违法行为要比犯罪行为的社会危害性轻，因而尚不足以动用刑罚的手段。相对而言，犯罪行为的危害性不仅比违法行为大，而且依赖行政处罚已经不足以制止这种行为的发生，必须借助更为严厉的刑罚手段才能达到制止犯罪的目的。

行政法是各种调整行政组织关系和行政管理关系的法律与法规的总称，而刑法一般仅指《中华人民共和国刑法》，其他法律原则上不得随意制定包含刑事处罚内容的法律。在更为宽泛的意义上，违反民商事法律所规定的义务的行为也属于违法行为，但民商事法律所规定的义务主要来源于个体共存所依赖的条件或个体的自我设定，法律责任主要表现为民事赔偿，因而在人们的日常语境中，并未将违反民商事法律的行为归于违法的范畴，更多以侵权行为和违约行为称之。

（二）犯罪与刑法

犯罪和刑罚是由刑法来规范的，在我国，刑法是一个独立的法律部门。通常情况下，每个法律部门都有其独特的调整对象，调整某一领域的社会关系。但在这一问题上，刑法具有很大的特殊性，即刑法并没有其所调整的特定的社会关系类型，一切社会关系都可以作为刑法的调整对象。但是，与其他部门法不同，刑法的关注点并不在于各种社会关系本身的内容，而是对现有的各种社会关系的保护。当个体的人身与生命安全、公共安全与社会秩序以及国家基本制度等受到了威胁和破坏，并达到一定程度，就会被纳入刑法的规范范围。

刑法作为规范犯罪和刑罚的法律，必须由全国人民代表大会及其常务委员会制定和通过，其他任何机关无权制定有关犯罪和刑罚的法律。同时，为了便于法律的适用，避免刑法规范过于散乱，即使全国人民代表大会及其常务委员会，也不宜在《刑法》之外的其他法律中制定包含犯罪和刑罚的内容。目前，我国有关犯罪和刑罚的法律均规定于《刑法》。全国人民代表大会及其常务委员会根据社会的发展，会在必要的时候对《刑法》进行修正。我国现行《刑法》于1979年通过，于1997年进行了修订，此后根据社会的发展需要，又先后进行了十余次修正。

（三）刑法的谦抑性

相对于其他任何法律上的强制措施，刑法上所采取的刑罚措施除了财产刑，主要采取剥夺个体人身自由甚至生命的方式，是所有法律处罚手段中最为严厉的手段。因此，刑罚不得滥用。一般来说，只有在必须动用刑罚手段，否则危害行为不足以得到有效制止的情况下，才可以适用刑罚。如果通过民事手段和行政手段可以有效预防该危害行为，原则上不得采用刑法手段。对于这一精神理念，刑法理论上称之为刑法的谦抑性，认为刑法应当谦抑，不得滥用。

刑法的谦抑性不仅是刑法的一种立法原则，也是一种刑法适用原则。在刑法适用时，如果适用较轻的刑罚足以起到预防犯罪的目的，不应适用更重的刑罚。也就是说，刑罚在适用时，亦应当保持一种谦抑的态度和精神。

二　犯罪的概念

我国《刑法》第13条规定，一切危害国家主权、领土完整和安全，分裂国家、颠覆人民民主专政的政权和推翻社会主义制度，破坏社会秩序和经济秩序，侵犯国有财产或者劳动群众集体所有的财产，侵犯公民私人所有的财产，侵犯公民的人身权利、民主权利和其他权利，以及其他危害社会的行为，依照法律应当受刑罚处罚的，都是犯罪，但是情节显著轻微危害不大的，不认为是犯罪。

根据这一规定，犯罪的概念至少应当包含两层含义：一是犯罪行为的社会危害性；二是应受刑法处罚的法定性。

（一）犯罪的社会危害性

犯罪的本质是社会危害性，不具有社会危害性的行为不应认定为犯罪。但并不是所有具有社会危害性的行为都应当被规定为犯罪。比如，说谎骗人有没有社会危害性？随地吐痰有没有社会危害性？不礼貌的行为有没有社会危害性？又比如，说话不算话如违约、欠钱不还等有没有社会危害性？应当说，或多或少地，这些行为都具有一定的社会危害性。但如果这些行为都被规定为犯罪的话，这个社会上的所有人大概率都会沦为罪犯。所以，犯罪针对的是社会危害达到一定程度的行为，而不是所有具有社会危害性的行为。

《刑法》第13条中也将"情节显著轻微危害不大的"行为排除在犯罪行为之外。对于何种情况属于"情节显著轻微危害不大"，刑法并没有统一的标准，一般需要根据不同的犯罪行为，在刑法分则中分别作出具体的规定。在我国，针对不同类型的犯罪，最高人民检察院和最高人民法院常常通过司法解释的方式来制定各种犯罪行为的具体追诉标准，这些追诉标准可以视为对犯罪情节标准的具体规定。

还有一些行为，单单从行为本身看，具有社会危害性，但如果结合行为实施的具体情况，则应当排除其社会危害性，这类行为称为排除社会危害性的行为，不构成犯罪。最常

见的排除社会危害性的行为是正当防卫和紧急避险,关于正当防卫与紧急避险的含义与认定,本书第四讲在讨论主体性权利的派生权利时已有介绍,此不赘述。此外,常见的排除社会危害性的行为还有执行公务的行为,如对死刑犯执行枪决、抓捕犯罪嫌疑人等。

正当防卫认定难在何处?

我国《刑法》尽管规定了无限防卫权,但在正当防卫的认定问题上,仍面临很多观念上的障碍。

"正当防卫"首次出现在我国刑法中可以追溯到1979年。当时《刑法》第17条规定:为了使公共利益、本人或者他人的人身和其他权利免受正在进行的不法侵害,而采取的正当防卫行为,不负刑事责任。1983年"严打"以后,在正当防卫的认定上出现了明显偏差,尤其是指控机关,往往不敢轻易认定正当防卫,甚至防卫过当都不敢认定,正当防卫制度在司法适用中遇到阻力。

为了防止这一制度被虚置,1997年刑法修订时,立法机关对正当防卫制度作了较大幅度修改,对正当防卫的概念进行了增补,同时对防卫过当的内容作了界定,尤其第三款增加了"无限防卫权"。然而,尽管如此,司法实践中正当防卫的司法认定却并不尽如人意。在2015年一篇名为《正当防卫回归公众认同的路径》的研究论文中,研究者从全国各级法院公示的正当防卫案件中选取了224份判决书,并从中筛选出判决样本100份,最终数据显示,被认定正当防卫的判决比率仅为6%。

中国政法大学教授阮齐林在解释司法与立法间的偏差时称,司法机关在适用正当防卫的问题上较保守,本来是针对不法侵害进行的反击,应该承认防卫前提的却没有承认;即使承认了防卫的前提,在是否适当的问题上也常对防卫人不利,没有过当的可能会被认定防卫过当。

清华大学法学院教授张明楷在此前的分析文章中也称,我国故意伤害罪(主要是轻伤害)的司法现状相当异常,尤其是定罪率特别高,从刑法角度分析,其原因之一就在于常将正当防卫认定为相互斗殴或者防卫过当,进而认定为故意伤害罪。

在立法不断对防卫人做出有利规定的情况下,司法何以没有体现这一变化,甚至日趋保守?

"中国的法官和检察官追诉有罪的倾向普遍比较严重,这种倾向在涉及正当防卫的案件时同样存在",在北京大学法学院教授陈永生看来,正当防卫认定难的原因除此以外还包括来自被害人一方的压力,"正当防卫经常造成轻伤重伤甚至死亡,尤其在死亡的情况下,法院如果认定被告人完全没有责任,被害人家属可能会施加很大压力,甚至可能引发上访。所以很多地方采取的做法是折中处理,不认定正当防卫,但在判刑时相对判轻一些"。

阮齐林也认为,基于司法机关在案件办理中"唯结果论或者只重视死伤结果而忽视事情发生的是非曲直""不太注重强调公民个人的私力救济"等原因,长期以来形成了司法判决的尺度,而这种尺度又成为一种习惯和标杆,继续影响新的案件处理。

(参见艾峥:《正当防卫认定难在何处?》,《新京报》2017年7月2日社会版。)

(二)犯罪的法定性

法定性是犯罪构成的另一个基本条件,法律没有明文规定属于犯罪的行为,无论是否有社会危害,也无论造成什么样的后果,均不得认定为犯罪行为。这一原则被称为罪刑法定原则。罪刑法定简而言之就是:法无明文规定不为罪。我国《刑法》第3条规定:"法律明文规定为犯罪行为的,依照法律定罪处刑;法律没有明文规定为犯罪行为的,不得定罪处刑。"

拓展阅读

罪 刑 法 定

罪刑法定的早期思想渊源,一般认为是1215年英王约翰签署的《大宪章》第39条,它确定了"适当的法律程序"思想。该条规定:"凡是自由民除经其贵族依法判决或遵照国内法律之规定外,不得加以扣留、监禁、没收其财产、褫夺其法律保护权,或加以放逐、伤害、搜索或逮捕。"

罪刑法定的思想在17—18世纪启蒙思想家的著作中得到更为系统与全面的阐述,由此形成了一种思想潮流,与封建社会的罪刑擅断相抗衡。例如,英国哲学家约翰·洛克(John Locke)提出:"制定的、固定的、大家了解的,经一般人同意采纳和准许的法律,才是是非善恶的尺度。"法国著名启蒙学家孟德斯鸠(Montesquieu)也有类似的论述。切萨雷·贝卡利亚(Cesare Beccaria)在其《论犯罪与刑罚》一书中对封建社会的刑罚擅断进行了猛烈的抨击,表达了对实行罪刑法定原则的法治社会的无限向往。但罪刑法定真正成为刑法的基本原则,是近

代刑法学鼻祖保罗·费尔巴哈（Paul Feuerbach）有力倡导的结果，其"哪里没有法律，哪里就没有对公民的处罚"一语成为罪刑法定原则的经典表述。

罪刑法定从学说到法律的转变，是在法国大革命胜利以后完成的。1789年法国《人权宣言》第8条规定："法律只应规定确实需要和显然不可少的刑罚，而且除非根据在犯罪前已经制定和公布的且系依法施行的法律以外，不得处罚任何人。"在《人权宣言》这一规定的指导下，法国制定了刑法典，并于1810年公布施行，该法第4条明确规定了罪刑法定原则："没有在犯罪行为时以明文规定刑罚的法律，对任何人不得处以违警罪、轻罪和重罪。"1810年法国刑法典一经颁行即成为世界上大多数国家仿效的范本，遂使罪刑法定主义成为在大陆法系国家刑法中通行的刑法基本原则之一。

罪刑法定原则还进一步派生出一些更为具体的刑法原则。

（1）禁止适用类推。所谓类推，是指当法律没有明文规定时，类推适用相似的法律规定。我国1979年《刑法》规定了类推制度，1997年修订时取消了类推制度。

（2）禁止适用习惯法。这一原则要求把成文法作为刑法的唯一渊源。对于刑法上没有明文规定的行为，不允许适用习惯法定罪。

（3）禁止刑法溯及既往。对于行为的定罪量刑，只能以行为当时有效的法律为依据，刑法规定原则上不适用于其颁布前已经实施的行为，即刑法没有溯及既往的效力。法不溯及既往是法律适用的一般原则，但在刑法上，如果新法不认为是犯罪或者依照新法处刑更轻的，可以溯及既往，即可以适用新法。这是因为，对于新法不认为是犯罪的行为，已经没有惩罚的必要；新法处刑更轻的，意味着已没有必要适用更重的刑罚，这也是刑法谦抑性的体现。

（4）禁止法外刑。刑罚的名称、种类和幅度，都必须由法律加以确定。凡法律没有明确规定的，一律不得适用。

还应注意的是，任何犯罪的认定都与一个国家特定的历史文化以及现行制度相联系。比如，伊斯兰国家常将同性之间发生的性行为认定为犯罪，显然是受历史文化传统与宗教的影响。又如，我国计划经济时代将"投机倒把"视为一种犯罪，这种犯罪与我国当时特有的社会制度相联系，随着制度的改变，罪与非罪的认识也必然发生变化。

（三）犯罪的法定类型

《刑法》一般包括总则和分则两部分内容。总则是可以适用于全部犯罪行为的内容，包括犯罪构成、犯罪形态、刑罚的种类、刑罚的适用等问题；分则是对各种犯罪类型的具体构成要件和应处的具体刑罚的规定。我国现行《刑法》将犯罪行为归为10类，共规定了480多个罪名。

1. 危害国家安全罪

危害国家安全罪是指故意危害中华人民共和国国家安全的行为，主要包括背叛国家罪，分裂国家罪，煽动分裂国家罪，武装叛乱、暴乱罪，颠覆国家政权罪，煽动颠覆国家政权罪，资助危害国家安全犯罪活动罪，投敌叛变罪，叛逃罪，间谍罪，为境外窃取、刺探、收买、非法提供国家秘密、情报罪，资敌罪等。

2. 危害公共安全罪

危害公共安全罪是指故意或者过失实施危害不特定多数人的生命、健康和重大公私财产安全及公共生产、生活安全的行为，主要包括放火罪、决水罪、爆炸罪、投放危险物质罪、交通肇事罪、破坏交通工具罪、失火罪、过失决水罪、过失爆炸罪、过失投放危险物质罪、破坏交通设施罪等。

3. 破坏社会主义市场经济秩序罪

破坏社会主义市场经济秩序罪是指违反国家经济管理法规，破坏社会主义市场经济秩序，严重危害国民经济的行为，主要包括生产、销售伪劣商品罪，走私罪，妨害对公司、企业的管理秩序罪，破坏金融管理秩序罪，金融诈骗罪，危害税收征管罪，侵犯知识产权罪，扰乱市场秩序罪等。

4. 侵犯公民人身权利、民主权利罪

侵犯公民人身权利、民主权利罪是指故意或者过失侵犯公民人身权利、民主权利的行为，主要包括故意杀人罪、故意伤害罪、强奸罪、强迫劳动罪、过失致人死亡罪、过失致人重伤罪、拐卖妇女儿童罪、非法侵入住宅罪等。

5. 侵犯财产罪

侵犯财产罪是指故意非法占有、挪用公私财物，或者故意毁坏公私财物，破坏生产经营的行为，主要包括盗窃罪、诈骗罪、抢夺罪、侵占罪、聚众哄抢罪、挪用特定款物罪、职务侵占罪、挪用资金罪、敲诈勒索罪、抢劫罪、故意毁坏财物罪、破坏生产经营罪等。

6. 妨害社会管理秩序罪

妨害社会管理秩序罪是指妨害国家机关的社会管理活动，破坏社会正常秩序，情节严重的行为，主要包括扰乱公共秩序罪，妨害司法罪，妨害国（边）境管理罪，妨害文物管理罪，危害公共卫生罪，破坏环境资源保护罪，走私、贩卖、运输、制造毒品罪，组织、强迫、引诱、容留、介绍卖淫罪，制作、贩卖、传播淫秽物品罪等。

7. 危害国防利益罪

危害国防利益罪是指违反国防法律、法规，拒不履行国防义务或以其他形式危害国防利益，依法应受刑罚的行为，主要包括阻碍军人执行职务罪，阻碍军事行动罪，破坏武器装备、军事设施、军事通信罪，聚众扰乱军事管理区秩序罪，煽动军人逃离部队罪，故意提供不合格武器装备罪，雇用逃离部队军人罪，聚众冲击军事禁区罪等。

8. 贪污贿赂罪

贪污贿赂罪是指国家工作人员利用职务上的便利，非法占有、挪用公共财物以及损害国家工作人员职务廉洁性的行为。主要包括贪污罪、挪用公款罪、受贿罪、单位受贿罪、行贿罪、对单位行贿罪、介绍贿赂罪、单位行贿罪、巨额财产来源不明罪、隐瞒境外存款罪、私分国有资产罪、私分罚没财物罪等。

9. 渎职罪

渎职罪是指国家机关工作人员违背公务职责，滥用职权、玩忽职守或者徇私舞弊，妨害国家机关正常职能活动，致使国家和人民利益遭受严重损失的行为，主要包括滥用职权罪、玩忽职守罪、徇私枉法罪、环境监管失职罪、放纵走私罪、商检失职罪、国家机关工作人员签订合同失职被骗罪、动植物检疫徇私舞弊罪等。

10. 军人违反职责罪

军人违反职责罪是指军人违反职责，危害国家军事利益，依照法律应当受刑罚处罚的行为，主要包括战时违抗命令罪，隐瞒、谎报军情罪，拒传、假传军令罪，投降罪，战时临阵脱逃罪，擅离、玩忽军事职守罪等。

三、几种特殊的不宜认定为犯罪的行为

（一）不可能产生实际损害的行为

有些行为，尽管行为人存在明显的主观上的"犯罪意图"，甚至有明确的"目标追求"，但该行为本身事实上永远不可能造成伤害，因而不应认定为犯罪，如私下的诅咒行为（公开诅咒可能构成侮辱）、巫蛊行为等。

拓展阅读

巫 蛊 之 祸

巫蛊为一种巫术。在中国古代，人们认为使巫师祭祠或以桐木偶人埋于地下，诅咒所怨者，被诅咒者即有灾难。

征和二年（公元前91年），丞相公孙贺之子公孙敬声被人告发巫蛊咒武帝，汉武帝大怒，将被告发的人处死，后宫妃嫔、宫女以及受牵连的大臣共杀了数百人。汉武帝产生疑心以后，有一次，在白天小睡，梦见有好几千木头人手持棍棒想要袭击他，霍然惊醒，从此感到身体不舒服，精神恍惚，记忆力大减。江充与太子刘据、卫皇后有嫌隙，见汉武帝年纪已老，害怕汉武帝去世后被刘据诛杀，便定下奸谋，说汉武帝的病是因为有巫蛊作祟。于是汉武帝派江充为使者，负责调查

巫蛊案。江充率领胡人巫师到各处掘地寻找木头人。从京师长安、三辅地区到各郡、国，因此而死的先后共有数万人。

接着，江充指使胡人巫师檀何言称："宫中有蛊气，不将这蛊气除去，皇上的病就一直不会好。"于是汉武帝派江充进入宫中，直至宫禁深处，挖地找蛊。江充扬言："在太子宫中找出的木头人最多，还有写在丝帛上的文字，内容大逆不道，应当奏闻陛下。"

太子刘据非常害怕，派门客冒充皇帝使者，逮捕了江充等人，并亲自监斩江充，又将江充手下的胡人巫师烧死在上林苑中。

刘据派侍从门客无且携带符节乘夜进入未央宫长秋门，通过长御女官倚华将一切报告卫皇后，然后调发皇家的马车运载射手，打开武器库拿出武器，又调发长乐宫的卫卒。没多久，刘据兵败外逃，跟随刘据发兵谋反的，均被灭族。

刘据逃到湖县，被地方官围捕，估计难以逃脱，自缢而死。此时汉武帝也颇知太子刘据是因被江充逼迫，惶恐不安，才起兵诛杀江充，并无他意。事情水落石出后，汉武帝追悔莫及，便转手报复当初参与谋害刘据的人，丞相刘屈牦等相关人物以各种理由被杀或自杀，被诛杀者牵连甚广，当时西汉政权的高层几乎均被牵涉其间，国本由此动摇。

（二）单纯的思想表达

一个人所做的单纯的思想或观点表达，不论观点是否错误，也不管思想是否反动，只要不是对他人恶意的诽谤和侮辱，或公然的造谣和煽动，均不应当认定为犯罪行为。无论东方还是西方，在古代，思想犯罪、因言获罪均曾一度被当作迫害有理性和良知的人士的工具，它所带来的灾难永远值得我们深刻反思。

美国反煽动叛乱法的荣与衰

1937年，在大洋彼岸的美国，有两起"危害国家安全"的政治案件被判决。一起是德扬诉俄勒冈案。德克·德扬（Dirk De Jonge）因为违反《俄勒冈犯罪工联主义法》被判有罪。当时，他正在协助筹备一个由共产党主办的会议，被裁定有罪的唯一依据仅仅在于这次会议是共产党召集的。联邦最高法院一致裁决推翻原审判决，改判德扬无罪。大法官查尔斯·休斯（Charles Hughes）写道：“为讨论合法议题而举行和平集会不构成犯罪。同样，为采取和平的政治行动而召开会议也不能被禁止。我们不能给那些坚持举办此类会议的人贴上罪犯标签。”

另一起是赫恩登诉劳里案。安杰洛·赫恩登（Anglo Herndon）是佐治亚州一名共产党领袖，还是个黑人，他被控"企图煽动暴乱"。最高法院以5∶4的微弱优势推翻了原判决，大法官欧文·罗伯茨（Owen Roberts）在多数意见中写道：“他的共产党内地位及对其他党员的鼓动完全不能构成煽动他人暴乱的企图，如将在党内任要职以及鼓动其他党员的行为定为犯罪，甚至处以死刑，是对公民言论自由的不正当的侵犯。”

德扬和赫恩登是幸运的，如果他们生活在1918年的美国，则极有可能无法幸免。1918年年初，美国刚加入第一次世界大战，蒙大拿州颁布了一部《蒙大拿州反煽动叛乱法》，规定凡"散布、印刷、撰写或出版任何对政府、宪法、美国国旗或军服不忠的、亵渎的、暴力的、下流的、蔑视的、丑化的或者辱骂的言论"，均构成犯罪，最高处罚金2万美元及最长20年刑期。接下来的一年，79个蒙大拿人因此法案而锒铛入狱。其中一位是地产商，仅仅说了一句"因为我不买自由公债也不去扛那该死的国旗，他们就叫我德国鬼子"，一个酒业推销员，声称战时食品管制是一个"天大的玩笑"，更多的不过是在沙龙里谈了谈"国事"。

蒙大拿的爱国狂热只是全国症候的一个例证。事实上，美国国会在1917年通过了被后人视为扼住言论自由咽喉的《反间谍法》（该法规定，在战争期间，任何人"恶意阻碍美国的征兵或服役"均构成犯罪），并在1918年以增补案的形式将《蒙大拿州反煽动叛乱法》的文本添入其中。有时，人们也把增补案这部分单独称为1918年《联邦反煽动叛乱法》。这一增补部分在1921年被国会取消，但在它存在的三年时间里，有两千多人因此被起诉。

《蒙大拿州反煽动叛乱法》的蓝本可追溯到1798年7月4日联邦党人推动参议院通过的一项将煽动性诽谤定为联邦罪行的《反煽动叛乱法》。该法案规定，"发表、出版任何针对联邦政府、国会、总统的恶意、虚假、诽谤性的言论均构成犯罪"，"不得散布蔑视、丑化联邦政府、国会或总统的言论，或者煽动善良的美国人民对于联邦政府、国会或总统的仇恨"，违者处两年刑期及2 000美元罚金。该法案在1801年3月3日自动失效。但在失效前，14人因它被捕，多数是支持托马斯·杰斐逊（Thomas Jefferson）的报社编辑和所有者。1801年，杰斐逊就任总统，迅速特赦了所有因《反煽动叛乱法》而获罪的人。在几年后一封给友人的信中，他陈述了这么做的理由："这是一部自始至终都绝对无效的法律，它好比国会命令我们集体扑倒，对着一尊金质偶像顶礼膜拜，而要我在旁时刻看守，揪出那些拒不从命的人。"

在此后的岁月里，将自由视为宪法生命的法律人或智者，在不同的时刻说出了下面的话："一个有序的社会，不能仅仅依靠人们对惩罚的恐惧和鸦雀无声来维系"；"那些为我们所痛恨的思想，同样自由"；"压制批评不会为民主政府带来更多的合法性"；"在任何一个宪政国家，意见的自由表达是权力的最终来源"。这些金子般的话语，都是对《反煽动叛乱法》极有力的反驳。

我个人读到最震撼人心的一段话来自奥利弗·霍姆斯（Oliver Holmes）大法官。1925年，在吉特洛诉纽约一案中，最高法院判决印发左翼宣言的极端分子本杰明·吉特洛（Benjamin Gitlow）有罪，霍姆斯对判决结果表示异议，他写道："所谓以暴力推翻政府，正是被告和他的左翼团体所抱持的政治信念的一部分，而这一企图并没有带来任何即刻的危险。有人说，本案中的宣言不仅是一种理论，更是一种煽动。事实上，每一种思想都是一种煽动。思想本身就会提供一种信念。因为唯有相信它，才会照着它行动；除非它被别的什么信念所取代，或者在采取行动之初，即因缺乏影响而告夭折。在更为严格的意义上，意见表达和煽动之间唯一的区别仅在于，说话人对结果所抱的热情。滔滔雄辩可使理智着火。但是，无论你如何看待摆在我们面前的这份冗长说辞，它都没有机会立即燎起一场熊熊大火。从长远来看，如果宣言中表达的信念最终会被大多数人接受，那么此时言论自由的唯一价值就在于：给它们一个机会，让它们得以表达。"

1964年3月，大法官威廉·布伦南（William Brennan）提交了关于沙利文诉纽约时报案的意见，其中写道："对公共事务的讨论应该不受阻碍、富有活力和广泛公开，这些讨论包括对政府和公职人员激烈、苛刻，有时甚至是令人不快的尖锐抨击。"他接着将1798年的《反煽动叛乱法》作为分析核心，认为"尽管此法案从未受到最高法院的审查，但在历史的法院上，对其有效性的批评一直延续至今"。至此，《反煽动叛乱法》在自动失效163年后被宣布违宪。

2006年5月，蒙大拿州长布雷恩·施魏策尔（Brian Schweitzer）为已过世的因1918年《蒙大拿州反煽动叛乱法》获罪的78人平反（79人中有一个早前获特赦）。

（参见宋石男：《反煽动叛乱法的荣与衰》，《看历史》2011年5月号。）

（三）其他不宜规定为犯罪的行为

还有一些行为，尽管也存在社会危害性，但不仅追究犯罪的成本很高，也很难取得预期的效果。同时，对这些行为进行追究的过程中，还容易诱发其他方面的问题，因此，不宜按照犯罪行为处理。很多有伤风化的行为都有类似的特点，这些行为不仅比较私密，而且常常是成人之间互相同意的行为，并没有真正意义上的受害人，因而取证难度很大，行为被追究的比例很低。而且，由于行为的私密性，当事人不愿被他人知悉的心理很容易被他人利用，从而诱发新的违法犯罪。因此，对于有伤风化的行为，在现代社会条件下，大多不作为犯罪处理。

比如"通奸行为"，在很多人眼里，通奸尤其是在有配偶情况下的通奸无疑会对配偶造成伤害，从而危害家庭并进而危害社会。但是，如果不考虑配偶在情感上所受的伤害，成年人之间以相互同意为基础的通奸几乎可以称为一种"没有受害人"的行为，没有受害人，便没有人提出控告，因而也不容易被人（尤其是执法机关）发现。同时，即使将配偶视为受害人，配偶也很少会向执法机关提出控告或举报。也就是说，如果法律惩罚通奸行为，只有少数通奸会得到惩罚，绝大多数的通奸行为得不到法律追究，"违法必究"由此不过是一种小概率的"触霉头"事件。这样，不仅通奸行为很难得到有效的制止，反而还会影响法律的威慑力和权威性。同时，通奸行为常与个人隐私相联系，个人一般情况下不愿张扬，通奸者的这种心理很容易被他人利用，成为敲诈勒索的手段，甚至可能被执法者利用从而使执法行为被扭曲。因此，尽管很多人认为通奸行为有社会危害性，但当前大多数国家已不再将其纳入法律的制裁范围。

法律强制的实现不仅有经济成本，还有更复杂的其他方面的成本。尤其是刑事责任涉及对个体生命与自由的剥夺，不仅对本人，甚至对其家庭的未来都有可能产生无可挽回的影响，因而更应慎重。原则上，只有在任何替代性方式都不足以制止某种危害社会的行为时，才可以将之纳入刑事责任的范围。只要有替代性的处理方式，并且这种替代性方式在一般情况下能够制止这种行为，便没有动用刑事制裁的必要。

拓展阅读

2004年9月发布的《最高人民法院、最高人民检察院关于办理利用互联网、移动通信终端、声讯台制作、复制、出版、贩卖、传播淫秽电子信息刑事案件具体应用法律若干问题的解释（一）》规定：以牟利为目的，利用手机发送淫秽短信超过200条可以按照传播淫秽物品牟利罪定罪量刑；不以牟利为目的，发送数量达到上述标准两倍以上的，也可以按照传播淫秽物品罪定罪量刑。这一规定曾引起热议，发送"荤段子"应当认定为犯罪吗？

桑本谦教授认为这一司法解释几乎是无法实施的。

以目前的技术水平而论，警方只能通过电信运营商对群发短信进行过滤，而无法以合理成本对"点对点"发送的短信进行内容审查，更无法记录某一手机用户发送黄色短信的次数。即便克服了这一技术障碍，也很难想象警方会给每个手机用户建立一份关于黄色短信发送次数的档案记录（这会带来高昂的管理成本）。不仅如此，警方监控手机用户发送短信必须通过电信运营商，而电信运营商由于能从黄色短信的广泛传播中获得巨额利润，必然缺乏配合警方监控手机用户的经济激励，除非法律强迫电信运营商为手机用户发送黄色短信承担连带责任，但这么做又似乎违反了"刑事责任不得株连"的原则。

即便警方克服重重困难，抓获了某个发送黄色电信超过法定标准的手机用户，也仍然要在法庭上克服举证责任的沉重负担。用某一手机发送黄色短信的人并不一定就是手机用户本人，所以，即便公安机关查出了发送黄色短信的手机号码，只要手机用户拒不承认，同时又没有其他证据证明黄色短信确系手机用户本人发出，法庭也只好对被告适用"疑罪从无"，警方因此劳而无功。事实上，对一个发送黄色短信刚好达到法定数量的犯罪嫌疑人来说，只须证明其中一条短信是别人（哪怕是其配偶）借用其手机发出的，法庭就只能做出无罪判决，也许证人出具了伪证，可控方有什么办法排除这些伪证呢？倘若警方事先就认识到"黄色短信传播案"的确是一些"烫手的山芋"（侦破这类案件的成本太高，而成功率又太低），那么受预算约束的公安机关就不会愿意把有限的警力耗费在这类案件上，结果将会导致法律本身被荒废。

桑本谦教授是围绕着刑法的执行成本和效果来分析的。也就是说，如果一项法律的执行成本太大，或效果无法实现预期，这样的法律在实际上就是不可执行的。因此，这样的行为不应当被列入刑法的处罚范围。

（参见桑本谦：《理论法学的迷雾：以轰动案例为素材（增订版）》，法律出版社，2015：第七章。）

法律对责任的确定还应当充分考虑个体日常交往行为的自由，以避免对个体行为自由的过度约束。这一问题在民事责任的设定上同样也有明显体现。比如，纯粹与情感和友谊相关而承诺的义务或者戏谑式的承诺一般都不会被纳入法律的调整范围；体育竞技比赛中给他人造成伤害的行为，在责任承担上也会有特殊的免责事由。如果法律责任过于宽泛，个体动辄就可能被课以责任，对个体的日常交往乃至社会活动的开展显然也会造成不利的影响。

总之，法律有其自身的局限，因而法律也应当有其自身的边界。法律并不是越多越好。耶鲁大学法学院教授罗伯特·埃里克森（Robert Ellickson）在其《无需法律的秩序》一书中说："立法者如果对那些会促成非正式合作的社会条件缺乏眼力，他们就可能造就一个法律更多但秩序更少的世界。"

第二节 犯罪构成

上文我们从犯罪的概念的角度讨论了什么样的行为是犯罪，什么样的行为不应被视为犯罪。这样的讨论只能解决一些基础性问题。对于刑法已有明确规定的罪名，一个具体的行为是否与刑法条文所规定的罪状相符，或者说是否能满足某个具体罪名的法定犯罪构成条件，单纯地考虑犯罪的概念并不能解决问题，还必须从犯罪构成的角度，进一步地分析。

犯罪构成是由刑法所规定的，决定一个行为是否以及构成何种犯罪的各种主客观条件的总和，用于分析犯罪构成的理论被称为犯罪构成理论。当前我国刑法学界较有影响的犯罪构成理论主要有两个：一个是源于苏联的四要件理论；另一个是源于德国的三要件理论。

一 四要件理论

四要件理论将犯罪构成的条件总结为四个方面，即主体要件、主观方面、客体要件和客观方面，一个行为必须同时符合上述四个要件才构成犯罪，缺少任何一个要件，都不构成犯罪。比如，民政局局长李某因弟弟做生意资金不足，将100万扶贫款借给弟弟，结果生意亏损，超过3个月不能返还。李某的行为构成犯罪吗？如果构成犯罪，构成何种犯罪呢？

李某行为是否构成犯罪，首先要看他的行为与刑法规定的哪种犯罪比较契合。根据初步对照，《刑法》第384条有关挪用公款罪的规定与李某的行为比较契合。该条规定：国家工作人员利用职务上的便利，挪用公款归个人使用，进行非法活动的，或者挪用公款数额较大、进行营利活动的，或者挪用公款数额较大、超过三个月未还的，是挪用公款罪，处五年以下有期徒刑或者拘役；情节严重的，处五年以上有期徒刑。挪用公款数额巨大不退还的，处十年以上有期徒刑或者无期徒刑。

李某的行为是否构成挪用公款罪呢？需要根据犯罪构成理论进一步分析。

（一）主体要件

主体要件包括两个方面。

一是刑事责任能力要件。即一般主体要件，不具有刑事责任能力的人实施的行为不构成犯罪。刑事责任能力是指行为人辨认和控制自己行为的能力。对于普通的自然人而言，只要达到一定的年龄，生理和智力发育正常，就具有了相应的辨认和控制自己行为的能力，从而具有刑事责任能力。但是，成年人因精神疾病也可能丧失辨认和控制自己行为的能力。因此，刑事责任能力的判定主要考虑两个因素，即年龄与精神健康状况。

《刑法》规定：已满16周岁的人犯罪，具有刑事责任能力，应当负刑事责任；已满14周岁不满16周岁的人，只有犯故意杀人、故意伤害致人重伤或者死亡、强奸、抢劫、贩卖毒品、放火、爆炸、投放危险物质罪的，才负刑事责任，对于上述行为之外的行为，不负刑事责任；已满12周岁不满14周岁的人，犯故意杀人、故意伤害罪，致人死亡或者以特别残忍手段致人重伤造成严重残疾，情节恶劣的，经最高人民检察院核准追诉的，应当负刑事责任；未满12周岁的未成年人，无刑事责任能力，在任何情况下都不负刑事责任。对于成年人，经法定程序鉴定，如果能确定其在行为时不具有辨认或控制自己行为的能力，不具有刑事责任能力，不负刑事责任；在行为时尚未完全丧失辨认或者控制自己行为的能力的，应当负刑事责任，但是可以从轻或者减轻处罚。

二是特殊主体要件。有些犯罪要求主体具备特定身份，不具有法律规定的特定身份的，可能不构成犯罪，也可能构成其他犯罪，但不构成本罪。比如，贪污罪要求犯罪主体具有国家工作人员的身份，不是国家工作人员的不构成贪污罪；又如，徇私枉法罪的犯罪主体要求是司法工作人员。还有一些犯罪，刑法规定单位也可构成犯罪，单位构成犯罪的，除了单位可能面临罚金刑，直接负责的主管人员和其他直接责任人员还要承担相应的刑事责任。

李某达到刑事责任年龄，没有精神病等法律规定不具有刑事责任能力的情形，符合犯罪构成的一般主体要件。挪用公款罪有特殊主体要求，要求犯罪主体是国家工作人员，李某身为民政局局长，属于国家工作人员，符合该罪规定的特殊主体要件。

（二）犯罪客体

所谓犯罪客体，是指刑法所保护的，同时也是犯罪行为所侵犯的社会关系，也有人称之为刑法所保护的法益。这样的定义比较抽象，不易被普通人理解。我们可以简单地将犯罪客体看作犯罪行为所侵犯的正常的社会秩序。比如：故意杀人罪侵犯的是个体的生命安全，同时也是公共安全秩序；盗窃罪侵犯的是正常的财产所有秩序；贪污罪侵犯的是国家财产所有秩序和国家机关的正常活动秩序。

李某作为国家工作人员，将其所管理的扶贫款挪作他用，侵犯的是国家对公共财产的正常使用和管理秩序，符合挪用公款罪的犯罪客体要件。

（三）犯罪的主观方面

犯罪的主观方面指行为人在犯罪时的主观心理状态。主观方面不仅是区分罪与非罪的重要判断依据，也是区分此罪与彼罪的重要考察因素。

1.故意和过失

故意和过失是犯罪主观方面的重要内容。

所谓故意，是指明知自己的行为会发生危害社会的结果，仍然追求或放任这种结果发生的一种心理状态。追求结果发生的心理状态一般称为直接故意，放任结果发生的心理状态称为间接故意。比如：明知他人不会游泳，为杀人而将其推入河里，结果导致受害人被淹死，这属于直接故意；在斗殴过程中将对方推入河中，发现对方不会游泳，在河中挣扎，便扬长而去，结果导致受害人被淹死，属间接故意。二者均构成故意杀人。

所谓过失，是指行为人应当预见到自己的行为可能发生危害社会的结果，因疏忽未预见或虽然已经预见但轻信能避免，结果导致危害结果发生的一种心理状态。前者属于疏忽大意的过失，后者属于过于自信的过失。对于过失行为，只有在法律明文规定过失可以构成该犯罪的前提下，才构成犯罪；法律没有明确规定的，过失不构成犯罪。

在行为时既没有故意，也不存在法律所规定的过失的，即使造成比较严重的危害后果，也不构成犯罪，一般按意外事件对待。

2. 认识错误

犯罪构成的主观方面，常常存在认识错误的问题。认识错误在很多情况下是对故意和过失的心理状态的具体化。比如，在深林中打猎时，猎人错将他人当成猎物而射杀，在认识错误问题上属于客体认识错误，不具有犯罪的故意；如果根据当时的具体情形，行为人也不存在过失的，则不构成犯罪。又如，某人本来想杀张三，结果误将李四当成张三而射杀，属于对象认识错误，这种情况并不影响犯罪的构成，仍属于故意杀人既遂。

认识错误还是区分此罪与彼罪的重要依据。比如，在火车上盗窃一只手提包，后发现包中装的不是钱物，而是一把手枪。由于本人对里面是手枪的事实没有预知，仍按盗窃罪定罪，不能定为盗窃枪支罪。

3. 主观方面的其他内容

主观方面还包括犯罪的目的和动机。一般情况下，目的和动机并不影响犯罪的构成，比如故意杀人，不管出于何种动机和目的，故意杀人都属于犯罪行为。但某些犯罪，只有具备特定的目的才可以构成。比如，诬告陷害罪必须有陷害他人从而使他人受刑事追究的意图或目的；又如，诈骗罪须以非法占有为目的。动机一般不影响犯罪构成，属于犯罪情节的因素，会影响具体的量刑。

李某明知扶贫款是专项资金，不得挪作他用，而将其挪用借给其弟用于经营活动，显系明知，存在犯罪的故意，符合犯罪的主观构成要件。

（四）犯罪的客观方面

犯罪的客观方面一般由刑法分则的具体条文明确规定，主要指行为方式、采用的手段、行为的后果、犯罪的时间和地点等因素，这些因素对于具体的犯罪而言，都可能影响犯罪的构成。如《刑法》第233条过失致人死亡罪的构成，要求必须造成"他人死亡"的后果；又如第244条强迫劳动罪，必须以暴力、威胁或者限制人身自由的方法，才能构成。犯罪的地点和时间也影响定罪问题，如第290条聚众冲击国家机关罪，要求行为的地点必须在国家机关。又如，第421条战时违抗命令罪中所说的违抗命令必须发生在战争期间才构成犯罪。

案中李某挪用公款归个人从事经营活动，超过三个月未还，均符合挪用公款罪规定的要件，只是100万元是否属于"数额较大"呢？对于何为"数额较大"和"数额巨大"，在不同的社会条件下人们会有不同的感受和认识。法律需要具有稳定性，因而对这些随着社会的发展而经常发生变化的影响犯罪构成的因素，不宜在法律中直接规定一个固定不变的标准，一般采用诸如"数额较大""情节严重"这样的表述。具体何为数额较大，何为情节严重，则在司法解释中予以明确，并根据社会发展的具体情况随时进行调整。关于挪用公款罪最新的司法解释是2016年发布的《最高人民法院、最高人民检察院关于办理贪污贿赂刑事案件适用法律若干问题的解释》，依据该解释，挪用公款归个人使用，用于营利活动的，以5万元为犯罪起点，超过5万元的，可认为属于《刑法》规定的"数额较大"。由此，李某行为完全符合挪用公款罪规定的客观方面的构成要件。

根据以上从犯罪构成四个要件所做的分析，李某的行为完全符合挪用公款罪的构成要件，应当以挪用公款罪追究刑事责任。

二　三要件理论

三要件理论认为犯罪构成要件有三个：一是行为与刑法分则中规定的犯罪条件的符合性；二是行为不具有正当性抗辩事由，因而具有不法性；三是行为人具有可归责性，一般指行为人有责任能力，且在主观上存在罪错，应当课以责任。在确定一个行为是否构成犯罪时，先考察符合性，再考察不法性，最后考察可归责性。如果行为不具有符合性，则不再考察其是否具有不法性和可归责性，依此类推。由于三要件理论的诸构成要件不是同时考察，而是存在先后顺序，故又称三层次论。

三层次中的第一层次和第二层次常被合并为一个层次，即行为的不法性。行为与刑法分则中规定的犯罪条件相符合，则说明行为在外在表象上已具有不法性，如果不存在正当的抗辩事由，则行为的不法性成立。所以前两个要件考察的都是不法性问题，可以归并为一个要件。

（一）行为与犯罪条件的符合性

行为与犯罪条件的符合性是指一个行为的客观表现与刑法分则中某个罪名规定的犯罪条件相符合，注意：这里仅考察行为的客观方面（或者说外在表现）是否与刑法分则中规定的犯罪条件相符，并不考察主观方面的因素。主观方面的因素是判断可归责性时才予以考察的内容。仍以李某挪用公款案为例，李某身为民政局局长，属于国家工作人员，利用掌管扶贫款的便利，将其借给弟弟从事营利活动，数额较大且超过三个月未还，完全符合挪用公款罪的构成要件，具有符合性。

(二)行为的不法性

犯罪嫌疑人的行为与刑法分则规定的具体行为表现具有符合性,说明其外在表现已经具备了不法性。但具有不法性表象的行为背后,也可能存在正当的抗辩事由。比如抓捕犯罪嫌疑人、对被判决死刑的罪犯执行死刑等职务行为,又如正当防卫和紧急避险,都属于排除社会危害性的行为,可以排除行为的不法性。如果没有任何可阻却犯罪认定的正当性理由,则认定行为具有不法性。

李某的行为不具有任何可阻却犯罪认定的正当性理由,因而具有不法性。

(三)行为的可归责性

行为的可归责性是指行为人主观上存在罪错,应当受到谴责,因而应当承担法律责任。行为人虽然实施了不法行为,但如果行为人不具有应受谴责性,则追究其法律责任不具有任何意义。比如,一个精神病人在精神病发作期间致他人伤害,该行为显然具有不法性,但由于其没有刑事责任能力,因而不具有可归责性。

常见的不具有可归责性的情形包括:行为人不具有刑事责任能力;行为人主观上不具有故意或过失;行为人不具有违法性认识可能性;行为人的行为不具有期待可能性。对于责任能力、故意或过失的问题,前文中已经讨论,在此仅讨论最后两种情形。

1. 违法性认识问题

传统刑法理论一般认为,不能以不懂法为由为自己的行为辩解,不知道行为构成犯罪不能成为免除责任的理由。但是,这一观点受到了越来越多的挑战,很多犯罪只是特定管理制度下的产物,对于普通百姓而言,常常并没有道德上的可谴责性。在这种情况下,如果普通百姓根本不知道这种行为是法律禁止的,只是"不小心"构成了犯罪,如果其行为没有造成直接的社会危害,则这种犯罪并不具有可受责难性。

关于违法性认识的具体内容,学界的观点并不一致,但一般情况下并不要求行为人有非常明确的认识,只要本人能认识到这种行为在法律上具有不法性就可以了。同时,还要考虑行为人具有不法性认识的可能性。如果根据行为人本人的具体情况,对某种犯罪行为几乎不可能形成不法性认识,则一般不应认为具有可责难性。比如"赵大妈非法持有枪支案",对于这位五十多岁的大妈来说,她几乎不可能对一支通常用于打游戏的气枪是否符合枪支认定标准做出明确判断,也就是说,根据她本人的具体情况,她对这种用气枪打气球的游戏并没有违法性认识。但对于一个从事仿真枪制造业务的人来说,由于专业工作的需要,他应当知道枪支的具体判断标准,如果他处于赵大妈同样的情形,就不宜以不具有违法性认识来进行抗辩。

在何种情况下可以以不具有违法性认识之由出罪,我国目前理论界还远未达成一致意见,在实务界也尚未被普遍接受。但无论如何,如果某种行为依照一个普通人的日常行为认知并不具有可谴责性,因而一般也不会产生违法性认识,对行为人给予刑事处罚没有任何意义,既不能起到引导个体行为的作用,也不能实现刑法的预防功能。

赵春华非法持有枪支案

赵春华系一位51岁的妇女，2016年8月至10月12日，在天津河北区李公祠大街亲水平台附近，以摆设气枪射击摊位谋生。10月12日晚，公安机关在巡查过程中将赵春华抓获，查获枪状物9支及相关枪支配件和塑料弹，经天津市公安局物证鉴定中心鉴定，涉案9支枪状物中的6支为能正常发射以压缩气体为动力的枪支。

鉴定所依据的标准是公安部《公安机关涉案枪支弹药性能鉴定工作规定》第三条第三款："对不能发射制式弹药的非制式枪支，按照《枪支致伤力的法庭科学鉴定判据》（GA/T 718—2007）的规定，当所发射弹丸的枪口比动能大于等于1.8焦耳/平方厘米时，一律认定为枪支。"据说，能够穿透人的皮肤的枪口比动能为33.14焦耳/平方厘米。也就是说，1.8焦耳/平方厘米远远达不到打伤皮肤的标准，但足以对眼睛造成伤害。

2016年12月27日，天津市河北区人民法院以非法持有枪支罪判处赵春华有期徒刑三年六个月。赵春华不服提起了上诉。2017年1月26日，天津市第一中级人民法院作出了二审判决，认为赵春华非法持有的枪支均刚刚达到枪支认定标准，其非法持有枪支的目的是从事经营，主观恶性程度较低，犯罪行为的社会危害较小，故酌情对赵春华予以从宽处罚，以非法持有枪支罪判处赵春华有期徒刑三年，缓刑三年。

2. 期待可能性问题

期待可能性是指从行为时的具体情况看，是否能合理地期待行为人做出合法行为。法律不强人所难，如果从行为时的具体情况看不能期待行为人做出合法行为，行为人即使做出了违法犯罪行为，也是迫不得已的，法律没有理由期待行为人做得更好。这样的行为虽不能说是正当的，但依人性的弱点却是情有可原的，因而也不具有可归责性。

期待可能性是德国刑法上的理论，我国并未将这一理论应用于司法实践。当前，随着德国三要件犯罪构成理论的引入，期待可能性理论也成为一个不能回避的问题。目前，对于是否应当将期待可能性理论应用于司法实践以及如何确定其具体的认定标准，我国学界并未形成一致意见。以后会不会接受这一理论，在多大限度上将之作为免责事由，还要拭目以待。

拓展阅读

期待可能性问题的历史演进

人们普遍认为期待可能性问题源于德国的"癖马案"。该案发生于1897年，由德意志帝国法院第四刑事部判决。案情如下：被告受雇于马车店以驭马为生。因马有以尾绕缰的恶癖，极其危险，被告要求雇主换掉该马，雇主不允，反以解雇相威胁。一日，被告在街头营业，马之恶癖发作，被告无法控制，致马狂奔，将一路人撞伤。检察官以过失伤害罪提起公诉，但法院宣告被告无罪。其理由是：违反义务的过失责任，不仅在于被告是否认识到危险的存在，而且在于能否期待被告排除这种危险。被告因生计所逼，很难期待其放弃职业拒绝驾驭该马，故被告不负过失伤害罪的刑事责任。

这样，法院根据被告人所处的社会关系、经济状况否定了期待可能性的存在，从而否定了在损害结果发生时行为人的可归责性。该判决发表之后，麦耶尔（M. E. Mayer）于1901年首先提及期待可能性问题，1907年，弗兰克将"癖马案"判例写在其论文《论责任概念的构成》中，成为期待可能性理论研究的开端。在弗兰克之后，休米德（E. Schmidt）对期待可能性理论进行了进一步的完善。

经过上述主要代表人物的不断发展和完善，期待可能性理论现已为很多国家的刑法实务所承认。期待可能性理论充分考虑了人性的弱点，主张在特定情况下不能强人所难。立足于刑罚功能的角度，这种认识无疑是正确的，但由于期待可能性是超越法律的犯罪阻却事由，具体的认定标准难以统一，如果不加以约束，可能会导致法官滥用权力，并对成文法的权威性造成冲击。因此，对期待可能性理论，从来都不乏反对的声音。

三 对两种犯罪构成理论的比较

（一）简要的对比

两种犯罪构成理论所包含的要素似乎并不存在太大的差异。比如，四要件理论中的主体要件和客观方面，在三要件理论对符合性的考察过程中同样也会考察；在三要件理论中对可归责性的考察内容，也是四要件理论中的主体要件和主观方面所要考察的内容。三要件理论对行为的违法性判断，主要涉及排除社会危害性的行为，即犯罪抗辩事由；对于抗辩事由，四要件理论中虽然没有明确，但并不是忽略了这一问题，而是另外单独予以讨论。

因此，在有些人看来，两种理论所考察的犯罪构成要素基本上是一致的，并没有本质的差别。但在另一些人看来，两种理论体现的是完全不同的刑法思维方式：四要件理论对各种要件平行考察，很难排除主观归罪的影响，容易沦为一种有罪推定思维；而三要件理论分三个不同的层次，将行为人的主观动机放到最后考察，更有助于排除主观归罪的影响，因而更符合无罪推定的思维方式。

（二）具体应用举例

我们以许霆案为例，比较一下两种理论，体会其在具体应用过程中思维方式的区别。

基本案情：2006年4月，许霆在某银行自动取款机上取了1 000元钱，发现银行卡上只扣掉了1元钱，惊喜之余，又连续取了5.4万元。当晚，许霆又偷偷来到该取款机取款，前后共取款171次，取款数额总计17.5万元。

对于本案，广州中级人民法院一审以盗窃金融机构罪判处许霆无期徒刑，剥夺政治权利终身。许霆上诉后，二审法院发回重审，广州中院改判有期徒刑5年。公诉人指控的理由是：许霆明知自动取款机出了故障，多次取款，主观上存在非法占有的故意，并利用取款机存在的故障实施了秘密窃取的行为，符合盗窃罪的犯罪构成，构成盗窃罪。又由于自动取款机是银行设施，所以应以盗窃金融机构罪追究刑事责任。原审法院判决也认为：许霆主观上存在非法占有的故意，客观上实施了秘密窃取的行为，已构成盗窃金融机构罪，而且数额特别巨大，因而适用"无期徒刑或者死刑，并处没收财产"的刑罚。但是，发回重审后，法院又认为，许霆的犯意是偶然起意，实施犯罪具有很大的偶然性，与有预谋或者采取破坏手段盗窃金融机构的犯罪有所不同，主观恶性尚不是很大。后经最高人民检察院核准，在法定刑以下量刑，判处其有期徒刑5年。

公诉机关与法院显然都是立足于四要件理论来认定的，法官先入为主的"非法占有目的"对整个案件的认定起着非常关键的影响，在存在这种"非法占有目的"的前提下，法官很难对许霆的行为作出无罪的认定。有人认为如果适用三要件理论，许霆的行为很难被认定为有罪。因为如果不考虑许霆的主观动机，其行为就是一个单纯的取款行为，该行为与一个正常的取款人的取款行为没有任何区别。尽管在取款过程中出现了扣款错误，但该错误也仅是一个交易过程中的错误而已，而且也是银行方的错误，而非许霆的错误。在这种情况下，许霆的行为很难与盗窃罪所规定的"秘密窃取"联系在一起。

（三）刑法学界的不同态度

四要件理论一直是中华人民共和国成立以来通用的理论，当前司法实践中仍以四要件理论为主，教科书以及法律教材也大多仍以四要件理论为通用观点。据此，一部分学者认为：四要件理论深入人心，无论法官、检察官还是律师在司法实践中都采用四要件理论，已成为约定俗成的规则。我国的司法人员和刑法理论研究人员，主要是依托国内教育，学习中国刑法学理论成长起来的，不具备学习、研究德日三要件理论的语言基础、知识结构。支持四要件理论的人还认为，四要件理论在出罪上的确受到更大的限制，但它的优势在于可以有效避免出罪问题上的随意性。尤其是期待可能性问题，在适

用时有很大的随意性，需要法官具有良好的业务素质和公正的个人修养，否则容易带来更多的问题。

支持三要件理论的学者认为：四要件理论在我国颇有基础，确有简洁明了便于司法实务操作的优点，而且在普通的刑事案件中，两种犯罪构成理论没有明显区别。但是，四要件理论在逻辑结构上并不严谨，而且犯罪的认定极易受行为人主观动机的影响，从而使主观动机几乎成为犯罪构成的决定性要件。尤其在疑难复杂案件中，四要件理论更是有其自身的局限，难以得出明确的结论。因此，他们呼吁放弃四要件理论，而改用三要件理论。

目前，两种不同的态度仍然各执己见，今后我国犯罪构成理论到底将走向何方，尤其是司法实践中将如何选择，现在下结论仍然为时尚早。

第三节　犯罪形态

一　共同犯罪

共同犯罪分为一般共犯和特殊共犯两种。一般共犯是指二人或二人以上共同故意犯罪；三人以上为共同实施犯罪而组成的较为固定的犯罪组织，是特殊共犯，特殊共犯又称犯罪集团。

（一）共同犯罪的认定

共同犯罪的主体必须是两个以上达到刑事责任年龄、具有刑事责任能力的人或单位。一个人单独犯罪，不发生共同犯罪问题。一个达到刑事责任年龄的人和一个未达到刑事年龄的人，或者一个精神健全有刑事责任能力的人和一个由于精神障碍无刑事责任能力的人共同实施危害行为，不构成共同犯罪。

从犯罪的客观方面来看，构成共同犯罪必须二人以上具有共同的犯罪行为。所谓共同的犯罪行为，是指各行为人的行为都指向同一犯罪，互相联系，互相配合，形成一个统一的犯罪活动整体。共同犯罪中，每个人可能只参与了犯罪过程中的某一个环节，并没有参与整个犯罪过程，甚至有的人只是参与了犯罪谋划，并未直接实施犯罪行为，但由于其行为构成了整个犯罪活动中的组成部分，故均属于共同犯罪。

从犯罪的主观方面来看，构成共同犯罪必须二人以上具有共同的犯罪故意。所谓共同的犯罪故意，是指各共同犯罪人均已认识到他们的共同犯罪行为和行为会发生的危害结果，并希望或者放任这种结果发生的心理态度。过失犯罪没有共同故意，故不存在共同过失犯罪。没有共同意思联络的故意犯罪，或者单方实施的超出共同意思联络之外的行为，也不构成共同犯罪。如甲、乙二人都对丙有仇恨，二人相互之间没有任何意思联络，只是碰巧在同一时间段分别在丙的食物中下了毒，结果致丙死亡，甲、乙二人均构成故意杀人罪，但不构成共同犯罪。又如，甲入室盗窃，乙在外面望风接应，盗窃时甲对居住在室内的一女子实施强奸，则强奸是甲单独所为，不属于共同犯罪。

此外，事后通谋的窝藏行为、包庇行为，也不构成共同犯罪，因为这些行为与危害结果的发生没有因果关系。但事前通谋的窝藏行为或包庇行为，支持和鼓励了实行犯的实行行为，通过实行行为引起危害结果的发生，因而与危害结果的发生之间存在因果关系，并且具有共同的犯罪故意，应成立共同犯罪。

（二）共同犯罪人的分类

共同犯罪是指二人或二人以上共同故意犯罪，不同的人在共同犯罪中起的作用不同，其在共同犯罪中的地位也不相同。根据各犯罪人在共同犯罪中所起的作用，可以将各个参与共同犯罪的人分为以下四种类型。

1. 主犯

组织、领导犯罪集团进行犯罪活动或者在共同犯罪中起主要作用的，是主犯。主犯包括两类。一是组织、领导犯罪集团进行犯罪活动的犯罪分子，即犯罪集团中的首要分子。犯罪集团的组织领导者应对该集团的所有犯罪，无论其本人是否直接参与，均应承担责任。二是其他在共同犯罪中起主要作用的犯罪分子，主要指对共同犯罪的形成、实施与完成起决定或重要作用的犯罪分子。

2. 从犯

在共同犯罪中起次要或者辅助作用的，是从犯。从犯也包括两种类型：一是在共同犯罪中起次要作用的犯罪分子，即对共同犯罪的形成与共同犯罪行为的实施、完成起次于主犯作用的犯罪分子；二是在共同犯罪中起辅助作用的犯罪分子，即为共同犯罪提供有利条件的犯罪分子，通常是指帮助犯。

从犯是相对于主犯而言的。主犯是共同犯罪中的核心人物，没有主犯就不可能成立共同犯罪。在有些共同犯罪中，各犯罪人在共同犯罪中所起的作用基本相等，没有主要和次要的区分。这种情况下都是主犯，可以没有从犯。

3. 胁从犯

胁从犯是被胁迫参加犯罪的人，即在他人威胁下不完全出于本人自愿而参加犯罪活动，并且在共同犯罪中起较小作用的人。如果行为人最初是因为被胁迫而参加共同犯罪，但后来发生变化，积极主动实施犯罪行为，在共同犯罪中起主要作用，则不宜认定为胁从犯。胁从犯是共犯的一种，在主观上必须具有犯罪的故意。如果本人是在被完全强制或完全丧失意志自由的情况下实施的某种行为，或者符合紧急避险条件，则不成立胁从犯。

4. 教唆犯

教唆犯是指以授意、怂恿、劝说、利诱或者其他方法故意唆使他人犯罪的人。教

唆犯所教唆的对象必须是达到刑事责任年龄、具有刑事责任能力的人。没有刑事责任能力的人只是被当作犯罪的工具，教唆者不是教唆他人犯罪，而是等同于自己间接实施犯罪。

教唆行为的形式没有限制，既可以是口头的，也可以是书面的，还可以是示意性的动作。教唆行为的方式多种多样，如劝告、嘱托、哀求、指示、利诱、怂恿、命令、威胁、强迫等等。但教唆行为必须是唆使他人实施较为特定的犯罪行为，让他人实施完全不特定的犯罪的，不能认定为教唆行为。但是，教唆行为的成立不要求行为人就具体犯罪的时间、地点、方法、手段等做出指示。

对于教唆犯，应当按照他所教唆的罪定罪，而不能笼统地定为教唆罪。如教唆他人犯抢劫罪的，定抢劫罪；教唆他人犯放火罪的，定放火罪。如果被教唆的人将被教唆的罪理解错了，实施了其他犯罪，或者在犯罪时超出了被教唆之罪的范围，教唆犯只对自己所教唆的犯罪承担刑事责任。

二 故意犯罪的完成形态

犯罪形态是指故意犯罪在其发展过程中的不同阶段，由于主客观原因而停止的各种不同形式，包括犯罪预备、犯罪未遂、犯罪中止和犯罪既遂四种形态。其中，犯罪既遂是犯罪的标准形态，刑法分则所规定的刑罚都是以既遂为标准的，预备、中止、未遂为特殊形态。

犯罪行为是一个过程，犯罪人在犯罪过程中，受各种主客观原因的影响，并非所有犯罪都能最终完成，并实现预期的犯罪目的：有的人为了实行犯罪而准备工具、制造条件，但由于意志以外的原因未能着手实行；有的人着手实行犯罪后，由于意志以外的原因而未得逞；有的人在犯罪过程中，自动地放弃犯罪或者自动有效地防止犯罪结果发生。

犯罪形态只存在于故意犯罪中，过失犯罪没有犯罪目的，不可能为犯罪实施预备行为；没有出现危害结果时，也不可能成立过失犯。所以，过失犯罪没有犯罪预备、犯罪未遂与犯罪中止形态。由于过失犯罪没有未遂，也没有必要判定其是否犯罪既遂。所以，对于过失犯罪而言，只有成立与否的问题，而没有既遂与未遂的问题。

犯罪形态与量刑有着密切的联系，一般而言，未完成的犯罪应当比照既遂犯从轻、减轻甚至免除刑事处罚。

（一）犯罪既遂

犯罪既遂是行为人故意实施的行为已具备了某种犯罪构成的全部要件。一般情况下，既遂要满足两个条件：一是犯罪行为完成；二是犯罪所追求的结果发生。比如故意杀人，实施杀人行为但未致人死亡，不构成既遂，只有致人死亡的结果出现，才算既遂。但是，有的犯罪既遂并不要求一定出现某种结果，只要犯罪行为实施完毕就可构成既遂。针对不同类型的犯罪，既遂的标准也不同。为确定不同情况下犯罪既遂的不同标准，一般将犯罪行为分为以下三种不同类型。

1. 结果犯

有些犯罪不仅要求犯罪行为实行终了，而且也要求结果发生才构成既遂，这种犯罪称为结果犯。如故意杀人罪，行为人虽然实施了故意杀人行为，但受害人并未死亡，则属于故意杀人未遂。又如盗窃罪，行为人虽然实施了盗窃行为，但并未使财产脱离原控制人的实际控制，或者说没有发生非法占有财产的结果，则属于盗窃未遂。

2. 危险犯

危险犯不要求结果发生，只要造成某种危险就构成既遂。如《刑法》第116条破坏交通工具罪，破坏火车、汽车、电车、船只、航空器，足以使火车、汽车、电车、船只、航空器发生倾覆、毁坏危险，尚未造成严重后果的，处3年以上10年以下有期徒刑。这种犯罪只要造成某种危险即可构成既遂，未造成严重后果只影响量刑问题，不影响犯罪既遂的认定。

3. 行为犯

行为犯指只要实施了某种行为，即构成犯罪，并且构成既遂，如伪证罪，只要行为人实施了伪证行为，无论该伪证是否被采纳、是否造成冤假错案的实际后果，都不影响既遂的认定。又如诬告陷害罪，只要实施了诬告陷害的行为，不管被诬告陷害的人是否被追究刑事责任，均构成既遂。

（二）犯罪预备

犯罪预备是指为实施犯罪准备工具、制造条件的行为。有犯罪预备行为，因意志以外的原因而未能着手实行的，是预备犯。

预备犯虽然尚未着手实施犯罪，但主观上已有明确的犯罪意图，并且客观上已开始为实施犯罪准备工具或制造条件。应当注意的是，只有单纯的犯罪意图，而没有实施任何外在行为，不构成犯罪预备，不应追究刑事责任。

（三）犯罪未遂

犯罪未遂是指已着手实行犯罪，由于行为人意志以外的原因而未得逞。所谓未得逞，对结果犯而言是结果未发生，对于危险犯而言是危险未形成，而对于行为犯一般是指行为未完成。

未得逞必须是由于行为人意志以外的原因所导致的。行为人意志以外的原因是指行为人没有预料到或不能控制的主客观原因。行为人意志以外的原因，从质上说，指的是那些违背犯罪分子本意的原因。从量上说，那些意志以外的原因必须达到足以阻碍行为人继续实行犯罪的程度。对于犯罪过程中因遇到一些轻微的阻碍因素（如在抢劫中遇到熟人，在强奸中听到被害人请求等）而使行为人停止犯罪的，不属于犯罪未遂，应该认为是自动中止。

本人意志以外的原因并不排除行为人自身原因，如行为人能力不足、力量不够大等虽是其自身原因，但也属于意志以外的原因。

(四) 犯罪中止

在犯罪过程中,本人自动放弃犯罪或自动有效地防止犯罪结果发生的,是犯罪中止。犯罪中止是在已实施犯罪但还未完成犯罪时所存在的犯罪形态。一般情况下,如果已完成犯罪,即已构成既遂,则不再有中止问题。比如,盗窃后又返还的,不是犯罪中止。但危险犯是例外,在实施了犯罪行为后,如果本人采取有效的措施消除危险,可以构成犯罪中止。

应注意的是,犯罪中止必须是本人主观上对犯罪意图的放弃,是本人内在的心理反应。本人内在的心理因外在原因而发生变化,并停止犯罪的,也属于中止。但这种停止不能是外在原因直接引致的,而必须是外在原因影响下对犯意的主动放弃。比如,欲实施盗窃而看见警察心生害怕,不再行窃,属于中止;欲实施盗窃而见警察在旁不便下手,没有实施盗窃行为,但并未放弃犯罪意图,则不属于中止,应属于犯罪预备;如果已经实施盗窃,又看见警察而不便继续实施,因行为已开始,只是由于本人意志以外的原因未能得逞,则属于盗窃未遂。

三 罪数形态

对于行为人分别独立实施的犯罪,一般应当分别定罪量刑。比如,一个人杀了人,同时还曾实施过诈骗,杀人和诈骗是两个相互独立的犯意和行为,则在处理时应分别处理,既要追究其故意杀人罪,也要追究其诈骗罪。但一个犯罪行为常常会同时符合两个或两个以上的犯罪构成要件,如为了杀人而放火的行为,是故意杀人罪还是放火罪,还是两个罪都构成? 又如,利用伪造的印章实施诈骗,既构成伪造印章罪,又构成诈骗罪,在定罪时,定一罪呢,还是定两罪呢? 为解决这一问题,刑法理论上需要根据不同情况,讨论犯罪行为的罪数形态问题。

(一) 实质的一罪

实质的一罪是指在外观上具有数罪的某些特征,但实质上构成一罪,因而按一罪处断的犯罪形态,主要包括想象竞合犯、结果加重犯和继续犯。

1. 想象竞合犯

想象竞合犯,亦称想象数罪,是指行为人基于一个罪过,只实施了一个犯罪行为,但这一个行为却触犯了两个以上数个罪名的犯罪形态。对于想象竞合犯的处断,我国刑法理论界通说主张"从一从重处断"原则,即依照行为触犯的数个罪名中法定刑较重的犯罪定罪处刑,而不实行数罪并罚。比如,通过放火来达到杀人的目的,犯罪分子只实施了一个行为,并且只有一个犯罪目的,但同时符合放火罪和故意杀人罪两个犯罪的构成要件。在这种情况下,并不按两个罪处理,而是遵循从一从重原则,按量刑较重的罪处理。

2. 结果加重犯

结果加重犯是指故意实施刑法规定的一个基本犯罪行为,由于发生了更为严重的结果,刑法加重其法定刑的情况。由于结果加重犯只有一个犯罪行为,只是危害结果较为严重,故认定为一罪。

如《刑法》第234条规定,故意伤害他人身体的,处三年以下有期徒刑、拘役或者管制;故意伤害致人重伤的,处三年以上十年以下有期徒刑;致人死亡或者以特别残忍手段致人重伤造成严重残疾的,处十年以上有期徒刑、无期徒刑或者死刑。

根据这一规定,故意伤害致人死亡的,仍按故意伤害罪定罪,而不按故意杀人罪定罪,只是在量刑上加重其法定刑。

3. 继续犯

继续犯也叫持续犯,是指行为从着手实行到由于某种原因终止以前一直处于持续状态的犯罪,如非法拘禁罪、窝藏罪、遗弃罪等,都是较为典型的继续犯。继续犯不管持续时间长短,均按一罪对待。

(二)法定的一罪

法定的一罪是指行为人本来有数次相互独立的犯罪行为,但刑法并不将其视为数次独立犯罪,而仍视为一罪。我国刑法上比较典型的情况是集合犯,即犯罪人虽然每次实施的都是一个独立的犯罪行为,但由于该种行为在一段时间内多次反复实施,故在法律上将其按照一个犯罪来定罪处罚。职业犯和营业犯都是典型的集合犯,前者如非法行医罪,后者如赌博罪,复制、出版、贩卖、传播淫秽物品罪等。

(三)处断的一罪

处断的一罪,又称裁判的一罪,是指本来是符合数个犯罪构成的数罪,但因其固有的特征,在司法机关处理时将其规定为一罪,包括连续犯、牵连犯和吸收犯。

1. 连续犯

连续犯是指行为人基于同一的或者概括的犯罪故意,连续实施数个独立的犯罪行为,触犯同一罪名的情况。比如,某人因医患纠纷心生怨恨,持刀闯入医院连续将多名医生和护士捅伤,尽管行为人每一个行为都可构成独立的故意伤害罪,但在裁判时只按一罪处理。

2. 牵连犯

牵连犯是指犯罪人以实施某一犯罪为目的,而其犯罪方法或行为同时又触犯其他罪名的犯罪。比如,为诈骗而伪造公文印章,虽然伪造公文和印章也构成独立的犯罪,但由于行为人只有一个诈骗犯罪故意,故在处理时按诈骗处理。

3. 吸收犯

吸收犯是指一个犯罪行为因为是另一个犯罪行为的必经阶段、组成部分或当然结果,而被另一个犯罪行为吸收的情况,在处理时,仅成立吸收行为一个罪名。例如,李某盗窃枪支后将其私藏在家,这一行为中,私藏枪支是罪,盗窃枪支也是罪,但在处理时,私藏枪支的行为被盗窃枪支的行为所吸收,仅成立盗窃枪支罪。

本讲涉及的主要法律法规

《中华人民共和国刑法》

课外阅读推荐书目

（1）《刑法的启蒙》，陈兴良著，北京大学出版社2018年版。
（2）《论犯罪与刑罚》，[意]贝卡里亚著，商务印书馆2018年版。

第十二讲

刑　罚

　　刑罚是对犯罪行为所给予的刑事处罚。从刑法的角度，刑罚主要包括三个方面的问题：一是处罚的方式，即刑罚的种类；二是量刑问题，即针对某种具体的犯罪行为，如何确定具体的刑罚；三是刑罚的执行问题，即对已经判处的刑罚，应当如何执行。在我国，刑罚的种类与量刑问题由《刑法》规定，而刑罚的执行主要由《中华人民共和国监狱法》和《中华人民共和国刑事诉讼法》规定。

第一节 刑罚概说

一 刑罚的基本问题

(一) 刑罚的正当性依据

刑罚是一种惩罚。对于犯罪的人,为什么要施以刑罚?其正当性何在?

有人认为,刑罚是对犯罪的报应,从而可以使受害人的心理得到抚慰,由此使他们对犯罪人乃至社会不再心存仇恨。但在很多情况下,我们当下的刑罚制度并不支持报应刑的观念,比如杀人并不一定要偿命,又如一个人即使在判刑以后还可以适用减刑。

还有人认为,刑罚的目的不在于惩罚犯罪,而在于预防犯罪,通过刑罚来警示和威慑普通人远离犯罪,同时对犯罪人本人通过刑罚进行行为矫正,避免其再次犯罪。但是,如果单纯立足于犯罪预防来论证刑罚的正当性,对于那些有犯罪倾向但并未犯罪的人,我们并不能为了预防而采取强制措施。而且,单纯从犯罪预防的角度来说,由于不同的人再次犯罪的可能性存在很大的差异,所以对同样的犯罪行为,完全可以采取不同的刑罚措施和量刑标准,但这同样是人们难以接受的。

因此,更多的人将刑罚报应说和预防说结合起来论证刑罚的正当性。立足于报应刑,强调罪与刑相适应,针对同样的犯罪行为施以大致相同的刑罚。立足于刑罚的预防功能,则可以同时兼顾刑罚的个别化原则,针对个体的具体情况来确定相应的刑罚。

(二) 关于刑罚的轻与重

刑罚具有威慑功能,由此起到预防犯罪的效果。但这是不是意味着刑罚越重,其威慑力越强,从而预防犯罪的效果越好呢?

事实未必如此。对于很多犯罪人来说,之所以会犯罪,并非因为不畏惧刑罚的处罚,而是因为心怀侥幸,认为能够逃避法律的惩罚。对于这类人而言,刑罚本身的轻重似乎影响并不大。一般来说,无期徒刑和死刑是最严厉的刑罚,威慑力最大,但是死刑和无期徒刑反而有可能导致恶性犯罪发生率的上升,因为一旦行为人犯了会被判处死刑或无期徒刑的重罪,反而会更加放纵自己的行为,变得更为恶劣和残忍。

从国外的统计数字看,日本的刑罚相对于美国、法国和德国等国家而言要轻得多。在日本,犯故意杀人罪的人平均被判处的徒刑是6年,而且常常服刑3年就被假释了。2010年以来,日本对警察机关移送的案件,大约有60%没有起诉,或者作暂缓起诉处理。2017年,经过审判,日本对83%的人只判处罚金,不到17%的人被判处徒刑,其中93%以上的人被判处3年以下有期徒刑，这些人中，又有68.7%的人被判处缓刑。但是，统计数字表明，日本的故意杀人和抢劫等恶性犯罪的发生率远低于美、法、德等国家[①]。

可以说，重罪并不一定起到更好的犯罪预防作用。任何犯罪行为背后都有社会原因，刑罚的轻重同样也受各种社会因素的影响。在不同的历史时期和社会环境，刑罚的威慑力所起的作用也不相同。对于刑罚的轻与重问题如何把握并没有一个普遍的标准，需要综合考量各种社会因素。

（三）追诉时效

刑事责任的追诉期限是指对犯罪人进行刑事追诉的有效期限，超过追诉期限的，不再追究。

按照我国《刑法》，我国对犯罪行为的追诉时效分为四档：《刑法》规定的法定最高刑不满5年有期徒刑的，经过5年就不能再追诉；法定最高刑为5年以上不满10年的，经过10年后就不再追诉；法定最高刑为10年以上有期徒刑的，经过15年的不再追诉；法定最高刑为无期徒刑、死刑的，经过20年的不再追诉，但是如果认为必须追诉的，报请最高人民检察院核准后，也可追诉。

上述所说的追诉期限从犯罪成立之日起，计算到审判之日为止，只要在审判之日还没有超过追诉时效的，就可以追诉。在追诉期限内，犯罪人又犯新罪的，前罪的追诉时效从犯后罪之日重新起算。但是，如果人民检察院、公安机关、国家安全机关立案侦查或者人民法院在追诉期限内已经受理案件，犯罪人逃避侦查或者追捕的，不受追诉时效的限制。另外，如果被害人在追诉期限内提出控告，人民法院、人民检察院、公安机关应该立案而不予立案的，不受追诉时效的限制。

二　刑罚的种类

在汉语语义上，刑为身体刑，罚指财产罚，但现代已很少对二者进行区分，统称刑罚。身体刑又包括死刑、自由刑和肉体刑。肉体刑曾是古代比较常见的刑罚，比如我国先秦时期的墨、劓、剕、宫均属肉体刑，汉代以后逐渐形成的笞、杖、徒、流、死五种刑罚中，笞、杖也属于肉体刑。

现在，大多数国家都废除了肉体刑，有很多国家还废除了死刑。有些国家虽然在法律上还保留着死刑，但实践中很少适用，甚至连续多年未曾实际执行过死刑。

我国当前的刑罚种类共九种，其中五种是主刑，四种是附加刑。

（一）主刑

主刑是对犯罪分子独立适用的刑罚方法，一个罪行只能适用一个主刑，不能同时适

[①] 相关数据源自张明楷：《张明楷刑法学讲义》，新星出版社，2021，第26页。

用两个或两个以上主刑，也不能在附加刑独立适用时再适用主刑。我国刑法规定的主刑有五种。

1. 管制

管制是指对犯罪分子不实行关押，交由公安机关管束和人民群众监督，限制其一定自由的刑罚方法。管制的期限为3个月以上2年以下，数罪并罚时最高不能超过3年。对被判处管制的罪犯，可以根据犯罪情况，同时禁止其在管制期间从事特定活动，禁止其进入特定区域场所或接触特定的人。违反前述禁止令的，由公安机关依照《中华人民共和国治安管理处罚法》（以下简称《治安管理处罚法》）的规定处罚。

管制的刑期，从判决执行之日起计算，判决执行前先行羁押的，羁押1日折抵刑期2日。被判处管制的犯罪分子，在执行期间，应当服从监管，按照执行机关规定报告自己的活动情况，遵守执行机关关于会客的规定，离开所居住的市、县或者迁居，应当报经执行机关批准。管制期满，执行机关应即向本人和其所在单位或居住地的群众宣布解除管制，并且发给本人解除管制通知书。附加剥夺政治权利的，同时宣布恢复政治权利。

2. 拘役

拘役是剥夺犯罪人短期人身自由，就近实行强制劳动改造的刑罚方法。

拘役的期限为1个月以上6个月以下。数罪并罚时，最高不得超过1年。拘役的刑期从判决之日起计算，判决以前先行羁押的，羁押1日折抵刑期1日。被判处拘役的犯罪分子，由公安机关就近执行。被判处拘役的犯罪分子在执行期间可以探亲，参加劳动的，可以酌量发给报酬。

3. 有期徒刑

有期徒刑是剥夺犯罪分子一定期限的人身自由，实行强制劳动改造的刑罚方法。在我国，有期徒刑的期限为6个月以上15年以下。也就是说，在一般情况下，对犯罪分子所犯罪行一次判处的有期徒刑最高不能超过15年，最低不能低于6个月。但是，有两种情况例外：判处死刑缓期执行或无期徒刑的，减为有期徒刑时，不受15年限制；数罪并罚时有期徒刑总和超过15年时，最后执行的刑罚不受15年的限制。

在我国，一般不会判决太长的有期徒刑，即使在死缓减为有期徒刑或数罪并罚的情况下，一般也不会超过25年。有期徒刑的刑期，刑法规定从判决执行之日起计算；判决执行以前先行羁押的，羁押1日折抵刑期1日。被判处有期徒刑的罪犯，一般在司法行政机关管理的监狱执行。

4. 无期徒刑

无期徒刑是剥夺犯罪分子终身自由，并强制劳动改造的刑罚方法。无期徒刑并不是绝对的无期，并不意味着终身在监狱服刑。在司法实践中，大多数被判处无期徒刑的犯罪分子，经过一段时间的改造，可以被减为有期徒刑。实际执行10年以上，表现较好的，还可以获得假释。

5. 死刑

死刑是剥夺犯罪分子生命的刑罚方法。死刑是刑罚体系中最严厉的惩罚手段，只适用于罪行极其严重的犯罪分子。犯罪时不满18周岁的人和审判时怀孕的妇女，不适用死刑。审判时已满75周岁的人，如果没有以特别残忍手段致人死亡的情况，也不适用死刑。对于应当判处死刑的犯罪分子，如果不是必须立即执行的，可以判处死刑同时宣告缓期2年执行。判处死刑缓期2年执行的，在死刑缓期执行期间，如果故意犯罪，查证属实的，由最高人民法院核准，执行死刑。

根据刑法和刑事诉讼法的有关规定，判处死刑立即执行的案件，除依法由最高人民法院判决的以外，都应当报请最高人民法院核准；判处死刑缓期执行的案件，可以由高级人民法院判决或者核准。

（二）附加刑

附加刑，是补充主刑适用的刑罚方法。附加刑既可以附加于主刑适用，也可以独立适用。在附加适用时，可以同时适用两个以上附加刑。在独立适用时，主要针对较轻的犯罪。我国《刑法》规定的附加刑有四种，即罚金、剥夺政治权利、没收财产和驱逐出境。

1. 罚金

罚金是人民法院判处犯罪人向国家缴纳一定数额金钱的刑罚方法，主要适用于经济犯罪、财产犯罪和其他故意犯罪。其他故意犯罪主要是指妨害社会管理秩序罪，此外，对于侵犯公民人身权利、民主权利罪中的部分犯罪，也规定了可以并处或者单处罚金。

2. 剥夺政治权利

剥夺政治权利是指剥夺犯罪人参加国家管理和政治活动权利的刑罚方法，主要适用于危害国家安全罪的犯罪分子，故意杀人、强奸、放火、爆炸、投毒、抢劫等严重破坏社会秩序的犯罪分子，以及被判处死刑和无期徒刑的犯罪分子。主要是剥夺犯罪分子下列四项权利：选举权和被选举权；言论、出版、集会、结社、游行、示威自由的权利；担任国家机关职务的权利；担任国有公司、企业、事业单位和人民团体领导职务的权利。

对于剥夺政治权利的期限及其起算时间，根据其适用情况的不同，有不同的规定和不同的计算方式。

（1）对于判处管制附加剥夺政治权利的，剥夺政治权利的期限与管制的期限相等，为3个月以上2年以下，同时起算，同时执行，管制期满解除管制，政治权利也同时恢复。

（2）独立适用剥夺政治权利的，剥夺政治权利的期限为1年以上5年以下，其刑期从判决确定之日起计算并执行。

（3）对于判处拘役、有期徒刑附加剥夺政治权利的，剥夺政治权利的期限也是1年

以上5年以下，从有期徒刑、拘役执行完毕之日或者从假释之日起计算。主刑的执行期间不计入剥夺政治权利的刑期，但在服刑期间，犯罪分子也不享有政治权利。

（4）判处死刑、无期徒刑的犯罪分子，应当剥夺政治权利终身。

（5）死刑缓期执行减为有期徒刑或者无期徒刑减为有期徒刑的，附加剥夺政治权利的期限改为3年以上10年以下，刑期从判决发生法律效力之日起计算。

3. 没收财产

没收财产是将犯罪分子个人所有财产的一部分或者全部强制无偿地收归国有的刑罚方法。我国刑法分则中规定有没收财产的条文共50余个，主要适用于危害国家安全罪、严重的经济犯罪、严重的财产犯罪和其他严重的刑事犯罪。

4. 驱逐出境

驱逐出境是强迫犯罪的外国人离开中国国境的刑罚方法。驱逐出境可以独立适用，也可附加适用，也可以只判处刑罚，不附加适用驱逐出境。独立适用驱逐出境的，从判决确定之日起执行；附加适用驱逐出境的，从主刑执行完毕之日起执行。

三 刑罚与相关概念的区分

（一）刑罚与强制措施

强制措施是刑事诉讼法上的制度，是公安机关、人民检察院或人民法院为了保证刑事诉讼的顺利进行，依法对刑事案件的犯罪嫌疑人、被告人所采取的在一定期限内暂时限制或剥夺其人身自由的法定强制方法，包括拘传、取保候审、监视居住、拘留和逮捕五种类型。关于强制措施的具体内容将在下一讲讨论刑事诉讼程序时详述。

由于强制措施都涉及对人身自由的限制或剥夺，所以容易与刑罚相混淆。其实二者是完全不同的两种性质的概念：强制措施对人身自由的限制和剥夺是临时性的，是为使诉讼活动能够顺利进行而采取的保障性措施。人民法院依法判处刑罚时，因强制措施而羁押的期间应当从刑期中扣除；如果法院判决无罪，则国家应对受到错误羁押的当事人给予国家赔偿。

（二）刑罚与行政处罚

刑罚是对犯罪的处罚，不构成犯罪的不能适用刑罚。对于违法行为，可给予行政处罚。有些行政处罚与刑罚在名称上很类似，比如罚金和罚款，从字面上看，二者仅有一字之差，而且文义也完全相同。但二者的性质却完全不同，罚金是针对犯罪行为的处罚，而罚款是对违法行为的处罚。

行政处罚与强制措施也容易混淆，如行政拘留与刑事拘留。刑事拘留是刑事诉讼中的一种强制措施，不是处罚措施，而行政拘留却是一种处罚措施，二者的性质不同，适用条件、执行机关和执行方式等都是完全不同的，应注意区分。

第二节 刑罚的裁量——量刑

我国《刑法》规定,对于犯罪分子决定刑罚的时候,应当根据犯罪的事实,犯罪的性质、情节和对于社会的危害程度,在刑法所规定的刑罚量刑幅度内判处刑罚。有时候,刑法分则中规定的刑罚的量刑幅度很大,如《刑法》第232条规定:"故意杀人的,处死刑、无期徒刑或者十年以上有期徒刑;情节较轻的,处三年以上十年以下有期徒刑。"那么什么情况属于情节较轻?在什么情况下应该处死刑?在什么情况下又应处三年有期徒刑呢?这些问题涉及的是刑罚裁量的问题,即量刑问题。

一、量刑的方法

量刑时,应首先根据基本犯罪构成事实在相应的法定刑幅度内确定量刑起点,然后根据其他影响犯罪构成的犯罪数额、犯罪次数、犯罪后果等犯罪事实,在量刑起点的基础上增加刑罚量确定基准刑,最后根据具体的量刑情节调节基准刑,并最终确定宣告刑。

(一)关于法定刑

在量刑时,首先应确定应适用的法定刑。所谓法定刑,是指针对不同的犯罪行为,根据犯罪的严重程度,在刑法分则中明确规定的不同量刑幅度。大多数罪名都有两个或两个以上的量刑幅度。比如,《刑法》第264条规定:"盗窃公私财物,数额较大的,或者多次盗窃、入户盗窃、携带凶器盗窃、扒窃的,处三年以下有期徒刑、拘役或者管制,并处或者单处罚金;数额巨大或者有其他严重情节的,处三年以上十年以下有期徒刑,并处罚金;数额特别巨大或者有其他特别严重情节的,处十年以上有期徒刑或者无期徒刑,并处罚金或者没收财产。"该条规定中有三个法定刑:一是3年以下有期徒刑、拘役或管制;二是3年以上10年以下有期徒刑;三是10年以上有期徒刑或无期徒刑。又如前述《刑法》第232条关于故意杀人罪的规定,有两个法定刑:一是死刑、无期徒刑或者10年以上有期徒刑;二是3年以上10年以下有期徒刑。

有时候,对一个犯罪行为,应当如何选择不同的法定刑,刑法分则中的规定比较明确,如第234条规定:"故意伤害他人身体的,处三年以下有期徒刑、拘役或者管制。犯前款罪,致人重伤的,处三年以上十年以下有期徒刑;致人死亡或者以特别残忍手段致人重伤造成严重残疾的,处十年以上有期徒刑、无期徒刑或者死刑。本法另有规定的,依照规定。"故意伤害罪一般以构成轻伤作为犯罪起点,故本条规定的三种法定刑分别以轻伤、重伤、死亡为标准，以法医鉴定结论为依据，区分标准比较明确。但是，很多情况下，不同量刑幅度的区分依据并不明确：对于涉及经济数额的犯罪，常常通过犯罪数额大小来确定不同的法定刑，常采用"数额较大""数额巨大""数额特别巨大"等措辞；对于不涉及经济数额的犯罪，常采用"情节严重""情节特别严重"等表述。对于这些措辞所涉及的具体数额和具体情节，由于地区之间的差异和社会观念的变化，《刑法》中一般不作具体规定，而是由最高人民法院和最高人民检察院通过司法解释进一步予以明确。

比如，对《刑法》第264条盗窃罪中涉及的犯罪数额，2013年通过的《最高人民法院、最高人民检察院关于办理盗窃刑事案件适用法律若干问题的解释》第1条规定："对盗窃公私财物价值一千元至三千元以上、三万元至十万元以上、三十万元至五十万元以上的，应当分别认定为刑法第二百六十四条规定的'数额较大'、'数额巨大'、'数额特别巨大'。各省、自治区、直辖市高级人民法院、人民检察院可以根据本地区经济发展状况，并考虑社会治安状况，在前款规定的数额幅度内，确定本地区执行的具体数额标准，报最高人民法院、最高人民检察院批准。"假如某省人民法院根据当地具体情况，对数额较大、数额巨大、数额特别巨大掌握的标准分别为3 000元、5万元和50万元。某被告人犯盗窃罪被认定盗窃财物价值8万元，在不考虑其他影响因素的情况下，其应适用的法定刑是3年以上10年以下。

（二）基准刑

确定了所适用的法定刑之后，应进一步在法定刑幅度之内确定基准刑。所谓基准刑，是指在不考虑行为人的自首、立功、认罪态度等不影响犯罪构成的量刑情节的情况下，仅仅根据与犯罪构成相关的事实，依照该犯罪一般既遂状态所应判处的刑罚所确定的一个基准点。

对基准刑的确定很难设计出一个像公式一样的标准方法，常常依赖法官长期的司法工作经验和当地法院的通常做法。针对一些常见的犯罪，最高人民法院也制定了相应的量刑指导意见，以司法解释的形式发布，供各级各地人民法院参考。有时候，各地高级人民法院还会根据本省具体情况，根据最高人民法院的指导意见进一步制定更为具体的意见，供本地区各级人民法院参考。

（三）宣告刑

基准刑是根据犯罪构成事实来确定的，除犯罪构成事实外，还存在诸多其他可以影响量刑的事实，这些事实被称为量刑情节。犯罪情节分为法定情节和酌定情节，其中法定情节是法律明确规定的情节，酌定情节是虽然没有法律明文规定，但司法实践中可以酌定考虑的情节。法定情节和酌定情节又都可以进一步分为从重情节、从轻情节和减轻情节。

在确定刑罚时，以基准刑为基础，针对每一个量刑情节，人民法院会根据具体情况分别确定应当从重、从轻或减轻的幅度，并最终确定应适用的刑罚。比如，一个人入户盗窃8万元，经查，此人因盗窃被判有期徒刑，一年前刚被释放，系累犯。但此人归案后认罪态度较好，能如实交代自己的罪行。根据其犯罪构成事实，确定基准刑为有期徒刑4年，对于累犯的法定从重情节，增加基准刑的20%，对于如实供述自己的罪刑这一酌定从轻情节，减少基准刑的10%，最后决定宣告刑为4年零5个月。

二 量刑的具体情节

在宽泛的意义上，犯罪数额、犯罪手段、犯罪后果等都会影响量刑，均属于量刑情节。但这些量刑情节大多直接规定在刑法分则条文中，与具体的犯罪构成相联系，在确定基准刑时均已考虑在内。这里所讨论的量刑情节，并不是与具体犯罪相联系的情节，而是可以普遍适用于所有犯罪的情节。其中的法定情节指的也是刑法总则中规定的情节。

（一）法定从轻、减轻和免除处罚情节

法定从轻情节是指在法定刑幅度内从轻量刑的情节；减轻情节是指可以在法定刑以下量刑的情节；免除处罚情节是指可以不判处刑罚的情节。这类情节主要是根据犯罪主体的责任能力、在犯罪中所起的作用、社会危害后果等因素来规定的。此外，还要考虑本人犯罪后的表现和其他刑事政策考量，如自首和立功。

1. 特殊主体

某些犯罪主体，由于自身原因使得其辨别或控制自己行为的能力相对较弱，在量刑时应对其给予特殊照顾，主要包括未成年人、精神病人、聋哑人或盲人。根据我国刑法，对于未成年人犯罪，应当从轻或减轻处罚；对尚未完全丧失辨认或控制自己行为能力的精神病人犯罪，根据其具体情况，可以从轻或减轻处罚；对于聋哑人和盲人犯罪，根据具体情况，可以从轻、减轻或免除处罚。

对于精神病人、聋哑人和盲人，是否从轻、减轻或免除处罚，主要考虑本人的认识能力。同为聋哑人或盲人，其认识能力可能存在很大的差异，在量刑时要根据具体情况综合考虑。对未成年人从轻或减轻的幅度，应当综合考虑未成年人对犯罪的认识能力，实施犯罪行为的动机和目的，犯罪时的年龄，是否初犯、偶犯，悔罪表现，个人成长经历和一贯表现等，予以从宽处罚。在司法实践中一般掌握的幅度是：未满16周岁的，减少基准刑的30%～60%；已满16周岁的，减少基准刑的10%～50%。

2. 未完成犯

未完成犯包括预备犯、未遂犯和中止犯，由于犯罪处于未完成状态，相较于既遂，社会危害性较小，故应当予以从轻、减轻或免除处罚。我国《刑法》规定，对于预备犯，可以比照既遂犯从轻、减轻处罚或者免除处罚；对于未遂犯，可以比照既遂犯从轻或减轻处罚；对于中止犯，没有造成损害的，应免除处罚，造成损害的应减轻处罚。在司法实践中，对于未遂犯从轻或减轻的幅度，综合考虑犯罪行为的实行程度、造成损害

的大小、犯罪未遂的原因等情况，一般比照既遂犯减少基准刑的50%以下。

3. 从犯和教唆犯

从犯包括一般从犯和胁从犯。对于从犯，应当从轻、减轻或者免除处罚；对于胁从犯，应当减轻或免除处罚。对于从犯从轻或减轻的幅度，根据其在共同犯罪中的地位、作用以及是否实施犯罪行为等情况综合考虑，一般可考虑减少基准刑的20%～50%；犯罪较轻的，也可以减少基准刑的50%以上或者依法免除处罚。

对于教唆犯，被教唆的人没有犯被教唆的罪，可以从轻或者减轻处罚。

4. 自首

自首是指犯罪人在犯罪以后自动投案，如实供述自己罪行，或者被采取强制措施的犯罪嫌疑人、被告人和正在服刑的罪犯，如实供述司法机关还未掌握的本人其他罪行的行为。对于自首的犯罪分子，可以从轻或者减轻处罚。其中，犯罪较轻的，可以免除处罚。犯罪后自首又有重大立功表现的，应当减轻或者免除处罚。

对于自首情节，综合考虑自首的动机、时间、方式、罪行轻重、如实供述罪行的程度以及悔罪表现等情况，可以减少基准刑的40%以下；犯罪较轻的，可以减少基准刑的40%以上或者依法免除处罚。但是，恶意利用自首规避法律制裁等不足以从宽处罚的除外。

5. 立功

立功是指犯罪分子投案自首后，在主动交代自己的犯罪事实的时候，揭发他人的犯罪行为，经查证属实，或者犯罪分子提供重要线索，使案件得以侦破的行为。对于有立功行为的犯罪分子，可以给予从轻或者减轻处罚，有重大立功表现的，可以减轻或者免除处罚。

对于立功情节，综合考虑立功的大小、次数、内容、来源、效果以及罪行轻重等情况，确定从宽的幅度。一般立功的，可以减少基准刑的20%以下；重大立功的，可以减少基准刑的20%～50%；犯罪较轻的，减少基准刑的50%以上或者依法免除处罚。

6. 防卫过当与避险过当

正当防卫与紧急避险不属于犯罪，但是如果防卫和避险行为明显超过必要限度，应当承担刑事责任，但应当减轻处罚或者免除处罚。

（二）法定从重情节

法定从重情节是指在法定刑幅度内从重量刑，基于罪刑法定的要求，不可以在法定刑之外加重处罚，因而刑法上没有加重处罚情节。我国法定的从重情节主要有两类：一是累犯；二是教唆犯。应注意的是，刑法总则中法定从重情节较少，但分则中有很多明文规定的从重处罚情节。

1. 累犯

累犯是指由于故意犯罪曾受过一定的刑罚处罚，在其刑罚执行完毕或赦免以后，在法定期限内又故意犯一定之罪的罪犯。对于累犯，应当从重处罚，但是过失犯除外。

对于累犯，应当综合考虑前后罪的性质、刑罚执行完毕或赦免以后至再犯罪时间的长短以及前后罪罪行轻重等情况，增加基准刑的10%～40%，一般不少于3个月，但不得超过法定刑上限。

累犯分为一般累犯和特别累犯。一般累犯是指因故意犯罪被判处有期徒刑以上刑罚的犯罪分子，刑罚执行完毕或者赦免以后，在五年以内再犯应当判处有期徒刑以上刑罚之罪的。特别累犯是指因危害国家安全罪、恐怖活动罪、黑社会性质的组织犯罪受过刑罚处罚，刑罚执行完毕或者赦免后，在任何时候再犯上述任一类罪的犯罪分子。

2. 教唆犯

教唆不满18周岁的人犯罪的，应当从重处罚。

（三）酌定从轻情节

酌定情节是指刑法没有明文规定，根据立法精神从审判实践经验中总结出来的，反映犯罪行为的社会危害性程度和犯罪人的人身危险性程度，在量刑时酌情适用的情节。一般可考虑的酌定情节有犯罪的手段、犯罪的时空及环境条件、犯罪的对象、犯罪造成的危害结果、犯罪的动机、犯罪后的态度、犯罪人的一贯表现、行为人的犯罪前科等。

1. 坦白情节

对如实供述自己罪行的，综合考虑如实供述罪行的阶段、程度、罪行轻重以及悔罪程度等情况，确定从轻的幅度。在司法实践中，对于如实供述自己罪行的，可以减少基准刑的20%以下；如实供述司法机关尚未掌握的同种较重罪行的，可以减少基准刑的10%～30%；因如实供述自己罪行，避免特别严重后果发生的，可以减少基准刑的30%～50%。

2. 当庭认罪

在庭审前没有坦白，但当庭自愿认罪的，根据犯罪的性质、罪行的轻重、认罪程度以及悔罪表现等情况，也可以从轻处罚，一般可以减少基准刑的10%以下。

3. 退赃、退赔与赔偿损失

对于退赃、退赔的，综合考虑犯罪性质，退赃、退赔行为对损害结果所能弥补的程度，退赃、退赔的数额及主动程度等情况，可以减少基准刑的30%以下。对于积极赔偿被害人经济损失并取得谅解的，综合考虑犯罪性质、赔偿数额、赔偿能力以及认罪、悔罪程度等情况，可以减少基准刑的40%以下；积极赔偿但没有取得谅解的，可以减少基准刑的30%以下；尽管没有赔偿，但取得谅解的，可以减少基准刑的20%以下。

对于抢劫、强奸等严重危害社会治安犯罪的，应从严掌握。

4. 当事人和解

对于当事人之间达成和解协议的案件，人民法院、人民检察院和公安机关可以依法从宽处理。在司法实践中，对于当事人根据刑事诉讼法规定达成和解协议的，综合考虑犯罪性质、赔偿数额、赔礼道歉以及真诚悔罪等情况，可以减少基准刑的50%以下；犯罪较轻的，可以减少基准刑的50%以上或者依法免除处罚。比如轻伤害案件，当事人

达成谅解协议的，一般可免除刑事处罚。

（四）酌定从重情节

酌定从重情节主要包括三种情形：一是犯罪人有前科的，可根据前科的性质、时间间隔长短、次数、处罚轻重等情况，增加基准刑的10%以下，前科犯罪为过失犯罪和未成年人犯罪的除外；二是针对未成年人、老年人、残疾人、孕妇等弱势人员实施犯罪的，可根据犯罪的性质、犯罪的严重程度等情况，增加基准刑的20%以下；三是在重大自然灾害和预防、控制突发传染病疫情等灾害期间犯罪的，根据案件的具体情况，可以增加基准刑的20%以下。

三 量刑的特殊问题

（一）数罪并罚

如果一个人犯有数罪，应分别就其所犯罪行定罪量刑，比如张某犯抢劫罪被判10年，犯盗窃罪被判6年，都是分别定罪量刑。但是，对张某最后执行的刑期却并不一定是两个刑期的简单相加，而是按一定原则在10～16年的幅度内确定最终执行的刑罚。这种情况叫数罪并罚。

根据我国刑法规定，数罪并罚执行刑期根据以下三种情况分别处理。

（1）数罪中有一罪被判处死刑或者无期徒刑的，执行死刑或者无期徒刑。如蒋某因受贿罪被判处死刑，缓期2年执行，剥夺政治权利终身，并处没收财产人民币100万元，犯贪污罪被判处有期徒刑8年，犯巨额财产来源不明罪被判有期徒刑4年，3种犯罪数罪并罚，决定判处死刑，缓期2年执行，剥夺政治权利终身，并处没收财产人民币100万元。

（2）数刑总和刑期以下，数刑中最高刑期以上，酌情决定执行刑期。如李某因拐卖妇女罪被判有期徒刑7年，因强奸妇女被判有期徒刑9年，因介绍卖淫罪被判有期徒刑3年，该罪犯的数刑中总和刑期为19年，决定执行的刑期为19年以下，数罪中最高刑期为9年，该犯的实际执行期应为9年以上19年以下，酌情决定执行期。

（3）数罪并罚管制最高不超过3年，拘役不超过1年，有期徒刑总和刑期不满35年的，最高不能超过20年，总和刑期在35年以上的，最高不能超过25年。这是数罪并罚最高执行刑期的规定。如数罪都被判处管制，总和管制达到5年，但最高执行刑期不超过3年，也就是说最高执行3年管制。

另外数罪中被判处有附加刑的，附加刑也应当执行，其中附加刑种类相同的，合并执行，种类不同的，分别执行。

（二）缓刑

缓刑是指对触犯刑法，经法定程序确认已构成犯罪、应受刑罚的行为人，先行宣告定罪，暂不执行所判处的刑罚，由特定的考察机构在一定的考验期限内对罪犯进行考察，并根据罪犯在考验期限内的表现，依法决定是否适用具体刑罚的一种制度。

缓刑适用于3年以下有期徒刑、拘役、剥夺政治权利的情况，3年以上有期徒刑或无期徒刑、累犯、犯罪集团首要分子，不适用缓刑。被宣告缓刑的犯罪分子，如果被判处附加刑，附加刑仍须执行。

被宣告缓刑的犯罪分子，在缓刑考验期限内必须遵守下列规定：① 遵守法律、行政法规，服从监督；② 按照规定定期向执行缓刑的机关报告自己的活动情况；③ 遵守考察机关关于会客的规定；④ 离开所居住的市、县或者迁居，应当报经考察机关批准。

对宣告缓刑的犯罪分子，在缓刑考验期限内，依法实行社区矫正，如果没有《刑法》第77条规定的撤销缓刑的情形，缓刑考验期满，原判的刑罚就不再执行，并公开予以宣告。在缓刑考验期限内，违反法律、行政法规或者国务院有关部门关于缓刑的监督管理规定，或者违反人民法院判决中的禁止令，情节严重的，应当撤销缓刑，执行原判刑罚。

（三）关于认罪认罚从宽制度

认罪认罚从宽制度是指犯罪嫌疑人、被告人自愿如实供述自己的犯罪，在承认指控的犯罪事实并愿意接受处罚的前提下，给予从宽处理的制度。认罪认罚从宽制度是2018年《刑事诉讼法》修改时正式确立的制度，2019年10月，最高人民法院、最高人民检察院、公安部、国家安全部和司法部五部门联合发布《关于适用认罪认罚从宽制度的指导意见》，对认罪认罚从宽制度的相关问题作出了非常详细的规定。

认罪认罚从宽制度适用没有罪名或犯罪情节的限制，只要犯罪嫌疑人或被告人自愿如实供述自己的罪行，承认指控的犯罪事实，愿意接受处罚的，都可以适用该制度，获得从宽处理。对于犯罪嫌疑人或被告人认罪认罚的，人民检察院应当就主刑、附加刑、是否适用缓刑等提出量刑建议，犯罪嫌疑人或被告人自愿认罪，同意量刑建议的，一般应在辩护人或者值班律师在场的情况下签署认罪认罚具结书。对于认罪认罚案件，人民法院依法作出判决时，一般应当采纳人民检察院指控的罪名和量刑建议，但有下列情形的除外：① 被告人的行为不构成犯罪或者不应当追究其刑事责任的；② 被告人违背意愿认罪认罚的；③ 被告人否认指控的犯罪事实的；④ 起诉指控的罪名与审理认定的罪名不一致的；⑤ 其他可能影响公正审判的情形。

人民法院经审理认为量刑建议明显不当，或者被告人、辩护人对量刑建议提出异议的，人民检察院可以调整量刑建议。人民检察院不调整量刑建议或者调整量刑建议后仍然明显不当的，人民法院也可以不采纳检察院提出的量刑建议，依法作出判决。

认罪认罚的从宽幅度一般应当大于仅有坦白或者虽认罪但不认罚的从宽幅度。对犯罪嫌疑人、被告人具有自首、坦白情节，同时认罪认罚的，应当在法定刑幅度内给予相对更大的从宽幅度。对罪行较轻、人身危险性较小的，特别是初犯、偶犯，从宽幅度可以大一些；而对于罪行较重、人身危险性较大的，以及累犯或再犯，从宽幅度应当从严把握。

第三节 刑罚的执行

一 刑罚执行机关

人民法院判决生效后,应当将被判处刑罚的人交由执行机关执行。在我国,针对不同的刑罚,分别由人民法院、公安机关、监狱和社区矫正机构执行。

(一)人民法院

死刑立即执行、没收财产和罚金刑由人民法院执行。其中,死刑由作出一审判决的人民法院的法警执行,一般采取枪决或注射的方式执行。相较于枪决执行死刑的方式,注射更为文明,也几乎没有痛苦,但由于执行条件所限,注射方式目前在我国尚未普及,枪决仍然是主要的死刑执行方式。

(二)公安机关

拘役和剥夺政治权利由公安机关执行。拘役一般在看守所执行;附加剥夺政治权利的,从主刑执行完毕或者假释之日起,开始执行。监狱在主刑执行完毕或者罪犯假释时,应将其剥夺政治权利的起止期限在释放证或者假释证上注明,连同人民法院的判决书一并转交其居住地公安机关,公安机关应当在其居住地公布。待执行完毕时应当宣布,恢复其应享有的政治权利。

被判处有期徒刑的罪犯,羁押期间被折抵刑期后,在被交付执行前,剩余刑期在三个月以下的,一般也不再向监狱移送,而是由看守所代为执行。

(三)监狱

死刑缓期二年执行、无期徒刑和有期徒刑由监狱执行。在我国,监狱隶属于司法行政机关主管,监狱的设置、撤销和迁移由国务院司法行政部门批准。服刑人员在监狱中一般要从事一定劳动,实行劳动改造,同时学习掌握一定的生产技能,从而确保其在出狱后能够自食其力,回归正常生活。

(四)社区矫正机构

管制、缓刑和假释由社区矫正机构执行。2019年,我国通过了《中华人民共和国社区矫正法》,专门规范社区矫正工作。根据该法规定,县级以上地方人民政府应当根据需要设置社区矫正机构,负责社区矫正工作的具体实施。社区矫正的具体工作,一般由司法所根据社区矫正机构的委托具体承担。对于违反法律法规或者监督管理规定的,社区矫正机构有权根据具体情节给予训诫、警告、提请公安机关予以治安管理处罚,或者依法提请撤销缓刑、撤销假释、对暂予监外执行的收监执行。

二　监外执行

监外执行是指被判处有期徒刑、拘役的罪犯，本应在监狱或其他执行场所服刑，由于出现了法律规定的某种特殊情形，不适宜在监狱或其他执行场所执行刑罚时，暂时采取的一种变通执行方法。可以适用监外执行的情形有三种：① 有严重疾病需要保外就医的；② 怀孕或者正在哺乳自己婴儿的妇女；③ 生活不能自理，适用暂予监外执行不致危害社会的。怀孕或者正在哺乳自己婴儿的妇女被判处无期徒刑的，也可以暂予监外执行。

在交付执行前，暂予监外执行由交付执行的人民法院决定；在交付执行后，暂予监外执行由监狱或者看守所提出书面意见，报省级以上监狱管理机关或者设区的市一级以上公安机关批准。批准机关应当将批准的暂予监外执行决定通知公安机关和原判人民法院，并抄送人民检察院。

三　减刑、假释与赦免

刑罚执行期间，根据罪犯在服刑期间的表现，根据法律规定，可以对符合条件的罪犯进行减刑和假释。此外，国家元首和国家权力机关还有权对罪犯进行特赦。

（一）减刑

减刑是指对原判刑期适当减轻的一种刑罚执行活动，适用于在刑罚执行过程中确有悔改或立功表现的犯罪分子。附加刑一般不适用减刑。

减刑应由刑罚的执行机关提出减刑建议书，由服刑地人民法院裁定是否予以减刑以及具体的减刑幅度。其中：对于被判处无期徒刑的罪犯的减刑，由服刑地高级人民法院裁定；对于被判处有期徒刑（包括减为有期徒刑）、拘役、管制的罪犯的减刑，由中级人民法院裁定。

对被判处死刑缓期二年执行的犯罪分子，在死刑缓期执行期间如果没有故意犯罪，二年期满后，减为无期徒刑；如果有重大立功表现，二年期满后，还可以直接减为25年有期徒刑；死刑缓期执行期间，从判决确定之日起计算。死刑缓期执行减为有期徒刑的刑期，从死刑缓期执行期满之日起计算。被判处无期徒刑的犯罪分子在执行期间，认罪服法、接受教育、改造，确有悔改立功表现的，一般可由无期徒刑减为20年以下有期徒刑，但累犯以及因杀人、爆炸、抢劫、强奸、绑架等暴力犯罪被判处无期徒刑的犯罪分子除外。无期徒刑减为有期徒刑的，刑期从人民法院裁定减刑之日起计算。

根据我国刑法，减刑以后实际执行的刑期，判处管制、拘役、有期徒刑的，不能少于原判刑期的1/2；判处无期徒刑的，不能少于13年；对判处死刑缓期二年执行的罪犯，缓期执行期满后依法减为无期徒刑的，不能少于25年，缓期执行期满后依法减25年有期徒刑的，不能少于20年。2014年，《中共中央政法委关于严格规范减刑、假释、暂予

监外执行切实防止司法腐败的意见》规定,职务犯罪、破坏金融管理秩序和金融诈骗犯罪、组织黑社会性质组织犯罪,这三类罪犯死刑缓期执行减为无期徒刑后,执行三年以上方可减刑,可以减为25年有期徒刑;减为有期徒刑后,一次减刑不超过一年有期徒刑,两次减刑之间应当间隔二年以上。对被判处死刑缓期执行的累犯以及因故意杀人、强奸、抢劫、绑架、放火、爆炸、投放危险物质或者有组织的暴力性犯罪被判处死刑缓期执行的犯罪分子,人民法院根据犯罪情节等情况,还可以同时决定对其限制减刑。

(二)假释

假释是对被判处有期徒刑、无期徒刑的犯罪分子,在执行一定刑期之后,因其遵守监规,接受教育和改造,确有悔改表现,不致再危害社会,而附条件地将其予以提前释放的制度。累犯和因故意杀人、强奸、抢劫、绑架、放火、爆炸、投放危险物质或有组织的暴力性犯罪被判处10年以上有期徒刑、无期徒刑的犯罪分子不得假释。

根据刑法规定,被判处有期徒刑的犯罪分子,执行原判刑期1/2以上,被判处无期徒刑的犯罪分子,实际执行13年以上,如果认真遵守监规,接受教育改造,确有悔改表现,没有再犯罪的危险的,可以假释。如果有特殊情况,经最高人民法院核准,可以不受上述执行刑期的限制。这里的特殊情况,主要指有国家政治、国防、外交等方面特殊需要。

对有期徒刑犯的假释,应当由罪犯所在的刑罚执行机构提出假释建议书,提请当地中级人民法院依法裁定。对无期徒刑犯的假释(包括原判死刑缓期执行已经减为无期徒刑的罪犯),应当由罪犯所在的刑罚执行机构提出假释建议书,报请本省、自治区、直辖市的司法厅审查同意后,提请当地高级人民法院依法裁定。

被宣告假释的犯罪分子,应当遵守下列规定:① 遵守法律、行政法规、服从监督;② 按照监督机关的规定报告自己的活动情况;③ 遵守监督机关关于会客的规定;④ 离开所居住的市、县或者迁居,应当报经监督机关批准。

被判处有期徒刑的犯罪分子,其假释的考验期为原判刑罚没有执行完毕的刑期,即宣告假释时原判刑罚的剩余刑期。被判处无期徒刑的犯罪分子,其假释的考验期限为10年,从假释之日起计算。在假释考验期限内,依法实行社区矫正,如果没有再犯新罪,假释考验期满,就认为原判刑罚已经执行完毕,并公开予以宣告。如果在假释考验期内又犯新罪或被发现还有其他未被判决的犯罪,则撤销假释,依照数罪并罚的规定实行数罪并罚,或者收监执行未执行完毕的刑罚。在假释考验期限内,如果有违反法律、行政法规或者国务院有关部门关于假释的监督管理规定的行为,尚未构成新的犯罪的,应当依照法定程序撤销假释,收监执行未执行完毕的刑罚。

(三)赦免

赦免是指国家以政令的形式,免除或者减轻犯罪人的罪责或者刑罚的一种制度。赦免制度通常由宪法规定,一般不在刑法中规定。赦免的具体时间和对象由国家元首或最高国家权力机关以政令的形式颁布,在我国由最高人民法院执行。所以,赦免制度不是一项刑罚制度。但是,由于赦免的对象是犯罪人,其结果是免除或减轻罪与刑,导致追诉权和行刑权归于消灭，而且赦免命令又由司法机关执行，所以，各国都把它纳入刑罚消灭理论加以研究。

赦免包括大赦和特赦。大赦是指国家元首或者国家最高权力机关，对某一时期内犯有一定罪行的不特定犯罪人一概予以赦免的制度。特赦是指国家元首或者国家最高权力机关对已受罪行宣告的特定犯罪人，免除其全部或者部分刑罚的制度。

依据我国《宪法》，特赦由全国人民代表大会常务委员会决定，由国家主席发布特赦令。

拓展阅读

中华人民共和国成立以来的特赦

中华人民共和国成立以来，我国共实行了九次特赦。第一次是1959年在中华人民共和国成立10周年庆典前夕，对在押的确已改恶从善的蒋介石集团和伪满洲国战争罪犯、反革命犯和普通刑事犯实行特赦。第二次到第六次特赦均实行于20世纪60年代，都是对蒋介石集团、伪满洲国以及伪蒙疆自治政府的战争罪犯中确有改恶从善表现的进行的特赦。第七次是1975年，对全部在押战争罪犯实行特赦，给予公民权。2015年的第八次特赦和2019年的第九次特赦主要是针对有一定革命贡献和社会贡献的人员以及其他需要给予人道主义关怀的人员的特赦。从我国已实行的九次特赦中，可以看出我国特赦制度有以下四个特点。

（1）特赦对象。前七次特赦主要针对反革命罪犯和战争罪犯，第八次和第九次特赦则更多是出于对社会贡献的考虑和人道主义关怀。

（2）特赦的范围。特赦仅限于全国各地某类罪犯中的一部分人，而不是对某类罪犯全部实行特赦，更不是对个人实行特赦。仅对经过服刑改造确已改恶从善的罪犯实行特赦，对尚未宣告刑罚或者刑罚虽已宣告但尚未开始执行的罪犯，不赦免。

（3）特赦的效力。只及于刑罚，不及于罪行。

（4）特赦的程序。一般由党中央或国务院提出建议，经全国人民代表大会常务委员会审议决定，由国家主席发布特赦令，并授权最高人民法院和高级人民法院执行。

本讲涉及的主要法律法规

（1）《中华人民共和国刑法》
（2）《中华人民共和国社区矫正法》

第十三讲

诉 讼

我们前面各讲所讨论的所有法律都属于实体法。所谓实体法，简言之就是有关个体实体权益的法，一个人享有哪些权利、承担哪些义务、在何种情况下应当承担何种法律责任都是由实体法规定的。宪法、行政法、刑法、民法、商法和社会法等都属于实体法的内容。除了实体法，还有程序法，行政程序、仲裁程序和诉讼程序都属于程序法，但其中只有诉讼程序属于司法程序。

我国当前的诉讼程序有三种，即刑事诉讼程序、民事诉讼程序和行政诉讼程序。

第一节 诉讼的一般问题

一 诉讼与纠纷解决

只要有人就会存在争议,就会有纠纷。争议可以是针对事实的,也可以是针对认识的,还可以是针对观念的,这种情况下的争议只是单纯的争议,或者说是分歧。一旦涉及权益,并且需要对权益进行界定时,争议就不再是单纯的争议,而是形成了纠纷。在法律上,纠纷可以说是围绕着权益的归属、分割、确认或赔偿等问题而形成的争议。

有纠纷就应当有纠纷解决的方式,纠纷解决方式种类很多,主要可以归纳为以下三类。

(一) 私力解决途径

所谓私力解决途径,是指单纯依靠私人力量、没有任何公权力参与的纠纷解决途径。在这里,私力是相对于国家公权力而言的,并不限于单纯的本人的力量。依靠家族、亲朋以及其他自发组织的力量,均属于私力。

1. 和解

和解是通过纠纷当事各方共同妥协让步或者一方单方妥协让步,从而就争议问题达成一致处理意见的纠纷解决方式。大部分争议不大或者争议标的不大的纠纷都是通过和解的方式解决的。和解是当事人自主意思的表示,体现的是各方当事人共同的意思,是个体之间和平解决纠纷最为常见的方式。

对于私人之间的纠纷,或者说仅涉及私人权益的纠纷,法律应当赋予个体自主决定权。对于当事人自行达成协议的事项,法律没有必要进行干预。即使在诉讼过程中,双方自行和解的,法院也应当准许。但是,如果涉及国家利益、公共利益或第三人利益,则会影响和解的效力。比如刑事诉讼中,犯罪行为是对公共秩序的破坏,当事人之间的和解原则上不影响公诉机关继续对犯罪人的犯罪行为提起公诉;又如民事诉讼中,当事人达成的和解协议如果侵犯第三人利益,也无法得到人民法院的认可。

2. 暴力

当双方无法就纠纷解决达成一致意见,也就是无法和解的时候,如果没有其他纠纷解决方式,双方就可能会选择暴力方式来解决纠纷。暴力解决的结果是强势一方取得更大的主动,迫使弱势一方做出妥协让步,从而使纠纷得以解决。但是,暴力前提下的纠纷解决只是表面上或者说暂时的解决,弱势一方之所以做出让步,是迫不得已的选择。一旦双方力量对比发生变化,原来做出让步的一方常常会推翻原来的处理方式,迫使对方重新做出处理。因此，暴力解决纠纷的方式不仅是血腥残酷的，而且所谓的纠纷解决往往是暂时的，暴力也常常会来回反复。

暴力解决纠纷的方式无法实现正义，也无法保证纠纷的真正解决，因而暴力解决争议的方式可以说并不是真正的纠纷解决方式，只不过是原始的弱肉强食的"丛林法则"的体现。即使勉强算作一种纠纷解决方式，也是最不可取的一种方式，而且也是现代文明国家所普遍禁止的方式。

（二）由第三方主持解决

暴力方式为现代文明国家所普遍禁止，双方又无法就争议达成一致，这种情况下只能寻求第三方解决。第三方参与纠纷解决最普遍的方式是调解和仲裁。

1. 调解

调解是在居中的第三方参与下，由第三方促成双方达成和解的方式。第三方之所以能够促使双方和解协议的达成，一般情况下与该第三方具有某种双方共同认可的权威有关。这种权威可以源于其本人高尚的品质或公正无私的人格，也可以源于其本人丰富的经验或专业知识，甚至还可以源于其在宗族中的辈分或地位。

我国的传统社会具有浓郁的乡土气息，大部分民间纠纷都是通过宗族的长辈或有威望的乡绅来调解的。现代社会条件下，对于乡邻之间的纠纷，也常常寻求他们共同信赖的人来调解处理。在诉讼过程中，人民法院也可以主持调解，人民法院经调解制作的调解书一经送达双方即生效，具有强制执行的效力。

目前，我国在基层还建立了专门的调解机构——人民调解委员会。该机构在性质上属于调解民间纠纷的群众性组织，一般在乡镇或街道办事处专门设立，也可在农村村民委员会或城市社区居民委员会设立，在基层人民政府和基层司法行政部门指导下进行调解工作。

为加强人民调解工作，及时处理基层民间纠纷，2010年我国颁布了《中华人民共和国人民调解法》，专门用以规范人民调解活动。

2. 仲裁

仲裁在形式上也是由第三方来居中处理纠纷的方式，和调解一样，这里的第三方在性质上属于民间机构，并不代表任何国家权力。而且，是否仲裁、由哪个仲裁委员会来仲裁均是由当事人自行协商决定的，并不具有强制性。仲裁机构受理案件必须以双方就仲裁问题达成仲裁协议条款为前提，双方没有达成仲裁条款，则无法通过仲裁来解决纠纷。

通过调解解决纠纷，是通过劝说说服，最终使当事人达成和解的纠纷解决方式，纠纷的解决仍取决于当事人自己的意思。但仲裁机关是在听取了双方举证、质证和辩论的基础上，依据查明的事实和相关法律规定独立作出裁决，并不受当事人自己意思的左右。而且，仲裁机构作出的裁决具有强制执行的效力，可以申请人民法院强制执行。

仲裁委员会根据《中华人民共和国仲裁法》（以下简称《仲裁法》）的规定依法设立。目前，我国各地基本上都设有仲裁委员会，可以受理除婚姻、收养、监护、扶养、继承外的民事财产纠纷。此外，我国还有两个能够受理国际贸易纠纷的仲裁机构，分别为中国国际经济贸易仲裁委员会和中国海事仲裁委员会。

（三）公力解决途径

公力解决途径是借助国家公权力来解决纠纷的方式。一般来说，当纠纷在第三方主持下仍无法达成和解时，为避免暴力事件的发生，需要借助国家公权力来解决纠纷。公力解决途径是依赖国家强制力来解决纠纷的方式，无论当事人是否满意，都必须接受国家裁判所确定的结果。在此意义上，公力解决途径也可以说是一种国家强制解决途径。

1. 行政裁决

行政裁决是指行政机关或其他法律规定的组织，依照法律授权，对当事人之间发生的、与行政管理活动密切相关的民事纠纷进行审查，并作出裁决的具体行政行为。行政裁决是具体行政行为，但解决的是民事纠纷，因而也属于一种纠纷解决机制。应予注意的是，行政裁决权不是司法权，而是行政权，必须有明确的法律授权，没有法律明文规定，行政机关无权作出裁决。

行政裁决在性质上属于一种具体行政行为，因此，除非法律明确规定行政机关享有最终裁决权，当事人对行政裁决结果不服的，还可以向人民法院提起行政诉讼。

2. 诉讼

诉讼是由国家司法权来解决纠纷的一种纠纷解决方式。《说文解字》解：诉，告也；讼，争也。诉讼的意思是提出控告并通过辩论明辨是非。诉或告意味着不仅存在起诉方和被诉方，还存在一个第三方，即居中裁判方。裁判方根据双方的讼争来分清是非、作出裁判。这一过程是通过国家司法权的介入来完成的，人民法院作为居中的裁判方，通过对案件的审理，最终作出裁判。从当事人的角度看，这一过程是一个诉讼活动；从人民法院的角度看，这一活动又被称为审判活动。

在部门法意义上，诉讼分为刑事诉讼、行政诉讼和民事诉讼三类。相应的立法也有三部，即《中华人民共和国刑事诉讼法》《中华人民共和国行政诉讼法》和《中华人民共和国民事诉讼法》。刑事诉讼法主要规范刑事侦查、起诉和刑事审判活动；行政诉讼法规范的是行政管理相对人针对行政机关的具体行政行为提起的诉讼，即俗称的"民告官"诉讼；民事诉讼法规范的是基于私人之间的纠纷而提起的诉讼。

二 历史上的主要诉讼类型

（一）神裁法

各个国家在历史上都出现过被称为"神裁法"的审判方式，所谓神裁法，即通过一

定的宗教仪式,以仪式中出现的某种现象(亦即神意的"显灵")作为裁判根据的一种审判形式。神裁法一般出现于国家形成初期,但其遗风一直延续到近代,比如"决斗"就是古诺曼人神裁法影响下的产物,人们认为上帝会眷顾正义的一方,保佑其在决斗中获胜。

从现代理性的视角看,神裁法可谓荒谬至极,它不是依据事实证据和法理分析,而是简单地诉诸神灵、上帝的力量,就像掷骰子赌博一样,带有明显的迷信色彩和不可预测性,是一种违背理性的野蛮人的陋习。但是,现代视角下的荒谬观念在当事人眼里并不尽然。人类社会早期,人的知识比较贫乏,对神力的推崇远远超过人力。在无法找到足够的证据来证明犯罪嫌疑人有罪的情况下,诉诸神灵就是当时人的一种合理选择。如果在神裁法中实现了司法公正,人们就将其归功于神;如果在司法审判中造成了一定的"冤案",同样也是神的意志。这样,民间的纠纷就被转移到宗教问题上,民间的秩序就得以维护。

还应注意的是,神裁法不管有没有在事实上实现司法公正,都对刑事犯罪行为起到了一种威慑作用,使不法者不敢肆意妄为。因此,对于神裁法,我们不能简单地视之为荒唐之举,它同样是一种纠纷的公力解决途径。

拓展阅读

神 裁 法

神灵审判有各种各样的方式。比如,热铁神裁法就是其中一种形式,即在被告手掌上喷上一些圣水,让其手捧一块炽热的铁块向前走一定距离,或三步或九步,之后,当众将其双手包扎起来,三天后解开检查,如果这时手上没有水泡,就判其无罪,如果出现水泡或溃烂了,就判为有罪。热铁神裁法的另一种方式是把九个烧红的铁犁头隔一定距离排成一列,把被告眼睛蒙上,让他赤脚向前走。如果他能踩在铁犁头的间隙中,一点也没伤着,那就是清白的;反之,就判为有罪。

冷水神裁法是指将被告捆起来,扔进池塘或河流里,如果他能在水中沉几分钟,就说明已被神灵接纳了,就判处无罪,如果漂浮在水面上,则表明遭到了神灵的拒绝,那将判其有罪。热水神裁法是将被告一只手臂浸入一桶滚开的热水中,一直伸到胳膊肘下,然后取出包扎,三天后解开查看,如果手臂化脓,就判为有罪,如果手臂所烫之处已经愈合,就判其无罪。

尸体神裁法主要用于杀人嫌疑人,它有各种不同的验证方法。在古代英国,通常是由被告来到死尸躺的棺材上面,在验尸官及见证人的目击下,用手去摸一下死者的伤口，如果他有罪，"尸体的血将会重新流出来"。莎士比亚在《理查三世》中对这一神裁法有很好的描绘："啊，先生们看，看！死者亨利的伤口凝合的地方又开口流血了！"

诺曼人把另外一种神裁法带到英格兰，即决斗法。决斗时诉讼双方都持一把特制的斧子和盾，一直斗到有一方喊"胆小鬼"为止，战败的一方将被处死。决斗法最初用于解决所有的争议，后来只局限于比较严重的刑事案件。决斗法通常只适用于自由人，老人、妇女、儿童和病人可以付钱找人代他们决斗。

（二）民众审判

古代雅典实行民众审判的方式，这种审判方式是雅典政治民主化的产物。梭伦改革时期，建立了陪审法庭，最初附属于公民大会。公元前5世纪中期，陪审法庭从公民大会中分离出来，成为雅典民主制的核心机构之一。陪审法庭由10个部落在30岁以上公民中用抽签方式各选出60人，共6 000人，这些人分成10所高级法院，平均每所500人，另加100名候补陪审员。陪审员在开庭时听取原告、被告和证人的口供，弄清案情后就投票判决，相互之间事先不作商议。雅典没有专职的国家公诉人，任何公民都可以提出诉讼和帮助他人诉讼。

尽管人们并不认为当前英美法系的陪审团制度与古代雅典的民众审判制度之间存在历史渊源，而且在诉讼理念上两种制度也存在很大的差别，但不可否认，陪审团制度也体现了某种民众审判的性质。

审判苏格拉底

苏格拉底晚年，因不敬神祇和以歪理邪说腐蚀青年之罪被送交陪审法庭审判。

送交审判时，苏格拉底的学生和支持者对于他的最终命运并不担心，因为无论在雅典城还是法庭，真正想置苏格拉底于死地的人并不多，因为谁也不想背上杀贤的罪名。

但苏格拉底似乎太兴奋了，他把法庭当成了自己的演讲场，感觉如同一名政治家在元老院中演讲。结果在法庭审理的第一阶段，即定罪阶段，陪审员以280票对220票，裁定罪名成立。

第二次面对陪审团，即决定刑罚阶段，苏格拉底显得更加无礼，甚至可以说

是挑衅,他建议:对于他的刑罚应该是宣布他是雅典城的公民英雄,并宣告在他的余生中,有权在市政厅免费享用一日三餐。

第二次投票在一阵愤怒的吵闹声中进行,结果很快出来了,360票对140票,决定对苏格拉底处以死刑。

判决后,苏格拉底被收押进监房。他的另一个学生克里托在最后一个晚上见到了他,建议他越狱。苏格拉底拒绝了,他认为必须尊重法庭的判决,哪怕判决是不公正的。

苏格拉底死了,但雅典城并没有因为处死苏格拉底而重焕辉煌,也没有任何文字记载那些法官们在审判后的心路历程。在500名法官中,有一些是诗人,也有一些是剧作家,却没有人试图通过诗歌或剧本的方式来演绎这场审判。或许,没有人觉得这场审判是光荣的。

司法权行使的核心在于法律规则的适用,判决是一项十分专业化的活动,需要独立而理性的判断,而不是民主表决的产物。以民主的方式不仅不能保证法律的正确适用,反而很容易被人利用而成为"多数人的暴政"的工具。古希腊的民主审判方式不仅没有给苏格拉底一个公正的审判,而且也没有帮助拥有众多伟大思想家的希腊在法律制度方面有任何建树。这种民主式的审判方式转移了庭审的注意力,很容易使庭审演变成一场哗众取宠的演说表演,具体的法律规则反而被抛到一边了。

(三)纠问式审判

纠问式审判又称审讯式审判,是中世纪后期欧洲大陆国家的君主专制时期和中国古代封建专制社会所普遍采用的一种审判方式。纠问式审判的程序一般只有"诉",没有"讼","讼"几乎完全被法官的"审"所代替。在这种审判活动中,原告只负责提出"诉",法官集侦查、控诉、审判职能于一身,在侦查审判过程中完全可以不受"诉"的限制。被告只是被审问、被追究的对象,而且刑讯逼供合法化。

我国古代行政权与司法权并不作严格区分,行政官员同时也负有司法职权,采取的审判方式是典型的纠问式审判方式。这种审判方式常常与严酷的刑讯逼供相伴,滥用权力的现象也极为普遍。在这种情况下,普通人常常寄希望于一个既智慧又公正的"包青天"帮其实现正义,因此,纠问式审判方式下,在民间往往容易形成一种"包青天文化"。与"包青天文化"相对应的,是一种"侠客文化"。两种文化代表的是两种不同的正义实现的途径,反映的是普通人对两种正义实现途径的期待与想象。

拓展阅读

"包公惩奸"

话说包公离了李家庄，与公人望陈州进发。行了半日，来到一个地名曰枫林渡，望见渡夫不在船上，乃与唐公云："前面有个小店，可往少坐一时，以等渡夫来到。"唐公应诺，挑行李到茶肆，二人坐下。有茶博士出来，生得丑恶，躬身揖云："秀才们要吃清茶么？"包公云："行路辛苦，有热热的，可将二盏来。"卖茶大郎转身入去，不多时持过二盏茶出，与包公二人各吃一盏。包公吃罢茶，乃令唐公取过二百钱还他。

大郎笑道："秀才好晓不事！吃了两盏茶，即是五百钱，如何只给我二百钱？"唐公云："茶我曾吃过，只是一百钱一盏，尔店如何过取钱？"大郎怒骂云："不识高低，人偏要你五百钱！不然吃得我几下拳头。"包公见其要行凶，连忙着唐公取五百钱给他。

走出店来，渡夫正撑过近岸边。二人牵驴上渡，只见管渡来讨钱，包公云："该几多渡钱？"管渡者云："尔二人该五百，驴子该二百，共是七百钱。"唐公道："我二人带乘驴只该五百钱，如何多要我二百钱？"管渡的喝云："此渡常是依我说讨，你敢来逆我言语，便推落水中，看你们要命否？"包公问云："此是官渡还是私渡？"管渡云："虽是官渡，亦要凭我。"唐公云："既是官渡，目今有个包文拯要赴陈州上任，倘若从此渡经过，知尔逼取渡钱若干，还是如何？"管渡云："包公不来便罢，纵使知的，亦不过打我几大棒，终不然有个蒸人甑耶？"包公听罢，微微冷笑，即令唐公取过七百钱与他。

上了岸，密问其伙伴："此渡夫名唤着谁？"其伴云："莫要说起，此渡夫乃姓黄，兄弟二人，大者唤一郎，小者二郎，大郎现在岸边开茶店骗人茶钱，今成个大家。小郎作渡夫骗人无厌。我虽是他伙伴，一日只趁他几文钱，供家而已，其余都是他得去。"包公听罢，着唐公写记在簿上，因自叹云："陈州县下只因水旱不调，五谷不登，致百姓饥饿。况各处又有如此顽民，使百姓怎得安生？"及包公到陈州判断了赵皇亲后，径差公牌拘到黄二郎，当厅取问。审得大郎开茶店，欺骗平人，着杖八十，用大枷号令州衙数日，面刺双旗充军，仍将其家财一半没官，赈济饥民。提过二郎问云："尔恃官渡骗人，近日包老爹来，尔何如也索他重财？今包公新造一甑，且将尔看蒸得熟否？"道罢。即着数名无情汉装起锅来，将二郎放于甑中，扇着火，一伏时，二郎已蒸得皮开肉绽，在甑中死矣。自后奸顽敛迹，畏包公之威严犹如猛虎也。

（摘自〔明〕安遇时：《百家公案》，中国文史出版社，2003，第七十二回。）

大郎和二郎兄弟二人的行为，在性质与具体情节上几乎没有不同，但最终的量刑却相差甚远。之所以相差如此之大，并非因为法律规定，而仅仅是因为二郎多说了一句让包公不高兴的话。包公那一声"微微冷笑"中，透着怎样的冷酷残忍，包含着怎样的任性与恣意，由此我们清晰地看到纠问式审判在制度设计上所存在的缺陷和不足。

（四）现代审判制度

因受法律传统、陪审制度等各种因素的影响，现代国家也采取了不同的审判制度。一般地，人们将之分为两种基本模式，即英美法系的当事人主义和大陆法系的职权主义。

英美法系的当事人主义是指诉讼的发动、继续和发展主要依赖于当事人。诉讼过程由当事人主导，法官仅处于消极的中立的裁判者地位。当事人要负责证据的调查、收集、提出和质证等工作，法官原则上不能依职权主动收集证据。职权主义和当事人主义一样，都注重公开审判等程序的运用，并强调辩论在庭审中的应用。但职权主义认为民事诉讼的目的是真实的发现，而主要不是程序正义的实现。为了查明实体的真实，要充分发挥法官的作用，因而法官有义务对事实进行调查取证，或聘请专家作证。在事实发现的过程中，并不完全依赖当事人。

自20世纪90年代初期以来，我国法院逐渐开始了审判方式的改革，改革的基本思路是强调当事人的举证责任，减少法官依职权收集证据的范围，庭审方式从询问向听审转化，公开审判制和合议庭的职权得到进一步的贯彻落实。目前我国的审判制度越来越多地吸收了当事人主义的制度经验，弱化法官的职权和作用，强化当事人参与诉讼活动的程序权利和作用。

现代审判制度同样不能百分之百地保证不出现错案，但程序设计的目标是尽可能地减少错案。

三 诉讼程序面临的核心问题

诉讼程序是将实体法规范与人的现实行为相对应的活动，这其中包含着两个关键环节：一是通过诉讼查清当事人实施了什么行为以及导致了什么后果；二是这些行为对应着实体法规范中的何种责任。前者是事实的认定问题，后者是法律的适用问题。事实认定问题的核心在于如何确保所认定的事实与客观事实相一致，法律的适用问题在于如何确保法官能够公正地适用法律。

（一）事实问题

诉讼过程中的争议主要是事实争议，法律争议一般只在复杂疑难案件中才存在，普通案件中很少存在真正的法律争议。普通人向法律人士咨询问题，绝大多数情况下所咨询的问题同样不是法律问题，而是事实问题。比如，借出去的钱，没打借条，对方不承认怎办?又比如,一起投资入股的项目赔了,其中一个投资人不承认自己入股,声称是借款,要求还款,怎么办?这些问题问的都是事实问题,如果事实问题查清楚,法律适用几乎不存在任何障碍。如果事实问题查不清,则无论怎么适用法律,都不可能保证结果的公正性。

然而,当诉讼中出现事实争议的时候,如何还原事实却是一个非常复杂的问题,没有任何人能保证可以百分之百地还原事实。因此,法律除了应关注查清事实的方法和途径,还必须认真面对的一个问题是:当事实无法查清时,法官应该如何裁判?

(二)公正问题

影响公正的因素主要有两方面:一是法官的业务素质,确保其有正确适用法律的能力;二是法官的主观因素,确保其有中立无私的心态。第一方面的问题是法官遴选和职业培训问题,不属于诉讼程序所解决的范畴,诉讼程序只关注第二方面的问题。这一问题也可以表述为:如何通过程序设计,不仅避免法官的主观恣意,还确保其免受各种非正常因素的影响。

(三)程序的局限

程序的目的在于发现事实,在查明事实的基础上才能适用法律,才可能实现正义。但是,迄今为止,没有任何一种诉讼程序敢于宣称能确保事实认定方面不会出现偏差。民众审判和"包青天"无论寄托着人们怎样的情感和想象,事实是它们对正义的践踏总是比我们想象的还要严重。现代诉讼制度的程序设计同样不能确保查明事实,近年来我国大量冤假错案得到了平反,在我们为这些"迟来的正义"而感到欣慰的同时,诉讼程序本身所存在的问题也令我们惊愕不已。

冤假错案的产生固然存在人为的因素,但诉讼程序本身的局限也是其中不可回避的一个重要原因。就连美国这个一直号称法治最健全的国家,司法程序在事实发现方面的局限同样存在,辛普森案刑事审判与民事审判两种截然不同的裁判结果,无论从何种角度看都是法治无法回避的尴尬。

拓展阅读

辛 普 森 案

1994年6月12日夜,尼科尔·布朗·辛普森(Nicole Brown Simpson)及其侍应生罗纳德·高曼(Ronald Goldman)在家中被杀害。

案发后凌晨,四名警察部侦探来到死者前夫即辛普森的住所,在门外发现其白色福特野马型越野车染有血迹,车道上也发现血迹。按铃无人回应,侦探爬墙而入,其中一个侦探马克·福尔曼(Mark Fuhrman)在后园找到一只染有血迹的手套和其他证据。

案件主要证人是当时住在客房的朋友基图（Kato），他供称客房墙外有像地震一样的响声。此外，一个被电话预约的接辛普森去机场的司机说：10时左右他到辛普森家按门铃无人回应，接近11点时，发现一高大黑人（与辛普森相似）匆匆从街外跑回屋，再按门铃后辛普森回应了，出来说他睡着了，然后坐车到机场去芝加哥。

6月17日，辛普森的律师准备陪同辛普森回警察局时，发现本来在楼上休息的辛普森已不知去向。随后全国观众在电视上看见了难忘的镜头：天上直升机队、地上巡逻车队全面出动，几小时后终于发现辛普森的白色小车。几十辆警车在洛杉矶公路上展开飞车追逐，最后辛普森被逮捕。

由于现场有辛普森的血迹，辛普森家中血手套和辛普森的脏衣服都有被害人的血，辛普森显然有重大作案嫌疑。但是在庭审辩护时，辩护人对控方证据提出以下质疑：①洛杉矶警察的保管方法不当，可能使血痕受到污染；②在血袜子上发现一种EDPA的化学物质，而这个物质人体中是没有的，说明这个血不是被害人流出的，而是在保管时染上去的；③带有辛普森血迹的手套，辛普森当庭无法戴上。

负责办案和入屋搜查证据的主要警察证人福尔曼，还被辩护律师指控为种族歧视者，这严重地摧毁了福尔曼证词的可信性。最终，在所有人的震惊中，由绝大多数黑人组成的陪审团在分析了113位证人的1 105份证词后，判决辛普森无罪。

案件至此并未结束，更富有戏剧性的是：在刑事审判结束4个月后，高曼的父母以非正常死亡为由起诉辛普森，要求辛普森为其杀人行为给予民事赔偿。民事审判陪审团裁决，判决辛普森向受害人家属支付3 350万美元的补偿性及惩罚性损害赔偿金。

第二节 程序正义与案件事实

在任何情况下，法官都不能拒绝审判，因为司法程序是解决纠纷的最终途径。如果法官拒绝审判，意味着国家公权力介入个体纠纷的失败，就会使纠纷重新回到私人暴力解决的轨道上。即使在事实无法查清的情况下，法官同样不能拒绝审判，但是这种情况下，无法保证最终的判决符合客观公正的标准。当理想的客观公正目标无法实现时，我们只能退而求其次，转而追求一种通过程序设计可以实现的现实目标，这一目标就是程序正义。

一 程序正义

（一）程序正义的意义

程序正义是相对于实质正义而言的。所谓实质正义，是指正义实现的完全与终极状态，表达的是正义实现的理想状态；程序正义强调的是通过程序所能达到的状态，它以实质正义为目标，但未必能达到实质正义的理想状态。

1. 程序正义的消极视角

由于无法确保程序正义能够达到理想状态，所以立足于一种消极的视角，程序正义常被理解为一种对现实的妥协，一种退而求其次的无奈选择。当客观事实无法查清，实质正义无法实现时，我们只能要求法官严格依照法律规定进行判决，只要判决没有违反法律规定的程序性规则，这一判决就应当被视为符合正义要求的。即使后来出现了新的证据推翻原判决，也不能以错案追究原判法官的责任。

实质正义虽然是一种理想目标，但受客观条件的限制，也许我们越是强调实质正义，我们越是离它越远。退而以一种人们看得见的方式追求程序正义，也许是能够做出的最优选择，或者说，是一种"最不坏"的选择。

2. 程序正义的积极视角

但程序正义并不仅仅意味着无奈和妥协，在很多方面也是正义的要求。设想一位法官有特异功能，可以看到任何已经发生过的事情。当通过证据和证据规则推定的法律事实与他通过特异功能所看到的客观事实不一致的时候，他应该依哪一种事实做出判决呢？如果他以客观事实判决，可以保证实质正义的实现，但这样的判决要得到人们的认可，取决于两个条件：第一，人们对他的特异功能必须深信不疑，完全相信他能看到客观事实；第二，人们对他的个人道德深信不疑，完全相信他不会滥用特异功能违法裁判。缺乏这两个前提，他的判决就难以让人信服，司法的公正性和权威性也难以得到保障。

但上述前提基本上是不存在的，在这种情况下，如何能使人相信判决是正义的呢？又如何能避免法官的主观和恣意呢？在此意义上，程序正义并不单纯是现实的无奈，也是避免法官主观恣意的规则约束手段，是确保正义实现必不可少的环节，是正义本身应当包含的理性要求。也就是说，程序正义虽然未必能达致理想的实质正义，但是如果没有程序正义，也断不可能有真正的实质正义可言。

正义不仅要实现，而且要以人们能看得见的方式实现，才能被信服。不能令人信服，人们就会怀疑它的公正性，进而影响司法的权威性。诉讼程序作为国家的纠纷解决

机制,是社会秩序与社会公正的最后一道屏障。司法不具有权威性,国家的纠纷解决机制就会失效,从而导致更为严重的社会问题。

(二) 程序正义的一般原则

正义实现的过程要想让人看得见,就要求诉讼程序必须具有一些外在的形式,体现能让人对公正产生信赖的一般原则。下面介绍诉讼审判活动中的一些程序正义原则。

1. 不做自己的法官

"任何人不得做自己的法官"是对作为居中裁判的法官的中立性的基本要求。所谓不得做自己的法官,是指为确保法官的中立性,法官不能审理与其有利害关系的案件。

不做自己的法官在诉讼法上的体现是回避制度。回避的对象不仅包括审判人员,还包括可能影响案件公正审理的其他人员,如人民陪审员、执行员、书记员、翻译人员、鉴定人员和勘验人员,以及刑事诉讼中的侦查人员和公诉人员等。如果上述人员是案件的当事人或者当事人的近亲属,或与该案有利害关系,或担任过该案的证人、鉴定人、辩护人或诉讼代理人,或有其他关系(如同学关系、战友关系等)可能影响案件公正审理,本人应当主动提出回避,当事人也有权申请其回避。

2. 不告不理

不告不理是司法权被动性的体现,如果没有人提出"诉",则诉讼程序不得由法官主动启动。法官的被动性不仅表现在立案阶段,在诉讼阶段,除了程序性问题和对法律的释明外,法官原则上不得主动就实体性问题发表意见并进行调查。

之所以强调法官的被动性,是因为司法活动是一个通过审理逐渐查明事实的过程,如果法官主动启动程序,主动就案件事实展开调查,很容易形成先入之见。而且,如果法官主动启动程序,作为中立的法官事实上成为追诉者,在某种意义上具有了与原告相同的地位。如果在审理过程中发现对被告的诉不成立,则意味着法官主动提起的诉的失败。在这种情况下,法官很难做到中立性。

我国古代司法权与行政权并没有严格区分,行政长官常常身兼侦查和审判多种职能。戏曲和文学作品中,常看到"包青天"这样通过明察暗访查明案件事实的角色形象。如果说立足于侦查人员的角色,这样的行为是职责要求,但立足于法官的角色,这样的行为却不符合最基本的程序原则。基于被动性原则,对以前我们曾经倡导的"人民法院为×××保驾护航"之类的说法,也应当予以重新审视。

3. 诉讼双方权利对等

诉讼是原告与被告双方的活动,是由原被告双方共同向法官陈述自己的理由,由法院居中进行评判,并最终决定支持哪一方主张的活动。既然如此,就应确保双方能平等地向法官陈述理由,如果只允许一方说话,另一方的诉讼权利受到限制,则难以保证公平的结果,至少难以让被限制的一方相信裁判结果是公正的。民事诉讼解决的是作为平等主体的私人之间的纠纷,程序的平等性相对较易实现。但在行政诉讼和刑事诉讼中,是否应当以及如何使诉讼双方诉讼权利对等却是一个非常复杂的问题。

为追究犯罪，赋予侦查机关采取特别措施的权力是必要的，但是如果侦查机关为追究犯罪可以随意行使手中的权力，根本没有必要制定刑事诉讼法。在这一意义上可以说，刑事诉讼程序除了授予侦查、起诉、审判机关相应权力以实现对犯罪行为的追诉外，还应考虑如何对国家公权力进行必要的规则约束，以防止滥用，从而维护刑事诉讼程序的基本平衡。

由于犯罪嫌疑人完全处于被追诉的地位，常常因为被羁押而被限制人身自由，单纯依靠自身是无法与国家公权力相抗衡的。在刑事诉讼中，诉讼的平衡是靠律师辩护制度来维持的。律师虽然同样无法与国家公权力抗衡，但却可以对侦查和公诉过程中存在的违法行为进行监督，利用法律规则申请排除违法取得的证据的效力，从而成为维护程序平衡的重要砝码。

4. 程序公开

所谓程序公开，是指诉讼活动要公开进行，不仅诉讼过程要公开，裁判结果也要公开。只有公开才能将整个诉讼活动置于阳光之下，接受当事人乃至社会的评判，从而有效地避免暗箱操作。目前，我国除了涉及国家机密、商业秘密和个人隐私的案件外，一般都是公开审理。同时，为了便于社会公开查阅判决结果，最高人民法院建立了"中国裁判文书网"，统一公布各级人民法院的生效裁判文书。

5. 不单方接触

所谓不单方接触，是指法官在案件审理过程中，不得与任何一方当事人单方接触，需要与当事人接触的，应当在双方都在场的情况下接触。对于当事人而言，无须证明法官与对方当事人之间存在权钱交易行为，单方接触本身就可以成为质疑其中立性和公正性的理由。我国《中华人民共和国法官职业道德基本准则》中也规定"不私自单独会见当事人及其代理人、辩护人"，但这一原则目前并未与具体的程序性规则结合起来。如何通过与程序性规则的结合，使这一"准则"成为一项诉讼"原则"，是一个应予关注的重要问题。

(三) 程序正义下的客观事实与法律事实

从诉讼的角度看，任何正义的实现都必须以查清案件事实为前提，事实查不清，就很难说案件能得到公正的处理，正义也就无法实现。理论上，法院查明的事实必须完全符合客观事实，才能得出公正的判决。但是，法官获取事实的途径只有证据，如果法官不能穷尽所有证据，或者法官所依赖的证据内容不真实，法院就无法查明客观事实。生活经验告诉我们，这样的情况几乎不可避免。也就是说，奢望法官查明的案件事实在任何情况下都与客观事实完全相符，是根本不可能的。

因此，在法律上，法官裁决所依据的事实并不是（或者说并不一定是）客观事实，而只是法律事实，即通过证据和证据规则推定出来的事实。尽管符合客观事实应当是法律事实的不懈追求，但在很多情况下，法律事实并不一定完全符合客观事实，这也是我们不得不接受的现实。

二　案件事实与证明义务

法律事实是通过证据和证据规则推定的事实，在证据比较充分的情况下，对于案件事实，基本上可以做出比较明确的认定。关键是当证据不充分，无法确保能完整、准确地再现客观事实的情况下怎么办？在无法确保推定的事实与客观事实相符的情况下，程序的设计是否符合程序正义的要求需要考虑两个方面：一不能影响司法的权威性；二要使人们对这样的推定能够接受。

这两个方面的同时实现是通过"证明义务"的合理分配来实现的。

（一）证明义务

证明义务，又称"举证责任"或"证明责任"，指的是当事人在诉讼过程中所负担的证明案件事实的义务，当案件事实无法查清时，由负有证明义务的一方承担败诉的后果。

在这种情况下，证明义务的分配对诉讼结果有着举足轻重的影响，如何合理分配证明义务，就成为程序设计的重要内容。不同的诉讼程序中，法律对证明义务的分配是不同的。

1. 刑事诉讼中证明义务的分配

刑事诉讼主要是由人民检察院代表国家对犯罪人提起的诉讼，这类案件称为公诉案件。此外，对于法律规定告诉才处理的案件、被害人有证据证明的轻微刑事案件，以及被害人认为应当追究但公安机关或人民检察院不予追究的案件，被害人也可以直接向人民法院起诉，要求追究加害人的刑事责任，这类案件称为自诉案件。在诉讼中，提起公诉的检察院称为公诉机关，自行提起诉讼的被害人称为自诉人，被指控犯罪的犯罪嫌疑人称被告人。

在公诉案件中，证明案件事实的义务完全由公诉机关负担；在自诉案件中，由自诉人负担。被告人没有任何证明义务。尽管被告人有权提供证据证明自己无罪和罪轻，但这是被告人的权利，而不是必须履行的义务。由于被告人不承担证明义务，故当公诉机关或自诉人提供的证据不足以证明被告人实施了犯罪的情况下，应由公诉机关或自诉人承担败诉的责任，宣布被告人无罪。这种情况被称为"疑罪从无"，疑罪从无不仅是刑事诉讼证明义务分配的必然要求，也是刑事诉讼中的一项基本原则。

拓展阅读

沉默权问题

既然被告人没有证明义务，是不是意味着被告人享有沉默权呢？

所谓沉默权，在具体的法律条文中一般被表述为"不得强迫被告人自证其有罪",例如,《美国联邦宪法第五修正案》的表述是:"任何人在刑事诉讼中不得被强迫自证有罪。"《日本刑事诉讼法》第198条的表述是:"在进行前项调查时,应当预告知嫌疑人没有必要违反自己的意识进行供述。"联合国《公民权利和政治权利国际公约》第14条的表述是:"(被指控犯罪的人)不被强迫作不利于他自己的证言或强迫承认犯罪。"在很多人看来,所谓的"沉默权"就是"不得强迫自证其罪"原则通俗而方便的说法。

西方国家的刑事诉讼理念中,一般都认可犯罪嫌疑人、被告人享有沉默权。他们所谓的"沉默权",是指犯罪嫌疑人、被告人在接受警察讯问或出庭受审时,有保持沉默而拒不回答的权利。在西方国家,人们普遍认为,沉默权被认为是受刑事追诉者免于被刑讯逼供,从而有效自卫的最重要的一项诉讼权利。但也有人对沉默权的正当性提出质疑,他们认为,沉默权容易被犯罪嫌疑人利用而成为他们逃避法律制裁的手段。

我国在《刑事诉讼法》修改时,就此问题也产生了激烈的争论。最终,《刑事诉讼法》第52条明确:"严禁刑讯逼供和以威胁、引诱、欺骗以及其他非法方法收集证据,不得强迫任何人证实自己有罪。"同时在第120条又规定,对侦查人员的提问,犯罪嫌疑人有"如实回答"的义务。

2. 行政诉讼中证明义务的分配

行政诉讼中,行政机关是永远的被告,作为行政机关管理对象的行政管理相对人是永远的原告。行政诉讼因此也就是行政管理相对人不服行政机关作出的具体行政行为而提起的诉讼。这些具体行政行为既可以是针对原告的处罚措施,也可以是应该履行职责而不履行的不作为;既可以是行政机关对权益作出的确认,也可以是行政机关作出的强加给原告义务的行政决定。总之,行政诉讼以行政机关事先的作为或不作为的某种具体行政行为为前提,诉讼的目的在于确认行政机关作出的具体行政行为是否具有合法性。

行政诉讼的目的决定着诉讼过程中举证义务的分担。对于原告来说,只需要证明行政机关实施了某种具体行政行为即可,如果同时要求赔偿损失,另外再证明损失的存在与损失大小。对于具体行政行为是否合法,由于该具体行政行为是作为被告的行政机关作出的,应由被告承担举证义务。只要行政机关不能证明其行为的合法性,就认定其作出的行为不具有合法的根据。

是否具有合法性,应当从三个方面证明:一是作出具体行政行为的事实依据;二是作出具体行政行为的法律依据;三是作出具体行政行为的具体程序。如果事实不清、法律依据不明确,或程序不符合法定要求,均可认定具体行政行为不合法。

3. 民事诉讼中证明义务的分配

民事诉讼是适用于平等私主体之间争议的诉讼程序，举证义务的分配应考虑双方举证能力的平衡。一般情况下，提起诉讼的一方对自己的诉讼请求有义务提供证据。我国《民事诉讼法》第67条规定，当事人对自己提出的主张，有责任提供证据。这就是人们平常所说的"谁主张谁举证"。如果当事人对自己的诉讼主张提供不出证据，将承担败诉的风险。

但在有些案件中，负有证明责任的一方很难收集到证据，如果让其负担举证义务，基本上意味着其很难甚至几乎不可能赢得诉讼。比如，让患者证明医院治疗措施不当，对于没有医学知识也不了解手术现场情况的当事人来说几乎不可能。为此，在"谁主张谁举证"的一般原则基础上，针对合同纠纷中的一些具体问题和特殊类型的侵权案件，我国《民事诉讼法》又进一步作了更为具体的规定。

根据这些具体规定，在合同纠纷中，对于某个事实是否存在而发生争议的，一般由主张事实存在的一方负担证明义务；对于权利义务是否发生变更产生争议的，一般由主张发生变更的一方负担证明义务；对于合同履行问题产生的争议，由负有履行义务的一方负担证明义务。侵权纠纷中，对于适用过错推定原则来确定责任的情形，由加害人对自己是否存在过错以及行为与损害结果之间是否存在因果关系负担举证义务。

（二）证明标准

证明义务只能解决谁来证明的问题，在此基础上，还有证明标准的问题，即证明到什么程度才算履行了证明义务。英美证据法传统上有两种证明标准：一是排除合理怀疑标准；二是高度盖然性标准。在我国，高度盖然性标准又称为高度可能性标准。

排除合理怀疑标准是一种比较高的证明标准，主要适用于刑事案件，行政诉讼中关于事实问题的审查一般也适用这一标准；高度盖然性标准的要求较低，一般适用于民事诉讼。

1. 排除合理怀疑

所谓排除合理怀疑，是指对于待证事实，现有证据必须能够排除一切合理怀疑，只要还存在合理的怀疑，就说明未达到证明标准。比如辛普森案中，尽管控方提交了很多不利于辛普森的证据，但如果对"辛普森杀死了妻子"这一待证事实仍可提出合理的怀疑，则说明未达到证明标准。

排除合理怀疑标准主要是刑事诉讼中采用的证明标准。由于刑罚手段极为严厉，一旦无辜的人被错误追究刑事责任，不仅使真正的犯罪人逍遥法外，不能实现打击犯罪的目的，还会给无辜的人带来难以挽回的伤害。因此，刑事诉讼中，宁可漏判，绝不能错判，需要采取较高的证明标准。

2. 高度可能性标准

高度可能性标准不强调对合理怀疑的排除，而是考查证据所支持的事实的存在是否具有高度可能性。《最高人民法院关于适用〈中华人民共和国民事诉讼法〉的解释》第

108条规定："对负有举证证明责任的当事人提供的证据，人民法院经审查并结合相关事实，确信待证事实的存在具有高度可能性的，应当认定该事实存在。"

有人认为"高度可能性"或"高度盖然性"的表述不够清晰，可以参照英美法证据规则中的"优势证据"规则来认定，即在双方当事人提供的证据都不够充分时，司法人员采信其中证明力更强的证据来认定案件事实。尽管优势证据规则在实践中更容易操作，但高度可能性标准的要求明显高于优势证据标准，这一点还是应予注意的。

3. 较大可能性标准

除上述两种证明标准外，我国还有一种较大可能性标准，主要适用于程序性事实的证明。《最高人民法院关于民事诉讼证据的若干规定》第86条第2款规定："与诉讼保全、回避等程序事项有关的事实，人民法院结合当事人的说明及相关证据，认为有关事实存在的可能性较大的，可以认定该事实存在。"

（三）关于人民法院和律师的调查取证问题

1. 人民法院的调查取证权及其行使

在普通人的眼里，法官应当像"包青天"那样明察暗访，查清事实，依法裁判。人民法官该不该调查取证呢？在什么情况下才可以调查取证呢？

司法权最为核心的要求即"中立性"，凡是与中立性相冲突、有可能影响司法权的中立的，均是不可取的。法官该不该调查取证，关键也要看是否与司法权的中立性相冲突。

如果法官可以直接调查取证，法官很可能更容易相信自己调取的证据，并形成先入之见，从而有可能影响对整个案件的综合把握。而且，在诉讼中，尤其是民事诉讼中，是非曲直往往并不是泾渭分明的，双方几乎都有各自的理由，否则也形不成争议。如果法官以自己主动调查的证据作为判决的根据，败诉的一方会怀疑判决的公正性吗？我们说正义不仅要实现，而且一定要以人们看得见的方式来实现，法官主动调取证据与正义实现的要求可以说并不符合。

当然，人民法院不主动调查取证不是绝对的，在刑事诉讼和行政诉讼中，证明义务由公诉机关和行政机关承担，无须法院调查。但在民事诉讼中，对于可能有损国家利益、社会公共利益或者他人合法权益的事实，以及涉及人民法院依职权追加当事人、中止诉讼、终结诉讼、回避等与实体争议无关的程序事项的，人民法院应当予以调查核实。

此外，由于民事诉讼的双方都是普通的民事主体，调查取证的能力有限，经当事人申请，在人民法院认为必要的时候，也可以调查取证。对于何种情况属于必要，由人民法院根据具体情况确定，主要还是考虑是否与中立性相冲突。一般来说，在以下四种情况下，经当事人申请，人民法院应当予以落实。

（1）已经形成并存放于相关机关的证据，如公证文书、与本案相关的其他案卷材料、存放于某机关的档案材料等。这些证据材料由国家机关保存，一般不允许个人随意调取。同时，它们早在法官调取前即已客观形成，不会掺杂任何法官的主观因素，不会

影响法官的中立性。

（2）涉及国家秘密、商业秘密和个人隐私的材料。

（3）涉及身份关系的事实。

（4）其他因客观原因当事人自己确实无法取得，经当事人申请，人民法院认为可以由法院取证的情形。

2. 律师的调查取证权及其行使

律师接受当事人委托后，有权查阅、摘抄、复制本案的案卷材料；根据案情的需要，可以申请人民检察院、人民法院收集、调取证据或者申请人民法院通知证人出庭作证。律师也可以自行调查取证，凭律师执业证书和律师事务所证明，可以向有关单位或者个人调查与承办法律事务有关的情况。

但是，律师的调查取证权不具有强制性，相关单位和个人也没有必须配合的义务。因此，律师向有关单位或个人调查取证时，应事先征得他们的同意。法律之所以不赋予律师强制性的调查取证权，是因为律师是接受一方当事人委托，为维护委托当事人的权益而参与诉讼活动的，其职业天然地不具有中立性和公正性。如果赋予其像法院一样的具有强制性的调查取证权，很容易导致权力的滥用。而且律师也不应该具有任何公职身份，不应被赋予任何国家权力，否则势必会影响其执业的独立性。

也恰恰是因为律师不具有中立性，所以在刑事诉讼中才会成为平衡诉讼关系、防止公权力滥用的一个重要砝码，从而成为诉讼活动良性运转的一个重要环节。在此意义上，过于强调律师的公正性反而可能与其所肩负的使命与职能不符。当然，说律师不具有中立性和公正性，不代表律师可以为胜诉不择手段，律师在执业活动中除应遵守法律外，还应当遵守职业道德与执业规范。

目前，司法实践中，律师可以向法院申请调查令，由法院根据案件情况向律师签发，律师可以持调查令要求相关部门出具涉案当事人或者机构的银行账号、档案材料、权利凭证等，相关部门应当予以配合。

三 证据的认定

（一）非法证据的排除

证据必须是合法取得的证据，通过非法手段取得的证据不能作为定案的依据，这是任何一种诉讼程序都必须遵循的基本规则。否则，会鼓励当事人采取非法手段获取证据，从而诱发其他方面的违法犯罪行为。

1. 非法证据的认定

非法证据主要指通过非法手段获取的证据。在刑事诉讼中，最常见的非法证据是通过刑讯逼供获取的犯罪嫌疑人的供述，此外，还有违反法律程序而获取的证据，如非法搜查而获取的证据。在民事诉讼中，非法证据主要是通过胁迫手段取得的证据。要注意的是，一方收集的能够证明案件事实的电话录音、录像和照片等，即使未获对方同意，也不认为属于非法证据。但是，如果是采取跟踪、监视等以牺牲个人隐私为代价的方法而取得的证据，应当认定为非法证据。

2. 关于"毒树之果"问题

非法获得的证据不得作为定案的根据，这几乎已成为当今各国诉讼法普遍认同的一项原则，但关于这一问题的引申性问题仍存在争议，其中一个重要的问题就是"毒树之果"问题。由于在民事诉讼和行政诉讼中，当事人双方的诉讼地位与诉讼能力较为平等，"毒树"能够"开花结果"的可能性很小，因而这一问题主要是刑事诉讼中的问题。

所谓"毒树之果"，是美国刑事诉讼中对非法证据的派生证据的一个形象化表达。比如，以刑讯逼供等非法手段所获得的犯罪嫌疑人、刑事被告人的口供是非法证据，不能作为定案依据。但是，根据这些口供所提供的线索，侦查机关进一步收集到了新的证据。这些证据虽然形式上看不是非法证据，但是通过非法证据提供的线索而获得的，好比是非法证据这棵毒树上结的果子。那么，毒树上的果子有毒吗？可以食用，即可以作为定案依据吗？

不认毒树，却食其果，无疑为毒树的"茁壮成长"提供了肥沃土壤，办案人员通过刑讯逼供来获得证据线索的心理动机就无法消除，刑讯逼供问题就难以被有效遏制。在很多情况下，刑讯逼供的目的并不是迫使犯罪嫌疑人认罪，而是获取证据线索，从而发现有罪证据，即"果"。如果规定"毒树之果"不得食，则刑讯逼供不再有任何意义，自然不会再有人去刑讯逼供。

从另一方面看，虽然违法行为在先，但如果由此发现的可以证明被告人有罪的证据因是"毒树之果"而不能作为定案依据，从而只能眼睁睁地看着犯罪人逍遥法外，对很多人来说，恐怕在心理上也难以接受。这种情况也的确不利于打击犯罪，也不利于正义的实现。

因此，如何处理"毒树之果"是一个非常复杂的问题。我国法律目前对此并未作出明确的规定，但在法律实践中，并没有完全排除"毒树之果"的适用。就"毒树之果"，到底应当如何在两种认识之间进行平衡，仍是一个需要进一步讨论的问题。

（二）民事诉讼中证据认定的一般规则

证据必须经过查证属实，才能作为定案的根据。人民法院应当以证据能够证明的案件事实为依据依法作出裁判。审判人员应当依照法定程序全面、客观地审核证据，依据法律的规定，运用逻辑推理和日常生活经验，对证据有无证明力和证明力大小独立进行判断，并公开判断的理由和结果。

对于当事人提交的证据，人民法院应审查其关联性、合法性和真实性。

所谓关联性，是指与案件待证事实的关联性，与案件争议问题不具有关联性的证据，不作定案根据；所谓合法性，是指证据的形式和来源必须合法，通过非法手段获取的证据不能作为定案依据；所谓真实性，是指证据及其内容应当真实可靠。

1. 可以确认证明力的证据

民事诉讼的目的在于解决纠纷，当事人在诉讼中有很大的自主权。一般情况下，对一方提交的证据，对方没有异议的，可确认其证明力。对下列情况，对方虽然提出异议或反驳证据，也可以确认证据的证明力。

（1）书证原件或者与书证原件核对无误的复印件、照片、副本、节录本，物证原物或者与物证原物核对无误的复制件、照片、录像资料等，有其他证据佐证并以合法手段取得的、无疑点的视听资料或者与视听资料核对无误的复制件，一方当事人申请人民法院依照法定程序制作的对物证或者现场的勘验笔录，对方当事人提出异议但没有足以反驳的相反证据的，人民法院应当确认其证明力。

（2）人民法院委托鉴定部门作出的鉴定意见，当事人没有足以反驳的相反证据和理由的，可以认定其证明力。

（3）一方当事人提出的证据，另一方当事人认可或者提出的相反证据不足以反驳的，人民法院可以确认其证明力。

（4）一方当事人提出的证据，另一方当事人有异议并提出反驳证据，对方当事人对反驳证据认可的，可以确认反驳证据的证明力。

2. 不能单独作为定案依据的证据

证据之间应能相互印证，有疑点又无法与其他证据相印证的证据，不能单独作为定案依据。这种情形主要包括以下五种：① 当事人的陈述；② 无民事行为能力人或者限制民事行为能力人所作的与其年龄、智力状况或者精神健康状况不相当的证言；③ 与一方当事人或者其代理人有利害关系的证人陈述的证言；④ 存有疑点的视听资料、电子数据；⑤ 无法与原件、原物核对的复制件、复制品。

3. 证据证明力的综合判断

双方当事人对同一事实分别举出相反的证据，但都没有足够的依据否定对方证据的，人民法院应当结合案件情况，判断一方提供证据的证明力是否明显大于另一方提供证据的证明力，并对证明力较大的证据予以确认。就数个证据对同一事实的证明力，2001年通过的《最高人民法院关于民事诉讼证据的若干规定》第77条规定了以下认定原则：① 国家机关、社会团体依职权制作的公文书证的证明力一般大于其他书证；② 物证、档案、鉴定意见、勘验笔录或者经过公证、登记的书证，其证明力一般大于其他书证、视听资料和证人证言；③ 原始证据的证明力一般大于传来证据；④ 直接证据的证明力一般大于间接证据；⑤ 证人提供的对与其有亲属或者其他密切关系的当事人有利的证言，其证明力一般小于其他证人证言。由于这一规定在执行过程中容易流于机械，2019年最高人民法院对文件进行修正时删除了该条规定，但此规定作为一种实务经验，仍然可供参考。

事实认定在现实生活中是一个极为复杂的过程，无论多么详细的规定都无法完全涵摄现实生活中的具体情况。因此，在很多情况下，还需要法官根据经验形成内心确信，并根据这种内心确信作出裁判。《最高人民法院关于民事诉讼证据的若干规定》第85条也有类似的表述，审判人员在证据认定中，不仅应当遵循法定程序和法律规定，还需要运用逻辑推理和日常生活经验，对证据有无证明力和证明力大小独立进行判断。

（三）刑事和行政诉讼中的证据认定

民事诉讼中的证据认定规则，一般情况下均可用于刑事诉讼和行政诉讼，但是，民事诉讼主要是基于个体权益争议而形成的，在纠纷的解决上，本人享有很大的自主决定权。这种自主决定权同样体现在证据认定规则上，比如，对于本人认可的证据，人民法院一般可以直接认定证据的证明力。但在刑事诉讼和行政诉讼中，不能单单根据当事人的态度来认定证据，即使当事人认可，仍然需要结合其他证据来审查该证据是否应当采信，不能与其他证据相印证的，也不应作为定案依据。

第三节 诉讼程序

一、起诉

（一）诉的提出

民事诉讼和行政诉讼的"诉"都是由原告直接向人民法院提起的。所谓原告，是认为自己的权益受到侵犯从而要求人民法院进行裁判以实现其权益的损害救济的人。诉一般由原告本人提起，但未成年人由其法定代理人代为提起诉讼。对污染环境、侵害众多消费者合法权益等损害社会公共利益的行为，法律规定的机关和有关组织（如人民检察院）可以向人民法院提起诉讼。

刑事诉讼的诉有两种提出方式。一种是公诉，由人民检察院作为公诉机关提起，因而公诉案件的程序中只有公诉机关，没有原告。被害人以被害人身份参加诉讼，同时也可以以刑事附带民事诉讼原告的身份提起附带民事诉讼。另一种是自诉，法律规定告诉才处理的案件，如暴力干涉婚姻自由、侮辱诽谤、虐待等案件，以及应予追究刑事责任并已提出控告，但公安机关或检察机关不予追究的情况，被害人均可直接向人民法院提起诉讼。

应当注意的是，民事诉讼和行政诉讼中的当事人分别称原告和被告，其代理人称诉讼代理人，而刑事诉讼中的当事各方分别称公诉机关、被害人或刑事附带民事诉讼原告和被告人，被告人的代理人称辩护人。在刑事自诉案件中，提起自诉的人称刑事自诉人，被起诉的人仍然称为被告人。

（二）诉的条件

刑事诉讼是否符合起诉条件由公诉机关审查确定。民事诉讼由原告提起，由人民法院审查是否符合立案条件，对符合立案条件的，应当立案审理。由于立案时案件尚未审理，法院不应就案件的实体问题进行判断，故立案条件原则上只能是形式条件，人民法院的审查只能是形式审查，而不能对案件进行实质判断。

根据《民事诉讼法》第122条，起诉应当具备的基本条件有四个：原告是与本案有直接利害关系的公民、法人和其他组织；有明确的被告；有具体的诉讼请求和事实、理由；属于人民法院受理民事诉讼的范围和受诉人民法院管辖。法律有特别规定的，还应符合特别规定。比如妻子怀孕或哺乳期间，丈夫不得提起离婚诉讼；又如根据一事不再理的原则，已经人民法院或仲裁机构裁决，不得再行提起诉讼。

（三）诉讼管辖

管辖是解决各级法院之间和同级法院之间受理第一审民事案件的分工问题的制度，其意义在于具体确定特定的民事案件由哪个法院行使民事审判权。但是，管辖问题不是单纯只对法院才有意义的内部分工，在方便当事人诉讼以及避免地方保护主义等方面也有重要意义。根据我国诉讼法，管辖主要分为级别管辖和地域管辖，此外还有协议管辖和指定管辖。

1. 级别管辖

级别管辖主要用以解决上下级法院之间的分工，确定管辖的一般原则是，由基层法院审理普通案件，中级法院和高级法院分别管辖各自辖区内有重大影响的案件。在刑事诉讼中，危害国家安全和恐怖活动案件，以及可能被判处无期徒刑或死刑的案件，由中级人民法院一审审理。在行政诉讼中，以县级以上人民政府为被告或以海关为被告的案件由中级人民法院管辖。

上级人民法院有权审理下级人民法院管辖的第一审民事案件；确有必要将本院管辖的第一审民事案件交下级人民法院审理的，应当报请其上级人民法院批准。下级人民法院对它所管辖的第一审民事案件，认为需要由上级人民法院审理的，可以报请上级人民法院审理。

2. 地域管辖

地域管辖按地域确定法院的管辖分工。刑事案件一般由犯罪地的人民法院管辖，如果由被告人居住地的人民法院审判更为适宜，可以由被告人居住地的人民法院管辖。民事诉讼中地域管辖的确定一般遵循的是被告住所地、合同履行地或侵权行为地的法院管辖原则。如果诉讼是因不动产、港口作业或遗产而产生的争议，则由不动产所在地、港口所在地、被继承人死亡时住所地或主要遗产所在地的人民法院管辖，这种情况称为专属管辖。

合同当事人也可以协议选择被告住所地、合同履行地、合同签订地、原告住所地、标的物所在地等与争议有实际联系的地点的人民法院管辖，称为协议管辖。协议管辖不得违反法律对级别管辖和专属管辖的规定。

3. 管辖争议

两个以上人民法院都有管辖权的诉讼，原告可以选择向其中一个人民法院起诉，原告向两个以上有管辖权的人民法院起诉的，由最先立案的人民法院管辖。人民法院之间因管辖权发生争议，由争议双方协商解决；协商解决不了的，报请它们的共同上级人民法院指定管辖。

当事人向没有管辖权的法院起诉，法院予以立案审理的，对方当事人在收到受理通知书之日起15日内有权提出管辖权异议。法院对当事人提出的异议应当审查。异议成立的，裁定将案件移送有管辖权的人民法院；异议不成立的，裁定驳回。当事人未提出管辖异议，并应诉答辩的，视为受诉人民法院有管辖权，但违反级别管辖或专属管辖规定的除外。

（四）诉讼时效

诉讼时效是指权利人在一定期间内不行使权利，在义务人提出时效抗辩的前提下，人民法院将不再支持权利人的请求。人民法院并不主动审查诉讼时效，只有在义务人提出时效抗辩的时候才启动时效审查。超过诉讼时效也不意味着权利人实体权利的丧失，如果义务人主动履行义务，履行行为仍然有效，但如果义务人拒不履行并提出时效抗辩，权利人将无法获得法律上的保护。由此可以说，超过诉讼时效的，权利人并不丧失实体权利，丧失的是胜诉权。

根据《民法典》的规定，我国的普通诉讼时效期间是三年，一般情况下，自权利人知道或应当知道权利被侵害之日起计算，法律对诉讼时效期间和起算点有特别规定的，适用特别规定。在诉讼时效期间内，如果权利人向债务人主张权利，诉讼时效中断，诉讼时效期间重新起算。在诉讼时效期间届满的最后6个月内，权利人因不可抗力或其他障碍不能行使请求权的，诉讼时效中止，中止时效的原因消除后，时效期间继续计算6个月。原则上，从权利被侵害之日起超过20年的，人民法院不再提供保护。有特殊情况的，人民法院可以根据权利人的申请决定延长。

刑事诉讼中的时效称追诉时效，行政诉讼中则称起诉期间。依照《行政诉讼法》，行政诉讼起诉期间为6个月，自知道或者应当知道作出行政行为之日起计算。因不动产提起诉讼的案件自行政行为作出之日起超过20年，其他案件自行政行为作出之日起超过5年提起诉讼的，人民法院不再受理。与诉讼时效不同，起诉期间不存在中断和中止的问题，而且人民法院可以依职权主动审查起诉期限。超过起诉期限的，人民法院可以不予受理；已经立案的，也可以因超过起诉期限予以驳回。

二 审判

（一）审判组织

审判组织是指人民法院审理案件的内部组织形式。人民法院审理案件的组织形式通

常有两种，即独任制和合议制。此外，人民法院的审判委员会也属于审判组织。

独任制只有一名审判员审理，适用于基层人民法院审理的案情简单、争议不大的案件，一般适用简易程序，程序简单，方便快捷。在我国，只有刑事诉讼或民事诉讼中存在独任制，行政诉讼中不存在独任制。

合议制由三至七人组成的合议庭负责案件的审判，我国合议庭一般由三名人员组成，这三名人员可以是审判员，也可以是人民陪审员，但必须至少有一名是审判员。其中，人民陪审员是直接从群众中选举产生，或者由人民法院临时邀请参与案件的审理，行使审判权的非专职审判人员。人民陪审员只在一审中才可以成为合议庭组成人员，二审程序中人民陪审员不能成为合议庭组成人员。

根据人民法院组织法的规定，各级人民法院均设立审判委员会。审判委员会由院长、庭长和资深审判员组成，参加审判委员会的成员称审判委员会委员。各级人民法院的审判委员会委员，由院长提请本级人民代表大会常务委员会任免。审判委员会的任务是总结审判经验，讨论重大、复杂或者疑难的案件，讨论其他有关审判工作的问题。对于疑难、复杂、重大的案件，合议庭认为难以作出决定的，由合议庭提请院长决定提交审判委员会讨论决定。审判委员会在对案件的实质处理上的职权决定了它在诉讼中的地位，表明它具有审判组织的性质。

根据最高人民法院司法解释的规定，拟判处死刑的案件、合议庭成员意见有重大分歧的案件、人民检察院提出抗诉的案件，以及在社会上有重大影响的案件，需要由审判委员会讨论决定。

对审判委员会制度的批评

审判委员会制度是我国特有的审判制度，它依照少数服从多数的原则，对一些重大、疑难案件作出决议，实际上是各级人民法院内部的最高审判组织。它在司法实践中发挥着重要的作用，但也有很多人对这一制度提出批评，认为该制度违背了诉讼程序的基本原则，应当予以废除，这些批评主要基于以下四个理由。

1. 与审判公开、直接审理原则相悖

审判公开、直接言辞原则是诉讼程序的基本原则。审委会讨论案件是秘密进行的，讨论时除了汇报人和必要的记录人员外，其他人是不准进入会议室的，更不用说旁听、报道，很显然这是与审判公开原则相矛盾的。此外，审委会讨论案件时诉讼当事人并不在场，一般不展示证据，审委会委员亦不直接听取当事人的陈述和辩论、辩护，仅仅听取案件承办人的汇报和根据案件承办人所写的案情报告作出判决。这又和直接言词原则相悖,对准确判断、分析证据,查明案件事实显然是不利的。

2. 回避制度对审委会委员形同虚设

设立回避制度旨在从审判主体中立性的层面确保审判的公正性,审判中立性更注重诉讼程序结构来确保案件的公正审理,即法官应当和案件本身以及当事人双方及其诉讼代理人无关联而保持中立的诉讼地位,也就是和双方当事人保持同等的诉讼距离。但对于审判委员会的秘密审理,当事人无法依照程序提出回避申请。

3. 割裂了审理权和裁判权,出现"审而不判"和"判而不审"

审委会讨论决定案件,审理者是合议庭或独任审判员,判决者则是审委会,造成审、判分离,合议庭"审而不判",审委会则是"判而不审""不审而判"。有人将此种状况比喻为"看病的医生无权开处方,开处方的医生却不看病"。这类现象严重影响了法官的积极性和创新精神,而且会从实质上影响审判的质量。

4. 不利于错案责任追究制的落实

审委会制度由于存在较多问题,很难确保案件的质量,一旦出现此类案件被认定为错案的情形,就很难追究审委会委员个人的责任。基于审委会讨论的案件,合议庭并未实际裁判,若由合议庭成员承担责任,显然不太公平。从理论上说,应由审委会集体承担责任,因为审委会讨论案件实行民主集中制,集体负责。但在司法实践中,所谓集体负责实际上往往是无人负责。

也有人认为审委会采取集体决定原则,可以有效地避免人情案,有助于防止个别法官以权谋私的现象;同时,审委会在总结审判经验、指导审判活动方面也可发挥相应的作用。但从目前审委会的实际运作过程看,确实存在诸多问题。如何发挥审委会的作用,同时避免制度的缺陷,需要我们认真地反思。

2019年8月,《最高人民法院关于健全完善人民法院审判委员会工作机制的意见》发布,从基本原则、组织构成、职能定位、运行机制和保障监督等方面对审判委员会制度重新作出了定位和规范。

(二)审级制度

我国的审级制度以两审终审为原则,以一审终审为例外。一审终审的案件主要是最高人民法院一审审理的案件、部分小额诉讼案件,以及适用特别程序审理的案件。适用一审终审的案件,一经法院裁判,即发生法律效力,当事人不能上诉。适用两审终审的案件,当事人不服一审判决的,还可提起上诉,刑事案件中的公诉人也可以提出抗诉。案件经上诉或抗诉进入二审程序,二审人民法院作出的裁判属于发生法律效力的终审裁判,当事人不能再向更高一级的法院提出上诉。

审级的确定要考虑公正性，同时也要兼顾效率。之所以采取两审终审制，是考虑到法院认识能力有限，不一定能作出正确的裁判，允许二审等于给当事人增加了一次机会，同时也有利于吸收当事人可能对审判活动产生的怀疑和不满。之所以在二审之后不再允许上诉，主要考虑的是效率的成本，避免案件久拖不决。

此外，还有审判监督程序，又称再审程序。但审判监督程序原则上只有在符合法律规定的条件的情况下才能够启动，如发现新的证据足以推翻原判决的，原审违反法定程序的，原审法官有徇私舞弊行为的，等等。当事人申请再审，经审查符合法律规定的条件的，可启动再审程序。人民法院发现已发生效力的裁判存在错误的，也可启动再审程序。人民检察院认为已经发生效力的裁判存在错误，也可通过提起抗诉启动再审。

在刑事诉讼过程中，对判处死刑的，还应由最高人民法院进行核准；判处死刑缓期执行的，可以由高级人民法院核准。这称为死刑复核程序。

（三）审理与判决

案件经过审理，最终要有一个处理结果。对于民事案件而言，双方当事人可以自行和解，达成和解协议后，原告可以申请撤诉，由人民法院裁定准予撤诉。当然，如果案件涉及国家集体或第三人权益，或因其他特殊情况，法院也可以不允许撤诉。双方和解的，也可以由法院制作调解书，调解书一经送达，即发生法律效力，不能上诉。双方达不成和解协议的，由人民法院依法裁判。对于程序性事项，人民法院一般制作裁定书作出裁定，如驳回管辖权异议裁定书、先予执行裁定书等。裁定也可以是对案件的最终处理结果，如因被告不适格而裁定驳回起诉。对于实体事项的处理，一般需要制作判决书。

刑事公诉案件是国家针对危害社会的犯罪行为提起的诉讼，被告人和被害人均无权左右诉讼的进程，被害人的谅解和不再追究刑事责任的表示对案件的进程并不产生实质性影响，最多不过是量刑时可予酌情考虑的一个从轻情节。但是，对于因民间纠纷引起，涉嫌侵犯人身权利、民主权利和财产权利的犯罪，可能判处三年有期徒刑以下刑罚的故意犯罪案件，以及除渎职犯罪以外的可能判处七年有期徒刑以下刑罚的过失犯罪案件，如果犯罪嫌疑人或被告人真诚悔罪，通过向被害人赔偿损失、赔礼道歉等方式获得被害人谅解，被害人自愿和解的，双方当事人可以和解。对于达成和解协议的案件，公安机关可以向人民检察院提出从宽处理的建议，人民检察院可以向人民法院提出从宽处罚的建议；对于犯罪情节轻微，不需要判处刑罚的，人民检察院可以作出不起诉的决定，人民法院也可以依法对被告人从宽处罚。

行政诉讼不适用调解，这是因为行政诉讼的被告是国家机关，如果允许调解，原告很容易受到被告的压力或引诱，出现以国家权力作交易的不正常现象，被告的违法行政也不能及时得到制止。

（四）判决的执行

对于人民法院已经发生法律效力的判决，当事人应当自动履行；当事人拒不履行的，可以申请人民法院强制执行。对于银行存款，人民法院可以强行划转；对于财产，可以依法拍卖或变卖；对于要求当事人为特定行为的，可以对当事人实施强制，如强制搬迁。

对民事判决和行政判决申请执行的期间为两年，从法律文书判定履行期间的最后一日起计算；法律文书判定分期履行的，从判定的每次履行期间的最后一日起计算；法律文书未判定履行期间的，从法律文书生效之日起计算。申请执行时效的中止、中断，适用诉讼时效中止、中断的规定。

关于刑事判决，死刑、没收财产和罚金刑由中级人民法院执行；附带民事判决部分，经当事人申请，由一审人民法院执行。对于罪犯刑期，由人民法院移送刑罚执行机关执行。在我国，刑罚执行机关主要是监狱，但被判处管制和拘役以及剥夺政治权利的，由公安机关执行。

三 刑事诉讼中的特殊规定

刑事诉讼程序可分为侦查阶段、审查起诉阶段和审判阶段三个阶段，一般情况下分别由公安机关、检察院和法院分工负责。之所以分成三个阶段并分别由不同机关负责，从程序设计的角度，主要是为了确保能及时纠正可能存在的错误，避免冤假错案的发生。过去我们过于强调三个机关之间的分工与协作，弱化了其相互监督制约的功能，导致一些非常明显的冤假错案未能得到及时的纠正。对三个机关之间的关系，需要我们重新予以审视。

（一）刑事强制措施

强制措施是对犯罪嫌疑人采取的限制人身自由的措施，我国《刑事诉讼法》规定的强制措施主要有五种，分别是拘传、取保候审、监视居住、刑事拘留和逮捕。

1. 拘传

拘传是对于未被羁押的犯罪嫌疑人，强制其到案接受讯问的一种措施。拘传的时间不得超过12小时。案情特别重大、复杂，需要采取拘留、逮捕措施的，不得超过24小时。

2. 取保候审

取保候审是对犯罪较轻可能未达到判处有期徒刑的程度，或虽可能判处有期徒刑，但如不采取羁押措施不致发生社会危险性的犯罪嫌疑人或被告人采取的一种强制措施。这种强制措施不羁押犯罪嫌疑人或被告人，但为防止其逃避侦查、起诉和审判，责令其提出保证人或者交纳保证金，并出具保证书，保证随传随到。取保候审的时间最长不超过12个月。

3. 监视居住

监视居住是对犯罪嫌疑人或被告人采取的，命令其不得擅自离开住所或者居所并对其活动予以监视和控制的一种强制方法。监视居住最长不得超过6个月。

4. 刑事拘留

刑事拘留是在紧急情况下，依法临时剥夺某些现行犯或者重大嫌疑分子人身自由的一种强制措施。拘留后，除有碍侦查或者无法通知的情形以外，应当在24小时以内把拘留的原因和羁押的处所通知被拘留人的家属或者所在单位。对被拘留的人，认为需要逮捕的，应当在拘留后的三日以内，提请人民检察院审查批准。在特殊情况下，提请审查批准的时间可以延长一至四日。对于流窜作案、多次作案、结伙作案的重大嫌疑分子，提请审查批准的时间可以延长至30日。

5. 逮捕

逮捕是剥夺犯罪嫌疑人人身自由并予以羁押的强制措施。对有证据证明有犯罪事实，可能判处徒刑以上刑罚的犯罪嫌疑人、被告人，采取取保候审、监视居住等方法，尚不足以防止发生社会危险性，而有逮捕必要的，应即依法逮捕。公安机关无权决定逮捕，其认为需要逮捕的，应当提请人民检察院批准，人民检察院应当在七日内决定是否批准逮捕。决定不批准逮捕的，公安机关对被刑事拘留的犯罪嫌疑人应予释放；需要继续侦查的，如果符合条件，可以对犯罪嫌疑人取保候审或监视居住。

（二）立案侦查程序

侦查阶段主要是通过侦查活动，收集证据，查明案件事实。在我国，这一工作主要是由公安机关负责的。除公安机关外，国家安全机关对涉及危害国家安全的案件、军队保卫部门对军人犯罪案件、中国海警局对海上发生的刑事案件、监狱侦查部门对监狱内犯罪案件，在其职责范围内，分别也享有相应的侦查权。人民检察院在对诉讼活动实行法律监督中发现的司法工作人员利用职权实施的非法拘禁、刑讯逼供、非法搜查等侵犯公民权利、损害司法公正的犯罪，也可以行使侦查权。上述机关行使侦查权，均应遵守《刑事诉讼法》的规定。

另外，我国还有一个监察机关，有权对公务人员的一切职务犯罪进行调查，并有权对相应的接受调查的人员采取留置措施，调查终结后，可以将案件移送检察院提起公诉。从形式上看，这种调查权与侦查权并无明显的区别，但在法律性质上，监察机关在此行使的是监察权，而不是刑事侦查权，因而不受《刑事诉讼法》相关规定的限制。

1. 立案程序

公安机关发现有犯罪发生，应当立案；接到报案、举报和控告后，经审查认为有犯罪事实需要追究刑事责任的，也应当立案。认为不需要立案的，要将不立案的理由通知控告人；控告人不服的，可以申请复议。被害人认为应当立案而公安机关不予立案的，可以向人民检察院提出，人民检察院应当要求公安机关说明不予立案的理由；人民检察院认为理由不成立的，应当通知公安机关立案，公安机关接到通知后应当立案。

2. 侦查程序

公安机关立案，应当进行侦查，收集、调取犯罪嫌疑人有罪或者无罪、罪轻或者罪重的证据材料，对现行犯或者重大嫌疑分子采取相应的强制措施，对应当逮捕而在逃的犯罪嫌疑人，可以发布通缉令。

对犯罪嫌疑人逮捕后的侦查羁押期限不得超过二个月。案情复杂、期限届满不能终结的案件，可以经上一级人民检察院批准延长一个月。对于交通十分不便的边远地区的重大复杂案件，重大的犯罪集团案件，流窜作案的重大复杂案件，犯罪涉及面广、取证困难的重大复杂案件，经省、自治区、直辖市人民检察院批准或者决定，可以延长二个月。对犯罪嫌疑人可能判处十年有期徒刑以上刑罚，经省、自治区、直辖市人民检察院批准或者决定，可以再延长二个月。在侦查期间，发现犯罪嫌疑人另有重要罪行的，自发现之日起重新计算侦查羁押期限。因为特殊原因，在较长时间内不宜交付审判的特别重大复杂的案件，由最高人民检察院报请全国人民代表大会常务委员会批准延期审理。

3. 移送审查起诉

公安机关或检察机关经过侦查，认为应当追究刑事责任的，应当将材料移送人民检察院审查起诉；认为不应追究刑事责任的，应终止侦查，对犯罪嫌疑人采取羁押措施的，应立即释放。

（三）审查起诉程序

审查起诉由人民检察院负责。对于公安机关、监察机关移送审查起诉的案件，应根据不同情况，分别作出以下三种处理。

1. 补充侦查

人民检察院审查案件，对于需要补充侦查的，可以退回公安机关补充侦查，也可以自行侦查。对于补充侦查的案件，应当在一个月以内补充侦查完毕。补充侦查以二次为限。补充侦查完毕移送人民检察院后，人民检察院重新计算审查起诉期限。

对于监察机关移送起诉的案件，人民检察院经审查，认为需要补充核实的，应当退回监察机关补充调查，必要时可以自行补充侦查。

2. 不起诉

犯罪嫌疑人没有犯罪事实，已过追诉期限，或者存在其他不应追究刑事责任的法定情形的，人民检察院应当作出不起诉决定。对于犯罪情节轻微，依照刑法规定不需要判处刑罚或者可以免除刑罚的，人民检察院可以作出不起诉决定。

人民检察院决定不起诉的案件，应当同时对侦查中查封、扣押、冻结的财物解除查封、扣押、冻结。对被不起诉人需要给予行政处罚、处分或者需要没收其违法所得的，人民检察院应当提出检察意见，移送有关主管机关处理。如果被不起诉人在押，应当立即释放。

对于有被害人的案件，决定不起诉的，人民检察院应当将不起诉决定书送达被害人。被害人可以自收到决定书后七日以内向上一级人民检察院申诉，请求提起公诉。人民检察院维持不起诉决定的，被害人可以向人民法院起诉。被害人也可以不经申诉，直接向人民法院起诉。人民法院受理案件后，人民检察院应当将有关案件材料移送人民法院。

对于人民检察院以犯罪情节轻微之由作出的不起诉决定，被不起诉人也可以自收到决定书后七日以内向人民检察院申诉。人民检察院应当作出复查决定，通知被不起诉人，同时抄送公安机关。

3. 提起公诉

人民检察院认为犯罪嫌疑人的犯罪事实已经查清，证据确实、充分，依法应当追究刑事责任的，应当作出起诉决定，按照审判管辖的规定，向人民法院提起公诉，并将案卷材料、证据移送人民法院。

人民检察院对于公安机关和监察机关移送起诉的案件，一般情况下应当在一个月以内作出决定，重大、复杂的案件，可以延长半个月。对补充侦查的案件，补充侦查完毕移送人民检察院后，审查起诉期限重新计算。

对于监察机关移送起诉的已采取留置措施的案件，人民检察院应当对犯罪嫌疑人先行拘留，留置措施自动解除。人民检察院应当在拘留后的十日以内作出是否逮捕、取保候审或者监视居住的决定。在特殊情况下，决定的时间可以延长一至四日。人民检察院决定采取强制措施的期间不计入审查起诉期限。

（四）辩护制度

辩护制度是刑事诉讼的重要制度之一，是防止公权力滥用、维护犯罪嫌疑人和被告合法权益，并使诉讼关系保持平衡的重要砝码。

1. 辩护人

辩护人一般由执业律师担任，但犯罪嫌疑人或被告人所在单位可以推荐律师以外的人担任其辩护人，犯罪嫌疑人的监护人和亲友也可以担任辩护人。但是，非执业律师担任辩护人的，辩护权会受到一定限制，比如在侦查阶段不能担任辩护人。又如，与犯罪嫌疑人或被告人会见和通信须经人民检察院或人民法院许可，而辩护律师没有这一限制。

辩护人的责任是根据事实和法律，提出犯罪嫌疑人、被告人无罪、罪轻或者减轻、免除其刑事责任的材料和意见，维护犯罪嫌疑人、被告人的诉讼权利和其他合法权益。在侦查期间，辩护律师还可以为犯罪嫌疑人提供法律帮助，代理申诉、控告，申请变更强制措施，向侦查机关了解犯罪嫌疑人涉嫌的罪名和案件有关情况，并提出意见。

应予注意的是，辩护律师虽然是犯罪嫌疑人或被告人聘请的，其职责也是为犯罪嫌疑人或被告人提供辩护服务，但辩护律师依照法律规定，根据自己对案件的看法独立行使辩护权，所发表的辩护观点虽然应当征求犯罪嫌疑人或被告人的意见，但并不受犯罪嫌疑人和被告人的意见所左右。

拓展阅读

如何理解律师为"坏人"说话的问题

在很多人眼里，辩护律师是为坏人说话的，尤其是给一些犯罪行为极其恶劣的犯罪分子辩护，在很多人看来，不过是为了挣钱而丧失节操的令人不齿的行为。这样的理解是否合适呢？我们又该如何看待律师为"坏人"辩护的行为呢？

对于这个问题，首先需要讨论的是对"坏人"的定位。从普通人的一般生活经验出发，在绝大多数情况下，犯罪嫌疑人最终都被定了罪，被人民法院认定为"坏人"。所以，将犯罪嫌疑人也视为"坏人"符合普通人的日常生活经验，这种认识无可厚非。但在法律上，在被人民法院通过审判最终确认有罪之前，任何人都被推定是无罪的，也就是说，在辩护律师参与案件时，犯罪嫌疑人一律被推定为无罪，这个时候并不存在"好人"或"坏人"之说。何况，律师在接受委托介入案件之前，并不了解案件情况，也无从对犯罪嫌疑人是"好人"还是"坏人"作出评判。

从律师的职责角度看，律师尤其不能存在"好人"和"坏人"的偏见，律师作为一个专业的法律人，应当完全立足于犯罪嫌疑人和被告人的立场，去努力判读其是否存在被冤枉的可能，从而最大限度地防止冤假错案的发生。在此意义上，辩护律师并非单纯是替某个人说话，而是在履行一个神圣的法律职责，是法律运行过程中一个重要的环节，是维护刑事诉讼中控辩双方地位平衡的一个重要砝码。

立足于这样的视角，辩护律师不仅应当以高度认真负责的态度为"坏人"说话，对"坏人"其他未被公安机关发现的犯罪行为，辩护律师还应当为之"保密"。我国《刑事诉讼法》第48条规定："辩护律师对在执业活动中知悉的委托人的有关情况和信息，有权予以保密。但是，辩护律师在执业活动中知悉委托人或者其他人，准备或者正在实施危害国家安全、公共安全以及严重危害他人人身安全的犯罪的，应当及时告知司法机关。"

刑事辩护制度需要在辩护律师和犯罪嫌疑人之间建立一种相互信任关系，从而才能确保辩护制度功能和作用的正常发挥。辩护律师在执业活动中发现犯罪嫌疑人还有其他公安机关没掌握的犯罪，如果法律规定律师必须举报的话，会使犯罪嫌疑人在与律师打交道的过程中产生更多的顾虑，从而影响双方之间的沟通和交流，进而有可能会影响整个辩护制度功能的实现。从这样的角度看，除非出现《刑事诉讼法》第48条规定的特殊情况，虽然法律只规定"有权"，但"应当"才是辩护律师更为合适的选择。

2. 辩护律师的聘请

犯罪嫌疑人自被侦查机关第一次讯问或者采取强制措施之日起,有权委托辩护人。在侦查期间,只能委托律师作为辩护人。被告人有权随时委托辩护人。侦查机关在第一次讯问犯罪嫌疑人或者对犯罪嫌疑人采取强制措施的时候,应当告知犯罪嫌疑人有权委托辩护人。人民检察院自收到移送审查起诉的案件材料之日起三日以内,应当告知犯罪嫌疑人有权委托辩护人。人民法院自受理案件之日起三日以内,应当告知被告人有权委托辩护人。犯罪嫌疑人、被告人在押期间要求委托辩护人的,人民法院、人民检察院和公安机关应当及时转达其要求。

犯罪嫌疑人、被告人在押的,也可以由其监护人、近亲属代为委托辩护人。

犯罪嫌疑人、被告人因经济困难或者其他原因没有委托辩护人的,本人及其近亲属可以向法律援助机构提出申请。对符合法律援助条件的,法律援助机构应当指派律师为其提供辩护。犯罪嫌疑人、被告人是盲、聋、哑人,或者是尚未完全丧失辨认或者控制自己行为能力的精神病人,没有委托辩护人的,人民法院、人民检察院和公安机关应当通知法律援助机构指派律师为其提供辩护。犯罪嫌疑人、被告人可能被判处无期徒刑、死刑,没有委托辩护人的,人民法院、人民检察院和公安机关应当通知法律援助机构指派律师为其提供辩护。

3. 辩护律师的会见权与阅卷权

辩护律师享有非常广泛的辩护权利,如申请人民检察院和人民法院调取证据的权利、自行调查取证的权利、与犯罪嫌疑人和被告人会见和通信的权利、查阅复制案卷材料的权利等。其中最重要的两个权利是会见权和阅卷权。

会见权是辩护律师与犯罪嫌疑人会见的权利。通过会见,可以了解案件情况,这也是防止办案人员刑讯逼供最有效的监督方式。辩护律师的会见权原则上不受限制,除危害国家安全犯罪和恐怖活动犯罪案件仍在侦查阶段的,律师要求会见无须办案机关的许可。看守所应当及时安排会见,至迟不得超过48小时。为了确保会见期间犯罪嫌疑人和被告人能够打消顾虑、真诚沟通,辩护律师会见时不受监听。

阅卷权是辩护律师的另一项重要权利,辩护律师只有事先充分掌握了公诉机关的起诉材料,才能有针对性地发表辩护意见。未放入卷宗事先供辩护律师查阅的证据材料,不得在庭审时以突然袭击的方式出示,否则,辩护律师有权要求休庭或延期开庭审理。

本讲涉及的主要法律法规

(1)《中华人民共和国刑事诉讼法》
(2)《中华人民共和国民事诉讼法》
(3)《中华人民共和国行政诉讼法》
(4)《中华人民共和国人民调解法》
(5)《中华人民共和国仲裁法》

课外阅读推荐书目

(1)《看得见的正义(第三版)》,陈瑞华著,法律出版社2019年版。
(2)《丹诺辩护实录》,[美]欧文·斯通著,张宝钧、张浩译,世界知识出版社2010年版。

第十四讲 国际法

国内法解决的是个体与个体之间的关系,以及个体与国家之间的关系。从国际的视野看,还存在国家与国家之间的关系,一国公民与另一国公民的关系,以及一国公民与另一个国家的关系。单纯依据国内法,这些关系很难得到妥善的处理,在普通人的意识中,这些都是需要通过国际法来解决的。

国际法旧称万国法,由于国际社会中没有一个能凌驾于各个国家之上的组织独立地行使立法权和司法权,所以实际上并不存在一部可以强制适用于所有国家的法律。所谓的国际法,一般是指国际条约和国际习惯。对于违反条约和习惯的行为,也没有一个统一的国际执法机关给予处罚,主要是通过外交和经济制裁等方式来解决的,有时甚至可能引发战争。

一般地,人们把国际关系分为国际政治关系、国际民商事关系和国际经济关系三个方面,相应地,国际法规则也被分成三部分:国际公法、国际私法和国际经济法。

第一节　国际法概述

所谓国际法，顾名思义，是指用以调整国家关系的法律。但面对这样的定义，很多人不免心存疑惑，法律应当是对全体成员均具有普遍约束力的强制性规范，但是国际上并没有一个凌驾于各主权国家之上的立法机关，所谓的国际法主要表现为国际条约和国际习惯，它们算不算法律呢？

与国内法相比，国际法在很多方面的确是不一样的，依照国内法中对法律的定义，国际条约和习惯很难算作法律。早期的很多国际法专家也对国际法的法律性质采否定态度，比如，19世纪英国法学家约翰·奥斯汀（John Austin）将国际法视为"实在道德"，英美法院也曾将国际法视为国际礼让规则。尽管如此，当前世界，也许没有一个国家的政府敢于宣称不受国际法的约束，在处理国家之间的问题上，也都毫无例外地会援引国际法规则。尽管并不存在一个凌驾于国家之上的立法机关和强制机关，但公然违反国际法规则的行为必然会受到国际社会的普遍谴责，也将面临各种制裁。

一　国际法的渊源

国际法的渊源主要是国际条约和国际习惯。此外，《国际法院规约》第38条还将一般法律原则作为国际法的渊源之一。同时规定，司法判例与各国权威公法学说，可以作为确立一般法律原则之补充。

（一）国际条约

国际条约是国际法主体间缔结的用于确定相互权利义务关系的书面协议。广义上的条约不仅指以"条约"命名的条约，还包括其他虽不以"条约"命名，但在当事国之间具有约束力的其他约束性文件，如公约、协定、议定书、盟约、规约、宣言或声明等。

条约主要分双边条约和多边条约。所谓双边条约，是指只有两个国家就共同关心的问题所订立的条约；所谓多边条约，则指多个国家共同缔结的条约。条约原则上只对缔约国有约束力，对于非缔约国没有约束力。即使《联合国宪章》，在性质上也是一个多边条约，严格说来，对非会员国也没有约束力。

条约的订立也需要遵守相关国际法规范。目前，关于条约的国际法规范主要有1969年《维也纳条约法公约》和1986年《关于国家和国际组织间或国际组织相互间条约法的维也纳公约》。

(二)国际习惯与国际惯例

国际习惯是指在国际上被普遍认可的用以处理国家之间关系的原则、规则和制度，是一个在国际公法上被普遍使用的概念。国际习惯是不成文的，一项原则、规则和制度是否是国际习惯，主要从两方面考察：一是各国在国际交往中都采取相应的行为；二是各国均认可其具有法律约束力。比如，条约、宣言以及各种外交文书以及国际组织和机关的决定、判决经常采用的原则、规则和制度，一般会被认为已成为国际习惯。

国际习惯是国际公法常用的概念，在国际私法领域，多用国际惯例的概念。所谓国际惯例，是指国际上常采取的做法，由于大多数人都采取这种做法，所以被视为惯例。国际惯例不是国际习惯，在惯例的基础上，如果能进一步证明这种惯例不仅在国际上被普遍采用，而且还被各国认为有法律约束力，才可以称为国际习惯。也就是说，国际惯例强调的是客观上的"都这样做"，而国际习惯更强调主观上的"认可和承认"。

(三)一般法律原则

一般法律原则是《国际法院规约》中规定的国际法渊源。但是，对于何为一般法律原则，《国际法院规约》中并没有给出一个明确的定义，国际法学界也没有形成一致的认识。而且，一般法律原则似乎也很难与国际习惯上的原则相区分。人们通常认为，一般法律原则是在缺乏国际条约和国际习惯的情况下，基于一切文明国家普遍的良知而确认的国际法原则，国际法院判例和权威国际法学说常常可以作为确认一般法律原则的重要依据。

一般法律原则虽然是一项独立的国际法渊源，但与国际条约和国际习惯相比，属于次要或补充渊源，是在没有条约和习惯的情况下才适用的。在国际法实践中，一般法律原则并不占重要地位，国际法院以及国际仲裁法庭在裁判案件时也很少使用。

二 国际法的分类

严格意义上的国际法主要是调整国家与国家之间关系的规则，因而一国公民与另一国公民之间的关系、一国公民与另一个国家之间的关系并不属于严格意义上国际法的范畴，它们主要涉及的是冲突法规范，主要是由一国国内法规范来调整的。但是，围绕着冲突规范和国际贸易关系活动，也形成了一些国际习惯，有些国家还订立了国际公约，这些习惯和公约也是国际法体系中的一部分。

在我国，一般将国际法分为国际公法、国际私法和国际经济法三部分。

(一)国际公法

国际公法即调整国家之间关系的法律规范。很多人并不同意国际公法与国际私法的划分，认为国际私法主要是国内法。依照这种认识，不存在国际公法和国际私法，只有国际法，其主要内容是关于国家关系的法。在我国，很多教材也不使用国际公法的概念，大多直接使用国际法的名称。

国际公法主要调整国家与国家之间的关系，同时也调整国家与另一国公民的关系。此外，人权问题本来属于国内法的范畴，但出于对人权的保护和尊重，各国通过订立国际人权条约的方式，将国内法问题转化为一项国际法义务，从而使人权保护成为国际法的重要组成部分。

随着社会的发展，国际社会不断面临新的事务和问题，国际法的内容也随之不断变化。比如，外太空空间问题、环境问题、恐怖主义、网络空间安全、人类遗传资源等相继成为国际社会不可回避的共同问题，为此所签订的各种条约使国际法的内容不断增加，范围也不断扩大。

（二）国际私法

所谓国际私法，实际上是法律适用法，是指在处理涉外私法关系时，用以确定应适用哪国法律的规则。由于这些规则是解决法律适用冲突从而确定应适用哪国法律的依据，所以又称冲突法或准据法，也有的国家干脆直接称之为法律适用法。比如，我国就有专门的《中华人民共和国涉外民事关系法律适用法》（以下简称《涉外民事关系法律适用法》），详细地规定了涉外民事法律关系的法律适用问题。

准据法都是由一国国内法规定的，因而从法律渊源上讲，确实应属于国内法，并不属于国际法的范畴。但是，由于其所调整的对象是涉外私法关系事务，从调整对象的角度，人们也常将其称为"国际私法"，以与调整国内私法关系的法律相区分。

同时，有关法律适用的国际条约也越来越多。比如，海牙国际私法会议自1893年召开第一次会议至今，共召开了20余次会议，就法律适用和法律承认问题通过了近50个公约；又如，国际联盟和联合国主持制定了《宣告失踪人死亡的公约》《承认及执行外国仲裁裁决公约》等。这些公约当然均属于国际私法的组成部分。

（三）国际经济法

国际经济法是第二次世界大战后才逐渐发展起来的一门新的法学学科，对于究竟何为国际经济法，目前仍存在不同的认识。一种观点将国际经济法视为国际公法的一个分支，指的是调整国家之间经济关系的法律规范，并不包括私主体之间的交易关系。依照这种观点，国际经济法主要指一国的对外经济政策和各国就相互之间的经济政策问题签订的国际条约。另一种观点认为国际经济法包括所有用以调整国际经济关系的法律，不仅包括国家的对外经济政策和国际条约，私主体之间的贸易关系和商事活动也属于国际经济法的范畴。依照这种认识，国际经济法是一个包括国际法、国内法、公法和私法在内的综合法律体系，是一切国际经济关系的法律规范的总称。

不同的认识不仅涉及国际经济法本身的范围，还涉及国际公法和国际私法的范围确定问题。按照第一种观点，国际经济法将涉及经济关系的内容从国际公法中剥离出来，将个人、公司、企业等私主体之间的国际贸易和其他商事活动划归国际私法的范畴。依照第二种观点，国际公法的范围基本不变，但国际私法的内容就变得较为狭窄，商法和贸易关系法基本上都被划入国际经济法的范畴，国际私法基本上被限定于冲突规范的

范围。

从目前国际私法和国际经济法教材的编排情况看，国际私法和国际经济法有较为明显的各自为政之嫌，内容上也存在较多交叉，对国际商法和国际贸易关系，两种教材均将其纳入自己的体系范围。从实务应用的角度，这样的编排方式无可厚非，但在严格的学科或部门法意义上，私主体之间的贸易关系法和商事关系规范，似仍应以归入私法范畴为宜。

三 国际法与国内法的关系

国际法与国内法的关系也是一个有争议的问题。主要有两种观点：一是一元论观点，认为国际法与国内法属于同一法律体系；二是二元论观点，认为国际法与国内法属于两个不同的法律体系。

（一）一元论

一元论观点并不否定国际法的法律性质，认为其与国内法属于同一法律体系。既然属于同一法律体系，就面临一个新的问题：当国际法与国内法发生冲突的时候，应当如何适用，或者说何者更为优先？对此又形成两种观点。

一种观点认为：国际法是通过国内法才产生法律效力的，也是一国国家意志的体现。从根本上说，国际法就是国内法的一部分，属于"对外公法"的范畴。当国际法与国内法冲突的时候，应优先适用国内法，只在涉及对外事务的时候，才适用国际法。这种观点在19世纪曾为德国所提倡，纳粹时期又成为纳粹政权的理论。由于这种认识将国际法纳于国内法的支配之下，事实上等于否认了国际法的存在，故目前已为国际法学界所抛弃。

另一种观点认为：国际法的效力并不是源于国内法规范，而是源于"约定必须遵守"和"国际社会公认的规则必须遵守"等原则规范。这样的原则同样也应当成为国内法应当遵循的基本规范。因此，当国内法与国际法冲突的时候，应当优先适用国际法。但是，这种认识将国内法置于国际法之下，有否定或弱化国家主权的嫌疑，在实践中很难为各国所接受。

（二）二元论

二元论认为，尽管国内法与国际法都属于法律，但两种法律的性质不同，立法程序不同，适用的范围不同，作用也不同，因而分属于两种不同的法律体系。二者之间没有隶属关系，处于对等地位。

一方面，条约必须遵守，国家不能以国内法改变国际法。对此，《维也纳条约法公约》第27条也有明文规定："一当事国不得援引其国内法规定为理由而不履行条约。"另一方面，不能干涉他国内证，国际法不能干涉国家依主权原则而制定的国内法。凡未承担国际义务的事项，均属国内管辖，由国内法调整，不在国际法效力范围之内。

虽然国际法与国内法不被视为同一法律体系，但二者之间在很多方面都有密切的联系，很多国家的国内法条文规定，国际法可以直接作为国内法适用。但是，由于国内法立法程序与国际条约签署程序不同，故有些国家法律规定，国际法规范不能当然适用于国内事务，而是依照国内立法程序转变成国内法才能适用。对于二者之间可能出现的冲突，各国也有不同的做法。在二元论观点下，一般在解释中适用调和原则去解决二者之间的冲突，当难以通过解释进行调和的时候，一般主张国际法优于国内法。

（三）我国的态度

我国宪法和法律中并没有对国际法的效力以及其与国内法的冲突问题作出一般性规定，但在个别的法律中存在相关规定。比如，《民事诉讼法》271条规定："中华人民共和国缔结或者参加的国际条约同本法有不同规定的，适用该国际条约的规定，但中华人民共和国声明保留的条款除外。"该规定成为国内立法处理国内法与国际法关系时普遍遵循的模式，《中华人民共和国海商法》《中华人民共和国商标法》《中华人民共和国民用航空法》等都有类似的规定。这些规定不仅回答了冲突时的优先适用问题，也间接回答了条约在国内法的接受和效力问题。

总体而言，国际条约在我国基本上以直接适用为主，但是，上述规定毕竟只是在个别单行法中针对具体情况做的规定，似乎还不能被视为我国已经据此确立了国际法优于国内法的一般原则。

第二节　国家关系

一　国家关系的一般问题

（一）国家资格

国际法主体并不限于具有独立主权的国家，除国家外，还包括国际组织和争取民族独立与解放的政治实体。但是与国家相比，这些国际法主体的地位是有限的，比如，国际组织的权利是由成员方通过协议赋予的，其活动也限于组织章程规定的范围之内。争取民族独立与解放的政治实体也不能与国家相比拟，其合法性以人民自决权为基础，最多只是一种过渡型国家。所以，国际法主体主要是国家，我们在此主要讨论国家主体。

1. 国家资格的取得与承认

对于一个新成立的国家在何种情况下成为国际法主体，存在两种不同的认识：一种认识认为，一个新成立的国家只有经过现有国家的承认，才能成为国际法主体；另一种认识认为，国家先于并且独立于外国的承认而存在，因而一个国家国际法主体地位的取得不依赖他国的承认，其国际法人格经成立宣告而取得。两种认识均有积极的一面，但均存在一定的问题。根据第一种认识，不能获得他国承认的国家不能取得国家资格，实际上赋予了现有国家同意或拒绝一个新国家取得国家资格的权利，这是不合理的，但是，对于一些极端武装团体来说，这确实是一种有效的制约。根据第二种认识，新国家的产生是一种不可忽略的事实，其他国家的承认只是对这一事实的承认，并不具有赋予国家资格的性质，这一认识已为国际实践所接受。但是，如果一个国家的产生不具有合法性基础，这种观点下就不能起到有效的制约作用。

一般来说，一个新成立的国家能否取得国际法上的国家资格，取决于该国家成立的合法性基础：如果是合法成立的，则一般也会得到其他国家的承认，并取得国家资格；如果成立不具有合法性基础，虽然单方面宣布独立，但不能取得国际社会的承认，不被作为一个独立的国家来对待，也就无法取得真正意义上的国家资格。

除国家的承认外，还存在政府的承认问题。对于一个已经存在的独立国家而言，其政府的更替有时是在该国宪法框架下完成的，这种情况下一般不需要经过他国承认。但是，如果政府的更替是通过政变或革命完成的，就存在对新政府是否承认的问题。关于政府的承认，国际法中同样也没有明确的规定。国际法实践中，一般以新政府是否对该国实现了有效控制为标准决定是否承认，一般很少考虑政府更替的原因及其国内法意义上的法律根据。当今世界，联合国安理会还可以通过决议方式来决定是否认可一个新政府。联合国安理会决议认可的政府，也就相当于获得了国际社会的承认；联合国安理会决议不认可的政府，自然也就不能获得承认。

国家和政府不被承认，意味着不能取得相应的国际法上的合法资格，因而也就不能取得国际法上的保护。对于那些通过武装暴力手段取得独立或夺取政权的国家和政府，在局势尚不稳定的情况下，有可能会面临比较严峻的外部干涉。

2. 国家与政府的继承

国家继承主要是指因领土变更而导致的对与领土相关的国际条约、国家财产和国家债务等权利义务的处理。国家继承的对象是与继承领土有关的国际法权利义务，一般在领土发生变更时才会产生继承问题，如国家分裂、合并、分离、割让、恢复主权等。目前，关于国家继承的国际公约主要有1978年《关于国家在条约方面的继承的维也纳公约》和1983年《关于国家对国家财产、档案和债务的继承的维也纳公约》两个公约，分别对一国领土成为另一国领土、新的独立国家的成立、国家合并、国家分离等情况下的国家继承问题作出了规定。

政府的和平更替并不发生继承问题，但是，当新政府是因革命或政变而产生时，则会引起政府继承问题，不仅涉及领土和财产的继承，还涉及旧政府所订立的国际条约的承认、对外所负债务的承担、国际组织的代表权的承继等问题。关于这一问题，并不存在相应的国际条约，一般由新政府根据其所面临的具体情况作出决策和选择。

(二)国家的基本权利

国家权利可分为以主权为基础的权利和以国际法基础的权利,其中,以主权为基础的权利并不是国际法所赋予的权利,而是因国家主权而产生的固有权利,属于国家不可被剥夺和改变的基本权利。

依照1946年联合国大会《国家权利义务宣言草案》,国家的基本权利包括独立权、平等权、自卫权和管辖权。独立权是国家独立地处理内政外交,不受任何外在干涉的权利;平等权是国家不分大小,主体地位一律平等的权利;自卫权是国家面对外来侵略实施武装反击的权利;管辖权主要指国家依照国内法规范实施管理活动和执行法律的权利。

(三)处理国家关系的基本原则

国际法上的基本原则指的是被各国公认、不容违背的原则。基本原则影响国家之间的基本关系,一旦违反,国家之间的正常关系就会受到破坏。《联合国宪章》规定的基本原则主要有主权平等原则、善意履行国际义务原则、和平解决国际争端原则、不使用武力解决争议原则、集体协作原则、确保非会员国遵行宪章原则、不干涉别国内政原则等七项。1953年12月,在会见印度代表团时,周恩来总理提出了处理国家之间事务的五项基本原则,包括互相尊重主权和领土完整原则、互不侵犯原则、互不干涉内政原则、平等互利原则以及和平共处原则。

国际法基本原则在不同的国际文件中有不同的表述,但内容上大同小异。其中被普遍认可也常被援引的基本原则主要有以下四种。

1. 主权平等原则

主权是国家独立自主地处理国家事务的权力,对内是最高的国家治权,对外是独立的不受干涉的权力。在国际法中,所有国家不分大小,在法律地位上一律平等,享有平等的国家主权。各国的领土完整和政治独立不受侵犯,有权利自主选择并发展其政治、社会、经济和文化制度。

2. 禁止使用武力原则

禁止使用武力是20世纪起才开始逐渐确立的一项国际法原则。第一次对国家战争权提出限制的,是1899年海牙和平会议通过的《和平解决国际争端公约》,该公约要求当事国尽量避免诉诸武力。1907年,《海牙第四公约》禁止国家使用武力索取债务。1919年《国际联盟盟约》要求会员方将重大争端提交国际法庭或国际联盟行政院处理。1928年的《关于废弃战争作为国家政策工具的普遍公约》(即《巴黎非战公约》)更进一步明确,对缔约方之间可能发生的一切争端或冲突,不论其性质或起因如何,只能用和平方法加以处理或解决。其后,《联合国宪章》明确规定,各会员国在其国际关系上不得使用威胁或武力,或以与联合国宗旨不符之任何其他方法,侵害任何会员国或国家之领土完整或政治独立。禁止使用武力或武力威胁最终成为一项国际法基本原则。

根据《联合国宪章》和国际实践,禁止使用武力或武力威胁原则也存在例外情形,目前，这些例外情形主要有三种：一是国家行使自卫权；二是联合国安理会决定或授权使用武力；三是受殖民地统治的人民行使自决权而使用武力。

3. 不干涉内政原则

不干涉内政原则是指，属于一国国内管辖的事项，免受其他国家的干涉。《联合国宪章》也重申了这一原则，在本质上属于国内管辖之事件，不属于提请联合国依该宪章解决的范围。

随着国际关系的发展，内政的范围也在不断发生变化，曾经属于一国内政的问题也可能演变成国际法问题。比如，人权问题越来越多地被认为是一个国际法问题，至少不是一个单纯的内政问题。目前，国际法日益广泛渗入国内事项，内政的范围有一种逐渐缩小的趋势。

关于干涉，主要有两种形式：一是直接的干涉，如武装干涉、施加政治压力和经济制裁；二是通过控制目标国家的经济命脉来左右其内政，或通过策动、收买、资助反对势力的手段，实现对目标国家内政的干预。一般来说，干涉强调的是行为上的干涉，单纯的对内政的评论或意见不构成对内政的干涉。

4. 人民自决原则

人民自决是指各国人民、包括殖民地人民或其他被压迫民族有权自由决定其政治地位并自由发展其经济、社会和文化。但应注意的是，对于一个由多民族自愿组成的国家而言，如果它已建立了合法政府并实行有效的统治，任何人不得以人民自决为借口，制造、煽动或支持民族分裂，破坏该国的统一和领土完整。

二　国家关系法的基本内容

（一）居民法

一个国家的居民可以简单地分为本国人和外国人。一般来说，无论本国居民还是外国居民，根据属地管辖原则，都要接受居住国的法律管辖。但是，一个国家与外国人的关系并不是单纯的法律管辖问题，还涉及外国人的法律地位，以及外交保护、引渡和庇护等问题。这些问题涉及的常常是主权国家之间的关系，因而属于国际公法的范畴。

1. 国籍法

国籍是指一个人属于一个国家的公民或国民资格。国籍问题原则上属于一国国内法管辖事项，每个国家都有权依自己的法律确定国民资格。但是，各国在国籍立法上的原则不同，往往会引起国籍冲突，需要通过国际法规范解决国籍冲突问题，这使国籍问题成为国际法上的一项重要内容。

原始国籍一般出生时即可取得。有的国家采血统主义，凡具有本国国籍的人所生之子女，不论出生何地，均取得本国国籍；有的国家采出生地主义，凡在本国出生的，均可取得本国国籍；有的采混合主义，兼顾血统与出生地两种因素。国籍并非终身不变的，基于个人申请、跨国婚姻、被外国人收养等原因，也可以改变国籍。

由于各国国籍法规定不同，一个人可能同时取得两个或两个以上国家的国籍，或者不具有任何国籍。我国在原始国籍赋予上，采取血统主义和出生地主义相结合的原则，不承认双重国籍。父母双方或一方为中国公民，本人出生在中国的，具有中国国籍。父母双方或一方为中国公民，本人出生在外国的，具有中国国籍；但父母双方或一方定居在外国，本人出生时即具有外国国籍的，不具有中国国籍。父母无国籍或国籍不明，定居在中国，本人出生在中国的，具有中国国籍。定居在外国取得外国国籍的，自动丧失中国国籍。经批准加入中国国籍的，不得保留外国国籍。

2. 外国人的待遇

对于居住在本国的外国人和无国籍人，给予什么法律地位和法律待遇是一国主权范围的事，别国无权干涉。但是，在规定外国人的法律地位时，居留国也应顾及国际法的一般原则，不得违背所应承担的国际义务，同时还要照顾国籍国的属人管辖权。在国际实践中，给予外国人的待遇一般包括国民待遇、最惠国待遇和差别待遇三种。

所谓国民待遇，是指与本国公民同等待遇。国民待遇一般不包括政治权利，仅限于民事权利和诉讼权利方面，外国人一般也无须承担兵役义务。最惠国待遇是指给予受惠国在特定事项或领域不低于现在或将来任何第三国就该事项或领域所享有的待遇，最惠国待遇一般通过双边或多边条约规定，主要适用于国际贸易和投资领域。所谓差别待遇，是指给予外国人不同于本国人的待遇，或对不同国籍的人给予不同的待遇。差别待遇往往限于特定领域，比如在我国，不允许外国人从事律师执业，某些行业如金融行业限制外国企业的从业资格和经营范围等。国际法承认差别待遇，但因种族、宗教、政治方面的原因实施差别待遇，是违反国际法的。

我国坚持国民待遇和最惠国待遇原则，在一些特殊领域，也实行差别待遇原则。外国人在中国不享有政治权利，不得参加党派和政治活动，也不承担兵役义务，同时应遵守中国法律。

3. 引渡与庇护

引渡是指一国根据他国请求，把在其境内的被请求引渡人移交请求国追诉或处罚的一种国际刑事法律合作。在国际法中，一个国家没有按照他国请求引渡的义务。引渡是基于条约而产生的义务，一般通过双边或多边条约规定。在不存在条约义务的情况下，是否引渡由被请求国自行决定，或在互惠的基础上进行。可引渡的犯罪一般是普通刑事犯罪，而且必须请求国与被请求国的法律都认为是犯罪，政治犯不引渡。同时，引渡的对象一般是请求国国民或第三国的国民，通常情况下，一个国家不会将本国国民引渡给他国。

庇护是指对于因政治原因被外国追诉或受迫害而来避难的外国人，准其入境和居留，并给予保护。庇护是国家的主权行为，国家是否给予庇护依据的是国内法。庇护的对象主要是政治犯，故庇护又称政治避难或政治庇护。国际法院曾在1950年的一个案

例中认定，武装叛乱本身不是一种普通罪行，可予以庇护。但是，对于危害和平罪、战争罪或危害人类罪，属于《世界人权宣言》中规定的违背联合国的宗旨和原则的行为，不得予以庇护。

4. 国际人权法

人权问题本质上是一国主权范围内的问题，但自第二次世界大战以后，逐渐发展成为一个国际法问题。人权保护被视为每一个国家应负担的普遍性义务，从而被列入国际强行法的范畴。国际人权法主要渊源是国际人权条约，《世界人权宣言》在国际人权法的形成中起了非常重要的奠基作用，在此基础上，1966年在联合国的主持下各国又签署了《经济、社会和文化权利国际公约》《公民权利和政治权利国际公约》，至此标志着国际人权法的初步形成，三份公约被称为"国际人权宪章"。

除国际人权宪章外，联合国和其他国际组织还主持制定了一系列专门性的人权文件，主要有：防止并惩治灭绝种族罪和种族隔离罪的《防止及惩治灭绝种族罪公约》和《禁止并惩治种族隔离罪行国际公约》；废除奴隶制和禁止强迫劳动的《禁奴公约》《禁止贩卖人口及取缔意图营利使人卖淫的公约》和《废止强迫劳动公约》；保护被监禁者权利和免遭强迫失踪的《禁止酷刑和其他残忍、不人道或有辱人格的待遇或处罚公约》和《保护所有人免遭强迫失踪国际公约》；在保护妇女、儿童、残疾人、非居住国公民、移徙者、土著居民、农村人口的权利方面，联合国也通过了一系列的公约。

为确保国际人权法的实施，联合国设立了专门的国际人权机构，主要有：根据《联合国宪章》成立的联合国人权委员会；根据人权条约设立的保障条约实施的机构，如禁止酷刑委员会、消除对妇女歧视委员会、强迫失踪问题委员会、儿童权利委员会等；根据联合国主要机构的决议或授权而成立的其他人权机构和人权事务高级专员办事处。这些人权机构都建立了对人权问题进行审议、报告、指控、申诉、调查和惩戒的一系列程序，从而确保国际人权法的实施。

（二）领土、海洋与空间法

1. 领土法

领土由领陆、领水、领空和底土组成。领陆包括国家疆界内的全部领土，包括大陆领土和岛屿。领水指与领陆陆地相邻接的水域，包括内水、群岛水域和领海。其中：内水包括内陆水和领海基线内的海域，所谓领海基线，一般以低潮线即海水退潮时离岸最远的线为依据划定；群岛海域是群岛基线所包围的海域，所谓群岛基线，是连接群岛最外缘各岛和各干礁最外缘各点之间的直线基线。领海指与陆地领土及内水以外邻接的海域，根据《联合国海洋法公约》，领海宽度自领海基线量起，最大不得超过12海里。领海虽然是一国领土，但依国际法规则，外国船舶享有无害通过权。领空和底土指领土和领水向上层空间和向地层的延伸。领空的高度通常以人造卫星的运行高度确定，即高度为110千米以下的空气空间。国家对领空具有完全的、绝对的、排他的主权，有权禁止外国航空器进入领空，对擅自飞越的航行器，国家有权采取警告、驱逐、迫降、紧追等必要的措施。对于底土的深度，目前国际法没有统一规定，国际实践中也尚无明确的标准。

历史上，领土的取得有先占、添附、割让、征服等手段。目前，通过战争或战争威胁的割让与征服均不被国际法所认可，地球上不再有新大陆，先占也不再有存在的余地。根据《联合国海洋法公约》，人工建造的岛屿不具有岛屿地位，添附仅指在自然力的作用下产生的土地，或基于围海造田等人工手段添附形成的土地，这两种情况所形成的领土均极为有限。因此，领土的取得方式基本上已无用武之地，基本上仅在处理历史上的领土争议问题时才有意义。

领土处于一国的主权之下，是国家行使最高权力的空间范围，其他国家不得侵犯一国的领土主权和领土完整。国家对其领土内的一切人、事、物享有属地管辖权。

2. 海洋法

海洋法规定各种海域的法律地位，规范各国在各种海域中从事航行、资源开发和利用、海洋科研等活动，并规定海洋环境保护的原则和规则。1994年11月16日生效的《联合国海洋法公约》是当今国际社会最具权威性的关于海洋海域地位和海洋行为的规范。其主要内容包括领海和毗邻区、用于国际航行的领海、群岛国、专属经济区、大陆架、公海、岛屿制度、海洋环境保护、海洋科学研究、海洋技术的发展和转让等规定，十分详尽，基本上照顾了世界不同国家的利益和要求。除了属于一国领土范围的内海和领海外，海洋还包括毗连区、专属经济区、大陆架、公海和国际海底等组成部分。

毗连区是指一国在与其领海外缘相毗连的一定范围内，为对海关、财政、卫生、移民等事项行使必要管制而划定的区域。《联合国海洋法公约》规定，毗连区从测定领海宽度之基线量起，不得超过24海里。毗连区不属于沿海国主权的范围。

专属经济区是指领海以外并邻接领海的一个区域。沿海国对该区域内自然资源的勘探、开发、养护和管理享有主权权利，并对该区域内人工岛屿、设备、结构的建造使用，海洋科学研究，以及海洋环境的保护和保全享有专属管辖权。外国在专属经济区内享有船舶航行、飞机飞越以及铺设海底电缆和海底管道的自由，但是必须遵守沿海国的有关法律、规章。专属经济区从测定领海宽度之基线量起，不得超过200海里。专属经济区既不是公海，也不是领海。

大陆架是领海范围以外依其陆地领土的全部自然延伸，扩展到大陆外缘海底区域的海床和底土。如果从测定领海宽度之基线量起，到大陆边的外缘的距离不到200海里，则扩展到200海里的距离，但不得超过350海里或不超过连接2 500米深度各点的等深线100海里。沿海国为勘探大陆架和开发其自然资源的目的，对大陆架行使主权权利，大陆架的自然资源是海床和底土的矿物质以及定居着的生物。在大陆架上，所有国家都有权铺设海底电缆和管道；管道路线的划定须征得沿海国同意。

公海是指各国专属经济区、领海、内水、群岛国的群岛水域以外的全部海域。公海是全人类的共同财产，对所有国家开放。任何国家不得将公海的任何部分据为己有，不得对公海行使管辖权。公海自由是公海法律制度的基础。公海海域下的海床洋底及其底土属于国际海底区域。国际海底区域及其资源与公海一样,也是人类的共同财产,任何国家不得对其主张或行使主权。目前,对国际海底区域的管理由依据《联合国海洋法公约》设立的国际海底管理局负责。

3. 外层空间法

外层空间通常指人造卫星的运行高度110千米以上的外层空间。国际法规定,外层空间属于全人类共有,由国家按照国际法自由探索和使用,不得由任何国家据为己有,探索和利用外层空间也应是为了和平目的。联合国于1959年成立了和平利用外层空间委员会,并于1963年联合国大会通过了《各国探索和利用外层空间活动的法律原则宣言》,此后,委员会先后拟订了五项有关外空的国际条约。我国也是联合国和平利用外层空间委员会的会员国。

依据五项有关外空的国际条约,主要规定有:为了人类的共同利益,各国可按照国际法自由地探索和利用外层空间;禁止将载有核武器或者其他大规模毁灭性武器的物体放置于环绕地球的轨道或安置在天体、外层空间;对因意外事故而降落的宇航员,降落地国应立即援救并无条件送回发射国;空间物体在地面或飞行中造成损害时,发射国应负赔偿的责任;月球和其他天体及自然资源,应专用于和平目的,禁止各种军事利用;等等。

4. 极地法

极地指南极和北极地区。20世纪初,英国、新西兰、澳大利亚等国曾先后对南极提出过主权要求,甚至还爆发过小规模的武装冲突。1959年,英、美、苏、法等12国签署《南极条约》,其后又先后签署了一系列旨在保护南极环境和资源的条约,从而形成了以《南极条约》为核心的"南极条约体系";2003年,南极条约秘书处在布宜诺斯艾利斯成立。根据南极条约体系,南极专用于和平目的,冻结任何国家对南极的领土主权要求,南极被指定的自然保护区仅用于和平和科学活动。

北极不是陆地,而是冰洋,冰块随洋流漂移,不适用占领规则。1907年,加拿大提出扇形原则,主张以陆地领土东西两端的经度子午线为界,向北延伸到北极点的扇形区域内的陆地为国家领土。这一原则得到了苏联的支持,但遭到美国、挪威等国家的反对。目前,尚无统一适用的单一国际公约规范北极地区的开发管理。1990年,北极地区国家成立了国际北极科学委员会;1996年,北极八国建立了北极理事会,签署了有关北极环境保护和合作的一系列协定。

(三)外交关系与国际组织法

1. 外交关系与领事关系

外交关系是国家之间的交往关系,一般分为正式外交关系、半外交关系和非正式外交关系。正式外交关系以双方互派常驻使节为特征,驻外代表一般为大使或公使,驻外机关一般为使馆;半外交关系一般以互派代办级外交使节为特征,驻外代表称代办,驻外机关称代办处；非正式外交关系一般通过互设某种联络机构保持接触。

领事关系是国家之间相互在对方一定地区设立领事馆和执行领事职务所形成的关系。使馆全面代表派遣国，与接受国中央政府从事外交活动；领事馆通常仅就保护侨民、商业和航务等事务与地方当局交涉，活动范围一般也限于领事范围内的事务。

2. 外交特权与豁免

外交特权与豁免是指外交代表机关及其人员根据国际法或有关协议在接受国所享有的特权和一定的法律管辖豁免的权利。外交代表机关及其人员不仅包括使领馆及其工作人员，国家元首、政府首脑和一国的外交人员在出国访问时，同样享有外交特权与豁免。之所以在国际法上赋予外交特权与豁免，是为了确保外交人员能在不受接受国法律干扰和压力的条件下，自由地代表本国从事外交活动。

使馆和领事馆的外交特权与豁免主要包括：使领馆馆舍不受侵犯，免受搜查、征用、扣押和强制执行；使领馆的档案及文件不受侵犯；使领馆及其所有人员享有通信自由，以及在接受国境内的行动与旅行自由；使领馆所有馆舍以及办理公务所收规费和手续费免纳一切捐税；有权在使领馆舍、馆长寓邸和交通工具上使用派遣国的国徽和国旗。

使领馆人员包括外交代表、行政和技术职员，以及他们的随行家属。享有的特权与豁免主要有：人身不受侵犯，不受任何方式之逮捕或拘禁；寓所、文书、信件和财产不受侵犯，免受搜查、征用、扣押和强制执行；免纳捐税；等等。此外，外交代表及其家属的私人行李还享有免受出入境查验的特权。

使领馆人员享有刑事豁免权，但如果本人实施违法犯罪行为，不采取措施不能制止的，不在此列。同时，为防止外交特权和豁免被滥用，接受国无须解释原因，随时可通知派遣国，宣告使馆馆长或使馆任何外交人员为不受欢迎人员，或使馆任何其他职员为不能接受人员。派遣国应当召回或终止其职务，否则，接受国可以拒绝承认该人员为使领馆人员。

3. 国际组织

国际组织是现代国际合作的重要组织形式，是国家间依据条约或协议成立的国际性组织。国际组织是国际法上的主体，享有缔约权、对外交往权、外交特权和豁免等国际法主体权利。但是，与国家不同，国际组织的主体权利受其成立目的和职能的限制。

依据不同的标准，可以对国际组织进行不同的分类。最为简单的分类是将其分为普遍性国际组织和区域性国际组织。目前最重要的普遍性国际组织是联合国。区域性组织又可分为：政治性区域组织，如南美洲国家联盟、非洲统一组织、欧洲共同体等；经济性区域组织，如亚马逊合作条约组织、欧洲自由贸易联盟、亚太经济合作组织、北美自由贸易区等；金融性区域组织，如非洲开发银行、亚洲开发银行、阿拉伯货币基金组织等；军事性区域组织，如北大西洋公约组织。

联合国和区域性国际组织都属于政府间组织，此外还有非政府间组织。非政府组织不具有国际法主体资格，但在国际事务中具有不可忽视的影响。1968年，联合国经济及社会理事会通过了第1296号决议及其附件"理事会与非政府组织之咨商办法"，符合条件的非政府组织经过一定程序可以取得咨商地位，派代表作为观察员出席经济及社会理事会及其附属机构的公开会议，并可以就共同关心的事项与联合国秘书处进行磋商。

知识链接

联 合 国

联合国是目前世界上最大、职权范围最广、最具有普遍性的国际组织。联合国成立于1945年，创立时有51个国家，世界上几乎所有的国家都是它的会员国。联合国的宗旨由《联合国宪章》规定，其主要内容有维护国际和平安全，发展各国间以尊重人民平等权利和自决原则为基础的友好关系，以及促进各国间经济、社会、文化等方面的合作。

联合国设有六个主要机构，分别是大会、安理会、经济及社会理事会、托管理事会、国际法院和秘书处。

（1）联合国大会。大会由全体会员国组成，每个会员国的代表不得超过五人。大会主要是一个审议和提出建议的机关，具有广泛的职权，可以讨论宪章范围内或者有关联合国任何机关的职权的任何问题或事项。联合国大会每年举行常会一次，各会员国不论大小，均享有投票权。

（2）安全理事会。安全理事会是联合国体系中唯一有权采取行动来维持国际和平与安全的机关，安理会由中国、美国、俄罗斯、法国、英国5个常任理事国和其他10个非常任理事国组成。安理会可以调查任何争端；可以断定是否存在对和平的威胁、破坏或侵略的行为；可以建议调停争端的方法或解决的办法；可以建议或决定采取包括经济、外交甚至军事行动等措施以维护或恢复国际和平与安全。对"程序问题"如会议规则、时间、地点等，只要15个理事国中的任何9国赞成即通过；对"实质问题"，须5个常任理事国一致赞成和10个非常任理事国4国以上赞成方可通过，常任理事国中的任何一国采用"否决权"，提案就不能通过。

（3）经济及社会理事会。它是在大会之下协调联合国及专门机构的经济和社会工作的机构。它由54个理事国组成。

（4）托管理事会。托管理事会负责监督对置于国际托管制度下的领土的管理。到20世纪80年代，原托管的领土已全部独立或自治，因此，托管理事会实际已不发挥作用。

（5）国际法院。国际法院是联合国的主要司法机关，由不同国家的15名法官组成，受理当事国提起的诉讼和联合国机构提请的咨询。

（6）秘书处。秘书处是联合国日常工作的机构，为联合国其他机关服务，并执行这些机关的计划和政策。秘书长是联合国的行政首长，也是各种会议的秘书长。秘书长有权随时向会议主席提供意见或法律依据，在会员国或国际组织间进行联系，代表联合国出面了解或调停国际冲突和争端，等等。秘书长由安理会推荐，然后由大会到会及投票的会员国的多数赞成票任命，任期5年，可以连任。

（四）武装冲突法

战争曾是国际法认可的解决国际争端的方式，尽管在现代国际法中，以战争解决争端的方式已被禁止，但战争与武装冲突仍不能完全避免。国际法无法否认这一事实，因而为应对战争与武装冲突，在法律上进行规范和限制，从而形成武装冲突法。武装冲突法传统上多被称为战争法或战时法，第二次世界大战后，几乎所有的国际性武装冲突都不是以战争的名义进行的，所以现代国际法中越来越多地使用武装冲突法的概念。由于第二次世界大战后很少有国家以战争的名义使用武力，传统战争法中有关宣战、缔结条约、中立等的规则很少再有适用的余地，其内容几乎也没有发展。第二次世界大战后取得较大发展的主要是适应现代国际社会武装冲突的内容，主要包括以下两个方面。

1. 对作战手段的限制

陆战中，禁止使用具有过分伤害力和滥杀滥伤作用的武器，如毒气、化学和生物武器；禁止不分青红皂白的战争手段，如不以特定军事目标为对象的攻击、可能使平民生命受到伤害的攻击等；禁止背信弃义的战争手段，如假装伤员或平民、假装享有被保护地位的非作战的第三方等；禁止可能对环境引起广泛而长期损害的作战手段。

海战中，禁止使用私掠船，禁止轰击不设防的城市、海港、村庄、房舍及建筑；禁止使用不能控制的水雷布防等。空战中的限制主要是限制和减少空中轰炸所造成的伤害，以及尽量避免对非军事目标进行轰炸。

2. 受难者保护

受难者保护法又称国际人道主义法，主要是指对伤病员、战俘和平民的保护。国际法要求，冲突的一方对于其权力下的对方伤病员，在一切情况下均应无区别地予以人道的待遇和照顾。战俘享有安全与人格尊严权，不得被置于战斗地带，也不得为使某地点免受攻击而在这些地区安置战俘，不得伤害战俘，不得侮辱战俘的人格和尊严。对于在武装冲突国境内的敌国平民，一般应允许离境；对于继续居留者，应给予人道的

待遇，不得使其成为被攻击和报复的对象，不得强迫他们从事与军事行政直接相关的工作。

三 国家争端的解决

各个国家共同存在于这个世界上，相互之间不可避免地也会出现各种利益冲突，从而产生争端。在传统国际法中，解决国际争端的方法分为和平解决方法和强迫解决方法。和平解决方法是指以武力以外的政治方法和法律方法解决争端，又包括政治解决和法律解决两种方式。强迫解决方法是指采取强制性方法解决争端的方式。由于武力和武力威胁方法不符合《联合国宪章》的宗旨和原则，已为现代国际法所不许。但武力方法并没有被完全禁止，只是被限制在特定的范围内。

（一）国际争端的政治解决

政治解决是指通过谈判、协商、调查、斡旋、调停、和解、调解等方法来解决国际争端，其共同点是通过外交途径，由当事方对话协商解决争端。

谈判或协商是指由争端当事方在没有第三方参与的情况下通过直接交涉来解决争端的方式，是解决国际争端时最经常使用的方法。调查是指在对事实问题发生分歧的国际争端中，通过将争议问题提交临时设立或常设的国际调查委员会调查，以促进争端解决的方法。斡旋或调停是指在争端当事国之间不能通过直接或协商解决争端时，第三国善意地主动或应争端当事国的邀请介入，协助当事方解决争端的方法。和解或调解是指争端当事国通过条约或其他形式同意或商定把争端提交给某个常设或特设委员会，委员会通过对争端事实的调查和评价，向争端当事国澄清事实，并在听取各方意见后，向各方提出建议以促进争端解决的一种方法。

上述各种方法并不是一种笼统的原则性规定，通过国际公约，已经形成了一套成熟的制度。

（二）国际争端的法律解决

法律解决方法包括国际仲裁和国际司法两种方法，此外还有国际刑事法庭，是专门对违反国际法发动战争的个人进行审判的机构。国际刑事法庭侧重对个人的责任追究，而不是国家之间的关系处理，故此处未将其列于国际司法之下，而是单独予以介绍。

1. 国际仲裁

国际仲裁以当事国同意将争端交由仲裁法庭仲裁为前提，同意可以源自已经签署的条约，也可以源自争端发生后当事方达成的将案件交付仲裁的协定。任何一方如果事先没有做出同意交付仲裁的承诺，也没有与争端当事方达成仲裁协议，不得提交仲裁。目前，用于解决国际争端的国际法庭主要有三个：一是依1899年《和平解决国际争端公约》而在海牙设立的常设仲裁法院，可受理一切仲裁案件；二是依1982年《联合国海洋法公约》及其附件七设立的仲裁法庭，一般称"附件七仲裁法庭"，主要仲裁《联合国海洋法公约》规定的争端；三是依1965年《关于解决各国和其他国家国民之间投资争端的公约》而设立的解决投资争端国际中心，主要仲裁因国际投资而引起的争端。

应当注意的是附件七仲裁法庭的强制管辖权问题。根据《联合国海洋法公约》第287条的规定，一个国家在签署该公约时或在其后的任何时间，可以书面选择国际海洋法法庭、国际法院、附件七仲裁法庭和附件八特别仲裁法庭中的任一种或一种以上的强制程序。如果争端各方已接受同一种强制程序，除另有协议外，争端只能提交这一程序。如果争端各方没有选择任何一种强制程序或接受的并非同一种强制程序，则视为已接受附件七所规定的仲裁。这一条款实际上强制性地要求缔约方至少接受一种法律解决程序。由于当前大多数国家没有作出选择或者选择不一致，这意味着附件七仲裁法庭对解决海洋问题争端潜在地具有普遍适用性。

2. 国际司法

国际司法解决是通过国际法院解决国际争端的方式。国际法院有区域性法院和普遍性法院，前者如欧洲联盟法院非洲人权与民族权法院，后者主要有联合国国际法院和国际海洋法法庭。

国际法院不像国内法院那样对案件享有强制管辖权，无论是联合国国际法院还是国际海洋法法庭，均以国家自愿接受管辖为前提。根据《国际法院规约》，国际法院可管辖的案件有三类：一是争端当事国通过特别协议自愿提交国际法院审理的一切案件；二是《联合国宪章》或现行条约特别规定由国际法院审理的案件；三是当事国事先声明接受国际法院管辖的一切法律争端。国际海洋法法庭的管辖同样也以当事方的同意为前提，由公约缔约方依据第287条的规定书面做出选择。

3. 国际刑事法庭

对严重违反国际法发动和组织战争追究个人的刑事责任，是从第二次世界大战后逐步发展起来的国际法。战争罪行主要包括三类：一是破坏和平罪，又称侵略罪，主要指发动侵略战争的行为；二是战争罪，主要指在战争中违反战争法规和惯例的行为；三是违反人道罪，指战前或战时对平民的各种非人道行为，或基于政治、种族或宗教的理由而实施不人道的迫害行为，如灭绝种族罪和危害人类罪。对于上述犯罪，无论是否违反犯罪地国的国内法，均可依据国际法追究其刑事责任。

对战争罪行负有责任的个人应受到国际刑事法庭的审判，由国际刑事法庭审理并作出判决。国际刑事法庭有常设国际刑事法院、特设国际刑事法庭和混合刑事法庭。其中，国际刑事法院是国际上唯一一个常设的国际刑事法庭，2002年成立，负责调查、起诉和审判对犯有最严重国际罪行负有责任的人，院址在海牙。特设国际刑事法庭是针对特定事件专门设立的法庭，如第二次世界大战结束后为审判纳粹战犯而成立的纽伦堡国际军事法庭和远东国际军事法庭，以及前南斯拉夫问题国际刑事庭和卢旺达问题国际刑事法庭。混合刑事法庭是联合国与有关国家的政府签订协定而建立的刑事法庭，因其兼具国际和国内因素，故称混合刑事法庭，这类法庭主要有塞拉利昂问题特别法庭、柬埔寨法院特别法庭和黎巴嫩问题特别法庭。

（三）国际争端的强迫解决

强迫解决的方法是指一个国家为了使另一个国家同意它所要求的争端解决意见，而采用某些带有强制性的解决措施。目前国际争端的强迫解决方法主要限于两种：一是反措施；二是国际制裁。

1. 反措施

反措施是指针对他国违反国际法的行为所采取的报复性措施，从而促使其停止违法行为，履行国际法义务。形式上看，反措施也是违反国际法的行为，但由于其正当性目的，可免除国家责任。但是，反措施的目的是让违反国际法的当事国履行义务，而不是对其进行惩罚，因此，所采取的具体措施须有节制，不能过度使用。同时，反措施在任何情况下都不能违反国际法的强行规则所规定的义务，包括不使用武力及威胁原则、保障基本人权和人道主义原则等。一旦违约国恢复履行义务，或有关争端已交由法律程序加以解决，反措施就应当停止。

2. 国际制裁

国际制裁是对违反国际法的行为的惩处，是一种具有惩罚性的措施。依据制裁方法，国际制裁可分为外交制裁、经济制裁和军事制裁等手段。其中比较常见的外交制裁方式包括召回大使、断绝外交关系和降低外交关系级别等；常见的经济制裁方式包括限制或者禁止贸易、中断经济合作、切断经济或技术援助、冻结资产、武器禁运等；军事制裁一般包括军事封锁、武力打击、摧毁设施等。

根据制裁主体，国际制裁还可以分为单独制裁和集体制裁。单独制裁是由个别国家（一般是受害国）对违反国际法的国家施加有形或无形的压力，迫使其停止不法行为，从而实施的制裁。单独制裁可以是道义、政治和舆论方面的，如对不法行为进行揭露、谴责；可以是外交方面的，如断绝外交关系；可以是经济方面的，如对不法行为国实行禁运、抵货；甚至还可以是军事方面的，如进行武力自卫反击。集体制裁一般是多个国家集体采取行动实施的制裁，可以是一致行动进行制裁，也可以基于共同的目标分别采取不同的制裁措施。基于国际组织的决定，各成员国共同参与实施的制裁也属于集体制裁。

当前，联合国在维护国际和平与安全方面发挥着越来越重要的作用。根据《联合国宪章》的规定，为打击恐怖活动、防止大规模杀伤性武器扩散、制止非法战争、保护人权等，联合国安全理事会有权对违反国际法义务的国家决定采取相应的制裁措施，以保证其履行国际法义务。联合国还设立了专门的制裁委员会，由一个安理会的非常任理国担任主席，负责监督制裁措施的执行并向安理会报告具体的执行情况。

第三节 个体的跨国交往

一 跨国交往的一般问题

国际关系并不限于国家与国家之间的关系，个体的交往活动（包括公司的经营活动）也常常是跨越国界的，由此形成跨国交往关系。从某一国家的角度，一般将这样的关系称为涉外关系。如何管理涉外事务、调整涉外关系，是每个国家都必须面对的问题。

（一）跨国交往关系的分类

1. 跨国民事关系

跨国民事关系，或者说涉外民事关系，是指包含涉外因素的私法主体之间关系，主要包括人身关系和财产关系两类。涉外人身关系包括跨国婚姻关系、跨国收养关系等，涉外财产关系包括跨国间的买卖合同关系、跨国继承关系、跨国侵权行为引起的损害赔偿关系等。

2. 国际贸易关系

国际贸易关系与跨国民事关系之间并没有严格的划分，比如，买卖合同关系既可以说是贸易关系，也可以说是民事关系。但一般语境下，民事关系多指非经营性的交往活动，而国际贸易关系指的是专门、大宗的经营性活动，常常被列入商事活动的范畴。

3. 其他跨国经济关系

其他跨国经济关系主要指贸易关系之外的经济关系，主要包括国际投资关系、国际金融关系、国际税收关系等。这些经济活动常常与国际贸易关系相关，但在法律调整方式上与国际贸易关系的调整有很大的不同，因此，我们将之分离出来，单独予以讨论。

（二）跨国关系的国内法适用

跨国关系涉及不同国家的因素，不同国家对同一法律关系的规定常常存在很大差异，适用不同国家的法律，可能会得出不同的结果，由此对当事人的权益也会产生重大影响。因此，涉外关系面临的最大问题是应适用哪一国的法律来调整。

为便于说明问题，先看国际私法发展史上的一个著名案例：福果是非婚生子，具有巴伐利亚国籍，五岁时随母移居法国，至1869年死亡。无子女，死亡时也未立遗嘱，他留有动产在法国。此案对法国来说是一涉外法定继承案件。根据法国法律规定，非婚生子的旁系亲属无继承权，而根据巴伐利亚继承法的规定，非婚生子女的旁系亲属可以继承非婚生子女的遗产。

可以看出，适用不同国家的法律，同一案件会得出完全不同的结果。那么，本案应该适用哪国的法律呢？为解决涉外关系的法律适用问题，各国都制定了"法律适用法"，用以解决在具体涉外关系中如何适用法律的问题。由于这种法律规范仅用以解决法律适用问题，所以又称准据法，或准据法规范；又由于这种情况下反映的是法律适用冲突问题，所以也称冲突法，或冲突规范。比如，福果案审理时的法国法律规定，继承依被继承人的本国法；巴伐利亚法规定，动产的继承依死者住所地法。这些都属于准据法规范，或者说冲突规范。

一般情况下，确定法律适用的方法和步骤如下所述。

1. 确定法律适用的连结点

冲突规范并不直接规定涉外民商事法律关系当事人的权利义务，而是仅指明某一种涉外民商事法律关系应如何适用法律，它必须与经过它援引的某一特定国家的实体规范结合起来，才能发挥法律规范调整当事人权利义务的作用，因而只起到间接调整的作用。例如，《中华人民共和国涉外民事关系法律适用法》第21条规定：结婚条件，适用当事人共同经常居所地法律。这一规定并没有指明结婚有什么条件和要求，而只是指出，婚姻的条件和要求应当由当事人共同经常居所地法律来确定。这一规定中，也没有直接规定适用哪国法律，而是规定适用"共同经常居所地"的法律，经常居所地由此成为确定法律适用的根据。

在国际私法中，用以确定法律适用根据的因素被称为"连结点"。常被作为连结点的因素主要有：国籍、住所或居所，主要适用于解决有关人的能力、身份、婚姻家庭和财产继承等方面的法律冲突问题；物的所在地，常用于解决所有权与其他物权关系方面的法律冲突问题；行为所在地，主要用于确定行为方式的有效性，也用来解决行为内容方面的法律冲突；法院所在地，主要用于解决涉外民事诉讼程序方面的问题，在某些场合下也用来解决实体法方面的法律冲突问题；最密切联系地，即与涉外民事关系有最密切联系的国家（或地区）的法律，在合同领域采用得比较多，一些国家也把它用于侵权行为和家庭关系等方面。此外，依"意思自治"原则，当事人还可以协商确定法律的适用问题。

法律关系的性质不同，所采用的连结点也常会不同，因此，在确定连结点时，有时需要先对法律关系的性质进行判断，这种判断在国际法上称为识别。一般地，对动产或不动产性质的识别主要依物之所在地法，对其他法律关系性质的识别主要依法院地法。《涉外民事关系法律适用法》规定，对法律关系性质的确定，适用法院地法。

2. 反致

有时候，法院地国根据本国冲突规范规定，应适用外国法，但根据该国的冲突规范规定，又应适用法院地国法律或第三国法律，这种情况在国际法上称为反致。反致又分为三种类型。一是直接反致，指法院审理某一涉外民事案件时，按照本国冲突规范应适用某一外国法，而该外国法中的冲突规范又指定此案件应适用法院地国的实体法，法院据此适用了本国的实体法。二是转致，指对于某一涉外民事案件，依法院地国冲突规范的规定，应当适用某外国法，而依该外国冲突规范的规定，须适用第三国法，如果法院地国最终适用了该第三国的实体法，这种适用法律的过程就叫作转致。三是间接反致，指对于某涉外民事案件，依法院地国冲突规范的规定，应当适用某外国冲突规范的规定，但该冲突规范又指向了第三国法律，而依该第三国冲突规范规定，又应适用法院地法。最后，法院地国适用了本国的法律，这种法律适用过程叫作间接反致。

我国《涉外民事关系法律适用法》不认可反致，其第九条规定，涉外民事关系适用的外国法律，不包括该国的法律适用法。

3. 公共秩序保留

所谓"公共秩序保留"，是指一国法院依据冲突规范本应适用外国法，但是，如果适用外国相应的法律条款与法院地国的重大利益、基本政策、道德的基本观念或法律的基本原则相抵触，则该国可以排除其适用。

从我国的实际情况出发，在下列情况下可援用公共秩序保留制度排除外国法的适用：适用外国法违反我国宪法的基本精神，有损于国家统一和民族团结；适用外国法有损于我国主权和安全；适用外国法违反有关部门法的基本准则；适用外国法违背我国缔结或参加的国际条约所承担的义务，或违反国际法上公认的公平正义原则。此外，某一外国法院对与我国有关的案件，无理拒绝承认我国法律的效力的，根据对等原则，我国也可以依公共秩序保留排除该外国法的适用。

（三）国家对跨国贸易关系的管制

民事关系一般只涉及当事人的权益，但大宗的贸易关系和其他经济关系不仅涉及当事人的权益，还可能会对一国的经济和公共政策产生重大影响。在这种情况下，对于当事国来说，面临的就不单单是法律适用问题，还有如何对这些关系进行管理和控制的问题。

国家对跨国关系的管制主要是对涉外经济关系的管制，国家为了特定的经济和政治目的，通过国内立法和缔结国际条约的方式，常常限制外国商品的进口或对某些特殊行业的投资，从而保护本国生产和国内生产厂家的利益，改善本国的国际收支状况等。有时候，出于外交政策和国家安全等方面的目的，也会限制本国某些特殊产品的出口或技术的外流。

常见的管制措施主要有以下四种。

1. 关税措施

关税是指一国海关根据该国法律，对通过其关境的进出口货物课征的一种税收。关税在各国一般属于国家最高行政单位指定税率的高级税种，对于对外贸易发达的国家而言，关税往往是国家税收乃至国家财政的主要收入。

关税的征税基数是关税完税价格。进口货物以海关审定的成交价值为基础的到岸价格为关税完税价格；出口货物以该货物销售与境外的离岸价格减去出口税后，经过海关审查确定的价格为完税价格。关税应税额的计算公式是：应纳税额=关税完税价格×适用税率。

国家征收关税不仅可以增加财政收入，而且可以通过提高关税来增加外国商品的成本，削弱其竞争力，从而达到限制外国商品进口、保护国内市场的目的。国家还可以通过调整关税税率来调节国内市场的商品价格，从而保证国内市场供求平衡。

2. 非关税措施

非关税措施又称非关税贸易壁垒，指一国政府采取除关税以外的各种办法，对本国的对外贸易活动进行调节、管理和控制的一切政策与手段的总和，其目的是试图在一定程度上限制进口，以保护国内市场和国内产业的发展。非关税壁垒大致可以分为直接的和间接两大类：前者是由海关直接对进口商品的数量、品种加以限制，其主要措施有进口限额制度、进口许可证制度、"自动"出口限额制度、出口许可证制度等；后者是指进口国对进口商品制定严格的进口条件和标准，间接地限制商品进口，如进口押金制度、苛刻的技术标准和卫生检验标准等。

与关税措施相比，非关税措施主要具有下列三个明显的特点。

首先，非关税措施比关税具有更大的灵活性和针对性。关税的制定往往要通过一定的立法程序，要调整或更改税率，也需要一定的法律程序和手续，因而关税具有一定的延续性。非关税措施的制定与实施则通常采用行政程序，制定起来比较迅速，程序也较简单，能随时针对某国和某种商品采取或更换相应的限制进口措施，从而较快地达到限制进口的目的。

其次，非关税措施的保护作用比关税的作用更为强烈和直接。关税措施是通过征收关税来提高商品成本和价格，进而削弱其竞争能力，因而其保护作用具有间接性。一些非关税措施，如进口配额，则预先限定进口的数量和金额，超过限额就直接禁止进口，这样就能快速和直接地达到关税措施难以实现的效果。

最后，非关税措施比关税更具有隐蔽性和歧视性。关税措施，其税率的确定和征收办法都是透明的，出口商可以比较容易地获得有关信息。关税措施的歧视性也较低，它往往受到双边关系和国际多边贸易协定的制约。但一些非关税措施则往往透明度差，隐蔽性强，而且有较强的针对性，容易对别的国家实施差别待遇。

3. 贸易救济措施

所谓贸易救济措施，泛指进口国政府为使本国国内产业免受进口产品的不利影响而采取的限制进口的保护性措施，主要包括反倾销措施、反补贴措施和保障措施。

在国际贸易过程中，如果一项产品的出口价格低于本国内相同产品的可比价格，则被认为是倾销。国际上为保护本国同类产品免受进口倾销产品的冲击，常对外国倾销商品在征收一般进口税的基础上，加征附加税，又称反倾销税，从而使其不能廉价出售，以达到保护本国产业的目的。我国于2001年由国务院制定并发布了《中华人民共和国反倾销条例》(后于2004年修订),于2003年由商务部制定并公布了《反倾销产业损害调查规定》等一系列规则。

补贴指政府为支持本国产品出口,拓展海外市场,对出口商给予的现金补贴或其他优惠措施。通过补贴,可以降低产品价格,在国际市场上取得竞争优势。但是,补贴行为可能会损害进口国的国内产业,也会限制或排斥第三国的产品进口,因此,进口国通过征收反补贴税和其他措施来增加进口产品的成本,抵消其因补贴而获得的竞争优势,从而保护本国的产业免受其冲击。

保障措施是指当某一产品的进口数量增加,对生产同类产品的国内产业造成严重损害或严重损害威胁时,国家采取的临时性的限制进口措施或其他紧急救济措施,如提高关税、实行关税配额以及数量限制等。

4. 其他涉外经济政策

其他涉外经济政策主要是基于国际投资而在外汇、税收等方面实施的鼓励或管控措施。

对东道国来说,外国投资有助于本国经济发展,尤其对发展中国家而言,通过吸引外资还可以引进先进的技术和管理经验。因此,对外国投资,东道国是欢迎的,会采取一系列措施,如承诺对外资不进行国有化和征收、保证外资的外汇兑换自由,以及在政策和税收方面提供各种优惠等。但是,为防止外资对东道国经济命脉的过度控制,东道国在对外资进行鼓励和保护的同时,也会通过外资准入制度、外资并购的反垄断审查制度以及国家安全审查制度等,对外国投资进行审查与控制。

对于资本输出国而言,境外投资不仅可以为国家赚到更多的外汇,还可以扩大本国对外影响,因而国家一般都会在税收方面给予优惠,在财政性金融方面给予支持,以及在信息和技术等方面给予援助。但基于各种原因,资本输出国也会对本国的境外投资进行管理和控制。除了防止境外投资逃税避税而采取的措施外,不同的国家对境外投资的管理,其出发点和具体措施常常有很大的不同。一般来说,发达国家常常基于国家安全的理由,限制本国企业向特定国家出口某些高科技的产品或技术;而发展中国家由于外汇资金短缺、金融体系脆弱,为了维护本国的国际收支平衡,一般都建立了较严格的外汇管理制度,对境外投资的管理主要体现在外汇管理制度上,境内企业境外投资通常须经外汇管理部门审查批准。

二 跨国关系的国际法规范

法律适用法虽被冠以国际私法的名称,但实际是国内法。为了减少法律适用冲突,在各国以及国际组织的努力下,就私法问题制定并通过了一系列国际公约。这些公约既有关于冲突规范的,也有直接规定实体规范的。与一国的国内法冲突规范不同,这些规范不再是国内法,而是属于国际统一法律规范的范畴。

(一)跨国民事法律关系的国际法规范

1. 国际民事法律适用规范

在国际统一民事法律规范的制定上,海牙国际私法会议厥功甚伟。该组织成立于1893年,是研究和制定国际私法条约的专门性政府间国际组织,因会议地址在荷兰海牙而得名。海牙国际私法会议通过的众多国际公约中,民事法律适用规范占有相当大的比例,如《海牙婚姻法律冲突公约》《关于离婚与别居的法律冲突和管辖权冲突公约》《婚姻对夫妻人身与财产关系的效力的法律冲突公约》《国际有体动产买卖法律适用公约》《儿童抚养义务法律适用公约》《遗嘱处分方式法律冲突公约》《交通事故法律适用公约》《夫妻财产制法律适用公约》《代理法律适用公约》等。

2. 国际民事实体规范

海牙国际私法会议通过的国际公约主要是冲突规范和民事诉讼程序规范,但也有一些民事实体规范,如《未成年人监护公约》《成年人国际保护公约》《国际追索儿童抚养费和其他形式家庭扶养费公约》等。除海牙国际私法会议外,国际联盟和联合国等国际机构的主持下也制定了国际私法公约,如《宣告失踪人死亡公约》《解决汇票及本票若干法律冲突公约》等。区域性国际组织也制定了众多国际私法公约,如美洲国家组织通过的《美洲国家间关于国际私法通则公约》,阿根廷等南美五国制定的《国际民法条约》和《国际商法条约》等。

在国际统一实体法规范方面做得最好的当属知识产权领域。19世纪以前,基于知识产权的地域性,知识产权均是通过国内法来保护的,随着商品经济的发展和市场的全球化进程,知识产权保护成为各国共同面临的问题。在此情况下,经过各国的努力,缔结了一系列保护知识产权的国际条约。主要有《保护工业产权巴黎公约》《专利合作条约》《商标国际注册马德里协定》《保护文学艺术作品伯尔尼公约》《世界版权公约》等。

3. 国际商事活动规范

国际商事活动规范主要涉及的是国际贸易活动中有关买卖、运输、保险、支付等问题订立的国际公约,比较常用的有:用以调整买卖合同关系的《联合国国际货物买卖合同公约》;用以调整海上货物运输的《统一提单若干法律规则的国际公约》(简称《海牙规则》)、《关于修改统一提单若干法律规则的国际公约的议定书》(简称《维斯比规则》)和《联合国海上货物运输合同公约》(简称《汉堡规则》);用以调整国际铁路货物的《国际铁路货物联运协定》;用以调整国际航空货物运输的《统一国际航空运输某些规则的公约》(简称《华沙公约》)和《修改1929年10月12日在华沙签订的统一国际航空运输某些规则的公约的议定书》(简称《海牙议定书》);调整国际支付关系的《汇票和本票统一法公约》《支票统一法公约》等。

4. 国际惯例

国际贸易惯例主要是在国际交往中通过反复实践逐渐形成的,并被普遍认可的行为规则。国际贸易惯例本来是不成文的,但当前的国际惯例均已被一些国际组织或商业团体归纳成文，给予明确的定义和解释，并为多数国家认可和采用。当前国际贸易中通行的惯例主要有国际商会于2020年最新修订的《国际贸易术语解释通则》、1993年最新修订的《跟单信用证统一惯例》、1995年修订的《商业单据托收统一规则》和2010年修订的《见索即付保函统一规则》。除国际商会整理修订的国际惯例外，常用的国际惯例还有国际保理商联合会1994年颁布的《国际保付代理业务惯例规则》。

（二）国际贸易关系的国际法规范

国际贸易关系领域向来是各国重要的管制领域，其法律规范都是以保护本国利益为目标而制定的。为了增进国际经济合作，很多国家就国际经济往来签署了一系列国际公约，其目的在于削减国家间的贸易壁垒和限制。

1. 世界贸易组织与关贸总协定

第二次世界大战之后，国际经济萧条，国际贸易秩序混乱。1944年7月在美国的布雷顿森林召开的国际货币金融会议建议成立国际货币基金组织、国际复兴开发银行和国际贸易组织，作为支撑全球经济的三大支柱来调节世界经贸关系，推动全球经济的复苏和发展。1946年，联合国经济及社会理事会成立了筹备委员会着手起草国际贸易组织章程，后来，筹备委员会将关于关税与贸易的条款抽取出来，制定了一个单独的协定，并把它命名为《关税与贸易总协定》。

从名称上看，关贸总协定只是一项"协定"，但它同时还是一个"组织"，一个在总协定基础上形成的国际组织。其最高决策机构是缔约国大会，常设机构是由缔约国常任代表组成的理事会，常设秘书处设在日内瓦。关贸总协定下还设有20个机构，如贸易与发展委员会，国际收支限制委员会、关税减让委员会、反倾销委员会、纺织品委员会等，分别负责各种专门事务。

1947—1994年，关贸总协定的缔约国共举行了8轮多边贸易谈判，1993年第8轮乌拉圭回合谈判中，决定建立世界贸易组织，以取代关贸总协定的组织结构。1994年12月12日，关贸总协定128个缔约方在日内瓦举行最后一次会议，宣告关贸总协定的历史使命完结。根据乌拉圭回合多边贸易谈判达成的协议，从1995年1月1日起，由世界贸易组织取代关贸总协定。

《关税与贸易总协定》的内容分为序言和4个部分，共计38条，另附若干附件。其中：第一部分从第1条到第2条，规定缔约各方在关税及贸易方面相互提供无条件最惠国待遇和关税减让事项；第二部分从第3条到第23条，规定取消数量限制以及允许采取的例外和紧急措施；第三部分从第24条到第35条，规定协定的接受、生效、减让的停止或撤销以及退出等程序；第四部分从第36条到第38条，规定了缔约国中发展中国家的贸易和发展问题。

《关税与贸易总协定》的目标是建立一体化的多边贸易体制，大幅度削减关税及其他贸易障碍和政治国际贸易中的歧视待遇，建立一个完整的、更具活力的、持久的多边贸易体制。目前，总协定已经形成较为完善的处理国际贸易关系的原则与规范，为解决各成员方在相互贸易关系中所产生的纠纷提供了充分的规则依据。经过多轮谈判，关税税率有了大幅度的下降，对于推动国际贸易的发展起了重要作用。同时，总协定还积极为发展中国家争取贸易优惠条件，对发展中国家分享国际贸易利益起到了积极作用。

2. 贸易待遇制度

在贸易待遇方面，世界贸易组织的成员方对其他国家的产品或服务，应无条件地给予最惠国待遇和国民待遇。

所谓最惠国待遇原则，是指一成员方对产自或运往其他国家或地区（不限于世界贸易组织成员）的产品所给予的优惠，应当立即无条件地给予产自或运往所有其他世界贸易组织成员的同类产品。最惠国待遇主要适用于四个方面：一是与进出口相关的关税和费用；二是关税与费用的征收方法；三是进口和出口的规章手续；四是与进口商品的国内销售、推销、购买、运输、分销等有关的法律规章。最惠国待遇是世界贸易组织非歧视原则的重要体现，是一种普遍的、无条件的原则。享有最惠国待遇，不以互惠或提供补偿为前提；授予最惠国待遇，不得以产品的产地为条件。但是，国家区域贸易协定项下的特定优惠、对发展中国家的特殊差别待遇以及边境贸易优惠，不属于最惠国待遇适用的范围。

所谓国民待遇原则，是指一国的商品或服务进入另一国之后，应享受与该国相同产品或服务的同等待遇，包括对进口产品提供与国内产品平等的竞争条件以及在国内税费和国内规章的适用方面与国内同类产品相同的待遇。国民待遇也是世界贸易组织成员的普遍义务。

3. 世界贸易组织对国家进出口保护措施的限制

约束关税并分阶段削减关税是《关税与贸易总协定》的基本原则。各成员在降低关税谈判中做出的关税减少承诺，称为关税减让，列入成员的关税减让表。该减让表是《关税与贸易总协定》的组成部分，每一成员给予其他成员产品的关税待遇，不得低于关税减让中规定的待遇。对进口产品，不得超过减让表中的规定征收普通关税，也不得超过协定生效日实施的数额征收其他税费。

对于非关税措施，《关税与贸易总协定》也进行了各种限制，主要表现在：普遍取消数量限制，除了为防止或缓解粮食或其他必需品的严重短缺或《关税与贸易总协定》中规定的其他几种特殊情况外，不允许对进出口产品进行数量限制；通过进出口配额、进出口许可证或其他措施实施的限制均属于数量限制的范畴；在进口许可程序、动植物卫生检疫、技术性贸易壁垒措施，以及反倾销、反补贴和保障措施的适用条件和适用程序等方面，均进行了严格的规范与限制。

4. 发展中国家的特殊差别待遇

《关税与贸易总协定》强调非歧视待遇原则，但是，由于发展中国家与发达国家的发展水平不同，在同等条件下，发展中国家无法真正与发达国家展开竞争。为了弥补这种不平衡，《关税与贸易总协定》对发展中国家实行特殊差别待遇，并专门增加了针对发展中国家的第四部分"贸易与发展",由此保护和激励发展中国家的发展。

特殊差别待遇是对发展中国家采取的一种"普遍的、非互惠的和非歧视的优惠待遇",根据这一原则,发达国家成员在贸易谈判中对发展中国家做出的贸易减让或取消关税或其他壁垒的承诺,发展中国家可以不给予对等性的互惠。同时,在国际义务的承担以及其他问题上,还应给予发展中国家特殊的优惠和照顾。

这种优惠和照顾体现在很多方面,主要可归为三种类型。一是对于《关税与贸易总协定》中规定的成员义务,可以给予发展中国家一定期限的过渡期,在过渡期内,豁免其依照协定应当承担的义务。比如对发展中国家给予所有国家普遍的最惠国待遇的义务的临时性豁免,又比如《与贸易有关的知识产权协定》和《海关估价协议》中对发展中国家过渡期的规定等。二是在实体规则方面所作的有利于发展中国家的调整,例如补贴与反补贴制度,考虑到补贴在发展中国家经济发展项目中发挥的重要作用,《补贴与反补贴措施协议》排除了"禁止补贴"的实体规则在发展中国家的适用。三是其他方面的优惠,如在关税减让方面,允许发展中国家有更小的减让幅度。

尽管《关税与贸易总协定》针对发展中国家的特殊情况,在很多方面都给予了特殊照顾,但发展中国家与发达国家之间的利益冲突依然是影响世界贸易运作的重要问题。

(三)国际投资、货币与税收的国际法规范

1. 国际投资制度

从东道国的角度,国际投资可分为外国对本国的投资和本国向境外的投资,简称为外国投资和对外投资。立足于投资的具体形式,一般有企业投资、证券投资、合作开发与建设投资等形式。无论何种投资形式,一般均适用东道国的国内法,在法律适用上一般并不涉及国际法问题。但也正因为如此,为了促进与保护投资者利益,需要通过国际法规范来约束国家的权力,明确国家与投资者之间的权利和义务,从而改善投资环境,促进国际资本进行安全而稳健的跨国流动。

国际条约主要是双边投资条约和区域性投资条约。双边条约是两个国家所达成的投资协定,由于两个国家之间的协议比较容易达成,所以双边投资条约是目前调整国际投资最主要的国际法渊源。区域投资条约常在经济、文化和社会制度等方面比较类似的地域的国家之间达成,如《北美自由贸易协定》、欧盟有关投资自由化的相关条约、《东盟促进和保护投资协定》以及《跨太平洋伙伴关系协定》等。从内容上看,这些条约主要集中在投资待遇、投资安全与汇兑保证、投资争端的解决等方面。

发达国家在文化和制度上对国际资本的保护比较充分,相互之间有共同的利益追求,也有助于形成政治互信,因此,第二次世界大战之后的20世纪50—60年代,国际资本主要在发达国家之间流动。发展中国家在谋求政治独立和经济独立过程中,对西方发达国家的资本多采取排斥态度,常通过国有化征收手段没收外国资本。发达国家与发展中国家在对待外资的态度上分歧巨大,发达国家在发展中国家的投资也面临着更大的

风险。但是，发展中国家是发达国家不可忽视的重要市场，发展中国家由于发展资金不足也需要利用外资来解决经济发展问题。在这种背景下，如何促进国际资本向发展中国家流动并推动其发展成为国际投资法面临的一个重要课题。1985年，世界银行理事会在汉城（现称首尔）年会上通过了《多边投资担保机构公约》（又称《汉城公约》）成立了多边投资担保机构，作为发展中国家与发达国家共同筹措资本的国际组织，对消除外国投资者与东道国之间的猜疑、促进发展中国家与发达国家之间的投资合作起到了非常重要的作用。

2. 国际货币制度

货币政策本是一国主权范围内的事务，但在跨国交易中，由于买方需要将本国货币兑换成卖方货币进行交易，所以首先需要确定汇率，从而使货币制度超出了一国的主权范围，成为一个国际性问题。对汇率的确定，历史上长期采用的是固定汇率制。在18世纪到20世纪初期，主要采用的是金本位制，即首先将本国的货币兑换成黄金，再进行交易。由于黄金是各国通用的国际货币，故在金本位制下，实际并不存在真正意义上的汇率问题。但是，由于各国经济实力不一，黄金分配不均衡，金本位制在20世纪世界性经济危机的冲击下，最终土崩瓦解。

1944年7月，在美国新罕布什尔州布雷顿森林举行的联合国货币与金融会议上，通过了《国际货币基金组织协定》，确定了一个新的国际货币制度，称为布雷顿森林体系。该体系通过将美元与黄金挂钩、将各国货币与美元挂钩的方式确立了以美元为中心的固定汇率制度。20世纪70年代，美元被高估，而美国拒绝采用必要的紧缩手段以解决相应的问题，布雷顿森林体系最终同样未能避免瓦解的命运。

布雷顿森林体系瓦解后，并没有建立起一个统一的货币制度体系，实际上处于一种由多种汇率制组成的混合状态。有些国家采用浮动汇率制，政府不规定汇率，完全由市场来决定，如美国和欧盟；有的采用管理汇率制，汇率由市场决定，但政府会通过买卖货币和改变货币供给等手段干预汇率；也有一些国家仍采用固定汇率制，尤其是一些小国，将其货币钉住某种基准货币，随基准货币汇率的浮动而浮动。

3. 国际税法制度

税收管辖权是一个国家的主权，国家可以独立自主地决定征税对象、税种和税率。目前，世界上大多数国家都同时主张居民税收管辖权和来源地税收管辖权，前者指对本国的国民和居住在本国的居民享有税收管辖权，后者指对在本国取得的收入行使税收管辖权。这种管辖权常常使跨国所得同时处在两个国家的税收管辖权之下，导致重复征税问题，并由此使跨国经营者面临过重的税负，从而影响跨国经济活动的积极性。在此情况下，各国政府都意识到应当采取措施避免和消除重复征税问题。

避免和消除重复征税的方式，大体上可分为三种。第一种是允许来源地国一方在规定条件和范围内优先行使来源地课税权，居民地国承担采取相应抵免措施消除重复征税的义务。第二种是由来源地国按议定的限制税率优先行使课税权，由此确保居住国也能取得一部分税收收益。第三种是完全由居住国一方或来源地国一方课税，另一方不行使课税权。由于各国税法差异很大，很难达成多边协议，通过订立税收双边协定的方式来解决重复征税问题，是当前各国普遍采用的形式。为了推动双边税收协定的规范化，经济合作与发展组织发布了《关于对所得和财产避免双重征税的协定范本》，联合国经济及社会理事会也拟定了《关于发达国家与发展中国家间避免双重课税的协定范本》，目前，各国在谈判签署税收协定时，基本上都参照甚至套用了两个范本所建议的条款规则。

由于不同国家对于税收的法律规定存在很大的差异，利用这种差异规避纳税义务就成为较为普遍的现象。国际避税的方式主要有四种。一是通过关联交易避税，由于不同国家的利率不同，可以通过关联企业，采取故意抬高或压低交易价格的方法将利润转移到税负较低的所在国的关联企业，从而达到避税目的。二是利用避税港基地公司避税，避税港指那些对所得和财产不征税或税率很低的国家和地区，可以在避税港设立基地公司，将在其他国家的所得转移到基地公司名下，从而达到避税目的。三是利用国际税收协定中的优惠待遇避税，税收协定通常为缔约国各方居民提供了诸多优惠待遇，本无资格享受该优惠的第三国，通过在缔约国设立关联公司，可以间接享受税收优惠。四是资本弱化，股东通过股份投资获得的收益往往有较高的税负，在这种情况下，投资者常会有意弱化股份投资而增加贷款融资比例，从而达到避税目的。

为防止国际避税行为，各国在国内法上一般都采取了有针对性的反避税措施。但是，单纯依靠国内法中的措施，难以对国际避税行为实施有效的管制。因此，各国通过双边和多边合作的形式，共同防止滥用关联交易的避税行为，并通过建立税收情报交换制度、相互给予税款征收协助等措施，达到防止国际避税的目的。2012年，20国集团倡导通过国际合作应对国际避税这一全球性问题，并委托经济合作与发展组织对此开展研究。2015年，经济合作与发展组织完成了包括15项行动计划在内的"税基侵蚀和利润转移项目"的最终研究报告，对如何解决国际避税问题提出了全方位的改革与完善措施。

三 跨国交往关系的纠纷解决

（一）涉外民事诉讼

当在国际民商事交往活动中发生争议的时候，当事人可以申请国际仲裁，也可以向法院提起诉讼。但国际仲裁只适用于对外贸易活动中的商事纠纷，不适用涉及身份关系的民事纠纷，而且国际仲裁以当事人在合同中明确订有仲裁条款或事后专门达成仲裁协议为前提，否则无法提起仲裁，只能向法院起诉。

1. 管辖法院的确定

向法院起诉首先面临向哪一国法院提起诉讼的问题。对同一涉外民事案件，由不同的国家法院管辖和审理，所适用的法律不同，判决结果也有很大的出入。当事人为了获得有利于自己的判决，往往都愿意选择对自己有利的国家的法院管辖，各国往往也希望扩大自己的管辖权。

一般情况下，基于领土主权的原则，一国对其领域内的一切人和物以及法律事件和行为具有管辖权限，这一管辖原则称属地管辖原则。同时，各国一般都不会排除对本国国民的管辖权，如果一方当事人是本国国民，则本国法院具有管辖权，这种情况称属人管辖原则。另外，各国法律大多允许当事人协议选择与争议有联系的某个国家的法院管辖，这种情况称为协议管辖原则。我国《民事诉讼法》对三种管辖原则均有规定，也就是说，可以根据上述三种原则确定我国法院的管辖权。

除此以外，各国一般还会规定专属管辖原则，指一国法院对与其本国利益有密切联系的特定涉外民事案件，排除其他国家对该涉外案件的管辖权。如我国《民事诉讼法》第279条规定：因在我国领域内履行中外合资经营企业合同、中外合作经营企业合同、中外合作勘探开发自然资源合同发生纠纷提起的诉讼，以及因在我国领域内设立的法人或者其他组织的设立、解散、清算，以及该法人或其他组织作出的决议的效力等纠纷提起的诉讼由我国人民法院管辖。这一规定就是关于专属管辖权的规定，是维护国家主权原则的突出表现。根据国际私法的理论和实践，因不动产纠纷提起的诉讼和因港口作业发生纠纷提起的诉讼，一般也由不动产所在地和港口所在地法院行使专属管辖权。

2. 管辖冲突的处理

由于各国一般不会特意限制本国法院的管辖权，所以会出现一个涉外案件在多个国家都有管辖权的情况，这种情况下，需要解决不同国家的管辖冲突问题。目前，国际上并没有统一的国际民商事管辖权公约，管辖冲突一般是由国内法、双边条约和国际惯例来解决的。

目前，包括我国在内的大多数国家的法院都采用不方便法院原则和一事一讼原则来解决管辖冲突。

所谓不方便法院原则，是指当一国法院和他国法院都有权管辖涉外纠纷，如该国法院认为案件与本国法院缺乏实质的联系，案件他国法院受理更能获得便利和公正的结果，可以停止审理或者驳回原告的起诉，告知其向他国法院起诉。

所谓一事一讼原则，是指对于外国法院首先受理的涉外民事案件，本国将不再受理的原则。但是，外国法院受理违反本国专属管辖的除外。另外，外国法院虽已作出判决，但本国经审查不予承认的，本国也可以再次受理。

（二）国际商事仲裁

国际商事仲裁指不同国籍的当事人或营业地在不同国家的当事人基于商事法律关系而引起的争议，经协商一致提交仲裁机构予以裁决，从而解决争议的纠纷解决方式。一般来说，诉讼都是在一国司法管辖权下提起的诉讼，容易受到当事国各种因素的干扰。相对而言，国际商事仲裁可以有效避免当事国保护主义的影响，具有更为中立的地位。因此，国际贸易关系的当事人常常更愿意选择仲裁方式来裁决案件。

世界著名的国际商事仲裁机构简介

仲裁并不具有强制性,是否提交仲裁,以及提交哪个仲裁机构进行仲裁,完全是由当事人自己协商确定的。在长期的仲裁实践中,一些仲裁机构因其公正性与权威性获得了普遍的认可。目前,比较著名的国际商事仲裁机构如下。

(1)国际商会仲裁院(ICC International Court of Arbitration)。该机构设立于1928年,总部在巴黎,为国际商会常设仲裁机构。该仲裁院为目前世界上提供国际经贸仲裁服务较多、具有重大影响的国际经济仲裁机构。

(2)瑞典斯德哥尔摩仲裁院(The Arbitration Institute of the Stockholm Chamber of Commerce)。该机构成立于1917年,为斯德哥尔摩商会内部机构,但在职能上独立。瑞典中立国的地位为其公平性提供了很好的保障,瑞典斯德哥尔摩仲裁院享有很好的国际声誉。该院与中国国际经济贸易仲裁委员会有业务联系。

(3)美国仲裁协会(American Arbitration Association)。该机构为美国主要的国际商事仲裁机构,于1926年设立,总部在纽约,在美国主要城市设有24家分会。该协会受理的案件多数为美国当事人与外国当事人之间的争议。

(4)香港国际仲裁中心(Hong Kong International Arbitration Center)。该机构于1985年设立,受理中国香港特别行政区内仲裁案件和国际商事仲裁案件。该中心无自己的国际商事仲裁规则。实践中,依《联合国国际贸易法委员会仲裁规则》进行操作。

(5)英国伦敦国际仲裁院(London Court of International Arbitration)。该机构成立于1892年,为英国最有国际影响的国际商事仲裁机构,由伦敦市政府、伦敦商会和女王特许仲裁协会共同组成的联合委员会管理。

(6)中国国际经济贸易仲裁委员会(Chinese International Economic and Trade Arbitration Commission)。该机构成立于1956年4月。前身为"对外贸易仲裁会"及"对外经济贸易仲裁委员会",总部设在北京,在上海及深圳设有分会,分会设秘书处,在仲裁委员会分会秘书长的领导下负责处理仲裁委员会分会的日常事务。2000年,该委员会启用了一个新名称"中国国际商会仲裁院",并通过了新仲裁规则。受案范围目前为一切国内、国际仲裁。

(7)中国海事仲裁委员会(China Maritime Arbitration Commission)。该机构成立于1959年1月,当时名为"中国国际贸易促进委员会海事仲裁委员会"。1988年6月21日,国务院决定将其改名为中国海事仲裁委员会。该海事仲裁委员会主要以仲裁的方式,解决海事、海商和物流争议。仲裁委员会的总部设于北京,并在上海、天津、重庆设有分会。

（8）解决投资争端国际中心（International Centre for Settlement of Investment Disputes, ICSID）。为促进国际私人资本的流动，1965年，在世界银行的倡导下，一些国家在华盛顿签署了《解决国家与他国国民间投资争端公约》，又称《华盛顿公约》，并在公约框架下建立了解决投资争端国际中心，用以解决投资者与东道国之间因投资问题形成的纠纷。中心受理外国投资者与东道国之间的投资纠纷，要求东道国和投资者母国均为公约的缔约国，并且共同同意将纠纷提交中心解决，否则不能提交到中心进行解决。对于提交到中心的案件，中心有调解和仲裁两种解决方式。当事人可以选择调解，也可以在调解不成的情况下再进行仲裁。调解由调解委员会主持，依据中心制定的《调解和仲裁的启动程序规则》和《调解程序规则》进行调解。另一种纠纷解决方式为仲裁，程序规则依据中心制定的《调解和仲裁的启动程序规则》和《仲裁程序规则》进行。

此外，世界贸易组织为解决成员之间在世界贸易组织各项协定和规则下形成的争端，也成立了专门的争端解决机构（Dispute Settlement Body, DSB）。与其他仲裁机构不同，DSB对成员之间因相关协定产生的争议具有强制管辖权，不以争议当事方的共同同意为前提。这与仲裁程序必须以当事人共同同意为前提才能启动有很大的不同，从而具有一定的司法管辖的特点。这种强制管辖权还要求，任何成员不得自行认定其他成员违反世界贸易组织义务而自行采取报复措施，以此避免成员之间通过贸易战的方式解决争端。DSB的程序设计与仲裁程序的"一裁终局"也不同，采用"两级审案"的准司法体系，其中：一审为专家组程序，就争议的事实和法律问题进行审理和裁决；若当事方对专家组的裁决不服，可以提起上诉，上诉机构一般仅就法律问题进行审理和裁决。

1. 仲裁协议

仲裁不具有强制性，需要当事方事先就仲裁条款达成一致才能提交仲裁，仲裁以当事人达成仲裁协议为前提。仲裁协议是仲裁庭获得案件管辖权的唯一依据，同时还是当事人通过协商一致排除法院管辖权的依据。除非仲裁协议无效或不能履行，否则法院不得排斥仲裁庭的管辖权而强行干预。

仲裁协议是否有效，一般从两方面来考察：一是考察当事人的行为能力；二是考察仲裁机构所在国法律规定的仲裁受案范围。关于行为能力的判断标准，不同国家的规定并不相同，一般依行为发生地国家的法律规定来判断。对于仲裁机构的受案范围，各国法律同样也有不同的规定。《纽约公约》规定，仲裁协议所商定的仲裁事项是否属于仲裁受案范围，可由当事人协商确定所适用的法律，没有约定时，依据仲裁裁决作出地国家的法律来认定。在大陆法系国家，一般规定具有某种人身属性的民事行为（如婚姻、收养、监护、继承等）和行政争议不适用仲裁。

仲裁协议除具备上述效力要件外，还必须明确双方所共同同意的具体仲裁机构，如果仲裁机构不明确，无法确定是哪一个仲裁机构，双方也不能事后协商一致的，则可能导致该协议无法履行。

2. 仲裁员的委任

尽管仲裁申请是向某个仲裁机构提出的，但仲裁机构并不直接负责案件的审理，而是由基于该案而特别成立的仲裁庭来负责。独任仲裁庭由一名仲裁员组成，一般由当事人共同直接指定，或共同委托第三方来指定。在当事人没有约定的情况下，则根据仲裁规则的规定来指定仲裁员。多人仲裁庭一般由三人组成，可以由当事人协商一致共同委任，也可以共同委托第三方委任。根据我国《仲裁法》，当事人约定由三名仲裁员组成仲裁庭的，应当各自选定或者各自委托仲裁委员会主任指定一名仲裁员，第三名仲裁员由当事人共同选定或者共同委托仲裁委员会主任指定。第三名仲裁员是首席仲裁员。当事人约定由一名仲裁员成立仲裁庭的，应当由当事人共同选定或者共同委托仲裁委员会主任指定仲裁员。当事人没有在仲裁规则规定的期限内约定仲裁庭的组成方式或者选定仲裁员的，由仲裁委员会主任指定。

仲裁员一般由相关的专业人员担任，各国的仲裁法一般都规定了担任仲裁员的资格，对符合资格的仲裁员，由仲裁会委员会编制仲裁员名册，组成仲裁庭的仲裁员从名册中指定，经本人同意接受委任后成为仲裁庭组成人员。

为确保仲裁员的公正性，仲裁员针对特定的仲裁案件而指定的仲裁员，应当就该仲裁员与案件本身以及案件当事人有关的可能影响案件公正审理的事项向当事人披露，对于已经披露的事项，如果当事人未提出异议，则在后续的仲裁程序中不能再就此提出异议。对于未披露事项，出现可能会影响案件公正审理的事由，当事人可随时提出回避。但是有些国家对仲裁员应当回避的事由在法律上作了强制性规定，规定仲裁员在存在法定应予回避的情况时必须回避，并不认同当事人的弃权理论。

3. 仲裁规则

各国的仲裁法是在各国国内适用的法定的仲裁规则，国际公约确定的仲裁规则在其成员国可以适用，此外，各仲裁委员会常常有自己的仲裁规则。一般情况下，各仲裁委员会或有自己的仲裁规则，或明确声明所适用的仲裁规则，因此，选定了仲裁委员会，也就等于选定了仲裁规则。

20世纪后期，国际商事仲裁出现了向"非地方化"方向发展的趋势。它是指国际商事仲裁不应受到地域差异、有时可能不适宜的仲裁地国内法的约束，当事人以及仲裁庭均可以适用仲裁地以外的程序规则，其目的在于建立一种不受仲裁地国内法支配和约束的"非当地化"的仲裁体系。随着仲裁制度对当事人意思自治的不断强化，当事人在合意的前提下完全可以并且应当拥有对仲裁程序更多的选择权，而不必拘泥于任何特定的仲裁规则。

目前，我国《仲裁法》以及仲裁委员会的仲裁规则多为强制性规定，不允许当事人对程序的自由选择。仲裁程序的"非地方化"趋势对今后我国《仲裁法》可能进行的修改具有很大的启示和借鉴意义，赋予当事人对仲裁规则的选择权，从而便于更多的当事人运用我国的仲裁机制去解决争议，以充分体现仲裁机制的功能和价值。

4. 裁决及其执行

仲裁一般是"一裁终局"，不存在上诉程序，仲裁后也不得再行寻求其他的法律救济途径。但是，对于仲裁庭已经作出的裁决，当事人（几乎总是败诉的一方）可以在一定期限内请求仲裁地法院予以撤销。联合国国际贸易法委员会制定的《国际商事仲裁示范法》规定申请撤销的期限为收到裁决书之日起三个月，我国《仲裁法》规定为六个月。对于当事人的申请，法院原则上只对仲裁程序的合法性进行审查，而不审查实体部分，但有些国家的《仲裁法》规定法院有权对事实认定和法律适用问题进行审查。法院经审查认为存在应予撤销的法定事由的，有权撤销仲裁裁决。仲裁裁决被撤销后，当事人可以重新协商仲裁条款，协商不一致的，任何一方都可以向法院起诉。

对于未提出撤销申请，或经法院审理驳回申请的，当事人可以申请被执行人住所地或其财产所在地的法院承认并执行裁决。

（三）司法协助以及判决的承认与执行

1. 司法协助

在涉外诉讼中，由于当事人或与案件相关的诉讼标的物或证据在国外，所以在诉讼文件的送达、证据的调取等方面需要经过当事国家的司法协助才能完成，否则将导致诉讼难以顺利进行。

对于诉讼文书的送达，管辖国与被送达人所在国订有双边条约或共同缔结的国际条约的，可按条约规定的方式送达。我国于1992年加入《关于向国外送达民事或商事司法文书和司法外文书公约》，简称《海牙送达公约》，根据该公约，我国司法部为有权接收外国通过领事途径转递的文书的机关。我国法院如果请求公约成员国向该国公民或第三国公民或者无国籍人送达民商事司法文书，由有关中级人民法院将请求书和所送达的司法文书，送有关高级人民法院转最高人民法院，由最高人民法院送司法部，转送给该国指定的中央机关。我国法院如果要向公约成员国内的中国公民送达民商事司法文书，可以委托我国驻该国使领馆代为送达。如果受送达人所在国与受理诉讼的国家没有签订司法协助条约或者协定，也不是海牙送达公约的成员国，一般通过外交途径送达，由受诉国外交机关送交当事人所在国驻该国的外交机构，再由其转交给该国的外交机关，然后按照该国法律规定的方式送达。通过各种法律规定途径仍不能送达的，可以进行公告送达。我国法律规定，涉外案件通过国内外公开发行的报纸或其他新闻媒体公告送达的，自公告之日起满六个月的，即视为送达。

对于需要域外调查取证的，一般依照受诉国缔结或者所参加的国际条约所规定的途径进行，没有条约关系的，通过外交途径进行。对居住在国外的本国公民进行调查取证，可以通过使领馆进行。我国1997年加入《关于从国外调取民事或商事证据的公约》，需要向国外调查取证的，也是通过司法部转送，程序与依《海牙送达公约》送达程序基本相同。对于在域外形成的证据，我国法律要求须经所在国公证机关公证，并经我国驻该国使领馆予以认证或者履行我国与该所在国订立的有关条约中规定的证明手续，才能使用。对于所在国与我国没有外交关系的，一般经与我国有外交关系的第三国驻该国使领馆认证，再转由受诉国驻该第三国使领馆认证。但是，对于用于国际流通的商业票据、我国驻外使领馆取得的证据材料以及当事人没有异议的证据材料，则无须办理公证认证或者其他证明手续。

2. 判决的承认与执行

涉外关系的法律判决一般都涉及居住在外国的自然人或法人，如果需要强制执行，只能由该外国的有关机关执行，为此，判决需要首先经该国家承认，并同意执行后，才能得到执行。一国对外国判决的承认与执行一般按照两国的双边条约或共同缔结或参加的国际条约确定。

对外国判决或国际仲裁机关的仲裁裁决是否予以承认和执行，一般由一国的国内法律规定。另外，双边或多边条约中关于相互承认和执行彼此法院的判决和外国仲裁裁决的内容，也是决定是否承认和执行问题的重要依据。1958年联合国国际商事仲裁会议通过了《承认和执行外国仲裁裁决的纽约公约》，简称《纽约公约》。目前，世界上绝大多数国家都加入了这个公约，国际商事仲裁裁决的可执行性基本上得到了保障。

在对外国判决的承认和执行问题上，我国《民事诉讼法》规定，人民法院对申请或者请求承认和执行的外国法院作出的发生法律效力的判决、裁定，依照中华人民共和国缔结或者参加的国际条约，或者按照互惠原则进行审查后，认为不违反中华人民共和国法律的基本原则或者国家主权、安全、社会公共利益的，裁定承认其效力，需要执行的，发出执行令，依照本法的有关规定执行。违反中华人民共和国法律的基本原则或者国家主权、安全、社会公共利益的，不予承认和执行。

我国与几十个国家订立了包含民商事司法协助内容的双边条约，大多都包括有相互承认和执行对方国家的法院判决的内容。我国还于1980年成为《纽约公约》，与世界上绝大多数国家都可通过该公约实现判决的相互承认与执行。

本讲涉及的主要法律法规

（1）《中华人民共和国法律适用法》
（2）《中华人民共和国对外贸易法》

第十五讲

法律的解释与适用

"以事实为根据，以法律为准绳"是我国司法的基本原则，"以事实为根据"是诉讼法上的问题，主要通过证据和证据规则来实现，对此，本书第十三讲已经予以讨论。"以法律为准绳"涉及的是法律的适用问题，即面对需要裁判的争议，在查明事实的基础上，如何适用法律的问题。

由于现实生活的多样性和法律规则的复杂性，对于现实生活中面临的具体问题，如何找到相对应的可以解决问题的法律条文，有时候并不是一件简单的事情，需要通过一系列法律方法才能完成。在长期的司法实践中，这套方法已经发展成一门系统化的学问，称为法学方法论。尽管法学方法论主要是法学专业人员的一套学问，但对于非法律专业的人而言，了解一下法律适用的基本方法会大大有助于我们对法律的理解，因而还是非常有必要的。由于法学方法所涉及的法律问题比较复杂，本讲中，我们不可能对所有的法学方法都进行系统的介绍，主要介绍的是法律适用过程中应注意的最为基本的问题。

第一节　法律推理与法律解释

 法律适用概述

（一）法律适用的概念

所谓法律适用，是指国家司法机关根据法定职权和法定程序，运用法律处理案件、解决纠纷的活动。其中的关键问题是如何找到合适的法律条文来解决现实生活中面临的具体问题，简言之，就是如何"找法"的问题。

法律是对社会生活的映照，在大多数情况下，我们仅凭一般生活经验就可以对日常行为的性质做出比较明确的判断。比如，故意杀人是犯罪，对应的是刑法中关于故意杀人罪的规定；又如，欠钱应偿还，对应的是民法中关于欠债还钱的规定。这种情况下，法律明明白白地就在那里，不需要多么复杂的方法就可以找到法。

但是，由于现实生活的多样性和法律规则的复杂性，有时候，找法并不是一件容易的事。比如，各国法律基本上都规定，父母有抚养未成年子女的义务，这一条款看起来非常明确，似乎并不存在漏洞。但何为"子女"，在不同的情况下却可能会有不同的理解。当前各国基本上都将"非婚生子女"归于"子女"的范围，但有些国家在某些历史时期，"子女"并不包括"非婚生子女"。即使现在，对于"子女"的认定同样也可能存在分歧。比如，用精子库里的精子培育的试管婴儿是谁的"子女"？其父亲是决定试管婴儿手术的那个父亲，还是生物学意义上的父亲？又如，代孕而生育的子女是谁的子女？上海曾出现过这样一个案例：母亲甲购买乙的卵子与丈夫的精子培育成试管胚胎，植入了丙的子宫，最后生育出一对双胞胎，孩子长到四岁时，生父意外死亡。孩子的祖父母以母亲甲不是孩子的母亲为由，与母亲甲争夺抚养权。这对双胞胎是谁的子女？本案应如何适用法律？

可见，即使一个看起来非常简单的条文在司法实践中也可能面临非常复杂的问题，因而需要通过一系列的法律方法来找到合适的法律规则，以适用于案件中的现实生活事实。

（二）法律适用与法教义学

在长期的司法实践中，法律人提出了一系列法律适用的具体方法，并由此逐渐发展成为一种专门的学问，称为法学方法论。以德国法学家为代表的法律人又习惯称之为法教义学，在他们眼里，法教义学既是一种方法论，也是一种知识体系，是法学的"安身立命之本"。法教义学借助一套解释学工具，通过对规则体系的阐释，将纷繁的现实生

活纳入具体的法律规则。

法解释学方法主要从语义、逻辑、系统、历史等维度展开。在法教义学视野下，法律规则（或曰法条）是法律的基本构成要素，也是法学研究应该关注的重点。法律教义围绕法律规则而形成，其主要工作是对现行规则进行解释、建构与体系化。在此意义上，法教义学又常称为法解释学。

（三）法律适用与社科法学

法教义学以现行法律规则为基础，是规则范围内的活动。但是，在有些人看来，法学家的工作绝不仅限于法教义学范围之内，还应当将视野投向更为广阔的现实社会空间，由此形成了一种完全不同于法教义学的法学方法，称为社科法学方法。

社科法学学者倡导运用社会科学的方法分析法律问题，相对于法教义学对规则的强调，社科法学更关注行动的逻辑。隐藏在行动背后的各种心理学、社会学、文化、经济、政治等因素，都成为社会科学关注和考察的对象。由此，社科法学学者眼里的法律不是单纯地由规则构成的法律，而是"隐藏在行动之中的法律"。社科法学非常关注以小见大的个案研究，擅长对某些疑难案件运用各种社会科学方法多角度、多方位地进行考察，从而达到正确适用法律的目的。

拓展阅读

社科法学和法教义学之争的背后

在2001年发表的一篇论文中，北京大学苏力教授从宏观角度对20世纪70年代末以来的中国法学发展格局进行了检视，认为其中存在三种不同的重要范式，即政法法学、诠释法学和社科法学。在展望中国法学的未来发展之时，苏力认为，注重意识形态话语的政法法学将走向衰落，起主导作用的将是高度关注具体法律条文、法律制度和法律纠纷解决技术的诠释法学，以及借鉴其他社会科学的理论资源和研究方法、试图发现法律制度与社会生活等因素的相互影响和制约的社科法学。苏力断言，尽管诠释法学和社科法学对于法治和法学的发展而言是功能互补的，但"它们之间不无可能产生激烈的、有时甚至是意气化的争论"。

苏力当年所预言的那种激烈甚至意气化的争论，如今已在某种程度上初露端倪。当年被苏力归为"诠释法学"的学派中，年轻一代的学者们正在使用另一个舶来的新词"法教义学"自称，而且"法教义学"这一新词正日益与一些部门法紧密结合，"宪法教义学""刑法教义学""民法教义学"等逐渐在中国法学界广为人知。

细观双方的学术交锋，可以发现一些颇有意思的问题。首先便是双方借助的理论资源的差异。法教义学有着纯正的德国血统，因而最常被那些坚持法教义学立场的中国学者所引用的国外学者乃汉斯·凯尔森（Hans Kelsen）、尼古拉斯·卢曼（Niklas Luhmann）和卡尔·拉伦茨（Karl Larenz）等欧陆（主要是德国）法学家。社科法学主要引用的，则是奥利弗·霍姆斯（Oliver Holmes）、罗斯科·庞德（Roscoe Pound）、路易斯·布兰代斯（Louis Brandeis）、罗纳德·科斯（Ronald Coase）、理查德·波斯纳（Richard Posner）等美国学者的相关论著，而甚少引用欧陆学者的作品，至多有时会将欧根·埃利希（Eugen Ehrlich）引为同道。因此，法教义学和社科法学之争，某种程度上乃是德国法学传统和美国法学传统在中国法学界的狭路相逢。

这种所掌握的理论资源的差异，有时也会造成社科法学和法教义学的学者彼此之间存在一些误解。例如，一些社科法学研究者对法教义学的理解尚停留在"概念法学"阶段，或直接将之等同于美国的法律形式主义，而未能充分了解德国的自由法运动对"概念法学"的批评及其所促使的法教义学之更新发展，未能认识到今天德国的法教义学其实并未排斥价值判断；在一些法教义学研究者的眼中，社科法学研究者轻视规范本身，而热衷于从法学之外探讨规范与其他社会因素的相互影响。以社科法学旗下的主力之一法社会学为例，美国法社会学家理查德·埃贝尔（Richard Abel）曾调侃地说，法社会学"所有关于法律的事情都研究，只有法律规范除外"。但事实上，即便在法社会学的阵营中，对待法律规范的态度也各有差别，如美国法社会学家菲利普·塞尔兹尼克（Philip Selznick）领衔的伯克利学派就相当重视对法律规范本身的研究。

对今天的中国法学研究而言，真正有助益的不是两个正在成长的学派之间那种意气化的、截然对立式的立场宣誓，而是在立足于中国法律实践和充分了解对方的基础上的彼此欣赏和互鉴。说到底，中国法律人最需要关注的，首先应该是中国法律实践这一本土之"物"，而不是那些也可以与中国法律实践发生勾连的外来之"词"。

（参见尤陈俊：《不在场的在场：社科法学和法教义学之争的背后》，《光明日报》2014年8月13日第16版。）

二 法律推理

（一）法律推理的概念

所谓法律推理，就是采用逻辑推理的方法，将法律规范适用于具体的案件事实的活动。法律推理是逻辑方法在法律适用中的运用，是法律适用最基本的方法，同时与法律

解释方法一起，共同构成了法教义学最为基础的内容。

逻辑推理一般包括演绎、归纳和类比三种基本形式。其中，演绎是从一般前提出发，推导出特定结论的方法，是从一般到个别的推理方法。归纳是由众多个别现象概括出一般规律的方法，是从个别到一般的推理方法。类比是根据两个对象在某些属性上相同或相似，通过比较推断出它们在其他属性上也相同或相似的推理过程。

法律规范是抽象的，是一般性规则，将之适用于具体的案件事实，是一个从一般到个别的过程，运用的是一种演绎推理的方法。在法律规则缺失，需要类比适用类似的法律规则的情况下，有时也会用到类比推理，但这主要是一种法律漏洞的填补方法。立足于法律适用的角度，法律推理仅指演绎推理方法。

（二）演绎推理的三段论

三段论是演绎推理的基本形式，是从两个前提推论出一个结论的推理形式。作为推理基础的两个前提分别称大前提和小前提。其中，大前提是一个一般性命题，比如，太阳每天都从东方升起，知识分子都是有知识的，都属于一般性命题。小前提是一个个别陈述，比如，老王有知识，这棵树长得很高大，等等。无论大前提还是小前提，都是一个完整的命题，都有其主项和谓项。如前述大前提中，"太阳"和"知识分子"是主项，"每天从东方升起"和"有知识"是谓项。前述小前提中，"老王"和"这棵树"是主项，"有知识"和"长得很高大"是谓项。在同一个三段论推理中，结论中的主项称为"小项"，谓项称为"大项"。同时，大前提中的主项或谓项与小前提中的主项或谓项至少有一项是相同的，称为"中项"。中项是三段论推理的媒介，没有中项就无法完成三段论推理。

比如，知识分子都是有知识的，老王是知识分子，所以老王有知识。在这一推理过程中，"知识分子都是有知识的"是大前提，"老王是知识分子"是小前提，"老王有知识"是结论。大前提中的主项和小前提中的谓项是相同的，是中项，通过中项的连接作用，推出一个新的判断，或者说一个新的命题。

三段论推理中，能否推理出正确的结论取决于两个基本因素：一是大前提和小前提必须为真，如果大前提或小前提是假命题，那么得出的结论也可能为假；二是推理过程不能违反规则，违反三段论规则，则结论也可能为假。

> **拓展阅读**
>
> **三段论的一般规则**
>
> 三段论有其特定的规则形式。合乎三段论规则的，就是三段论正确的形式；不合乎三段论规则的，就是三段论不正确的形式。在大小前提均为真命题的前提

下，只有通过正确的三段论推论形式，才能得出正确的结论，否则，结论就可能是错误的。

规则一：在一个三段论中，只能有三个不同的概念，否则将犯"四概念错误"。

在大前提与小前提中各出现一次的中项，应当是同一个概念。有时候，在大前提与小前提中用以表示中项的那两个语词虽然是同一的，但是，它们却分别表达了两个不同的概念。例如：鲁迅的小说不是一天能够读完的，《孔乙己》是鲁迅的小说，所以，《孔乙己》不是一天能够读完的。在这个三段论的大前提与小前提中都有"鲁迅的小说"这个语词，在大前提中指的是鲁迅的全部小说，在小前提中指的是《孔乙己》这篇小说。所以，这个三段论犯了"四概念"的错误，它违反了三段论的规则，因而是不正确的。

规则二：中项至少要在一个前提中周延。

如果中项在两个前提中都不周延，这就是说，两个前提都没有断定中项的全部外延，那么，就可能大项的外延与中项的外延中的某一个部分发生关系，而小项的外延却与中项外延中的另一部分发生关系。也就是说，大项与小项之间的关系不能确定，因而也不能必然地推出结论。例如：所有小学生都是学生，所有中学生都是学生，所以，所有小学生都是中学生。在这个三段论中，大前提和小前提中的"学生"作为中项，都分别仅指一部分学生，这就是"中项不周延"，因而得出了错误的结论。

规则三：在前提中不周延的概念，在结论中不得周延。

一个概念在前提中不周延，意味着前提判断中并不包含其全部外延，因此，也不可能对其全部外延作出结论。例如：所有麻雀都是鸟，麻雀是会飞的，所以，凡会飞的都是鸟。在这个三段论中，小前提中的"会飞"仅指"麻雀会飞"，是不周延的。但结论是一个全称判断，包括了所有会飞的东西，是周延的，就存在错误。

规则四：两个否定前提不能得结论。

如果两个前提都是否定的，那么，无论是哪种情况都不能得出结论。例如：健康不是钱能买到的，真爱也不是钱能买到的。从这两个否定前提，我们既不能必然地得出"真爱不是健康"这个结论，也不能必然地得出"真爱是健康"的结论。

规则五：如果前提中有一个否定判断，那么结论必为否定判断；如果结论为否定判断，那么前提中必有一个否定判断。

例如：所有羊都是吃草的，所有狼都不是吃草的，所以，狼不是羊。这是一个正确的三段论,在这个三段论中,有一个前提是否定判断,而结论也是否定判断。但是,如果我们把这个三段论的结论改为肯定判断而其余不变,或者把否定前提改为肯定判断而其余不变,那么,结果得到的三段论就可能是不正确的。

规则六:两个特称前提不能得出结论。

如果两个前提都是特称的,如果都是肯定判断,根据规则二,则犯了中项不周延的错误。如果都是否定判断,根据规则四,无法得出结论。因此,两个特称前提必须且只能有一个前提是否定的,而根据规则三,这种情况又会犯前提中不周延的概念在结论中周延的错误。

规则七:如果前提中有一个是特称,那么,结论也应是特称命题。

如果两个前提都是否定的,根据规则四,不能得出结论。如果两个前提都是肯定的,那么,由于有一个前提是特称的,在两个前提中就只能有一个概念周延,这个周延的概念或者是小项,或者是大项,或者是中项;如果这个周延的概念是小项或大项,那么,中项在前提中就不周延,根据规则二,得不出结论。如果这个周延的概念是中项,那么,小项在前提中就不周延,根据规则三,小项在结论中就不得周延。因此,结论必为一特称判断。

规则八:如果大前提是特称判断,小前提是否定判断,那么,就不能得出结论。

如果在大前提是特称而小前提是否定的情形下能得出结论,那么,根据规则五,所得出的结论必须为否定判断。但这意味着大项在结论中周延,因而违反了规则三。因此,在大前提是特称而小前提是否定的情形下,不能得出结论。

(三)法律推理的具体步骤

法律推理的基本形式也是三段论推理,有人称之为"司法三段论"。但法律推理有其基本固定的形式,并不像形式逻辑中的三段论推理那样,需要讨论各种复杂的不同形式。在法律推理中,大前提是要适用的一般法律规则,是一个全称命题;小前提是经过审理对已查明的案件事实所作出的性质定性,是一个特称命题。其中的"性质定性"作为司法三段论的中项,既是法律规则中的规则要素,同时又是法律事实中的要素,从而连接起大前提和小前提,并得出最终的裁判结论。

小前提中的案件事实是通过证据和证据规则推定的法律事实,但仅仅案件事实不能构成一个完整的命题,还需要对法律事实进行法律定性,才能根据法律定性找到合适的法律规范。这一对案件事实进行定性并据此找法的过程称为"涵摄"过程,意思是案件事实"涵摄"于法律规则之下,从而实现法律的适用。这一涵摄过程往往不是一次性完成的,而是需要在案件事实与法律规范之间反复对照考察,才能找到最佳的连接点,即最合适的中项。因此，这一过程又被形象地称为一个"目光不断流转往返"的过程，也就是在案件事实与法律规范之间不断往返流转的过程。在案件较为复杂的情况下，有时候甚至还需要通过多个三段论的推理过程才能得出最终的结论。

比如，前文提到代孕双胞胎抚养权案，法律推理过程是这样的：法律规定，父母有抚养子女的权利和义务，如果母亲甲是双胞胎儿童的母亲，则享有抚养双胞胎的权利和义务。这是一个三段论推理。但母亲甲是不是双胞胎儿童的母亲呢？根据法律规定，母亲身份的认定包括三种情况：一是自然血亲意义上母亲；二是拟制血亲即收养关系上的母亲；三是形成抚养关系的继母。本案中的母亲甲不符合上述法定情形中的任何一种情形，因而不是法律上的母亲。这一推理过程又是一个三段论推理。两个三段论结合在一起，共同完成了一个完整的法律适用的推理过程。当然，这一推理过程是单纯地从三段论方法角度进行的推理。如果考虑其他方面的因素，则可能得出不同的结论，就此案例，我们在后文中还将进一步讨论。

三　法律解释

（一）法律解释的一般问题

1. 法律解释的概念

法律解释是法教义学的重要内容之一，甚至很多人认为法教义学主要就是法解释学。所谓法律解释，就是通过一系列的解释方法，确定法律规则的具体含义，从而将其适用于待决案件的活动。概念和词语的含义可区分为核心部分和边缘部分，一般来说，在核心部分，概念和词语的内容和范围是清晰的，愈到边缘，就会变得愈加模糊。案件事实并不总是处于法律条文含义的核心区域，常常处于边缘地带。这时候就需要通过解释来确定该法律规则的具体内容和适用范围，判断是否可以用于待决案件。

法律的适用在任何情况下都离不开解释，即使在三段论推理过程中，对案件事实进行定性并将其涵摄于法律规则之下的过程也需要解释。尤其是在涵摄过程中，对于案件事实是否能够涵摄于法律规则之下，有时候也不是清晰而确定的，需要通过一定的解释方法来进一步明确法律条文的具体含义，从而决定能否将其适用于具体的案件。在此意义上，法律解释还是法律推理过程中不可缺少的环节，是涵摄的基本前提。

一般来说，任何解释都是对法律现有文本的解释，不能脱离法律文本本身，也不能超出法律文本本身的文义范围。否则，就超越了现行法律规则的边界，创设了法律文本之外新的规则。通过一系列的解释方法，如果仍不能从现有的文本中找出可适用于待决案件的规则，则属于法律漏洞，需要通过另外的填补法律漏洞的方法来解决。

2. 法律解释的不同语境

在不同的语境下，法律解释的含义是不同的。从法学方法论的角度看，法律解

释是一种法律适用方法，反映的是司法活动中的一种法律思维过程。此外，人们还常常从法律文本形式的角度来使用法律解释的概念，并将其根据解释主体和效力的不同分为立法解释、司法解释和学理解释三种类型。本讲中，如果没有特别说明，对法律解释概念，是从法学方法论的角度来讨论的，将其看作法教义学上的一种法律方法。

法律解释的类型

不同的主体有不同的法律解释权限，在我国，根据主体和效力的不同，法律解释常被分为立法解释、司法解释和学理解释三种类型。

1. 立法解释

立法解释是制定法律规范的机关对其所制定的法律规范所作的解释，全国人民代表大会常务委员会作为立法机关，有权对法律作出解释，其对法律作出的解释与法律有同等的效力。根据《立法法》的相关规定，法律规定需要进一步明确具体含义或者法律制定后出现新情况需要明确适用法律依据的情况下，由全国人民代表大会常务委员会作出解释。全国人民代表大会常务委员会对法律作出的解释属于狭义上的立法解释，也是我们一般情况下所说的立法解释。行政法规、地方性法规的制定机关也可以对其制定的法规进行解释，在广义上也可以称为立法解释。

立法解释一般是对法律概念的含义以及法律条款的适用范围进行的解释，法律规定是本来就存在的，解释不是创立新的规范，而是对原来规范的解释。在未对时间效力作出特别说明的情况下，解释一经作出即生效力，并且可适用于解释前发生的、现在尚未审结的案件。立法解释虽然是立法机关作出的解释，仍然应当对解释进行严格的限制，不能随意扩大法律的适用范围，不能以解释代替法律的制定和修改。

2. 司法解释

司法解释是最高人民法院和最高人民检察院针对法律在适用过程中出现的问题而对法律作出的解释。该解释权来源于1981年6月《全国人民代表大会常务委员会关于加强法律解释工作的决议》规定中的授权，司法解释具有普遍效力，如果没有对时间效力作出特别的说明，与立法解释一样也是一经作出即生效，并可适用于以前发生的、现在尚未审结的案件。

当前，对于司法实践中出现的问题，在法律没有作出规定的情况下，常通过司法解释明确具体的处理规则。尽管在我国法律尚不够完善的当下，这种做法在很大程度上弥补了立法工作之不足，在司法实践中的作用是积极的，但在很多人看来，司法解释毕竟不同于立法，在我国现行司法体制下，通过司法解释创制法律规则是权力的僭越。也有人认为，司法解释并不是单纯地对现行法律条文的解释，还包括对法律漏洞的填补，在现行法没有作出明确规定的情况下，通过法理和法律原则来弥补法律之不足，是对法律漏洞的填补，并不是对立法权的僭越。

3. 学理解释

学理解释是非官方主体（主要是法学学者）对法律条款根据自己的理解所作的阐明。学理解释不具有法律效力，但是学理解释（尤其是一些享有较高专业权威的人士所作的解释）往往对法律的适用有着重要的影响，学理解释通过学术理论研究总结出的一系列解释方法在法律适用过程中的指导作用更是不容忽略。

法律的适用是一个极为复杂且极具专业性的活动，离不开法学理论。法律规范中的很多概念在条文中并没有明确的界定，实际上都是依赖法学理论予以界定的。很多国家的民事法律规范甚至明确将法理作为一种法源，规定在没有法律明文规定的情况下，可以适用法理。

总之，学理解释尽管不是具有法律效力的官方解释，但是对于法律学人而言，法学理论上对法律概念的含义所达成的共识，以及对法律适用总结整理出的一套法律方法，已经使法学理论融入法律人的思维方式，渗透进他们的骨髓，因而对法律的适用有着不容忽视也不可替代的作用。

（二）法律解释的方法

法律在适用过程中需要解释，但是，不能随意解释，应当遵循一定的原则或方法，否则法律的意思就可能被曲解。对于具体的法律解释方法，不同的人有不同的认识，立足于不同的角度，也有不同的分类与侧重。但总体来说，法律人共同认可的法律解释方法主要有以下四种。

1. 文义解释

法律条文是由文字词句写成的，适用法律首先要了解法律条文的文义。基于法律条文的文字词句所表达的意义而进行的解释，即文义解释。一般来说，文义解释应当按照法律文本所使用的概念和词语的通常意义进行解释，但是，如果文本中的概念和词语是在专业角度上使用的，应从其专业角度进行解释。比如，法律条文中使用的法律专业术语一般都有其法律上的特定含义，应依照其法律上的特定含义进行解释。只有在法律上

没有特定含义时,才按照普通人的通常理解进行解释。

比如,《民法典》第225条规定:"船舶、航空器和机动车等的物权的设立、变更、转让和消灭,未经登记,不得对抗善意第三人。"第313条规定:"善意受让人取得动产后,该动产上的原有权利消灭。但是善意受让人在受让时知道或者应当知道该权利的除外。"两个条文中都使用了"善意"一词,什么是"善意"呢?按照一般的理解,"善意"指的是心肠慈善。但是,在民法上,"善意"具有特殊的含义,一般是指"不知道而且根据一般经验判断也不应当知道"的情况下的一种心理状态。立足于这一含义,第225条中的"善意第三人"是指不知道船舶、航空器和机动车已被设立、变更、转让或消灭物权关系的人,而第313条中的"善意受让人"指的是不知道,而且根据一般社会经验也不可能知道转让方的转让权存在瑕疵的受让方。

法律条文中存在大量法律概念和法律术语,这些概念和术语一般都有其特定的含义。但法律很少在条文中直接解释这些概念和术语的法律含义,一般都是通过专业性的法学理论学习来掌握其含义。这使得法律逐渐形成了其自身独有的概念和知识体系,这些概念和知识体系使法律人之间的交流变得更为准确和简洁,但同时也越来越远离普通人的日常话语体系,从而使法律的适用越来越成为一种专业性的活动。

2. 扩大解释与限缩解释

文义解释需要按照概念和词语的通常含义进行解释,但这并不意味着只能依照通常含义来确定其适用范围,有时候,还需要根据现实的需要并结合文本的具体语境,对词句作超出其通常含义的解释,即扩大解释或限缩解释。法律概念和术语大多有特定的含义,一般很难突破其本身的特定含义作出扩大或缩小解释,因此,扩大解释与限缩解释大多针对的是日常用语。

例如,《刑法》第252条规定:"隐匿、毁弃或者非法开拆他人信件,侵犯公民通信自由权利,情节严重的,处一年以下有期徒刑或者拘役。"其中的"信件"按字面含义理解是书信和递送的文件。但是,随着手机、电脑等电子设备的普及,电子邮件、手机信息等成为人交流的主要方式,在解释时应将电子邮件甚至手机短信息纳入其中。这种解释扩大了"信件"通常情况下的外延范围,即属于扩张解释。又如,《刑法》第111条规定,为境外的机构、组织、人员窃取、刺探、收买、非法提供国家秘密或者情报的,处五年以上十年以下有期徒刑。依照通常理解,一切对人有用的信息都属于情报。但并不是为境外机构提供任何情报都构成本罪,这里的情报应当解释为"关系国家安全和利益、尚未公开或依照有关规定不应公开的信息"。这种解释缩小了"情报"一词通常意义的外延范围,属于限缩解释。

扩张解释与限缩解释不能单纯立足于文义本身,而是需要根据上下文语境、法律的内在逻辑甚至社会的发展变化等因素,并结合立法目的而作出的扩大或缩小解释。但无论如何解释,解释仍是在概念和词语文义范围内的解释,原则上不得超出其本身可能的文义范围。

3. 目的解释

目的解释是立足于立法目的对法律条文进行的解释,任何法律条文都有其特定的规范目的,因此,对条文的解释应当与其立法目的保持一致。目的解释一般并不独立使用,常常与文义解释、扩大解释或限缩解释相结合来使用,即立足于立法的目的来确定法律条文的具体含义,或确定是否应当予以扩大或限缩解释。

比如曾引起广泛讨论的"火车不是机动车"案,刘瑛在上海铁路局南京东机务段公寓工作,2004年4月21日下班回家穿越铁路轨道时,被货运火车撞倒死亡。根据当时《工伤保险条例》的规定,职工在上下班途中,受到机动车事故伤害的,应认定为工伤。刘瑛母亲裘枫据此为刘瑛申请工伤死亡认定。然而,南京市人力资源和社会保障局却以"火车不属于机动车"之由,认定不属于工伤。认定的依据是《中华人民共和国道路交通安全法》(以下简称《道路交通安全法》)第119条,该条规定机动车"是指以动力装置驱动或者牵引,上道路行驶的供人员乘用或者用于运送物品以及进行工程专项作业的轮式车辆"。工作人员认为,火车是在轨道上行驶而不是在道路上行驶,显然不属于机动车。

那么,火车是不是机动车呢?《工伤保险条例》中的"机动车"是否应当包括"火车"呢?

一般情况下,工伤是指"在工作时间、工作地点、因工作原因"而受到的伤害,下班途中受到伤害虽不是在工作时间和工作地点因工作原因受到的伤害,但劳动者上下班是工作的准备和延续,法律如此规定的目的是扩大工伤认定的范围,更好地保护劳动者的权益。为什么限定"机动车事故"损害呢?因为在上下班途中最容易受到机动车事故伤害。

但是,是不是所有人都沿道路上下班呢?有人可能坐地铁,有人可能需要乘轮渡,而刘瑛在铁路部门上班,每天最常遇到的是火车。是不是立法者有意排除这些情况在认定工伤时的适用呢?显然不是,没有理由将火车排除在"机动车"的范围之外,因为这样的解释不符合《工伤保险条例》的立法目的。

但是,这样解释是不是与《道路交通安全法》的规定相冲突呢?我们再来考察一下《道路交通安全法》对机动车进行定义的立法目的。《道路交通安全法》的调整对象仅仅是道路上发生的交通事故,并不调整火车、轮船等事故,因而在对"机动车"进行定义时,立法者没有必要考虑火车和轮船等其他不在道路上行驶的交通工具的情况。而且,《道路交通安全法》的立法者对机动车进行定义时,显然并不是为了解决工伤认定问题的,更不是为了将火车事故排除在工伤认定之外。因此,将火车认定为"机动车"同样不与《道路交通安全法》的立法目的相违背。

通过目的解释的方法可以判断,《道路交通案例法》第119条并不能适用于本案,《工伤保险条例》中的"机动车"应当包括"火车",由此应当认定刘瑛的死亡属于工伤死亡。

> **拓展阅读**
>
> **火车是不是机动车？**
>
> 南京市人力资源和社会保障局拒绝认定工伤死亡后，裘枫老人先后又提出了行政复议和诉讼，但经过行政认定，法院一审、二审、两次再审四次判决，历经三载都未能讨到说法。
>
> 但裘枫不愿接受这个结果，她再一次申请省高院再审。江苏省高院接待人员对她说，除非有新的证据或者新的法律依据，否则省高院不会再审，即使省高院再审，也很难改判。
>
> 2010年年初的一天晚上，裘枫在《现代汉语词典》找到了"机动"的释义："机动就是利用机器开动的。"第二天一大早，她带着词典，再次来到江苏省高级法院，以找到新的关于机动车的解释为由，向省高院申请再审。
>
> 省高院审监一庭的法官经过研究后，决定组成合议庭，于2010年4月2日上午，由省高院再审。
>
> 合议庭经评议认为，《道路交通安全法》调整范围仅限于道路交通领域。该法第119条在对"机动车"用语进行定义时将火车、轻轨、地铁等在专用轨道行驶的交通工具排除在外，实际是根据该法的调整范围作了限缩性界定。该定义只适用于该法及其配套法规。《工伤保险条例》的立法目的是保护因工作原因遭受伤害的职工合法权益，该法的调整范围是工伤保险行政法律关系，故对条例中的"机动车"应当作通常意义上的符合客观实际的理解与合理解释，即不仅包括道路上行驶的机动车，还应包括轨道交通中的火车、轻轨、地铁等符合机动车技术特征的交通工具。原审判决依据《道路交通安全法》的规定，以火车不属于机动车范畴为由，作出刘瑛被火车撞伤致死不属于条例规定的"受到机动车事故伤害"的认定，属适用法律错误，应予纠正。
>
> 最后江苏省高院作出终审判决：撤销一、二审法院的行政判决；撤销南京市人力资源和社会保障局于2005年3月4日对刘瑛作出的不是工伤的认定；责令该局于本判决生效后30日内重新作出具体行政行为。

目的解释方法需要探求立法者的意图，但是随着社会的发展，立法者的意图也可能不再与社会的发展相适应，因而对立法目的的探求并不需要拘泥于原立法者的意图，而是应立足于法律适用的当下，结合当下的社会现实来推定立法者的意图。

4. 体系解释

体系解释也称逻辑解释或系统解释，是指将被解释的法律条文放在整部法律乃至整个法律体系中，联系此法条与其他法条的相互关系来解释法律。之所以如此，是因为每条法律规范都是统一的法的整体的一部分，也是某一法律部门的一部分，其功能发挥或实现是以与其他规范相互配合为条件的。因此，为正确理解和适用该法律规范，就必须将其同其他法律规范联系起来，以便更好地了解其真实内容和含义。

比如，依据《公司法》，公司股东向股东以外的人转让股权的，应当将股权转让的数量、价格、支付方式和期限等事项书面通知其他股东，在同等条件下，其他股东有优先购买权。股东自接到书面通知之日起30内未答复的，视为放弃优先购买权。两个以上股东主张行使优先购买权的，协商确定各自的购买比例；协商不成的，按照转让时各自的出资比例行使优先购买权。公司章程对股权转让另有规定的，从其规定。

假如某有限责任公司章程规定，股东不得向股东以外的人转让股权，其他股东不同意购买的，不得转让。这样的规定是不是有效呢？

从公司自治的角度，股东有权在章程中规定股权的转让方式。而且，有限责任公司具有人合的性质，向股东以外的人转让股权有可能影响股东之间的关系，从而不利于公司的管理。因此，章程对股权转让作出一定的限制应当是公司自治的表现，法律原则上不得干预。但是，股东撤回投资也是其基本权利，如果限制股东向股东以外的人转让股权，同时又没有为股东转让股权提供其他可以操作的途径，那么股东能否从公司退出将完全取决于其他股东的意愿。这种情况下，欲转让股权的股东的意志实际上已为其他股东所"绑架"，这种"绑架"侵害的是股东最基本的投资自由，与公司法的基本理念不符合。因此，这样的规定尽管没有被法律明确禁止，但仍应认定为无效。

（三）刑法解释的特殊问题

1. 刑法解释的限制

在不同法律领域，对法律解释的要求也有很大不同。比如，对于私法领域产生的争议而提起的诉讼，法院不得拒绝裁判。也就是说，无论当前的法律规定存在怎样的欠缺，法官都必须在现有的法律框架下通过解释来完成法律的适用。而在刑法领域，刑法须严格遵循罪刑法定原则，在法律没有明文规定的时候，不能认定为有罪。因此，从法律解释的角度，一般应严格限定刑法法律解释的范围，不允许随意对现行法的适用范围进行扩大解释。

2. 关于口袋条款的解释

目前，刑法解释的问题主要在对"口袋条款"的解释上。所谓口袋条款，是对刑法中一些开放性条款的俗称。比如，《刑法》第225条规定，非法经营罪是违反国家规定，有下列非法经营行为之一，扰乱市场秩序，情节严重的：① 未经许可经营法律、行政法规规定的专营、专卖物品或者其他限制买卖的物品的；② 买卖进出口许可证、进出口原产地证明以及其他法律、行政法规规定的经营许可证或者批准文件的；③ 未经国家有关主管部门批准非法经营证券、期货、保险业务的，或者非法从事资金支付结算业务的；④ 其他严重扰乱市场秩序的非法经营行为。该条中"其他严重扰乱市场秩序的非法经营行为"就是一个典型的口袋条款，它没有对具体的行为进行具体明确的描述，而是一种概括性、不确定的开放性描述。

由于口袋条款没有对罪状作出具体而明确的描述，所以对于口袋条款，在适用时必须进行解释，从而确定某种行为是否应当被列入"其他"的范围之内。如上述《刑法》第225条的规定，哪些是"其他严重扰乱市场秩序的非法经营行为呢？《刑法》并没有具体规定。为解释这一问题，最高人民法院先后出台过几十个司法解释。根据这些解释，未按照有关规定办理相应手续，从事文物、外汇、出版、电信、网吧、彩票销售、生猪屠宰、特殊原材料买卖等经营活动，甚至擅自为他人提供有偿发布或删除网络信息服务、利用POS机为他人提款变现等行为，都被归于"其他非法经营行为"的范围，从而构成非法经营罪。

应当说，罪刑法定并不排斥法律解释，而且法律的适用也不可能离开必要的解释。但问题在于，司法解释应当受到怎样的限制？解释权的边界在哪里？解释在什么情况下才能与罪刑法定原则不违背？如果法院可以通过司法解释任意扩大条文适用范围的话，真正意义上的罪刑法定原则也许将不再存在。

就刑法适用的解释而言，司法解释是否超过必要的限度，一般可以考虑三条标准：一是解释是否超出刑法条文语义之可能范围；二是解释是否超出了普通人的可预测范围；三是解释是否与刑法的相关条文内容以及刑法的整体精神相协调。但即使如此，在具体的司法实践中，上述标准如何掌握仍是一个令人困扰的问题。

第二节　法律漏洞及其续造

一　法律漏洞的基本问题

（一）何为法律漏洞

法律总是滞后于社会的发展，立法者也会有疏漏，因此，法律的漏洞是不可避免的。法谚亦云：法律总是有缝隙。所谓法律漏洞，是指法律的不圆满状态。根据这样的定义，有人将一切法律的不圆满状态，包括法律概念的含义不确定、需要解释的情形，均归于法律漏洞的范畴。对法律漏洞的这种定义未免过于宽泛，依照这种认识，任何法律都将千疮百孔、体无完肤，是难以让人接受的。法律推理和法律解释属于法律适用的基本方法，属于法律规则体系不可分割的组成部分。凡是通过这种内部规则体系可以解决的问题，都属于法律适用方法问题，不应归于法律漏洞的范畴。

只有在穷尽了所有法律适用的内部规则方法后，仍然无法解决的问题，才属于法律漏洞。

(二) 法律漏洞的分类

根据不同的标准，对于法律漏洞，学界有各种不同的分类方法。根据法律漏洞的表现形式，一般可将其分为法律规则之间的冲突、法律规则的缺失和法律规则违背公平正义原则要求三种情况。但对于第三种情况是否属于法律漏洞，不同的人可能会有不同的认识。而且这种情况即使属于漏洞，原则上也不应归于法学方法论的范畴，而是一个"恶法"是否应遵守的法理学问题。故在此我们只讨论前两种漏洞，即规则冲突和规则缺失，其中，规则冲突又可分为法律之间的规定冲突和法律内部的规则冲突两种形式。

1. 法律之间的规则冲突

在国际法领域，不同国家之间的法律适用冲突通过准据法规范来解决。对于一国的国内法，由于法律有不同的渊源形式，各法律规范之间难免存在不一致甚至相互矛盾的地方，同样也会产生法律适用上的冲突。由于这种情况下的规则涉及国家立法权的行使问题，一般不能通过法律适用方法解决，而是需要在立法上确立相应的法律规则来解决法律适用冲突的问题，必要时由立法者通过裁决来解决法律适用的冲突问题。

由于法律之间的规则冲突在立法上有明确的冲突解决规则，在法律适用过程中遇到法律冲突的情况，直接适用冲突规则就可得到解决，无须在方法论上进行更进一步的讨论。因此，很少有人将法律冲突作为法律漏洞来讨论。但法律之间的冲突毕竟属于立法上的疏漏，故也应属于法律漏洞的一种表现形式。

拓展阅读

洛阳种子案

2003年，洛阳市汝阳县种子公司委托伊川县种子公司培育玉米种子，合同约定每公斤2元。后因市场种子价格大涨到每公斤10元，伊川公司未将培育的种子依合同交付汝阳公司，而是拿到市场上销售，由此发生纠纷。

汝阳公司认为，伊川公司违约应当赔偿，《中华人民共和国种子法》（以下简称《种子法》）规定农作物种子执行市场价格，因而赔偿标准应按玉米种子的市场价执行；伊川公司则认为，应当依据《河南省农作物种子管理条例》（1997年发布，后于2004年废止）确定的政府指导价进行赔偿。当时河南省对玉米种子的政府指导价远远低于市场价格。

时年30岁、拥有刑法学硕士学位的承办法官李慧娟在提交审委会讨论后作

出判决:"《种子法》实施后,玉米种子的价格已由市场调节,《河南省农作物种子管理条例》作为法律位阶较低的地方性法规,其与《种子法》相冲突的条款自然无效。"

2003年10月,河南省人大常委会法制室发文称,经省人大主任会议研究认为,《河南省农作物种子管理条例》第36条关于种子经营价格的规定与《种子法》没有抵触,应继续适用,并认为"洛阳中院在其民事判决书中宣告地方性法规有关内容无效,这种行为的实质是对省人大常委会通过的地方性法规的违法审查,违背了我国的人民代表大会制度,侵犯了权力机关的职权,是严重违法行为"。同时还要求洛阳市人大常委会"依法行使监督权,纠正洛阳中院的违法行为,对直接负责人员和主管领导依法做出处理,通报洛阳市有关单位,并将处理结果报告省人大常委会"。洛阳中院随即免去了李慧娟助理审判员的职务并撤销其审判长之职。但在社会各界尤其是法学界的强烈反对下,2004年李慧娟恢复了工作。

根据《立法法》的规定,李慧娟的判决似乎并不存在错误。但是在我国,法官对法律法规并无司法审查权,因而李慧娟无权"宣布"《河南省农作物种子管理条例》的条款无效。但她可以在判决书中明确法的冲突解决规则,比如她可以论证:尽管《河南省农作物种子管理条例》有关于政府指导价的规定,但《种子法》规定可执行市场指导价,由于《种子法》的效力高于《河南省农作物种子管理条例》,故本案应适用《种子法》。

2. 法律内部的规则冲突

法律内部的规则冲突不涉及立法权问题,一般通过法律解释方法来解决规则之间的适用冲突。理论上,同一法律内部不应存在冲突,如果存在冲突,原则上均可通过目的解释和体系解释的方法来解决。因此,法律内部的规则冲突一般并不属于法律漏洞的范畴,而属于法律解释的范畴。

除了规则冲突以外,不同法律规则之间还存在竞合的现象。竞合不是冲突,不同的部门法领域对竞合有不同的处理规则。就此问题,我们之前已分别讨论了刑法上的法条竞合和民法上的责任竞合,基本可以反映法律对竞合的态度和处理方法,在此不再赘述。

(三)法律规则的缺失

法律规则的缺失是典型的法律漏洞,对于待决案件,如果在现行法中没有相应的解决规则,通过法律解释方法也不能找到可适用的法律条款,则属于规则缺失。由于规则缺失无法通过法律解释方法来解决,只能通过法律漏洞的填补方法来解决。

规则缺失的原因可能是立法者的疏漏,但更为常见的是随着社会的发展,新情况和新事物不断涌现，原有的法律规则没有相应地调整规则。对于规则的缺失，最合适的方式是通过修改法律或制定新的法律来解决，但是在此之前，对于已经出现的纠纷尤其是民事纠纷，法官不能拒绝审判，也不能等待新的法律颁布之后再继续审理案件，而必须通过一定的法律方法来填补法律漏洞，并由此解决法律规则缺失下的法律适用问题。

二 规则冲突的解决

在某种意义上，规则冲突的解决不是填补法律漏洞的方法，因为它只解决了法律的适用问题，并没有解决漏洞，法律的漏洞仍然在那里。准确地说，冲突解决规则所解决的并不是漏洞填补的问题，而只是漏洞发现与回避的问题。我国法官没有司法审查权，因而在解决规则冲突的问题上受到很大的限制。

美国联邦最高法院司法审查权

美国的司法审查权指的是联邦最高法院解释联邦宪法、审查联邦和州法律以及行政机构的行为是否符合联邦宪法的权力。1789年，美国宪法提出了行政、立法和司法三权分立、相互制衡的原则，并且明确规定合众国的司法权属于联邦最高法院以及各级法院。但是，联邦宪法并没有直接明文赋予联邦最高法院司法审查权。司法审查权的做法是在实践中逐步形成的。美国人通过不成文的惯例法支持联邦最高法院的司法审查权。

美国法继承了英国法关于政府有限权力的规定。但是，对于这些规定应该由法庭还是由人民选举产生的议会来实施，争议很大。1790年以后，由法庭实施宪法的观念越来越普及。到了1803年马伯里起诉麦迪逊一案时，司法审查权的概念才正式形成，而它的形成和联邦最高法院首席大法官约翰·马歇尔（John Marshall）有很大关系。

1800年，美国第二任总统约翰·亚当斯（John Adams）竞选连任失败，他的对手托马斯·杰弗逊（Thomas Jefferson）当选为总统。亚当斯是联邦派，杰弗逊是共和派。联邦派主张建立强有力的中央政府，维护土地所有者、金融家以及商人的利益。共和派则主张给予联邦政府有限的权力，保护和尊重州及个人的权利。在亚当斯离任之前，联邦派控制的国会通过法案，新增加了42名法官和政府官员的位置，威廉姆·马伯里（William Marbury）就是其中一名法官。但是，共和派总统杰弗逊上任后迟迟不颁发委任状。

马伯里在联邦最高法院起诉了当时的国务卿詹姆斯·麦迪逊（James Madison），要求他颁发委任状。联邦最高法院首席大法官马歇尔在收到控方的起诉状后，以联邦最高法院的名义致函麦迪逊，要求他解释为何扣押委任状不予颁发。但是，麦迪逊对此置若罔闻。虽然美国实行的是行政、立法和司法三权分立的政治体制，但在美国建国初期，联邦最高法院被认为是三权中权力最弱的，再加上联邦宪法没有赋予它向行政和立法机构发号施令的权力，强迫总统或国务卿服从法庭的命令和判决几乎是不可能的。

面对这一挑战，马歇尔意识到，如果法庭颁发命令，迫使麦迪逊国务卿颁发马伯里的委任状，杰弗逊总统将不予理睬，这样联邦最高法院的地位和威信就会削弱。但是，如果法庭不这么做，人们就会认为，联邦最高法院是因为胆小怕事才不敢下令政府颁发委任状。

经过审议，联邦最高法院1803年就此案做出判决。马歇尔首席大法官解释说，国会1789年通过的司法法案的确授予最高法院向行政官员发出执行令的权力，但该法案因违背宪法应认定无效。同时，尽管马伯里有要求颁发委任状的权利，而且法院也应当为其权利受侵害提供法律救济，但本案联邦最高法院只有上诉管辖权，没有初审权，故而它无权直接颁布委任令。

这一判决以案子不在其管辖范围之由避免了和总统发生直接冲突，但它同时废除了国会的一项法令，从而确立了联邦最高法院的司法审查权。

司法审查权在美国的发展并不是一帆风顺的。尽管联邦最高法院的司法审查权已经深入人心，但对如何行使这一权力，一直存在很大争议。从司法审查权开始确立起，就有法官提出，即使联邦最高法院有司法审查权，也应该非常谨慎地行使这个权力。例如，它只有在发现明显错误而且绝对必要的情况下，才能废除国会的某一法案。但是，也有法官指出，司法审查权的范围很广，联邦最高法院有义务保护每个公民的自由权，并且在政府各个机构中起到公断的作用。因此，联邦最高法院应该广泛地运用这一权力。

（一）不同效力等级之间的法律冲突解决规则

在我国，宪法与法律由全国人民代表大会及其常务委员会制定，行政法规由国务院制定，部门规章由国务院下属的各部委制定。此外，省一级、较大的市和经济特区的人民代表大会和政府还可以制定地方法规和地方政府规章，民族自治地方还可制定自治条例或单行条例。这些法律、法规和规章在其管辖内都具有普遍约束力，都属于广义上的"法"。这些"法"由不同的机关制定，具有不同的效力等级。对于这些具有不同效力等级的法之间的冲突，适用"上位法优于下位法"的冲突解决规则。其中，效力等级高的为上位法，效力等级低的为下位法。

不同类型的法律之间，宪法的效力最高，一切法律、行政法规、地方性法规、自治条例和单行条例、规章都不得同宪法相抵触。除宪法外，其他的法的效力等级顺序如下：法律的效力高于行政法规、地方性法规和规章；行政法规的效力高于地方性法规和规章；省级地方性法规的效力高于本级和下级地方法规和地方政府规章；省、自治区的人民政府制定的规章的效力高于本行政区域内较大的市的人民政府制定的规章；部门规章之间、部门规章与地方政府规章之间具有同等效力，在各自的权限范围内施行。

当不同效力等级之间的法出现冲突时，效力高的法优先适用，即上位法优于下位法规则。

（二）特殊情形下的法律冲突解决规则

上位法优于下位法是法律适用的一般规则，此外还有以下特殊情况下的解决规则。

（1）变通规定优先适用。下位法与上位法冲突的时候，优先适用上位法，这是一般规则。但有些情况下，某些民族自治地方或经济特区，经法律授权，可以根据自身具体情况，作出与上位法不一致的变通规定。既然是变通规定，一般与上位法不一致，但又由于这些变通规定是法律特别授权允许的，所以应当优先适用变通规定。

（2）新法优于旧法适用。同一机关制定的法律、行政法规、地方性法规、自治条例、单行条例和规章，新的规定与旧的规定不一致的，新的规定优先适用。

（3）特别法优于一般法适用。同一机关制定的法律、行政法规、地方性法规、自治条例、单行条例和规章，特别规定与一般规定不一致的，适用特别规定。

（三）法律适用的冲突裁决

同一效力等级的法，并不是简单地只有新法与旧法、特别法与一般法的关系。当同一机关制定的新的一般规定与旧的特别规定不一致时，上述规则都难以解决。这时，需要由相冲突的法的共同制定机关裁决决定如何适用。

（1）法律之间对同一事项的新的一般规定与旧的特别规定不一致，不能确定如何适用时，由全国人民代表大会常务委员会裁决。

（2）行政法规之间对同一事项的新的一般规定与旧的特别规定不一致，不能确定如何适用时，由国务院裁决。

（3）地方性法规、规章之间不一致时，由相关机关依照下列规定的权限作出裁决：

① 同一机关制定的新的一般规定与旧的特别规定不一致时，由制定机关裁决。

② 地方性法规与部门规章之间对同一事项的规定不一致，不能确定如何适用时，由国务院提出意见，国务院认为应当适用地方性法规的，应当决定在该地方适用地方性法规的规定；认为应当适用部门规章的，应当提请全国人民代表大会常务委员会裁决。

③ 部门规章之间、部门规章与地方政府规章之间对同一事项的规定不一致时，由国务院裁决。

④ 根据授权制定的法规与法律规定不一致，不能确定如何适用时，由全国人民代表大会常务委员会裁决。

三　规则缺失的续造

所谓规则的续造，又称法的续造，是指在法律没有明文规定的情况下，通过一定的法律方法填补规则的缺失，并将之适用于待决案件的一种法律适用活动。在英美法系国家，法官可以创造"先例"，因而在法的续造方面有很大的自主性；而在大陆法系国家，要求法官严格在现行法律规则体系下适用法律，法官在法的续造方面受到很大了限制。在此情况下，法的续造只能理解为填补法律漏洞的一种方法，主要包括两种续造方式：一是法源续造；二是类推续造。

（一）法源续造

在大陆法系国家，国家制定法几乎是唯一的法源，法官应当严格在国家制定法的框架下适用法律。但是，当制定法因存在漏洞而无法适用的时候，只能寻找制定法以外的法源。一般情况下，制定法以外的法源主要有三种：一是习惯；二是法理和法律原则；三是判例。

1. 习惯或惯例

习惯是在一定时期以及在一定地域内被普遍认可并普遍遵守的社会规则，它没有被国家制定法所认可，但却为社会所广泛认可；它不一定被一国所有地域范围内的人所认可，但至少在一定区域内被认可。由于这一意义上的习惯指的是被普遍接受的社会规则，所以可以称为社会习惯。社会习惯广泛存在，尤其在少数民族聚居地区，一些生活习惯甚至还可能与国家制定法相抵触。对于某些相抵触的习惯，国家甚至会根据具体情况允许其通过自治条例采取变通的做法。

习惯还可以从非常个体化的角度使用，一般在特定交易关系意义上被使用，指交易活动中被不断重复的做法，因此又称交易习惯。在特定的交易关系中，交易习惯常可以作为判断双方意思表示的重要依据。习惯有时候也被称为惯例。有人对二者进行了区分，认为惯例强调的是行为的不断重复性，而习惯除了行为的重复性，还包括主观上的普遍认可性。这样的区分在国际法领域已被广泛接受，但在国内法上，对这两个概念一般只有使用习惯上的不同，常常并没有本质上的区分。

习惯或惯例被视为法律上的渊源是国际法上的通常做法，也为很多国家立法所认可。我国《民法典》第10条也明确规定："处理民事纠纷，应当依照法律；法律没有规定的，可以适用习惯，但是不得违背公序良俗。"这一条说的是社会习惯。交易习惯同样也被立法认可，《民法典》合同编中有大量关于交易习惯的条款，如第480条："承诺应当以通知的方式作出；但是，根据交易习惯或者要约表明可以通过行为作出承诺的除外。"又如第510条："合同生效后，当事人就质量、价款或者报酬、履行地点等内容没有约定或者约定不明确的，可以协议补充；不能达成补充协议的，按照合同相关条款或者交易习惯确定。"

由于习惯本身就在那里，而且习惯的适用已获得了立法上的认可，所以依据习惯进行裁判，严格说来并不是法的续造，而是法的发现。在缺乏成文法规则依据的前提下，法官只要发现习惯就可以了。但是，并不是任何习惯都可以作为裁判的依据，在适用习惯时，要注意只有在缺乏制定法规则的前提下才能适用习惯，而且习惯不能与法律的一般原则和社会公序良俗相违背。对于一些"陋习"甚至"恶习"，尤其应当注意区分，绝不能将其用作裁判的依据。同时，由于社会习惯有很强的地域性，在适用时也应当注意其地域性限制。

2. 法理和法律原则

法理是指法律的内在逻辑与理念；法律原则是贯穿于具体法律规则的一般性准则。法理和法律原则都不是法律规则，但很多国家将之视为民事法律的渊源之一，用于弥补法律规范之间的空隙，即将其作为法的漏洞填补的重要法源根据。我国《民法典》没有明确将法理和法律原则作为法源，但很多人仍将之作为法律续造的重要根据。

《民法典》没有直接将法理和法律原则作为法源，在具体的司法裁判过程中，也没有直接依据法理和法律原则来创制法律规则的情况，而是主要体现在最高人民法院的司法解释中。如果对最高人民法院的司法解释进行仔细分析，会发现其中大量的规则都不是对现行法律条文的解释，而是依据法理和法律原则进行的规则创制。比如前文提到的代孕双胞胎抚养权案，关于借助辅助生育手段生育的子女的认定问题，早在1991年《最高人民法院关于夫妻关系存续期间以人工授精所生子女的法律地位的函》中就明确："在夫妻关系存续期间，双方一致同意进行人工授精，所生子女应视为夫妻双方的婚生子女，父母子女之间权利义务关系适用《婚姻法》的有关规定。"《民法典》施行后，《最高人民法院关于适用〈中华人民共和国民法典〉婚姻家庭编的解释（一）》再次作出了同样的解释。这一解释就是在法理与法律原则的基础上进行的法律续造。

考虑到各级法院法官理论水平的差异，为避免法律适用的混乱，由最高人民法院承担起主要的法律续造任务，尤其是通过法理和法律原则的法律续造任务，应当说是切合我国现实情况的合理选择。

3. 判例

判例在英美法系国家是重要的法律渊源，在大陆法系国家，判决并不具有法源地位。但在大陆法系国家，判例同样有十分重要的意义。司法实践中的一些重要判例虽然在法律上不视为法律的渊源，但同样也是处理类似问题的重要参考依据。

在我国，2010年起，最高人民法院几乎每年都公布一批指导性案例。《最高人民法院关于案例指导工作的规定》第九条明确规定，对于最高人民法院发布的指导性案例，各级人民法院审判类似案例时应当参照。根据这一规定，指导性案例实际上已经具有了准法源的地位。

（二）类推续造

1. 法律类推的概念

类推即类比推理，根据两个对象在某些属性上相同或相似，通过比较而推断出它们在其他属性上也具有相同或相似性的推理过程。相对于其他逻辑推理方法，类比推理的前提和结论之间没有严密的因果关系，其结论有较大的或然性。但在法律适用上，基于相同情况应作相同处理的原则，类比推理反而具有非常合理的法理基础。在法律适用方法上，类推并不是法律适用的基本方法，而是一种法律漏洞的填补方法，或者更进一步说是法律规则的续造方法，只有在通过法律演绎和法律解释仍无法找到相应的法律规则的前提下，才能适用。

在很多情况下，为了避免烦琐的重复规定，法律在对某种情况做出规定后，对同类情况不再重复规定，而是通过准用条款，对类似情况准予援引适用。比如，《民法典》第468条规定：非因合同产生的债权债务关系，适用有关该债权债务关系的法律规定；没有规定的，适用合同编通则的有关规定，但是根据其性质不能适用的除外。又如，《中华人民共和国劳动合同法》第96条规定：事业单位与实行聘用制的工作人员订立、履行、变更、解除或者终止劳动合同，法律、行政法规或者国务院另有规定的，依照其规定；未作规定的，依照本法有关规定执行。这种情况虽然不再需要类推适用，但也属于类推在立法上的应用，有人将之称为法律明确授权的类推适用。

2. 法律类推的过程

在法律类推过程中，案件事实与法律规定的情况相似，但通过法律解释方法无法被法律条文的内容所涵摄，因而只能根据类似情况类似处理的原则，援引该法律规则作为裁判依据，它是一种法律漏洞填补方法。对此，古罗马法中有一个非常著名的案例，非常清晰地展示了法律类推方法的具体适用过程。

罗马法规定四只脚动物致人损害的，动物的所有人应对受害人给予赔偿。有人从非洲带回来一只两只脚的鸵鸟，致他人受到了损害。但由于罗马法没有规定两只脚的鸵鸟致人损害时的责任承担，故引起争议。罗马法学家认为，鸵鸟的所有人应承担责任，其推理过程如下：法律之所以仅规定四只脚的动物致人损害时的赔偿责任，是因为立法者在立法时未能预见到还有两只脚的鸵鸟。但对受害人不给予救济，显然不符合法律的目的和正义的要求。故法律存在漏洞，应当予以填补。四只脚的动物的所有人应负损害赔偿责任的规定，其立法目的在于使动物的所有人尽其管束动物的义务，避免损害他人。对任何动物都应如此，两只脚的鸵鸟的所有人同样负有同等的义务。基于相同情况相同处理的原则，关于两只脚的鸵鸟致人损害的赔偿责任承担，可以类推适用四只脚动物侵权的法律规则。

（三）刑法上对规则续造的限制

在刑法上，由于需要严格遵循罪刑法定原则，法律续造应受到严格限制。类推更是被绝对禁止，对于法律没有明文规定的行为，不能通过类推以犯罪论处。习惯法同样也被严厉禁止，对于刑法上没有明文规定的行为，不允许通过适用习惯法定罪。也就是说，在刑法领域，刑法条文是关于犯罪认定的唯一法源，不允许法官的续造。

第三节 法律适用的社会视角

法教义学的法律适用是现行法律规则基础之上的规则适用过程，在社科法学学者眼里，是一种封闭、机械的法律适用过程。如果单纯地仅遵从法教义学，不仅会失去对恶法的警惕，而且还可能偏离法律的目标追求，导致人们无法接受的结果。因此，还需要立足于更为开放的视野，综合运用各种社会科学的方法，才能避免法教义学自身的局限。

一 社会视角的一般方法

相对于法教义学逻辑严密的知识体系，社科法学并不追求概念化和体系化，常常是围绕具体的法律问题而展开研究的，因而往往遭受知识碎片化的批评。虽然不存在统一的、体系化的社科法学，但是不同进路的研究者仍然形成了相对固定的学术共同体，分享共同的知识理念。对于社科法学的分析方法，侯猛在其《社科法学的传统与挑战》一文中将其总结为以下四个方面。

（1）以实用主义的态度重视法条。社科法学与法教义学一样，都以法律文本为基础。但是，与法教义学尊崇法条和既有的法秩序不同，社科法学关心的是法条的生活世界，是真实世界的法律问题。社科法学通过分析法条在社会生活中的作用，提出立法和政策建议。因此，社科法学虽然重视法条，围绕法条来展开工作，但是绝不会奉其为圭臬，而是采取实用主义态度。

（2）从后果出发而不是从法条出发。社科法学往往从后果出发，通过逆向分析，解释和评判法律条文和法律问题。特别是对于重大、轰动、疑难案件，在法律适用时一定要考虑案件对社会生活的影响。法官在权衡后果之后，根据后果来寻找合适的法条，然后再运用法律解释技术加以正当化论证。换句话说，法官在分析案件时分两步走：第一是发现；第二是证成。发现是后果导向的，需要社科法学的分析，而证成则是法教义学的工作。

（3）注重解释因果关系。法教义学关心如何解决法律问题，如何运用现有的法律规范、法律体系来解决法律问题。社科法学不太关心是什么、如何解决，而更关心为什么、如何解释的问题。所谓为什么的问题，就是讨论法律问题产生的原因以及所导致的后果。因此可以说，社科法学的核心问题就是对因果关系的解释。

（4）注重"以小见大"的个案研究，强调语境论。国内的社科法学界，不论是法律经济学、法律社会学还是法律人类学，都以个案的经验研究见长。同时，特别注重与中国当下特定的语境相结合。

应注意的是，无论法教义学与社科法学之间有着怎样的分歧和争论，二者之间的关系都不应是截然对立、非此即彼的。法教义学更多是在司法层面解决法律的适用问题，但对司法制度本身的解释有限，因而也难以对立法和政策产生影响。相对来说，社科法学重在解释因果关系，能够对法律政策进行评估。从这种意义上讲，社科法学是法律公共政策得以准确制定和修改的前提。同时，通过法教义学得出的结论并不一定总是合适的，在有些情况下，的确也需要跳出规则本身的限制，从社会的角度考察社会影响和社会效果。反过来，社科法学在任何时候都不能脱离法教义学的基本方法，在立足于社会视角对案件进行分析的基础上，最终仍然需要借助法教义学的方法作出裁判。

二 社会视角下的个案分析举例

由于社科法学不像法教义学那样有一套系统的方法论体系，因而难以对其方法做出系统的梳理。社科法学的优势在于个案分析，在此我们同样通过几个具体的案例，感受一下社科法学对法律适用问题完全不同的观察视角和分析纬度。

（一）法律成本与社会效果

任何法律的执行都需要成本，不过，出于对社会秩序的维护和对合法权益的保护，即使付出一定的社会成本也是值得的。但是，如果一个行为的社会危害性不是很大，即使付出很大的社会成本也很难预防，甚至还有可能诱发新的社会问题，对这样的行为，法律的介入应当谨慎。就此问题，我们以曾经引起广泛争议的"黄碟案"为例来展开分析。

案例回顾

2002年8月18日晚11时许，延安市宝塔公安分局万花派出所民警称接群众举报，新婚夫妻张某夫妇在位于宝塔区万花山乡的一所诊所中播放黄碟。三名民警称从后面的窗子看到里面确实有人在放黄碟，即以看病为由敲门，住在前屋的张某父亲开门后，警察即直奔张某夫妻住屋，试图扣押收缴黄碟和VCD机、电视机。张某阻挡，双方发生争执，张某抡起一根木棍将警察的手打伤。警察随之将其制服，并将张某带回派出所留置，同时扣押收缴了黄碟、VCD机和电视机。第二天，在家人向派出所交了1 000元暂扣款后，张某被放回。

> 10月21日，即事发两个月以后，宝塔公安分局以涉嫌"妨碍公务"为由刑事拘留了张某。10月28日，警方向检察机关提请逮捕张某，检察院以事实不清、证据不足为由退回补充侦查。11月5日，张某被取保候审，次日，张某到医院检查，被诊断为多处软组织挫伤(头、颈、两肩、胸壁、双膝)，并伴有精神障碍。
>
> 12月5日，宝塔公安分局撤销此案。12月31日，张某夫妇及其律师与宝塔公安分局达成补偿协议，协议规定：宝塔公安分局一次性补偿张某29 137元，公安宝塔分局有关领导向张某夫妇赔礼道歉，并承诺处分有关责任人。

本案中涉及两个涉嫌违法或犯罪的行为：一是涉嫌组织播放淫秽音像；二是涉嫌妨碍公务。但引起广泛讨论的是前者，我们在此也仅讨论前者。根据我国《治安管理处罚法》第69条，组织播放淫秽音像的，处10日以上15日以下拘留，并处500元以上1 000元以下罚款。本案中，张某夫妇播放淫秽录像的事实是清楚的，但该条规定的是组织播放行为，张某的行为是否构成组织呢？组织可以是对人的组织，也可以是对事的组织，如本案中对播放行为本身的组织。单纯从字面含义来理解，张某的行为并未被排除在"组织行为"之外。据此，单纯从法律适用方法的角度，认定张某行为违反《治安管理处罚法》第69条似乎并没有问题，至少没有明显的错误。

但是，单纯地立足于法学方法论的角度所做的上述分析似乎并不令人满意。如果夫妻二人私下播放观看与性行为相关的音像应受处罚，对夫妻二人亲自实施的性行为又该如何对待呢？而且，将这样的行为纳入法律的调整范围，法律有得到有效执行的可能吗？私下播放淫秽物品如果是违法行为，这样的违法至少在形式上是没有被害人的。既无被害人，又是隐蔽性的，只能通过举报、盯梢等方式，在付出巨大社会成本的情况下才可能发现这种违法犯罪行为。而且即使如此，可能也会有90%以上的行为没有被抓获而逃避了法律的制裁。这样，在普通人的心理上，违法行为得到追究并不是因为应当受到处罚，只不过是一种小概率的晦气。同时，由于这样的行为是隐私性的行为，行为人一般不愿被他人知道，否则承担的社会代价可能远大于法律责任。在这种情况下，这样的行为虽然不易被发现，但却很容易成为他人甚至执法人员敲诈和要挟的工具，从而诱发新的违法犯罪问题。

立足于上述分析，张某夫妇私下播放黄碟的行为不应被纳入法律的调整范围，对《治安处罚法》第69条的适用范围，也应当予以严格解释。

(二) 价值冲突与利益衡量

法律适用问题不仅涉及法的冲突，还涉及权利的冲突和价值冲突。当出现权利冲突和价值冲突的时候，单纯依靠法律技术方法常常难以得出令人信服的结论，还需要通过价值判断和利益衡量进行分析比较,从而确定哪种利益应当优先受到保护。就此问题,通过"泸州遗赠案"可以得到清楚的说明。

> 黄某和蒋某都是泸天化集团公司404分厂的职工,1963年结婚。婚后,蒋某一直没有生育,他们共同收养了一个儿子。1996年,50多岁的黄某认识了33岁的张某,此时的张某已经是一个10岁男孩的母亲,离婚后带着儿子做烧烤生意。1997年,黄某和张某同居。1998年,张某生育一女。
>
> 2001年4月18日,黄某立下遗嘱并经公证,愿将其所得住房补贴金、公积金、抚恤金和卖房所获款的一半4万余元及自己所用手机等共计6万元的财产遗赠给张某。4天后,黄某因肝癌晚期医治无效去世。此后,张某向蒋某索要黄某的遗产时遭拒绝,遂将蒋某推上了法庭。
>
> 2001年10月11日,纳溪区法院一审宣判:驳回原告张某的诉讼请求,案件受理费2 300元由原告张某负担。一审判决之后,张某上诉到泸州市中级人民法院,跟蒋某再一次对簿公堂。2001年12月28日,泸州市中院以"公民的民事行为不得违反公共秩序和社会道德,黄某与张某在非法同居关系下所立遗嘱是一种违反公序良俗、破坏社会风气的违法行为,且该遗嘱虽是黄的真实意思表示,虽形式上合法但实质赠与财物的内容上存在违法"为由,终审判决驳回了张某的诉讼请求。

单纯地从法律适用方法的角度看,本案无论支持还是不支持张某的诉讼请求,似乎都有充分的理由。泸州市中院以黄某的遗嘱违背公序良俗之由驳回张某诉讼请求,但这种论证也不是没有"偷换概念"之嫌,因为即使同居行为违背公序良俗,也并不意味着遗嘱行为本身违背公序良俗,两者毕竟不是同一概念。泸州中院将两者混同,并由此认定黄某的遗嘱行为是一种"违法行为",这种论证并非没有问题,至少论证过程并不完整。反过来,如果法院以个体的遗嘱自由受法律保护,并据此支持张某的请求,在法律适用上也许更经得起推敲。但是,对于本案,社会舆论的关注点不在于法律适用方法本身,而在于张某"二奶"的身份标签。这一标签的使用本身似乎就明确无误地传递出一个信号,即黄、张二人的同居行为与公序良俗相龃龉。法官不敢与社会舆论对抗,而且基于对张某与蒋某之间利益的衡量比较,优先保护享有婚姻利益的蒋某似乎也更具有正当性。可以说,这样的判决并不完全是立足于法律方法作出的,更多是其他社会考量因素影响的结果。

当然,这一判决也遭到了很多学者的批判。批判的声音同样立足于利益衡量,但不是黄某与蒋某之间的利益衡量,而是制度利益与个体利益之间的利益衡量。这些学者认为本案中黄某的遗嘱效力认定并不只是单纯地涉及张某和蒋某的个人利益,更重要的是还涉及"遗嘱自由"制度利益。如果一项法律制度可以简单地以违反公序良俗之由而排除其适用,则个体行为是否可能达到目标会因此变得不可预期,从而严重影响法律的公信力。在这种情况下,即使适用既有法律规则使得个案的判决显得"不那么恰当",也不能为了所谓的个案正义而牺牲法律的制度价值。否则,个体也许会通过各种手段达到目的,不仅影响了法律的公信力,还有可能引致其他不良后果。因此,通过某种道德原则排除一项法律规则的适用,即使不能说完全不可以,也应当极为谨慎,必须有非常充分的法律理由。

(三)法律推理与行为引导

法律不仅规范个体的行为方式,也影响个体的行为选择。在法律的适用过程中,如果法律的适用对个体行为选择的引导作用是积极的,则这样的法律适用效果就是有效、积极的。反之,如果法律适用对个体行为选择的影响是消极、负面的,那么这样的法律适用就是有问题的,需要回过头来对法律的适用过程重新审视。

对这一问题,我们以彭宇案为例展开讨论。

案例回顾

2006年11月20日,南京市民彭宇陪同一名在路上跌倒的徐姓老太太前往医院检查,检查结果表明徐姓老太太股骨骨折,需要进行人造股骨头置换手术。徐姓老太太随即向彭宇索赔医疗费,彭宇自称是乐于助人,怎么反倒被指成肇事者,拒绝了老人的要求。后在各种调解失败后,于2007年1月4日在鼓楼区法院提出民事诉讼。

据彭宇本人称,当时其在公共汽车站发现一名老太太跌倒,马上跑过去将其扶起并送去医院检查。而徐老太太称"我当时亲眼看到他撞到我的!",并表示"我们老两口都有退休金和医保,儿子在公安局工作,不是说承担不起医药费,只是要讨回一个公道"。

2007年9月5日,南京市鼓楼区法院主审法官王浩对彭宇案作出一审判决,称"彭宇自认,其是第一个下车的人,从常理分析,他与老太太相撞的可能性比较大",并判断"如果被告是做好事,根据社会情理,在老太太的家人到达后,其完全可以说明事实经过并让老太太的家人将她送到医院,然后自行离开。但彭宇未作此等选择,他的行为显然与情理相悖"。对此案的结论是:"本案中,发生事故时,老太太在乘车过程中无法预见将与彭宇相撞;同时,彭宇在下车过程中因

为视野受到限制，无法准确判断车后门左右的情况，故对此次事故，彭宇和老太太均不具有过错。""本案应根据公平原则合理分担损失，本院酌定被告补偿原告损失的40%较为适宜。被告彭宇在此判决生效的10日内一次性给付原告人民币45 876元。"

双方均不服提起了上诉，二审情况一直未公开披露。但2007年10月15日下午，江苏省委书记李源潮在党的十七大江苏省分组讨论会上发表讲话时，专门提到了彭宇案，以其为案例介绍江苏省"大调解"机制，这似乎表明彭宇案二审已以庭外"和解"告结。

事件最大的争议来自一审法院的判决书，判决中大量使用"常理推定"等词，运用"自由心证"的逻辑推理分析判定彭宇应承担责任。为彭宇作证的陈先生在得知结果后激动地说："朋友们，以后还有谁敢做好事？"

本案涉及的争议主要是事实争议，而不是法律争议。如果事实清楚，法律的适用也不成问题。但是，当事实不清时，需要通过证据规则来推定案件事实，这一问题属于法律问题。一般情况下，事实无法查清时，应当根据举证义务的分配由负有举证义务的一方承担不利的后果。本案中，老太太负有证明其伤害是由彭宇将其撞倒所致的举证义务，当其不能证明这一事实时，将承担败诉的后果。

但是，举证义务不仅仅是一种举证义务分配，还涉及证明标准问题，到了何种程度才算完成举证义务了呢？在刑事诉讼中，证明标准要求必须排除一切合理怀疑，只有在完全排除了合理怀疑的情况下才算完成了证明义务。但在民事诉讼中，并不要求如此高的证明标准，此时法官所谓的"自由心证"就起着非常大的作用。虽然我国司法实践中并不使用"自由心证"这样的概念，但没有人会否认，法官在认定案件事实中的自由裁量权在任何情况下都是存在的。同时，《最高人民法院关于民事诉讼证据的若干规定》（2001年通过，2019年修正）第85条也给法官的自由裁量提供了法律和方法论上的根据，该条规定，审判人员应当"运用逻辑推理和日常生活经验，对证据有无证明力和证明力大小独立进行判断"。

那么，本案的法官是如何运用逻辑推理和日常生活经验进行判断的呢？判决书这样写道："如果被告是做好事，根据社会情理，在老太太的家人到达后，其完全可以说明事实经过并让老太太的家人将她送到医院，然后自行离开。但彭宇未作此等选择，他的行为显然与情理相悖。"这样的判断过程单纯从逻辑和经验来看似乎并没有问题，与《最高人民法院关于民事诉讼证据的若干规定》也并不相悖，至少并没有明显违反该规定。也就是说，单纯从法律适用方法论的角度看，该法律推理过程并没有明显的错误。

但是，个体的行为方式选择是一种心理过程，对同样的事情，不同的人在不同的情况下可能会有不同的反应，在案件审理过程中，法官能依据逻辑和经验对个体行为的选择倾向进行判断吗？如果法官可以按照"常理"对个体的行为选择倾向进行判断并据此判决，这样的做法对个体行为选择会起怎样的引导作用呢？会不会使每个人在处理与他人的关系时都尽可能选择一种所谓的"依据常理的行为方式"呢？

彭宇案引起最大争议的也在于此，法院判决最受诟病的地方也在于此，对于"扶不扶何以成为社会问题"，很多人认为彭宇案的判决具有不可推卸的责任。无论彭宇案的真相到底是什么，法院"依照逻辑和日常生活经验对个体行为选择倾向进行推断"的做法在对个体行为方式的引导上都是消极、负面的。

因此，对运用逻辑推理和日常生活经验判断的适用范围，应限于对某种行为或事件是否发生的客观方面进行判断，而不应包括对人的主观心理倾向的判断，更不宜通过所谓的逻辑推理和日常生活经验对人进行道德判断。

本讲涉及的主要法律法规

《中华人民共和国立法法》

课外阅读推荐书目

（1）《裁判的方法》，梁慧星著，法律出版社2021年版。
（2）《理论法学的迷雾：以轰动案例为素材（增订版）》，桑本谦著，法律出版社2015年版。

后记
Postscript

  1993年大学毕业后，我一直从事专职律师工作。2013年入职上海电力大学，迄今倏忽又已十年矣。其间，我主要讲授的是经济与管理学专业的"法律基础""经济法"和"公司治理"课程。授课过程中，由于市面上已出版教材始终不甚合心意，故十年来我一直使用自己撰写的讲义。虽也曾计划整理出版，但终因多方面原因，始终未能如愿。

  2022年，因新冠疫情，闲居在家长达两月，看着窗外小区里野蛮生长的野草与怒放的野花，翻看着课程的讲义，我突然觉得，也许是时候完成自己在教学工作方面的心愿了。这三门课程基本上涵括了经济与管理专业的全部基础类法律课程，将其整理出版，也算是对教师这一神圣职业的一个交代吧，同时也希望可以借此为非法学专业的法律课程教学提供一个新的思路。然而，自己还是低估了讲义整理工作的难度，本打算去年国庆节前后完成书稿，但出于对系列教材的整体考虑，讲义中的很多内容需要重新规划，原本计划的整理工作最终几乎变成了重写，本书也一直拖延到今年五月份才最终定稿。

  本书的出版由上海电力大学经济与管理学院学科经费资助，在出版过程中，特别感谢责任编辑李荃女士所付出的辛勤劳动。本书是在我为本科生讲授"法律基础"课程时撰写的讲义基础上整理而成的，讲义撰写过程中未注意引用材料的标注，使得本书出版过程中查阅核对引用材料的出处成为一项废时废力而又枯燥无味的工作。李荃编辑不仅补充了大量我未能核实的引用材料，而且对书稿中的引用材料、插图和法律条文等均逐一核对，指出了其中的多处错误。同时，还对书中出现的外国人名和地名逐一核实，并标注出姓名和名称的原文，其认真负责而又精益求精的工作态度令人钦佩。

  每一本书都表达了一种心愿，叙述着一段经历。临近出版之际，觉得还是有必要写上几句话，来记述这样的一种心境、这样的一段日子。

王森波

2023 年 8 月 11 日

图书在版编目(CIP)数据

法律通识教程/王森波编著.—上海：复旦大学出版社，2023.9
经济与管理类专业法律课程系列教材
ISBN 978-7-309-16657-6

Ⅰ.①法… Ⅱ.①王… Ⅲ.①法律-中国-高等学校-教材 Ⅳ.①D920.4

中国版本图书馆 CIP 数据核字(2022)第 241331 号

法律通识教程
FALÜ TONGSHI JIAOCHENG
王森波 编著
责任编辑/李 荃

复旦大学出版社有限公司出版发行
上海市国权路 579 号 邮编：200433
网址：fupnet@fudanpress.com http://www.fudanpress.com
门市零售：86-21-65102580 团体订购：86-21-65104505
出版部电话：86-21-65642845
上海华业装璜印刷厂有限公司

开本 787×1092 1/16 印张 27.25 字数 580 千
2023 年 9 月第 1 版第 1 次印刷

ISBN 978-7-309-16657-6/D·1148
定价：79.00 元

如有印装质量问题，请向复旦大学出版社有限公司出版部调换。
版权所有 侵权必究